Verein für Geschichte der Stadt Wiens

Quellen zur Geschichte der Stadt Wien

I. Abteilung: Regesten aus in- und ausländischen Archiven...

Verein für Geschichte der Stadt Wiens

Quellen zur Geschichte der Stadt Wien
I. Abteilung: Regesten aus in- und ausländischen Archiven...

ISBN/EAN: 9783743635753

Hergestellt in Europa, USA, Kanada, Australien, Japan

Cover: Foto ©ninafisch / pixelio.de

Weitere Bücher finden Sie auf **www.hansebooks.com**

QUELLEN

ZUR

GESCHICHTE DER STADT WIEN

I. ABTHEILUNG.

REGESTEN

AUS IN- UND AUSLÄNDISCHEN ARCHIVEN

MIT AUSNAHME DES ARCHIVS DER STADT WIEN.

II. BAND.

WIEN, 1896.

VERLAG UND EIGENTHUM DES ALTERTHUMS-VEREINES ZU WIEN.

IN COMMISSION BEI CARL KONEGEN

WIEN, I., OPERNRING 3.

Druck von ADOLF HOLZHAUSEN in Wien,
K. UND K. HOF- UND UNIVERSITÄTS-BUCHDRUCKER

VORWORT.

m Anschlusse an dasjenige, was im Vorworte des I. Bandes
der I. Abtheilung über die Anlage des ganzen Werkes ge-
sagt wurde, mögen hier nur kurze Bemerkungen über den
vorliegenden II. Band Platz finden, um zu kennzeichnen,
wie derselbe in den Rahmen dieser Abtheilung gefügt ist.

In dem II. Bande sind Regesten aus sechs österreichischen, theils weltlichen (vier), theils geistlichen (zwei) Archiven enthalten. Zwei der weltlichen
Archive, das des k. k. Ministeriums des Innern und jenes des k. und k. Haus-,
Hof- und Staatsarchives, sind durch eine grössere Anzahl und für Wiens
Geschichte wichtige Regesten vertreten. Die Veröffentlichung aus dem erstgenannten Archive, bearbeitet von Dr. Richard Schuster, reicht mit 247 Regesten bis zum Tode K. Ferdinands I. (1564) und bringt, dem Materienbestande
dieses Archives entsprechend, zum nicht geringen Theile Beiträge für die
Wirthschafts- und Verwaltungsgeschichte Wiens. Einen Einblick, wie überaus
reiche Ausbeute das k. und k. Haus-, Hof- und Staatsarchiv für unsere Aufgabe
gewähren wird und wie willkommen daher die Veröffentlichungen aus demselben uns sein müssen, bekommen wir schon aus den Regesten, welche der
k. und k. Staatsarchivs-Concipist Dr. Josef Lampel für diesen II. Band bearbeitet hat. Und doch wurden nicht einmal noch die geschlossenen Reper-
torien dieses Archives, sondern vorerst nur die kleineren Bestände, und zwar
jene aus den Nachträgen zu den Klosterurkunden einer Durchsicht unterzogen;
schon daraus wurde mehr als ein halbes Tausend Regesten (567) gewonnen.
Eine mindere Ausbeute erhielten wir aus dem Archive des Geschichtsvereines
für Kärnten durch den Archivar dieses Vereines, A. v. Jaksch, und aus dem

Museal-Archive in Linz durch den oberösterreichischen Landesarchivar Dr. Ferdinand Krackowitzer. Von den beiden geistlichen Archiven, Admont und Göttweig, bot ersteres, bearbeitet durch den Stiftsarchivar P. Dr. Jacob Wichner, selbstverständlich wenig und nur auf den Admonterhof in Wien bezüglichen Stoff. Von weit höherem Interesse und auch reicher an Zahl sind hingegen die Regesten aus dem Archive des Benedictinerstiftes Göttweig, bearbeitet von dem Theologie-Professor P. Adalbert Fuchs: für die Wohnungsverhältnisse Wiens im 16. und 17. Jahrhundert und einzelne Momente der Gegenreformation bieten sie nicht unwichtige Hinweise.

Damit wäre in Kürze dargelegt, was zur näheren Kenntniss des Inhaltes dieses II. Bandes nothwendig erschien.

Es erübrigt nur noch, den besonderen Dank Sr. Excellenz dem Herrn Director des k. und k. Haus-, Hof- und Staatsarchives, Dr. Alfred Ritter von Arneth, und dem P. T. hochwürdigen Abte des Benedictinerstiftes Göttweig, Adalbert Dungel, wie nicht minder auch den Vorständen der übrigen obgenannten Archive dafür auszusprechen, dass sie die Benützung der Archive in der zuvorkommendsten Weise gestatteten.

Wien, im November 1895.

                                        Dr. Anton Mayer.

INHALT.

Nachträge und Berichtigungen.

Den jeweiligen Literaturcitaten ist in den Nummern 1287, 1289, 1291, 1294, 1296, 1301, 1303, 1304, 1307, 1323, 1331, 1332, 1334, 1349 und 1351 ein «Vgl.» vorzusetzen.

Den Literaturcitaten ist hinzuzufügen

in Nr. 1305: «Numismatische Zeitschrift, 13, 300»,
« « 1306: « « 13, 302»,
« « 1326: « « 13, 305»,
« « 1341: « « 13, 305»,
« « 1343: « « 13, 307»,
« « 1395: «Hirsch, Reichsmünzarchiv, 1, 268, und Numismatische Zeitschrift, 4, 141»,
« « 1397: «Siegfried Becher, Das österr. Münzwesen von 1524—1838, 2, 18».

In Nr. 1273 lies in der Zeugenreihe statt «Ortold»: «Ortolf» und statt «Reinhard»: «Meinhard».
« « 1291 « « « Datirung « «py palmtag»: «py palmar[um]».
« « 1406 « « « Zeugenreihe « «Fr. Pamkircher»: «Fr. (richtig: Er[asmus]) Pamkircher».
« « 1414 « « « « «A. Wagner»: «A[ndreas] Wagner».
« « 1421 « « « « «[Pamkircher]»: «(richtig: E[rasmus] Pamkircher)», und statt «B. Spiller»: «B[lasius] Spiller».
« « 1423 « « « « «A. Wagner»: «A[ndreas] Wagner».
« « 1425 « « « « « « « « « «
« « 1471 « im Signaturvermerke statt «C. 1028»: «C. 1082».
« « 1472 « « « « « « « « « «
« « 1490 « im Contexte, Punkt 27, nach «die Vorstädte betreten»: «und sowohl selbst, wie auch sein Wagen mit einem weissen Kreuze bezeichnet sein».
« « 1521 « « « « statt «Nördlinger»: «Nördlinger».
« « 1612 « « « «Greyffenhöltzelin»: «Greyffen höltzelin».
« « 1658 « in der Zeugenreihe statt «Stachk»: «Stadeck».
« « 1740 « « « Datirung (nben) statt «Wien»: «Rom».
« « 1949 « im Contexte statt «Julius V.»: «Julius II.».
« « 1990 « « « « «Dechanten»: «Dechantin».

Im Register ist hinzuzufügen:

pag. 316, col. 3, unter Passau, Bischöfe: Otto von Lonsdorf 1261;
« 387, « 2: Stadel, Haus bei dem Rothenthurm, 1594;
Stadel, der, bei dem Stubenthor, 1736.

REGESTEN

AUS DEM

ARCHIVE DES K. K. MINISTERIUMS DES INNERN.

VON

DR RICHARD SCHUSTER.

1257 *1211, Mai 27.*

Leopold VI., Herzog von Oesterreich etc., stellt dem heil. Geistspitale zu Wien den Stiftbrief aus.

Datum: VI. kal. iunii.

Chart. s. XVI, lat.; inserirt in der Urkunde König Ottokars II., 1272, August 22, Nr. 1263.

IV, O 5, Carton 1400.

Original nach Hormayr's Angabe im erzbischöflichen Archive zu Wien.

Theilweise und ungenau bei Hormayr, Geschichte Wiens, 2, Anmerkungen, 184. — Meiller, Babenberger Regesten, 106, Nr. 92.

1258 *1240, Wien.*

Friedrich II., Herzog von Oesterreich etc., ertheilt einem Bruder vom Hospitale zum heil. Geiste und vom heil. Antonius, der Stiftung, welche sein Vater und der Magister Gerhard unter päpstlicher Autorisation ins Werk gesetzt haben, ein Geleits- und Legitimationsschreiben, damit derselbe in des Herzogs Gebiete sicher und gegen falsche Mitbewerber geschützt, Almosen einheben könne.

Chart. s. XVI, lat., s. Nr. 1318.

IV, O 5, C 1400.

1259 *1243, Februar 4, Wien.*

Friedrich II., Herzog von Oesterreich etc., verleiht dem heil. Geistspitale am Wienflusse das Recht, die Lebensmittel (Salz u. a.), welche es von gespendetem Almosen zur Nothdurft der Armen erkauft, zu Wasser und zu Lande mauthfrei zu beziehen.

Datum: pridie non. febr.

Chart. s. XVI, lat., s. Nr. 1318.

Die Originalurkunde trug das Siegel des Herzogs.

IV, O 5, C 1400.

Hormayr, Geschichte Wiens, 7, U'B. 178. — Meiller, Babenberger Regesten, 174, Nr. 116.

1260 *1253, Februar 18, Wien.*

Ottokar, Herzog von Oesterreich etc. und Markgraf von Mähren, bestätigt dem Hospitale zum heil. Geiste am Wienflusse das von Herzog Friedrich II. verliehene Privilegium der Mauthfreiheit für die Lebensmittel (Salz u. a.), welche es von den erhaltenen Almosen zur Nothdurft der Armen erkauft, und die ihm zu Wasser oder zu Lande zugeführt werden.

Datum: duodecimo kl. marcii.

Chart. s. XVI, lat., s. Nr. 1318.

Die Originalurkunde trug das Siegel Ottokar's.

IV, O 5, C 1400.

Regest bei Hormayr, Geschichte Wiens, 9, Register, 77.

1261 *1256, December 14, Wien.*

Otto von Lonsdorf, Bischof von Passau, bestätigt einen Tausch zwischen Friedrich, Pfarrer von Weitigeinstorf, Caplan der Dreifaltigkeitskapelle in Wien, mit dem Kämmerer Berthold, in dessen Hause sich die Kapelle befindet, wodurch Berthold einen zur Kapelle gehörigen Keller, der einzustürzen droht und für dessen Herstellung die Kapelle nicht

aufkommen kann, erhält und dafür der Kapelle jährliche Einkünfte in der Höhe von
2 Talenten zu ewiger Nutzniessung zuweist,
und zwar von dem Hause des Herbord auf dem
Chinmarchet, das zu Weihnachten 80 Denare
und zu Georgii (24. April) und zu Michaelis
(29. September) je ebenso viel abwirft, und
von einer Fleischbank nächst dem ungarischen
Thore neben der, die dem Conrad Teufel gehörte (Chunradi diaboli) und jährlich am Tage
der Epiphanie (6. Januar) 1 Talent abwirft.

Zeugen: Mingotus tumpraepositus Pataviensis, Liupoldus praepositus Ardacensis,
magister Gotfridus tumplebanus Pataviensis,
Poppo vicedominus, Irnfridus decanus de
Chremis; hii omnes canonici Patavienses sunt;
Ortolfus abbas Medlicensis, Heinricus abbas
de Chotwico, Phylippus abbas Scotorum in
Wienna, Heinricus praepositus s. Ypoliti, magister Gerhardus plebanus Wienensis, Heinricus plebanus de Prukke, Trunarius; Item
laici Heinricus de Merswanch, Chunradus de
Grifensteine, Chunradus de Chundorf, Ulricus
de Azenprukke, Wernherus filius Spismagistri
et alii multi.

Datum: XIX. kal. ian.

Original, lat., Pergament. Mit den Siegeln des
Abtes van den Schotten und des Abtes von Göttweig,
ein drittes Siegel ist verloren.

Urkundensammlung.

1262 *1266, März 12, Wien.*

König Ottokar II. stellt den Brüdern des
Hospitals zum heil. Geiste und zum heil.
Antonius eine Geleits- und Legitimations-
urkunde zur Einhebung von Almosen für den
Ausbau des Armenspitals (ad construendam
(?) hospitale) aus, fordert mit Erwähnung der
Gründung durch Herzog Leopold VI. und
den Caplan Gerhard zur Beisteuer auf und
warnt vor falschen Mitbewerbern.

Datum: in die beati Gregorii pape,
quarto idus marcii.

Chart. s. XVI., lat., s. Nr. 1318. IV, O 5, C. 1400.
Regest bei Hormayr, Geschichte Wiens, 9, Register, 78.

1263 *1272, August 22, Wien.*

König Ottokar II. bestätigt den Brüdern
des heil. Geistspitals zu Wien auf ihre Bitte

die wörtlich inserirte (s. Nr. 1257) Urkunde
Herzog Leopolds VI., 1211, Mai 27, und
schärft allen Amtspersonen in Oesterreich
(singulis et universis iudicibus, officialibus et
procuratoribus seu aliis quibuscunque Austrie
institutis vel in posterum instituendis) die
Wahrung der darin zuerkannten Besitzungen
und Jurisdictionsgrenzen ein.

Datum: XI. kal. sept.

Chart. s. XVI., lat., s. Nr. 1318.
Die Originalurkunde trug das Siegel des Königs.
IV, O 5, C. 1400.

1264 *1274, Mai 18, Klosterneuburg.*

König Ottokar II. bestätigt den Brüdern
vom heil. Geistspitale zu Wien alle Rechte
und Freiheiten und alle Besitzungen —
Aecker, Mühlen u. s. — die ihnen von ihm
und von seinen Vorgängern verliehen worden,
und schärft allen Amtspersonen in Oesterreich (s. oben Nr. 1263) die Wahrung derselben ein.

Datum: XV. kal. iun.

Chart. s. XVI., lat., s. Nr. 1318.
Die Originalurkunde trug das Siegel des Königs.
IV, O 5, C. 1400.
Hormayr, Geschichte Wiens, 5, UB. 13 und 9,
Register 81, mit der Datirung «XVII. kal. iun.», nach
diesem Böhmer, Regesta imperii, 1844, 451, und Emler,
Regesta Bohemiae et Moraviae, 2, 360.

1265 *1277.*

Wilhelm, Meister und Verwalter des
Marienhospitals «in Zerwalde», verkauft mit
Einwilligung des Erzbischofs Friedrich von
Salzburg dem Chalhoch von Ebersdorf für
40 Pfund Wiener Pfennige ein Haus «in foro
lignorum» sammt dem dazu gehörigen Grunde,
der Nicolauskapelle, die auf dem Grunde
steht, dem Patronatsrechte über die Kapelle,
das an dem Grunde haftet, und dem Brunnen,
der sich auf dem Grunde befindet, mit den
Rechten dieses Brunnens, so wie dieses alles
einst Herrn Dietrich, Wiener Bürger, gehört
hatte und wie es Meister Wernhard, vormaliger
Verwalter des Hospitals, von Frau Perhta
Edlen von Lachsendorf und von den Herren
Albert und Chadold, den Erben jenes Dietrich,
erworben hatte. Meister Wilhelm verwendet
den Erlös des Verkaufes zur Einlösung ver-
pfändeter Güter des verarmten Hospitals.

Zeugen: Dominus Chonradus de Hint-
perch, scriba Stirie, dominus Otto de Perh-
toldisdorf, dominus Otto de Haselouwe, dominus Ulricus de Pilichdorf, dominus Hainricus, marscalcus Austrie, dominus Reinpertus
de Ebirsdorf, dominus Hermannus de Wolfgersdorf, dominus Chonradus et dominus
Marquardus de Pilichdorf, dominus Johannes
de Merswanc, dominus Lûpoldus de Saxen-
gange, magister Chonradus, scriba Austrie,
Ortolfus et Irnfridus milites de Ebirsdorf,
Lûtoldus de Manswerde, Ortwinus ante Sco-
tos, Cholo, Fridericus Speculum.

Original, lat., Pergament. Siegel abgerissen.
Urkundensammlung.

1266 *1290, Juni 1, Wien.*

Albrecht I., Herzog von Oesterreich etc.,
entscheidet in Anwesenheit der Grossen und
Barone des Herzogthums Oesterreich und
seiner Amtleute (presentibus maioribus, ba-
ronibus ducatus Austrie atque officialibus
nostris) nach Anhörung der beiderseitigen
Gründe, nach Einsicht der Urkunden und
Vernehmung glaubwürdiger Zeugen mit Einwilligung beider Theile den Rechtsstreit zwischen dem Magister Heinrich von Clingen-
berg, Pfarrer bei St. Stephan zu Wien, einerseits und dem Bruder Magister Leopold und
den anderen Brüdern des heil. Geistspitals
ausser den Mauern Wiens anderseits um den
Besitz einer Insel, die gemeiniglich «Wur»
genannt wird, und die hinter den Gärten
und der Gemarkung von St. Stephan liegt
und den Hauptarm des Wienflusses von einem
Nebenarme scheidet, der von der oberen
Mühle zur unteren fliesst, die mit dem heil.
Geistspitale verbunden (annexum) ist, dahin,
dass diese Insel vom Spitalshause an bis
hinauf zu den Grenzmarken (metas) der oberen
Mühle von Alters her nach Besitz und Herrschaft zum Spitale gehört; und er verfügt im
Rathe seiner Barone und Amtleute (de ma-
turo consilio baronum ac officialium nostrorum) besonders mit Rücksicht auf die häufige
Ueberschwemmungsgefahr bei jenen Wässern,
dass die Brüder des Spitals die Insel auch in
Zukunft besitzen sollen und nach Bedarf dort
oder anderswo, sowohl oben bei Gumpendorf

als auch bei der Bürgerbrücke, welche zur Stadt
führt, das Wasser auffangen, mehren, auf ihre
Mühlen leiten, Weiden, Brombeersträucher
und andere Bäume anpflanzen oder beseitigen,
Holzwerk, Erdwälle oder Mauern aufführen
können, wie es ihnen nützlich scheinen wird.

Datum: kal. iun.

Chart. a. XVI, lat., a. Nr. 1318.

Zweifache Abschrift; die erste selbständig, die
zweite in der Urkunde Herzog Rudolfs III. von 1302,
Mai 12, inserirt, a. Nr. 1267.

Die Originalurkunde trug das Siegel des Herzogs.
IV, O 5, C. 1400.

Arch. f. Gesch., 1827, 768. — Regest bei Hormayr,
Geschichte Wiens, 9, Register, 84. — Lichnowsky, Geschichte des Hauses Habsburg, 1, 130.

1267 *1302, Mai 12, Wien.*

Rudolf III., Herzog von Oesterreich etc.,
bestätigt auf eine ihm von Magister Leopold
und den übrigen Brüdern vom heil. Geistspitale ausser den Mauern Wiens persönlich
vorgebrachte Bitte die wörtlich inserirte Urkunde Herzog Albrechts I. von 1290, Juni 1
(s. Nr. 1266).

Datum: in die beatorum Pangracii et
sociorum eius martirum.

Chart. a. XVI, lat., a. Nr. 1318.

Die Originalurkunde trug das Siegel des Herzogs.
IV, O 5, C. 1400.

1268 *1323, Juli 4.*

Karl I. (Robert), König von Ungarn etc.,
bestätigt den österreichischen Fischhändlern
auf die Bitte ihrer Delegirten, der Wiener
Fischhändler Welflinus und Michael, die ihnen
von dem Pressburger Grafen Perenger und
vier edlen Richtern und dem Capitel von
Pressburg urkundlich gewährten Erleichte-
rungen, des Inhalts, dass sie auf der Thal-
fahrt zu Wasser an dem Landungsplatze
Challo für lebende oder eingesalzene Fische
keinen Zoll und nur für andere Kaufmannswaaren den üblichen Tribut als Gäste zu
entrichten haben, zu Pressburg aber von den
einzelnen Booten und den dazu gehörigen
Kähnen je 19 Denare und statt des Tributes
von 3 Fischen 40 Denare entrichten, dagegen
aber für 30 Salzstöcke (salibus) zum Einsalzen
der Fische und für 5 Salzstöcke zum eigenen
Gebrauche zollfrei sein sollen; werden sie

1*

durch Eis oder andere Hindernisse abgehalten, die Fische zu Wasser herabzuführen, so sollen sie in Challo von je einer Tonne 12 Denare, von je einem Scheffel (scaphus) 6 Denare und von je einem Wagen 12 Denare, in Pressburg aber von je einer Tonne 19 Denare und einen Fisch nach ihrer Wahl, von je einem Wagen gleichfalls 19 Denare und von je einem Scheffel 12 Denare entrichten.

«Datum per manum discreti viri magistri Ladislai praepositi ecclesiae Albensis, aulae nostrae vicecancellarii dilecti et fidelis nostri anno» etc.

Zeugen: Venerabilibus in Christo patribus dominis Woleslao Strigoniensi et fratre Ladislao Colocensi archiepiscopis, Ioanne Nitriensi, Benedicto Chanadiensi, Nicolao lauriensi, Georgio de S. Irinco, Ladislao Quinqueecclesiensi, fratre Petro Bosnensi, Iwanha Waradiensi, Andrea Transylvano, Henrico Wesprimiensi et Chanadino Agriensis ecclesiarum episcopis ecclesias dei feliciter gubernantibus; magnificis viris Philippo palatino comite Scepusiensi et de Wywar, Demetrio magistro tavernicorum nostrorum, comite Bachiensi et Trinchiniensi, Lamperto iudice curiae nostrae, comite Chanadiensi et Nitriensi, Thoma Waywoda Transylvano comite de Zonuk, Nicolao totius Sclavoniae, comite Soproniensi et de Kamarom, Paulo Bano de Matho, comite Sirmiensi, de Walko et de Wudrug, Michaele magistro tavernicorum dominae reginae charissimae consortis nostrae, Desew iudice curiae eiusdem dominae reginae, Nicolao comite Posoniensi, Blasio magistro Agazonum nostrorum, Dionysio magistro dapiferorum nostrorum, Nicolao comite Simigiensi et aliis quampluribus regni nostri comitatus tenentibus et honores.

Datum: quarto non. iulii.

Vidimus (lat.) des Registrators und Taxators der österr. Hofkanzlei Hanns Findtaigues vom 24. September 1610; die Urkunde erscheint in der Bestätigung König Ludwigs I. von 1347, Juni 17, inserirt (s. Nr. 1273). Das Original trug das königliche (Doppel-) Siegel.

IV, F.

1269 *1327, September 20, Wien.*

Chunrat der Gartner, Richter zu Wien, bezeugt, dass der Convent des Frauenklosters zu Tuln durch seinen Diener Perchtolt vor ihm in der Schranne habe klagen lassen, dass der Badstube, «di do leit auf der morich pei dem roten turn gegen dem cherner uber», wegen eines versessenen Burgrechtes von vier Pfunden mehr «zwischpild» auferlegt worden sei, als die Badstube werth sei, dass der genannte Perchtolt dies durch Marchart den Vorsprechen und Ott den Grozzenchnecht und durch die Nachbarn (umbsatzen) der Badstube, welche sie schätzten, bestätigen liess, dass er, der Richter, dann die Umfrage hielt und das Urtheil verkündete: dass der Convent die Badstube in Besitz nehmen, versetzen und verkaufen könne, bis er sich für das entgangene Burgrecht und die «zwischpilde» davon schadlos gemacht hätte.

Datum: an sand Mathes abent.

Original, Pergament. Mit dem Siegel des Stadtrichters.

Urkundensammlung. Vgl. Wiener Stadtrechtsbuch, Art. 121.

1270 *[w. ca. 1320 und 1339, Februar 17.]*

Albrecht II. und Otto, Herzoge von Oesterreich etc., schliessen mit Peter, Meister des heil. Geistspitals jenseits der Wien vor dem Kärntnerthore, und mit der übrigen Brüderschaft einen Tausch, derart, dass sie ihm ein Haus in der Kärntnerstrasse mit vier Fleischbänken und dem Zubehör geben, gegenüber St. Johannis, «zenegst dem herscheftl», «das unverkhömbert ledig und frei ist», und das früher dem Janns von Ybbs gehörte — es bezahlte früher 7 Pfund Geldes zu Burgrecht, die aber die Herzoge abgelöst haben, so dass es jetzt nur 20 Pfennige zu Grundrecht an St. Johannis der Siechen pflichtig ist — und dagegen vom Spitale ein Haus, das «der gewölbte Keller» heisst, erhalten.

Chart. s. XVI., s. Nr. 1318.

Das Ende der Urkunde fehlt, da mindestens ein Blatt aus der Mitte des Chartulars verloren ging.

IV, O 5, C. 1400.

1271 *1340, August 23, Wien.*

Albrecht II., Herzog von Oesterreich etc., bestätigt den Meistern und der Gemeine der

Schneider zu Wien ihre Ordnung und setzt auf deren Uebertretung bestimmte Bussen.

Datum: an st. Bartholomeus abent, des heiligen zwelfboten.

Vidimus vom 29. Januar 1633 eines Privilegiums Kaiser Ferdinands II.; das Privilegium vom Jahre 1340 erscheint in der Urkunde Herzog Rudolfs IV. von 1360, Juni 28. (s. Nr. 1273) inserirt; das Original trug das Siegel des Herzogs.

IV, D7, Gewerbeprivilegien.

Rauch, Script., 3, 60. — Lichnowsky, Geschichte des Hauses Habsburg, 3, 447. — Ber. u. Mittheil. d. Alterth.-Ver. zu Wien, 3, 257, und Weiss, Geschichte der Stadt Wien, 1, 419 ff.

1272 1347, Juni 17.

Ludwig I., König von Ungarn etc., bestätigt mit Willen seiner Mutter, der Königin Elisabeth, und auf den Rath seiner Prälaten und Barone ein wörtlich inserirtes (vgl. Nr. 1268) Privilegium König Karls I. (Robert) vom 4. Juli 1323 (in dieser Abschrift mit dem Datum: quarto nonas iunii) für die österreichischen Fischhändler, das ihm Welflinus, Fischhändler zu Wien, in deren Namen vorgelegt hat.

«Datum per manus honorabilis et discreti viri magistri Thatamy, Albensis ecclesiae praepositi, aulae nostrae vicecancellarii dilecti et fidelis nostri anno» etc.

Zeugen: Venerabilibus in Christo patribus dominis Chianadino, Strigoniensi locique eiusdem comite perpetuo, Stephano Colocensi, Nicolao Iadrensi, Dominico Spalatensi archiepiscopis, Nicolao Agriensi, Andrea Transsylvano, Demetrio Waradiensi, Iacobo Zagrabiensis, Nicolao Quinqueecclesiensis, Petro Sirmiensis, Gregorio Chianadiensis, Laurentio Boznensis [Bosnensis], Colomano Iauriensis, Nitriense (!) sede vacante, Michaele Waciensis ecclesiarum episcopis et Ioanne electo confirmato ecclesiae Wesprimiensis ecclesias dei feliciter gubernantibus; magnificis viris Nicolao palatino iudice Comanorum, Stephano Wayvoda Transsylvano comite de Zonuk, Oliverio magistro Tavernicorum nostrorum comite Paulo iudice curiae nostrae, Paulo magistro Tavernicorum reginalium, Dominico de Matho, Nicolao totius Sclavoniae et Croatiae bano, Nicolao pincernarum, Iwanka dapi-

ferorum et Dionysio Agazonum nostrorum magistris ac magistro Nicolao dicto Treutul comite Posoniensi, aliisque quampluribus comitatus regni nostri tenentibus et honores.

Datum: quinto decimo kal. iulii.

Vidimus (lat.) des Registrators und Taxators Hanns Findtagues vom 24. September 1610.

Die Urkunde trug das königliche Doppelsiegel.

IV, F.

1273 1360, Juni 28, Wien.

Rudolf IV., Herzog von Oesterreich etc., bestätigt den Meistern und der Gemeine der Schneider zu Wien das (inserirte) Privilegium Herzog Albrechts II. vom 23. August 1340 (s. Nr. 1271) und setzt auf dessen Verletzung seine Ungnade und eine Busse von 100 Pfund Goldes, wovon 50 Pfund an die landesfürstliche Kammer und 50 Pfund an die Beschädigten zu zahlen sind. «Wir der vorgenand herzog Rudolph, sterckhen disen brief mit der unterschrift unser selbs hant.» «Et nos Johannes dei et ap[ostolorum] gratia electus et confirmatus ecclesiae Gurcensis, praedicti nostri domini primus cancellarius recognovimus omnia pernotata.»

Zeugen: Ortola, erzbischoff zu Salzburg, legatus des stuels zu Rohm, herr Paul bischoff zu Freysing, herr Gotfrit bischof zu Passau, herr Hans bestelter bischoff zu Gurckh unser canzler, bischoff Ott von Chiemse, bischoff Ulrich von Seckhau, bischoff Pater (!) von Lavent, marggrave Reinhart zu Brandenburckh, herzog in Obern Beyrn und graff zu Tyrol, unser lieber schwager, und die edlen unsere liebe oheimen graff Albrecht pfalzgrave in Kärnden, graff Reinhard und graff Heinrich zu Görz und graff Otto von Ortenburckh und unsere getreuen lieben graff Ulrich und graff Herman von Cyli brueder, Graff Johans von Pfenberg, Friderich der Auffensteiner, unser haubtman in Kärnten, Eberhart von Walse, unser haubtman ob der Enns, Eberhart von Walse, unser haubtman in Steyer, Rudolph Ott von Liechtenstein, unser camerer daselbst in Steyer, Friderich, Ulrich und Ott von Stubenberg, Seubolt von Stadeck, unser haubtman in Crain und Rudolph, sein bruder, Hans der

Turs von Rauchneckh, Herman von Landenberg, unser lantmarschalk in Österreich, Heinrich von Häckenberg, unser hofmeister, Hans von Brun, unser camermeister, Pylgram der Strowy, unser hofmarschalk, Heinrich der Brun, unser schenk, Albrecht der Orttensteiner, unser kuchenmeister, Albrecht der Schenckh, unser kellermeister, und Wilhelm der Schenckh von Liebeuberg, unser schazmeister und andere erbare leit genueg.

Datum: an st. Peters und st. Pauls abent, der heiligen zwelfboten.

Vidimus vom 29. Januar 1633 eines Privilegs Kaiser Ferdinands II.; das Original trug das grosse herzogliche Hängesiegel.

IV, D 7, Gewerbeprivilegien.

1274 1365, Juni 19, Wyssegrad.

Ludwig I., König von Ungarn, ertheilt den Kaufleuten in Oesterreich und besonders denen in Wien für den Handel in Ungarn einen Schutzbrief.

Datum: feria quinta proxima ante festum decollacionis b. Ioannis baptiste.

Copia (lat.) s. XV. vel XVI.
Das Original trug das Secretsiegel des Königs.
IV, D 7, Ortsprivilegien.

1275 1379, März 10, Wien.

Albrecht III., Herzog von Oesterreich etc., gibt dem Jörg dem Dozzen auf Bitte des Erasmus des Hutstokch und Heinrichs des Pfefferwein dritthalb Pfund weniger 15 Pfennige, gelegen zu Ungerdorf, im eigenen Namen, in dem seines Bruders Leupolt und ihrer Erben zu Lehen, so wie diese sie vorher zu Lehen gehabt und dem Jörg verkauft haben. «Dominus dux per se.»

Datum: an phinztag vor dem suntag, als man singet oculi in der vasten.

Original beschädigt, Pergament. Das Siegel verloren.
II, A 4, (Urkundensammlung).

1276 1390, Mai 29.

Sigismund, König von Ungarn etc., bestätigt den Wiener Fischhändlern auf die Bitte des Nykel, genannt Sebalth, des anderen Nykel, des Hannus genannt Stamustorffer (!), des Cristan, genannt Meydel, des Ulrich, genannt Celler, und des Jekel Phisser, Fischhändler aus Wien, das vorgelegte und sammt der Vorurkunde König Karls I. vom 4. Juli 1323 wörtlich inserirte Privilegium König Ludwigs I. von 1347, Juni 17 (s. Nr. 1272).

«Datum per manus reverendissimi in Christo patris et domini domini Iohannis archiepiscopi ecclesiae Strigoniensis locique eiusdem comitis perpetui ac aulae nostrae et reginalis maiestatum eximii cancellarii dilecti nostri et fidelis anno» etc.

Zeugen: Venerabilibus in Christo patribus et dominis Valentino titulo S. Sabinae sacrosanctae romanae ecclesiae presbytero cardinale (!) et almae ecclesiae Quinqueecclesiensis gubernatore, ac eodem domino Ioanne ipsius ecclesiae Strigoniensis, Lodovico Colocensis, Petro Iadrensis, Andrea Spalatensis et altero Andrea Ragusiensis archiepiscopis, Ioanne Bar[adiensi], Petro Transylvano, Ioanne Zagrabiensis, Stephano Cyko Agriensis, Ioanne Boznensis [Bosnensis], Demetrio Bespriniensis, Ioanne lauriensis, Petro Baichiensis [Waciensis?], Ioanne Canadiensis, Gregorio Nitriensis, Ioanne Sirimiensis [Sirmiensis], Crisogono Traguriensis, Francisco Scardonensis, Ioanne Nuriensis, Mathaeo Sibiniensis, Nicolao Corbaniensis [Corbaviensis] et Ioanne Senyensis ecclesiarum episcopis ecclesias dei feliciter gubernantibus; nec non magnificis viris Stephano regni nostri palatino et iudice Comanorum, Ladislao Wayvoda Transylvanensi et comite de Zonuk, comite Ernesto Bubek iudice curiae nostrae, Detrico similiter Bubek totius regni Sclavoniae, Stephano de Lossonth Mathoniensi bani, honore banatus regnorum Dalmatiae et Croatiae vacante, Nicolao filio Ioannis de Canisa tavernicorum, Leuchio de Ilsva Ianitorum, Georgio de Chithunde dapiferorum, Iohanne de Peren pincernarum ac eodem domino Stephano palatino Agazonum nostrorum magistris, Stiborio de Stiborthyth comite Posoniensi, aliisque quampluribus regni nostri comitatus tenentibus et honores.

Datum: quarto kal. mensis iunii.

Vidimus (lat.) des Registrators und Taxators Hanns Findtnguet vom 24. September 1610.

Das Original trug das anhangende königliche (Doppel-) Siegel.

IV, F.

1277 *1410, Juli 6, Wien.*

Leopold IV., Herzog von Oesterreich etc., gebietet wegen des Entganges, den er und (der minderjährige) Herzog Albrecht V. durch das Eindringen fremder Münzen und besonders der Helblinge an ihrer Münze erleiden, dass Niemand solche Münzen im Verkehre verwenden oder gar einführen solle, dass kein Bürger oder «Gast» Silber oder Münzen einwechseln oder kaufen solle, ausgenommen die Hausgenossen in Wien, die solche für die landesfürstliche Münze brauchen, dass kein «Gast» unter («hinder») zehn Gulden einwechseln oder kaufen soll, dass kein Jude «Unterkauf» treibe ausser mit seinen Pfändern, und dass jeder Bürger, der fremde Münzen besitzt, dieselben zur Einwechslung «hie an den wechsel» oder zu den Hausgenossen bringen solle.

Datum: an suntag nach sand Ülreichs tag.

Original, Pergament. Siegel abgerissen.

Kanzleivermerk rechts unter der Plica: d[ominus] d[ux] per M[agistrum] ca[mere] Gr[eysenekkeri].

Urkundensammlung.

Rauch, Script., 3, 142. — Lichnowsky, Geschichte des Hauses Habsburg. 5, 107.

1278 *1443, Mai 14, Wien.*

Friedrich III., römischer König, bestätigt den Fischkäufeln zu Wien ein Privilegium Herzog Albrechts V. von Oesterreich, das sie berechtigt, zur Nothdurft der Stadt Fische zu Wasser und zu Lande an der Donau herab oder aus Ungarn herauf mauthfrei zu führen, und bestimmt, dass, wenn «Gäste» in Wien Fische verkaufen, die Fischkäufel nach dem ersten Verkaufstage und nicht früher ihnen diese wie andere Bürger abkaufen und damit weiter handeln dürfen. «Commissio propria dom. regis.»

Datum: an eritag nach dem suntag, als man singet iubilate.

Vidimus des Registrators und Taxators Hanns Findtaguet vom 24. September 1610. Das Original trug das königliche Hängesiegel.

IV, F.

1279 *1453, Juli 10, Wien.*

König Ladislaus (Posthumus) bestätigt den Fischkäufeln in der Fischerzeche zu Wien ein Mauthprivilegium Herzog Albrechts V. (vgl. Nr. 1278). «Ad mandatum dom. regis in consilio.»

Unterschrieben: Stephanus Aloch cancellarius.

Datum: an eritag vor sand Margareten tag.

Vidimus des Registrators und Taxators Hanns Findtaguet vom 24. September 1610.

IV, F.

Lichnowsky, Geschichte des Hauses Habsburg, 8, 522.

1280 *1460, Mai 20, Wien.*

I. Eid gemeiner Stadt zu Wien, dem Kaiser Friedrich (III.) als ihrem Landesfürsten und seinen männlichen Erben treu und gehorsam zu sein und dem Kaiser zwei Drittheile und seinem Vetter, dem Herzog Sigmund von Tirol, ein Drittheil der Nutzungen zukommen zu lassen.

II. Eid des Bürgermeisters, sein Amt getreu zu verwesen, den Nutzen des Kaisers zu wahren und dem Armen und Reichen ein gleiches Recht zu thun.

III. Eid des Richters zu Wien, gleiches Inhalts mit dem vorigen.

IV. Eid des Rathes zu Wien, das Interesse des Kaisers zu wahren, das Amt des Rathsgeben zu verwesen, dem Armen und dem Reichen gleiches Recht zu sprechen, die Schule, die Lehrer, Meister und Studenten zu schirmen und bei ihren Gnaden und Freiheiten zu halten.

V. Eid des Anwalts im Rathe zu Wien, sein Amt und das Interesse des Kaisers zu wahren, Angriffen gegen das Interesse des Landesfürsten zu widersprechen und diesen zu warnen.

Die drei letzten Eide wurden am genannten Tage im Rathhause zu Wien in Gegenwart des Kaisers auf Grund eines Einigungsbriefes geleistet.

Datum: am eritag vor dem heiligen auffarttag.

Copia s. XVII.

IV, 1, C. 2166.

1281 *1460, Juni 28, Wien.*

Friedrich III., römischer Kaiser, hat seinen Räthen befohlen, in dem Rechtsstreite darüber, wer den verfallenen Mühlgraben bei der Mühle der Würfflin und ihres Sohnes bei Hecking (Hacking) herzustellen habe, einen Gerichtstag anzusetzen und zu entscheiden. Ihr Spruch ging dahin, dass die Würfflin bis zum künftigen Magdalenentage (12. Juli 1461) einen neuen Mühlgraben in der Breite von 6 Daumb-Ellen, so wie er durch die Räthe des Königs ausgesteckt ist, auf ihrem und ihres Sohnes Grunde anzulegen verpflichtet sei und ebenso auf dem Grunde des Pfarrers und der Leute von Ütldorf (Hütteldorf), die sich dazu nach der Entscheidung der Räthe herbeigelassen haben, und ihn so zu erhalten, dass er auch in Zukunft auf ihre und auf die unteren Mühlen an der Wien münde, wie es von Alters herkommen ist; dazu sollen alle Mühlen-besitzer bis an die Mündung in die Donau je ein halbes Pfund der neuen weissen Wiener Pfennige und 2 Pfund der geringeren schwarzen Pfennige beisteuern, von denen dem Pfarrer und den Leuten zu Ütldorf ihr zum Baue abgetretener Grund bezahlt werden soll: dem Pfarrer 12 Schilling Pfennige, dem Hertlein im Stainkeller 3 Pfund Pfennige, dem Liend-lein Weypeckhen 1 Pfund Pfennige, dem Hanns Gewolf 1 Pfund Pfennige, dem Jacob Gepler 12 Schilling Pfennige, alles in weisser Münze, der Ueberschuss aber der Würfflin und ihrem Sohne für den Bau; an der Au zwischen der Wien und dem alten Mühl-graben sollen die Gemeinden Hütteldorf und Hacking, der Pfarrer zu Hütteldorf und die Würfflin gemeinsam das Weiderecht haben, den Holzbezug aber die Würfflin, ihr Sohn und ihre Erben allein. Dieser Spruch soll den Privilegien, die Kaiser Friedrich selbst und König Albrecht II. den Mühlenbesitzern an der Wien gegeben haben, keinen Eintrag thun. «Commissio dom. imperatoris in consilio».

Datum: an sand Peters und sand Pauls abent der heiligen zwelfboten.

Chart. s. XVI. s. Nr. 1318.
Der Beginn der Urkunde fehlt, s. Nr. 1270.
IV, O 5, C. 1400.

1242 *1460, August 5, Wien.*

Friedrich III., römischer Kaiser, bestätigt den Meistern des Schusterhandwerkes zu Wien

auf ihre Bitte die folgenden Artikel ihrer Gewohnheit und trägt dem Bürgermeister, Richter und Rathe und den Bürgern gemeiniglich zu Wien ihre Wahrung auf:

1. Soll sich kein Dorfschuster in der Stadt niederlassen;

2. soll sich keiner zum Meister setzen, der sich nicht vor den vier gesetzten Meistern ausgewiesen und nach dem Rechte der Stadt seine ehrliche Geburt erwiesen hat;

3. soll ein Knecht, der eine Verwandte seines Meisters gegen dessen Willen und Wissen heimlich überredet, von keinem Meister des Handwerks mehr angenommen werden;

4. soll man keine Schuhe feil halten, ausser in dem Schuhhaus und in den Werk-stätten der Meister. «Commissio dom. imperatoris propria.»

Datum: an erichtag nach st. Stephanstag inventionis.

Copia s. XVII.
Dieses Privilegium erscheint in der Bestätigung durch König Ferdinand I. von 1533, September 19, inserirt (s. Nr. 1387).
IV, D 7, Gewerbeprivilegien.

1243 *1463, Januar 2, Wien.*

Albrecht VI., Herzog von Oesterreich etc., bestätigt den Fischkäufeln in der Fischerzeche zu Wien das Privilegium des Königs Ladislaus (Posthumus) von 1453, Juli 10 (s. Nr. 1279). «Dom. archidux (?) in consilio.»

Datum: an suntag vor der heiligen dreier künig tag.

V.llmus des Registrators und Taxators Hanns Findisgut vom 24. September 1610.
IV, F.

1244 *1463, März 9, Wien.*

Albrecht VI., Erzherzog zu Oesterreich etc., bestätigt seinen Bürgern, den Färbern zu Wien, «genannt die Flemming», für die Dienste, die sie ihm gethan und noch thun, ihre Privilegien, besonders das inscrirte Privilegium Leopolds VI. und das Albrechts III., und setzt auf ihre Verletzung gemäss ihren Briefen eine Pön von 20 Mark löthigen Silbers.

Datum: am mitwochen vor dem sontag oculi in der vasten.

Vidimus des Registrators und Taxators der öster.
Hofkanzlei C. Ungelter von Theisenhaus vom 25. October 1571.

Das Original trug das grosse Hängesiegel des Erzherzogs.

IV, D 7, Gewerbeprivilegien.

1285 *1480, September 16.*

Bürgermeister Ritter Larenntz Hayd und des Raths Gemain der Stadt vereinigen auf die Bitte der Leinweber und Parchanter (Barchentmacher) diese beiden Handwerke zu einer Zeche; wer sich als Leinwebermeister in Wien niederlassen wolle, muss künftig seine eheliche Geburt und drei Jahre Lehrzeit urkundlich oder mit Zeugen vor dem Rathe erweisen, ein Eheweib nehmen und das Bürgerrecht um ein halbes Pfund Pfennige erwerben; die Meister sollen jährlich zwei Zechmeister erwählen, welche jährlich am ersten Rathtage nach Weihnachten vor dem Rathe zu geloben hätten, ihrem Handwerke treulich nachzugehen, die Bewerber um die Meisterschaft gewissenhaft zu prüfen, und so sie eine Arbeit ihres Handwerks nicht gut und gerecht fänden, dieselbe durch des Bürgermeisters Diener aufheben und dem Rathe überantworten zu lassen; doch behält sich der Rath vor, diese Ordnung abzuändern, zu mindern oder aufzuheben. «Also stet es im statpuch zu Wienn geschriben.»

Unterschrieben: Wolfganng Rieder, statschreiber zu Wienn.

Datum: an sambstag sand Ewfemia tag.
Copie aus dem Stadtbuche in Urkundenform, mit dem aufgedrückten Siegel des Stadtschreibers. Pergament.

IV, F, (Urkundensammlung).

1286

Mathias (Corvinus), König von Ungarn, bestätigt den in Ungarn Handel treibenden Wiener Kaufleuten ihre Privilegien vom 23. April 1255, von 1260, 1270, vom 23. Mai 1277, rom 20. Juli 1279, von 1297, vom 24. Februar 1318, vom 29. März 1346, vom 5. Juni 1349, vom 19. Juni 1365 (s. Nr. 1274), vom 27. Mai 1378, vom 28. April 1380, drei Privilegien vom 6. Mai 1381 und eines vom 17. Juni 1347.

Regesten zur Geschichte der Stadt Wien. II.

Spätere Angabe (s. XVL) in einer Copie dieser Privilegien s. XV. vel XVI.

IV, D 7, Ortsprivilegien.

Die Originale der citirten Privilegien, ausgenommen Nr. 1274, sind im Wiener Stadtarchive.

1287 *1492, August 6, Linz.*

Friedrich III., römischer Kaiser, bestätigt den Laubenherren ihre Privilegien, die sie von seinen Vorfahren und von ihm als Vormund des Königs Ladislaus erhalten haben; er bestätigt besonders die Erläuterung Herzog Albrechts III. (von 1384, April 26, «an erichtag nach Georgentag»), wornach der Rath der Laubenherren zu entscheiden hat, ob Einer, der das Laubenrecht beansprucht, dasselbe nach Recht geerbt oder erheiratet habe, und fügt hinzu, dass nur Erbschaft oder Heirat, aber nicht Kauf oder Uebergabe das Laubenrecht geben soll; er bestätigt die Erläuterung, welche die Brüder Albrecht III. und Leopold III. einigen Artikeln gegeben haben und setzt auf die Uebertretung dieser Privilegien eine Pön von 20 Mark löthigen Goldes, wovon die eine Hälfte an die landesfürstliche Kammer, die andere aber an die Laubenherren zu zahlen ist.

Datum: an montag vor sand Larennzen tag.

Copia s. XV. vel XVI. Das Stück ist inserirt in der Bestätigung König Maximilians I. von 1494, Januar 28 (s. Nr. 1289); das Original war mit dem Reichssiegel gesiegelt «mangelhalben unser majestät insigl, das wir in unsern erblanden nutzen, so wir ditzmals nicht beihenden haben». In einem Vidimus des Registrators und Taxators Hanns Flindtaguet vom 17. November 1611 erscheint die Formel: «commissio dom. imperatoria propria».

IV, D 7, «verschiedene Privilegien».

Ber. u. Mittheil. d. Alterth.-Ver. zu Wien, I, 260.

1288 *1494, Januar 23, Wien.*

König Maximilian I. bestätigt den Fischkäufeln in der Fischerzeche zu Wien ein Privilegium Herzog Albrechts V. (vgl. Nr. 1278). «Commissio dom. regis in consilio.»

Datum: an phinztag nach sand Sebastians tag.

Vidimus des Registrators und Taxators Hanns Flindtaguet vom 24. September 1610.

Das Original trug das königliche Hängesiegel.

IV. F.

2

1289　*1494, Januar 28, Wien.*

König Maximilian I. bestätigt den Laubenherren der Stadt Wien die (wörtlich inserirten)
Privilegien Herzog Albrechts III. von 1384,
April 26, und von Kaiser Friedrich III. von
1492, August 6 (Nr. 1287), und erneuert die
von Kaiser Friedrich III. festgesetzte Pön von
20 Mark löthigen Goldes für die Verletzer derselben. «Commissio dom. regis in consilio.»

Unterschrieben: Con[radus] Stürtzel de
Buchen, doctor et aulicus cancellarius; Re[gi-
stra]ta Leonhardus Olhafn.

Datum: an erichtag nach sand Pauls tag
conversionis.

Copia s. XV. vel XVI. Das Original trug das anhangende königliche Siegel.

IV, D 7, «verschiedene Privilegien».

Ber. u. Mitthell. d. Alterth.-Ver. zu Wien, 3, 260.

1290　*1494, März 1.*

König Maximilian I. bestätigt den Laubenherren zu Wien das inserirte Privilegium
Kaiser Friedrichs III. von 1492, August 6 (s.
Nr. 1287). «Commissio dom. regis in consilio.»

Datum: an sambstag vor dem suntag
oculi in der vasten.

Vidimus des Registrators und Taxators Hanns
Findtaguet vom 17. November 1612.

IV, D 7, Gewerbeprivilegien.

1291　*1498, April 10.*

König Maximilian I. bestätigt den Krämern zu Wien ihre Privilegien, die ihnen
Herzog Albrecht von Oesterreich am 23. Juni
1432 (im Eisenbuch, Wiener Stadtarchiv) gegeben und König Friedrich III. am 19. August
1443 bestätigt hatte, in denen besonders ihr
Verhältniss zu den Kaufleuten in Wien geordnet wurde, und trägt den Landes- und den
städtischen Behörden die Beobachtung derselben auf.

Datum: an eritag py palmtag.

Concept mit der Sigla V.

V, G 4, C. 2923.

Ber. u. Mitthell. d. Alterth.-Ver. zu Wien, 3, 215.

1292　*1498.*

König Maximilian I. stellt den Zimmer-
leuten von Wien und den mit ihnen ver-
einigten von Klosterneuburg ein Handwerks-
privilegium aus.

Citat aus der Bestätigungsurkunde Kaiser Leopolds I.
von 1704, September 9, in dem Vidimus des Expeditors
der Hofkanzlei Johann Bapt. Schell vom 10. März 1705.

IV, D 7, Gewerbeprivilegien.

1293　*[Undatirt.]*

«Der bürgerlichen Öbstlerzech zu Wienn
ordnung»:

1. Jeder, der in die Bruderschaft der
Oebstler aufgenommen werden will und einen
Obsthandel an sich bringt, soll in der ordentlichen Zusammenkunft der Bruderschaft seinen
Geburtsbrief und seinen ehrlichen Abschied
vorbringen und dann von den Zechmeistern
zum Empfange des Bürgerrechtes vorgestellt
werden;

2. an den vier Marientagen, am St. An-
nentage und zu Allerseelen sollen beim Gottesdienste die gebräuchlichen 16 Kerzen brennen,
und alle Brüder und Schwestern, die von
diesen Messämtern ohne triftigen Grund fern-
bleiben würden, sollen um 4 Pfund Wachs
gestraft werden;

3. wer am Frohnleichnamstage am Um-
gange muthwillig nicht theilnimmt oder sich
dabei ungebührlich hält, soll 10 Pfund Wachs
in die Lade erlegen;

4. wer sich weigern würde, am Frohnleichnamstage das Crucifix, das Marien- und
das St. Johannesbild zu tragen, wenn es ihm
anbefohlen wird, soll 8 Pfund Wachs erlegen;

5. wer aus ehhafter Noth an dem Leichenbegängnisse und der Seelenmesse eines Mit-
bruders nicht theilnehmen kann und keinen
Stellvertreter («scheinpotten») schickt, soll
6 Pfund Wachs erlegen;

6. die Zechmeister sollen zu jedem
Leichenbegängnisse eines Bruders sechs Mit-
brüder verordnen, die Leiche zu Grabe zu
tragen; wer diesem Auftrage aus ehhafter Noth
nicht genügen könnte und keinen Stellvertreter schickt, soll 4 Pfund Wachs erlegen;

7. welcher Bruder zu einem Leichenbegängnisse Windlichter verwenden lassen
will, soll dagegen 4 Pfund Wachs erlegen;

8. sollen die Zechmeister darauf Acht
haben, ob Jemand von der Bruderschaft zu

arm wäre, einen «uberthon» zu kaufen; in diesem Falle sollen sie den Betrag dafür der Lade entnehmen «und sich des conducts underwinden»;

9. wenn ein Verstorbener so arm wäre, dass man seinen Angehörigen das bessere Leichentuch und die Kerzen nicht anvertrauen mag und kein ehrlicher Mann es für diese in Verwahrung nehmen wollte, so soll man ihnen das Kindstuch und die Kindskerzen geben;

10. soll, wer zum siebenten Male die Windlichter oder die 16 Kerzen haben will, 2 Pfund Wachs dazu geben;

11. am St. Thomastage sollen die Zechmeister die Schlüssel zu der Lade und die Rechnungen übergeben und sollen zwei neue Zechmeister gewählt werden; wer aber die Wahl nicht annehmen wollte, soll 4 Pfund Strafe bezahlen;

12. wer der Zeche 13 Zechpfennige schuldig wird, von dem sollen die Zechmeister sie einfordern; gibt er sie nicht, so soll er alles Recht an der Zeche verloren haben;

13. welcher Bruder «ein obst bei dem wasser hat und selbes alher bringt, welches sonst nicht breuchig» ist, und das Obst aus Noth an unser lieben Frauen Tag verkaufen will, dem soll dies gegen die Anmeldung bei dem Vater und den Leuten der Zeche und gegen Erlegung von 2 Pfund Wachs in die Lade erlaubt werden;

14. soll jeder Bruder verpflichtet sein, dem andern auf Begehr einen gebührlichen Theil seines Obstes zu verkaufen bei Strafe von 6 Pfund Wachs oder nach besonderem Erkenntnisse der Bruderschaft;

15. soll jeder Vorkauf des Obstes, wie er auf dem Lande und beim Wasser von Männern und Frauen und von herrenlosem Gesinde getrieben wurde, und jeder Verkauf von Obst durch Leute, die nicht der Zeche angehören, verboten sein und mit Confiscation des Obstes und sonstiger Strafe belegt werden;

16. [durchstrichen] soll den Landsknechten der Stadtguardia, die sich mit dem Vorkaufe und dem Verkaufe von Obst an den Stadtthoren befassten, dies bei Strafe der Confiscation und der Anzeige am gebührenden Orte verboten sein;

17. soll den Verkäufern von Eiern der Vorkauf von Obst verboten, dagegen aber gestattet sein, ihr eigenes Gewächs auf den Wochenmärkten an bestimmten Marktplätzen zu verkaufen.

Copie s. XVII., welche als Vorlage für eine Neuausfertigung diente.

IV, D 7, Gewerbeprivilegien.

1294 [1498.]

Jüngere Fassung der Mauthordnung von ca. 1320:

Neue Bestimmungen sind, dass ein Gast, der von dem anderen Vieh kauft und es aus der Stadt und aus dem Lande treibt, so viel zahlt wie der, welcher Vieh in die Stadt treibt; bleibt er aber damit im Lande, so zahlt er 1 Pfennig vom Stück; dass der Bürger und der Angesessene für Rinder, die er kauft und verkauft, an Zoll 1 Pfennig und an Mauth 1 Heller vom Stück zahlen muss; dass der Gast von einem Wagen mit Lammfleisch 2 Pfennige und der Landmann oder Stadtangesessene von einem Wagen mit Fleisch 1 Pfennig zahlen muss; dass von einem Dreiling Weines 4 Pfennige, von ¹/₂ Dreiling 2 Pfennige, von einer «anleg» 2 Pfennige zu zahlen sind; dass auf die Ausfuhr von Wein nach Böhmen ein Zoll von 12 Pfennigen auf das Fuder, von 8 Pfennigen auf den Dreiling gelegt ist, und auf Wein, der aus dem Gebirge durch die Stadt nach Böhmen geführt wird, 12 Pfennige vom Fuder und vom Dreiling 8 Pfennige, die an der Mauth am Thore zu erlegen sind; dass auf Unschlitt, Schmer, Pech aus dem Auslande 2 Pfennige vom Centner gelegt sind; dass die Klosterneuburger und Brucker den Oberennsern gleichgestellt werden; statt des Holzes — Tomaschek S. 92, Z. 23 — nennt die vorliegende Abschrift Salz; der folgende Absatz lautet: «ist das einer herein führt kienn oder wagenholz, so gibt er von dem wagen in die mauth ein pfening, und in dem zoll ein pfening, führt er aber zimmerholz oder khol, so gibt er ein pfening in die mauth und keinen zoll, von saüllen holz

2*

deren pognern, sprungholz (?) deren schwert-
fegern, bognerholz und teufel holz deren
bindern und beesen aus dem waldt gibt alweg von dem wagen in die mauth und in
dem zoll ein pfening; item führt er aber
brennholz oder fuerholz, so gibt er von dem
fueder zu mauth ein pfening und nicht mehr,
dann die rossmauth die gibt alweg von sich
selbst; von stroh, heu und krauth: item führt
einer ein wagen mit stroh, krauth, heu, grass,
scharib so gibt er von dem fueder in die
mauth zwei pfening; ist aber von sandt,
kalch, ziegl, mist gegen weingarten umb lohn,
gibt nichts dann rossmauth.»

Es folgen die Artikel: von dem ruth
fueder herein, von dem mezen leichen an
dem neuen markth zu Wienn, von kaufmannschaz ausser landts, von kaufmannschaz
der bürger zu Hungarn, von weinkaufen der
käufer, von getraid der bürger.» Die Ab-
schnitte über die Wagenmauth, die Wasser-
mauth und den inneren Zoll sind nicht wesentlich verändert; sie sind wie der bespro-
chene Abschnitt in Artikel mit Ueberschriften
untertheilt.

Vidimus des Expeditors des Directoriums in publicis
et cameralibus Anton Gruaber vom 25. November 1750,
mit dessen aufgedrücktem Siegel und der Aufschrift:
«Mauth der Stadt Wieno Freiheit ist renoviert 1498».
Verderbt. 27 Folleo.

Patentensammlung.

Tomaschek, Die Rechte und Freiheiten d. St.
Wien, 1, 90.

1295 *1500, November 21.*

Wolfgang Rieder, Bürgermeister, und
der Rath der Stadt Wien haben auf die Beschwerde der Krämer, dass die Kaufleute,
die nach Venedig fahren, unter dem gesetzten
Masse und Gewichte verkaufen (im Eisenbuch,
Wiener Stadtarchiv), die Krämer und die
genannten Kaufleute am 14. November zur
Entscheidung vor sich geladen. Die Krämer
haben da die (inserirten) Privilegien Friedrichs III. von 1443, August 19, und Maximilians I. von 1498, April 10 (s. Nr. 1291),
für sich vorgebracht; darauf stellten ihnen
Bürgermeister und Rath eine Gerichtsurkunde
aus mit dem Erkenntniss, dass es bei den angeführten Privilegien zu verbleiben habe.

Datum: am sambstag nach sanct Eli-
sabet tag.

Vidimus des Registrators und Taxators Hanns
Findtaguel vom 2. Juni 1612. Das Original trug das
Stadtsiegel.

IV, D 7, «verschiedene Privilegien».

Ber. u. Mittheil. d. Alterth.-Ver. zu Wien, 3, 245.

1296 *1502, Juni 16.*

König Maximilian I. fällt auf die Appellation der Kaufleute zu Wien gegen die Entscheidung des Rathes der Stadt von 1500,
November 21 (s. Nr. 1295), in ihrem Streite
mit den Krämern im Hofgerichte der n.-ö.
Lande zu Wr.-Neustadt ein Urtheil. «Commissio dom. regis in consilio.»

Datum: am pfinztag nach sanct Veitts tag.

Citat aus der Gerichtsurkunde des Wiener Stadtrathes vom 1505, März 2 (s. Nr. 1300) In dem Vidimus
des Registrators und Taxators Hanns Findtaguel vom
2. Juni 1612. Das Original trug das aufgedrückte königliche Siegel.

IV, D 7, «verschiedene Privilegien».

Ber. u. Mittheil. d. Alterth.-Ver. zu Wien, 3, 245.

1297 *1503, Juli 20, Füssen.*

1. König Maximilian I. verleiht dem
heil. Geistspitale das Recht, jährlich durch
seinen Anwalt oder Scheinboten von dem
landesfürstlichen Amte zu Gmunden und dem
Amtmanne daselbst 60 Fuder Salz, wie sie dort
im Gebrauche sind, kosten- und mauthfrei zu
beziehen. «Commissio dom. regis propria.»

Unterschrieben: Maximilian; Hanns von
Stetten, Kammermeister; Blasy Hölltzl; Villinger.

2. Verständigung der Mauthner zu Ybbs
und zu Stein und «an allen anderen Orten»
von dem Inhalte dieses Privilegs.

Mit den gleichen Unterschriften.

3. Verständigung des Amtmannes Wolfgang Oeder zu Gmunden von dem Inhalte
dieses Privilegs und Anweisung, zum Zwecke
der Rechnungslegungen von dem Anwalte oder
Scheinboten des Spitals jährliche Quittungen
über das ausgefolgte Deputat zu verlangen.

Mit den gleichen Unterschriften.

Chart. s. XVI, s. Nr. 1318. Inserirt in dem Vidimus
des Schottenabtes Johannes von 1503, September 7, s.
Nr. 1298. Die Originalurkunden trugen das königliche
Siegel.

IV, O 5, C. 1400.

1298 *1503, September 7, Wien.*

Johannes, Abt des Gotteshauses Unserer Lieben Frauen zu den Schotten zu Wien, transsumirt und vidimirt auf Bitte des Johannes Gössl, Vicars des heil. Geistspitals vor dem Kärntnerthore, drei Privilegien König Maximilians I. für das Spital, von denen zwei auf Pergament und eines auf Papier geschrieben waren, alle von 1503, Juli 20, Füssen (s. Nr. 1297).

Datum: am phintztag unserer lieben frawen abent irer geburt.

Chart. a. XVI., s. Nr. 1318.

Das Vidimus trug das Siegel der Abtei, «doch unserm gotshause, uns und unseren nachkomen an schaden».

IV. O 5, C. 1400.

Weiss, Gesch. der Armenversorgung in Wien, S. VI.

1299 *1504, März 8.*

König Maximilian I. gibt dem Bürgermeister und Rathe zu Wien auf die Eingabe, die sie an den obristen Hauptmann, den Statthalter und die Regenten des Landregiments seiner n.-ö. Lande gemacht haben, die Bewilligung, einen Marktrichter zu bestellen, der dem Vorkaufe entgegenzutreten hat, und ordnet an, dass sie davon seinem Stadtrichter zu Wien Meldung thun, damit dieser ihn in Gelöbniss und Pflicht nehme, dass er mit seinem Marktgerichte dem Stadtgerichte des Landesfürsten gehorsam sei, die Ordnung, die die Stadt in Bezug auf den Vorkauf gesetzt, getreulich halte und über vorgekauftes Gut, das er fände, und über vorkommende Pönfälle, die er in des Stadtrichters Namen übernommen, diesem Rechnung lege.

Datum: an freitag vor dem sontag oculi in der vasten.

Concept mit Registrirungsvermerk.

IV. E 11, C. 1770.

Arch. f. Kunde österr. Geschichtsquellen, 35, 125.

— Weiss, Gesch. d. St. Wien, 1, 427.

1300 *1505, März 2.*

Paul Kheckh, Bürgermeister, und der Rath der Stadt Wien geben bekannt, dass sie das (theilweise inserirte) Urtheil des Hofgerichtes der n.-ö. Lande zu Wr.-Neustadt, das auf die Appellation der Kaufleute in ihrem Streite mit den Krämern erflossen ist (s. Nr. 1296), auf Begehr der Krämerzeche eröffnet und verlesen haben.

Datum: an sambtag vor dem sontag iudica in der fasten.

Vidimus des Registrators und Taxators Hanns Flodtagner vom 2. Juni 1612.

IV, D 7, «verschiedene Privilegien».

Ber. u. Mittheil. d. Alterth.-Ver. zu Wien, 3, 245.

1301 *1505, December 31, Wien.*

Paul Kegkh, Verweser des Bürgermeisteramtes, und die Verweser des Rathes der Stadt Wien bezeugen, dass sie das Wasserrecht, genannt das Lirnpecheramt, dem Wiener Bürger Wolfgang Hellffesdorffer und seinen Erben um 1600 Pfund Wiener Pfennige, die er ihnen gezahlt, verkauft haben, mit den Nutzungen und Rechten, wie sie es von Eytzinger von Kornnberg als ein landesfürstliches Lehen gekauft hatten.

Datum: an mitichen des heiligen newen iars abent, nach Cristi unsers lieben herrn geburt im funfzehenhundertisten und sechsten iaren.

Vidimus des Abtes Johann zu den Schotten von 1513, August 24 (an erichtag sand Bartholomeus tag). Pergament. Das Siegel des Abtes ist verloren. Es wurde gesiegelt «uns, unserm gotshaus und allen unsern nachkomen und insigill on schaden».

II, A 4, (Urkundensammlung.)

Hormayr, Geschichte Wiens, 5, UB. 196, und 9, Register, 107. — Notizenbl. d. Wiener Akad. d. Wissensch. 8, 21.

1302 *1506, Mai.*

Die Vertreter der Städte und Märkte des Landes unter der Enns nehmen an den Landtagsverhandlungen über die von König Maximilian I. geforderte Hilfe von 2000 Mann oder dem entsprechenden Geldäquivalent zum Kriege in Ungarn theil.

Original. 14 Folien, enthaltend die Vollmacht und die Instruction des Königs für das Regiment und die Antwortschreiben der einzelnen Stände.

IV, H 3, C. 615.

1303 *1506, December 9, Salzburg.*

König Maximilian I. verleiht auf Bitte des Wiener Bürgers Wolfgang Hellfestorffer das Wasserrecht bei der Donau in der Scheffstrasse, «das man nennt das Lürenpecher-

ambt», mit allen Freiheiten und Nutzungen,
wie sie dieser innegehabt und nun verkauft
hat, dem Barthlme Freysleben, seinem Zeugmeister zu Innsbruck, als ein Weiberlehen.

Vidimirte Copie aus dem Jahre 1514; sie wurde
bei der neuerlichen Verleihung an Vincenz Rogkhner
mit dieser registrirt (s. Nr. 1320).

II, A+.

Notizenbl. d. Wiener Akad. d. Wissensch., 8, 21.

1304 1506, December 10.

Wolfgang Helffenstorffer, Bürgermeister
zu Wien, bekennt, dass er seinem Schwager
Bartholomäus Freyslebenn, röm. kais. Maj.
Zeugmeister zu Innsbruck, das Wasserrecht
bei der Donau in der Scheifstrasse zu Wien,
«das man nennt Lärenpecheramt», mit seinen
Privilegien, Nutzungen und Gülten, wie es
von dem Fürstenthume Oesterreich zu Lehen
rührt und wie er es von der Gemeinde Wien
erhalten, zu Lehenrecht verkauft habe; gesiegelt auf seine Bitte von Benedict Catzen-
loher, Bürger zu Innsbruck.

Zeugen: Conrad Halbhurn und Sigmund
Pawman, Bürger zu Augsburg.

Unterschrieben: Wolfgang Helffenstorffer.

Vidimus des Abtes Johannes vom Schottenkloster
zu Wien ddo. 1510, November 29. Pergament. Beschä-
digtes Siegel des Klosters.

II, A 1, (Urkundensammlung).

Notizenbl. d. Wiener Akad. d. Wissensch., 8, 21.

1305 1507, April 13, Wien.

[Wolfgang] Gwärlich, Beisitzer des Hofgerichtes in Wr.-Neustadt, sendet dem obristen
Hauptmanne, den Statthaltern und Regenten
der n.-ö. Lande einen Revers ein, den er auf
Befehl des Königs dem Münzmeister Jörg
Jordan vor längerer Zeit abgefordert, aber
erst nach wiederholter Mahnung erhalten habe.

Unterschrieben: Gwärlich.

Datum: des eritags nach dem suntag
quasimodo geniti.

Original. Mit dem Verschlusssiegel Gwärlich's.
Der Revers selbst ist nicht erhalten.

V, C 1, C. 2718.

1306 1507, August 20, Wien.

Anfrage (des Hofgerichtes in Wr.-Neu-
stadt) an den obristen Hauptmann, Statthalter

und Regenten der n.-ö. Lande, was in Betreff des Münzmeisters Jordan geschehen solle,
der sich vor etlichen Wochen, bald nach dem
Landtage in Korneuburg, als er den Auftrag
erhalten sollte, mit dem Münzenschlagen einzuhalten und sich mit seinem Bestellbriefe
und seiner Verschreibung, die er zum Münzenschlagen hatte, zu den Statthaltern und Räthen
nach Innsbruck zu begeben, aus Wien, un-
bekannt wohin, entfernt habe, und ob man
sein Hab und Gut mit Beschlag belegen solle;
man habe sich bemüht, 15 oder 20 Kreuzer,
die von ihm geschlagen wären, der Regierung
einsenden zu können, aber vergeblich.

Unterschrieben: Schrätl, Gwärlich.

Original. Die zwei Verschlusssiegel abgefallen.
Dorsualvermerk: «geantwort am montag vor Egidi anno
septimo» (August 30).

V, C 1, C. 2718.

1307 1507, October 19, Innsbruck.

König Maximilian I. ertheilt seinem getreuen Jörg von Heremberg als seinem Hansgrafen in Oesterreich eine Instruction, wie er
sein Amt in Zukunft zu versehen habe:

1. Er solle zur Vermeidung des Vorkaufes,
der den königlichen Zöllen Schaden und den
fremden Kaufleuten Beschwerung bringt, darauf sehen, dass in Oesterreich und besonders zu Wien das Vieh auf den ordentlichen
Jahrmärkten, in Wien an allen Freitagen
gekauft werde, und dass die Fleischhauer zu
Wien und in den Dörfern auf diesen Märkten
nur so viel Vieh, als ihr Bedarf ist, kaufen
und keinen Vorkauf dulden, damit die ober-
ländischen Kaufleute im Lande ob der Enns,
in Tirol und anderwärts das ungarische Vieh
auch um einen mässigen Preis erhalten, und
damit die Strassen in seinen Landen gebraucht
und Zoll- und Mauterträgnisse nicht gemin-
dert werden.

2. Er solle alle Städte, Märkte und
Dörfer, die nicht ausdrücklich befreit sind,
in ihrer Kaufmannschaft zur Entrichtung von
Mauth und Zoll verhalten und die Ungehor-
samen zu Handen des Landesfürsten bestrafen.

3. Wenn die Ungarn ihr Vieh durch
Oesterreich nach Wien treiben, und die
wilden Ochsen irgendwo Schaden anrichten,

indem sie vom Wege ablaufen, so soll die
Sache an den Hansgrafen kommen und von
ihm nach dem Augenscheine entschieden
werden, damit Niemand sein eigener Richter
sei und der Viehhandel nicht von Oesterreich
weg in andere Länder geleitet werde.

4. Die Kaufleute sollen zum Viehhandel
und zu anderer Kaufmannschaft die rechten
Strassen gebrauchen, und die Mauthner oder
Zöllner sollen ihnen bei jeder Zahlung Zettel
ausstellen mit der Angabe der Menge ihrer
Waare; die sollen ihnen dann auf den rechten
Märkten zur Controle der Mauthner vom
Hansgrafen abgenommen werden.

5. Da die Stadt Hainburg die ungarischen
Kaufleute dränge, ihr Vieh durch diese Stadt
zu treiben, was den Kaufleuten beschwerlich
und der landesfürstlichen Mauth zum Schaden
ist, so soll der Hansgraf mit Hilfe der Ueberreiter diesem Strassenzwange entgegenwirken
und den Viehtrieb zum Vortheile der Ungarn
und des Königs über Bruck a. d. Leitha und
Schwechat leiten.

6. Der Hansgraf soll besonders verhüten,
dass die ungarischen Ochsen nach Böhmen
getrieben werden.

7. Der Hansgraf soll verhindern, dass,
wie es geschehen, fremde Kaufleute nach
Ungarn ziehen und die rechten Jahrmärkte
umgehen, sondern die ungarischen Kaufleute
sollen das Vieh zu den Jahrmärkten bringen;
sollte aber in Wien oder anderwärts Fleisch-
mangel eintreten, so soll man mit Wissen des
Hansgrafen nach Ungarn um Vieh schicken,
die Zölle und Mauthen sollen aber bei Strafe
ebenso entrichtet werden wie von den ungarischen Kaufleuten.

8. Streitigkeiten zwischen ungarischen
oder anderen Kaufleuten um Geldschulden
oder dergleichen soll der Hansgraf, wie es
ihm gebührt, entscheiden.

9. Alles Kaufmannsgut, das von Wiener
oder fremden Kaufleuten nach Wien gebracht
wird, soll im Waghause der Stadt angesagt
und gewogen werden; die aber, welche etwas
verheimlichen, soll der Hansgraf bestrafen.

10. Es soll kein Gast mit einem anderen
Gaste ein Kaufgeschäft machen ohne einen
geschwornen «Unterkäufel».

11. Der Hansgraf soll sich allwöchentlich nach Bedürfniss mit den Unterkäufeln
unterreden und sich auch bei den Mauthnern
erkundigen, womit gehandelt worden sei,
damit der Kammer nichts entzogen werde.

12. Kein ausländischer Kaufmann soll
ohne Erlaubniss des Hansgrafen nach Wien
ziehen, gemäss den erlassenen Privilegien
(«nach laut der hantvest»).

13. Die Unterkäufel zu Wien und Oesterreich sollen eidlich verpflichtet sein, dem
Hansgrafen an Stelle des Landesfürsten zu
bekennen, was für Waaren in Oesterreich
auf den Markt gebracht werden; und bei
Streitigkeiten zwischen den Kaufleuten soll
der Hansgraf etliche Unterkäufel, etliche
Kaufleute und etliche unparteiische Bürger
zu sich erfordern und mit ihnen gütlich oder
rechtlich entscheiden; halten sich aber die
Parteien für beschwert, so soll dann der
Hansgraf vor dem landesfürstlichen Regimente in Oesterreich die Sache «mit ent-
lichem rechten» entscheiden.

14. Der Hansgraf soll alle vier Wochen
die Einnehmer des «Ungelts» controliren
und ihnen einschärfen, dass Jeder, der in
Städten, Märkten oder Dörfern Wein aus-
schenkt, sich dem «Ungelter» vorher anzusagen und einen «Zeiger» auszustecken hat.

15. Der Hansgraf soll darauf sehen,
dass die «Ungelter» ihr Amt selbst besorgen
und nicht ihren Dienern überlassen, und die
Uebertreter bestrafen.

16. Es soll Niemand in Oesterreich ohne
besondere Erlaubniss Bier führen und schenken
dürfen, ausgenommen die im Spitale zu Wien;
würde aber der König oder der Hansgraf das
Bierschenken etwa wegen Weintheuerung erlauben, so soll auch davon das «Ungelt» gereicht werden und der Hansgraf die Aufsicht
darüber haben.

17. Der Hansgraf soll darüber wachen,
dass die Zöllner und Mauthner Alles in Anwesenheit ihrer Gegenschreiber (Revisoren)
vornehmen und keiner von ihnen selbst Handel
treibe.

18. Der Hansgraf soll auch alljährlich
zu den landesfürstlichen Amtleuten in Oesterreich reiten, den Umreitern über deren Amts-

verwesung Auskunft geben, damit sie darnach zu handeln wissen, und selbst fleissig
mit den Umreitern in den n.-ö. Landen um-
herreiten.

19. Die Umreiter sollen auch dem Hansgrafen Uebertretungen der Amtleute anzeigen
und dieser hat über die schuldigen Amtleute
Strafen zu verhängen.

20. Da das Zimentamt (Aichamt) bisher
nicht gut versehen wurde, so hat es der
König dem Hansgrafen übertragen.

21. Der Hansgraf soll nicht gestatten,
dass Eibenholz aus Oesterreich und speciell
aus dem Lande ob der Enns ins Ausland gebracht werde, wie es jüngst geschehen ist,
und soll auch über die Uebertreter die Confiscation und sonstige Strafen verhängen.

22. Da der König seinen Secretär Wolfgang Hamerl zum Sollicitator seiner n.-ö.
Hauskammer gemacht hat, so soll der Hansgraf Dinge, um derentwillen sich dieser an
ihn wendet, und die in seine Competenz
fallen, mit Fleiss vollführen.

23. Sollten diese königlichen Befehle
Mängel oder Irrungen enthalten, so dass der
Hansgraf sie nicht ausführen kann, so soll
er sich an die n.-ö. Regierung, wenn aber
diese die Sache nicht ändern kann, an den
König selbst wenden.

24. Wenn die Umreiter Mängel, die er
ihnen mittheilt, nicht abstellen, so soll er es
dem Könige berichten.

25. Niemand soll dem Hansgrafen und
dessen Anwalt und Dienern entgegenwirken,
sondern alle Unterthanen sollen ihnen Beistand leisten.

26. und 27. Besonders sollen Hauptmann
und Regiment der n.-ö. Lande den Hansgrafen in allen Artikeln dieser Instruction
unterstützen und anderseits die Anzeige an
den König erstatten, wenn er sich nicht an
die Instruction hält oder die Kaufleute oder
andere Unterthanen beschwert.

28. Der Hansgraf soll seinem Eide gemäss das Interesse der landesfürstlichen
Obrigkeit wahren. «Commissio dom. regis
propria.»

Unterschrieben: Per regem, per se;
Vogt.

Copia. Vermerk: «Abschrift der instruction so
hannsgraf dem obristen haubtman fürbracht hat am
12. tag marcii a° octavo»; s. Nr. 1308.
V, D 1, C. 2808.
C. Koehne, Das Hansgrafenamt, 301.

1308 *1508, März 12.*

Jörg von Hernnperg, Hansgraf in Oesterreich, wendet sich an den obristen Hauptmann des Regimentes der n.-ö. Lande, er
möge ihm, als dem vom Könige bestellten
Zimenter, folgende Mandate ausstellen:

Eines an die von Wien, dass sie ihn,
wie sich's gebührt, als einen Zimenter berufen und ihm oder seinem Anwalte, «als
dem Vater des Gewichtes, der Elle, des
Kammerbuches und Zimentamtes, eine Abschrift der Handveste, die sie über das Amt
haben, aus dem Rathhause in das landesfürstliche Münzhaus geben, nach der er sich
richten könne».

Ein zweites an den Vitzthum zu Wien
«von wegen des anguss damit wir anderer
massen abzeychen und rectificiern mögen».

Ein drittes an alle geistlichen und weltlichen Personen, die Zimentzeug, Bücher und
Register verwahren, dieselben unverzüglich
an ihn oder seinen Anwalt abzuliefern, da
sie in die landesfürstliche Zimentkammer gehören.

Unterschrieben: Jörg von Hernnperg,
hansgraf in Öster[reich].

Undatirt; wegen der Datirung s. Nr. 1307,
Anm.

Original? In dorso der Vermerk: «Ist dem hansgrafen darauf ein offen general geben».
Beilage: Die Abschrift seiner Amtsinstruction von
1307, October 19, s. Nr. 1307.
V, D 1, C. 2808.

1309 *1510, April 5, Augsburg.*

Kaiser Maximilian I. befiehlt seinen
Mauthnern, Aufschlagern, Zöllnern, Gegen-
schreibern und Beschauern, die Prälaten,
die Adeligen und die Bürger von den Städten
und Märkten in Oesterreich unter und ob
der Enns nicht, wie es jüngst geschehen, dadurch zu beschweren, dass sie an den Mauth-
stellen den Wein von den Schiffen nehmen.
«Commissio dom. imperatoris propria.»

Unterschrieben: Per regem, per se; Sernteiner.

Original. Das Verschlussiegel ist abgefallen.
V. B1.

1310 *1511, Mai 15, Wien.*

Abt Johann zu den Schotten vidimirt
den Messerern das Privilegium, das ihnen
Kaiser Maximilian I. am 4. Mai 1511 «an
suntag misericordia domini» ausgestellt hat,
«doch uns, unserm gotshaus und allen unsern
nachkomen und insigil on schaden».

Datum: an phintztag nach sand Pan-
gretzentag.

Original. Pergament. Das Hängesiegel des Klosters
ist abgefallen.

Das Originalprivilegium Kaiser Maximilians ist im
Wiener Stadtarchive.

IV, F.

1311 *1511, Mai 23, Hag in Baiern.*

Kaiser Maximilian I. beauftragt den obristen Hauptmann, Statthalter, Regenten und
Räthe des Regiments seiner n.-ö. Lande,
seinen Hansgrafen in Oesterreich, Jörg von
Herrenberg, bei der angeordneten Aichung
(«dem Zimenten») von Mass, Elle und Gewicht zu unterstützen und ihm die erforderlichen Mandate auszustellen, damit die Be-
nützer falschen Masses gestraft werden. «Commissio dom. imperatoris propria.»

Unterschrieben: Per regem, per se; H.
Vinsterwalder.

Original. Das Verschlussiegel ist abgefallen.
Unter der Adresse der Vermerk: «fiat wie di kais.
maj. bevilh».

IV, R 3, C. 1501.

1312 *1511, September 12.*

Kaiser Maximilian I. ordnet durch Mandat
an Niclas Grafen zu Salm, Schlosshauptmann
zu Marchegg, an Johann von der Lambnitz
auf Meseritsch, Hauptmann in Mähren, oder
in seiner Abwesenheit an seinen Hauspfleger
zu Zistersdorf, an Veit von Fürst, Doctor,
seinen Rath und Pfleger zu Eisenstadt, an
Friedrich Harber, seinen Pfleger zu Güns,
und an Bürgermeister, Richter und Rath zu
Laibach an, dass die in seinen Landen ausser-

halb Wiens wohnhaften Juden, so lange sie
sich zu Hause oder über Land aufhalten,
nicht an die Kleiderordnung gebunden sein
sollen, die er für die Juden in Wien aufgestellt hat.

Datum: am freitag nach nativitatis Marie.

Concept eines Patentes: mit Expeditionsvermerk.
IV, T 1, C. 2587.

1313 *1511, October 12, Heinfelss.*

Kaiser Maximilian I. schreibt dem obristen
Hauptmann, den Statthaltern und Regenten
des Regiments seiner n.-ö. Lande, dem Niclas
Rot, seinem Kuniglmeister Kaninchenheger
und Vogelwart, die Künigl- und Vogelwärterei
und dazu den Garten zu St. Pauls wieder zu
übergeben, wie er es seinem Rathe und Vitzthum in Oesterreich unter der Enns geschrieben habe. «Commissio dom. imperatoris propria.»

Unterschrieben: Per regem, per se;
Sernteiner; Ulrich von Schellenberg, doctor;
Butsch R[egistra]ta.

Original mit Registrirungsvermerk; das Verschlusssiegel ist abgefallen.

I, B 2, C. 3070.

1314 *1512, April 19.*

Kaiser Maximilian I. richtet ein Generalmandat an die Obrigkeiten und Unterthanen
seiner erblichen Fürstenthümer und Lande,
dem Juden Josef, der mit Weib und Kin-
dem, Hab und Gut aus wälschen Landen
nach Oesterreich kommen will, keine Schwierigkeiten zu machen.

Datum: an monntag sant Marxtag, des
heiligen ewangelisten.

Concept eines Patentes; mit Expeditionsvermerk.
IV, T 1, C. 2587.

1315 *1512, August 19.*

Kaiser Maximilian I. trifft folgende Bestimmungen für das Handwerk der Maurer
und das der Zimmerleute in Oesterreich, um
deren zu hohe Lohnforderungen abzustellen:
Jeder, er sei Meister oder Gesell, der sein
Handwerk kann, muss in Oesterreich zur
Arbeit zugelassen werden; ein Zimmermann
oder Maurer, der sich selbst verpflegt, hat

3

im Sommer, d. i. von St. Peters Stuhlfeiertag
(22. Februar) bis St. Gallentag (16. October),
wenn er ein Meister ist, nicht mehr als
28 Pfennige, wenn ein Geselle, nicht mehr
als 24 Pfennige, und ein Tagwerker neben
einem solchen nicht mehr als 16 Pfennige zu
erhalten; wird er aber verpflegt, so erhält er
als Meister nicht mehr als 24 Pfennige und
zu jeder Mahlzeit ein Achterin Wein, wenn
man Wein in der Gegend haben kann, als
Geselle nicht mehr als 20 Pfennige und je
eine Halbe Wein, ein Tagwerker neben ihm
erhält 12 Pfennige, aber keinen Wein und
muss das Mittagmahl mit dem Meister oder
Gesellen essen; zu Winterszeit erhält ein Meister, der sich selbst verpflegt, nicht mehr als
24 Pfennige, der Geselle 20 Pfennige und ein
Tagwerker 12 Pfennige; wird er verpflegt,
so erhält der Meister nicht mehr als 20, ein
Geselle 16, ein Tagwerker 10 Pfennige; ein
Ziegeldecker, der sich selbst verpflegt, erhält
10 kr., mit Verpflegung nur 8 kr. Ein Handwerker, der mehr verlangt, oder weglauft,
oder müssiggeht, und ein Lohnherr, der ihm
solches gestattet, ist mit 5 Pfund Pfennigen
zu strafen, wovon 3 Pfund dem Landesfürsten
und 2 Pfund dem Richter anheimfallen; überdies fällt ein solcher Handwerker in die Ungnade des Landesfürsten und soll aus dessen
Landen geurlaubt werden.

Datum: an phintztag vor sant Bartholo-
meus tag, des heiligen zwelfpoten.
Gedrucktes Patent.   Siegel abgefallen.
Patentensammlung.

1316 *1512, October 19.*

König Maximilian I. übergibt dem Bürgermeister, Richter und Rathe zu Wien ein
Gesuch des Hanns von Mailand, in dem
dieser bittet, das Rauchfangkehrergewerbe in
Wien ausüben zu dürfen, mit der Weisung,
ihm das zu gestatten, wenn er, wie er angibt, zur Ausübung genügend geschickt ist
und sein Handwerk zum allgemeinen Wohle
um den gleichen Preis, wie die Einheimischen,
ausüben will.

Datum: an critag nach Galli.

Ein zweites Concept vom 7. December
enthält eine neuerliche Weisung des Königs

in dem gleichen Sinne auf Grund eines späteren Gesuches des Bittstellers.

Datum: am critag nach sant Niclastag.
Concepte mit Expeditionsvermerken.
IV, F.

1317 *1512, November 22, Speyer.*

Kaiser Maximilian I. ordnet in einem
Mandate an den obristen Hauptmann, die
Statthalter und Räthe des Regiments seiner
n.-ö. Lande an, dass zur Vermeidung der
Irrungen, die darüber entstanden, wer die
Posten von Wien an seinen Hof zu expe-
diren habe, die Regierung sowohl als Andere,
die eine Post an den Kaiser abgehen lassen
wollen, dieselbe zur ungesäumten Expedition
dem Vitzthum Laurenz Sawr zu überantworten haben. «Commissio dom. imperatoris
propria.»

Unterschrieben: Per regem, per se; W.
Vogt.
Original. Das Verschlussiegel ist abgefallen.
IV, C 4, C. 2748.

1318 *1513, December 10.*

Kaiser Maximilian I. vidimirt dem heil.
Geistspitale folgende Privilegien und Urkunden, welche dessen obrister Meister, Doctor
Philipp Turrian, den Statthaltern und Regenten der n.-ö. Lande vorgelegt hat: 1. 1240,
Friedrich II., Herzog von Oesterreich etc.,
stellt einem Almosen heischenden Bruder des
Hospitals einen Geleitsbrief aus (Nr. 1258);
2. 1243, Februar 4, Wien, Friedrich II., Herzog von Oesterreich, verleiht dem Spitale
Mauthfreiheit für seine Lebensmittel (Nr. 1259);
3. 1253, Februar 18, Wien, Ottokar, Herzog
von Oesterreich und Markgraf von Mähren,
bestätigt dem heil. Geistspitale das Mauth-
freiheitsprivilegium (Nr. 1260); 4. 1266,
März 12, Wien, König Ottokar II. stellt den
Almosen heischenden Brüdern des heil. Geist-
spitales einen Geleitsbrief aus (Nr. 1262);
5. 1272, August 22, Wien, König Ottokar II.
bestätigt die Gründungsurkunde des heil.
Geistspitals (Nr. 1263; darin 6. der inscrirte
Stiftbrief des heil. Geistspitals von Herzog
Leopold VI., 1211, Mai 27, Wien (Nr. 1257);
7. 1274, Mai 18, Klosterneuburg, König

Ottokar II. bestätigt dem heil. Geistspitale seine Besitzungen und Freiheiten (Nr. 1264); 8. 1290, Juni 1, Wien, Albrecht I., Herzog von Oesterreich etc., entscheidet einen Besitzstreit zwischen dem heil. Geistspitale und der Pfarre St. Stephan (Nr. 1266); 9. 1302, Mai 12, Wien, Rudolf III., Herzog von Oesterreich etc., bestätigt den Spruchbrief Herzog Albrechts I. von 1290, Juni 1 (wörtlich inserirt (Nr. 1267); 10. Albrecht II. und Otto, Herzoge von Oesterreich etc., beurkunden einen Häusertausch mit dem heil. Geistspitale; das Ende der Urkunde fehlt im Chartular, (Nr. 1270); 11. 1460, Juni 28, Wien, Kaiser Friedrich III. erlässt einen Spruchbrief über die Verpflichtung zum Baue eines Mühlgrabens an der Wien; der Beginn der Urkunde fehlt im Chartular, Nr. 1281); 12. 1503, September 7, Wien, Johann, Abt zu den Schotten zu Wien, vidimirt dem heil. Geistspitale drei Urkunden König Maximilians I. (Nr. 1298), die wörtlich inserirt werden; 13. 1503, Juli 20, Füssen, König Maximilian I. ertheilt dem heil. Geistspitale ein Salzbezugsprivileg aus dem Salzamte Gmunden; 14. vom gleichen Datum, König Maximilian I. verständigt hievon die Mauthner zu Ybbs und zu Stein; 15. vom gleichen Datum, König Maximilian I. verständigt hievon den Amtmann Wolfgang Oeder zu Gmunden (Nr. 1297).

Datum: an sambstag nach unser lieben frawen tag irer empfenknuss.

Chart. s. XVI.; ohne Siegel oder andere Beglaubigung; acht Pergamentblätter sind erhalten; in der Mitte fehlen ein oder zwei Blätter.

IV, O 5, C. 1400.

1319 *1514, August 1, Gmunden.*

Kaiser Maximilian I. theilt dem Landhofmeister, dem Marschall, dem Kanzler, den Statthaltern und Räthen des Regiments der n.-ö. Lande mit, dass er nach dem Tode des Bartlmee Freysleben, seines obristen Hauszeugmeisters, für die Zeit der Unmündigkeit von dessen Kindern seinem Secretär Vincenz Rogkhner, als ihrem Vetter, das Lärenpecheramt und die Feste Liechtenstein in Oesterreich unter der Enns verliehen habe. «Commissio dom. imperatoris in consilio.»

Unterschrieben: per cesarem; Sernteiner.

Original. Das Verschlussiegel ist abgefallen; unter der Adresse die Weisung «fiat» und die Vermerke der Registrirung und Expedition.

II. A 4.

Ueber das Lärenpecheramt Notizenbl. d. Wiener Akad. d. Wissensch., 8, 21.

1320 *1514, September 4.*

Kaiser Maximilian I. verleiht seinem Secretär Vincenz Rogkhner auf Grund der vorgelegten Lehenbriefe für Bartlmee Freysleben nach dessen Tode zu Handen der Kinder des Freysleben die Feste Liechtenstein und das Lärenpecheramt an der Donau in der Scheffstrasse zu Wien.

Datum: an montag nach sand Egidien tag.

Concept mit Expeditions- und Registrirungsvermerk.

Drei Beilagen (die Nummern 1503, 1310 und der Belehnungsbrief des Freysleben für die Feste Liechtenstein von 1508, Januar 2, Innsbruck).

II. A 4.

1321 *1515, Januar 19, Innsbruck.*

Kaiser Maximilian I. erlässt wegen der Streitigkeiten, die sich zwischen der Wiener Bürgerschaft und einigen Kaufmannsgesellschaften ergeben haben, eine Ordnung für die Kaufleute im Reiche und in seinen Erblanden, die in Wien Handel treiben, und übergibt diese dem Rathe der Stadt Augsburg: Es wird darin das Mindestmass angegeben, in dem eine Anzahl von Artikeln in Wien eingeführt werden darf; das Verbot der Einfuhr von zerbrochenem Gold oder Silber ausgesprochen; den fremden Kaufleuten die Errichtung einer offenen Wechselbank in Wien untersagt; die gemeine Wage der Stadt Wien als officieller Gewichtmesser für fremde Waaren bestimmt; den Wienern, soferne sie nicht Käufer sind, die Besichtigung der fremden Waaren, gegen die bisherige Gewohnheit, verboten; den zureisenden Kaufleuten aufgetragen, in Bürgershäusern Quartier und Kost zu nehmen. «Commissio dom. imperatoris propria.»

Unterschrieben: Per Cesare (!); Sernteiner.

Gleichzeitige Copie. Das Datum «22. Januar» wurde durchstrichen und «19. Januar» eingesetzt.

Das Original wurde noch 1661 zu Augsburg verwahrt.

IV. D 7, Ortsprivilegien.

3*

Codex austriacus. 2, 57. — Arch. f. Kunde österr.
Geschichtsquellen. 14, 501 (nach einer Schönkirchner
Handschrift im n.-ö. Landesarchive); über die Vorver-
handlungen ebenda S. 363 ff.

1322 *1515, Februar 8.*

Kaiser Maximilian I. verleiht dem Hanns
Satler für Dienste, die er dem Kammergute
und der Salzkammer geleistet, für sein Haus
in der Kärntnerstrasse, das mit einer Seite
dem Hause des von Altenburg zunächst ist,
und allen künftigen Besitzern des Hauses
das Recht des Salzhandels; er macht damit
das Haus zu einem Salzhause, sowie es andere Häuser auf dem Salzgries sind; er gibt
den landesfürstlichen und städtischen Behörden, besonders aber dem Salzamtmanne die
Weisung, ihn in diesem Rechte zu schützen,
und setzt dem Zuwiderhandelnden eine Busse
von 10 Mark löthigen Goldes.

Datum: an phinztag vor sand Apollo-
nien tag.

Ein gleiches Privileg erging am 10. Mai
«an phinztag nach cantate» für das Haus des
Hanns Rymner, «das man das von Schynnda
haus nennt», in der Kärntnerstrasse neben
dem alten Fleischhof.

Ein drittes für das des Laurenz Zeilinger beim Stubenthore neben Wolfgangen
Fedelmayr, des Bäckers, Haus. Undatirt.

Es folgen die Vermerke: «Insgleichen
Wolfgangen Trewen haus am Neuenmarkht
neben der . . zu fragen darnach» und «Des
Karlinger brief ist auf Wolfgang Trewen ge-
wenndt und nicht ausgangen».

Concept mit Expeditions- und Registrirungsvermerk.
Die Bestimmung des Hauses des Hanns Satler
«genannt der Steyrerhof neben dem Haus genannt der
gulden Hirsch» ist durchstrichen.

IV. F.

1323 *1516, Februar 8.*

Das Regiment der n.-ö. Lande bestätigt
und ergänzt in Anwesenheit des Bürgermeisters, des Richters und etlicher vom Rathe
der Stadt Wien und des Niclas Rath, als Anwalts des obersten Fischmeisters der Fischerzeche, Hanns Wagner, auf dessen an den
Kaiser gerichtetes Begehren die Artikel der
Fischerordnung, wie sie im Stadtbuche stehen,

mit der Abänderung, dass die Aufnahme in
die Bruderschaft und die Streitigkeiten der
Mitglieder der Competenz des Fischmeisters
entzogen und der ordentlichen Obrigkeit zugewiesen werden.

Es folgt ein Verzeichniss der Fischer
und Fischkäufel in der Fischerzeche: Wolf-
gang Gräsl, Michel Liebknech, Jorg Rabb,
Wolfgang Schwab, Wolfgang Pecham, Mert
Tunckel, der Hartmann, Hans Heytewr, Jorg
Schremel, Hans Pawr, der Scheychennast,
Hans Findler, Symon Rewscher, Andre Steyr
Steyrer?, Mert Pechem.

Der Inhalt der eingerichten, dem Stadtbuche entnommenen Fischerordnung ist folgender:

1. Darf kein Fischer oder Fischkäufel
einen verbotenen oder unzahlbaren Fisch
(wie dies an der Tafel angezeigt ist) kaufen
oder verkaufen bei Strafe der Confiscation und
zweier Pfund Pfennige an den obersten Fisch-
meister und zweier Pfund an den Stadtrichter.

2. Verbotene Fischbrut aus Ungarn und
Böhmen zu kaufen zieht die gleiche Strafe
nach sich.

3. Jeder Fischer und Fischkäufel soll geschworner Bürger und Mitglied der Zeche sein.

4. Kein Fischer oder Fischkäufel in der
Zeche soll einen Handel treiben ausser dem
Fischkauf.

5. Die Fischer in der Zeche sollen zugleich mit Stadtlauern, Erdbergern und allen,
die hier Fische fangen und Bürgerrecht haben,
auf dem gemauerten Fischmarkte verkaufen
und sonst nirgends bei obgenannter Strafe.

6. Niemand darf Fischkauf treiben, der
nicht Bürgerrecht und ein eheliches Weib hat.

7. Auf dem Fischmarkte sollen nur die
erlaubten Fische, als Donaufische, March-
fische, Fische aus «zwerchwassern» und guten
Teichen verkauft werden, bei obgenannter
Strafe.

8. Wer Fischkauf treibt, muss «tailmes-
sig» in der Zeche sein.

9. Die fremden Fischer sollen ihre Fische
unter dem gemauerten Fischmarkte an der
untersten Thür, dem Leinwandhause gegenüber, feilhalten und keinen Fischer oder Fischkäufel in Wien kaufen lassen, er hätte denn

vorher «drei suchmall» feil gehalten, bei obgenannter Strafe.

10. Frauen dürfen Fische weder kaufen,
noch ausschroten, noch verkaufen.

11. Auch sollen die alten Weiber und
die ledigen Knechte nicht Vorkauf treiben
oder anderen zu kaufen helfen, bei obgenannter Strafe.

12. Wiederholung der Vorschrift für die
Fischer aus Böhmen, Mähren und Schlesien
(s. Punkt 9).

13. Kein Fischer darf einem anderen
Fische auf der Strasse abkaufen, «er hab si
dann vor in der insetz geschen, oder er soll
ime herein sueren lassen und drei suchmall
fail haben», bei obgenannter Strafe.

14. Verbot des Vorkaufes bei der genannten Strafe.

15. Vor Katharinentag (25. November)
soll niemand «sprenntzling» fangen.

16. Tröglern, Fleischhauern, Wachs-
giessern soll das Fischschroten verboten und
nur den Fischern gestattet sein.

17. Grüne Fische sollen hier verkauft
und nicht durch Vorkauf hinweggeführt
werden.

18. Es soll auch kein Gast oder Aus-
wärtiger, der die Fischerei treibt, anders als
mit Wissen des Zechmeisters an der Donau
Fische kaufen oder verkaufen, bei der genannten Strafe.

19. Fische aus der Traun und von anderwärts sollen an den gewöhnlichen Fischtagen
nicht nach dem Masse, sondern «nach dem
gesichte» verkauft werden, bei der genannten
Strafe.

20. Es sollen nicht mehr als vier Meister in einer Gesellschaft sein und unten und
oben auf dem Fischmarkte nicht mehr als
einen Stand haben; sie sollen nach je vier
Wochen um ihren Standplatz loosen, mit
Ausnahme derer, die Traunfische verkaufen.

21. Fährt ein Fischer mit dem Fisch-
zeuge aus, so soll er eine ganze Woche hindurch ausbleiben und während dieser Zeit
niemandem zu kaufen geben.

22. Die Fischer sollen zur Aufrechthaltung ihrer Ordnung vier Meister erwählen,
die ihnen der Stadtrath bestätigen soll.

23. Die Wagen mit den Krebsen sollen
in kein anderes Haus fahren als in «der
hertzogen hof»; an demselben Abende und
am Freitag darnach sollen sie bis 12 Uhr
an Bürgersleute verkaufen, nachher aber an
hiesige Krebshändler.

24. Den Krebshändlern soll niemand zum
Zwecke des Krebshandels entgegenziehen.

25. Diese Ordnung soll in allen Städten
und Märkten, oder wo im Lande Fischer-
zechen sind, gehalten werden.

26. Die Zechleute sollen niemanden ohne
Wissen des obersten Zechmeisters in ihre
Zeche aufnehmen und diesem mindestens
zweimal im Jahre ihre Beschwerden und
Streitigkeiten vorbringen.

Datum der Berathung im Regiment):
an freitag vor dem suntag invocavit in der
vasten.

Copie des Hanns Wagner aus dem Stadtbuche mit
den nachträglichen Abänderungen des Regimentes.
Acht Folien. — IV, F.
«Austria», 1843, 162.

1324 *1516, August 16.*

Hanns Suess, Bürgermeister, und der
Rath der Stadt Wien erneuern die Ordnung
der Leinwatterzeche und befehlen, dieselbe
in das Ordnungsbuch der Stadt einzutragen;
die Ordnung enthält:

1. Die Vorschrift, dass jeder, der in der
Stadt Leinwand ellenweise verkaufen will,
seinen ehrbaren Abschied und das Bürgerrecht besitzen und im Grundbuche des Spitals eingeschrieben sein, dass er urkundlich
nachweisen soll, wie er zu dem Leinwatter-
rechte gelangt sei (durch Erbschaft, Heirat
etc.), und dass beim Empfange der Geware
des Spitals die zwei Zechmeister der Zeche
anwesend sein sollen;

2. dass jeder angehende Leinwatter, wenn
er zum ersten Male im Leinwatthause feilhält,
durch eine Woche den hintersten Stand innehaben und dann allmälig vorrücken soll, und
ebenso jeder andere Leinwatter, damit keiner
von ihnen, die sie alle gleicherweise an das
Spital Gült und Zins zahlen, in Nachtheil
komme;

3. dass kein Leinwatter zur Zeit, da man auf dem Leinwatthause feil hält, vom Ende des Geläutes bis zum Vesperläuten in seinem Hause oder Laden feilhalte, es wäre denn «Freiung»; ebenso soll es an den Sonntagen, Marien- und Aposteltagen gehalten werden und durchaus keine Anlockung durch Auslegen der Waaren ausserhalb des Ladens stattfinden; wer aber darüber durch den Diener des Bürgermeisters oder des Spitalmeisters betreten würde, soll dem Bürgermeister ein «rupfens» und dem Spitalmeister zur Nothdurft der Armen ein «härtens» Stück Tuch geben;

4. an Prediger-, Kirchweih- und dergleichen Tagen, an denen viel fremdes Volk herkommt, soll es nach altem Herkommen gehalten werden, damit der kaufende Landmann nicht Schaden leide;

5. dass, wenn zwei Leinwatter eine Lieferung gemeinsam übernehmen, sie brüderlich theilen sollen;

6. dass, «aus billichait und bürgerlichen mitleiden, stattsteur, anschleg, robat und dergleichen, wie dann gemeine statt gefreiet, auch der leinwatter khaiserlich freiheit und bestät inhalten und ausweisen, und auch das becreftigt jüngstlich, das khain auslender und gast, oder so das leinbatrecht nit hat, ausserhalb der zwaien jarmärkhten einweiss ze ganzen noch halben stückhlein bei der peen nit fail haben, verkhaufen, ausschneiden, noch hie färben lassen soll»;

7. dass Leinwand, die in die Stadt gebracht wird, zuerst den Zechmeistern zur Beschau angezeigt und dann durch drei Tage ausschliesslich den Leinwattern in Wien zum Kaufe feilgehalten werde, und dass der Käufer für jedes Stück, das er kauft, einen Helbling in die Zechbüchse lege;

8. dass kein Leinwatter, wenn er von dem Zechmeister «von gemeiner statt oder ander gebürlichen sachen wegen» zur Versammlung der Zechbrüder berufen wird, ohne ehhafte Noth ausbleiben dürfe;

9. dass die Leinwatter alljährlich an aller Kindlein Tag (28. December) zwei aus sich zu Zechmeistern und Beschauern erwählen sollen, die ihnen der Rath bestätigen soll;

10. dass sie zu den zwei freien Jahrmarkttagen um die Standplätze am Hof loosen sollen, dass einer nicht mehr als einen Stand haben soll, dass, wer eine Kotzenhütte oder einen Kotzentisch haben wollte, ihn ausserhalb der Leinwatterhütten, dort, wo auch andere Leute Kotzen feilhalten, haben soll, dass den fremden Leinwattern, den Gästen und den Bürgern, die nicht Leinwatterrecht haben, erlaubt sein soll, an den zwei Jahrmärkten neben den Ausländern, als Passauern, Schärdingern, feilzuhalten;

11. dass die Leinwatter diese Ordnung nicht ohne Einwilligung von Bürgermeister und Rath sollen ändern dürfen;

12. dass auf die Uebertretung jener Artikel, die keine besondere Pön angeben, eine Busse von 5 Pfund an die Stadt Wien, 72 Pfennigen an den Stadtrichter und 2 Pfund Wachs an die Zeche gesetzt ist; dem Rathe stehe es zu, diese Ordnung zu mehren und zu mindern. «Allso stehet es zu Wienn im ordnungbuech eingeschrieben.»

Datum: des sambstags nach unser lieben frauen himmelfarthtag.

Copia s. XVII. Mit dem aufgedrückten kleinen Secretsiegel der Stadt.

IV, D 7, «verschiedene Privilegien».

1325 1517, Juni 16.

Hanns Rinner, Bürgermeister, und der Rath der Stadt Wien entscheiden die Klage der Zechmeister und Brüder der Krämerzeche zu Wien gegen die Wiener Bürger Thomas Forster, Paul Stever, Niclas Düffer, Stephan Hüpler und Stephan Daumb, dass diese ihre in Nürnberg und anderwärts gekauften Kramwaaren öffentlich in ihren Gewölben aushängen, in kleinem und grossem Masse verkaufen, dass sie keine Zechordnung hätten und in mehr als einem Gewölbe öffentlich feilhielten, nach Anhörung von Replik und Duplik dahin, dass, wenn die mit Nürnberger Waaren Handelnden im Kleinen verkaufen wollen, sie in die Krämerzeche eintreten und deren Ordnung beobachten müssen; wollen sie dies nicht, so dürfen sie nur «Sambkauf» und nicht «Pfenwert» (Kleinwaaren) verkaufen.

Datum: am erichtag nach sant Veits, des heiligen martyrs, tag.

Vidimus des Registrators und Taxators Hanns Findtsguet vom 2. Juni 1612. Das Original trug die Hängesiegel des Bürgermeisters und der Stadt.

IV. D 7, «verschiedene Privilegien».

1326 1517, October 9, Baden.

Kaiser Maximilian I. bescheidet die Stände von Oesterreich unter der Enns auf ihr Gesuch, die Silberhältigkeit der Münzen in Kärnten, Salzburg, München, Passau und Wien gleichzustellen, damit der Münzmeister von Wien bei Steigerung des Silberpreises seinen Münzbrief einhalten könne, dahin, er habe die Silberhältigkeit der Kärntner Münzen wegen der Steigerung des Silberpreises herabgesetzt, damit der dortige Münzmeister das nöthige Silber neben dem Fürsten zu Salzburg und Anderen bezahlen könne, und er wolle auf ihren Wunsch den Münzbrief des Wiener Münzmeisters auf denselben Grad stellen. «Commissio dom. imperatoris propria.»

Unterschrieben: Per regem, per se; Stoss. Original. Das Verschlusssiegel ist abgefallen. V. C 1, C. 2718.

1327 1518, Februar 8, Augsburg.

Kaiser Maximilian I. befiehlt dem Landhofmeister, dem Kanzler, den Statthaltern und Räthen des Regiments seiner n.-ö. Lande und dem Vitzthum Laurenz Saurer, dem Balthasar Oeder, den er mit zwei Pferden, und dem Hillprant Bisollt, den er mit einem Pferde aus seinem Hofgesinde in die streifende Rotte seiner n.-ö. Lande gegen Wien geschickt hat, jenem noch zwei und diesem noch ein zweites Pferd für den Dienst in der Rotte beizustellen. «Commissio cesaree maj. propria.»

Unterschrieben: Per regem, per se; Stoss. Original. Das Verschlusssiegel ist abgefallen. IV, M 3, C. 1136.

1328 1518, Mai 4.

Kaiser Maximilian I. trifft auf Grund der Darlegung der Judengemeinschaft, dass ihnen zwar in Oesterreich unter der Enns das Recht angeblich zustehe, ihre Streitigkeiten durch einen unparteiischen Juden in

Güte, oder wo die Güte nicht statthaben möchte, durch das Regiment der n.-ö. Lande nach Recht austragen zu lassen, dass sie sich dem auch nicht entziehen wollen, dass sie aber doch thatsächlich von manchen Juden und Jüdinnen in und ausser Landes durch den jüdischen Bann und durch Citationen beschwert werden, die Verfügung, dass jeder Jude, der mit dem Banne vorgehen wollte, auf die Klage der Judenschaft gefänglich einzuziehen und dem Regimente zur Bestrafung auszuliefern sei.

Datum: an eritag nach des heiligen creutz erfindung tag.

Concept eines Patentes; Expeditionsvermerk. Patentensammlung.

1329 1518, Mai 22.

Kaiser Maximilian I. erlässt an seine Unterthanen und Getreuen in Oesterreich unter und ob der Enns das Mandat, sich der angeordneten Ueberprüfung von Elle, Gewicht und Mass durch den Hansgrafen Jörg von Herrenberg oder seine Vertreter nicht zu widersetzen.

Datum: am sambstag vor dem heiligen phingstag.

Concept eines Patentes; Expeditionsvermerk. Patentensammlung.

1330 1519, März 7, Wien.

Benedict, Abt zu den Schotten, vidimirt den Fischkläufeln in der Fischerzeche zu Wien ein gesiegeltes, auf Pergament geschriebenes Privilegium Maximilians I. von 1494, Januar 23 (s. Nr. 1288).

Datum: an montag nach sand Künigundentag.

Im Vidimus des Registrators und Taxators Hanns Findtsguet vom 24. September 1610 durchstrichen mit dem Vermerke: «ist nicht passierlich».

IV F.

1331 1519, Juli 12, Brüssel.

Ferdinand, Erzherzog zu Oesterreich, gibt seinem Bruder, dem römischen Könige Karl V., Vollmacht, durch seine Räthe und Gewalthaber oder durch deren Vertreter die Erbhuldigung der Stände und Unterthanen der österreichischen Lande entgegennehmen und Regierungshandlungen vornehmen zu lassen. «Ad mandatum dom. infantis archiducis proprium.»

Unterschrieben: Ferdinandus; G[abriel] Salamanca.

Copia s. XVII., collationirt. («Linz den 22. aprilis a° 1625, Georg Müllner, landschreiber»).

I, A 2, C. 3036.

V. v. Kraus, Zur Geschichte Oesterreichs unter Ferdinand I., 39.

1332 *1519, Juli 27, Barcelona.*

Karl V., römischer König, ernennt mit Berufung auf sein und seines Bruders Ferdinand Erbrecht an dem Lande Oesterreich und auf das Testament Kaiser Maximilians I. für die Zeit, die sie durch Geschäfte in ihren spanischen und burgundischen Landen ferngehalten würden, den Erzbischof Matheus zu Salzburg, Cardinal der Kirche S. Angeli, den Fürstbischof Bernhard von Trient, den Bischof Peter von Triest, den Maximilian von Bergon, Herrn zu Senenbergen, seine obristen Botschafter in Deutschland; den Michael Freiherrn zu Wulckhenstain, den Sigmund von Dietrichstein, Freiherrn zu Finckhenstain und Holnburg, den Wilhelm von Rogendorf, Freiherrn zu Mollenburg, den Georg Herrn zu Firmian, den Ciprian von Sernntein, den Jacob von Bannissis, Domdechant zu Trient, den Jacob Villinger, den Johann Renner, den Niclas Ziegler und Jeronymus Prunner zu Statthaltern, Regenten und Räthen seines geheimen Rathes und obristen Regiments in seinen und seines Bruders nieder- und oberösterreichischen Landen und gibt ihnen Vullmacht, selbst oder durch verordnete Vertreter von den Ständen und Unterthanen die Erbhuldigung, wie sie im Hause Oesterreich Gebrauch und Gewohnheit ist, zu verlangen und alle Regierungshandlungen in ihrem Namen vorzunehmen. «Ad mandatum cesareae et cathulicae maj. proprium.»

Unterschrieben: Carolus.

Copia s. XVII., collationirt. Das Original trug des Königs grosses anhangendes Siegel.

I, A 2, C. 3036.

V. v. Kraus, Zur Geschichte Oesterreichs unter Ferdinand I., 39 u. 43.

1333 *1519, August 4.*

Matheus, Cardinal und Erzbischof von Salzburg, Bernhard, Bischof von Trient, Peter, Bischof von Triest, Michel Freiherr zu Wolckhennstain, Sigmund von Dietrichstain, Freiherr zu Vinckhennstain und Hollennburg, Wilhelm von Rogendorf, Freiherr zu Mollennburg, Georg Herr zu Firmian, Ciprian von Serntein, Jacob Villinger, Johann Renner und Niclas Ziegler verkünden den Ständen des Landes unter der Enns, dass König Karl V. in seinem Namen und in dem seines Bruders Ferdinand ihnen für die Zeit ihrer Abwesenheit Vollmacht gegeben habe, als Statthalter, Regenten und Räthe der ober- und niederösterreichischen Lande Landtage einzuberufen, die Erbhuldigung selbst oder durch Vertreter entgegenzunehmen, das Kammergut zu verwalten und alle Arten von Regierungshandlungen vorzunehmen; sie wären bisher durch die Verhandlungen, die sie als königliche Commissarien wegen der Kaiserkrönung mit den Kurfürsten gepflogen hätten, abgehalten worden, diese Functionen auszuüben, sie wünschten aber jetzt die Erbhuldigung der Stände entgegenzunehmen und das Regiment der n.-ö. Lande, das Kaiser Maximilian eingesetzt, in Ordnung zu bringen; sie gäben zugleich den Ständen bekannt, dass Karl V. den Markgrafen Casimir von Brandenburg zu seinem obersten Feldhauptmann in den ober- und niederösterreichischen Landen gemacht habe, und sie stellen auf den Wunsch des Königs die Forderung, die Stände möchten das usurpirte Kammergut des Landes unter der Enns herausgeben und die ständischen Amtleute und Landesofficiere ihres Gelöbnisses entbinden, widrigenfalls der König mit strengeren Mitteln vorgehen würde.

Entwurf oder unausgefertigtes Original.

I, A 2, C. 3036.

1334 *1520, Juli 9, Klosterneuburg.*

Casimir, Markgraf zu Brandenburg etc., obrister Feldhauptmann aller österreichischen Lande, Karl Wolfgang, Graf zu Ottinngen, Balthasar Merkhly, Propst zu Waldkirchen, und Thomas Fuchs, Ritter, Hauptmann zu Regensburg, der röm. kön. Maj. Räthe, bestätigen als verordnete Vertreter der Statthalter, Regenten und Räthe des geheimen Rathes und obersten Regiments aller österreichischen Lande den Ständen des Landes unter der Enns nach empfangener Erbhuldigung im Namen des Königs und des Erzherzogs Ferdinand ihre Freiheiten, Privilegien und guten Gewohnheiten, auch die, dass sie nicht gebunden sein sollen, die Erbhuldigung an einem anderen Orte als in Wien zu leisten, und stellen ihnen eine landesfürstliche Urkunde in Aussicht, des Inhalts, dass die diesmalige Erbhuldigung zu Klosterneuburg hierin kein Präjudiz bilden solle.

Entwurf mit Registrirungsvermerk.

I, A 2, C. 3036.

V. r. Kraus, Zur Geschichte Oesterreichs unter Ferdinand I., 51.

1335 *1521, Juni 20, Linz.*

Ferdinand, Prinz in Hispanien, Erzherzog zu Oesterreich etc., bestätigt der Leinbatter- (Leinwander-) Zeche zu Wien ihre Ordnung, wie sie ihnen von Bürgermeister und Rath von Wien gegeben, ins grosse Wiener Stadtbuch eingetragen und von den Kaisern Friedrich III. und Maximilian I. bestätigt worden, auf Grund des Vidimus, das sie ihm darüber vorgelegt haben; doch sollen die von Wien nicht mehr, wie es ihnen Kaiser Friedrich III. und Maximilian I. zugesichert, das Recht haben, diese Ordnung abzuändern, sondern der Landesfürst allein; wer einen Eingriff in ihre Ordnung macht, soll 10 Mark löthigen Goldes zur Hälfte an die landesfürstliche Kammer und zur anderen Hälfte an die Leinwanderzeche bezahlen. «Ad mandatum sereniss. dom. principis archiducis proprium.»

Unterschrieben: Ferdinandus; Salamanca.

Vidimus s. XVII. des Registrators und Taxators Hanns Findinguet. Das Original trug das Hängesiegel des Erzherzogs.

IV, D 7, «verschiedene Privilegien».

1336 *1521, October 19, Graz.*

Ferdinand, Prinz in Hispanien, Erzherzog zu Oesterreich etc., bestätigt einen «abschid» Kaiser Maximilians I. «zwischen ine

Regesten zur Geschichte der Stadt Wien. II.

den badern an ainem und den barbierern daselbst anderstails».

Cital aus der Bestätigung der Wiener Badeordnung durch Kaiser Maximilian II. von 1565, Januar 31.

IV, D 7, «verschiedene Privilegien».

1337 *1522, April 28, Wiener-Neustadt.*

Ferdinand, Erzherzog zu Oesterreich etc., bestätigt den Fischkäufeln der Fischerzeche zu Wien das Privilegium Maximilians I. von 1494, Januar 23 (s. Nr. 1288). «Ad mandatum sereniss. dom. principis archiducis in consilio».

Unterschrieben: Per principi (!) Annam; Treizsaurwein; v[idi]t Jerg; R[egistra]ta .. Aur.

Vidimus des Registrators und Taxators Hanns Findinguet vom 24. September 1610.

IV, F.

1338 *1522, Juli 2, Wiener-Neustadt.*

Ferdinand, Erzherzog zu Oesterreich etc., gibt den Barfüsserbrüdern zu St. Diepolt zu Wien das Recht, ihren jährlichen Holzbedarf aus dem Wienerwalde zu beziehen, und verständigt davon seinen Rath und Vitzthum in Oesterreich unter der Enns und Wolfgang Kollenperger, seinen Wald- und Forstmeister. «Commissio sereniss. dom. principis archiducis in consilio.»

Unterschrieben: Ferdinandus, G[abriel] Salamanca, v[idi]t Jörg. R[egistra]ta Hofmayr.

Vidimus des Registrators und Taxators der Hofkammer Johann Stephan Schela vom 17. April 1748.

Aus Acten des n.-ö. Waldamtes.

V, E 1, C. 2821.

1339 *1522, Juli 25, Wiener-Neustadt.*

Ferdinand, Erzherzog zu Oesterreich etc., bestätigt dem Prior und Convente des Predigerordens zu Wien die Privilegien König Rudolfs und Kaiser Friedrichs, darunter das Recht, täglich aus dem Wienerwalde ein Fuder Holz zu beziehen (die übrigen Rechte sind in den Auszug nicht aufgenommen), und verständigt davon die Landesbehörden, seinen Einnehmer zu Marchegg und seinen Brückenmeister auf der Donaubrücke zu Wien. «Commissio sereniss. dom. principis archiducis in consilio.»

Unterschrieben: Ferdinandus; G[abriel] Salamanca; v[idi]t Jerg.

4

Vidimus des Hofkammerregistrators Joh. Bapt. Cronberg vom 12. August 1748. Das Original trug das Hängesiegel des Erzherzogs.
Aus Acten des n.-ö. Waldamtes.
V, E1, C. 2821.

1340 *1522, August 7, Wiener-Neustadt.*

Ferdinand, Erzherzog zu Oesterreich etc., hat am 23. Juli 1522 ein Urtheil eröffnet, worin auf die Klage des Marx Peckh, Doctors, Hofrathes und Kammerprocurators der n.-ö. Lande, dass die Genannten in Wien oder die Mehrzahl von ihnen durch Gesetzesübertretungen ihre Freiheiten und Gewohnheiten, die sie in Wien bei der Wahl des Bürgermeisters und des Rathes und in anderer Hinsicht innegehabt, verwirkt hätten, und dass diese Freiheiten und Gewohnheiten der landesfürstlichen Gewalt zu grossem Schaden und Nachtheil gereichten und der guten Ordnung im Wege stünden, zur Beendigung der Zwietracht und Unruhen im Lande unter der Enns die Freiheiten und Gewohnheiten der Genannten cassirt und aufgehoben werden sollten; auf die demüthige Anrufung und Bitte der Genannten, gegen sie «was recht und billig ist, ergehen zu lassen» und sie dazu zu citiren, gebietet er ihnen, sich durch ihren bevollmächtigten Anwalt vertreten zu lassen, und setzt ihnen vom Tage des Empfanges der Vorladung drei Termine von je zwei Tagen, so zwar, dass im Falle ihres Nichterscheinens auf Begehren des klägerischen Kammerprocurators auch in ihrer Abwesenheit gegen sie processirt werden würde.

Gleichzeitige Copie.

Am Schlusse die Notiz: «Ich Zymprecht Sailer postmaister beken, das ich auf den achten tag Augusti umb syben urn vormittag ain ladung zu Wien den genanten übertantwurt hab antreffent den camerprocurator. Zu urkunt mein aigen handgeschrift. Zimprecht Sailer postmaister per manum propriam.»

IV, M3, C. 1136.

Tomaschek, Die Rechte u. Freiheiten d. St. Wien, 2, 228 (Tomaschek liest Gumprecht Sailer). — V. v. Kraus, Zur Geschichte Oesterreichs unter Ferdinand I., 81, Anm. 3.

1341 *1522, August 7, Wiener-Neustadt.*

Ferdinand, Erzherzog zu Oesterreich etc., hat am 23. Juli 1522 auf die Klage des Kammerprocurators Marx Peckh, dass die Hausgenossen zu Wien ihre wirklichen und vermeintlichen Privilegien, als die Exemtion von der Jurisdiction seines Stadtgerichtes zu Wien, das Wechsel- und Münzprivileg und alle anderen Freiheiten, keine ausgenommen, verwirkt hätten, diese ihre Freiheiten und Gewohnheiten mit derselben Begründung wie die der Genannten (s. die vorhergehende Nummer) durch Urtheil cassirt; auf die Bitte der Hausgenossen, gegen sie «was recht und billig ist, ergehen zu lassen», befiehlt er ihnen, sich durch ihren bevollmächtigten Anwalt vor seinem Gerichte zu Neustadt vertreten zu lassen, und setzt ihnen dieselben Termine und die gleichen Bedingungen wie den Genannten.

Gleichzeitige Copie.

Der Postmeister Zymprecht Sailer bestätigt mit denselben Worten wie auf der Vorladung an die Genannten, die Uebergabe am 8. August um 9 Uhr morgens vollzogen zu haben.

V, C1, C. 2718.

1342 *1522, August 16, Wiener-Neustadt.*

Ferdinand, Erzherzog zu Oesterreich etc., hat in dem Processe zwischen dem landesfürstlichen Kammerprocurator Doctor Marchs Beck (sic) als Kläger und den Genannten gemeiner Stadt Wien als Geklagten in Betreff der Erwählung des Bürgermeisters und des Rathes, des Versammlungsrechtes, sowie anderer Rechte und Gewohnheiten am 23. Juli 1522 das Urtheil der Einstellung ihrer Gewalt eröffnet; auf ihre Supplication und ihre Bitte um Verzeihung und Nachsicht des Aufruhrs und der anderen Klagsachen erkennt er mit Urtheil zu Recht, dass die Versammlung und das Collegium der Genannten sammt ihren Freiheiten und Gewohnheiten, die sie missbraucht und die zu Uebel und Nachtheil geführt hätten und in Zukunft in noch höherem Masse führen würden, aufgehoben, cassirt und vernichtet seien, und dass die Genannten die Privilegienbriefe ihrer vermeintlichen, nunmehr cassirten Freiheiten zu Handen des landesfürstlichen Kammerprocurators zurückzustellen hätten.

Unterschrieben: Ferdinandus, Petrus ep[iscop]us Tergestinus, Anthony von Croy,

C[laudius] Bouton, ... le de Lanoy, H[einrich] Winckelhofer doctor etc.

Original, Pergament. Ungesiegelt.

IV, M J, C. 1136.

Tomaschek, Die Rechte u. Freiheiten d. St. Wien, 2. 229. — V. v. Kraus, Zur Geschichte Oesterreichs unter Ferdinand I., 78, Anm. 1.

1343 *1522, October 4, Wiener-Neustadt.*

Ferdinand, Erzherzog zu Oesterreich etc., gebietet dem Bürgermeister, Richter, Rath und allen Bürgern, Inwohnern und der ganzen Gemeinde seiner Stadt Wien, die Personen, die bisher Genannte und Hausgenossen zu Wien waren, nun, da er diese Corporationen aufgehoben, nicht mehr als solche, sondern wie andere Bürger zu halten.

Concept mit Expeditions- und Registrirungsvermerk und der Weisung vierfacher Ausfertigung.

V. C 1, C. 2718.

Schlager, Wiener Skizzen aus dem Mittelalter, 1839, S. 37 (Auszug). — Tomaschek, Die Rechte u. Freiheiten d. St. Wien, 2, 229, nach der Originalausfertigung im k. u. k. Reichsfinanzarchive.

1344 *1522, October 7.*

Ferdinand, Erzherzog zu Oesterreich etc., verbietet den Adeligen und anderen Landbewohnern, Wein oder andere Waaren zu verkaufen oder den Wein an ihre Unterthanen und Holden auszuschenken, da solcher Handel den Bürgern gebührt.

Concept mit Expeditions- und Registrirungsvermerk. IV, F, in genere.

1345 *1523, Januar 18, Nürnberg.*

Ferdinand, Erzherzog zu Oesterreich etc., theilt dem n.-ö. Hofrathe mit, dass er durch andere Geschäfte verhindert sei, über jene Wiener, welche noch in Wr.-Neustadt gefangen sind, selbst zu entscheiden, und empfiehlt demselben, die Handlungen und Schriften, um derentwillen sie angeklagt sind, wohl abzuschätzen, und wenn er befände, dass sie besonders mit Rücksicht auf die im vorigen Sommer Enthaupteten eine weitere Strafe verdienten, ihre Haft zu mildern und die Strafe in eine Busse an Hab und Gut umzuwandeln, die zur Befestigung des

Fleckens Rain in Steiermark zu verwenden wäre.

Concept mit Expeditionsvermerk. IV, M J, C. 1136.

1346 *1523, December.*

Die Vertreter der Städte des Landes unter der Enns nehmen an den Landtagsverhandlungen zu Nicolai (6. December) des Jahres 1523 über die Türkenhilfe, die Regelung der Polizei und den Grenzstreit mit dem Hochstifte Salzburg theil und beantragen mit den anderen Ständen, dass nicht zwei, sondern vier Personen, aus jedem der Stände eine, zur Ordnung der Polizeiangelegenheiten delegirt werden.

Originale und gleichzeitige Copien der Landtagsverhandlungen der Jahre 1523 und 1524. 32 beschriebene Folien.

IV, 113, C. 615.

1347 *1524, Januar 25, Wien.*

Statthalter und Hofrath der n.-ö. Lande berichten an den Erzherzog Ferdinand, dass eine Zauberin, die zu Klosterneuburg gefangen genommen wurde, gegen Wolfgang Mayr, Bürger des Rathes zu Wien, erst gütlich, dann unter der Folter, dann diesem ins Angesicht und endlich bei der letzten Confrontation vor ihrer Hinrichtung auf dem Scheiterhaufen eine Beschuldigung ausgesprochen habe, die protokollarisch aufgenommen und diesem Berichte beigelegt wurde; Mayr wurde während dieses Processes verhaftet, und da er ihr Wort für Wort widersprach, dem Stadtrichter seiner fürstlichen Durchleuchtigkeit übergeben; dieser hat der Regierung berichtet, dass er den Process an den Bürgermeister und Rath von Wien zur Behandlung im geheimen Rathe, wie in solchen Fällen üblich, abgetreten habe, diese hätten das Mayr gegen Urfehde freigelassen, und er erbitte nun hierüber des Erzherzogs Resolution. — Der Bericht trägt unter der Adresse den Vermerk: ›Expediatur. fürstl. durchl. lasst bei der von Wien handlung beleiben.‹

Original. Die Verschlusssiegel des Hofrathes sind abgefallen.

4*

Das Protokoll über die Aussage der Zauberin ist
nicht mehr vorhanden; nach dem Archivsrepertorium
sollte Mayr an sie das Ansinnen gestellt haben, einen
anderen Bürger, den sie mit Namen nannte, durch
Zauberei ums Leben zu bringen.

VI. C 1, C. 1656.

1348 *1524, Februar 15, Nürnberg.*

Ferdinand I., Erzherzog zu Oesterreich
etc., gibt seinen Münzmeistern Bernhard Behaim zu Hall in Tirol und Thomas Behaim
zu Wien eine neue Münzinstruktion: Nach
Aufnahme der nöthigen Gesellen und Anfer-
tigung der neuen Stempel solle sofort mit
der Ausprägung begonnen werden; die Wienerische Mark solle Silbergehalt um 10 fl. 42 kr.
4 Vierer haben und Prägung und Unkosten
bei jeder Mark auf 11 kr. kommen, und
also 10 fl. 53 kr. 4 Vierer gelten; Pfennige,
«die man silberin guldiner nennet», gleich
1 rhein. Gulden, «sollen 9·75 auf 1 Wiener
Mark gehen; «halb guldiner», deren zwei
gleich 1 rhein. Gulden, sollen 19·5 auf 1 Wiener Mark gehen; «Phumdter», deren 5 gleich
1 rhein. Gulden, sollen 48·75 auf 1 Wiener
Mark gehen; «Sechser», deren 10 gleich
1 rhein. Gulden, sollen 97·5 auf 1 Wiener
Mark gehen; «Kreutzer», deren 60 gleich
1 rhein. Gulden, sollen 585 auf 1 Wiener
Mark gehen; jede dieser fünf Münzen soll in
jeder Mark 14 Loth, 1 Quintet, 1 Pfennig
Gewicht enthalten (zuerst stand: 14 Loth
3 den.); «Vierer», deren 300 gleich 1 rhein.
Gulden, sollen 40 (zuerst 38) auf 1 Wiener
Loth geprägt werden und in jeder Mark 2 Loth,
3 Quintet, 1 Pfund Gewicht feines Silbers enthalten; «Perner», deren 1200 gleich 1 rhein.
Gulden, sollen 61 (zuerst 60, dann 60·5) auf
1 Wiener Loth geprägt werden und in jeder
Mark 1 Loth feines Silbers enthalten; «österreichisch Tucatn» sollen auf 1 Wiener Mark
bis zu 80 geprägt werden und 23·5 Grad
(«vierdhalben und zwainzig grad») feines
Gold enthalten; «österreichisch rheinisch Gulden» sollen auf 1 Wiener Mark «sechshalb-
undachzig stuck, bis in funfundachzig und
ain halb stuck» geprägt werden und 19 Grad
Feingold enthalten; «Pfennige», deren 4 einen
Kreuzer gelten, und «Heller», deren 8 einen
Kreuzer gelten, sollen auf den Grad der Kreu-

zer gemünzt werden wie die obgenannten
fünferlei Münzen.

Concept mit Expeditions- und Registrirungsvermerk.

Die Instruction für Hall enthält statt der letzten
Bestimmung über Pfennig und Heller 1. die Verordnung,
dass die dortigen Münzmeister und Guardeine jährlich
zu Weihnachten der ob.-ö. Regierung das Ergebniss ihrer
Prüfung des Gehaltes der angezogenen ausländischen
Münzen anzuzeigen haben, und 2. das Gebot genauer
Rechnungslegung.

V, C 1, C. 2721.

Newald, Das österr. Münzwesen unter Ferd. I., 131.

1349 *1524, März 12, Nürnberg.*

Ferdinand, Erzherzog zu Oesterreich,
schreibt an den Statthalter und die Räthe des
Hofrathes seiner n.-ö. Lande, er habe ver-
nommen, dass entgegen der päpstlichen Bulle,
den Beschlüssen des Wormser Reichstages und
seinem landesfürstlichen Mandate die luthe-
rische Lehre in seinen Erblanden und besondern in seiner Stadt Wien um sich greife,
die Fasten nicht gehalten würden und das
falsche Evangelium theils öffentlich, theils in
Winkeln gepredigt werde; er befiehlt, dem
entgegenzutreten, den Verkauf der lutherischen
Bücher und Tractätlein zu verbieten, Bürgermeister und Rath zu den gleichen Massregeln
zu verhalten und die zu bestrafen, die sich
gegen päpstliche Bullen und kaiserliche Mandate vergehen. «Ad mandatum sereniss. dom.
principis archiducis proprium.»

Unterschrieben: Ferdinandus; Feren-
berger.

Original. Mit dem Verschlusssiegel des Erzherzogs.
Am der Aussenseite ist der Vermerk: «Bürger-
maister und Rat zu Wienn für den hofrat zu erfordern
und in, wie di fürstl. durchl. bericht, auch zu bevelhen
und daneben von fürstl. durchl. general in Wienn an-
ruslahen daran dise hierin begriffen mainung gezogen
werde, zemachen. 26. marcl 24.

«Fremde Gegenstände». C. 1.

Cod. austr., 2, 295 (vom 12. März 1523) und Th.
Wiedemann, Geschichte der Reformation und Gegenreformation im Lande unter der Enns, 1, 31 ff.

1350 *1524, Juni.*

Wolfgang Trew, Leonhart Schnaltzer
und Lorenz Zeilinger, «burger und spoliert
saltzer zu Wienn», bitten Statthalter und
Hofräthe der n.-ö. Lande, ihre Beschwerde,

dass die Herren Reformirer und die Herren der Reitkammer ihnen ihr Privileg des Salzhandels in Abwesenheit des Erzherzogs widerrechtlich genommen hätten, das sie von Kaiser Maximilian I., Kaiser Karl V. und dem Erzherzoge Ferdinand I. ebenso gut besassen als Leonhart Propantl und Michel Schabenruesl, deren Häuser doch auch nicht auf dem Salzgries stehen, und die sogar im Aufruhrausschusse gewesen, während Wolfgang Trew vom Aufruhrausschusse nach der Neustadt vertrieben wurde und ebenso wie sein Vater Niclas Trew stets zum Erzhause gehalten habe, dem Erzherzoge schriftlich, und wenn er, wie man erwarte, bald nach Wien komme, mündlich vorzutragen, da Wolfgang Trew wegen dieser Sache vergeblich zu Kaiser Karl in die Niederlande und ins Reich gereist sei und das Einschreiten der Regierung für die Bittsteller bei den Reformirern keine Wirkung hatte, ja Herr Haans von Scheftenberg den Salzern zornig erwidert habe, dass er es bei seiner und seiner Mitverwandten Entscheidung bewenden lasse.

Original.

Zwei ungefähr gleichzeitige Gesuche; stark beschädigt; das eine, in dem von der baldigen Ankunft des Erzherzogs noch nicht die Rede ist, trägt eine Dorsualnotiz «an hofrat, 16. Juni 1524» des Inhalts, dass dem Erzherzoge die wiederholte Beschwerde der Salzer angezeigt und fernere Weisungen gegen die Reformirer und deren Vorladung erbeten werden sollen.

IV, F.

1351 *1525, August 11, Wien.*

Hof- und Kammerräthe der n.-ö. Lande berichten Ferdinand I., Erzherzog zu Oesterreich etc., dass am 18. Juli 1525, ungefähr um 11 Uhr nachts, im fürstlichen Zeughause im Cillyerhofe zu Wien Feuer ausgebrochen sei — ob aus Fahrlässigkeit oder in böser Absicht, liess sich nicht ergründen, sondern nur, dass es zuerst in dem Dache ober der Schmiede im Cillyerhofe gesehen worden — und vom Winde begünstigt, die Häuser der Gasse, die gegen die Burg hinzieht, die St. Michaelskirche und an der St. Stephanskirche vorbeigehend auch die Klöster zur Himmelspforte, St. Hieronymus und St. Jacob und die Häuser in ihrer Umgebung ergriffen habe,

über die Stadtmauer hinweg in die Vorstadt vor dem Stubenthore gedrungen sei und im Ganzen über 400 Häuser, darunter viele mit Ziegeln gedeckte, eingeäschert habe, ja in Gewölbe und tiefe Keller gelangt sei, dass es besonders die Häuser in der Nähe der Burg, auch die Thürme in dem Garten bei derselben und das Brunnenrad daselbst beschädigt habe, und dass Gefahr für das Pulverhaus vorhanden war, in dem 1000 Centner Pulver lagen; den Arbeitern im Zeughause wurde aufgetragen, sich eine Weile verborgen zu halten, und da das Gerücht ausgestreut wurde, dass der Hofrath das Sturmläuten bei Nacht verboten habe, dass er im Cillyerhofe bei Nacht Feuerwerk und Kugeln zum Gebrauche gegen die Bauern vorbereite und die Geschütze habe heimlich wegführen lassen wollen und sie darum vor bevorstehendem Aufruhr gewarnt wurden, so hätten sie berathen, wie die ruhige Bürgerschaft vor der Gefahr der Plünderung ihrer Häuser zu sichern wäre, und Bürgermeister, Richter und Rath, die Hauptleute und Rottmeister der Viertel und einige der Abgebrannten zu sich geladen, ihnen den Beistand des Landesfürsten in Aussicht gestellt und seien den böswilligen Ausstreuungen entgegengetreten; darauf hätten die Abgebrannten Gehorsam versprochen und um die Unterstützung des Landesfürsten gebeten; einige unter ihnen legten dar, dass sie ihr ganzes Hab und Gut von 500--1000 Gulden verloren hätten, und um mit der Hilfe den Anfang zu machen, hätten ihnen die Hofräthe aus dem Kasten zu Wien einige Muth Getreide geben lassen; der Hofrath legt dar, dass ausgiebige Hilfe für die Hauptstadt des Landes unter der Enns, «darauf all ander stet ir nachfolg haben», dem Landesfürsten Ansehen und Zuneigung erwerben werde. — Nachdem der Bürgermeister und Etliche des Rathes am 5. August neuerdings vor dem Hofrathe mit einer schriftlichen Darlegung ihrer Klagen (wurde beigelegt, ist aber verloren) erschienen waren, macht dieser dem Erzherzoge seine Vorschläge:

1. Da die Burgrechtsverpflichtungen auf den verbrannten Häusern die grösste Be-

schwerde verursachten, so möge eine gemischte
Commission eingesetzt werden, zu der der
Hofrath zwei und der Stadtrath zwei Mitglieder stellen, die den Ursprung des Burgrechtes in jedem einzelnen Falle feststellen
und einen gütlichen Vergleich versuchen sollen;
gelinge der nicht, so möge der Landesfürst
nach Billigkeit entscheiden;

2. da das Feuer in einem landesfürstlichen Gebäude entstanden, so möge der Erzherzog Commissäre ernennen, die dem Verluste der einzelnen Bürger nachzuforschen
und ihnen nach Massgabe desselben die
Schatzsteuer auf einige Jahre erlassen sollen;

3. da der Erzherzog noch 1325 fl. rhein.
an Steuern zu fordern hat, so möge den beschädigten Bürgern ihr Antheil erlassen, die
rückständige Steuer der unbeschädigten aber
nach Verhältniss des Schadens jenen zugewiesen werden;

4. hat der Hofrath im Namen des Erzherzogs ein Generalmandat für Oesterreich
unter und ob der Enns ergehen lassen des
Inhalts, dass das Baumaterial um denselben
Preis wie vor dem Brande nach Wien zu
bringen sei, und dass dafür das Bauholz
mauthfrei zu passiren habe;

5. hat der Hofrath Getreide aus dem
landesfürstlichen Kasten nach Nothdurft vertheilt.

Zwei Concepte mit Expeditionsvermerken. Das
eine Concept trägt den Vermerk: «dem Herrn Öder etc.
zu handen»; das andere: «Die herrn von der camer
sullen die underricht von der verprunnen burger zu
Wienn halten in dem anfang bei dem ersten plat und
den besluss ubersehen und nach irem gutbedunkhen
corrigiren».

IV. I, C. 2166.

Bl. d. Vereines f. Landeskunde von N.-Oe., N. F. 12,
139, und das Patent vom 19. September 1525, Notizenbl.
d. Wiener Akad. d. Wissensch., 6, 266.

1352 *1526, Februar 27, Augsburg.*

Ferdinand, Erzherzog zu Oesterreich,
sagt den Ständen der nieder-, ober- und
innerösterreichischen Lande auf dem General-
landtage zu Augsburg die Erfüllung einer
Reihe von Anliegen zu, darunter das der
Aufhebung der Zechen und Zünfte.

Gleichzeitige (amtliche) Copie der landesfürstlichen
Beschlussschrift an die Ausschüsse der Stände.

Beilagen: 1. Aufzeichnung eines früheren mündlichen Bescheides des Bischofs Bernhard von Trient;
2. Abschrift der Beschwerden der erbländischen Stände.
40 Folien.

IV. II 2, C. 528.

M. Mayr in Ferdinandeums-Zeitschrift, 3. Folge,
38. Heft, 85.

1353 *1526, März 7, Augsburg.*

I. Ferdinand, Erzherzog zu Oesterreich
etc., theilt dem n.-ö. Hofrathe mit, dass er
seinem Kanzler Marx Treitzsaurwein befohlen
habe, im Einverständnisse mit Bürgermeister,
Richter und Rath von Wien die hölzernen
Dächer wegen ihrer jüngst hervorgetretenen
Feuergefährlichkeit abzustellen, und trägt
dem n.-ö. Hofrathe auf, des Kanzlers diesbezügliche Mandate zu fertigen, ausgehen
zu lassen und über ihrer Handhabung zu
wachen.

II. Ferdinand, Erzherzog zu Oesterreich
etc., befiehlt denen von Wien in Gemeinschaft mit dem n.-ö. Kanzler gegen die hölzernen Dächer einzuschreiten und eine gute
Ordnung darüber aufzustellen, um fürder die
Gefahr abzuwenden, die bei den jüngsten
Feuersbrünsten hervorgetreten ist.

Concepte mit dem Vermerke der erfolgten Expedirung.

IV. I, C. 3166.

1354 *1526, März 7, Augsburg.*

I. Ferdinand, Erzherzog zu Oesterreich
etc., theilt seinem n.-ö. Kanzler Marx Treitzsaurwein mit, dass er zur Bekämpfung der
Feuersbrünste wünsche, ein fliessendes Wasser
solle durch die Stadt Wien geleitet und
Brunnenrohrkästen, wie sie sein Ahnherr
Kaiser Max eingerichtet habe, daselbst eingeführt werden; er befiehlt ihm demnach, mit
denen von Wien darüber zu handeln und die
Erneuerung der Privilegien der Stadt unter
der Bedingung auszustellen, dass die Taxe,
die sie dafür zu zahlen schuldig sind, als
landesfürstliche Beisteuer zur Ausführung
dieser Bauten mit verwendet werde.

II. Erzherzog Ferdinand an die n.-ö.
Raitkammer über die erwähnte Verwendung
der Taxe für die Bestätigung der Privilegien
der Stadt Wien.

III. Erzherzog Ferdinand an Bürgermeister und Rath der Stadt Wien, sich mit dem Kanzler in der genannten Angelegenheit wohl zu verständigen.

Concepte mit dem Vermerke der Expedirung; das Concept an die Raithkammer trägt den Vermerk der erfolgten Registrirung.

IV, I, C. 2166.

Das Mandat an Treitzsaurwein in Bl. d. Vereines f. Landeskunde v. N.-Oe., N. F. 12, 143.

1355 *1527, Februar 16, Wien.*

König Ferdinand I. gibt bekannt, dass er von den minderwerthigen Münzen, die zum Schaden der Einwohner gegen die besseren einheimischen in die n.-ö. Lande kommen, zwei habe valviren und probiren lassen; es habe sich ergeben, dass die «dicken Pfennige», die bisher um 16 kr. genommen wurden und auf der einen Seite einen Adler, auf der anderen zum Theile den heil. Mauritius, zum Theile den heil. Theonestus und zum Theile den heil. Constantius tragen, 11 kr. und die «Rössler» 7 kr. werth sind; jene «dicken Pfennige», die auf der einen Seite den heil. Theonestus auf einem Stuhle sitzend und auf der anderen ein blosses Manneshaupt tragen und auf 16 kr. geschlagen sind, sind, wenn unbeschnitten, 13 kr. werth; diese Schätzungen sollen am Georgentage (24. April) in Kraft treten. — Es folgen die Abbildungen der geschätzten Münzen: Der dicke Pfennig gleich 13 kr. zeigt das Profil eines Mannes, auf der Reversseite einen sitzenden Heiligen; Umschriften: «Ludovic. Fl. Sclavanie etc. do.» und «S. Theonest. martiris». Der erste Pfennig gleich 11 kr. zeigt einen einköpfigen Adler mit Krone und einen stehenden Heiligen mit Schwert und Fahne; Umschriften: «Petrus . Lucas . Fliscus . La . M . C.» und «Sanctus Teonestus mart.». Der zweite und dritte Pfennig im Werthe von 11 kr. zeigen ganz ähnliche Darstellungen und auf der Averseite die Umschriften: «Sanctus Mauritius» und «Sanctus Constantius»; auf der Reversseite die Umschriften: «P . B . D . F . Comes Deciane» und «Michael . Antmarchio . Salutiar.» Die «Rössler» (zu 7 Kreuzern) zeigen auf der Averseite die Bilder von Heiligen zu Pferde (St. Mauritius, St. Constantius,

St. Georgius , der letzte einen gerüsteten Krieger; auf der Reversseite die Wappen und die Helmzier von Savoyen, der Trivulzio von Vigevano und Musocco und die Wappen der Waldstätten; die Umschriften lauten: 1. auf der Averseite: «S. Mauritius . T. Bruns»; auf der Reversseite: «Carolus dux Sabaudie II.»; 2. auf der Averseite: «Sanctus Constantius»; auf der Reversseite: «Michael . antm . Salutiarum»; 3. auf der Averseite: «Sanctus Georgius»; auf der Reversseite: «M . Io . Ia . Trivl . mar . Vigle et F .» (richtig: Io. Ia. Trivl. mar. Vigle et F. M.); 4. auf der Averseite: «victoria Elveciorum»; auf der Reversseite: «Svvit et Undervald Uranie».

Gedrucktes Patent.

Patentensammlung.

1356 *1527, Februar 17, Wien.*

König Ferdinand I. setzt zum Nutzen der Einheimischen, Fremden und Gäste die Fleischpreise in Oesterreich unter der Enns derart fest, dass das Pfund Rindfleisch zum Braten und Sieden 4 Pfennige, das Pfund Kuhfleisch 3 Pfennige, das Pfund neu geschlagenen ungesalzenen Schweinefleisches 6 Pfennige und das Pfund gesalzenen Schweinefleisches 8 Pfennige und nicht mehr kosten solle; er betraut seinen Panschreiber Georg Reutter und andere «einspännige» Diener mit der Controle in Städten, Märkten und Dörfern und trägt ihnen auf, die zuwiderhandelnden Fleischhauer beim ersten Male mit 2 Pfund Pfennigen, beim zweiten Male mit 4 Pfund Pfennigen zu bestrafen und sie beim dritten Male dem Statthalter und den Regenten der n.-ö. Lande zur Bestrafung anzuzeigen.

Gedrucktes Patent.

Patentensammlung.

1357 *1527, März 17, Prag.*

König Ferdinand I. lässt durch Statthalter und Räthe der n.-ö. Lande den Ständen von Oesterreich unter der Enns den Entwurf zu einer Landessteuer vorlegen:

Punkt 1 betrifft die Besteuerung der Güter des Herrenstandes;

nach Punkt 2 sollen alle gewerbe- und handeltreibenden Personen von «allen jenigen,

so in ihrem handl und gewerb ligt», von 1000 fl.
2 fl., von 500 fl. 1 fl., von 250 fl. 4 Schilling
und so herab bis auf 10 fl. Steuer entrichten
und überdies von ihrem Leib den Wochenpfennig geben;

nach Punkt 3 sollen die Personen, die
in den Städten und Märkten Häuser, Wiesen,
Aecker, Weingärten etc. besitzen, die «nicht
im gewerb ligent» und gültenfrei sind, von
1000 fl. 1 fl., von 500 fl. ½ fl. u. s. w. bis
herab zu 10 fl. Steuer entrichten und überdies den Wochenpfennig geben;

nach Punkt 4 sollen Personen, die eine
Besoldung empfangen, von jedem Gulden ihrer
Besoldung 1 Pfennig geben;

Punkt 5 betrifft die Besteuerung der
Geistlichkeit;

nach Punkt 6 sollen alle Meister und
Handwerker, die Knechte haben, von ihrem
Handwerke 6 kr., und die, welche keine Knechte
haben, 3 kr. entrichten;

Punkt 7 betrifft die Abgaben der Bauern;

nach Punkt 8 soll der Wochenpfennig
von jeder männlichen oder weiblichen Person,
die das zwölfte Jahr erreicht hat, entrichtet
werden; ferner soll von Gütern und Häusern,
auf denen Verpfändungen, Zinse und Bergrechte liegen, von dem, der den Zins empfängt, von 100 fl. 2 fl., von 50 fl. 1 fl. etc.,
von 3 fl. ½ Schilling entrichtet werden, unbeschadet des Wochenpfennigs;

nach Punkt 9 sollen dieselben Ansätze
für die Juden gelten, und überdies soll jeder
Jude und jede Jüdin, die das zwölfte Jahr
erreicht hat, (jährlich) 1 fl. bezahlen;

Punkt 10 betrifft die Bergwerksverwandten
und Bergknappen;

nach Punkt 11 sollen die Kaufleute, die
Niederlagen haben, von ihren liegenden Gütern
nach dem oben (Punkt 2) genannten Ansatze
von ihrem Kaufschatze Steuer zahlen, die
fahrenden Kaufleute aber zu keiner solchen
Abgabe verpflichtet sein;

endlich werden Vorschriften über die Art
der Eintreibung der Steuer gegeben und für
die Städte und Märkte bestimmt, dass Bürgermeister, Richter und Räthe «alweg auf ain
quatember» die Einnahme zu besorgen und
sie den Verordneten zu übergeben haben; zur

augenblicklichen Besoldung des Kriegsvolkes
soll der Landschaft die Einmünzung der Hälfte
der Kirchenkleinodien vorgeschlagen werden.
Copia s. XVII.
V, B 3.

1358   *1527, April 1, Wien.*

König Ferdinand I. erlässt eine «new
policey und ordnung der handtwercher und
dienstvolk der niederosterreichischen lande»,
in der auf den Rath der Ausschüsse der Erb-
lande alle selbstgemachten Satzungen, Ordnungen und darüber erlangten Bestätigungen
der Zechen und Zünfte aufgehoben, ihre Abstellung den städtischen und ländlichen Obrigkeiten anbefohlen wird und selbst der Name
von Zünften und Zechen verboten werden
soll («heben wir auf und thuen ab die zechen und zünften aller und jedlicher handtwerch nit allain mit dem namen sondern auch
mit allen iren selbst gemachten satzungen»
etc. «aus fürstlicher macht»). Es werden darin
folgende Artikel bekannt gegeben:

1. Zur Ausrichtung eines Leichenbegängnisses ist
niemand gebunden; will aber ein Meister, eine Meisterin
oder ein Geselle einem Verwandten ein solches geben,
so sollen die anderen Meister und Gesellen, soferne sie
wollen, am Gottesdienste theilnehmen, dann aber an
keiner Mahlzeit sich betheiligen, sondern zu ihren Ge-
schäften gehen.

2. Sie sollen keine Gesellschaft oder Versammlung
ohne Wissen von Bürgermeister, Richter und Rath abhalten und sich selbst keinerlei Gesetz oder Ordnung
geben.

3. Jedes Handwerk soll aber jederzeit zwei Meister
und zwei Gesellen haben, welche dem Bürgermeister
oder dem Richter und Rathe und dem gemeinen Handwerk einen Eid geleistet haben, und die darum auch
«die zwei geschwornen Meister» und «die zwei geschwornen Gesellen» heissen sollen, und die nach ihrem Tode
oder aus anderen triftigen Ursachen durch Wahl zu ersetzen sind.

4. Alle Anliegen der Handwerker an Bürgermeister
oder Richter und Rath sollen durch die geschwornen
Meister und Gesellen vorgebracht und von jenen nach
Vernehmung der Petenten nach Billigkeit entschieden
werden; doch sollen ihnen die Stadtobrigkeiten ohne
Vorwissen des Landesfürsten oder der Regierung keine
neue Ordnung aufrichten oder bestätigen.

5. Kein Handwerk soll seinen Mitgliedern in Zukunft unter irgend einer Form Strafen setzen oder einzelnen die Ausübung des Handwerkes verbieten, und die
Gesellen dürfen sich niemals gegen die Meister erheben,
sondern die Streitigkeiten und Klagen der Meister und

der Gesellen unter sich und gegen einander sollen dem Bürgermeister oder Richter angezeigt und von ihm die Strafen erkannt werden.

6. Zwietracht zwischen den Handwerkern soll an dem Orte, wo sie sich begeben hat, gehört und entschieden werden und also die «Nachschreiben», wie sie bisher unter den Handwerkern üblich waren, abgestellt sein; begeht aber einer eine Maleficzsache und entweicht er, so soll dies dem Bürgermeister oder Richter angezeigt werden und dieser, wenn es nothtut, das Nachschreiben erlassen; wird aber den Handwerksgesellen in unseren n.-ö. Landen von auswärts nachgeschrieben, und erbieten sich diese vor dem Bürgermeister oder Richter des Ortes zum Verhöre und geloben, die Sache zu dem gesetzten Termine auszutragen, so sollen sie künftig nicht «geschichet oder von dem handtwerch geirrt», sondern denen, die ihnen nachschreiben, Verhör und Rechtsverfahren in den österreichischen Städten gewährt werden.

7. Jeder Handwerksmeister oder Geselle ist, wie andere Bürger, verpflichtet, dem Richter, wenn es zufällig noththut, bei der Einbringung eines strafmässigen Verbrechers Beistand zu leisten.

8. Jeder Meister und Geselle ist verpflichtet, an den Instrumenten und Vorrichtungen der Gefängnisse seinem Handwerke entsprechend zu arbeiten.

9. Der Makel, der bisher die Handwerker traf, die einmal Hunde, Katzen oder bestimmte andere Thiere erschlugen, oder die im Dienste eines Edlen oder Bürgers dieselben einfangen halfen, wird aufgehoben; sollten die Handwerker aber gleichwohl einem solchen zu schaden suchen, so soll der Bürgermeister oder Richter sie strafen und dem Beleidigten Entschädigung verschaffen.

10. Es ist den Handwerkern verboten, unter einander eine Einigung oder einen Pact zu machen, um welchen Preis sie ihre Arbeit verkaufen wollen, oder zu welcher Zeit der Einzelne zur Arbeit gehen darf; der Bürgermeister oder Richter soll die Zuwiderhandelnden schwer bestrafen.

11. Beschwert sich ein Käufer über den Preis einer Arbeit, so sollen die geschwornen Meister und Gesellen gemeinsam mit den in gleicher Zahl vom Bürgermeister oder Richter Verordneten bei ihrem Eide den Werth der Arbeit bestimmen; wenn sie sich nicht einigen können, so soll der Bürgermeister oder Richter entscheiden.

12. Die geschwornen Meister und Gesellen und die Rathsmänner, die zur Beschau einer Arbeit verordnet wurden, dürfen von keiner Partei eine Ehrung oder ein Geschenk annehmen, noch etwas von ihnen entlehnen; dagegen sollen die Meister und Gesellen aus dem Gelde, welches das Handwerk für seinen Gottesdienst oder zum Almosen gesammelt hat, für Mühe und Zeit entschädigt werden; wer aber in solcher Sache parteiisch befunden wird, soll vom Bürgermeister oder Richter schwer bestraft werden.

13. Die Beschaumeister und Gesellen dürfen um ihres Amtes willen nicht gescholten oder angefeindet werden, bei Strafe durch den Bürgermeister oder Richter.

14. Kann ein Meister mehrere Handwerke und will er diese treiben, so soll er für jedes Handwerk eine besondere Werkstätte halten und in jedem Handwerk das leisten, was dort einem Meister auferlegt wird. Kein Handwerker soll wissentlich Einem beim Kaufe einer Waare, die er zu seinem Handwerke braucht, im Wege stehen («in keinen kauf steen»).

15. Wenn ein Junge seine Lehrjahre in einem Handwerke nach Gebühr ausgedient hat und nun in einem zweiten Handwerke die Lehrjahre antreten will, so soll ihm dawider kein Hinderniss bereitet werden.

16. Wo geistliche oder weltliche Herren die Herrlichkeit über Städte oder Märkte innehaben, soll ihnen dieselbe erhalten bleiben wie dem Landesfürsten die seine; wo Bürgermeister, Richter und Rath diese Handwerksordnung säumig handhaben, soll die Herrschaft oder Obrigkeit dagegen vorkehren und strafen.

17. Wer in einem Handwerke Meister werden will, darf nicht offenbar ehrlos oder «an anderen Orten unehrlich abgeschieden sein»; dagegen soll es kein Hinderniss bilden, dass er vorher ein Störer genannt worden, oder dass er unehelicher Geburt ist; er hat sich dem Bürgermeister oder Richter anzusagen, und dieser und zwei vom Rathe und die geschwornen Meister und Gesellen sollen ihn um die 5 Artikel des Handwerkes fragen; dann soll ihn der Bürgermeister oder Richter fragen, ob er sich bei seinem Gewissen als ein Meister in dem Handwerke halten zu können glaube, und ihn erinnern, dass er Schaden und Strafe zu tragen hätte, wenn er Jemandem zu Schaden arbeitete; hat er dann bei seinen Ehren dem Richter in die Hand gelobt, so soll er als neuer Meister dem Bürgermeister oder Richter einen Eid schwören.

18. Der neue Meister soll die obengenannten Artikel beschwören, dass er in keine Gesellschaft ohne Wissen des Bürgermeisters oder Richters treten, niemanden mit der Berahlung überhalten und in kein Einverständniss über den Preis seiner Arbeit mit anderen Meistern treten wolle; er soll seinen Geburtsbrief beibringen und die Meisterstücke zu machen nicht versäumen; er soll zur Bezeugung seiner Unterthänigkeit gegen den Landesfürsten oder gegen die Herrschaft, unter der die Stadt oder der Markt steht, zu Handen der landesfürstlichen Hauptleute oder des Richters und ebenso zu Handen des Gottesdienstes oder des Almosens des Ortes eine bestimmte Summe Geldes geben, aber er soll nicht schuldig sein, ein Gastmahl zu geben oder andere Ausgaben zu machen, wie es bisher üblich war; dann hat er an jedem Orte als ein Meister zu gelten, er kann eine Tafel aushängen und Gesellen seines Handwerkes in Dienst nehmen.

19. Wird Einem, der ein Meister werden will, ohne Verzug und angenscheinlich bewiesen, dass er unehelich geboren, oder mit bösen, unehrlichen Dingen befleckt, oder anderwärts unehrbar abgeschieden sei, so soll der Bürgermeister oder Richter die Beförderung einstellen; sind aber die Beweise nicht hinreichend, so soll er ihn inzwischen als Meister annehmen und dann der Beschuldiger als Ankläger die Beschuldigung erweisen;

wird ihm bewiesen, dass er unehelich geboren ist, so soll ihm die Ausübung des Handwerkes für sich und mit jenen Gesellen, die dazu bereit sind, gestattet werden; ist er aber sonst bemakelt, so soll er aus der Stadt gewiesen oder sonst bestraft werden; erweist sich die Beschuldigung als falsch, so soll der Ankläger dem Angeklagten Genugthuung an seiner Ehre geben, so dass niemand in Zukunft ohne Beweis durch den Ankläger im Handwerke »geschichen« werde, wie es missbräuchlicher Weise geschah. Ein Gleiches soll für die Gesellen gelten, und wer in anderer Weise »geschichen« oder verworfen wird, soll sich darum mit der Anzeige zur Strafe und Vorkehrung an den Bürgermeister oder Richter und die Geschworenen wenden.

20. Nimmt ein Meister einen Knecht oder Gesellen auf, so soll er ihn zur Stunde, da er ihn dingt, zum Bürgermeister oder Richter bringen, damit er ihm die gewöhnliche Arbeit und nicht mehr auferlege.

21. Kein Meister darf dem andern seinen Gesellen oder Lehrjungen abreden und keiner einen Gesellen oder Lehrjungen aufnehmen, der einem andern entlaufen und »unerberlich abgeschieden« ist.

22. Die Meister sollen den Gesellen oder Knechten den Lohn nach ihrer Geschicklichkeit zahlen.

23. Die Meister sollen Uebertretungen dieser Satzung durch ihre Knechte oder Gesellen dem Bürgermeister oder Richter anzeigen und diese nach dem Masse ihrer Verschuldung von ihm gestraft werden.

24. Handwerker »auf dem gau«, die nicht sesshaft sind, die sich auch nicht häuslich niederlassen und die man Störer nennt, sollen nirgends geduldet werden, die ausgenommen, welche den Prälaten, Herren und Edlen »überhof« dienen; diese mögen in ihren Herrendiensten und auch für den Bedarf der Nachbarschaft arbeiten; doch sollen sie keinen Handel mit Gewändern treiben, »hierinnen vorbehalten unsere landa Steyr reformation«.

25. Jeder Handwerker, der Meister und Bürger in einer Stadt oder einem Markte wird, soll dem Landesfürsten zu Handen seiner Hauptleute oder eines seiner Richter und jeder Obrigkeit, unter der er steht, 1 Pfund Pfennige, für den Gottesdienst des Ortes 1 Pfund Pfennige und der Stadt oder dem Markte für das Bürgerrecht 2 Pfund Pfennige geben und nicht mehr.

26. Die Witwen der Meister sollen, so lange sie unvermählt bleiben, das Handwerk des Gatten mit den Gesellen fortführen dürfen, im Falle der Wiederverheiratung aber nur, wenn ihr neuer Hauswirth die Meisterschaft erwirbt.

27. Handwerksgesellen, die in Städte und Märkte kommen, um zu arbeiten, sollen sich nirgends anders als bei den geschwornen Meistern und Gesellen anmelden und diese sie den Meistern zuweisen; sollten die Geschwornen darin einen Meister begünstigen oder schädigen, so sollen sie vom Bürgermeister oder Richter gestraft werden.

28. Ein Meister, der einen Gesellen aufnimmt, soll ihn vor den Bürgermeister oder Richter bringen und dieser ihn bei Treue und Ehre geloben lassen, während

seines Aufenthaltes dem Landesfürsten getreu und gehorsam zu sein, dieser Ordnung bei Strafe nachzuleben, und wenn der Landesfürst oder die Stadt seines Dienstes gegen den Feind oder anderwärts bedürfte, ihn ohne Widerrede um einen angemessenen Sold, es sei Tages-, Wochen- oder Monatssold, zu leisten und bei Strafe der Landesverweisung nicht zu begehren, dass er nur für bestimmte Zeit in Dienst genommen oder dass ihm dazu Geld vorgestreckt werde.

29. Hat der Geselle an (durch das Gelöbniss) seine Pflicht gegen den Bürgermeister oder Richter gethan, so soll er sich bei seinem Meister gebührlich verhalten, und will er nicht länger bei ihm bleiben, so soll er ihm früher aufsagen und sich mit ihm verrechnen; dann mag er, doch mit Wissen der geschwornen Meister, einem anderen dienen; verabschiedet ihn der Meister, so mag er sich um einen anderen umsehen, doch soll er dem Bürgermeister oder Richter in Pflicht bleiben.

30. Bei der Ankunft fremder Gesellen sollen die Gesellen zu keiner Schenkung verpflichtet und die Gewohnheit der Schenkung aufgehoben und verboten sein.

31. Die Handwerksgesellen sollen ihren Meistern in billigen Dingen gehorsam sein, die Meister und deren Hausfrauen ehren, ihnen und ihren Kindern nicht mit unziemlichen oder unwahren Worten begegnen, in deren Häuser keine unehrbaren Frauen führen und untereinander Frieden halten.

32. Kein Handwerksgeselle soll dem andern seinen Herrn abwendig machen; sie sollen sich selbst keine Feiertage machen, die von den Handwerkern selbst gesetzten sollen aufgehalten und ihnen nur nach der Regensburgischen Reformation erlaubt sein, innerhalb 14 Tagen, wenn in diese kein Unterfeiertag fällt, einen solchen und nicht mehr zu halten.

33. Kein Geselle soll seinen Meister in der Rechnung überhalten oder mit Geldschuld oder anderer Schuld von ihm gehen.

34. Den Gesellen soll verboten sein, gegen ihre Meister aus Unwillen aufzustehen oder ihnen mit Stolz oder Pochen entgegenzutreten.

35. Kein Handwerksgeselle soll mit einer Frau, die nicht sein Eheweib ist, öffentlich in der Unehe sitzen; wer aber verheiratet ist und in Gesellenweise arbeiten will, soll es mit Einwilligung seines Weibes thun und gegen ihren Willen nicht »auf den hantwerch umbwandern«; verlässt ihn aber sein Weib, so mag er in Gesellenweise arbeiten.

36. Kein Geselle, der mit dem Willen seines Eheweibes, oder wenn sie ihn verlassen hat, dem Handwerke nachzieht, darf verhindert werden, in Gesellenweise zu arbeiten, und niemand als Meister oder Geselle vom Handwerke ausgeschlossen werden, weil er eine freie Dirne nahm.

37. Den Handwerksgesellen soll verboten sein, auf offenen Plätzen mit den gemeinen Frauen zu tanzen, Spieltische zu halten, auf offenem Platze zu spielen, im ehrbaren Spiele unmässig zu sein, falsche Würfel oder Karten zu führen; ein Geselle, der dergleichen von einem Mitgesellen erfährt, soll es dem Bürgermeister

oder Richter anzeigen und dafür keinen Nachtheil zu gewärtigen haben.

38. Verdingen sich Geselle und Meister gegen einander, so soll der Meister den Gesellen wider seinen Willen in der verdingten Zeit nicht entlassen, der Geselle aber nicht aufstehen oder Entlassung fordern, es sei denn triftige Ursache vorhanden, die dann der Bürgermeister oder Richter als solche zu erkennen hat.

39. Kein Handwerksgeselle soll den andern ausbegleiten, es sei denn, dass sich dessen Wegzug an einem geringen («schlechten») Feiertage begäbe; in diesem Falle soll es ihnen freistehen, doch ohne Schenkung und Vortragen der «Khundt».

40. Wer einen oder mehrere der genannten Artikel überträt, soll dafür nach Erkenntnis des Bürgermeisters oder Richters gestraft werden, und wer seinem Meister unehrlich (ohne Kündigung) davonginge, von ihm Geld- oder andere Schuld mit sich nähme, soll von keinem anderen Meister aufgenommen oder gehalten werden, ausser auf des Landmarschalls, der Landeshauptleute, Verweser, Bürgermeister, Richter oder anderer Ortsobrigkeiten besondere Erkenntnis.

41. Kein Handwerksgeselle darf bei Strafe durch den Bürgermeister, den Richter oder die Obrigkeit seines Meisters oder seiner Meisterin Tochter, Schwester oder Muhme wider ihren Willen heiraten oder sie überreden, ihm die Ehe zu versprechen.

42. Ein Handwerksgesell, der die Tochter, Schwester oder Muhme seines Meisters oder seiner Meisterin heimlich entführt, es geschehe mit ihrem Willen oder mit Gewalt, soll darum nach dem gemeinen Rechte, «lex Julia de raptu» gestraft werden.

43. Ein Handwerksgeselle, der die Verwandte seines Meisters oder seiner Meisterin unehrlich beschliefe oder ihr ihre Jungfrauschaft nähme, soll nach der Lage des Falles vom Bürgermeister oder dem Richter oder der Ortsobrigkeit schwer gestraft werden.

44. Kommt ein fremder Handwerksgeselle in eine Stadt, einen Markt oder Flecken, und es bedürfte seiner kein Meister, so sollen ihn die Geschworenen, wenn er es begehrt, für acht Tage einem Meister zuweisen, damit er eine (Weg-)Zehrung verdiene; doch soll dieser nicht verpflichtet sein, ihn länger zu behalten.

45. Jeder Meister soll in Zukunft so viele Knechte halten, als er nach der Lage seines Handwerkes zu halten vermag; doch soll darüber die Ortsobrigkeit und jeder Bürgermeister, Richter und Rath das Aufsichtsrecht («einsehung») haben.

46. Erkrankt ein Geselle bei seinem Meister, und behält ihn dieser aus gutem Willen, bis er genesen ist, so soll der Geselle wider dessen Willen nicht von ihm gehen, ehe er ihm dies abgedient, ihn in baarem Gelde bezahlt oder sonst zufriedengestellt hat; stirbt aber der Knecht, so soll der Meister dessen Habe inventiren lassen und in seiner Gewalt behalten und soll sich nach Jahresfrist und nicht eher mit den Verwandten und rechtmässigen Eigenthümern, die sich darum melden, über seine Forderung auseinandersetzen und ihnen die Habe gegen ihre Quittung ausfolgen; meldet sich in der

Jahresfrist niemand, so soll er die hinterlassene Habe mit Vorwissen der geschworenen Meister und Gesellen und der Verordneten vom Rathe oder der Obrigkeit schätzen lassen und hingeben und soll sich von dem, was die Geschworenen, die vom Rathe oder die Obrigkeit für den Gottesdienst oder für Almosen bestimmen, für die Verpflegung des Knechtes und sein Darlehen nach Billigkeit bezahlt machen und den Rest den Geschworenen zur Verwahrung geben, bis die Verwandten oder rechtmässigen Eigenthümer sich darum melden.

47. Erhält aber ein kranker Gesell von seinem Meister keinen Unterhalt und ist er zu arm, sich selbst zu verpflegen, so sollen ihm die geschworenen Meister und Gesellen mit den Verordneten des Rathes aus dem Gelde, das für Gottesdienst und Almosen gesammelt wurde, wenn es ohne Schaden angeht, ein Darlehen geben, gegen sein Gelöbnis, ohne ihre Erlaubnis nicht von dannen ziehen zu wollen, ehe er es zurückgestellt; stirbt er aber, so sollen die geschworenen Meister, Gesellen und die Verordneten des Rathes oder der Obrigkeit seine hinterlassene Habe inventiren und nach Jahr und Tag und nicht eher den Verwandten und Eigenthümern gegen Rückzahlung des Darlehens und gegen Quittung die Habe ausfolgen; meldet sich inner Jahresfrist niemand, so sollen sie die Habe schätzen und verkaufen, sich aus dem Erlöse für das Darlehen bezahlt machen und den Rest bis zur künftigen Einforderung durch Verwandte oder Eigenthümer behalten.

48. Stirbt ein Handwerksgesell, der seinem Meister nichts schuldig ist, so sollen die Geschworenen und die Verordneten des Rathes oder der Obrigkeit seine hinterlassene Habe inventiren, verwahren und seinen Tod und seine Verlassenschaft an seinen Geburtsort melden und den Verwandten und Eigenthümern, die sich inner Jahresfrist melden, die Habe gegen Quittung ausfolgen; meldet sich bis dahin niemand, so sollen sie sie schätzen und verkaufen lassen, bis zur künftigen Einforderung verwahren, Ansprüche, die ihnen bekannt sind, ausrahlen und nach weiteren zwei Jahren das vorhandene Geld an Hausarme oder andere Bedürftige geben, und ebenso in den beiden vorigen Fällen (Art. 46 und 47), doch Alles unter Vorbehalt herrschaftlicher und obrigkeitlicher Verfügungen.

49. Die Lehrjungen sollen nach dem Bedürfnisse jedes einzelnen Handwerkes gedungen werden; sie sollen ihrem Meister und ihrer Meisterin gehorsam sein und bei Strafe durch den Bürgermeister, den Richter oder die Obrigkeit Alles unterlassen, was den Handwerksgesellen verboten ist; ein Lehrjunge, der seinem Meister entläuft, soll von keinem anderen als Lehrjunge oder als Geselle aufgenommen werden, ehe er sich mit dem früheren Meister vertragen hat.

50. Diese Ordnung soll von allen Handwerken gehalten werden; jeder Meister soll eine Abschrift von ihr haben und dieselbe seinen Knechten und Lehrjungen oft zu lesen und zu hören geben.

51. Da sich wegen der «gewaltigen» und anderer Knechte zwischen Herren und Dienstgesinde Misshelligkeiten ergeben haben, so wurde auf den Landtagen

das Verbot, jemandem seinen Diener abzureden oder als
Diener ohne Aufkündigung aus dem Dienste zu treten,
verschärft und die folgenden Bestimmungen festgesetzt:

52. Wenn ein Knecht seinen Dienst verbessern
oder sonst seinem Herrn nicht mehr dienen will, oder
ein Herr seinen Diener entlassen will, so soll die Aufsage wenigstens zwei Monate vor dem Ablaufe der ver-
dungenen Zeit erfolgen, damit sich der andere Theil vor-
zusehen wisse.

53. Entläuft ein Diener seinem Herrn und wird
er von einem anderen ohne Passeport aufgenommen, so
soll ihn dieser seinem früheren Herrn auf dessen Begehren zurückgeben und ihm die erlittenen Kosten ohne
Verzug bezahlen; der Obrigkeit soll die Bestrafung der
Aufnahme vorbehalten sein und der Dienstbote die Zeit
seiner Abwesenheit seinem Herrn abdienen.

54. Scheidet eine Dienstperson ehrbar von ihrem
Herrn, so soll ihr dieser einen Passeport oder Abschieds-
zettel geben, auf Grund dessen sie von einem andern
aufgenommen wird; dagegen soll niemand bei Strafe
eine Dienstperson aus den n.-ö. Erblanden ohne Passeport aufnehmen.

55. Kommt aber ein Knecht aus einem Lande,
in dem die Passeporte nicht üblich sind, so soll er nach
möglichster Erforschung seines früheren Dienstes aufgenommen werden.

56. Entsteht wegen der Ertheilung des Passeportes
zwischen Herrn und Diener Streit, so soll darin die
Obrigkeit den Herrn erkennen, der schuldige Theil dem
andern den Schaden ersetzen und überdies straffällig
werden; doch sollen Gotteslästerungen, Zutrinken, Ungehorsam und Untreue die Verpflichtung, einen Passeport
zu geben, ausschliessen.

Der König behält sich vor, diese Artikel zu mehren,
zu mindern oder abzustellen.

Gedrucktes Patent auf 12 Blättern fol. («Libell-
brief»).

Patentensammlung.

Vgl. «Austria» 1843, 160, und 1844, 55.

1359 *1527, August.*

Bürgermeister, Richter und Rath der
Stadt Wien beantworten eine Beschwerde der
Semmelbäcker, die diese, von Bürgermeister
und Rath mit der Strafe des Schupfens bedroht, an Statthalter und Regenten gerichtet
haben und führen darin aus:

1. Dass es nicht dem Rathe, sondern nur
dem Regimente zustehen könnte, die Knechte
zu Dienstverträgen für vier Wochen und zu
vierzehntägiger Kündigungsfrist zu verhalten,
dass aber die Aufhebung der Zünfte den Meistern ohnehin grössere Freiheit gebe, mit ihren
Knechten Contracte zu schliessen;

2. dass es nicht thunlich sei, wegen geringer Schwankungen der Mehl- und Weizen-
preise eine besondere «Teuchung» zu machen;

3. dass aus dem Wortlaute der (beiliegen-
den) Teuchung von 1443 (Wiener Stadtarchiv)
hervorgehe, dass dieselbe nicht für den Teig,
sondern für das Mehl gemeint gewesen sei, und
dass der Rath überdies wegen der Theuerung
nur ein Gewicht von 12 Loth, nicht, wie jener
Vertrag vorschreibe, von 16 Loth verlange;

4. dass es unthunlich sei, jeden einzelnen
Mehlwagen auf die Weisse des Mehles zu
prüfen und die Bäcker nur dann zu bestrafen,
wenn sie dieses Mehl später mit minder-
werthigem vermischen, und dass man sich
nach wie vor nur an die Weisse des Gebäckes selbst halten könne;

5. dass es bei dem Verbote des böhmischen Mehles bleiben solle, da die Bäcker
bisher zwar viel mehr böhmisches als heimi-
sches Mehl verbacken, aber doch viel mehr
schwarzes als weisses Brot herstellten;

6. dass der Stadtrichter den Semmel-
bäckern mit Recht die «beslagn semin» weg-
nehme, da die Methschänker ein königliches
Privilegium auf den Verkauf dieses Gebäckes
besässen und jeder von ihnen dafür jährlich
4 Pfund 6 Schillinge 2 Denare an die landesfürstliche Kammer leiste;

7. glaube der Richter, dem zwei Herren
vom äusseren Rathe und zwei Zechmeister
der Bäcker zugetheilt seien, nicht Unrecht
daran zu thun, wenn er einen oder mehrere
von diesen mit dem Nachrichter und seinem
Diener zu den Bäckern schicke, um die Semmeln, welche sie als unrecht erkennen, zu
confisciren;

8. wisse die Regierung und die ganze
Stadt, wie die Bäcker es mit der Weisse des
Mehles und dem Gewichte gehalten hätten;
es sei darum nicht nöthig gewesen, altge-
backene Semmeln zu confisciren, die an Gewicht bereits abgenommen hätten, um ihre
Strafbarkeit zu erweisen;

9. sei niemand bestraft worden, dessen
Schuld nicht öfter als einmal erwiesen wurde;

10. dass die Bäcker, hätten sie die Beschwerde, dass nicht der Unterkämmerer und
der Nachrichter, sondern der (Bürger) Huett-

stokh allein die Strafe des Schupfens für sie anordnete, vor dem Strafvollzuge angemeldet, gebührlichen Bescheid erhalten hätten;

11. die Bäcker seien früher so oft um 32 Pfennige gestraft worden, als sie wegen eines Lothes Gewicht straffällig wurden; das hätte viel mehr eingetragen als die Strafe von tausend Ziegeln, die ihnen jetzt auferlegt werde, die sie aber auch nicht zahlen wollen.

Es folgt eine Berechnung über den Gewinn der Bäcker von je einem Striche Mehl und die Erklärung, dass Bürgermeister und Rath die Entscheidung des Streites dem Regimente nach Gebühr überlassen.

Original.

Beilagen: 1. Die Beschwerde der Bäcker an Statthalter und Regenten mit dem Dorsualvermerk: «Burgermaister richter und rat zu Wienn fürzehalten darauf stathalter und regenten ir underricht in schrift setzen, und diss suplication dabei mit überantworten. am sonttenn tag augusti a° 27»; 2. eine Abschrift von «der pekhen teichung anno etc. XLIII».

IV, E 12, C. 1784.

1360 1527, August 20, Ofen.

König Ferdinand I. erlässt an die Stände ein Mandat gegen das Lutherthum. «Ad mandatum dom. regis proprium.» — Ein zweites, kürzeres Mandat in der gleichen Sache (gedrucktes Patent mit aufgedrücktem Siegel, der Formel «Commissio dom. regis in consilio» und den Unterschriften: «J[örg] v[on] Puchaim, stathalter; Ruedolf h[err] v[on] Höhenfeld; S[eyfried] Kollonitsch; H. Witel») erging am 23. December 1527; ein drittes an die Geistlichkeit, vom 16. Januar 1528, warnt dieselbe, besonders die Pfarrer, vor Bedrückung des gemeinen Mannes.

Druck s. XVII.

Patentensammlung.

Cod. austr. 1, 641. — Vgl. Th. Wiedemann, Gesch. d. Reformation u. Gegenreformation im Lande unter der Enns, 1, 44.

1361 [Undatirt.]

König Ferdinand I. lässt verkünden, dass er aus königlicher und landesfürstlicher Macht eine ewige Freiung rings um seine Burg zu Wien, und zwar vom Ausgange der Burg die Gasse beiderseits hinab bis zur St. Michaelspfarrkirche und von da die Strasse entlang bis zum Augustinerkloster, und andererseits vom genannten Burgthore um den Graben längs der Burg herum errichtet habe und durch Tafeln mit angemalten Händen habe ausstecken lassen, so dass, wer in Zukunft, er sei geistlichen oder weltlichen Standes, hoch oder niedrig, in diesem Bezirke wider einen anderen in böser Absicht die Wehr zückte, wegen Uebertretung der Freiung seiner königlichen Majestät die rechte Hand verlieren solle.

Entwurf einer Proclamation mit Expeditionsvermerk.

IV, M 3, C. 1136.

1362 1528, Januar—Februar, Wien.

Bürgermeister, Richter und Rath der Stadt Wien legen dem Statthalter und den Regenten der n.-ö. Lande die Beschlüsse vor, die sie gegen die jüngst in der Stadt angeschlagenen Aufruhrbriefe gefasst haben: Acht Personen, für jedes Viertel zwei, zu verordnen, die sich bemühen sollen, an den Orten, wo die Anschläge gewöhnlich erfolgen, einen Thäter zu ergreifen und den Urhebern nachzuspüren; dem Thürmer und etlichen Personen, die in den Vierteln umzugehen haben, besondere Achtsamkeit auf allfällige Feuersgefahr einzuschärfen; aus verschiedenen Handwerken, als Kürschnern, Bäckern, Schneidern etc., hundert Personen zu erwählen, die im Falle eines Aufruhres dem Bürgermeister, Richter und Rathe gewaffnet zu Hilfe kommen und bei Feuersbrünsten den Zulauf Unberufener verhindern sollen; die Viertelhauptleute anzuweisen, mit ihren Fahnen an den ihnen bestimmten Plätzen zu verweilen, ihre Leute gewaffnet um sich zu versammeln und der Befehle der Obrigkeit gewärtig zu sein; nur die, in deren Viertel die Feuersnoth oder andere Gefahr ausgebrochen sei, sollen in ihren Häusern mit Wasser und anderweitig die Gefahr bekämpfen; der Magistrat gibt es den Regenten anheim, diese Artikel nach Gefallen zu mehren, zu mindern oder abzuändern. — Als Beilage zu dieser Eingabe erscheint ein Placat mit der Bezeichnung; «diser priff ist an dem lugeck nachtes angeschlagen. Actum am 28. Januari anno etc. 28.» und enthält die an den Bischof und an

den Bürgermeister gestellte Forderung, den
Kurmeister zu St. Stephan, der für Begräbniss und Taufe unmässige Taxen einhebe,
weshalb sie ihre Kinder nach der Lehre «der
neuen Christen» erst als Erwachsene taufen
lassen wollten, abzusetzen, widrigenfalls man
ihn in Schaaren heimsuchen «und jem die
hungrisch platten scheren» würde.

Original.
IV, M 3, C. 1136.

1363 *1528, März 7, Wien.*

König Ferdinand I. entbietet allen Obrigkeiten in Oesterreich unter der Enns, dass er
auf die Bitte der Wiener Bürgerschaft und
gemäss den Privilegien seiner Vorfahren, besonders des Königs Ladislaus, und seiner eigenen neuen Stadtordnung, den Hauern und
Weingartleuten das Mitnehmen der Ueberstücke in den Weingärten zum eigenen Gebrauche verbiete, die Bestrafung der Uebertreter, und im Falle sie dazu nicht ausreichten,
die Anzeige an Bürgermeister, Richter und
Rath anordne.

Gedrucktes Patent.
Patentensammlung.

1364 *1528, April 10, Wien.*

König Ferdinand I. verbietet auf Grund
der Privilegien Kaiser Maximilians I., dass
Klöster, Herrschaften, Schlösser, Dörfer, Gerichte etc. Kaufmannschaft und Gewerbe treiben, wie es bisher oftmals geschehen, denn
es gebühre dies den Bürgern in Städten und
Märkten auf ihren Jahrmärkten; dagegen soll
es diesen verboten sein, den Vorkauf «auf
dem geu» zu treiben und den Bauern in die
Häuser nachzugehen, ausgenommen den Metz-
gern, denen es erlaubt sein soll, Vieh für den
Bedarf ihrer Schlachtbänke «auf dem geu» zu
kaufen, und den Bäckern, die ihr Brot in
den Dörfern und vor den Kirchen sollen verkaufen können.

Gedrucktes Patent.
Patentensammlung.
Arch. f. Kunde österr. Geschichtsquellen, 35, 127.

1365 *1528, Mai 9, Wien.*

Statthalter, Regenten und Kammerräthe
der n.-ö. Lande legen König Ferdinand I.

die Verhandlungen der landesfürstlichen Commissäre, des Herrn Melchior von Lamberg,
Ritters, des Herrn Marx Beghk von Leopolds-
torff, Doctors und Vitzthums in Oesterreich
unter der Enns, mit den Verordneten der
Stände des Landes unter der Enns, ferner die
des landesfürstlichen Mandates an die Hauptleute und Vitzthume der vier anderen n.-ö.
Lande und deren Instructionen und Creditive
zu ihren Verhandlungen mit den dortigen
ständischen Verordneten über ein allgemeines
Aufgebot zur Abwehr der Türkengefahr vor
und zugleich die Ablehnung dieses Vorschlages
durch Michel, Abt zu den Schotten, und Georg
Freiherrn zu Rogenndorf und Molenburg namens der Stände unter der Enns und des
Berthlmee Herrn von Starchenberg namens der
Verordneten des Landes ob der Enns.

Original. Mit fünf Siegeln der Regenten.
Beilagen: 1. Die Abschrift der Verordneten
unter der Enns am 5. Mai vorgelegten Artikel; 2. Abschrift der Ablehnung derselben; 3. Abschrift der Replik der Commissäre mit Berufung auf das Augsburger
Libell; 4. Abschrift der neuerlichen Ablehnung; 5. und
6. Abschrift des königl. Mandates und der Instruction
für die Verordneten der Länder Steier, Kärnten, Krain
und ob der Enns vom 7. Mai; 7. Abschrift des Credenz-
briefes an die Verordneten dieser Länder vom 7. Mai;
8. Abschrift des Schreibens des Berthlmee von Starhemberg an die Regenten der n.-ö. Lande vom 30. April.

VII, C 3.

1366 *[Undatirt.]*

Formulare: König Ferdinand I. verleiht
dem Wiener Bürger N. und seinen Erben
das Laubenrecht in Wien mit den damit verbundenen Privilegien für Kauf und Verkauf
unter der üblichen Bedingung, dass er in Wien
in eigenem Hause angesessen sei und mit
den Ausländern in dem Gewerbe der Tuch-
händler oder Laubenrechtbesitzer keine Gemeinschaft oder Gesellschaft habe, bei Verlust des Laubenrechtes und anderer Strafe,
welche die Stadtordnung auf Verletzung der
Bürgerspflicht setzt; er gebietet dann dem
Bürgermeister, Richter und Rathe und den
Laubenrechtsbesitzern zu Wien, den N. in Zukunft in seinem Handel dem entsprechend
zu halten.

Gleichzeitige Copie.
IV, F.

1367 *1528, October 10, Wien.*

König Ferdinand I. bestätigt den Laubenherren zu Wien die Privilegien König Maximilians I. von 1494, Januar 28 (s. Nr. 1289), und von 1494, März 1 (s. Nr. 1290), doch entsprechend der neuen Stadt- und Handwerksordnung mit der Einschränkung, dass die behausten Laubenherren zwar nach Möglichkeit unter den Tuchlauben, wo dies aber nicht gut anginge, an anderen passenden Plätzen ihre Gewölbe haben sollen, dass ihnen zwar erlaubt sei, zum Einkaufe in fremde Länder zu reisen, aber nicht mit ausländischen Laubenherren, entgegen dem Bürgereide, Gemeinschaft oder Gesellschaft einzugehen, dass sie, um der Verschlechterung der Tücher vorzubeugen, verpflichtet sein sollen, kein Tuch vor der ordentlichen Beschau durch Bürgermeister und Rath zu verkaufen, dass sie in Bezug auf die Laubenrechtsertheilung künftig unter der Jurisdiction von Bürgermeister und Rath stehen, und dass überdies dem Landesherrn nach dem Gutheissen von Bürgermeister und Rath die Laubenrechtsverleihung ohne Verpflichtung zu einem Kaufgelde freistehen soll. «Commissio dom. regis propria.»

Unterschrieben: Ferdinandus; J[ohann] v. Puchaim fr[ei]h[err] statthalter; N[icolaus] Rabenh[au]bt n.-ö. canzler; Ruedolf herr v[on] Höchenfeldt; L. v[on] Stöckhing.

Vidimus des Registrators und Taxators Hanns Findtsguet vom 17. November 1612. Das Original trug das königliche Hängesiegel.

IV, D 7, Gewerbeprivilegien.

1368 *1528, December 10, Wien.*

König Ferdinand I. entbietet seinen Unterthanen in den n.-ö. Landen, dass er die polnischen «driplten Groschen», die in der Form, der Grösse und dem Aussehen des Adlers den Tiroler Doppelsechsern ähnlich sind und auf 6 kr. geschlagen werden, und die Churer Batzen, die mit anderen Batzen verwechselt werden können und auf 4 kr. geschlagen werden, habe valviren und probiren lassen, wobei sich ergab, dass die «driplten polner groschen» 21 und die Churer Batzen 13 Wiener Pfennige werth seien und also in Zukunft nicht höher genommen werden sollten. — Es

folgen die Abbildungen beider Münzen: Der polnische Driplgroschen zeigt den Kopf des Königs von Polen im Profil, auf der Reversseite einen einköpfigen gekrönten Adler und die Umschriften: «Moneta regni Poloniae 1528» und «Sigismundus primus rex Poloniae». Der Churer Batzen zeigt eine Madonna mit dem Kinde und das Wappen des Bischofs von Chur und trägt die Umschriften: «Ave regina celorum» und «moneta epi. curiensis».

Gedrucktes Patent.

Patentensammlung.

1369 *1529, Januar 2, Wien.*

Bürgermeister und Rath der Stadt Wien ordnen auf Begehr König Ferdinands I. und auf Grund der Bewilligung der Stände in Oesterreich unter der Enns, die sie auf dem zu Martini (November 11) abgehaltenen Landtage gegeben, an, dass alle, deren Beneficien von der Stadt oder deren Bürgern herrühren, und die keine Gült haben, in diesem Jahre von ihrem Einkommen 6 kr. vom Pfund zu geben haben; dass alle ledigen Personen von dem Schätzwerthe ihrer liegenden Güter 2 kr. vom Pfund zahlen sollen, und dass jeder Hausvater im Stadtgebiete von dem Lohne, den er seinen Dienstboten gibt, vom Pfunde Jahrsoldes 2 kr. und von jeder anderen ledigen Person, die in seinem Brote ist, wöchentlich 1 Pfennig zur Türkenhilfe zahle; diese Steuern sind von einer Quatember zur anderen den verordneten Einnehmern Georg Ebersperger und Georg Wech zu Handen des Königs zu leisten.

Gedrucktes Patent.

Patentensammlung.

Vgl. Notizenbl. d. Wiener Akad. d. Wissensch., 8, 230.

1370 *1529, Mai 24, Wien.*

Wolfgang Trew, Bürgermeister, und der ganze Rath von Wien ertheilen dem Friedrich Herer, Doctor des canonischen und des römischen Rechtes, und ebenso dem Sebastian Eyseler und Wolfgang Tobler, Stadträthen, Vollmacht als ihren Vertretern und Sachwaltern auf dem Tage zu Oedenburg gegenüber den Abgesandten von Ofen, Pressburg und

Tyrnau vor den Räthen und Commissären der königlich ungarischen und böhmischen Majestät, ein schon anderwärts ausgesprochenes Anliegen der Stadt zu verfechten, Zeugen und Urkunden dafür vorzulegen, Gegengründe anzuhören und alle Rechtshandlungen in ihrem Namen vorzunehmen, die sie selbst vornehmen könnten, und sie verpflichten sich, deren Abmachungen für sich als bindend anzusehen.

Original, lat.; mit dem aufgedrückten Siegel der Stadt.

IV, I, C. 2166.

1371 *1529, September 12, Wien.*

Wolfgang Schreiber aus Fünfkirchen berichtet König Ferdinand I., was er durch einen Knecht aus dem türkischen Lager über dieses erfahren hat: der Sultan liegt zu Erd, zwei Meilen unterhalb Ofen, Weyda zu Pest; er erhält starken Zuzug aus den Gespannschaften; Embrey Pascha liegt unter und um Ofen, das wohl bald durch Minen fallen werde; die türkischen Vasallen liegen zwei Meilen oberhalb Comorn, die christlichen sind gegen Pressburg zurückgewichen; «der Bischoff von Gran halt sich redlich mit dem Gesloss», aber die Stadt habe sich zu den Türken geschlagen; die Türken seien gut verproviantirt, hätten viel Geschütz und seien ohne die Ungarn 300.000; sie seien kampfbereit «und all Reden sein von Wienn»; dort wolle der Sultan überwintern und im Sommer weiterziehen. Ein Drittel des Heeres soll kriegstüchtig sein, die zwei anderen Drittel aber ganz werthlos, «einer mit einem guten Ross ir zechen nider reit» etc.

Original. Siegel abgefallen.

VII, N 2.

1372 *1529, December 24, Wien.*

Statthalter und Regenten der n.-ö. Lande legen König Ferdinand I. ihr Gutachten vor über das, was in Betreff der Rathsmänner zu thun sei, die während der Türkenbelagerung die Stadt gegen ihr Gelöbniss verlassen hätten; der König habe auf den Bericht des Bürgermeisters Wolfgang Trew, dass sich alle bis auf zwei oder drei Rathsmänner dies hätten zu Schulden kommen lassen, gestattet, dass mit Rücksicht auf die Beschickung des bevorstehenden Landtages die flüchtigen Rathsmänner in ihrer Function zu belassen seien, sich aber vorbehalten, sie und die anderen Bürger, die ihren Weggang nicht rechtfertigen könnten, zu bestrafen, und zwar durch den Zwang, am Bau und der Befestigung der Stadtmauer mitzuwirken; die Regierung habe zwar zur Aufrechthaltung der Ordnung den Bürgermeister und den Stadtrichter, die wie üblich am St. Thomastage ihre Aemter zurücklegten, wieder bestätigt; da aber die Belassung der schuldigen Rathsmänner in ihren Aemtern die Autorität des Stadtrathes schädigen müsste, und es in der Befugniss des Königs liege, die Freiheiten und Statuten der Stadt, wornach nur nach je drei Jahren — also diesmal 1531 — Neuwahlen und sonst nur jährliche Ergänzungswahlen stattzufinden hätten, nach seinem Wohlgefallen zu mehren und zu mindern, so rathen die Regenten zur Ausschreibung von Neuwahlen, um so an den schuldigen Rathsmännern durch die Amtsentsetzung noch über die allgemeine Bestrafung aller flüchtigen Bürger hinaus vor den Augen der Bürgerschaft ein Exempel zu statuiren.

Concept und Reinschrift. Von den sechs aufgedrückten Verschlusssiegeln der Regenten sind fünf abgefallen.

IV, I, C. 2166.

Bl. d. Vereines für Landeskunde von N.-Oe., N. F. 9, 303.

1373 *1530, Januar 23, Budweis.*

König Ferdinand I. trägt der Regierung der n.-ö. Lande auf, den Gottesacker bei der Stadt Wien, der während der Türkenbelagerung verwüstet und entweiht worden, durch den Bischof in der Neustadt neuerlich weihen zu lassen und das Begraben auf den Friedhöfen zu St. Stephan und St. Michael, das seither üblich geworden, wieder abzustellen, weil es nicht nur an sich gesundheitsschädlich ist, sondern auch zur Zeit von Epidemien die Bevölkerung beängstigt und so auch indirect schadet.

Concept mit Expeditionsvermerk.

IV, L 12, C. 1099.

1374 *1530, Februar 15.*

Bürgermeister und Rath der Stadt Wien bitten unter Hinweis darauf, dass Viele, die während der Belagerung in den Vorstädten ihre Wohnungen verloren haben, aus Wien hinwegziehen wollen, König Ferdinand I. um baldige Erledigung ihrer zu Budweis vorgelegten Bittschrift (s. Nr. 1376) und ersuchen zugleich, den Stern und den Halbmond am Stephansthurme durch ein christliches Zeichen ersetzen zu dürfen, da man die genannten Embleme an den türkischen Zelten gefunden. — Unter der Adresse steht der Bescheid (undatirt), der die Bürger auf eine baldige Resolution mit gnädigen Worten vertröstet und ihnen ihre auf die Thurmzierde bezügliche Bitte gewährt.

Original. Das Verschlussiegel ist abgefallen.
IV, 1, C. 2166.
Hormayr, Taschenb. f. d. vaterl. Gesch., 1827, 101 ff. (ohne Resolution).

1375 *1530, Februar 28, Wien.*

«Die von Wien» geben ihrem Stadtschreiber Hanns Hofman eine Instruction für seine Sendung zu König Ferdinand I. mit folgenden Punkten: Er solle

1. seinen Credenzbrief überreichen;
2. die einzelnen Punkte ihrer Supplication (s. Nr. 1376) neuerlich vorbringen;
3. auf die Gefahr des Hinwegziehens vieler Bürger von Neuem hinweisen;
4. bitten, dass der Stadtgraben erweitert und bis zum Wasser vertieft, die verbrannten Häuser niedergerissen und Streichwehren angelegt werden;
5. falls die Klöster den Abgebrannten nicht zur Verfügung gestellt werden sollten, solle er bitten, dass die exempten Häuser und Höfe der Klöster in Zukunft mit der Bürgerschaft steuerpflichtig sein sollen;
6. bitten, dass «die ubltäter von einkomen des gerichts, wie sich dann gepürt, gerechtfertigt werden»;
7. bitten, dass der König die armen Leute, die aus dem verbrannten Bürgerspitale ins St. Clarenkloster gebracht wurden, versichere, dass sie dort gelassen werden, und dass der Spitalmeister die nothwendigen Bauten da-

Regesten zur Geschichte der Stadt Wien. II.

selbst werde weiter ausführen können, wie er schon über 300 Floren daselbst verbaut habe;

8. bitten, dass wie in früheren Zeiten keine Kriegsknechte in grösserer Anzahl in Stadt oder Vorstädte eingelassen werden, da sich unter dem «fändl knecht» viele Ungebühr durch Zerschlagen von Gläsern und Oefen und Bedrohung der Bürger ereignet habe.

Am Rande wurde zu den einzelnen Punkten der königliche Bescheid vermerkt, und zwar wurden die Punkte 2, 3 und 5 als erledigt bezeichnet, zu Punkt 4 der Stadt die Bauvorschläge des Königs in Aussicht gestellt, Punkt 6 der Kammer zu Wien zugewiesen, über Punkt 7 der Regierung die Ausführung des königlichen Befehles aufgetragen, zu Punkt 8 die Anzeige über diese Vorkommnisse an die «gerüssten» zu Pressburg und die Untersuchung der Sache angeordnet und zugleich verboten, dass Truppen im Hinauf- oder Herabziehen die Stadt passiren.

Original.
IV, 1, C. 2166.

1376 *1530, März 3, Prag.*

König Ferdinand I. ist von Hanns Pachler und Wolfgang Schiesser zu Budweis eine Beschwerde- und Bittschrift der Stadt Wien vorgelegt worden (undatirt), die darlegt, dass die Stadt seit der Türkenbelagerung wegen der Verkehrsstockung auf der Donau sowohl nach auf- als nach abwärts keine Mautheinkünfte bezogen habe, dass sie wegen des Weinmisswachses dem wenigen Wein, der in die Stadt gebracht wurde, mit keiner Contribution belegen wollte, dagegen aber geschehen lassen musste, dass die Professen nach dem Abzuge der Türken von jedem Fasse Weines, das die Bürger geschenkt, ausser dem Umgeld 1 fl. und von Allem, was sonst auf den Markt kam, den Pflasterzoll selbst einhoben; die Stadt hätte daher nichts eingenommen, wovon sie dem Könige die Schatzsteuer zahlen könne, oder wovon die Schulden zu tilgen wären, die sie zur Abfertigung der Kriegsleute auf sich genommen; endlich seien die Bürger durch die Feuersbrunst und durch die Einquartierung von Kriegsleuten an ihrem Gute geschädigt worden; um nun den Wegzug vieler Bürger

6

zu verhüten und die Lage der Bürgerschaft zu verbessern, werden folgende Vorschläge gemacht: A. Die Höfe, Häuser, Gärten etc. jener Klosterleute, die solche bisher in der Stadt innehatten, jetzt aber in andere Klöster ihres Ordens ziehen, sollen an jene Bürger zu Erbeigen vertheilt werden, die ihren Besitz in den Vorstädten durch Brand verloren haben; B. die Zinse und Burgrechte in der Höhe von 20.000 Pfund, die auf der Stadtgemeinde lasten, und von 60.000 Pfund, die auf einzelnen Bürgerhäusern liegen, sollen aufgehoben und in den Grundbüchern getilgt werden; C. die Stadt soll für einige Jahre von aller Landes- und Stadtsteuer (Schatzsteuer?) befreit werden; D. die Grundbücher geistlicher Corporationen sollen, soweit sie Stadtgebiet betreffen, der Stadt zugestellt werden, da bisher schon manche Bürgerhäuser der bürgerlichen Steuerpflicht entzogen wurden; E. auf die gleiche Weise habe die Gemeinde durch »sonder practic« auch ihr Grundrecht und ihre Jurisdiction an manchen Häusern verloren; F. den Prälaten und Geistlichen solle das Weinschenken in der Stadt durchaus verboten und nur der Verkauf in Gebinden gestattet werden; G. solle die Stadt von der Schuld von 2000 ungarischen Gulden, deren Zinsen sie schon durch siebzig Jahre an die Eremiten des St. Paulsordens bei Ofen bezahle, ledig gesprochen werden, da diese im Verdachte stünden, Parteigänger Zapolya's zu sein, seit sie einst ihre Habe zu diesem nach Trentschin geflüchtet hätten; H. die Weingärten sollen zum wenigsten durch zwanzig Jahre von Zehend und Bergrecht befreit werden, da sehr viele Arbeiter in den Weingegenden erschlagen wurden und die übrigen gänzlich verarmt seien; in Punkt I. wird auf eine gleichzeitig vorgelegte Handelsordnung verwiesen (verloren); K. soll das alte Herkommen bei der kalten Mauth wieder hergestellt werden, da man jetzt von jedem Stücke besonders 3 oder 4 kr. geben müsse, wo man dies früher für die ganze Fuhre gab; L. soll der Benützung neuer, abseits liegender Handelswege entgegengetreten werden; M. soll nach dem beigelegten Privileg Kaiser Friedrichs III. (verloren) der Hansgraf

wieder ein Wiener Bürger sein; N. sollen nicht entgegen den Privilegien Weine von jenseits der Piesting ein- oder durchgeführt werden; O. soll dem Antrage, die Unterthanssöhne mit zwölf Jahren ihrem Herrn anzuvogten und ihnen zu verbieten, ohne deren Erlaubniss Dienste zu nehmen, nicht stattgegeben werden, weil dadurch Wien und anderen Städten der Menschenzufluss entzogen und Mangel an Dienstboten eintreten würde. — Der König richtet seine Weisungen über dieses Gesuch an das Regiment und die Kammer zu Wien mit der Begründung, dass dies die zuständige Behörde sei; er resolvirt punktweise: zu A., dass die Grundstücke der Klöster, welche ausserhalb der Stadt oder innerhalb an der Mauer zum Zwecke der Befestigung abgebrochen werden (so auch das Spital vor dem Kärntnerthore), und alles, was die zu erhaltenden Klöster an Räumlichkeiten entbehren können, an die, welche ihre Häuser in den Vorstädten verloren haben, vertheilt, Schuppen aber, und zwar nur solche aus Holz, nicht unmittelbar ausserhalb der Mauern, sondern erst jenseits der Wien gebaut werden dürfen; das Kloster St. Clara solle eingezogen und zu einem Spitale zugerichtet werden, die Häuser aus dem Besitze des Klosters sollen an die verlusttragenden Bürger aus den Vorstädten verstiftet, den Klosterleuten, die hiedurch ihre Wohnungen verlieren, solle in Wien oder an anderen Orten ihres Ordens Unterkommen geschaffen werden, und das Regiment solle zu diesem Zwecke ein vollständiges Verzeichniss des Einkommens aller Wiener Klöster anlegen und darnach die Auftheilung vornehmen; die Visitation aller räumlichen Verhältnisse, besonders die Erwägung, ob die Vorstadt vor dem Schottenthore nicht in die Stadt einbezogen und befestigt werden könnte, wird vorbehaltlich der landesfürstlichen Genehmigung dem Regimente zugewiesen; zu B., das Regiment solle einige Personen damit betrauen, die Zins- und Burgrechte zu prüfen und Wucherzinsen (über 10%) abzustellen; von »ehrbaren« Zinsen, die genügend beglaubigt seien, solle durch drei Jahre der halbe Zins, nach deren Ablaufe aber wieder der ganze und dazu der rückständige Zins dieser drei Jahre gezahlt werden; zu C., die 2000 fl. jährlich an das Vitzthumamt werden durch drei Jahre erlassen, doch unter der Bedingung der Verwendung zu nothwendigen Bauten der Stadt (unter Controle des Regiments); der Nachlass der Landsteuer wird nicht bewilligt; zu D. und E., wird nicht bewilligt; zu F., den Geistlichen, die ihre Wohnung in der Stadt haben, wird das Weinschänken vom Zapfen gestattet, aber bei Strafe verboten, den Wein aufzutragen und Gastung zu haben und Wermuth- oder andere Kräuterweine auszuschenken; Geistliche ausserhalb der Stadt dürfen aber den Wein nur «unter den Reifen» verkaufen; zu G., der Zins an die Pauliner soll bis zur Ergründung der vorgebrachten Anschuldigungen sistirt werden; zu H., wird nicht bewilligt; zu I., die Regierung soll mit denen von Wien über den Entwurf einer Handelsordnung berathen und dann darüber berichten; zu K. und L., die Prüfung und eventuelle Abänderung der neuen Mauthordnung wird den Kammerräthen zugewiesen; zu N. hat der König noch nicht resolvirt, «dabei beruc es noch»; zu O., soll Regiment und Kammer denen von Wien nach Gutachten antworten.

Concept mit Expeditionsvermerk.

Beilage: Ein undatirtes Gesuch, unterschrieben «Bürgermeister und rats der stat Wienn verwalter» (Original).

IV, I, C. 2166.

Vgl. Notizenbl. d. Wiener Akad. d. Wissensch., 8, 289 ff.

1377 1530, April 1, Wien.

König Ferdinand I. ertheilt dem Hanns Aphaltrer, seinem Rathe, als bestelltem Anwalt des Wiener Stadtrathes, Stadthauptmann und Burggrafen seiner Wiener Burg eine Instruction, wie er seine drei Aemter zum Nutzen der Bürgerschaft und zur Wahrung der landesfürstlichen Rechte verwalten solle: I. Er soll die Stadthauptmannschaft in Kriegszeiten getreulich handhaben, sich als Anwalt des Stadtrathes an die neu errichtete und der Stadt ertheilte Satzung halten, endlich dem Landesfürsten und in dessen Namen dem Statthalter, den Regenten und der Raitkammer der n.-ö. Lande und ihren Anordnungen ge-

horchen und nachkommen; II. als Burggraf das Oeffnen und Schliessen, die Verwahrung der Schlüssel und die Nachtwache in der Burg versehen, die Aufsicht über die Gemächer haben, das Thor schützen und innerhalb und ausserhalb der Burg, besonders aber innerhalb des Burg- oder Stadtthores keine Ungebühr dulden; III. die Aufsicht über den Garten in der Burg führen und die Gartenarbeiten zur richtigen Zeit vornehmen lassen; IV. vier Pferde und zwei Trabanten zu seinem ständigen Dienste zur Verfügung haben, doch so, dass er die Pferde auf Verlangen dem Statthalter, dem Regimente oder der Raitkammer zur Verfügung stelle und die Trabanten, im Falle er sie nicht besonders benöthige, als Thorwache verwende; V. das Interesse von Statthalter, Regiment und Raitkammer wahren und vertreten.

Concept mit Expeditions- und Registrirungsvermerk. IV, I, C. 2166.

1378 1530, April 29, Wien.

König Ferdinand I. hat sich in der Absicht, seinem Bruder Kaiser Karl V. entgegenzureisen, mit den Verordneten der n.-ö. Landschaft auf deren Ansuchen über eine Reihe von Massnahmen geeinigt, die während seiner Abwesenheit gegen die neuerliche Türkengefahr zu treffen wären, und gibt dieselben durch ein Mandat in vier Artikeln den Ständen bekannt: Der erste Artikel enthält die Weisung an die Städte und Märkte, von Haus und Hof fliehende Landleute gegen billigen Zins aufzunehmen; Bedrückungen der Flüchtlinge sollten durch den Bürgermeister oder Richter und zwei vom Rathe des Ortes sofort behoben werden; von dem Getreide, das sie etwa einzustellen begehren, sollen vom Muth schweres Getreides wöchentlich 3 Pfennige, von Hafer, Gerste und dergleichen 2 Pfennige genommen werden dürfen. — Im vierten Artikel sind unter den Orten, an denen bei nahender Gefahr Kreidfeuer angezündet werden sollen, Hainburg, Bruck a. d. Leitha, der Kahlenberg Kallenperg und Landsee genannt.

Gleichzeitige Copie.

VII, N 1.

Vgl. über Kreudenfeuer im Jahre 1683 Bl. d. Vereines f. Landeskunde von N.-Oe., N. F. 17, 260.

1379 *1530, Mai 17, Wien.*

König Ferdinand I. gibt den Obrigkeiten und Unterthanen in den n.-ö. Landen bekannt, dass er die Münzen, welche die hispanischen Knechte und Dienstleute, die er zum Türkenkriege aufnehmen wolle, in Verkehr setzen würden, habe valviren lassen, wobei sich ergab, dass 11 von ihnen auf 1 Krone gehen oder gleich 84 kr. seien und also in diesem Werthe genommen werden sollen. — Es folgt die Abbildung der Münze: die eine Seite zeigt drei Bäume, die andere das Wappen des Herzogs von Mailand; Umschrift ist: «Franciscus secundus dux Mediolani etc.» Unter der Abbildung stehen die Worte: «Umb 30 pfenning 1 helbling».

Gedrucktes Patent.
Patentensammlung.

1380 *1530, November 16, Regensburg.*

Kämmerer und Rath der Stadt Regensburg übersenden dem König Ferdinand I. sechs Exemplare der Abbitte des Buchdruckers Paul Kholl, Bürgers zu Regensburg. — Die Abbitte enthält das Bekenntniss, dass Kholl, von Sebastian Thaw und Valt Spacharkh aufgefordert und von Kriegsleuten, die seine Gäste waren, falsch berichtet, in einer Schrift über die Belagerung Wiens durch die Türken drei Verräther, die während derselben hingerichtet wurden, irrthümlich als Bürger bezeichnet und dadurch die Wiener Bürgerschaft beleidigt habe; auf die Klage der Wiener Bürgerschaft und die Beschwerde des Königs sei er von den Kämmerern und dem Rathe von Regensburg gefänglich eingezogen worden und habe in einem Gesuche an den Kaiser, in dem er sich mit dem Mangel einer bösen Absicht entschuldigt, und das er wörtlich abdruckt, um eine mildere Fassung der geforderten Abbitte gebeten; das Blatt endet mit einer Ehrenerklärung an die Wiener Bürgerschaft. — Das Schreiben des Regensburger Stadtrathes führt aus, dass Kholl angewiesen wurde, 150 gedruckte Exemplare seiner Abbitte nach Augsburg zu senden, die dort an den Hofthoren seiner königlichen Majestät, an den Hauptkirchen und am Rathhause angeschlagen und verkauft werden sollten, und ebenso viele

an den Bürgermeister und Rath der Stadt Wien, und der Stadtrath dankt im Namen seines Bürgers für die Milderung der Strafe.

Datum: an mitwochen nach Martini ep[iscop]i.

Original. Das Verschlusssiegel ist abgefallen.

Es sind fünf gedruckte Exemplare der Abbitte, das Concept zu denselben und eine Abschrift des Gesuches an den König erhalten.

IV, M5, C. 1157.

1381 *1531, März 24, Wien.*

König Ferdinand I. entbietet seinen Mauthnern etc., die Fischkäufel in der Fischerzeche zu Wien nicht weiter mit dem «pfeffergelt» zu beschweren, das nach ihrer Klage besonders zu Wien zur Zeit der kalten Mauth, aber auch anderwärts, entgegen den Privilegien der österreichischen Landesfürsten und seiner eigenen Bestätigung derselben in jüngster Zeit von ihnen eingehoben wurde. «Commissio dom. regis in consilio.»

Unterschrieben: Ruedolff h[err] von Hohenfeldt, vicestatthalter, N[icolaus] Rabenh[au]bt, n.-ö. kanzler, Wilhelm h[err] v[on] Puech[aim], M[arx] B[eck] von Leopoldstorf.

Vidimus des Registrators und Taxators Hanns Findsiquet vom 24. September 1610.

IV, F.

1382 *1532.*

Der Kanzler der n.-ö. Lande Nicolaus Rabenhaupt von Suchee etc. begrüsst im Namen des Statthalters und der Regenten der n.-ö. Lande und der Räthe der n.-ö. Kammer Kaiser Karl V. am Rothenthurmthore zu Wien, gibt der Freude Ausdruck, die sie nach der Türkennoth der letzten Zeit über seine Ankunft empfänden, und spricht die Hoffnung aus, dass dem Kaiser und dem König und deren bedeutendem Heere der endliche Sieg zutheil werde.

In lateinischer Uebersetzung gedruckt.

IV, H4, C. 722.

1383 *1533, Juli 14, Wien.*

König Ferdinand I. gibt den Bewohnern der n.-ö. Lande bekannt, dass er die ungarischen Dreier darum, weil sie von seinen Widersachern in Ungarn täuschend nachge-

ahmt wurden, so zwar, dass von den ge-
fälschten Münzen eine Mark kaum mehr als
ein ganzes oder ein halbes Loth Silber enthalte, am künftigen Weihnachtstage ungiltig
erklären wolle; die Schwertgroschen oder Drei-
kreuzer sollen von Weihnachten an nicht mehr,
wie bisher, 20 für 1 Pfund Pfennige, sondern
so, wie sie geprägt werden, 21 für 1 Pfund
Pfennige oder 1 rhein. Gulden gelten. — Ein
zweites gedrucktes Patent des selben Inhalts
erging am 20. September 1533, das den Verfalls-
termin zur Lichtmesse (2. Februar) ansetzt.

Gedrucktes Patent.
Patentensammlung.

1384 *1533, Juli 26, Wien.*

König Ferdinand I. verkündet allen Bewohnern des heil. röm. Reiches, seiner König-
reiche, Fürstenthümer und Lande, dass er der
von seinen Vorfahren gegründeten Wiener
Universität, die durch die Türkenbelagerung
in Verfall gerathen war, zur neuerlichen Aufnahme derselben ihre Privilegien bestätigt und
erweitert, ihr Einkommen erhöht, berühmte
Lehrer berufen und erhalten und in seinen
Landen Befehl gegeben habe, dass die zur
Hochschule oder von ihr Reisenden zoll- und
mauthfrei und während ihrer Studienzeit billig
gehalten werden sollen. «Ad mandatum dom.
regis proprium.»

Unterschrieben: (mit Stampiglie:) Ferdinandus; B[ernhardus] car[dina]lis trid[entinus];
(geschrieben:) Adler.

Gedrucktes Patent. Mit aufgedrücktem Siegel.
Patentensammlung.

Vgl. J. v. Aschbach, Gesch. d. Wiener Universität,
3, 22 ff.

1385 *1533, Juli 26, Wien.*

König Ferdinand I. bestätigt im Hin-
blicke darauf, dass die Türkenbelagerung und
andere Einfälle der Türken viele Bürger in
Wien und in Wr.-Neustadt ihrer Wohnungen
beraubt hat und es diesen theils aus triftigen
Gründen nicht gestattet werden kann, sich an
den alten Plätzen wieder anzusiedeln, theils
ihnen selbst die Mittel fehlen, ihre öden
Häuser und Brandstätten wieder herzustellen,
in einem Generalmandate an die Stände der

n.-ö. Lande das Privileg, das sein Vorfahr
Ladislaus, König von Ungarn und Böhmen
und Erzherzog von Oesterreich, der Stadt
Wien gegeben hat, und dehnt dasselbe auf
Wr.-Neustadt aus, des Inhaltes, dass der Bürgermeister und Rath von Wien dem Landesfürsten oder dem Landmarschall berichten
solle, wenn in der Stadt oder in den Vorstädten Häuser, die geistlichen oder weltlichen Herren oder Edelleuten zugehörten, in
Verfall gerathen wären; dieser werde dann
den Eigenthümern die Wiederherstellung oder
die Verstiftung binnen Jahresfrist befehlen;
kämen sie dem Befehle nicht nach, so sollen
die Bürger von Wien das Recht haben, jene
Häuser an solche geistliche oder weltliche
Herren, die sie wieder aufbauen wollen, zu
verkaufen und den Erlös derselben für die
früheren Eigenthümer beim Landmarschall
zu hinterlegen; Häuser von Bürgern oder
Bürgerskindern sollen der Bürgermeister und
Rath selbst den Eigenthümern binnen Jahresfrist wieder aufzubauen oder zu verstiften befehlen, und falls diese der Anordnung nicht
nachkommen, soll der Stadtrath die Häuser
verkaufen und den Erlös den alten Eigenthümern oder deren Erben zustellen; sind
keine Erben oder Verwandten vorhanden, die
den Wiederaufbau auf sich nehmen wollten,
und hat die Stadt nicht die Jurisdictions-
gewalt über das Haus, so soll, gleichviel ob
es im Besitze eines geistlichen oder weltlichen
Herrn oder eines Bürgers war, der Landmarschall an Stelle des Landesfürsten dasselbe
übernehmen; steht aber ein solches Haus
eines geistlichen oder weltlichen Herrn oder
eines Bürgers unter der Jurisdiction der Stadt,
so soll diese, wenn keine Erben vorhanden
sind, den Wiederaufbau und die Verstiftung
zum eigenen Nutzen übernehmen, unbeschadet
der Grund- und Gelddienste an den Grundherrn. «Ad mandatum dom. regis proprium.»

Unterschrieben: (mit Stampiglie:) Ferdinandus; (geschrieben:) B[ernhardus] car[di-
na]lis Trid[entinus]; Adler.

Gedrucktes Patent.

VII, N 1.

Notizenbl. d. Wiener Akad. d. Wissensch., 9, 121
(aus dem Wiener Stadtarchive); vgl. ebenda, 8, 329.

1386 *1533, September 2.*

König Ferdinand I. hat während zweier Einfälle der Türken die Häuser in den Vorstädten Wiens niederreissen lassen und Commissäre verordnet, die den Besitzern solcher Häuser und den abgebrannten Bürgern in der Stadt Quartiere schaffen sollten; die Commissäre berichteten, dass sie etlichen hätten helfen können, andere hätten sich selbst versehen, eine gute Anzahl aber hätte begehrt, um ihres Lebensunterhaltes und Handwerksbetriebes willen sich wieder vor der Stadt ansiedeln zu dürfen; um nun diese nicht zur Auswanderung zu zwingen, hat ihnen der König die Wiederansiedlung in hölzernen Gebäuden an bestimmten Orten, auf ihren früheren Gründen oder auf neu erworbenen erlaubt und dem Bürgermeister die Verkündigung dieser Erlaubniss befohlen, wie folgt:

1. Die Fischer, Holzklieber, Holzführer und andere Mitbürger mögen «unter den Fischern» Schuppen, Häuser und Anderes bauen, doch ausserhalb des Brückleins und Grabens, und die Häuser, die jetzt vor dem Salzthurm stehen, will der König aus Gnaden bestehen lassen.

2. Da die Schiffsleute, Holzflösser und viele andere ihre Wohnungen ausserhalb der Schlagbrücke, längs des Wassers hinauf gebaut hatten und noch besitzen, so sollen diese Häuser bleiben, und wer solche neuerdings, doch nur von Holzwerk bauen wollte, dem ist es erlaubt.

3. Da vordem viele Ircher, Kotzenmacher, Lederer, Müller u. dgl. vor dem Stubenthore ihre Häuser hatten und des Wassers nicht entrathen können, so ist es erlaubt, dass diese diesseits der Brücke neben dem Mühlgraben seiner ganzen Länge nach Häuser, Werkstätten und Wohnungen von Holzwerk bauen.

4. Da vordem viele Schuppen und Wohnungen der Fleischhauer, Gärtner und anderer Bürger auf der Landstrasse gestanden, darf jetzt wieder jenseits der Brücke zu beiden Seiten der Landstrasse auf den alten Gründen und Brandstätten oder auf neu erworbenen gebaut werden.

5. Jenseits der Wienerbrücke auf der «Weyden» ist auf altem oder auf neu erwor-

benem Grunde doch nur in Holzwerk zu bauen erlaubt.

6. Es ist erlaubt, ausserhalb des St. Jörgenthurmes gegen (Herren-) Alls zu bauen. Streitigkeiten, die sich über diese Neubauten erheben, werden durch die Commissäre des Königs, von denen zum wenigsten zwei oder drei vom Rathe sein sollen, entschieden werden.

Gleichzeitige Copie einer zu Wien an vier Orten öffentlich angeschlagenen Kundmachung.

VII, N 1.

1387 *1533, September 19, Wien.*

König Ferdinand I. bestätigt den Meistern des Schusterhandwerks zu Wien das inserirte Privilegium Kaiser Friedrichs III. von 1460, August 5 (s. Nr. 1282). «Commissio dom. regis in consilio.»

Unterschrieben: N[icolaus] Rabenh[au]pt, ö[sterreichischer] canzler, Philipp Breyner, Hanns von Silberberg, M[elchior] von Lamberg.

Copia s. XVII.

Das Original trug das königliche Hängesiegel.

IV, D 7. Gewerbeprivilegien.

1388 *1533, September 23, Wien.*

König Ferdinand I. entbietet den Obrigkeiten in seinen n.-ö. Landen und besonders in Kärnten und Krain, dass er die eindringenden geringwerthigen fremden Münzen, zumal die welschen, habe valviren lassen und demnach befehle, dass die «toppeln martzelln», die durch eine Weile für 16 kr. genommen wurden, für 14 kr. und die einfachen «martzelln» für 7 kr., die Nürnberger Gröschl für 4 Pfennige 1 Heller, die schwarzen Pfennige aber, deren 3 für 4 Wiener Pfennige genommen wurden, 4 für 5 Wiener Pfennige und nicht höher genommen werden, die Rössler aber vom kommenden Martinstage (11. November) an verboten sein sollen; neu eindringende Münzen sollen die Landeshauptleute, Vitzthume oder deren Verweser valviren lassen, bis auf weiteren königlichen Bescheid verbieten und davon der n.-ö. Regierung und Kammer Bericht erstatten.

Gedrucktes Patent.

Patentensammlung.

1389 *1534, Januar 28, Prag.*

König Ferdinand I. gibt seinen Räthen, dem Felician von Petschach zu Landspreis, dem Doctor Marx Beck von Lewpoldstorf, seinem Vitzthum, und dem Hanns Apfhalter, seinem Stadthauptmann, Burgvogt und Anwalt zu Wien, zu wissen, dass er seinem Baumeister Johann Tschertte aufgetragen habe, gutes Wasser in die Burg zu Wien für die dortigen Altane und Gärten zu leiten, und sich mit dem Zeugwart zu Wien, Meister Jacob, über die Art der Anlage zu verständigen; er fordert demnach die Adressaten auf, einen Ueberschlag der Kosten zu machen und ihm denselben baldigst mitzutheilen.

Concept mit Expeditionsvermerk (anfänglich als Originalbrief ausgefertigt).

Beilage: Ein zweites Concept mit Expeditionsvermerk mit den entsprechenden Weisungen an den Baumeister Johann Tschertte vom gleichen Tage.

I, B 2, C. 3070.

Vgl. über Johann Tschertte Bl. d. Vereines f. Landeskunde von N.-Oe., N. F. 25, 255.

1390 *1534, März 31.*

Statthalter, Kanzler und Regenten der n.-ö. Lande geben den zwei Handwerken der Müller und der Bäcker auf Befehl König Ferdinands I. durch den Bürgermeister und den Rath der Stadt Wien eine Ordnung des Inhalts:

Die Müller an der Wien und Schwechat sollen den Bäckern ihre Mühlwerke «soviel si zum schraten nottürftig sein» überlassen und ihnen bei dieser Arbeit helfen.

Sie sollen ihre Knechte beaufsichtigen, «damit si die (Mühl-) stain nit zuruckh hauen», im Uebertretungsfalle aber 2 Pfund Pfennige zur Hälfte in die königliche Kammer und zur Hälfte an die Obrigkeit des Müllers als Busse bezahlen und sich mit den Bäckern über den Schaden vergleichen.

Wenn hiebei durch ein Versäumniss des Müllers ein Abgang an Brot in der Stadt verspürt würde, so soll dieser 5 Pfund Pfennige, die Hälfte an die Kammer und die Hälfte an die Obrigkeit bezahlen.

Sie sollen bei Strafe von 2 Pfund Pfennigen (zur Hälfte an die Kammer und zur Hälfte an die Obrigkeit) kein Getreide durch Vorkauf erwerben, nichts backen und keinen Gries mehr machen.

Sie sollen auch anderen Leuten, die Waizen nach dem Gewichte mahlen lassen wollen, so wie den Bäckern, diese Arbeit ohne vorschriftswidrigen Abgang im Gewichte leisten.

Wenn sie aus einer besonders schlechten Getreidegattung das vorgeschriebene Gewicht nicht herausmahlen

zu können befürchten, sollen sie davon dem Bäcker eine Probe schicken; in Streitigkeiten über Gewichtsabgänge sollen die von Bürgermeister und Rath verordneten zwei Aufseher entscheiden.

Wer Getreide zu vermahlen gibt, soll das Recht haben, zur Verhütung von Verwechslung oder Vermischung seines Getreides einen Dienstboten in die Mühle zu verordnen; Streitigkeiten hierin haben die zwei Verordneten zu entscheiden, und der Müller hat, falls die Probe schlecht befunden würde, 10 Pfund Pfennige, die Hälfte an die landesfürstliche Kammer, die Hälfte an die Obrigkeit als Busse zu zahlen.

Die Aufsicht über die Müller- und Bäckerknechte in der Mühle soll der Müller haben; die Bäckerknechte aber sollen bei einem Pfund Busse verpflichtet sein, des Bäckers Schaden den Verordneten anzuzeigen.

Den Müllern sollen für jeden Muth «zumahlen und auszumahlen» 5 Schilling Pfennige, «von dem reutern, peutln und schaiden» drei Schilling Pfennige und für die Fuhre an die Wien- oder Donaumühle 3 Schilling Pfennige, an die Schwechat 4 Schilling Pfennige gebühren; von diesen 4 Schillingen soll der Müller seinem Knechte 10 Pfennige geben.

«Von dem muth gemainem malter durch den peutl an mat der maut fünf schilling phenning und auf die gesterten, das ist in den klaiben vier schilling phenning, soll menigclich zumalten zu geben schuldig sein»; von jedem Metzen aber unter acht Metzen soll der Müller «auf die gesterten» 5 Pfennige und «durch den peutl» 6 Pfennige erhalten; die Fuhren sollen bezahlt werden, wie der vorige Artikel besagt.

Von einem Muth (= 32 Metzen) reines Waizens soll der Müller zu gewinnen und herauszugeben schuldig sein: «zemlens zwelf gestrich, pollten vierzehen gestrich, und oblus mell zehen gestrich drei viertel und khleiben zwainzig gestrich ain achtl».

Von einem Muth reines gereuterten Waizens, der durch den Wasserbeutel gemahlen ist, hat der Müller 37 und 2 Viertel Gestriche Mehls und 19 Gestriche Kleien herauszugeben; von einem Muth gereuterten Halbweizens, der durch den Wasserbeutel gemahlen ist, 35 1/2 Gestriche Mehls und 16 Metzen Kleien; von einem Muth gereutertes Korns, das durch den Wasserbeutel gemahlen ist, 36 Gestriche Mehls und 20 Gestriche Kleien; von einem Muth reines gereuterten Waizens «auf die gesterten gemalen» 46 und 2 Viertel Gestriche von Mehl und Kleien zusammen; von einem Muth gereutertes Halbweizens «auf die gesterten gemalen» 46 3/4 Gestriche von Mehl und Kleien zusammen; von einem Muth gereuterten Korns «auf die gesterten gemalen» 47 und 2 Viertel Gestriche von Mehl und Kleien zusammen.

Wer kein Bäcker ist und ungereutertes Getreide in die Mühle gibt, dem soll es der Müller reutern und vom Muth 1 1/2 Gestriche an Mehl und Kleien abbleiben; wenn er das «ausareuterach» für sich nehmen will, soll er dem Müllerknecht 2 Kreuzer dafür geben.

Wer dem Müller Mahlgut nach dem Gewichte geben will, soll es zur Stadtwage führen und dort in

Gegenwart des Müllers oder seines Knechtes wägen und das Gewicht in ein Buch eintragen lassen; das gemahlene Getreide soll neuerdings gewogen und es sollen dann immer vom Centner 3 Pfund in Abzug gebracht werden; für das Wägen soll der Eigenthümer von jedem Centner Getreides oder Mehls 1 Heller geben. Von jedem gewogenen Centner gebühren dem Müller für das Mahlen durch den Wasserbeutel 8 Pfennige und 1 Heller, «auf di gestetten» 7 Pfennige, für die Fuhre an die Wien- oder Donaumühle 6 Pfennige und an die Schwechat 7 Pfennige.

Wenn Einer Gries machen lassen will, so hat ihm der Müller vom Metzen Schretweizen 2½ Achtel Gries, 3 Achtel Pollenmehl, 3 Achtel Oblaasmehl und 2 Viertel und 1 Achtel Kleien herauszugeben und als Lohn für den Metzen 10 Pfennige zu erhalten.

Wenn einer Gerste «neuern» lassen will, so hat ihm der Müller vom Metzen reuher Gerste einen halben Metzen «wol geneuter» Gerste zu geben und dafür 10 Pfennige zu erhalten.

Soll geneute Gerste gebrochen werden, so hat der Müller von einem Metzen geneuter Gerste 1½ Metzen gebrochener Gerste zu geben, und wenn weniger als acht Metzen zur Mühle gebracht werden, 4 Pfennige vom Metzen, vom Muth aber 3 Schillinge zu erhalten.

Wenn Einer «prein neuern» lassen will, so soll ihm der Müller von einem Metzen ungeneuten Breins einen halben Metzen und die Abfälle geben und 16 Pfennige erhalten. Welcher Müller beim Schroten, Griesmachen oder Mahlen durch sein Verschulden Weizen verderben lässt, soll nach Erkenntniss der verordneten Aufseher den Schaden gutmachen und 2 Pfund Pfennige zur Hälfte in die landesfürstliche Kammer und zur Hälfte an seine Obrigkeit als Busse bezahlen.

Bürgermeister und Rath haben sich vorbehalten, diese Ordnung abzuändern. Den verordneten Aufsehern ist aufgetragen, dem Vorkaufe des Getreides, dem Backen und Griesmachen der Müller zu steuern und besonders auf die Einhaltung der Bestimmungen über das Gewicht zu sehen.

Die Bäcker, die Semmeln machen wollen, es seien Bürger oder nicht, sollen den Schretweizen kaufen, «so lange das sonoll nit aufgesteckt wirdet».

Die Semmelbäcker sollen sich an einige Mühlen an der Wien oder Schwechat halten, die ihnen am gelegensten sind; die Verordneten aber sollen die Austheilung machen, wie viele Bäcker sich an jede einzelne Mühle halten, und dafür sorgen, dass an jede Mühle sowohl arme als reiche Bäcker kommen.

Die Bäcker sollen ihren Knechten für das Reutern, Beuteln und Säubern und Scheiden 3 Schilling Pfennige vom Muth geben und diese dafür den Müllern «in netrung des waitz denselben waitz umbziehen helfen».

Die Bäcker sollen kein Mehl kaufen und kein Getreide im Vorkauf nehmen ausser zum Schraten, bei Verkauf des Mehls oder Getreides; doch soll es während des kommenden halben Jahres den Bäckern, die an einer Mühle zusammen arbeiten, gestattet sein, wenn sie mit ihrem Schretgut ihr Auskommen nicht finden,

mit Vorwissen der Verordneten gutes Semmelmehl zu kaufen und unter sich gleich zu vertheilen.

Wenn den Bäckern im kommenden halben Jahre die gewählten Mühlen nicht genügen, sollen ihnen die Müller weitere Mühlen zurichten. Nach Ablauf des halben Jahres soll keinem Bäcker mehr der Kauf von Mehl gestattet sein.

Wenn Bäcker, die zusammen an einer Mühle arbeiten, aus Nachlässigkeit nicht genug schroten und mahlen, so sollen sie 10 Pfund Pfennige, 5 Pfund an die Stadt und 5 Pfund an den Müller, der dadurch Schaden leidet, bezahlen und ihm überdies den Schaden gutmachen.

Die Bäcker sollen unter ihren Knechten auf der Mühle Ordnung halten und Hader mit den Müllersknechten verhüten; die dies unterlassen, sollen von den Verordneten gestraft werden.

Wenn die Bäcker sich in etwas geschädigt glauben, sollen sie sich an die Verordneten wenden, diese aber, wenn ihnen eine Sache zu schwer vorkäme, dem Rathe der Stadt darüber berichten.

Die Bäcker sollen auf allem Gebäck jeder sein besonderes Zeichen haben bei Strafe von 72 Pfennigen «zu gemainem gepeu».

Die Bäcker sollen jederzeit an Semmeln und Pollenbrot «pheunwert und halbwerts» backen; die dies nicht thäten, sollen um 72 Pfennige zu gemeiner Stadt Bau gestraft werden.

Die Bäcker sollen den Preis, um den sie das Getreide gekauft haben, jederzeit dem Metzenleiher ansagen; unangesagtes Getreide soll zu gemeiner Stadt Bau verfallen sein.

Wenn sie Getreide zur Mühle schicken, sollen sie es von den verordneten Aufsehern besichtigen und aufschreiben lassen, und von ihnen Zettel nehmen, um das Getreide am Stadtthore hinauszulassen, bei Strafe von 10 Pfund Pfennigen zu gemeiner Stadt Bau.

Wenn die Bäcker Mehl von solchem Getreide in die Stadt führen, sollen sie es von einem geschworenen Messer messen, dem Metzenleiher ansagen und von ihm aufschreiben lassen, bei der gleichen Strafe.

Wenn das Muth Schretweizen 4 Pfund kostet, so sollen um einen Pfennig 32 Loth Semmelgebäck verkauft werden; kostet das Muth 5 Pfund, so sollen um einen Pfennig 25 Loth 2 Quintel verkauft werden u. s. w.; kostet das Muth 24 Pfund, so sollen um einen Pfennig 4 Loth 3 Quintel verkauft werden.

Wenn das Muth Weizen, aus dem Pollenbrot gemacht wird, 4 Pfund Pfennige kostet, so soll das Pollenbrot 42 Loth 2 Quintel enthalten, u. s. w.; kostet das Muth 24 Pfund, so soll das Pollenbrot 5 Loth 3 Quintel enthalten.

Wenn das Getreide, woraus man Oblas oder Roggenbrot macht, 4 Pfund kostet, so soll man um einen Pfennig 50 Loth backen; kostet es 5 Pfund, so soll man 40 Loth 3 Quintel backen, u. s. w.; kostet es 24 Pfund, 7 Loth 1 Quintel um einen Pfennig.

Die Bäcker sollen an ihren Läden eine Tafel mit der Angabe über Gewicht und Preise und dazu eine Wage an sichtbarer Stelle anbringen bei Strafe von einem Pfund Pfennigen zu gemeiner Stadt Bau.

Ebenso sollen die Verordneten Wagen und Preistarife unter den Brotbänken in der Schranne und am Graben an sichtbarer Stelle anbringen.

Erhält jemand beim Bäcker Brot, das im Gewichte zu gering ist, so soll er es dem Metzenleiher bringen, wo er das Doppelte des gezahlten Preises zurückzuerhalten hat; gegen den Bäcker soll gemäß der Ordnung mit Strafe vorgegangen werden.

Wenn, wie eine Zeit her geklagt wurde, nicht genug Schnitweizen in die Stadt gebracht würde, sollen die Bäcker denselben aus dem Getreidekasten gemeiner Stadt um den jeweiligen Preis kaufen dürfen.

Wenn Schwankungen in der Nachfrage nach Brot erfolgen sollten, sollen die Bäcker dies den Verordneten anzeigen, die das Nöthige vorkehren oder sich damit an den Stadtrath wenden sollen.

Die Bäcker, die Brot aus zugebrachtem Mehl backen, sollen aus 32 Pfund oder einem Gestrich Mehl 12 Laib, deren jeder 3 Pfund 16 Loth wiegt, backen und dafür 3 Pfennige erhalten; «Hoflaibl» oder «Röckhel» sollen aus einem Gestrich im Gewichte von 40 Pfund herausgebacken und dafür 10 Pfennige bezahlt werden; Semmelgebäck soll aus einem Gestrich auch im Gewichte von 40 Pfund gebacken und dafür 16 Pfennige gezahlt werden.

Die Bäcker sollen in den Backhäusern und in den Mühlen nicht mehr anstatt mit Knechten mit Jungen arbeiten, bei Strafe von 4 Schilling Pfennigen zu gemeiner Stadt Bau.

Die Knechte und Jungen sollen nicht mehr, wie bisher, am Hof arbeitsuchend zusammenkommen oder sich sonst auf der Gasse ungebührlich benehmen, sondern bei einem ehrbaren Bürger Herberge haben, so daß die Meister sie dort zur Arbeit aufnehmen können, bei Strafe von 4 Schilling Pfennigen zu gemeiner Stadt Bau; die Busse für Raufhändel soll dem Stadtrichter zustehen.

Die Meister sollen die einheimischen Knechte überall zur Arbeit auffordern dürfen, und wo sich einer weigert, sollen sie ihn zur Bestrafung den zwei Verordneten anzeigen.

Kein Knecht soll mehr, wie bisher, stillschweigend von der Arbeit «aufstehen» dürfen, sondern er soll die Ursache dazu seinem Meister in Gegenwart zweier anderer Meister vorbringen, und wenn diese nicht genügend befunden würde, so sollen die Meister ihn den Verordneten zur Bestrafung anzeigen. Die Knechte sollen auch an Sonntagen zur festgesetzten Stunde zur Arbeit erscheinen und bleiben, bis die Arbeit verrichtet ist, bei Strafe von 4 Schilling Pfennigen zu gemeiner Stadt Bau und der Leistung des Schadenersatzes an den Meister, es sei denn, dass sich einer vorher bei dem Meister triftig entschuldigen könnte.

Die Bäckermeister sollen guten Weizen kaufen, dem Müller davon seinen Liedlohn geben und ihn dann nochmals säubern; die Bäckerknechte sollen die Mühlsteine nicht leer laufen lassen, bei Strafe von 4 Schilling Pfennigen zu gemeiner Stadt Bau.

[Es folgen Bestimmungen über die Geräthe.]

Regesten zur Geschichte der Stadt Wien. II.

Allen Schaden, den die Knechte ihren Meistern verursachen, sollen sie ihnen ersetzen und überdies den Verordneten dafür verantwortlich sein.

Die Verordneten sollen in der Woche ein- oder zweimal das Brot der Bäcker besichtigen, und die Bäcker sind verpflichtet, es auf Begehren vorzuweisen.

Die Verordneten sollen auch Macht haben, im Beisein von zwei Bürgern des äussern Rathes das Brot der Bäcker zu wägen. Befinden die Verordneten die Weisse der Semmeln nicht genügend, so sollen sie untersuchen, wem die Schuld daran zufällt: ist es die Schuld des Müllers, so ist darüber oben Bestimmung getroffen; ist es die Schuld des Bäckerknechtes, so soll der Meister ihm die Semmeln lassen, und der Knecht ist dann dem Meister den Schaden zu bezahlen schuldig; gibt aber der Meister dem Knechte die Semmeln nicht zurück, so ist ihm dieser nichts schuldig, und die zwei verordneten Aufseher sollen gegen den Meister mit Strafe vorgehen; wenn aber schwarzes Mehl verwendet wurde, so hat der Meister die Schuld, und es soll ihm das schwarze Gebäck zu Handen gemeiner Stadt genommen werden; wird er zum dritten Male schuldig befunden, so soll er mit «der Schupfen» oder mit der Busse von 10.000 Mauerziegeln bestraft werden.

Gleichzeitiger Druck; 12 Blätter.

Patentensammlung.

Einen zweiten Druck besorgte Hanns Syngriener im Jahre 1553.

«Austria», 1842, 127 (Auszug mit dem Datum 3. März).

1391 *1534, April 24, Wien.*

Kanzler und Regenten der n.-ö. Lande haben wegen der Verödung, die während der Türkenkriege im Weingebiete, besonders von Baden bis Klosterneuburg, eingetreten, mit dem Bürgermeister und dem Rathe von Wien und mit berufenen Abgesandten der umliegenden Städte, Märkte, Dörfer und Eigengüter die Beschwerden der Weingartenarbeiter berathen und setzen bis auf weitere königliche Verfügung oder Abänderung durch die Regierung eine Ordnung für Hauer und Weingartenarbeiter fest:

1. Niemand, weder Weinzierl noch andere, sollen einheimische Hauerknechte beherbergen, die keinen Abschied von ihrem früheren Wirth oder Weinzierl haben; Zuwiderhandelnde sollen mit 2 Pfund Pfennigen bestraft werden, oder wer das nicht könnte, an seinem Leibe; ausländische Hauerknechte sollen bei ihrer Ankunft an die Vorschrift des Abschiedes nicht gebunden sein.

2. Kein Hauerknecht soll vor der Weinernte ohne triftige Ursache von seinem Wirthe oder Weinzierl wegziehen; Zuwiderhandelnde sollen gefänglich eingezogen, zur Leistung des Schadenersatzes an den Wirth oder

7

Weinzierl, und wo dieser es verlangt, zum Gelöhnlss der weiteren Arbeitsleistung verhalten, Im Wiederholungsfalle aber zu 2 Pfund Pfennigen oder zur entsprechenden Leibesstrafe verurtheilt werden.

3. Raist Einer einen Hauerknecht von seinem Wirthe oder Weinzierl ab, so sollen der Arbeiter und der Abredende um je 2 Pfund Pfennige gestraft werden; der Hauerknecht soll dann seinem Wirthe die Arbeit zu verrichten fortfahren, und wenngleich ihm der andere das Geld vorgestreckt, um sich auszukaufen, so soll er diesem doch keine Arbeit leisten.

4. Der Arbeiter soll die Arbeitszeit vom frühen Morgen bis zur rechten Abendzeit fortsetzen und im Falle der Unterlassung von der Obrigkeit um 72 Pfennige gestraft werden.

5. Bleibt ein Arbeiter zu Mittag über eine Stunde aus, so soll man ihm keinen Lohn zu geben schuldig sein.

6. Eine Obrigkeit, ein Richter oder ein Amtmann, der einen Arbeiter zur Arbeitszeit bei Wein, Spiel oder Müssiggang antrifft, soll ihn gefänglich einziehen und jeden solchen, so oft er betreten wird, um 72 Pfennige strafen.

7. Einem Arbeiter, der bewaffnet zur Arbeit geht, soll die Obrigkeit die Waffe wegnehmen und ihn dazu um 1 Pfund Pfennige strafen.

8. Ein Arbeiter, der bei Gotteslästerung, Zutrinken oder über die gewöhnliche Zeit beim Weine betreten wird, soll gefänglich eingezogen und um 1 Pfund Pfennige oder, wenn er das Geld nicht hat, an seinem Leibe gestraft werden.

9. Der Taglohn für Männer und Frauen soll in den Städten, Märkten und Eigengütern und besonders in der Stadt Wien der gleiche sein, und zwar von der ersten Fastwoche bis zum St. Jörgentage (24. April) nicht mehr als 28 Pfennige, von da bis zum Johannistage (24. Juni) nicht über einen Schilling Pfennige, und von da bis zur Weinlese nicht über 28 Pfennige, von der Weinlese bis zur ersten Fastwoche nicht über 20 Pfennige betragen; Frauenarbeit soll von der Lichtmesse (2. Februar) bis zum St. Jörgentage nicht über 16 Pfennige und die Grünarbeit nicht über 20 Pfennige kosten, von da bis wieder zur Lichtmesse nicht über 14 Pfennige; auch soll keinem Arbeiter und keiner Arbeiterin Kost oder Wein gegeben werden; wer mehr gäbe oder wer von den Arbeitern mehr verlangte, soll um 2 Pfund Pfennige bestraft werden; edas Helwerth und Phenwerth in dem Gröben» soll bei der gleichen Strafe verboten sein.

10. Welcher Weinzierl einen Weinbau unternimmt, soll nicht nach einem Theile der Weingartenarbeit davon abstehen, sondern sie bis zu Ende führen; Zuwiderhandelnde sollen 2 Pfund Pfennige zur Strafe zahlen, dem Bauherrn zur Fortführung der Arbeit und zum Schadenersatze verpflichtet bleiben, und wenn sie die Strafe nicht zahlen können, an ihrem Leibe gestraft werden.

11. Jede Stadt, jeder Markt, jedes Eigengut soll einen oder mehrere seßhafte, sachverständige Männer ohne angeklagten Weinbau erwählen, die für ihre Mühewaltung wöchentlich 1 Pfund Pfennige erhalten sollen aus dem Erlöse der Abgabe von 4 Pfennigen, die jährlich am

St. Michaelstage (11. November) von jedem Viertel Weingarten oder von dem, wovon der Pachtschilling des Weinzierls 6 Pfund Pfennige beträgt, dem Richter, Ammann oder Bergmeister zu leisten ist; diese Erwählten sollen etlich verpflichtet werden, jede Weingartenarbeit das Jahr hindurch zu besichtigen, darauf zu achten, dass die jungen Gruben nicht versetzt werden, und wo sie schlechte oder betrügerische Arbeit finden, diese mit Kreuzen oder dergleichen zu bezeichnen und dem Richter oder Bergmeister anzuzeigen; der soll vier der Geschworenen zu sich fordern, die Arbeit beschen, und wenn er das gleiche Urtheil hat, so soll der schuldtragende Weinzierl gefangen gesetzt, mit 5 Pfund und 2 Schilling Pfennigen oder, wenn er sie nicht hat, an seinem Leibe gestraft und zum Schadenersatz an den Bauherrn verhalten, im Wiederholungsfalle aber nicht mit Geld-, sondern mit öffentlicher Leibesstrafe belegt werden.

12. Es ist den Hauern, Männern und Frauen, verboten, Ueberröcke mit sich nach Hause zu nehmen; die Uebertreter sind mit 1 Pfund Pfennige zu belegen.

Diese Geldstrafen sind zum ersten Theil an die landesfürstliche Kammer, zum zweiten an die ordentliche Obrigkeit, zum dritten Theile an den Richter oder Ammann zu zahlen, unter dem sich der Straffall ereignet hat. — Die Taglöhne sollen alljährlich am Tage nach Dreikönig (am 7. Jänner) zwischen den Ausschüssen der Städte, Märkte, Eigengüter und dem Bürgermeister und Rathe der Stadt Wien nach Massgabe der Theuerung oder Wohlfeilheit festgesetzt werden.

Gleichzeitiger privilegirter Druck von Hanns Syngriener in Wien.

Patentensammlung.

1392   1534, April 28, Wien.

Bürgermeister, Richter und Rath der Stadt Wien haben auf Anmahnung und Befehl von Statthalter, Kanzler, Regenten und Kammeräthen der n.-ö. Lande die bisher übliche Feuerordnung von Neuem durchberathen und verbessert und publiciren im Folgenden diese verbesserte Fassung:

1. Jeder Hausvater soll Rauchfänge und Feuerstätten rein und in gutem Stande halten und jeder Hausvater oder Bürgersmann soll als letzter im Hause zu Bette gehen und als erster aufstehen.

2. Jeder soll unter seinem Dächern Werkzeuge zum Abstossen der Dachtheile und dort und wo es sonst nützlich ist, mit Wasser gefüllte Gefässe bereit halten.

3. Wenn der Thürmer zu St. Stephan oder sein Gesinde oder einer der zwei Wächter, die daselbst bei Tag und Nacht besonders dazu bestellt sind, den Glockenstreich thäte, so sollen alle Zimmerleute, Maurer, Ziegeldecker, Schmiede und Schlosser mit ihrem Gesinde, mit Hacken, Krampen, Hauen dorthin laufen und zu Wachen suchen, wo bei Tage die rothe Fahne, bei Nacht eine Laterne es ihnen anzeigt; für das etwa herzueilende königliche Hofgesinde, das mit Werkzeugen nicht ver-

schen ist, wird von Bürgermeister, Richter und Rath verordnet, dass es an der Feuerstelle solche solle finden können.

4. Sollen die Bader, deren in der Stadt noch elf sind, mit den Eimern, die ihnen die Stadt zugestellt hat, herzulaufen.

5. Sollen Spitalmeister, Stadtkämmerer und Brückenmeister und alle vermöglichen Fuhrleute, denen das Halten von Wassergefässen durch den Magistrat auferlegt ist, diese in Bereitschaft halten; dem, der zuerst mit dem Wasser zur Stelle ist, soll von der Stadt eine Prämie von einem Pfund Pfennig, dem zweiten von einem halben Pfund und den nachfolgenden von einem Schilling gegeben werden.

Ebenso hat die Regierung der n.-ö. Lande dem Schottenkloster, den Predigern, denen zu St. Laurenz, zu St. Jacob und anderen Klöstern das Halten und Zuführen von Wasserbehältern befohlen.

6. Soll der Glockenstreich nur bei St. Stephan und bei St. Michael gegeben werden.

7. Wird aber bei den Schotten angeschlagen, so soll Jedermann wissen, dass das Feuer im Tiefen Graben oder am Salzgries ist.

8. Die Bader sollen ihre Wasserkästen stets gefüllt haben, um den Fuhrleuten davon geben zu können.

9. Fuhrleute, die nahe zu einem Bade haben, sollen dort das Wasser holen.

10. Bader, Zimmerleute, Maurer, Ziegeldecker, Schmiede, Schlosser und Fuhrleute, die hierin ungehorsam sind, sollen an ihrem Leibe gestraft werden.

11. Jeder Hausvater soll seinen Brunnen bei Strafe mit Ketten, Seilen und Eimern zur Nothdurft versehen.

12. Der Angeber eines Brandstifters soll 100 Pfund Pfennige erhalten und auch dann straflos ausgehen, wenn er dessen Helfer ist.

13. Wer einen Dieb, der während der Feuersbrunst stiehlt, angibt, soll von der Stadt 10 Pfund Pfennige erhalten.

14. Wenn man zur Verhütung der Ausbreitung des Feuers ein oder mehrere Häuser und Dächer einreissen will, so darf dem Besitzer nicht wehren.

15. Heu, Stroh etc. müssen bei Strafe an feuersicheren Orten aufbewahrt werden.

16. Verdächtigen Fremden ist von den Wirthen nachzuspüren und bei Strafe an den Bürgermeister und Richter über sie Meldung zu thun.

17. Die Wirthe sollen ihre Gäste warnen, dem Feuer zuzulaufen, sie hätten denn zur Rettung geeignete Werkzeuge oder wären sonst dazu geschickt.

18. Ungehorsam gegen die Herren, die zur Bekämpfung des Feuers verordnet sind, soll am Leibe gestraft werden.

19. Die Bürger sollen ihrem Viertelshauptmanne und ihrer Fahne bei Feuersgefahr zueilen, die im Schottenviertel auf den Hof, die im Widmerviertel auf den Graben, die im Stubenviertel auf das Lugeck, die im Kärntnerviertel auf den Neuen Markt.

20. Die aber dem Feuer zu nahe oder die mit Gästen überladen sind, sollen ihre Häuser hüten.

21. Mehrere gleichzeitige Feuersbrünste sollen am Stephansthurme bei Tage durch die Anzahl der ausgesteckten rothen Fahnen, bei Nacht durch die der Laternen angezeigt werden.

22. Jeder soll sich in seinem Hause gegen etwaigen Aufruhr, Eindrang oder Ueberfall mit Handgeschütz und Steinen zum Schiessen und zum Werfen aus Fenstern und Dächern versehen.

23. Die Bürger sollen im Falle eines nächtlichen Brandes die Feuerpfannen unverzüglich anzünden und aushängen.

Privilegirter Druck von Hanns Syngriener in Wien. IV, N 2, C. 1196. Ein zweites Exemplar in der Patentensammlung.

«Austria» 1843, 192.

1393 *1534, Juli 18, Prag.*

König Ferdinand I. macht seinem Kanzler zu Wien die geheime Mittheilung, dass er in Bälde zu wichtigen Verhandlungen nach Wien kommen werde, und dass dahin wahrscheinlich der türkische Unterhändler Ludovico Gritti zur selben Zeit kommen werde; da nun Janusch Weyden (Zapolya) in letzter Zeit durch Brandstifter viel Schaden habe anrichten lassen und in Wien viel fremdes Volk zusammenkommen werde, so solle der Kanzler sich mit der Regierung der n.-ö. Lande — doch ohne von dieser Weisung Erwähnung zu thun — über einen guten Sicherheits- und Feuerlöschdienst verständigen.

Concept mit Expeditionsvermerk.

IV, I, C. 2166.

1394 *1534, October 17, Wien.*

König Ferdinand I. gibt auf Grund der eingelaufenen Beschwerden über die kalte Mauth den Kaltmauthnern zu Wien in der Stadt und auf der langen Brücke, auch zu Korneuburg und wo sonst eine kalte Mauth genommen werden soll, einen neuen Tarif für die einzelnen mauthpflichtigen Waaren und bestimmt zugleich, dass von nicht specialisirten Waaren vom Gulden 2 Pfennige in Geld genommen werden sollen.

Gedrucktes Patent.

Patentensammlung.

Cod. austr., 3, 63.

1395 *1535, Februar 1.*

König Ferdinand I., die Brüder Wilhelm und Ludwig, Pfalzgrafen bei Rhein, Herzoge

7*

in Ober- und Niederbaiern etc., die Brüder
Otthainrich und Philipp, Pfalzgrafen bei
Rhein, Herzoge in Ober- und Niederbaiern
etc., und die Rathgeber, Bürgermeister und
Räthe der Städte Augsburg und Ulm haben
sich nach den erfolglosen Berathungen, die
unter Kaiser Karl V. zur Ausprägung und
Bewahrung einer guten Münze stattgefunden,
und nachdem die gute alte Münze zerbrochen
worden und geringwerthige Zehner, Batzen
und halbe Batzen ausgeprägt worden waren,
darüber geeinigt, nach dem Beispiele König
Ferdinands keine solche Münzen, sondern
nur mehr vollwerthige ausprägen zu lassen,
und zwar:

Soll, wer Kreuzer münzen will, deren
294¹/₂ auf die Wienerische Mark und 250 auf
die Nürnbergische Mark prägen, so dass der
Kreuzer 7 Loth feinen Silbers hält und auf
die Wienerische Mark 11 fl. rhein. und 12 kr.
und auf die Nürnbergische Mark ungefähr
9 fl. 31 kr. kommen;

sollen Groschen, die Dreier oder halbe
Sechser genannt werden und 3 kr. gelten,
110 auf die Wiener Mark und 93¹/₂ auf die
Nürnberger Mark gemünzt werden und 8 Loth
feinen Silbers enthalten, so dass auf die Wiener
Mark 11 fl. rhein. feinen Silbers kommen und
auf die Nürnberger Mark 9 fl. 21 kr.;

sollen Sechser, im Werthe von 6 kr., 97¹/₃
auf 1 Wiener Mark und 82²/₃ auf 1 Nürnberger Mark gemünzt werden und 14 Loth
1 Quintlin und 1 Pfennig feinen Silbers enthalten, so dass auf die Wiener Mark 10 fl.
54 kr. feinen Silbers kommen und auf die
Nürnberger Mark 9 fl. 15 kr.;

sollen die Doppelsechser oder Zwölfer,
die man in Tirol «Pfunder» nennt, die halben
und die ganzen Gulden nach demselben Münz-
fusse gemünzt werden;

von den kleinen Münzen sollen die tiroli-
schen Etschvierer im Verkehre bleiben; ausserdem will König Ferdinand in den n.-ö. Landen Pfennige prägen, deren 4, und Doppelpfennige, deren 2 1 kr. gelten, so zwar, dass
1 Wiener Mark der einfachen Pfennige 4 Loth
und der Doppelpfennige 5 Loth feinen Silbers enthält und auf die Wiener Mark feinen
Silbers 11 fl. rhein. 44 kr. an einfachen Pfen-

nigen und 11 fl. 37 kr. 2 Pfennige an Doppel-
pfennigen kommen; die anderen Fürsten,
welche kleine Münze prägen wollen, sollen
es so thun, dass aus der Nürnbergischen Mark
feinen Silbers nicht mehr als 10 fl. 6 kr. geschlagen werden, und sollen nie mehr als ein
Viertel ihres Silbers in kleinen Münzen ausprägen;

sollen die neuen Münzen durch die Prägung von den Zehnern, halben und ganzen
Batzen deutlich unterscheidbar sein;

sollen die Münzen jährlich zu Quatemberzeiten probirt werden und das Schmelzen, Saigern und Ausziehen der Münzen ohne Vorwissen der Obrigkeit den Handwerkern strenge
verboten sein;

sollen wälsche silberne und goldene Münzen, bevor sie valvirt sind, nicht ins Reich gelassen und die Unterthanen durch Mandate
vor ihnen gewarnt werden.

Gedrucktes Patent.
Patentensammlung.

1396   1535, August 1, Regensburg.

König Ferdinand I., Matheus, Cardinal-
erzbischof zu Salzburg, Johann, Administrator
zu Regensburg, Pfalzgraf bei Rhein etc., die
Brüder Wilhelm und Ludwig, Pfalzgrafen bei
Rhein und Herzoge in Ober- und Niederbaiern, die Brüder Otthainrich und Philipp,
Pfalzgrafen bei Rhein und Herzoge in Ober-
und Niederbaiern, und die Städte Regensburg,
Augsburg und Ulm haben sich durch ihre
verordneten Commissäre auf Grund der Münzordnung vom 1. Februar und auf Grund der
Antworten, die von einigen Reichsständen
über die genannte Münzordnung an den König
eingelaufen waren, über Folgendes geeinigt:

Alle Münzen, die von den genannten
Reichsständen, den Bischöfen von Passau und
Konstanz und den Städten Konstanz, Kempten
und Isny bisher geschlagen wurden — Zehner,
ganze und halbe Batzen — sollen im vollen
Werthe weiter gelten; alle anderen Zehner,
ganzen und halben Batzen sollen vom kommenden St. Michaelstage an (29. September)
ein Zehner um 9 kr., ein Batzen in Tirol
um 18 Vierer, in schwarzer Münze um 13 Pfennige, in weisser um 15 Pfennige und die

halben Batzen entsprechend um die Hälfte genommen werden; dies soll von König Ferdinand I. durch Mandate in seinen Landen publicirt, zu Augsburg gedruckt und jedem Abgesandten davon eine Abschrift gegeben werden.

Der König soll an die Reichsstände, die sich der Münzordnung angeschlossen, Abschriften seines Mandates zusenden und diese sich des Münzens von Zehnern, Batzen und halben Batzen entschlagen und die alten Münzeisen zerbrechen; die Reichsstände, die abschlägig oder gar nicht geantwortet haben, brauchen nicht verständigt zu werden.

Um nicht allzu viele Münzgattungen verrufen zu müssen, wurden der Herzog Friedrich, Pfalzgraf bei Rhein, Herzog in Baiern etc., der Markgraf Georg von Brandenburg, Herr Walther von Cronburg, Deutschordensmeister, der Landgraf Georg von Leuchtemberg und die Stadt Nürnberg neuerdings zum Beitritte eingeladen; erst nach einer abschlägigen Antwort soll der Verrufung vorgegangen werden. Die Gesandten der Stadt Ulm mögen die Städte Schaffhausen und St. Gallen zum Beitritte auffordern.

Da alle Münzverwandten den vierten Theil des Silbers, das sie vermünzen wollen, für das Bedürfniss des kleinen Mannes in kleine Münzen, als Heller, Pfennige, Zwiepfennige und Regensburger ausmünzen müssen, so soll jeder die kleine Münze erst gleichzeitig mit der grossen auszuprägen beginnen. Ebenso soll der neu beigetretene Administrator zu Regensburg sein Silber nur zum vierten Theile in Regensburger Helblingen, Pfennigen und solchen Münzen, deren 84 1 fl. gelten, ausprägen, und zwar so, dass gemäss der Münzordnung aus der Nürnbergischen Mark Feinsilbers nicht mehr als 10 fl. 6 kr. geschlagen werden.

Uebertretungen dieser Ordnung sollen zur Berathung auf dem nächsten Tage, der am 3. October zu Augsburg stattfinden soll, angezeigt werden, und jeder Münzverwandte und der Münzordnung Beigetretene soll, wenn er bis dahin gemünzt hat, 1 Mark seiner Münze dahin senden.

Gleichzeitiger Druck.

Das Original trug die Siegel und Unterschrifte der Verordneten.
Patentensammlung.

1397 *1535, October 18, Wien.*

König Ferdinand I. entbietet den Obrigkeiten und Unterthanen seiner n.-ö. Lande, dass er mit dem Cardinal-Erzbischofe Matthäus von Salzburg, mit Wilhelm und Ludwig, Pfalzgrafen bei Rhein und Herzogen in Ober- und Niederbaiern, mit Otthainrich und Philipp, Pfalzgrafen bei Rhein und Herzogen in Baiern, mit Karl Wolfgang Ludwig dem Aelteren und mit Martin Grafen zu Otingen, mit Wolf Grafen zu Montfort und Rattenfelss und mit den Räthen und Bürgermeistern der Städte Regensburg, Augsburg und Ulm zu Regensburg und Ingolstadt eine neue Münzordnung berathen habe, der sich dann Ernst, Administrator des Stiftes Passau, Pfalzgraf bei Rhein etc., Johann, Administrator des Stiftes Regensburg, Pfalzgraf etc, Johann, Bischof zu Konstanz, und die Bürgermeister und Räthe der Städte Konstanz, Kempten, Isny, St. Gallen und Schaffhausen angeschlossen haben, des Inhaltes:

1. Die Zehner, halben und ganzen Batzen, die von den genannten Fürsten geschlagen wurden, sollen in Oesterreich ihre Giltigkeit behalten, die Münzen anderer Reichsstände aber sollen vom künftigen St. Thomastage (21. December) an im Gebiete der Münzeinigung folgende Geltung haben: 1 Zehner gleich 9 kr.; 1 ganzer Batzen in Tirol gleich 18 Vierern, in schwarzer Münze gleich 18 Pfennigen, in weisser Münze gleich 15 Pfennigen; die halben Batzen entsprechend die Hälfte. Die Churer Batzen aber sollen ganz verboten sein.

2. Hat er die gangbaren fremden Münzen abbilden lassen. (Die Abbildungen fehlen.)

3. Sollen die Münzen, die nach der neuen Münzordnung geprägt werden, bei Strafe nicht höher genommen werden, als ihr wirklicher Werth ist, nämlich ein Dreier oder halber Sechser um 3 kr., ein Sechser um 6 kr., ein Zwölfer um 12 kr., 1 halber Gulden um 30 kr., 1 fl. um 60 kr. oder um die entsprechende Zahl von Zehnern oder Batzen.

4. Sollen Münzen dieses Namens · Dreier, Sechser etc.), die etwa nachträglich von Reichsständen, die ausserhalb der Münzeinigung stehen, geprägt würden, in den Ländern der Münzordnung nicht angenommen werden.

Gedrucktes Patent.

Patentensammlung.

1398 *1535, November 1, München.*

Wilhelm und Ludwig, Brüder, Pfalzgrafen bei Rhein und Herzoge in Ober- und Niederbaiern etc., geben bekannt, dass sie sich mit Ferdinand I., römischen König etc., mit dem Erzbischofe von Salzburg, mit Johann, dem Administrator zu Regensburg, mit Ernst, Administrator zu Passau, Johann, Bischof zu Konstanz, Otthainrich und Philipp, Brüdern, Pfalzgrafen bei Rhein etc., Karl Wolfgang, Ludwig und Martin, Grafen zu Otting, Wolfgang Grafen zu Montfort und Rotenfells und mit den Städten Regensburg, Augsburg, Ulm, Konstanz, Kempten, Isny, Schaffhausen und St. Gallen über folgende Münzordnung geeinigt haben: Keiner der Münzgenossen soll künftig Zehner, ganze oder halbe Batzen schlagen, dagegen mag ein jeder münzen: 1. Neue Kreuzer, die in bairischer schwarzer Münze als vierthalb Pfennige neben den alten Etschkreuzern genommen werden sollen; 2. neue Groschen, die Dreier oder halbe Sechser genannt werden, und 3 kr. gelten sollen; 3. Sechser im Werthe von 6 kr.; 4. Zwölfer oder Doppelsechser im Werthe von 12 kr.; 5. halbe Gulden im Werthe von 30 kr. und ganze Gulden im Werthe von 60 kr.; die neugeschlagenen Münzen sollen bei Strafe nicht höher, als der genannte Werth ist, genommen werden; (der sechste Punkt betrifft ausschliesslich Baiern); die Zehner, ganzen und halben Batzen, welche bisher in Oesterreich geschlagen wurden, sollen bei ihrem vollen Werthe bleiben; die Zehner, Batzen und halben Batzen anderer Reichsstände aber sollen nach der Valvirung genommen werden, d. i. 1 Zehner um 9 kr.; 1 Batzen in der Grafschaft Tirol um 18 Vierer oder um 13 Pfennige schwarzer Münze oder 15 Pfennige weisser Münze; 1 halber Tiroler Batzen um 9 Vierer oder 13 Heller schwarzer Münze

oder 15 Heller weisser Münze; die Churer Batzen sollen verboten sein; es wurden Abbildungen der erlaubten und der verbotenen Zehner, Batzen und halben Batzen angefertigt (fehlen); gleichnamige Münzen, welche andere Reichsstände nach den obenstehenden prägen wollten, sollen erst nach vorgenommener Valvirung genommen werden; das Zerbrechen, Zerschmelzen etc. von Münzen ausser zur Nothdurft der Handwerker ist verboten; es sollen bei Strafe keine anderen deutschen oder wälschen Münzen in die Lande der Münzverwandten eingeführt werden.

Gedrucktes Patent. Mit beschädigtem pfalzgräflichen Siegel.

Patentensammlung.

1399 *1536, März 3, Wien.*

König Ferdinand I. bestimmt auf Grund der Darlegung von Bürgermeister und Rath der Stadt Wien, dass das Niederlagsprivilegium Kaiser Maximilians I. von 1515, Januar 19 (s. Nr. 1321) über eine Reihe von Waaren keine Bestimmungen enthalte, und dass viele fremde Kaufleute von anderen Ausländern in Wien Waaren kaufen und sie daselbst auch wieder verkaufen, was ein offenbarer Vorkauf sei, und auf Grund des Abkommens, das der Wiener Stadtrath mit den ausländischen Kaufleuten über diese Waarengattungen geschlossen, das Mindestmass, in dem dieselben in Wien von den Fremden verkauft werden dürfen, und dass kein fremder Kaufmann Waaren, die er in Wien gekauft, daselbst wieder verkaufen dürfe. «Commissio dom. regis in consilio.»

Unterschrieben (gedruckt): Niclas Rabenhaupt cantzler subscripsit; Gothard Strein, Herr zu Schwartznaw, Hanns von Sylberberg etc.; Trewian von Aumperg; Veyt Hager zu Alantsteig. Registrata Christoff Gerler.

Gedrucktes Patent; vorher die Niederlagsfreiheit Kaiser Maximilians I. von 1515, Januar 19.

Patentensammlung.

Eine Abschrift a. XVII.· IV, D7. «verschiedene Privilegien.»

Das Original wurde noch im Jahre 1661 in Augsburg verwahrt.

Cod. austr., 2, 59.

1400 *1536, Mai 18.*

König Ferdinand I. ordnet an, dass ein Jude, der in den n.-ö. Landen wohnt und zum königlichen Kammergute gehört, wenn er in oder vor der Stadt Wien länger als über Nacht bleiben will und bei der Regierung, dem Landmarschall oder dem Vitzthum in Rechtssachen oder anderen Angelegenheiten zu thun hat, sich sofort oder längstens am Vormittage nach seiner Ankunft bei der Obrigkeit, bei welcher er zu thun hat, melden und seine Sache vorbringen müsse; die Obrigkeit solle ihm dafür einen Zettel geben mit der Angabe der Dauer seines Aufenthaltes; während dieser Zeit soll er sich dann ungestört aufhalten, das Judenzeichen unverdeckt tragen, sich in Stadt und Vorstädten jedes Gewerbes und Handels enthalten und seine Herberge in einem von zwei Häusern nehmen, die ihm, «jedoch nicht in Winkeln», bestimmt werden; ausländische Juden, die nicht zum Kammergute gehören, sollen sich in derselben Frist beim Stadtrichter melden, sich von ihm die Dauer des Aufenthaltes bestimmen lassen und sich sonst an die obenstehenden Vorschriften halten, bei Strafe.

Gedrucktes Patent.
Das Datum ist jenes des Druckes
Patentensammlung.

1401 *1537, Januar 24, Wien.*

König Ferdinand I. entscheidet als Landesfürst und Stiftherr den Streit, den der Bischof Johann von Wien gegen den Rector und die Universität daselbst erhoben, auf Grund der Erkundigungen, die er durch seine Räthe und verordneten Commissarien eingezogen hat:

1. Alle geistlichen und weltlichen Personen, die in der Universität wohnen, dieselbe besuchen, sich daselbst einschreiben lassen, Vorlesungen halten oder hören und sich in anderer Beziehung wie Glieder der Universität, gemäss deren Statuten und Ordnungen halten, sollen allein dem Rector als ihrer gerichtlichen Obrigkeit mit Leib und Gut, lebend oder todt, unterworfen sein, ausgenommen sie begäben sich in des Bischofs Dienst oder Aemter, als Officiale, Hofmeister,

Achterprediger, Pfarrer zu St. Michael, Gratianer, Portzler, Leviten u. dgl., oder ein Beneficium oder Amt gehörte unmittelbar unter die Jurisdiction des Bischofs, wie die Reichung der Sacramente, die Begräbnisse und andere kirchliche Functionen; in solchen Fällen sollen sie der bischöflichen Jurisdiction unterstehen.

2. Wer als Geistlicher ein Beneficium des Bischofs innehat und in der Behausung dieses Beneficiums wohnt, soll im Leben und nach dem Tode der Jurisdiction des Bischofs unterstehen, ohne Rücksicht, dass er ein Glied der Universität ist; wohnt aber der Beneficiat, der ein Glied der Universität ist, nicht in der Behausung des Beneficiums, so gebührt dem Rector die Execution seines Testamentes, dem Bischofe aber in jedem Falle die «canonica portio» in der Höhe von 2 Pfund Pfennigen.

3. Die acht Domherren zu St. Stephan, die neuerdings als Nachfolger verstorbener Domherren aus dem Collegium entnommen werden und als Visitatoren und Lectoren Glieder der Universität sind, sollen der Jurisdiction des Rectors unterstehen; begeben sie sich aber in specielle Dienste und Beneficien des Bischofs, so soll dieser nach Massgabe der zwei vorhergehenden Artikel die Jurisdiction über sie haben; in jedem Falle soll aber der Bischof von diesen acht und auch von den anderen Domherren, welche Glieder der Universität sind, nach ihrem Tode die «canonica portio» in der Höhe von 3 Pfund Pfennigen beziehen.

Concept mit Expeditionsvermerk.
VI, B 3, C. 1581.
Eine erhaltene Copie zeigt die Unterschriften König Ferdinands, des obersten Kanzlers Bernhard von Cles und H. Weyspergers.
Cod. austr., 2, 404; vgl. J. v. Aschbach, Gesch. d. Wiener Universität, 3, 9.

1402 *1539, März 9, Wien.*

Ein ungenannter Beamter (des Hofrathes?) gibt auf Befehl des Königs sein Gutachten, in welcher Weise der König mit dem Bürgermeister und Rathe von Wien über die Bedürfnisse des (Bürger-) Spitals und der Armen berathen könne:

1. Er solle Commissarien dazu verordnen, etwa den Bischof von Wien, den Vitzthum und Herrn Troian von Awrsperg.

2. Den Commissarien auftragen, den Bürgermeister und Rath von Wien zu sich zu bescheiden, ihm mitzutheilen, dass der König gehört habe, das Spital sei eher geeignet, die armen Leute zum Tode als zur Gesundheit zu bringen, und von ihm das Verzeichniss der Einkünfte des Spitals zu verlangen; dann sollen sich die Commissäre mit dem Bürgermeister und etlichen des Rathes zur Berathung über folgende Artikel vereinigen:

a) wie mit den geringsten Kosten ein Doctor der Arzneikunde mit Kost und Quartier im Spitale angestellt werden könne, der besonders darauf zu sehen hätte, dass nicht alle Patienten, wie bisher, einerlei Kost erhalten;

b) wie eine Apotheke für die armen Leute beschafft werden könne;

c) wie mehr Zimmer zu gewinnen wären, um die Schwerkranken von den Anderen zu sondern;

d) über bessere Reinhaltung der Betten;

e) über Beschränkung der Aufnahme auf die Zahl, die man verpflegen kann;

f) dass der Spitalmeister nur Nothdürftige aufnehme und monatliche Verrechnung führe;

g) dass der Bischof von Wien auf der Kanzel und im Beichtstuhle auffordern lasse, den Armen im Spitale Hilfe zu bringen;

h) dass der Bürgermeister zwei Rathsherren verordne, das Spital wöchentlich zu visitiren, die dem Bürgermeister von allfälligen Ungehörigkeiten Meldung zu thun hätten;

i) ob es nicht vorzuziehen wäre, das Capital des Spitals auf Zinsen, als wie bisher in Weingärten und Aeckern anzulegen;

k) über die Anordnung vierwöchentlicher Visitationen durch die n.-ö. Regierung, der zu befehlen wäre, die Befolgung dieser Spitalsordnung zu controliren.

Das Ergebniss dieser Berathung solle ihm zu einem neuerlichen Gutachten vorgelegt werden. — Nach Punkt 1 von anderer Hand der Vermerk: «Scharte ze veror[d]nen».

Original?
IV, O 5, C. 1394.
Weiss, Gesch. d. Armenversorgung in Wien, S. VII.
— «Austria» 1843, 196.

1403 *1539, October 27, Wien.*

König Ferdinand I. verkündet den Obrigkeiten und Unterthanen seiner n.-ö. Lande, dass er wegen des vielfachen Eindringens besonders wälscher Münzen, das seit seinem Abkommen mit einigen Ständen des heil. römischen Reiches als seinen Münzgenossen eingetreten sei, eine Anzahl fremder Münzen habe valviren lassen und demnach in Gemeinschaft mit seinen Münzgenossen bestimme, dass vom künftigen Lichtmesstage (2. Februar) an die «sunnen»-Kronen nicht höher als um 86 kr., alle anderen Kronen nur um 84 kr., ein «toppel»-Marzell um 14 und ein halber Marzell um 7 kr. und die ganzen und halben Silbergulden und Orter nicht höher, als in seiner Münzordnung stehe, genommen werden sollen, nämlich jeder ganze Silbergulden zu 60 kr., der halbe zu 30 kr. und 1 Ort zu 15 kr.; die ganzen und halben Joachimsthaler aber, die in Böhmen gemünzt werden, sollen, da sie höheren Silbergehalt haben, demgemäss die ganzen zu 64 kr., die halben zu 32 kr. und die Oerter zu 16 kr. gegeben und genommen werden, bei Strafe; ebenso soll das «khürnen» (Verkleinern) der Münzen in betrügerischer Absicht bestraft werden; wer aber zur Verarbeitung des Silbers Münzen «khürnen» wollte, der soll die Münzen vorher seiner Obrigkeit oder dem geschwornen Quardein bringen, der im Falle keine betrügerische Absicht vorliegt, die Erlaubniss zu geben hat; ebenso sollen die Goldschmiede, die aus Mangel an Silber zum Verkleinern der Münzen greifen müssen, bei dem Guardein unter Vorwissen der Obrigkeit um die Erlaubniss dazu ansuchen; wer aber hierin einen Betrug übt, soll als Münzfälscher an Leben, Leib oder Gut nach der Grösse der That gestraft werden.

Gedrucktes Patent.
Patentensammlung.

1404 *1540, Januar 12, Wien.*

König Ferdinand I. ertheilt dem Hanns Singrüener, Bürger und Buchdrucker zu Wien, das Privileg, die reformirte und erneuerte Landgerichtsordnung Kaiser Maximilians I. für Oesterreich unter der Enns und alle Ordnungen, die in den n.-ö. Landen aufgerichtet sind oder noch aufgerichtet werden, zu drucken; er verbietet den Nachdruck in den n.-ö. Landen und die Einfuhr von auswärts nachgedruckten Exemplaren. «Commissio dom. regis in consilio.»

Gedruckt in der Landgerichtsordnung für Oesterreich unter der Enns vom gleichen Datum.
Patentensammlung.

1405 *1540, Januar 28, Wien.*

Herr Stephan Schwartz, der Rechten Doctor und röm. kön. Maj. Hofrath, Herr Simon Egkh, der Rechten Doctor und Official des Wiener Bisthums, Herr Niclas Englhart, Domherr, und Meister Wolfgang, königlicher Procurator, als erbetene Schiedsrichter von Seite des Bischofs Johann von Wien, Coadjutors in der Neustadt und röm. kön. Hofrathes, und Herr Ulrich Gebhardt, der Rechten Doctor, kön. Maj. Rath, Andreas Perlahius, der Arznei Doctor, und Meister Leonhart Wirttinger, als erbetene Schiedsrichter von Seite des Rectors und der Universität, geben in dem Streite um den Nachlass des verstorbenen Doctors Johann Pruelmair, Domherrn zu St. Stephan bekannt: Die Vertreter der Universität hätten gutwillig zugestanden, dass der Bischof oder dessen Official in dem bischöflichen Hofe, aber — nach dem gutwilligen Zugeständnisse der bischöflichen Vertreter — in Gegenwart einiger delegirter Universitätsglieder die Inventarisirung und Execution des Nachlasses vornehme.

Die Schiedsrichter sind unterschrieben.

Copia s. XVI. vel XVII.
VI, B 3, C. 1581.

1406 *1541, Juni 28, Wien.*

König Ferdinand I. ordnet auf die Bitte von Bürgermeister und Rath an, dass der Dreiling Salz, der bisher auf Anordnung Herzog Albrechts dem Pilgramhause zu Wien jährlich aus dem Salzamte zu Gmunden angewiesen war, nunmehr, da die Pilgrime im Bürgerspitale beherbergt werden, den dürftigen Kranken zu St. Marx ausgefolgt und mauthfrei zugestellt werde. «Commissio dom. regis in consilio camerae.»

Regesten zur Geschichte der Stadt Wien. II.

Unterschrieben: M[arx] B[eck] v[on] Leopoldsdorf, canzler; Sigmund von Herberstein, freiherr von Dornberg; Fr. Pamkircher; R[egistra]ta H. Schweinhart.

Copia s. XVII. nach der Bestätigung durch Kaiser Mathias vom Jahre 1618.
Das Original trug das königliche Hängesiegel.
IV, D 7, «verschiedene Privilegien».
Weiss, Gesch. d. Armenversorgung in Wien, S. XI.

1407 *1542, Juni 1.*

Bürgermeister, Richter und Rath der Stadt Wien erneuern gegenüber den ihrer Jurisdiction Unterworfenen ihre schriftlichen und mündlichen Mandate über die Verpflichtung der Wirthe, verdächtige Gäste anzuzeigen, über die Massregeln gegen Feuersgefahr, über die Bestrafung derer, die dem Feuer müssig zulaufen, über die Reinhaltung der Häuser und der Strassen vor denselben und das Gebot, nicht vor den Häusern zu waschen oder Unrath auszugiessen, sondern vor den Thoren an bestimmten Orten, wie es die gedruckte Infectionsordnung vorschreibt, über die Preise, die den Gästen für die Zehrung zu machen sind, und über die, welche die Handwerker für ihre Arbeiten fordern dürfen; für die Aufrechthaltung dieser Artikel sind besondere Aufseher bestellt.

Gedrucktes Mandat.
IV, N 2, C. 1196.

1408 *1542, Juni 1, Wien.*

König Ferdinand I. gibt den n.-ö. Landen und der Grafschaft Görz eine neue Polizeiordnung, enthaltend:

1. das Verbot des Gotteslästerns und Fluchens;

2. Bestimmungen über die Competenz der geistlichen und weltlichen Obrigkeiten nach dem Stande derer, die sich dieses Vergehens schuldig machen;

3. über das Ausmass der Strafe nach dem Stande des Beschuldigten;

4. über die allgemeine Verpflichtung, das genannte Laster den Obrigkeiten anzuzeigen, die specielle Verpflichtung der Wirthe, ihre Gäste hierin zu beobachten, und die Strafe, welche die Unterlassung der Anzeige nach sich zieht;

5. über die Strafe derjenigen, welche die Angeber bedrohen, und über die Bestrafung der Zauberei;

6. über das Zutrinken, die Völlerei und das Spiel;

7. das Strafausmass hiefür nach den Ständen;

8. die Bestrafung dieser Vergehen am Hofgesinde durch den Hofmeister, Hofmarschall oder deren Verweser;

9. das Verbot «leichtfertiger beiwonungen»;

10. das Verbot unordentlichen Aufwandes in der Kleidung;

11. specielle Bestimmungen hierin für die Bauern;

12. für die Bürger und Inwohner in Städten und Märkten;

13. für die Kauf- und Gewerbsleute;

14. für die städtischen Bürger aus Rathsgeschlechtern, die meist von Renten, Erb- und liegenden Gütern leben;

15. für Doctoren, Gelehrte und «Kanzleiverwandte»;

16. für Adel und Ritterschaft;

17. für Grafen und Herren;

18. das Verbot, wollene Tücher nach der Elle zu verkaufen (da dieselben in Rahmen gestreckt werden und dann im Wasser eingehen);

19. das Verbot übermässigen Aufwandes bei Hochzeiten, Ladschaften und Kindelmahlen;

20. das Verbot zu theurer Preise bei den Wirthen, und das Gebot an den Landmarschall und die Landeshauptleute, alljährlich auf dem Lande, in Städten und Märkten die Preise, wie sie vom Landtage für das künftige Jahr festgesetzt wurden, zu verkünden;

21. das Verbot des Vorkaufs;

22. Bestimmungen über Elle und Gewicht und über das Mass von Wein und Getreide;

23. die Bestimmungen, dass der, dem auf die künftige Ernte geliehen worden, das Recht haben soll, seinem Gläubiger seine Schuld in Getreide nach dem Werthe, den es zu Michaelis (29. September), oder in Wein nach dem Werthe, den er zu Martini (am 11. November) an dem Orte hat, oder auch in Geld mit fünfprocentiger Verzinsung («von zwainzig ainen gulden») zu erstatten;

24. Bestimmungen gegen müssig gehendes Gesinde und Verpflichtung der Grundbesitzer, keine Güter erblich zu verlassen ohne die Zusage der häuslichen Niederlassung;

25. Bestimmungen gegen (hausirende) Schotten und Savoyer;

26. Bestimmungen über den Vorkauf von Gold- und Silberbrocat, Seidenwaaren, Arras, Satin;

27. Bestimmungen über das Verhältniss zwischen Grundherren und Weingartenarbeitern;

28. Bestimmungen für weibliche Dienstboten;

29. Gebot an den Landmarschall und die Landeshauptleute, nach dem Rathe der Landrechtsbeisitzer die Löhne für Handwerker, Taglöhner und Boten in Ordnungen und Satzungen nach den Verhältnissen der Orte festzusetzen. «Ad mandatum dom. regis proprium.»

Unterschrieben (gedruckt): Ferdinand; G[eorg] Gienger d[octor]; vicecanzler, H[einrich] Weisperger.

Patent «mit röm. kün. maj. gnad und privilegien gedruckt zu Wien von Hanns Singryener»; das Exemplar diente als Vorlage für die Ausfertigung einer späteren Polizeiordnung (vgl. Nr. 1437), 21 Blätter, auf dem Titelblatte die Wappen der n.-ö. Lande und der Grafschaft Görz. Patentensammlung.

Der Abschnitt über den Vorkauf gedruckt: Arch. f. Kunde österr. Geschichtsquellen, 35, 129; der Abschnitt über die Kleiderordnung: Hormayr, Geschichte Wiens, 5, UB. 234. — Bl. d. Vereines f. Landeskunde von N.-Oe., N. F. 9, 131.

1109 1542, August 24.

Bürgermeister, Richter und Rath befehlen allen Hausvätern, Bürgern und Inwohnern, die ihrer Jurisdiction unterworfen sind, auf Grund eines ergangenen königlichen Generalmandates bei Strafe, alle Tage zu gelegener Stunde ihr Weib, ihre Kinder, ihr Hausgesinde und alle Handwerker mit ihren Gesellen und Knechten zusammenzurufen, niederzuknien, ihnen das Vaterunser, den Englischen Gruss, das Ave Maria und den

Glauben vorzusagen, dann ein (abgedrucktes) Gebet gegen die Türkengefahr zu beten und mit wiederholtem Vaterunser, Ave Maria und Glauben zu schliessen. — Ferner gebietet er auf Grund der vom Könige jüngst publicirten Polizeiartikel bei Strafe das Zutrinken, Völlerei und Gotteslästerung, das leichtfertige Tanzen, Geschrei, Saitenspiel zu meiden und abzustellen, das Trinken nach der Bierglockenzeit nicht zu dulden, die Dienstleute an den Feiertagen zur Kirche zu schicken, auf Feuersgefahr und Säuberung der Stadtplätze zu achten, die Anwesenheit gefährlicher Fremder anzuzeigen und zu sorgen, dass Niemand durch die Wirthe, Gastgeber und Handwerker unbillig beschwert werde.

Gleichzeitiger Druck.
Patentensammlung.
«Austria» 1843, 201.

1410 *1542.*

Die Landschaften der fünf n.-ö. Lande und der Grafschaft Görz haben zuerst im Jahre 1539, dann im Jahre 1542 zu Prag und endlich auf Aufforderung König Ferdinands I. im selben Jahre zu Wien zur gleichmässigen Vertheilung der Abgaben der einzelnen Länder Compromisse aufgerichtet und beschlossen, die Einnahmen der einzelnen Landherren (Bergrecht, Zehnten, Halbbau, Küchendienst etc.) in Gültbüchern aufzuzeichnen; wegen der Wandelbarkeit der Erträgnisse aus dem Weinzehent und Halbbau (im Gegensatze zum Bergrechte) soll für diese ein dreijähriger Durchschnitt angenommen werden. In Oesterreich unter der Enns beträgt die Gült der guten Weinberge am Gebirge von Höflein, Klosterneuburg, Mödling, Perchtoldsdorf und bis gegen Baden, ferner zu Enzersdorf, Bisamberg, Retz und Retzbach von einem Dreiling Wein (gleich 24 Eimern) 6 Pfund Pfennige, die der mittleren Orte in der Ebene nächst dem Gebirge 4 Pfund Pfennige, die der schlechten, die am weitesten vom Gebirge entfernt sind, 3 Pfund Pfennige; es folgen die Ansätze für die übrigen Länder und endlich die Einnahmen von anderen Landesproducten und von Gegenständen des Küchendienstes.

Unterschrieben (gedruckt): Philipps von Maugis, Probst zu Hertzogburg; Wolffgang, abt zu Gersten; Reinprecht Graf zu Tiernstain und herr von Eberstorff; Sigmundt Ludwig herr zu Polhaimb; J. von Herberstein, freiherr; Wolff von Peickheim; Bartlme Wienner, thumbherr zu Labach; W. Rust; Franz Glückhsperger; Michael Einpacher; Hieronymus von Oxthamis; Hanns Walosnn.

Gleichzeitiger privilegirter Druck des Gregor Geßbaurn zu Wien. 18 Blätter.
IV, H 1, C. 505.
«Austria» 1845, 99.

1411 *1543, Februar 13.*

König Ferdinand I. erlässt ein Patent, in dem bestimmt wird, wer auf Schlössern, in Klöstern, in Städten und Märkten die Befugniss des Bierbrauens besitzen soll, und in dem die unbefugten Bierbrauer, als Müller, Bauern etc., mit Confiscation des Bierzeuges, des Bieres und des Malzes bedroht werden.

Citat aus dem Patente von 1561, August 11 (s. Nr. 1483).
Patentensammlung.

1412 *1543, December 18.*

Bürgermeister, Richter und Rath der Stadt Wien ermahnen zur Beobachtung der vom Könige gesetzten Polizeiartikel (vergleiche die Erinnerung von 1542, August 24, Nr. 1409), ermahnen mit Hinweis auf die Türkengefahr zu christlichem Lebenswandel und geben bekannt, dass sie neuerlich eine Anzahl angesehener, verständiger Personen als Aufseher und Kundschafter bestellt und besoldet haben, die die Zuwiderhandelnden anzeigen und der Strafe zuführen sollen.

Gleichzeitiger Druck.
Patentensammlung.

1413 *1544, October 15, Prag.*

König Ferdinand I. verbietet seinen Unterthanen, den Türken, wie es bisher entgegen den ergangenen Mandaten geschehen ist, Waaren, die zum Kriegsgebrauche geeignet sind, als Proviant, Büchsen, Pulver, Salpeter, Spiesse, Harnische, Panzer, Eisen, Zinn, bearbeitetes oder unbearbeitetes Blei u. dgl. zu verkaufen, bei Verlust von Leib und Gut; er gebietet, die übertretenden Händler

5*

der Obrigkeit zuzuführen oder doch anzuzeigen; er gestattet dagegen, mit Tuch, Leinwand, Seide und ähnlichen unschädlichen Kaufmannswaaren nach vorhergehender Anzeige an die Obrigkeit in Ungarn Handel zu treiben; gebietet endlich den Obrigkeiten, im Falle einer Anzeige alles Gut des schuldigen Händlers zu confisciren und dem Anzeigenden die Hälfte desselben auszufolgen.

Unterschrieben (mit Stampiglie): Ferdinandus.

Gedrucktes Patent.
Patentensammlung.

1414 *1546, Januar 24, Wien.*

König Ferdinand I. verordnet auf Grund der eingelaufenen Beschwerden, dass Leute, die nicht zum Fleischhauerhandwerke gehören, nicht blos bis unterhalb Altenburg und des Neusiedler Sees, sondern bis nach Ungarn den ungarischen Ochsentreibern entgegenziehen und ihnen das Vieh ausserhalb der Wochenmärkte auf dem Lande und auf den Landstrassen abkaufen, so dass es durch die vierte oder fünfte Hand geht, bis es auf einen Wochenmarkt kommt, dass in Wien und in allen Städten und Märkten in Oesterreich unter der Enns und den angrenzenden ungarischen Spanschaften, in denen Deutsche und Ungarn wohnen, das Kaufen von Vieh nur in Wien auf dem Griess und an anderen Orten auf Wochen- und Jahrmärkten gestattet sein soll und die Fleischhauer im Sommer vom St. Georgentag bis zum St. Michaelstag 24. April bis 11. November bis 8 Uhr morgens, im Winter bis 9 Uhr morgens, bis die Marktfahne hinweggethan ist, den Vorkauf haben sollen; die Fleischhauer sollen sich einen Vorrath für den Winter kaufen, aber nichts davon weiter verkaufen dürfen.

«Ad mandatum dom. regis proprium.»

Unterschrieben: (mit Stampiglie) Ferdinandus; (geschrieben:) Jonas d[octor] vicecanzler; A. Wagner.

Gedrucktes Patent. Siegel abgefallen.
Patentensammlung.

1415 *1547, Januar 20, Prag.*

König Ferdinand I. befiehlt dem Statthalter, Kanzler, den Regenten und Räthen des Regiments und der Raitkammer seiner n.-ö. Lande auf ihren neulichen Bericht von den bedrohlichen Worten, die Christof Rogendorffer vor dem Sultan gegen die Stadt Wien gebraucht habe, und auf die Meldung seines obristen Feldhauptmannes Niclas Grafen zu Salm, dass im verwichenen Sommer bis an hundert türkische Unterthanen sich als angebliche Kaufleute durch mehrere Wochen in Wien und vornehmlich in einer Gasse nahe dem Stubenthore, wo meist Ungarn verkehren, aufgehalten hätten, dem Bürgermeister, Richter und Rathe aufzutragen, keine Kaufleute, die türkische Unterthanen sind, mehr innerhalb der Mauern zu dulden, sondern sie in die Vorstadt vor dem Stubenthore zu verweisen, alle Fremden unter den Thoren zur Ausweisleistung zu verhalten, die Bürger, Wirthe etc. durch Ausruf zur Meldung ihrer Quartiersleute zu verpflichten, die Wachen bei den Pulvermagazinen zu verstärken, nur zwei Stadtthore offen zu halten und sie mit Thorschützen gehörig zu besetzen, sich mit dem Magistrate über weitere Massregeln zu berathen und keinem Fremden Zutritt in das neue Arsenal zu Wien zu gewähren. «Ad mandatum dom. regis proprium.»

Unterschrieben: Ferdinandus; Jonas d[octor] vicecanzler; Lud[wig] Peer.

Original. Mit dem Verschlusssiegel des Königs.
IV, M 3, C. 1136.
Vgl. Schlager, Wiener Skizzen aus dem Mittelalter, 1846, S. 118.

1416 *1548, September 9.*

Bürgermeister und Rath der Stadt Wien geben der Regierung der n.-ö. Lande auf die Beschwerde der Handelsleute, die aus Ungarn, besonders von Grosswardein und Debreczin ihre Waaren nach Wien bringen, dass sie nicht innerhalb der Stadtmauer, sondern blos in der Vorstadt nächtigen dürfen, und dass sie für die Zeit ihres Aufenthaltes einen Dolmetsch aufnehmen und diesem täglich 20 ungarische Pfennige, gleich 15 kr., zahlen müssen, ihr Gutachten, dass es in Hinblick auf die Gefahr der Ausspähung und darauf, dass verlässliche Begleiter nur gegen gutes Geld zu haben sind, bei diesen Massregeln zu verbleiben habe, und dass man nur etwa zugestehen könnte, dass jenen Kaufleuten, die bei ihrer Ausweisleistung am Stadtthore einen Bürger nennen können, der thatsächlich die Bürgschaft für sie übernimmt, die Aufnahme eines Dolmetschen erlassen werden könnte; doch sollten auch diese verhalten werden, des Abends in die Vorstadt zurückzukehren (undatirt. — Die n.-ö. Regierung schliesst sich am 25. August diesem Gutachten an. «Die hofrath lassen inen der regierung gutbedunkhen auch gefallen. 3o. augusti anno 48. Ad regem.» «Die kön. maj. lassen es bei der fürgenomen ordnung pleiben. 9. Septembris anno 48. pro rege.»

Original.

Beilagen: Zwei Majestätsgesuche; das eine lateinische, unterschrieben von Anthonius Was, Petrus Bakoczy, Thomas Ember und Valentinus Feyer im Namen der Wardeiner und Debreciner Handelsleute, ward zuerst dem Vicekanzler Gyenger nach Laxenburg gesandt, der die Hauptbitte der n.-ö. Regierung, das Gesuch um Nachlass des doppelten Eingangszolles zu Pressburg aber am 2. August der Kammer zuwies; das zweite deutsche vom 21. Juli ward der n.-ö. Regierung am 13. August und von dieser dem Bürgermeister und Rathe der Stadt Wien am 16. August zugestellt.

IV, M 3, C. 1136.

1417 *1548, October 26.*

König Ferdinand I. erlässt ein Patent wider die «Störer» des Leinweber- und Parchanterhandwerks.

Citat aus der Privilegienbestätigung Kaiser Leopolds I. für die Leinweber und Parchanter von 1677, März 23, Seitenstetten.

IV, D7, «verschiedene Privilegien».

1418 *1549, Januar 11.*

Instruction für die zehn neu aufgenommenen und von Bürgermeister und Rath vereidigten Stadtsoldaten am Stubenthore: Sich nach Anordnung des Wachtmeisters gewafnet zu den Stadtthoren zu begeben, sich wachsam zu halten, die Zugbrücke mindestens einmal in vier Wochen zur Probe herabzulassen, wozu mit Vorwissen des Bürgermeisters der oberste Wachtmeister nach Gelegenheit, sonst aber der Mauthner und Rottmeister ihr Aufsehen haben sollen; die Schranke vor dem Thore aufgezogen zu halten, ankommende Fremde um ihre Herkunft zu fragen und ihnen bei ungenügender Auskunft in der Herberge nach-

zuforschen; in Gemeinschaft mit den Schlüsselwärtern und dem Mauthner zu verhindern, dass zwischen dem Stadtthore und der Schranke Fuhrwerke aufgestellt werden; nach Anordnung des Rottmeisters in dem Dienst an der Schranke abzuwechseln; das Thor ebenso wenig wie der Mauthner zu verlassen, sondern sich die Mahlzeiten dahin bringen zu lassen und sich die Ermahnungen der Bürger ohne Lärmen zu fügen; so lange das Thor — nach einer besonderen Instruction — von Morgen bis Abend offen steht, abwechselnd paarweise die Wache vor dem Thore zu beziehen; nächtlich anlangende Postboten — etwa an den König — durch den Mauthner zum Salzthurme zu weisen, wo sie eingelassen werden; diese Instruction täglich verlesen zu lassen; Fluchen bei Strafe der Entlassung zu unterlassen; den Schlüsselwärtern beim Auf- und Zusperren zu helfen; die zehn Nachtwächter auf den Mauern, wenn sie fahrlässig sind, im Dienste zu ersetzen und gegen sie die Anzeige zu erstatten; im Falle nächtlichen Rumors die anwohnenden Bürger durch Trommelschlag herbeizurufen, die Rumorenden zu verhaften und dem Bürgermeister die Anzeige zu machen, bei Sturmläuten den Schlüsselwärtern beim Schliessen der Thore zu helfen, bei den Thoren zu bleiben und sie bis zum Befehle des Bürgermeisters oder eines Herrn vom innern Rathe verschlossen zu halten; bei nächtlichem Sturmläuten an die Thore zu eilen; die Geschütze auf Rädern, je eines an jedem Stadtthore, und die Hakenbüchsen, je vier in gutem Stande zu erhalten; durchaus keine streichenden Bettler oder zerrissenen Landsknechte einzulassen; dem Nutzen der gemeinen Stadt nach ihrem Eide zu dienen. — In dorso die Vermerke: «Zue handen des herrn bürgermaisters» und «Die soldaten so von neuen aufgenomen worden, haben anheut ir aitsphlicht gethan. 11. januarii a° 49».

Concept.

V, G7, C. 2150.

1419 *1549, Mai 1, Wien.*

König Ferdinand I. erlässt an alle der Wiener Weingartenordnung unterworfenen Städte, Märkte, Aigen und Dörfer, nämlich an

»Wienn, Gungendorf, sant Ulrich, Hernalss, Ottacrin, Dornpach, Praitnsee, Penntzing, Meidling, Hietzing, Laintz, Paungartn, sant Veit, Hägging, Huetldorf, Hetzendorf, Altmanstorf, Edla, Atzgerstorf, Maur, Khalsperg, Radaun, Liesing, Sibenhiertn, Pudn, Rauhenstain, Engstnsfelden, Leoberstorf, Weickestorf, Soss, Gainfarn, Grossu, Lindaprun, Veslau, Merckhenstain, Perchtoldstorf, Prun, Entzesstorf, Medling, Neundorf, Gunderstorf, Gumpelskirchen, Trässkirchen, Phaffstetten, Vesendorf, Intzesstorf, Ober- und Unterlaach, Simoning, Erdperg, Eanntzesdorf auf der Vischa, Eberstorf, Schwechat, Wäring, Weinhauss, Gersthof, Petzlstorf, Neustifft, Salmanstorf, Ober- und under Sifring, Underund ober Töbling, Grintzing, Heillingstat, Nussdorf, Khalnperg, Closterneunburg, Charneunburg, Höflein, Kirchlin, Tulnerleldt, Tulln, sand Andre, Werding, Wolfpaissing, Khünigstetten, Tulbing, Zeisslmaur, Altnperg, Freindorf, Schleinpach, Pillessdorf, Khritzndorf, Weidling, Wolckherssdorf, Ulrichskirchen, Stamssdorf, Strӧblssdorf, Lessdorf, Tribaswinckhl, Rorr, Imdorf, Khatingprunn, Wynenstorf, Trumhau, Potenstain, Garn, Niederwalterstorf, Praitten», ein Generalmandat folgendes Inhaltes: Er tadelt die saumselige Beschickung der Wiener Versammlung vom 6. Februar dieses Jahres, in welcher der Bürgermeister und Rath mit den erschienenen Delegirten der weinbautreibenden Städte, Märkte, Dörfer und Eigengüter die Taglöhne der Weinarbeiter festgesetzt haben, er tadelt dass die in früheren Patenten festgesetzten Taglöhne häufig überschritten und den Arbeitern dazu noch Verpflegung gereicht werde, so dass die, welche sich an die Vorschriften halten wollen, keine Arbeiter finden, dass von den Weinzierlen und Hauern viel Ueberstücke, »pögen», »weinhändel» und »clareben» zu eigenem Gebrauche oder Verkaufe hinweggebracht werden und die Widersetzlichen sich noch dazu auf ihre Obrigkeiten berufen; er verkündet dann den festgesetzten Taglohn für das kommende Jahr, der mit der Weingartenordnung von 1534, April 24 (s. Nr. 1391) im allgemeinen übereinstimmt, aber die Frauenarbeit von Georgentag (24. April) bis zur Licht-

messe (2. Februar) mit 16 Pfennigen ansetzt; er verbietet das Verabreichen der Verpflegung an die Arbeiter, schärft die Aufstellung von »uebergehern» ein, die allwöchentlich nachzusehen haben und die vernachlässigten Weinberge mit Kreuzen bezeichnen und für ihre Mühe zur Zeit der Weinlese von jedem Viertel-Weingarten einen Kreuzer zu erhalten haben, damit dem Missbrauche der Weinzierle entgegengetreten werde, die allzuviele Weingärten zur Bearbeitung übernehmen; er ordnet an, dass die Weingartenordnung von 1534 und die folgenden Generalmandate in den genannten Orten an allen Feiertagen oder zu anderer gelegener Zeit von den Kanzeln, vor den Kirchen oder sonst an geeigneten Orten verlesen werden, und dass jede Stadt, die den Artikeln der Weingartenordnung oder den folgenden Generalmandaten ungehorsam ist, mit 50 Pfund Pfennigen, jeder Markt mit 25 Pfund und jedes Eigengut oder Dorf mit 10 Pfund gestraft werde, wovon nach Abzug der Kosten an den Ueberreiter u. s. w. zwei Drittel in die landesfürstliche Kammer, zu Handen des Christof Poldt, Rathes und »vitzthombs» in Oesterreich unter der Enns, und das letzte Drittel dem Anzeiger zusteht; die regelmässige Anzeige habe durch die Ueberreiter an den Rath der Stadt Wien zu erfolgen und über die Bussen solle jährlich Rechnung gelegt werden.

Gedrucktes Patent.
Patentensammlung.

1120 *1549, September 8, Wien.*

König Ferdinand I. gibt den Obrigkeiten und Unterthanen der n.-ö. Lande bekannt, dass eine neu geprägte Münze mit dem Bilde des heil. Bischofs Martin und mit den Schilden der schweizerischen Urcantone in Tirol eingedrungen sei und, wie er vernehme, für 12 Kreuzer gegeben werde; da aber die Münze durch die Valvierung auf 10 Kreuzer festgesetzt wurde, so gebietet er, dieselbe in den n.-ö. Landen nicht höher anzunehmen. »Commissio dom. regis in consilio.»

Es folgt die Abbildung der Münze; Die Averseite zeigt einen Kopf mit der Bischofsmütze und der Umschrift: »Sanctus + Martinus + episcop.», die Reversseite die Wappen der Urcantone mit der Umschrift: «Unterwalde + Vranie + Svit.»

1421 *1549, October 22, Wien.*

König Ferdinand I. entbietet seinen Dreissigern, Mauthnern etc., dass er dem Spitale zu St. Marx auf die Bitte des Spitalvaters Maximilian Castenhoffer, Bürgers zu Wien, das Privilegium verliehen habe, jährlich zu seiner Nothdurft durch den Spitalvater 52 Ochsen in Ungarn zu kaufen und abgabenfrei heraufzutreiben; im Falle von Contrebande soll dem Spitale das Privileg entzogen werden. «Commissio dom. regis in consilio camerae.»

Unterschrieben: M[arx] B[eck] v[on] Leopol[d]storff, canzler; Sig[mund] freiherr zu Herberstein; F. Panekhircher [Pamkircher]; B. Spiller; R[egistra]ta Schweinham [Schweinhart].

Copia s. XVII. nach der Bestätigung durch Kaiser Mathias vom Jahre 1618.

IV, D7, «verschiedene Privilegien».

1422 *1550, März 1, Wien.*

König Ferdinand I. verbietet die Ausfuhr des Unschlitts aus den n.-ö. Landen, weil bisher durch die Ausfuhr und den Verkauf desselben der Preis für den gemeinen Mann verdoppelt und auch die Production der Bergwerke vertheuert wurde; den Uebertretern soll der Unschlitt confiscirt und ein Drittel an den Entdecker, zwei Drittel an den Landesfürsten abgeliefert werden; Kaufleute, welche Unschlitt nach den Bergwerken führen, sollen der Obrigkeit eine Bestätigung liefern, dass sie ihn an dieselben und nicht anderwärts verkauft haben. «Commissio dom. regis in consilio.»

1423 *1550, August 24, Augsburg.*

König Ferdinand I. gebietet seinen und den Unterthanen seiner Landleute in Oesterreich unter der Enns, ihre Söhne und Verwandten, wenn diese das 15. oder 16. Jahr erreichen und sich dem Müssiggange hin-

geben wollen, der Obrigkeit anzuzeigen und sie derselben gegen gebührende Besoldung für ein Jahr zur Dienstleistung anzubieten; nach Ablauf eines Jahres soll es den jungen Leuten freistehen, einen besseren Dienst bei ihren Verwandten oder anderwärts zu suchen; sollten sie aber neuerdings dem Müssiggange verfallen, so soll man sie wieder ihrer Herrschaft zur Dienstleistung gegen den gebührlichen Lohn übergeben; die Herrschaften aber, die ihre Dienstboten über die verdingte Zeit zurückhalten, ihnen den Lohn oder den Unterhalt vorenthalten oder sie misshandeln, sollen den zugefügten Schaden ersetzen und mit der Erlegung des dreifachen Lohnes bestraft werden; ebenso soll jeder Herr, der einen Dienstboten ohne Passeport von seinem früheren Herrn aufnimmt, mit Erlegung des dreifachen früheren Lohnes, wovon zwei Theile an die landesfürstliche Kammer und der dritte Theil dem früheren Herrn zukommen soll, bestraft werden. «Ad mandatum dom. regis proprium.»

Unterschrieben: (mit Stampiglie:) Ferdinandus; (geschrieben:) Jonas d[octor], vicecanzler; A. Wagner.

1424 *1550, September 5, Wien.*

König Ferdinand I. gebietet den Obrigkeiten und Unterthanen seiner n.-ö. Lande, die neuen und minderwerthigen portugiesischen Ducaten, die ein ungleicharmiges Kreuz zeigen †, nicht wie die alten mit dem gleicharmigen Kreuze (⊥) um 100, sondern gemäss der Valvirung nur um 98 Kreuzer zu geben und zu nehmen, so wie er es schon für die ober- und vorderösterreichischen Lande angeordnet hat. «Commissio dom. regis in consilio.»

Es folgen die Abbildungen der beiden Ducaten: Beide zeigen auf der Averseite das portugiesische Wappen; der alte Ducaten mit der Umschrift: «D. Y . Ioanes Y III Y r. Y Portugalie Y»; der neue mit der Umschrift: «+ Ioa: III: Por: et: Al: re:»; die Reversseiten zeigen die erwähnten Kreuze und haben die Umschriften: «Y In Y hoc Y signo Y vinces» und «+ In hoc : si no : vinc s :»;

das gleicharmige Kreuz ist von den Buchstaben R, S, S, I umstellt.

Gedrucktes Patent.
Patentensammlung.

1425 *1551, Februar 12, Augsburg.*

König Ferdinand I. gibt seinen Unterthanen bekannt, dass der ungarische Ducaten
oder Goldducaten nach den vorläufigen Ver-
abredungen auf dem jüngsten Augsburger
Reichstage auf dem Münztage zu Nürnberg,
der am 1. April zusammentreten werde, valvirt werden solle und auf 102 Kreuzer der
neuen Münze geschätzt werden dürfte, wonach sich jeder zur Verhütung seines Schadens vorläufig einrichten möge.

Unterschrieben: mit Stampiglie: Ferdinandus; geschrieben: Jonas d[octor], vicecanzler; A. Wagner.

Gedrucktes Patent.
Patentensammlung.

1426 *1551, März 17, Wien.*

König Ferdinand I. ertheilt zur Vermeidung des Vorkaufes eine Holzsatzung für die
Flösser und Holzbauern, welche in Oesterreich ob und unter der Enns mit Holz nach
Wien und anderen Ladestätten an der Donau
handeln:

1. Allen «Gästen», welche nach Wien
Holz führen, soll es freistehen, daselbst anzulegen und das Holz einzeln zu verkaufen.

2. Sobald die Gäste angelegt, sollen sie
dem Stadtkämmerer die Anzeige machen und
was der Bauschreiber, oder wer zu den landesfürstlichen Bauten des Holzes bedarf, der
Brückenmeister, der Schiffmeister und die
Stadtgemeinde kaufen wollen, sollen sie vor
allem anderen Verkaufe gegen Bezahlung an
den Flösser erhalten, aber kein Holz für andere Bürger bezeichnen; und die fremden
Flösser, sowie die Einheimischen sollen bis
zum Beginne des gewöhnlichen Verkaufes
von da an drei Tage verstreichen lassen.

3. Bürgermeister und Rath sollen dem
Unterkämmerer, oder wen sie sonst dazu verordnen, die Beschau und Prüfung des Holzes
nach dem gleichzeitig erlassenen Tarife s.
Nr. 1427) auftragen und das vorschrifts-

widrige Holz zu Handen der Stadt confisciren; wenn aber innerhalb der drei Tage
Holz verkauft wurde, so soll der Unterkämmerer die Gäste nicht zu längerem Bleiben
verhalten, und wenn er sich überzeugt hat,
dass Alles in Ordnung vor sich gegangen, den
einheimischen Flössern den Ankauf des Restes
nach Ablauf der dreitägigen Frist gestatten.

4. Ebenso soll den hiesigen Flössern
gegen Widerruf gestattet sein, nach Ablauf
der dreitägigen Frist zu kaufen, was an «reichladen, phosten, panckhladen, latten» von Mar-
bach, Spitz, Persenbeug, der Wachau und
von anderwärts nach Wien gebracht wird.

5. Das grosse Holz aber, ausser dem
Welser Holze, soll dem Brückenmeister, der
desselben am meisten bedarf, durch den Unter-
stadtkämmerer und durch jenen dem landesfürstlichen Bauschreiber besonders angezeigt
werden; es soll aber von diesen kein Holz bezeichnet werden, als was zu den städtischen
und landesfürstlichen Bauten benöthigt wird.

6. Den Bürgern, welche des Holzes zu
Bauten bedürfen, soll der Vorkauf vor den
Bäckern und Badern zustehen, welche das-
selbe verbrennen wollen.

7. Findet der Unterkämmerer nichtbe-
zeichnetes Holz, dessen Eigenthümer sich
nicht finden lässt, so soll es ihm zustehen,
es zu Handen der Stadt zu confisciren.

8. Der Unterkämmerer soll darauf achten,
dass die hiesigen Flösser den Gästen nicht
entgegenreisen oder mit ihnen Lieferungs-
verträge schliessen oder Abreden treffen, um
das Holz während der drei Tage im Preise
hochzuhalten; die Uebertreter sollen der Stadt
in Strafe verfallen.

9. Auf der Stromstrecke zwischen Stein
und Wien sollen die Gäste auch untereinander nicht kaufen; den Uebertretern soll das
Holz genommen und nach Abzug eines Drit-
tels für den Unterkämmerer an das Bürgerspital geliefert werden.

Gedrucktes Patent.
Patentensammlung.

1427 *1551, März 17, Wien.*

König Ferdinand I. ertheilt eine Satzung
(Preistarif), wie das Welser Holz in Wien ge-

kauft und verkauft werden soll: Traunflösse von 14 Ellen Länge und aus 40 Bäumen bestehend, und die langen «halbbäume» sollen im Kaufe nicht mehr als 3 Pfund 4 Schillinge Pfennige und im Verkaufe nicht mehr als 3 Pfund 7 Schillinge kosten; gemeine 12-ellige Gaden aus 40 Bäumen bestehend und gemeine Halbbäume im Kaufe 2 Pfund, im Verkaufe 2 Pfund 2 Schillinge; «zwistöss» (20-ellig, 30 Bäume), «verirrt flöss» (14-ellig, 60 Bäume) und «khörholz» (32-ellig, 12 oder 13 Bäume) 2 Pfund im Kaufe, 2 Pfund 2 Schilling im Verkaufe; «gemeine laden» (7 Ellen lang, eine Zollung dick) 4 Pfund im Kaufe, 4 Pfund 4 Schilling im Verkaufe; «rafen» (für Schindeldächer, 14-ellig) das Pfund im Kaufe 8 Pfund Pfennige, im Verkaufe 9 Pfund; geschnittene Latten (12-ellig, 1½ Zollung dick) das Hundert im Kaufe 1 Pfund 2 Schilling, im Verkaufe die Latte 3½ Pfennige; geschnittene Latten (10-ellig, 1½ Zollung dick) das Hundert im Kaufe 1 Pfund, im Verkaufe das Stück 3 Pfennige; im Einzelkaufe: die besten Bäume von Traunflössen und die 14-elligen Halbbäume 21 Pfennige im Kaufe, 28 Pfennige im Verkaufe; gemeine Gaden und gemeine Halbbäume 12 Pfennige im Kaufe, im Verkaufe die besten 18 Pfennige, die, welche Kaufmannsgut sind, 13 Pfennige; «zwistöss» im Kaufe 16 Pfennige, im Verkaufe die besten 20 Pfennige, das Kaufmannsgut 16 Pfennige; ein Baum aus «verirrtem floss» im Kaufe 8 Pfennige, im Verkaufe die besten 12 Pfennige, das Kaufmannsgut 8 Pfennige; «khörholz» im Kaufe 1 Schilling 10 Pfennige, im Verkaufe die besten 2 Schillinge, das Kaufmannsgut 1 Schilling 10 Pfennige; gemeine Laden im Kaufe 4 Pfennige, im Verkaufe die besten 6 Pfennige, die minderen 5 Pfennige; «rafen» im Kaufe 8 Pfennige, im Verkaufe die besten 10 Pfennige, Kaufmannsgut 9 Pfennige; Spitzer, Marbacher, Walthauser, Sarmingsteiner «reichladen» (12-ellig, 1½ Zollung dick) im Kaufe das Pfund 14 Pfund Pfennige, im Verkaufe der Laden 16 Pfennige; ein «pankladen» (12-ellig, 1½ Fuss breit, 2 Zollung dick) im Kaufe 28 Pfennige, im Verkaufe 1 Schilling 6 Pfennige; Pfosten, Latten

(7 Daumellen lang, 14 Zoll breit, 3 Zoll dick) im Kaufe 14 Pfennige, im Verkaufe 20 Pfennige; «steirer poden» (20 Ellen lang) im Verkaufe die grössten 3 Schilling Pfennige, die anderen 2 Schilling; «schachentilln», der einzelne Baum im Kaufe 6 Pfund Pfennige und Isarflösse im Kaufe 3 Pfund bis 3 Pfund 4 Schilling Pfennige; Waldschrägen, «steirer laden», Schindeln und Weinstecken haben keine besondere Preissatzung.

Gedrucktes Patent.
Patentensammlung.

1428 *1551, April 20, Wien.*

König Ferdinand I. entbietet seinen Unterthanen, dass zwar mit dem Kaiser, den Kurfürsten, Fürsten und Ständen des Reiches auf dem jüngst gehaltenen Reichstage zu Augsburg eine Einigung über die Prägung der Münzen erfolgt sei, und dass er darum auch ein Patent erlassen habe des Inhaltes, dass die besseren alten Thaler bei der künftigen Valvirung vermuthlich nicht über 17 Batzen oder 68 Kreuzer der neuen Münze und der ungarische Ducaten oder Goldgulden vermuthlich nicht über 102 Kreuzer der neuen Münze geschätzt werden dürfte, dass aber die auf den 1. April dieses Jahres angesetzte Valvirung daselbst noch nicht vorgenommen worden sei, und dass darum die alten Münzen nicht, wie es bereits vielfach geschehen, nach dem muthmasslichen neuen Werthansatze, sondern bis zur vollzogenen Valvirung und Ansetzung eines Termines nach dem bisher üblichen gegeben und genommen werden sollen. «Ad mandatum dom. regis proprium.»

Unterschrieben: (mit Stampiglie:) Ferdinandus; (geschrieben:) Jonas d[octor], vicecanzler; A[ndreas] Wagner.

Gedrucktes Patent mit Registrirungsvermerk; das aufgedruckte königliche Siegel ist abgefallen.
Patentensammlung.

1429 *1551, August 1, Wien.*

König Ferdinand I. verbietet den Juden neuerdings, sich anders als mit dem Judenzeichen, einem kreisrunden gelben Fleck aus Stoff auf der linken Seite der Brust, in Städten, Märkten und Dörfern sehen zu lassen, und bedroht sie im ersten und zweiten Ueber-

9

tretungsfalle mit der Confiscation alles dessen, was sie bei und an sich tragen, wovon die eine Hälfte dem Anzeiger und die andere Hälfte dem Gerichte zufallen soll, im dritten Falle aber ausserdem mit der Ausweisung aus allen österreichischen Landen.

Concept eines Patentes mit Expeditions- und Registrirungsvermerk (das darnach gedruckte Patent enthält eine Abbildung des Judenzeichens).

Patentensammlung.

1430 1551, August 1, Wien.

König Ferdinand I. verordnet, dass niemand, wie bisher geschehen, in Städten, Märkten und Flecken Schulen errichten und halten dürfe, der nicht durch die Universität zu Wien graduirt oder durch die Wiener Universität oder den Bischof oder sonstigen geistlichen Ordinarius auf die Reinheit seines Glaubens geprüft ist, und er erneuert das Verbot der Verbreitung sectischer Bücher. «Ad mandatum dom. regis proprium.»

Unterschrieben: (mit Stampiglie:) Ferdinandus; (geschrieben:) Jonas d[octor], vice-canzler; A[ndreas] Wagner.

Gedrucktes Patent mit Registrirungsvermerk. Patentensammlung.

1431 1551, October 10, Wien.

König Ferdinand I. gebietet auf die Klage der Stände des Landes unter der Enns, dass die Landstrassen, besonders durch den Wienerwald und längs der Donau, unsicher seien, dass an allen Landstrassen im Lande binnen drei Monaten alles Gesträuch und Gehölz entfernt, und dass drei Wochen nach diesem Termine die allfällige Unterlassung dieser Massregel der Regierung und Kammer angezeigt werde, damit dann die Hinwegräumung des Holzes den Umsassen gestattet werden könne.

Unterschrieben (mit Stampiglie): Ferdinandus.

Gedrucktes Patent mit Registrirungsvermerk. Patentensammlung.

1432 1552, Februar 6.

Joachim Herzog übernimmt das Spittelmeisteramt im Bürgerspitale zu Wien im Beisein der Herren Hieronymus Gwerlich, Beisitzers des Stadtgerichtes, und Georg Pawr,

deutschen Schulhalters und Mitgliedes des äusseren Rathes; das Inventar über die fahrende Habe, die Kirchengüter etc. des Spitales wird dabei von Hanns Khern, geschwornem Diener von Bürgermeister und Rath, aufgenommen und in das Inventarbuch der Stadt eingetragen; dasselbe enthält

die Aufzählung der Gegenstände im Zimmer des Spittelmeisters (besonders Zinn- und Messinggeschirr, Waffen und ein Kräuterbuch), in dessen Schlafkammer (Betten, Decken, zinnerne Flaschen, «einundfunfzig leinen stürz, so zu den armen, wann si gespeisst, gebraucht werden», ein grosser Gewandkasten, 54 alte Schleier etc., die Schleier zum Gebrauche der Armen «an hochzeitlichen tägen»), im kleinen Zimmerchen neben der Schlafkammer, «auf dem sall» (Waffen, 14 alte Frauenmäntel, ein alter Mannsrock, ein Bett etc.), in der Dirnenkammer (Betten, alte Gewänder etc.), «ins herrn Trewen zimer» (Betten etc.), in einer Kammer daneben (Betten etc.), im Badstüblein und in der Küche des Spittelmeisters (21 eiserne Pfannen etc.);

eine Aufzählung der Betten und Bettgewänder «auf der herundern mannsstuben», «auf der mannssiechstuben», «auf der obern mannsstuben», «auf der undern frauenstuben», «auf der obern frauenstuben», «in der camer bei der obern stuben», «auf der frauensiechstuben», «auf baide khinderstuben» diesen Räumen stehen die Mannsmutter, die Frauenmutter und die Kindsmutter vor; «ins Petern weingartkhnechts camer», «ins zueschratter camer», «ins phister camer», «ins phisters jungers camer», in fünf unbenannten Kammern, in der Gastkammer, in einem Kämmerlein, in einer Kammer «darinn vorhin der Remanenzer gewesen», «ins schaffer camer», «in der pierpreuen camer», «in pierpreuen khnechts camer», «in der vier zistlkhnecht camer und in der zwaien halter camer», «ins Khalltenprunner leitgeben camer», «ins Simändl camer», «ins Stadlmaier camer», «ins khochs camer», «ins khochs khnechts camer», «ins Gilgen khellners camer», «in der Thaten camer», «ins siechmaisters camer», «in der appoteken» (20 zinnerne Kannen, eine zinnerne Mensur, ein grosser und ein kleiner Mörser

sammt Stössel, vier zinnerne balnea Maria in
einem Kessel, ein zinnerner Ständer, zwei
grosse zinnerne Brennhüte, ein kleiner Brannt-
weinkessel etc.), «ins Mayr camer», «ins khue-
halter camer», «in baider viechdirnen camer»,
«in des geschiermeisters camer», «im pharrhof»,
«ins schuelmaister camer», «in der amtanten
camer» und «auf dem spittlkheller», mit im
ganzen 89 Spannbetten, 171 Federbetten,
4 Himmelbetten und ungefähr 670 Lein-
tüchern «keilachen» sammt Zubehör;

ferner eine Aufzählung der Gegenstände
«auf dem speissgadn» Feldfrüchte», «in der
grossen khuchen» Küchengeräthe, «in der
mairstuben», «in den wagenställn», «in der
geschier camer», «im khuestall» 32 Kühe,
2 Stiere etc.», «im saustall» 46 Schweine»,
ferner 18 Ochsen etc., «auf dem traidkasten»
und «ins Treuen capelln» Getreide», «im ge-
welblein neben dem schreibstüblein in des
herrn spittlmeister stuben» zwei alte Grundbücher, ein neues Grundbuch über Penzing,
ein Grundbuch über die Gewären der Leinwatter, ein Dienstbuch über die Spitalsgründe,
«und sonst allerlei in truhen und scatln, ain
grosser haufn» etc.» und «im pharrhof» 180
lateinische Bücher über die Urban Sechstetter,
Prädicant daselbst, ein Verzeichniss angelegt
hat», Wein vom Jahre 1551 in der Gesammt-
menge von 1132 Eimern in 84 Gebinden;

endlich die Aufzählung und Beschreibung
einer grossen Zahl von silbernen und goldenen
Monstranzen, Kelchen, Kreuzen, die häufig
das Wappen der Spender, zumal der Familie
Trew, tragen, von profanem Silberzeug und
von damastenen, häufig mit Perlen gestickten
Ornaten und Chorröcken, die sich zum Theile
«ins herrn spittlmaister camer» und zum
Theile «im sagrer» befinden.

Gleichzeitiger Auszug aus dem Inventarbuche der
Stadt Wien von Franz Iglshofer, eröm. kün. maj. etc. rat
und secretari, stattschreiber daselbst; mit dem aufgedrückten Siegel des Stadtschreibers und mit Nach-
tragungen und Correcturen, die von einer späteren Inventarisirung herrühren; 16 Blätter.

IV. O 5. C 1344.

1433 1552, Februar 12, Wien.

König Ferdinand I. verbietet den Land-
leuten, denen vom Hofgesinde und den

Wiener Bürgern, in seinem landesfürstlichen
Gehege, wie es bisher vielfach geschehen,
«mit hunden, schiessen, zanen, pögen, schnüren und andern geferlichen gerichten» den
Hasen, Fass-, und Rebhühnern, Reihern,
Wildenten etc. nachzustellen; als Bezirk des
Jagdgeheges für sich und seine Söhne bezeichnet er am rechten Donauufer das Gebiet vom Wienerberge bis gegen Ebersdorf
und an die Schwechat, von da aufwärts
am «Intzespach» bis an den Wienerwald
und längs des Waldes bis an den Donauarm, jenseits der Donau von Kreuzenstein
«Greitzenstein» abwärts gegen Aspern, von
da nach Wagram, Wolkersdorf und zurück
bis Kreuzenstein; Enten und Reiher sollen
aber, da sie ihr «gestell» auf der Donau und
anderen Wässern haben und die Falkenjagd
ihm und seinen Söhnen besondere Lust ge-
währe, auch an der Schwechat und dem
Kalten Gange aufwärts bis gegen München-
dorf «Minckhendorff», Himberg, Guntramsdorf und Traiskirchen nicht gejagt werden
dürfen; und er setzt als Strafe für den
Uebertreter des Verbotes fest, dass er dem,
der ihn seinem Hofmarschalle oder der Regierung anzeigt, das Ross, den Hund und
das Jagdzeug, mit denen er betreten worden,
ausliefere, dass ihm ausserdem, wenn er von
Adel ist, der Hof verboten werde, wenn er
ein Bürger ist, 10 fl. rhein., wenn ein Bauer,
5 fl. rhein, als Busse auferlegt und dass er
in beiden letzten Fällen 8 Tage im Thurme
gehalten und dann auf eine Meile Weges
von Wien verwiesen werde. «Ad mandatum
dom. regis proprium.»

Unterschrieben: «mit Stampiglie:» Ferdinandus; geschrieben:» Jonas d[octor] vicecanzler; A[ndreas] Wagner.

Gedrucktes Patent mit Registrirungsvermerk.
Patentensammlung.

1434 1552, April 1, Wien.

König Ferdinand I. ertheilt den nieder-,
ober- und vorderösterreichischen Erblanden
im Einverständnisse mit den Ständen des
Reiches eine Münzordnung, enthaltend:

1. Bestimmungen über den Gehalt und
Werth der Reichsmünzen (1 Goldgulden —

72 Kreuzern, 7 ¹/₂ (achthalb) Goldgulden ⚌
1 kölnische Mark, Feingehalt des Goldguldens
14 Loth 2 Gran»; «wirdet die fein mark ausgebracht umb neunthalben goldtguldin ain
pfening thuet zu sechzig kreuzern zehen
floren, zwelf kreuzer und ain viertail ains
kreuzers und sibenzehen thail an hundert
siben und zwainzig thailen ains pfenings,
solch stuck soll durch das reich ain guldiner genandt werden»; entsprechende Bestimmungen für die halben (Gold-)Gulden,
die Zwanzigkreuzerer, die Zwölfkreuzerer, die
Zehnkreuzerer, Sechskreuzerer, Dreikreuzerer
und Kreuzerer; auf der einen Seite die Umschrift «Caroli V. impe: aug: p: f: decreto»,
auf der andern die Umschrift des Landesherrn.

2. Bestimmungen über Gehalt und Werth
der Landmünzen der vier Kurfürsten am
Rhein und ihrer Münzverwandten '28 Weisspfennige oder Albus ⚌ 1 Goldgulden,
76 Weisspfennige ⚌ 1 kölnische Mark,
Feingehalt 5 Loth etc.);

3. über den Gehalt und Werth der
Landmünzen des obersächsischen und fränkischen Kreises '21 Groschen ⚌ 60 Kreuzern,
100 Groschen ⚌ 1 kölnische Mark, Feingehalt 7 Loth 6 Gran etc.';

4. der brandenburgischen Landmünzen
(1 Stück ⚌ 8 märkischen Groschen, 4 Stück
⚌ 60 Kreuzern, 36 Stück ⚌ 1 kölnische
Mark, Feingehalt 14 Loth 2 Gran etc.);

5. der niederländischen Landesmünzen
des Kaisers '1 Stück ⚌ 3 Stieber, 28 Stieber
⚌ 1 rhein. Goldgulden, 76¹/₁₂ Stück auf 1 kölnische Mark, Feingehalt 15 Loth 6 Gran etc.';

6. der niedersächsischen Landesmünzen
(24 lübische Schillinge ⚌ 60 Kreuzern, 109¹/₂
auf die kölnische Mark, Feingehalt 7 Loth
etc.; 48 sündische Schillinge ⚌ 60 Kreuzern,
173 auf die kölnische Mark, Feingehalt 5 Loth
9 Gran etc.; 288 lübische Pfennige ⚌ 60
Kreuzern, 654 lübische Pfennige auf die kölnische Mark, Feingehalt 3 Loth 6 Gran;
die grösseren dieser Landesmünzen sollen
auf der einen Seite den Reichsadler und die
Umschrift des Kaisers tragen.

7. Bestimmungen über Werth und Gehalt der verschiedenen deutschen Pfennige
(darunter die österreichischen Pfennige: 240

⚌ 60 Kreuzern, 649 auf die kölnische Mark,
Feingehalt 4 Loth; 10 Floren 49 Kreuzer
aus der feinen Mark).

8. Die Bestimmung des Werthes der
Thaler (1 Thaler ⚌ 68 Kreuzern; die Thaler
des Grafen von Mansfeld, des Herzogs von
Mecklenburg, des Herzogs von Würtemberg,
der Stadt Lüttich, der Stadt Hildesheim und
die brandenburgischen «Oerter» werden ausser
Cours gesetzt; Valvirung derselben mit 59,
53, 62, 63, 59 und 14 Kreuzern).

9. Die Valvirung der kleinen Silbermünzen im Reiche.

10. Die Valvirung und Beschreibung der
fremden Silbermünzen.

11. Bestimmungen über die Strafen der
Münzfälscher und Münzverkleinerer.

12. Die Abbildungen der neuen kaiserlichen und königlichen Münzen (22 Abbildungen).

Patent «cum gratia et privilegio rom. reg. maj.
gedruckt zu Wienn in Osterreich durch Hanns Syngriener». 32 Folien.

Patentensammlung.

Numismatische Zeitschrift, 4, 144 u. 145. — Newald,
Das österr. Münzwesen unter Ferdinand I., 50 ff.

1435 1552, *August 4, Wien.*

Maximilian, König zu Böhmen und Erzherzog zu Oesterreich, befiehlt allen Unterthanen und Getreuen, welche in der Stadt
und um die Stadt Wien im Jagdgehege seines (abwesenden) Vaters angesessen sind und
Weingartenhüter zu bestellen haben, dass sie
bei Aufnahme derselben nur solche annehmen
sollen, die genug vermöglich und in der Gegend bekannt sind, um zu Geldstrafen heran-
gezogen werden zu können, ihnen einzuschärfen, dass sie weder den Hasen, noch den
Reh- und Fasshühnern (Fasanen) aus dem
landesfürstlichen Lustgejaid «mit hunden,
schiessen, zänen, pögen, maschen noch einigen anderen gerichten» nachstellen dürfen,
und er setzt auf die erste Uebertretung durch
die Weingartenhüter eine Busse von 10 fl.,
auf die zweite von 25 fl. und auf die dritte
die Verweisung aus dem Flecken; die Bussen
sollen dem Angeber und dem, der die Vorrichtungen gefunden, zufallen. «Ad mandatum dom. regis proprium.»

Unterschrieben: Maximilian; Jonas d[octor] viccanzler; A[ndreas] Wagner.

Gedrucktes Patent mit aufgedrücktem königlichen Siegel und Registrirungsvermerk.

Patentensammlung.

1436 *1552, September 22, Wien.*

König Ferdinand I. erlässt an die Obrigkeiten der n.-ö. Lande und besonders an die Mauthner, Zöllner etc. das Verbot, Pferde oder Fohlen, welche zum Kriegsdienste tauglich wären, aus dem Lande bringen zu lassen. «Ad mandatum dom. regis proprium.»

Unterschrieben: (mit Stampiglie:) Ferdinandus; (geschrieben:) Jonas d[octor] viccanzler; A[ndreas] Wagner.

Gedrucktes Patent mit Expeditionsvermerk und aufgedrücktem Siegel (abgefallen).

Patentensammlung.

1437 *1552, October 15, Wien.*

König Ferdinand I. gibt den n.-ö. Landen und der Grafschaft Görz eine Polizeiordnung, enthaltend die Bestimmungen gegen das Schwören und Fluchen, das Zutrinken, die Völlerei, geschlechtliche Leichtfertigkeit, Kleiderluxus (wobei diesmal die Kauf- und Gewerbsleute den Bürgern aus Rathsgeschlechtern und die Doctoren dem Adel und der Ritterschaft gleichgestellt werden), den Aufwand bei Fest- und Hochzeitsmahlen, den Verkauf der wollenen Tücher nach der Elle (mit einigen Einschränkungen), die übermässigen Forderungen der Wirthe, über Elle und Gewicht, über die Darlehen auf die künftige Ernte, gegen müssiggehendes Gesinde, Schotten und Savoyer, für Geraisige, Wagen-, Weingart-, Hausknechte und anderes männliches und weibliches Gesinde und über den Verkauf von kostbaren Stoffen, wesentlich in derselben Weise wie die Polizeiordnung von 1542, Juni 1 (s. Nr. 1408), ferner ausführliche Bestimmungen über den Vorkauf, neue Bestimmungen über wucherische Verträge, für die Vormünder unmündiger Kinder, für die Zechpröpste und Pfleger von Gotteshäusern, für Aerzte, für Advocaten, Procuratoren, Schriftmacher und Supplicationsschreiber, gegen Bettler, über die Juden, gegen Zigeuner, Schalksnarren, Landfahrer,

Singer und Reimsprecher, für Hebammen, Bescherinnen und Ammen, endlich eine wörtliche Wiederholung der Bestimmungen für die Handwerker aus der Polizeiordnung von 1527, April 1 (s. Nr. 1358) bis einschliesslich zum 50. Punkte. «Ad mandatum dom. regis proprium.»

Unterschrieben (im Druck): Ferdinand; J[acob] Jonas d[octor] viccanzler; A[ndreas] Wagner.

Patent «mit röm. könig. maj. gnad und privilegien gedruckt zu Wien in Oesterreich durch Johannem Syngriener anno 1553»; 41 Folien.

Patentensammlung.

Cod. austr., 2, 147, nach der bedeutend gekürzten «Reformierung» durch Kaiser Maximilian II. von 1568, October 31. — Die Bestimmungen gegen Gotteslästerung: «Austria» 1842, 99; die Bestimmungen gegen den Wucher: ebenda, 111.

1438 *1552, October 31, Ebersdorf.*

König Ferdinand I. wiederholt das Verbot, dass geistliche Güter ohne seine Bewilligung durch Kauf oder als Pfänder oder satz- oder leibgedingsweise für begrenzte oder unbegrenzte Zeit in fremden Besitz übergehen, er ermahnt die Geistlichen, derartige Rechtsgeschäfte, die sie besonders seit dem letzten darüber ergangenen Generalmandate widerrechtlich eingegangen, nach Möglichkeit rückgängig zu machen, und erklärt künftige Rechtsgeschäfte dieser Art für ungiltig. «Ad mandatum dom. regis proprium.»

Unterschrieben: (mit Stampiglie:) Ferdinandus; (geschrieben:) Jonas d[octor] viccanzler; A[ndreas] Wagner.

Gedrucktes Patent.

Patentensammlung.

1439 *1553, März 15, Graz.*

König Ferdinand I. verbietet in seinen n.-ö. Landen den Gebrauch der Pfennig- und 2-Pfennigstücke, die nicht von ihm selbst, vom Erzstifte Salzburg, vom Bisthum Passau oder vom Herzoge von Bayern geprägt sind und deren viele in diesen Landen eingedrungen waren, und er gebietet, dass die sogenannten Julier, die auf der einen Seite das Brustbild Papst Julius III. oder Papst Pauls III. mit der Umschrift «Julius III. pont. max.» oder

«Paulus III. pont. max.» und auf der anderen
Seite einen aufgerichteten Löwen mit einer
Fahne in den Vorderpranken und die Umschrift «Bononia mater studiorum» zeigen,
gemäss der Valvirung nicht höher als um
11 Kreuzer genommen werden sollen.

Unterschrieben (mit Stampiglie): Ferdinandus.

Gedrucktes Patent.
Patentensammlung.

1440 *1554, Januar 2, Wien.*

König Ferdinand I. befiehlt allen in den
n.-ö. Landen und in der Grafschaft Görz
sesshaften Juden, wegen des Schadens, den
sie christlichen Unterthanen zufügen, diese
Länder mit ihrem Hab und Gut gegen Entrichtung der landesüblichen Zölle bis zum
kommenden Tage Johannes des Täufers (dem
24. Juni) zu verlassen, mit Ausnahme derer,
welche zum Christenthume übertreten würden; er hebt alle Privilegien auf, welche
ihnen bisher den Aufenthalt gestatteten, und
verbietet seinen Unterthanen, ihnen über den
24. Juni hinaus Unterstand zu geben. «Ad
mandatum dom. regis proprium.»

Unterschrieben: (mit Stampiglie:) Ferdinandus; (geschrieben:) Jonas d[octor] vicecanzler; A[ndreas] Wagner.

Gedrucktes Patent mit aufgedrücktem königlichen
Siegel.

Patentensammlung.
Cod. austr. I, 560.

1441 *1554, März 2, Wien.*

König Ferdinand I. befreit das Haus
«der heiden hauss genannt», dessen Fenster
gerade gegen die Fenster der Wiener Rathsstube gehen, bis auf Widerruf von aller Ein-
quartirung sowohl durch seinen eigenen Hof-
staat, als durch den seiner Söhne und Töchter
und durch fremde Gäste, da ihm Bürgermeister und Rath dargelegt, dass durch das
Geschrei des fremden Volkes die Sitzungen
gestört und durch den Aufenthalt desselben
die Gefahr eines Brandes sowohl für die
Rathsstube und das Schatzgewölbe des Rathes
mit allen darin verwahrten Freiheiten, brief-
lichen Urkunden, Büchern, Registraturen und
Kanzleisachen, «so si mit merklich unchosten

muee und arbait von villen iaren heer in ain
ordnung pracht», als auch für andere Häuser
der Umgebung vermehrt werde. «Ad mandatum dom. regis proprium.»

Unterschrieben: A[ndreas] Wagner.

Entwurf, Pergament. Mit Expeditions- und Registrirungsvermerk.

In dorso: «Seisenhover hat 18 copeien».
VII, N 2.

1442 *1554, März 13, Wien.*

König Ferdinand I. schärft allen Obrigkeiten in seinen n.-ö. Landen die Aufrechthaltung seiner Polizeiordnung ein (s. Nr. 1437).
«Ad mandatum dom. regis proprium.»

Unterschrieben: (mit Stampiglie:) Ferdinandus; (geschrieben:) Jonas d[octor] vicecanzler; A[ndreas] Wagner.

Gedrucktes Patent mit Registrirungsvermerk.
Patentensammlung.

1443 *1554, April 23, Wien.*

König Ferdinand I. bewilligt den Juden,
denen er insgesammt den Auszug aus den
n.-ö. Landen befohlen und denen er dazu
die Frist bis zum Tage Johannis des Täufers
(24. Juni) 1554 gegeben hatte, auf ihre Darlegung, dass sie ihre Guthaben von den Unterthanen nicht hereinbringen und demgemäss
auch ihre Schulden nicht bezahlen, ihre Processe nicht beenden könnten, eine Frist von
einem Jahre, das sie unter dem Schutze ihrer
Privilegien, doch ohne Erlaubniss zu wuche-
rischen Verträgen, im Lande sollen verbringen
können; er verordnet, dass die zu verkaufenden
Güter der Juden zur Vermeidung von Un-
billigkeit von den Obrigkeiten geschätzt und,
wenn diese Schätzung vom Käufer oder Verkäufer nicht gebilligt würde, an den Meist-
bietenden versteigert werden sollen. «Ad
mandatum dom. regis proprium.»

Unterschrieben: (mit Stampiglie:) Ferdinandus; (geschrieben:) Jonas d[octor] vicecanzler; A[ndreas] Wagner.

Gedrucktes Patent mit Registrirungsvermerk.
Patentensammlung.

1444 *1555, Januar 16, Wien.*

König Ferdinand I. erlässt eine neue,
von der Erläuterung, die er zu der Fisch-

ordnung Kaiser Maximilians I. gegeben, ab-
weichende Fischordnung für Wien und für
alle Städte und Märkte im Lande unter der
Enns, des Inhalts:

1. Fischer und Fischkäufel dürfen nur
geschworne Wiener Bürger und sollen in
einer Bruderschaft sein; doch sollen bei der
Aufnahme in die Bruderschaft gemäss der
Polizeiordnung alle Mahlzeiten und Zechen
aufgehoben sein und dem Bürgermeister,
Richter und Rathe die Aufnahme und Eintragung obliegen; zwischen Fischern und
Fischkäufeln soll der Unterschied bestehen,
dass die Fischer niemals Fische kaufen, es
sei denn, dass sie wegen der Menge des
Eises nicht mehr fischen können; die Fischkäufel aber, deren nicht mehr als drei in einer
Gesellschaft sein sollen, mögen die Fische
kaufen, jeder von ihnen soll ein Eheweib
haben oder gehabt haben und soll täglich
selbst am Fischmarkte Fische feilhalten.

2. Fischer und Fischkäufel sollen sich
bei Kauf und Verkauf an den gleichzeitig
erlassenen Tarif halten und keine darin verbotenen oder zu kleinen Fische in den Handel bringen; dagegen ist es bestimmten Fischern und Fischkäufeln erlaubt, frische Brut
aus Ungarn, Böhmen, Mähren, Oesterreich
etc. aus den Teichen hier zu verkaufen; nur
wenn die Brut durch die Menge der Nieder-
schläge in Gefahr ist, kann jeder, der dazu
sonst befugt ist, dieselbe mit Wissen der
Obrigkeit fangen und zum Verkaufe bringen.

3. Nur die Hausfrauen der Wiener Fischer, nicht aber andere Weiber sollen auf
dem Fischmarkte verkaufen dürfen, ausländische Fischer sollen mit ihren Weibern und
Dienern verkaufen, aber keinen Einheimischen
dazu aufnehmen dürfen; denen aber, die nicht
Deutsch können, soll auf ihr Begehren vom
Bürgermeister und Richter ein geschworner
Dolmetsch beigegeben werden.

4. Kein Fischer oder Fischkäufel soll von
einem andern unterwegs auf der Landstrasse
kaufen und der Vorkauf auch beim Kaufe
der Fische aus den Teichen verboten sein.

5. Kein Fischer oder Fischkäufel, ob
Bürger, Fremder oder Ausländer, soll mehr
als einen Stand haben oder mehr als vier

Tröge setzen, und die Bürger unter ihnen
sollen alle Quatember um die Stände losen;
niemand soll neben den guten Fischen «muer-
leten» oder «lackhen visch» feilhalten, sondern
nach Anzeige an die Obrigkeit an einem besonderem Stande. Die bürgerlichen Fischer und
Fischkäufel sollen die guten Fische, als Fische
aus der Traun, der Donau, der March, und
die guten Teichfische am oberen Fischmarkte
verkaufen, und was die hiesigen Fischer in
der Donau fangen, sollen sie zwischen der
«Schrankthüre» und der Schranne feilhalten.

6. Die nichtbürgerlichen Donaufischer
von Erdberg, Stadlau, Albern, von der Leitha,
Fischa, Schwechat u. s. w. sollen ihre Fische
nach den bürgerlichen auf der Erde gegen
die Tuchlauben hin und gegenüber bis in
die Wipplingerstrasse verkaufen.

7. Die fremden Fischer sollen unter dem
gemauerten Fischmarkte bei dem «Nacht-
häusel» hinauf, gegen die Wipplinger-(«Wil-
pinger»-)strasse feil halten und keinem Fischer
oder Fischkäufel am Wasser oder auf dem
Markte verkaufen, ehe sie selbst durch «drei
halb fast oder vischtäg, sonst besuech mal
genant» feilgehalten haben; dann mögen sie,
so lange die Fasttage dauern, an Fischer,
Wirthe oder Bürger zu deren Nothdurft verkaufen oder sonst feilhalten; die umliegenden
Flecken mögen mit Erlaubniss des Bürgermeisters und Richters zu ihrer Nothdurft
Fische nach dem Schock kaufen.

8. Von fremden Fischern dürfen nur
die von der Traun ihre Fische als «gründtl,
süngl, khoppen und phrilln» auch an Fleisch-
tagen, und zwar auf offenem Fischmarkte
oder an der Donau feilhalten.

9. Nur die Fischer und Fischkäufel, welche Meister und in der Bruderschaft sind,
sollen ihre eigenen und auch die Fische der
Fremden um ein ziemliches Entgelt ausschroten und auswägen und die Stadt nach
deren Nothdurft besonders mit Hechten und
Karpfen versehen; gesalzene Fische aber soll
jeder Bürger nach Besichtigung und Satzung
durch Bürgermeister, Richter und Rath schroten, auswägen und verkaufen dürfen.

10. Die See-, Lacken-, Murlet-, stinkenden,
Hunds- u. dgl. Fische sollen gleichfalls auf

dem Hohen Markte unterhalb der Schranne abgesondert und mit einer ausgesteckten Fahne, um die Einfältigen nicht zu täuschen, feilgehalten werden.

11. Alle abgestandenen Fische sollen aus dem Wasser genommen und bei Strafe der Confiscation nicht mehr im Wasser verkauft werden.

12. Kommt ein fremder Fischer am Abende vor einem Fasttage mit abgestandenen Fischen nach Wien, die sich nicht über Nacht halten würden, so mag er sie sofort verkaufen; sind sie aber in den Flossen bereits weiss geworden, so dürfen sie bei Strafe nicht mehr verkauft werden.

13. Die Fischmasse, in denen «die grundl, sängl, koppen und phrilln» gemessen werden, sollen einen durchlöcherten blechernen Boden haben, um das Wasser abzulassen, und diese Fische «in einem gerechten und zimenten mass» gemessen werden.

14. Die Fischer und Fischkäufel sollen die Fische an den Fasttagen nicht beim Wasser halten, sondern auf den gewöhnlichen Fischmarkt bringen.

15. Die verordneten Aufseher sollen darauf sehen, dass die einheimischen Fischer und Fischkäufel den Fremden die erforderlichen Gefässe gegen ein Billiges zur Verfügung stellen.

16. Die Fischer und Fischkäufel sollen die Stadt stets nach Nothdurft versehen und niemanden übertheuern.

17. Alles dicke (Netz-) Zeug soll von Georgii (24. April) bis Jacobi (25. Juli) verboten sein, um die heurigen Fische zu Kräften kommen zu lassen.

18. Das Fischzeug, welches die «gangwaat» genannt wird, soll bei Strafe und bei Confiscation dieses Fischzeuges verboten sein.

19. Die Fischer und Fischkäufel sollen alljährlich zwei ehrbare Fischer und zwei solche Fischkäufel, die dem Landesfürsten zu Handen von Bürgermeister, Richter und Rath eingeschworen werden sollen, erwählen, welche dem Bürgermeister, Richter und Rathe die Uebertretungen der Fischordnung anzeigen und mindestens zweimal im Jahre hervortretende Mängel mit Vorwissen von

Bürgermeister, Richter und Rath den Verordneten derselben vorbringen sollen; ebenso sollen die Eigenthümer der Fischwasser die Beobachtung der Fischerordnung beaufsichtigen.

Krebsenordnung.

1. Wenn die Krebsen in Wägen ankommen, so sollen sie auf dem Hof und nicht in einzelnen Häusern verkauft und durch sechs Stunden feilgehalten werden; was in dieser Zeit nicht verkauft wird, mag dann an die Krebsler und Krebslerinnen — doch ohne Vorwissen des Stadtrichters nicht über 1 Pfund — verkauft werden.

2. Die todten Krebsen sollen von den Krebsenführern bei der Schlagbrücke in die Donau geschüttet werden.

3. Die Krebsen sollen bei Strafe nicht gekauft werden, ehe sie in die Stadt geführt worden.

4. Diese Ordnung soll in allen Städten und Märkten des Landes unter der Enns gehalten werden.

5. Zur Handhabung der Fischordnung soll vom Wiener Stadtrichter im Namen des Landesfürsten und von Bürgermeister und Rath im Namen der Stadt je ein Fischaufseher bestellt werden und jedem Uebertreter der Ordnung, abgesehen von allfälliger Confiscation der Fische, eine Busse von 4 Pfund Pfennigen auferlegt sein, die aus Gnade der Stadt zur Besoldung der Aufseher zufallen sollen (nicht wie in der früheren Fischordnung zur Hälfte dem Landesfürsten). «Commissio dom. regis in consilio.»

Unterschrieben: G[abriel] Kreytzer ritter, stathalter ambts verwalter; Joh[ann] Albrecht Widmanstetter d[octo]r canzler; Jahim h[err] von Schonkirchen; E[rasmus] v[on] Pamkirch[en].

Original, Pergament, 6 Blätter. Mit dem aufgedrückten königlichen Siegel.

IV, F.

1445 *1555, März 31, Augsburg.*

König Ferdinand I. bewilligt den Juden, deren Auszug aus den n.-ö. Landen er befohlen und denen er dazu eine Frist von einem Jahre bis zum Tage Johannis des

Täufern 24. Juni) 1555 gegeben hatte, auf ihre Darlegung, dass der gegenwärtig niedere Preis von Wein und Getreide sie an der rechtzeitigen Eintreibung ihrer Guthaben und damit auch an der Bezahlung ihrer Schulden hindere, eine weitere Frist von einem Jahre, dass sie unter den gleichen Bedingungen wie das gegenwärtige (s. Nr. 1443) im Lande verbringen sollen. «Ad mandatum dom. regis proprium.»

Unterschrieben: (mit Stampiglie: Ferdinandus; (geschrieben:) Jonas d[octor] vicecanzler; Lud[wig] Peer.

Gedrucktes Patent mit aufgedrücktem königlichen Siegel.

Patentensammlung.

1446 *1555, November 29, Wien.*

König Ferdinand I. entbietet seinen Unterthanen in seinen nieder-, ober- und vorderösterreichischen Landen, dass auf dem letzten Reichstage zu Augsburg die Mittel berathen wurden, um dem minderwerthigen Ausprägen der neuen Münzen, dem Umprägen alter Münzen, der Ausfuhr gemünzten und ungemünzten Silbers aus dem Reiche, der Einführung fremder minderwerthiger Münzen in das Reich zu steuern, und dass darum beschlossen ward, bis zum nächstkünftigen Reichstage allen Reichsständen, die nicht Reichsfürsten sind, die aber das Münzregal haben, bei Verlust des Regals die Ausübung desselben, ausser dem, was sie aus ihren eigenen Bergwerken münzen können, zu verbieten; allen Reichsständen aufzuerlegen, sich den getroffenen Vereinbarungen über die grossen und kleinen Münzen zu fügen; allen Münzberechtigten den Verkauf, die Verleihung und jede Veräusserung des Münzregals; ferner jedermann den Verkauf von Silber über die Reichsgrenzen — bei Verlust des Silbers und der Münzen und bei Confiscation der Güter —; endlich das Brechen, «granalieren, khurnen, saigern» von Münzen, die im Reiche geprägt wurden, bei den genannten und selbst bei Feuerstrafe zu verbieten; und er gebietet, diesen Bestimmungen in seinen Erblanden bei den genannten Strafen nachzukommen.

Concept oder gleichzeitige Abschrift eines Patentes mit Registrirungsvermerk.

Patentensammlung.

Regesten zur Geschichte der Stadt Wien. II.

1447 *1555, December 14, Wien.*

König Ferdinand I. entbietet den Obrigkeiten und Unterthanen seiner nieder-, oberund vorderösterreichischen Lande, dass die Thaler, die bisher um 70 Kreuzer gegeben und genommen wurden, nach der geplanten neuen Münze nicht mehr als 68 Kreuzer gelten werden, und dass sie bis zum 1. Mai 1556 nach dem alten, nach diesem Termine aber nach dem neuen Werthe (von 68 Kreuzern) genommen werden sollen.

Unterschrieben (mit Stampiglie): Ferdinandus.

Gedrucktes Patent.

Patentensammlung.

Vgl. Numismatische Zeitschrift, 16, 93, und Newald, Das österr. Münzwesen unter Ferdinand I., 54.

1448 *1556, Mai 30, Wien.*

König Ferdinand I. entbietet den Obrigkeiten und Unterthanen in seinen n.-ö. Landen, dass er die neue Valvirung der Münzen, wie er sie auf Grund der Vereinbarungen mit dem Kaiser und den Reichsständen vor einigen Monaten verkündet hat, nunmehr rückgängig mache und gestatte, die Münzen wieder zu dem früheren Werthe zu geben und zu nehmen, weil viele Beschwerden bei ihm eingelaufen sind, dass bei vielen Ständen des Reiches die neue Valvation noch nicht in Kraft getreten sei, so dass die österreichischen Münzen billig aus dem Lande gehen und theuer zurückkommen. «Ad mandatum dom. regis proprium.»

Unterschrieben (mit Stampiglie): Ferdinandus.

Gedrucktes Patent mit dem Vermerke: «soll nun auch registrirt werd[en]».

Patentensammlung.

1449 *1556, November 10, Wien.*

Die vier Stände von Oesterreich unter der Enns geben kund, dass sie König Ferdinand I. auf dem Landtage vom 19. October für das kommende Jahr 1557 neben ihrer sonstigen Bewilligung als Hilfe gegen die Türken und andere vor Augen stehende Noth folgende Abgaben bewilligt haben:

10

1. Von Getränken (Wein, süssem Wein, Meth, Bier) unter dem Reifen 3 Kreuzer vom Gulden;

2. für auszuschenkende Getränke soll das Achtering verkleinert werden, so dass nun 38 Achtering statt 35 auf einen Eimer gehen; der Gewinn von den 3 Achtering soll — nach Abzug des Legers in jedem Fasse — als Steuer abgeführt werden;

3. von Branntwein 3 Kreuzer vom Gulden und, wenn 1 Gulden im Verkaufe nicht erzielt wird, im Verhältnisse weniger;

4. von allem Getreide (Weizen, Korn, Gerste, Hafer, Mohn, Hanf, Fenchel, Prein, Erbsen, Haiden, Spelt oder Tunkel «tunckhl»), Linsen, Sirich, Mehl, Gries, das in oder ausser Landes verkauft wird, soll der Verkäufer 2 Kreuzer vom Gulden, 1 Kreuzer vom halben Gulden, 1 Pfennig vom Schilling bezahlen;

5. vom verkauften Landvieh (Gross- und Kleinvieh) vom Gulden 2 Kreuzer;

6. von verkauften lebenden, gesalzenen oder gedörrten Fischen vom Gulden 3 Kreuzer; beim Verkaufe von Fischen aus den Teichen und von anderwärts im Lande soll der Verkäufer dem Käufer über jeden eingenommenen Gulden einen Zettel geben, dieser soll die Zettel gegen Quittung dem Viertelbereiter zustellen und der Viertelbereiter auf Grund der Zettel die Steuer vom Verkäufer einheben;

7. von Rossen, die aus dem Lande verkauft werden, von jedem Gulden 4 Kreuzer; für jedes aus dem Lande verkaufte Ross soll der Hansgraf oder dessen Diener dem Käufer einen Zettel mit dem Preise des Rosses geben;

8. von verkauftem Honig von jedem Gulden 2 Kreuzer;

9. von goldenen und silbernen Tüchern, gezogenem oder gesponnenem Golde und Silber, Geschmeide etc. soll der Verkäufer von jedem Gulden 12 Kreuzer geben;

10. von vergoldetem Silbergeschirr, das im Lande gemacht oder ins Land geführt wird, von der halben Mark 6 Kreuzer, von unvergoldetem 4 Kreuzer;

11. von Kleinoden und Ringen, versetzt und unversetzt, von jedem Gulden 6 Kreuzer;

12. von Edelsteinen und Perlen von jedem Gulden 6 Kreuzer;

13. von goldenen und silbernen «zendln» von jedem Gulden 6 Kreuzer;

14. von goldenen und silbernen «passamanen» von jedem Gulden 6 Kreuzer;

15. item von goldenen und silbernen Schnüren;

16. item von goldenen und silbernen Hauben.

17. von Carmoisin-Sammt vom Gulden 10 Kreuzer, von Carmoisin-Atlas, -Damast, «tobin» vom Gulden 6 Kreuzer; von Taffet und «zendl» und allen anderen Seidenwaaren vom Gulden 4 Kreuzer;

18. von «allen hohen tuechern, die über lündisch oder schepp tuecher geen» von jedem Gulden 4 Kreuzer;

19. von der Verzinsung von dargeliehenem Gelde sollen die vom Herren- und Ritterstande, die ins Feld ziehen oder die «von wegen gottes gwalt und herrn geschäft oder irer ämbter halber nicht ziehen können oder mügen», keine Steuer zu geben schuldig sein, und ebensowenig die von den anderen zwei Ständen, die auf ihre eigenen Kosten ins Feld ziehen; die aber nicht persönlich mit dem Landesfürsten ins Feld ziehen, sollen den fünften Gulden der jährlichen Verzinsung geben.

20. von werthvollem Pelzwerke (Zobel etc.) von jedem Gulden Kaufgeld 6 Kreuzer;

21. item von Tapezereien;

22. und 23. Zimmerleute, Tischler, Steinbrecher, Ziegel- und Kalkbrenner und ähnliche Handwerker, ferner Maurer und Rauchfangkehrer, welche nicht selbst angesessen sind, sondern für Meister arbeiten und ihrerseits Gesinde halten, sollen am St. Georgentage (24. April) und am St. Michaelstage (29. September) je 2 Gulden entrichten;

24. wenn zwei Gesellen oder Poliere mit einander Gesinde halten, so sollen sie zusammen so viel Steuer zahlen als ein Meister;

25. jeder Maurerknecht soll am St. Georgund am St. Michaelstage «von der wurfkhellen» je 4 Schilling Pfennige entrichten;

26. jeder Maurerjunge, der Steine trägt oder bei unangesessenen Maurern Tagwerk

leistet, soll an den genannten Tagen je 2 Schilling entrichten;

27. Burgknechte, Handwerksleute, Gesellen, Knechte, «bestaundler» und ähnliche Leute sollen, ob verheiratet oder ledig, ob sie Wochenlohn oder Taglohn haben, alle Quatember 1 Schilling Pfennige bezahlen, und unangesessene Leute, die gleichwohl Weingärten oder andere liegende Gründe haben, sollen wie die Angesessenen Steuer zahlen;

28. ausländische Kaufleute und Krämer, als Savoyer, Schotten etc., sollen von aller Waare, die sie ins Land bringen und verkaufen, von jedem Gulden 2 Kreuzer bezahlen;

29. alle unangesessenen «fürkäufler» auf den freien Wochenmärkten sollen alle Quatember 1 Schilling bezahlen;

30. alle unangesessenen Spielleute, Trommelschläger, Pfeifer, Geiger, Sänger, Leierer, Sackpfeifer, Schalmeier (auf Hochzeiten), ferner Gaukler und Springer sollen in Städten, Märkten und Dörfern quatemberlich 1 Schilling erlegen.

Gedrucktes Patent mit Registrirungsvermerk. Patentensammlung.

1450 *1557, Januar 7.*

Bürgermeister, Richter und Rath der Stadt Wien ermahnen auf Befehl des röm. Königs und der königl. Würde zu Böheim die Gewerbetreibenden der Stadt, jene Hilfe gegen die Türken zu leisten, welche der Landtag für das kommende Jahr bewilligt hat.

Original oder gleichzeitige Abschrift einer Kundmachung.

VII, C 3.

1451 *1557, Januar 8, Wien.*

König Ferdinand I. erlässt eine Fischordnung für die Fischer und Fischkäufel in Wien und den Städten und Märkten des Landes unter der Enns (gleichlautend mit dem Privilegium von 1555, Januar 16, Nr. 1444).

Patent «cum gratia et privilegio rom. reg. maj. gedruckt zu Wienn in Osterreich durch Hanns Singriener. 1557».

IV, F; ein zweites Exemplar in der Patentensammlung.

Erwähnt in Bl. d. Vereines f. Landeskunde von N.-Oe. 2, 81.

1452 *1557, März 28, Prag.*

König Ferdinand I. bestätigt seinem Sohne Maximilian, König von Böhmen etc., den Empfang seines Schreibens vom 22. März an ihn, betreffend die Einhebung «der drei achterin zapfenmass zu der bewilligten türggenhilf» und seines Schreibens vom 17. März an seine Hofkammer, betreffend die Einhebung des alten Ungelts, er genehmigt den Vorschlag, sowohl die Zapfenmass als das Ungelt gemäss einem Patente vom Jahre 1552 «nach der visier» einzuziehen, und sendet ihm gleichzeitig die Gesuche derer von Wien zurück. «Ad mandatum dom. regis proprium.»

Unterschrieben: Ferdinandus; Jonas d[octor], viccanzler; L[eopold] Khirchslager.

Original. Mit dem Verschlussiegel des Königs. V, B 6.

1453 *1558, Januar.*

Die Stände des Landes unter der Enns und vornehmlich der Herrenstand ersuchen König Maximilian II., gegen die herrschenden Laster des Gotteslästerns und des Zutrinkens Verordnung zu thun und in der Kleiderordnung zwischen den Mitgliedern des Herrenstandes, denen vom Ritterstande, den Doctoren und den Wiener Bürgern aus Rathsgeschlechtern (die kein Handwerk treiben), den Bürgern in den anderen Städten des Landes, endlich den Handwerkern etc. genügende Unterscheidungen festzustellen, und machen bestimmte Vorschläge hiefür.

Original, 32 Folien, enthaltend ein Schreiben des Herrenstandes, die Erklärungen des Königs und ein Verzeichniss der Unterhandlungen, welche die Stände mit dem Landesfürsten seit 1524 über den Erlass und die Handhabung der Polizeiordnungen geführt haben.

IV, H 1, C. 505.

1454 *1558, Januar 8, Wien.*

Maximilian, König zu Böhmen und Erzherzog zu Oesterreich, wiederholt die Bestimmungen der bisherigen Polizeiordnungen gegen die Lasterhaftigkeit und gegen die herrschende Kleiderpracht, da dieselben bisher fruchtlos geblieben. «Ad mandatum dom. regis proprium.»

10*

Unterschrieben: Maximilian; Lindegg.
Gleichzeitige Copie in den Landtagsverhandlungen dieses Jahres.
IV, II 1, C. 505.

1455 *1558, Juli 8.*

Kaiser Ferdinand I. legt einen neuen Zoll ausser dem bisher üblichen auf goldene, silberne, seidene und Pelzwaaren.
Citat in dem Patente von 1559, Februar 10 (s. Nr. 1458).
Patentensammlung.

1456 *1558, November 29, Prag.*

Kaiser Ferdinand I. schärft den Obrigkeiten und Unterthanen der n.-ö. Lande die Beobachtung der Polizeiordnung von 1552 ein, vorzüglich in ihren Bestimmungen gegen Gotteslästerung, Zutrinken, Völlerei, Spiel, Ehebruch, leichtfertige Beiwohnungen, Kleiderpracht und Ladschaften. «Ad mandatum dom. electi imperatoris proprium.»

Unterschrieben: (mit Stampiglie:) Ferdinandus; (geschrieben:) v[idi]t Jonas; Lud[wig] Peer.
Gedrucktes Patent mit aufgedrücktem kaiserlichen Siegel.
Patentensammlung.

1457 *1559, Januar 30, Wien.*

Kaiser Ferdinand I. schärft den der Wiener Weingartenordnung Unterworfenen (s. Nr. 1391) dieselbe neuerdings ein, verweist darauf, dass diese bei Hanns Syngriener, Buchdrucker zu Wien, käuflich zu erhalten sei, verbietet, dass die Weinzierl die Bestände ihrer Bauherren den Hauerknechten bestandweise überlassen, setzt die Zusammenkunft der Abgesandten zur jährlichen Festsetzung der Löhne für alle künftigen Jahre auf den Sonntag nach dem Dreikönigstage an und bedroht die Ausbleibenden mit Strafe. «Commissio Dom. electi imperatoris in consilio.»

Unterschrieben: G[abriel] Kreytzer, ritter statthalter ambtsverwalter; Ber[nhard] Walther d[octor] canzler; Sig[mund] f[rei]h[e]r zu Herberstain; L[orenz] Kirchhamer d[octor].
Gedrucktes Patent mit Registrirungsvermerk und aufgedrücktem kaiserlichen Siegel.
Patentensammlung.

1458 *1559, Februar 10, Wien.*

Kaiser Ferdinand I. entbietet allen Kauf-, Handels- und Gewerbsleuten, dass er zwar am 8. Juli 1558 (s. Nr. 1455) einen neuen Zoll auf goldene, silberne, seidene und Pelzwaaren gelegt habe, dass aber dabei des Zobelpelzes nicht ausdrücklich Erwähnung gethan worden sei; da jedoch von seinen Amtleuten in den oberösterreichischen Landen und nun auch auf seinen Befehl in Kärnten und Krain von jedem Zobelfelle 10 Kreuzer und von jedem Wiener Centner 110 Gulden rhein. erhoben werden, so verbiete er jede Art von Contrebande, sei es durch falsche Angabe oder durch Transport auf heimlichen Strassen, bei Strafe der Confiscation; werde die Contrebande nicht durch die Amtleute selbst entdeckt, so solle die halbe Waare den Entdeckern und ein Drittel vom Rest den Amtleuten zufallen. «Commissio dom. electi imperatoris in consilio camere.»

Unterschrieben: Ber[nhard] Walther d[octor] canzler; Sig[mund] f[rei]h[e]r zue Herberstain, G[eorg] Müming[er] ritter; B. Peugla.
Gedrucktes Patent mit Registrirungsvermerk.
Patentensammlung.

1459 *1559, Februar 15, Wien.*

Kaiser Ferdinand I. verbietet den Handwerkern in Wien und Umgebung, in Zukunft Weingärten zu kaufen, und gebietet, dass diese Bestimmung in den Handwerkereid aufgenommen werde; den Ertrag der Weingärten, welche sie bereits besitzen, sollen sie vom Michaelstag (29. September) bis zum Georgstag (24. April) nach der hergebrachten Ordnung ausschenken, in der übrigen Zeit aber nur unter dem Reifen verkaufen dürfen; wer diesen Bestimmungen entgehen will, dem steht es frei, die Handwerkerschaft niederzulegen und ein Bürger wie die anderen zu werden. Welcher Handwerker sich gegen diese Bestimmungen vergangen hat, der soll die Summe Geldes, die er für einen Weingarten erlegt hat oder die er durch Weinausschenken eingenommen, als Strafe bezahlen, wovon eine Hälfte der landesfürstlichen Kammer, die andere bis auf Widerruf der Stadt Wien zukommen soll. «Commissio dom. electi imperatoris in consilio.»

Gedrucktes Patent mit Registrirungsvermerk.
Patentensammlung.
Vgl. Weiss, Gesch. d. St. Wien, 2, 445.

1460 *1559, Februar 17, Pressburg.*

Maximilian, König zu Böhmen und Erzherzog zu Oesterreich, befiehlt dem Wolfgang Hochenwarter, röm. kais. Maj. Rath und Verwalter des Kupferhandels in Neusohl, nach Wien zu kommen oder einen Vertreter zu schicken, da sein Gegner in dem Streite wegen eines Pasquills, das gegen Hochenwarter gerichtet ist, Christof Lochman, gelobt hat, bis zum 6. März sich in Wien zu stellen und die Amtshandlung zu erwarten. «Ad mandatum dom. regis proprium.»

Unterschrieben: Maximilian; Lien[hart] Puchler von Weittenegg; H. Lindegg.

Original; das Verschlusssiegel des Königs ist abgefallen.
Das erwähnte Pasquill (12 Quartblätter, in Versen) liegt bei.
IV, M5, C. 1157.

1461 *1559, Februar 18, Wien.*

Kaiser Ferdinand I. schärft das Verbot gegen das Schreiben und Verbreiten von Pasquillen, die seit zwei Jahren überhand genommen haben, ein, und stellt für jeden, der insgeheim einen Pasquillschreiber der n.-ö. Regierung oder den Landeshauptleuten anzeigt, eine Belohnung von 300 Gulden aus den Gütern des Verbrechers oder, wo diese nicht ausreichen, aus der landesfürstlichen Kammer in Aussicht. «Commissio dom. electi imperatoris in consilio.»

Unterschrieben: Niclas v[on] Neuhaus zu Neukhoffl, stathalter ambts verwalter; Ber[n-hard] Walther d[octor] canzler; Sig[mund] fr[ei]h[e]r zu Herberstain; S[tefan] Schwartz.

Gedrucktes Patent mit Registrirungsvermerk und aufgedrücktem Siegel.
IV, M5, C. 1157; ein zweites Exemplar in der Patentensammlung.
«Austria», 1843, 137.

1462 *1559, März 20, Augsburg.*

Kaiser Ferdinand I. schreibt seinem Sohne Maximilian, König von Böhmen, Erzherzog

von Oesterreich etc., zu Handen der Hofkammerräthe, dass wegen des Streites zwischen ihm und den Ständen des Landes unter der Enns darüber, ob die von diesen im vorjährigen Landtage bewilligten 200.000 Gulden, wie die Stände behaupten, in fünfjährigen Raten zu 40.000 Gulden (gegen fünfjährige Ueberlassung der Zapfenmass von den ständischen Herrschaften, den landesfürstlichen Pfandschaften, «und denen so kheuff auf widerkhauf haben» und von den landesfürstlichen Städten und Flecken an die Stände) oder in vierjährigen Raten zu 50.000 Gulden (gegen die gleiche auf fünf Jahre ausgedehnte Entschädigung) zu zahlen seien, seine Ankunft in Wien abzuwarten sei. «Ad mandatum dom. electi imperatoris proprium.»

Unterschrieben: Ferdinandus; Melchior von Hoberckh; Erasm[us] von Gera; Lanndsidl.

Original, dem Verschlusssiegel des Kaisers.
Beilagen: Abschrift der «Articul der vier stend des erzherzogthumbs Oesterreich under der Enns ... den ungelt der neuen zapfenmass belangent»; Abschrift eines Schreibens der Verordneten an König Maximilian; Originalschreiben Kaiser Ferdinands I. an König Maximilian vom 4. Januar 1559; Abschrift eines Schreibens der n.-ö. Kammer im Namen König Maximilians an die Verordneten vom 14. Januar 1559; Originalschreiben der Verordneten an König Maximilian und an Kaiser Ferdinand I. vom 21. Februar 1559.
V, B6.

1463 *1559, März 31, Wien.*

Kaiser Ferdinand I. gibt eine Ordnung für den Verkauf von allem Holzwerk für die «flötzer, holzpaurn, sagmaister und andere, die mit allerlei holzwerch, als allerlei sort pauholz, rafen, latten, reichladen, pankhladen, gemainen laden, weinsteckhen, schinteln, und dergleichen holzwerch, iren gewerb und handtierung treiben, und damit ir narung suechen», weil die Holzordnung von 1534 welche namentlich «von wegen des fürkhauffs, in dem obvermelten holzwerch, so durch die flötzer von unsern stetten Welss und Steyr, auch andern orten auf dem Thuenaustromb hicher in unser stat Wienn und ander gewöndlich ladsteet ob Wienn gefuert, und in vil weg damit geverliche aigennützigkhait, durch etlich personen geüebt würdet» erlassen worden war, häufig übertreten wurde:

Massangaben für «traunisch lang föss, so zu remling und trumen tauglich sein, lang halbpaumb föss, gemain gada, gemain halbpaumb, zwinling, verirrt föss, horholz, die grossen elmischen hor, gemaine ladn, rafen, geschnitten latn, Spitzer, Marbacher, Walthauser und Seramigstelaer oder von andern ortea reichladn, pankladn, phosten ladn, schintln, weinstecken, ander frembd als schwäbisch, peirisch föss, auch schachendüln, steirer pölen und waldschragen».

Diese Holzordnung soll durch zwei Beschauer überwacht, diesen die Ankunft aller Holzschiffe und Flösse angezeigt und alles Holz, das nach Länge, Breite und Dicke nicht entspreche, nur nach der Schätzung der Beschauer verkauft werden. Die Beschauer sollen sofort dem kaiserlichen «pauschreiber, oder wer zu unsern gepreis holzbedürftig, ehe ein einiges holz davon khumpt zukhuadt thuea, und was er, dergleichen der pruggmaister, scheffmaister und gemaine stat von solchem holz nemen, das sol den flössern bezalt werden. Doch sol unser pauschreiber, undercamrer noch jemand anderer in unserm namen oder gemainer stat, kain holz zaichnen, den er alsdann andern zuesten lassen wolt, biss so lang unsere, auch gemainer stat gepeu·ampler versehen sein. Die übermass sollen si drei ganz tag still ligen lassen, damit unsere räht, diener und die burger. auch volgend menigklich bei diser unser stat Wienn allhie die uberblüben gattung föss und ander holzwerch sambt der anleg entzwischen umb bare bezalung, Inhalt der satzung khaufen mugen». Nach Ablauf der drei Tage konnten die «beschauer vergünnen und zugeben, das die hiezigen flözer das verblüben holzwerch khaufen und an sich bringen mugen». Wenn nichtbeschauten Holzwerk darunter gemischt und feilgeboten wurde, verfiel es der Kammer. Wenn der «beschauer einen oder mer flöss und andere allerlai gattung holzwerch, das nit angesagt, noch beschaut ware, bei dem wasser fuaden, und dabei khain verkhaufer verhanden, noch wem es zuegehörig zu erkundigen sein wurdt, so sollen si macht haben, dasselb holzwerch in berüerte unser camer einzuziehen. Es sollen auch die beschauer ir fleissig erkhundigung und aufimerckhan haben, damit sich die flözer noch anders nit understeen, hinauff nach holz zureisen, oder zuschickhen oder mit der gesten gesellschaft oder kheuff zumachen, dardurch inen holzwerch allhier oder in ander gewendlich ladsten bracht und zugefüart, desgleichen damit sonst khain verstandt gemacht werde, das die gest solch holzwerch so nit satzung hat, in den dreien tägen, dest höher in khauf halten, und den flözern erst darnach, wann die drei täg verschinen, zuesten lassen wolten, dann das alles den flözern bei mitl verpoten, welcher aber solches übertrit, der sol in unser straf sein».

«Commissio dom. electi imperatoris in consilio camere.»

Unterschrieben: Ber[nhard] Walther d[oc]tor] canzler; Sig[mund] f[rei]h[er]r zu Herberstein; G[eorg] Mäming ritter; B. Peugla.

Gedrucktes Patent mit Registrirungsvermerk und aufgedrücktem kaiserlichen Siegel.

Am unteren Rande ist ein Maasstab (für Schuh und Zoll) aagebracht.

Patentensammlung.

1464 *1559, April 25, Wien.*

Kaiser Ferdinand I. hebt auf die Bitte der Metzger zu Wien und anderwärts im Lande das Verbot auf, ihr Vieh in Ungarn zu kaufen und über die Leitha oder Schwarza zu bringen, und gebietet dem Hansgrafen in Oesterreich, dem obersten Dreissiger zu Ungarisch-Altenburg und allen übrigen Mauthnern, die Metzger, wenn sie das Vieh von der Schütt und von anderwärts in Ungarn, jedoch nicht von türkischem Gebiete und ohne Vorkauf, persönlich oder durch ihre Diener nach Oesterreich bringen, gegen Entrichtung des Dreissigsten passiren zu lassen, wogegen diese die «dreissigistzettel» (Zollquittungen) dem Einnehmer des Hansgrafenamtes zu Ungarisch-Altenburg Egidius Staub bei Strafe abzuliefern, und wenn sie einen Theil des Viehs noch auf die Weide geben wollen, dafür einen Weidzettel vom Staub zu nehmen und vor der Schlachtung wieder abzugeben haben. «Commissio dom. electi imperatoris in consilio.»

Unterschrieben: Niclas v[on] Neuhaus zu Neukhoffl, statthalter ambts verwalter; Ber[nhard] Walther d[octor], canzler; Cristof freih[err] zu Khaynnach; G[eo]rg Öder d[octo]r.

Gedrucktes Patent. Das aufgedrückte kaiserliche Siegel ist abgefallen.

Patentensammlung.

1465 *1559, April 25, Wien.*

Kaiser Ferdinand I. gibt seinen österreichischen Unterthanen jenseits der Schwarza und Leitha bekannt, dass er den Fleischhauern im Erzherzogthume Oesterreich unter der Enns gestattet habe, Gross- und Kleinvieh von jenseits der Schwarza und Leitha zum Bedarf ihrer Bänke zu kaufen, dagegen den Ankauf von jenseits der österreichischen Grenze und der einverleibten Herrschaften verboten habe, und er gebietet ihnen darum, Acht zu haben, dass die Fleischhauer kein ungarisches oder in Ungarn aufgezogenes Vieh kaufen. «Commissio dom. electi imperatoris in consilio.»

Unterschrieben: Niclas v. Neuhaus zu Neukhoffl statthalter ambts verwalter; Ber[n]hard] Walther d[octor] canzler; G[eorg] Mäming ritter; L[orenz] Kirchhamer d[octor].

Gedrucktes Patent mit Registrirungsvermerk und aufgedrücktem Siegel.

Patentensammlung.

1466 *1559, April 27.*

Kaiser Ferdinand I. wiederholt das Pferdeausfuhrverbot von 1552, September 22 (s. Nr. 1436).

Geschriebener Vermerk auf dem citirten Patente.

Patentensammlung.

1467 *1559, Mai 8, Wien.*

Maximilian, König zu Ungarn und Böhmen etc., erlässt im Namen seines Vaters, König Ferdinands I., ein Patent gegen die leichtfertigen Tänze in Wirthshäusern und Tavernen, die hauptsächlich vom müssiggehenden Gesinde in den n.-ö. Landen geübt werden, und gegen die neuen Tavernen, Brauhäuser, Mühlschläge, Bäder und Schmieden, die zum Schaden der alten Wirthschaften entstehen.

Concept.

Patentensammlung.

1468 *1559, Mai 18, Wien.*

Kaiser Ferdinand I. befiehlt auf Bitte der Landschaft des Landes unter der Enns, den Eigenthümern von Wald und Gesträuch an den Landstrassen, dasselbe nicht blos — wie in einem früheren Patente befohlen ward — 8 Klafter, sondern 12 Klafter weit von der Strasse weg zum Schutze gegen Wegelagerer auszuschlagen, und bedroht die säumigen Eigenthümer nicht blos mit dem Verluste des Holzes, sondern auch mit dem des fraglichen Grundes. «Commissio dom. electi imperatoris in consilio.»

Unterschrieben: Niclas v[on] Neuhaus zu Neukhoffl statthalterambts verwalter; Ber[n]hard] Walther d[octor] canzler; Hanns von Kherling; Jos[ef] Zoppl v[on] Haus.

Gedrucktes Patent mit Registrirungsvermerk.

Patentensammlung.

1469 *1559, August 28, Wien.*

Kaiser Ferdinand I. gebietet den Amtleuten in den n.-ö. Landen, die deutsche Wolle, deren Ausfuhr aus dem Reichsgebiete er im Jahre 1558 verboten hatte, die aber durch den jüngsten Reichstag wieder gestattet worden war, gegen Bezahlung von Mauth, Zoll und Aufschlag und besonders des neuen Zolles in der Höhe von 20 Kreuzern auf den Zentner, über die Reichsgrenzen passiren zu lassen. «Commissio dom. electi imperatoris in consilio camerae.»

Unterschrieben: Ber[n]hard] Walther d[octor] canzler; Cristoff herr zu Khaynnach; Pollt.

Gedrucktes Patent mit Registrirungsvermerk. Das aufgedrückte kaiserliche Siegel ist abgefallen.

Patentensammlung.

1470 *1559, September 12, Wien.*

Kaiser Ferdinand I. erweitert das Patent vom 25. April 1559 (s. Nr. 1464) dahin, dass die Wiener Metzger von nun an ein Jahr hindurch das Vieh aus Ungarn über die Leitha und Schwarza her — jedoch nicht von jenseits der steirischen Grenze — beziehen und nicht blos in ihren eigenen Fleischbänken, sondern auch lebend weiterverkaufen dürfen. «Commissio dom. electi imperatoris in consilio.»

Unterschrieben: G[abriel] Kreytzer ritter stathalterambtsverwalter etc.; Ber[n]hard] Walther d[octor] canzler; Cristoff herr zu Khaynnach; Johann Gösl doctor.

Gedrucktes Patent mit Registrirungsvermerk und aufgedrücktem Siegel.

Patentensammlung.

1471 *1560, Januar 10, Wien.*

Kaiser Ferdinand I. verordnet eine Anzahl von Räthen zur Handhabung der Polizeiordnung in allen ihren Bestimmungen und vornehmlich in denen wider die öffentlichen Laster und die sündliche Pracht in den fünf n.-ö. Landen und der Grafschaft Görz, besonders aber an seinem und seines Sohnes Hofe und in der landesfürstlichen Hauptstadt Wien, da die darüber ausgegangenen Generalmandate bisher aus Mangel an ausführenden Organen wenig befolgt worden waren, und ertheilt denselben eine Instruction des Inhalts:

Sie sollten sich zur Auskundschaftung der Leute heimlicher «exploratorer» bedienen, denen er als jährliches Entgelt 100 fl. und mehr aussetzen wolle, deren Vertheilung den verordneten Räthen zustehen werde.

Die Räthe sollen an jedem Dienstag und Donnerstag Sitzung halten, darin berichten, was sie selbst oder durch die Exploratoren in Erfahrung gebracht haben, und berathen, wie hohe und niedere, männliche und weibliche Verbrecher ihrer ordentlichen Obrigkeit angezeigt werden können; in den Sitzungen soll Manng von Egg die Umfrage haben und die Stimmenmehrheit entscheiden, Räthe und Exploratoren sollen sich bei ihren Angaben der grössten Gewissenhaftigkeit befleissen, damit niemandem Unrecht geschehe.

Der Landesfürst unterstellt sein und seiner Söhne Hofgesinde, ferner die Verwandten des Bischofs Mitglieder des Capitels und Bedienstete, der hohen Schule und der gemeinen Stadt Wien der Competenz der verordneten Räthe und ertheilt diesen die Befugniss, wenn das Erzherzogthum Oesterreich unter der Enns gegen eine Uebertretung der Polizeiordnung keine Beschwerde erhebt, zu erkennen, dass die Polizeiordnung verletzt worden, und die ordentliche Obrigkeit im Namen des Landesfürsten zur Ausführung der Strafe nach ihrem der Räthe Erkenntniss zu verhalten. Vorschläge zur Vervollständigung oder Verbesserung der Polizeiordnung sollen die Räthe schriftlich an den Landesfürsten gelangen lassen. Eine Appellation gegen ihre Entscheidung ist nur an den Landesfürsten, aber an keine andere Behörde möglich.

Die Räthe und Censoren sollen nicht blos auf die Polizeiordnung, sondern auch auf die Handhabung der Ordnungen und Reformationen, die der Kaiser bei St. Stephan, bei der Universität und bei der gemeinen Stadt aufgerichtet hat und die bisher vernachlässigt worden, ihr Augenmerk richten; zur Führung ihres Protokolles soll ihnen die Hofkanzlei eine Person zur Verfügung stellen, und der Kaiser will ihnen die Berichte, die er laut seinen Mandaten nach je vier Wochen

von der Obrigkeit jedes Ortes erwartet, zustellen lassen und erwartet, dass sie ihm dieselben summarie ausziehen und «mit irem rath und guetbedunckhen alsbaldt referiern.»

Gleichzeitige Copie.
IV, M I, C. 1028.

1472 *1560, Januar 13, Wien.*

Kaiser Ferdinand I. befiehlt der n.-ö. Regierung, den Hieronymus Geyr, Landuntermarschall, den er aus ihrer Mitte neben anderen zur Handhabung der Polizeiordnung und der darüber ausgegangenen Patente bestimmt, besonders zu dieser Sache zu verordnen und ihm (dem Kaiser) aus dem Wiener Stadtrathe drei Personen namhaft zu machen, die zu derselben Function zu verwenden wären und welche von diesen die tauglichste sei. «Decretum XIII. ianuarii a° 60 per imperatorem.»

Unterschrieben: Lud[wig] Peer.
Original.
In dorso: «Der n.-ö. regierung zu übergeben, belangendt die policeiordnung. 14 ian. a° 60.» Von anderer Hand: «Den herrn laundundermarschalh dias khai. decretum zu erinnern. Desgleichen denen von Wienn mit nominierung der khai. maj. decret zu bevelhen, das si der regierung auss irem mitl unvertzogenlichen drei personen anzaigen. 15. ian. a° 60. Exp[editur]».
IV, M I, C. 1028.

1473 *1560, Juni 7, Wien.*

Kaiser Ferdinand I. gestattet, dass fremde Weine in die Stadt Wien geführt und bis zum Martinstage (11. November) — jedoch nur die alten Weine — ohne Aufschlag ausgeschenkt werden; die Weine der Prälaten, der Herren und der Bürgerschaft aber, die in der Stadt liegen, sollen bei der Satzung von 20 Pfenningen bleiben und von diesen soll das gebührende Ungeld und Zapfenmass entrichtet werden. «Commissio dom. electi imperatoris in consilio.»

Unterschrieben: G[abriel] Kreytzer ritter, stathalter ambts verwalter; Ber[nhard] Walther d[octor], canzler; Georg Kheuenhuller zu Aichlberg; S[tephan] Schwartz.
Gedrucktes Patent mit aufgedrücktem kaiserlichem Siegel.
Patentensammlung.

1474 *1560, Juni 18, Wien.*

Kaiser Ferdinand I. gibt bekannt, dass er durch das jüngstergangene Patent vom 7. Juni 1560, s. Nr. 1473, durch das die Einfuhr von Wein in die Stadt Wien gestattet wurde, und durch den offenen Beruf, der die Einfuhr von Bier gestattete, diese Getränke nicht von der Entrichtung des Ungeldes, des Zapfenmasses und der Mauth befreien wollte. «Commissio dom. electi imperatoris in consilio.»

Unterschrieben: G[abriel] Kreytzer ritter stathalter ambts verwalter; Bern[hard] Walther d[octor] canzler; Sig[mund] fr[ei]h[er]r zu Herberstain; S[tephan] Schwartz.

Gedrucktes Patent.
Patentensammlung.

1475 *1560, Juli 1, Wien.*

Kaiser Ferdinand I. gebietet den Obrigkeiten und Unterthanen der n.-ö. Lande, sich aller durch den Augsburger Reichstag vom Jahre 1559 verbotenen Münzen, als wälscher Silberkronen, ganzer und halber Vierzigkreuzerer und Achtzigkreuzerer, die man ganze und halbe Tölpl nennt, der viertel Tölpl, die man Zwanziger nennt, und aller spanischen, niederländischen, französischen, englischen, schwedischen, dänischen, polnischen, liegnitzischen ganzen und halben Silberstücke (den Thalern an Grösse gleich), aller schweizerischen, lothringischen, venezianischen, bolognesischen Münzen, aller Pauliner, Julier, aller miranduler, florentiner, aller anderen wälschen Münzen und der preussischen Thaler und aller kleineren Silbermünzen und aller Goldmünzen zu enthalten, die in der Münzordnung vom Jahre 1552 und jetzt neuerdings verboten wurden, und sich dieser Münzgattungen zu Verhütung eigenen Schadens innerhalb sechs Monaten zu entledigen; er verbietet allen Ausländern, Wein und Getreide in den n.-ö. Landen anders als mit deutschen Münzen zu bezahlen; die Uebertreter sollen zur Strafe Geld und Waare verwirken, wovon nach Abzug der Kosten der Obrigkeit ein Drittel, dem Anzeiger das zweite und der n.-ö. Kammer das letzte Drit-

tel zufallen soll. «Ad mandatum dom. electi imperatoris proprium.»

Unterschrieben: (mit Stampiglie:) Ferdinandus; (geschrieben:) v[idit] Seld; Lud[wig] Peer.

Gedrucktes Patent mit aufgedrücktem kaiserlichen Siegel.
Patentensammlung.

1476 *1560, August 1, Wien.*

Kaiser Ferdinand I. gibt den nieder-, ober- und vorderösterreichischen Erblanden auf Grund der Berathungen des Augsburger Reichstages vom Jahre 1555, des Regensburger Reichstages vom Jahre 1557 und des gegenwärtigen Reichstages zu Speier eine Münzordnung, enthaltend:

1. die Bekanntmachung, dass von den Reichsgulden (= 60 kr.), deren 9$^1/_2$ auf die Kölnische Mark gehen und 14 Loth 16 Gran Feingehalt haben, und zu denen die Kölnische feine Mark um 10 fl. 12$^1/_2$ kr. und $^5/_{134}$ kr. ausgebracht wird, 11$^2/_3$ auf die Wiener Mark gehen und die Wiener feine Mark dazu um 12 fl. 15 kr. und $^3/_{47}$ ausgebracht wird (entsprechend für die halben Reichsgulden, die 10-Kreuzerstücke, 5-Kreuzerstücke, 2$^1/_2$-Kreuzerstücke, 2-Kreuzerstücke und Kreuzerstücke), und die Vorschrift, dass diese Münzen in den Erblanden nach diesem Verhältnisse «bis auf den ein kreutzerer inclusive für werschaft — ausgegeben und genommen werden» sollen.

2. die Bekanntmachung des Werthes und Gehaltes der Reichsgroschen (21 Reichsgroschen = 60 kr., 109$^1/_2$ auf die Kölnische Mark, Feingehalt 8 Loth, 10 fl. 20 kr. aus der feinen Mark); der badischen, würtembergischen und Würzburger Schillinge (28 = 60 kr. etc.); der süddischen Schillinge (48 = 60 kr. etc.); der einfachen Rappen Fierer (75 = 60 kr. etc.); der Gröschlin (84 = 60 kr. etc.); der tiroler Pfennige (Etsch fierer, 300 = 60 kr. etc.); der lubischen Pfennige (288 = 60 kr. etc.); der fränkischen Pfennige (252 = 60 kr. etc.); der österreichischen Pfennige (240 = 60 kr., 649 auf die Kölnische Mark, Feingehalt 4 Loth, 10 fl. 49 kr. aus der Kölner feinen Mark, 778$^4/_5$ auf die Wiener Mark,

11

12 fl. 57 kr. und ½ kr. aus der Wiener feinen Mark', der rheinischen, bairischen und schwäbischen Pfennige (210 = 60 kr.), der Schwäbisch-Haller und Constanzer Pfennige (180 = 60 kr.), Würzburger, würtemberger und badischen Pfennige (168 = 60 kr.', der Rappenpfennige (150 = 60 kr.), der Strassburger (120 = 60 kr.) und der pommerischen und mecklenburgischen Pfennige (576 = 60 kr. ;

3. die Anordnung, dass die Reichsthaler für 68 kr. gegeben und genommen werden sollen, die mansfeldischen, mecklenburgischen etc. (vgl. Nr. 1434) aber ausser Cours gesetzt und allein von den Obrigkeiten um 59 kr., 63 kr. etc. eingewechselt werden sollen;

4. die Valvirung der kleinen Silbermünzen im Reiche;

5. die Valvirung der fremden Silbermünzen;

6. das Gebot, dass die rheinischen Goldgulden nicht höher als um 75 kr., die Ducaten, deren 67 eine Kölnische und 80³⁄₂ eine Wiener Mark wiegen, nicht höher als um 104 kr. gegeben und genommen, die Goldmünzen aber, die nach einem anderen Fusse geprägt sind, nach Verlauf von sechs Monaten ausser Cours gesetzt werden sollen Aufzählung und Beschreibung von 72 Gattungen von Goldmünzen im Reiche ;

. 7. die Valvirung fremder Goldmünzen;

8. die Strafbestimmungen für Münzfälscher und Münzverkleinerer;

9. die Abbildungen der neuen Münzgattungen von 19 österreichischen Münzen .

«Ad mandatum dom. electi imperatoris proprium.»

Unterschrieben: (mit Stampiglie:) Ferdinandus; v[idi]t Seld; (gedruckt:) Ludwig Peer.

Patent «mit röm. kais. maj. etc. gnad und privilegia gedruckt zu Wienn in Osterreich durch Michael Zimmerman in s. Annenhof anno 1560». 36 Blätter.

Patentensammlung.

Hirsch, Reichsmünzarchiv, 1, 383 ff. — S. Becher, Das österr. Münzwesen von 1524—1838. 2, 32 u. 40. — Newald, Das österr. Münzwesen unter Ferdinand I., 59 ff.

1477 1560, August 1, Wien.

Kaiser Ferdinand I. ermahnt die Obrigkeiten und Unterthanen der n.-ö. Lande, sich zu ihrem eigenen Vortheile der durch die Beschlüsse des Augsburger Reichstages vom Jahre 1559 verbotenen minderwerthigen wälschen, niederländischen, burgundischen, lothringischen und schweizer Münzen bis zum 1. Februar 1561 zu entledigen, und gibt bekannt, dass er bis zum 1. Januar 1561 einige Commissarien in die Viertel der fünf n.-ö. Lande und der Grafschaft Görz schicken werde, um diese Münzen nach der vollzogenen Valvirung, jedoch so gegen deutsche Münzen einzulösen, dass die landesfürstliche Kammer die Hälfte des Verlustes tragen solle; die Commissarien sollen aber von je einer Person auf diese Weise nicht mehr als 20 fl. einlösen, und es sollen sich Personen, welche mehr einzulösen haben, eigens an die Commissarien um besondere Abrechnung wenden; die Obrigkeiten der einzelnen Landschaften sollen auch eigene Ausschüsse bilden, welchen die auszuwechselnden Münzen von den Unterthanen einzuliefern und von denen sie durch die Commissarien auszulösen sind; privater Verkauf oder Verleihung solcher Münzen soll verboten sein und dem Anzeiger eines solchen Vorganges die Hälfte der Geldstrafe zukommen; um das Wiedereindringen solcher fremder Münzen zu verhüten, will der Kaiser einige Wechselbänke mit guter Ordnung errichten. «Ad mandatum dom. electi imperatoris proprium.»

Unterschrieben (mit Stampiglie): Ferdinandus; v[idi]t Seld.

Gedrucktes Patent.

Patentensammlung.

S. Becher, Das österr. Münzwesen von 1524—1838. 2, 45 (Regest).

1478 1560, October 1, Wien.

Kaiser Ferdinand I. verbietet allen Einwohnern des Landes unter der Enns, besonders den Bürgern, und ebenso den ausländischen Kaufleuten, zumal aus Baiern, den Wein von den armen Leuten im Weingebirge «drangter und drugkter weis» aufzukaufen und ihn dann entweder im Auslande oder zur Zeit der Theuerung daheim um den doppelten Preis zu verkaufen. «Ad mandatum dom. electi imperatoris proprium.»

Unterschrieben: (mit Stampiglie:) Ferdinandus; v[idi]t Seld; (geschrieben:) Lud[wig] Peer.

Gedrucktes Patent.
Patentensammlung.

1479 *1560, December 13, Wien.*

Kaiser Ferdinand I. verbietet den Fischern zu Klosterneuburg, Höflein, Tuttendorf, Nussdorf, Enzesdorf, Itlassee (Jedlesee), in der Donau Eisschollen zum Zwecke des Fischfanges loszuhacken und zum Schaden der Donaubrücken in grossen Stücken abrinnen zu lassen. «Commissio dom. electi imperatoris in consilio.»

Unterschrieben: G[abriel] Kreytzer, ritter, statthalteramtsverwalter; Ber[nhard] Walther d[octor], kanzler; Adam h[err] zu Lindegk; S[tephan] Schwartz.

Geschriebenes Originalmandat mit aufgedrücktem kaiserlichen Siegel.

IV, F.

1480 *1561, Januar 7, Wien.*

Kaiser Ferdinand I. bestätigt eine ihm von Bürgermeister, Richter und Rath der Stadt Wien vorgelegte Ordnung der Bäckerknechte und -Jungen des Inhalts:

1. dass jeder Bäckerjunge, der seine Lehrjahre ausgedient hat, von den geschwornen Meistern oder, wenn an dem Orte seiner Lehrzeit keine Zunft war, von seinem Bäckermeister einen Lehrbrief haben, und wenn er einen solchen ohne genügende Ursache nach der bestimmten Zeit nicht hat, in Wien mit keiner Arbeit gefördert werden soll;

2. dass die hergereisten Bäckerknechte und -Jungen bei dem ihnen bestellten Hausherrn geziemend um Herberge bitten und sich bei diesem und sonst aller Leichtfertigkeit, als Gotteslästerung, Völlerei etc. enthalten, wenn sie sich aber hierin vergehen, zuerst vom Handwerke um Wachs für den Gottesdienst gestraft, dann aber von den geschwornen Meistern dem Bürgermeister oder Stadtrichter angezeigt und mit Leibesstrafe belegt werden sollen;

3. dass, wenn ein zugereister Knecht oder Junge das Herbergsgeld nicht hat, der bestellte Wirth ihn doch über eine Nacht be-

herbergen muss und die Meister den Pöthpfennig (das Herbergsgeld) für ihn aus ihrer Lade zahlen sollen;

4. dass, wenn ein Meister in die Herberge kommt und einen Knecht oder Jungen anspricht, um ihn zur Arbeit aufzunehmen, dieser, wenn er keine frühere Zusage gemacht hat, verpflichtet sein soll, bei dem Meister in Arbeit zu treten; wer dieses nicht thäte, dem soll das Handwerk gelegt werden, bis er sich mit den geschwornen Meistern wegen der Strafe und mit dem Meister wegen seines Schadens verglichen hat;

5. dass den Knechten und Jungen, die nicht rechtzeitig zur Arbeit kommen, gleichfalls das Handwerk gelegt sein soll, bis sie sich mit den geschwornen Meistern wegen der Strafe und mit ihren Meistern wegen des Schadens verglichen haben;

6. dass die Knechte und Jungen, die ihren Meistern Gebäck veruntreuen, gestraft werden sollen;

7. dass die Knechte und Jungen, die mit einander dienen, sich gegenseitig fördern sollen, und dass die, welche rumoren oder Aufruhr machen, ihrem Meister den Schaden ersetzen und überdies vom Handwerke und von der Obrigkeit nach der Polizeiordnung gestraft werden sollen;

8. dass sich kein Knecht oder Junge bei Strafe irgend einer Arbeit weigern soll, die mit dem Backen in Zusammenhang steht und ihm von seinem Meister befohlen wird;

9. dass alle Strafgelder von Knechten und Jungen in die Meisterlade abgeführt und gemäss der Polizeiordnung zum Gottesdienste und zur Pflege der armen kranken Knechte und Jungen verwendet werden sollen;

10. dass weder Meister noch Jungen oder Knechte unter sich einen «mallefizischen oder fechtmässigen handl» austragen oder vertheidigen, sondern dergleichen dem Bürgermeister oder Stadtrichter anzeigen sollen. «Ad mandatum dom. electi imperatoris proprium.»

Unterschrieben: Ferdinand; v[idi]t Seld; H. Khobentzl; Johann Baptista Weber.

Gleichzeitige Abschrift (diente als Concept für die Bestätigung Kaiser Maximilians II. vom 1573, Januar 25). Das Original trug das Hängesiegel des Kaisers.

IV, F.

11*

1481 *1561, Januar 23.*

Kaiser Ferdinand I. befiehlt bei Strafe, dass sich von nun an jedermann bei Tag und Nacht der Mummereien und unziemlichen Komödien durchaus enthalte; ebenso soll es verboten sein, nach der Bierglocke im Schlitten zu fahren oder ohne Licht auf der Gasse zu gehen.

Concept mit Expeditionsvermerk.
IV, M3, C. 1136.

1482 *1561, März 13, Wien.*

Kaiser Ferdinand I. gibt den armen Leuten zu St. Marx ausser den bereits bewilligten 20 Fudern Salzes das Privilegium des Bezuges noch weiterer 20 Fuder aus dem Salzamte zu Gmunden. «Ad mandatum dom. electi imperatoris proprium.»

Unterschrieben: Ferdinand[us]; Erassm[us] v[on] Gera; Lien[hart] Püchler von Weittenegg; . . . R[egistra]ta Dunant.

Copie s. XVII. nach der Bestätigung König Mathias' vom Jahre 1618.
IV, D7, «verschiedene Privilegien».

1483 *1561, August 11, Wien.*

Kaiser Ferdinand I. gebietet, um die Getreidetheuerung zu vermindern, dass zum Bierbrauen in der Regel nur Gerste, dort aber, wo keine Gerste vorhanden, Weizen und sonst keine Getreideart verwendet werde, und dass diejenigen Müller, Bauern etc., die kein Bürgerrecht in Städten oder Märkten und kein besonderes Braupriviliegium haben, wenn sie gleichwohl Bier brauen, gemäss dem Patente von 1543, Februar 13, mit dem Verluste des Brauzeuges, des Bieres und Malzes und noch ausserdem bestraft werden sollen. «Commissio dom. electi imperatoris in consilio.»

Unterschrieben: S[tephan] Schwartz.
Gedrucktes Patent.
Patentensammlung.

1484 *1561, September 28.*

Maximilian, König zu Ungarn und Böhmen etc., gibt im Namen Kaiser Ferdinands I. der n.-ö. Regierung den Auftrag, bei Bürgermeister und Rath von Wien anzuordnen,

dass während der gegenwärtigen Weinlese die Weinbeertrebern nicht lange vor den Häusern liegen gelassen, sondern zur Reinhaltung der Stadt immer rasch entfernt werden. «Decretum per regem.»

Concept mit Expeditionsvermerk.
IV, L, C. 2166.

1485 *1561, October 3, Prag.*

Kaiser Ferdinand I. befiehlt der n.-ö. Regierung, sie möge «daran und ob sein, damit weder jetz noch hinfürter der burgermaister oder richter in unser statt zu Wien aufs lengist uber zwai jar bei seinem ambt gelassen werde».

Concept mit Expeditionsvermerk.
IV, L, C. 2166.

1486 *1561, November 20, Wien.*

Die n.-ö. Regierung und Kammer erwidert denen von Wien auf ihren Bericht und ihr Gutachten über die Massregeln, die gegen die herrschende Pest zu ergreifen wären, dass sie die Handhabung der aufgesetzten Ordnungen denen von Wien überlasse, dass sie für den Fall der Abwesenheit der Regierung selbst die Räthe Hans Widenpeuntner, Vitzthumb, Ferdinand von Kholenitsch, Stadtanwalt, Johann Jordan, Salzamtmann, und La[u]renz Saurer, Landschreiber, zur Berathung vorkommender dringender Angelegenheiten bestimmt habe, die im Falle besonderer Wichtigkeit an den Kaiser, an den König von Böhmen und an die Regierung und Kammer zu berichten haben werden; die Regierung will ferner dem Landmarschall, und in dessen Abwesenheit dem Landuntermarschall, und endlich dem Rector auftragen, in den Häusern, die ihrer Jurisdiction unterstehen, für die ordnungsmässige Säuberung, für gute Ordnung und Abschaffung verdächtiger Personen zu sorgen und dazu, wenn nöthig, die Hilfe derer von Wien in Anspruch zu nehmen; die Regierung wiederholt das Verbot dagegen, dass der Bürgermeister oder die Stadträthe die Stadt ohne Vorwissen der Regierung und Kammer verlassen, und dehnt dasselbe auf den Stadtrichter und die Beisitzer des Stadtgerichtes aus; alles müssiggehende und verdächtige fremde Volk soll durch einen neuerlichen öffentlichen Ausruf bei Strafe aus der Stadt geschafft werden; der Stadtrath soll den häufigen nächtlichen Einbrüchen seine Aufmerksamkeit zuwenden; er soll das Burgthor, das Stubenthor und den Salzthurm zu sperren verordnen, in den offenen Stadtthoren den Soldaten und ebenso den Nachtwächtern je zwei ansehnliche und vermögliche Bürgerspersonen beigeben und den Salzthurm nur öffnen, wenn zu den Gebäuden vor demselben Kalk und Sand oder wenn Salz hereinzufahren ist; die Regierung hat dem Postmeister aufgetragen, sich mit dem Bürgermeister über die Einfahrt in die Stadt zu einigen, da der Einlass am Kärntnerthor noch nicht fertiggestellt ist; der Stadtrath soll nicht gestatten, dass Wagen des Nachts die Stadt verlassen; da sich der Verwalter des Superintendentenamtes der kaiserlichen Gebäude, Thomas Eiseler, erboten hat, die Lücken der Stadtmauer zu verplanken, so soll der Stadtrath die Bewachung der verplankten und noch unverplankten Lücken besorgen, und der Bürgermeister soll sich mit dem Eiseler über die Herstellung des neuen Einlasses (am Kärntnerthore) verständigen; Regierung und Kammer verordnen ferner, dass alles schwere und alles geringe Getreide im untern Werd jenseits der Schlagbrücke, Heu und Stroh auf der Landstrasse, Milch und kleine Victualien vor dem Rothen Thurm auf den Wochenmärkten verkauft werde; dass niemandem gestattet werde, in den Meth- und Schankkellern, Trinkstuben und Gewölben zu sitzen; dass Mummereien, Schlittenfahren, Spiel etc. weder jetzt noch zur Fastnachtzeit gestattet sei; den Aerzten soll ferner bei Strafe verboten sein, während der Dauer der Infection die Stadt zu verlassen und sich ihrem Berufe zu entziehen; die Regierung will bei den Hauptmanne des Arsenals auf gute Disciplin unter seinen Untergebenen dringen; wenn die ungarischen Bischöfe oder andere ungarische Herren nach Wien kommen, sollen die von Wien nur wenig Gesinde in die Stadt lassen und dieses genau beobachten; die Regierung und Kammer ermahnt die Beisitzer und den äusseren Rath

bei Strafe zum Gehorsam gegen den Bürgermeister und verweist den Bürgermeister auf dessen Anfrage betreffs der Münzordnung auf die darüber publicirten Patente («Generalia»).
Original.
IV, L 2, C. 968.

1487 1562, Januar 10, Prag.

Kaiser Ferdinand I. erwidert seinem Sohne, dem römischen Könige Maximilian, auf dessen Schreiben aus Linz vom 3. Januar, dieser möge ihm eine Anzahl von Personen namhaft machen, die zur Uebernahme der Wiener Stadthauptmannstelle tauglich und bereit wären; in Bezug auf die Voracten über die Stadthauptmannschaft werde ihm im der Hofkanzlei berichtet, dass dieselben im Jahre 1560 von den verordneten Kriegsräthen benöthigt und dem Registrator Theobald Herold übergeben wurden; diesem möge der König sie abfordern «und die sachen irem sönlichem gebieten nach zu fürdern wissen».
Concept mit Expeditionsvermerk.
III, A 5, C. 247.

1488 1562, April 9, Prag.

Kaiser Ferdinand I. erwidert der n.-ö. Regierung auf ihr Schreiben vom 2. April, dass er wegen der Aussichtslosigkeit der Bitte Anstand genommen habe, den ungarischen Kanzler anzugehen, dass er dem Lazarethe zu Wien den St. Margarethenhof schenke, und befiehlt derselben, «das ir auf ander mitl und ob nemblich das jetzig lazareth nit erweitert und noch etwas hinzue gepaut werden mochte, bedacht sein und uns hernach euer verrer guetbedunkhen zuekommen lassen wellet».
Concept mit Expeditionsvermerk.
IV, L 2, C. 968.

1489 1562, Mai 19, Prag.

Kaiser Ferdinand I. gebietet den Obrigkeiten und Unterthanen in Oesterreich ob und unter der Enns, keine Priester zu dulden, die von der geistlichen Obrigkeit nicht approbirt sind und dem katholischen Glauben Schaden zufügen. «Ad mandatum dom. electi imperatoris proprium.»

Unterschrieben: Ferdinandus; Khobenzl; Strasperger.

Copie eines Patentes.
Patentensammlung.

1490 *1562, August 28, Wien.*

Regierung und Kammerräthe Kaiser Ferdinands I. geben in seinem Namen wegen der in Wien und auf dem Lande herrschenden Seuche eine erweiterte Infectionsordnung auf Grund der Wiener Infectionsordnungen der Jahre 1551 und 1558:

1. Anmahnung zu bussfertigem Lebenswandel zur Versöhnung Gottes; Anmahnung der Geistlichen, in diesem Sinne zu predigen; Anmahnung der Hausväter zur Aufrechthaltung guter Ordnung; Aufstellung von vier Personen aus der Bürgerschaft auf den Vorschlag von Bürgermeister und Rath zur Aufrechthaltung dieser Infectionsordnung.

2. Der Bürgermeister soll Verordnung thun, dass kein Wein- und kein Bierkeller an Sonn- und Feiertagen vor 9 Uhr geöffnet oder abends nach 8 Uhr offen gehalten, und dass nur etwa nothdürftigen Kranken zu anderer Stunde ausgeschenkt werde.

3. Verbot, den Branntwein öffentlich feilzuhalten.

4. Niemand soll in den Burgfrieden der Stadt eingelassen werden, der nicht ein Attest seiner Obrigkeit beibringt, dass er von einem nicht inficirten Orte kommt; wer sich ohne Attest in der Stadt betreten lässt, soll bestraft, den Obrigkeiten die Ausstellung wahrheitsgemässer Atteste zur Pflicht gemacht, denen vom Prälaten-, Herren- und Adelsstande soll auf ihr Wort geglaubt werden, dass sie von nicht inficirten Orten kommen.

5. Die Weinleser sollen bei Strafe nicht in Stadt und Vorstädte gelassen und den Fuhrleuten, die den Maisch und Most in die Stadt bringen, verboten werden, ihre Wagen in den Ställen der Stadt einzustellen.

6. Wer der Infection wegen aus der Stadt geschafft worden und wieder in derselben betreten wird, soll bestraft werden.

7. Fremde Bettler sollen aus der Stadt geschafft, solche mit eigener Wohnung wöchentlich aus dem gemeinen Kasten unterstützt,

andere einheimische Bettler im Bürgerspitale verpflegt werden.

8. Alte Kleider, Bettgewand etc., das viel zur Verbreitung der Infection beiträgt und sonst auf der Brandstätte und auf anderen Märkten billig verkauft wurde, darf während der Infection nicht feilgeboten werden.

9. Verbot offener Spiele und Schliessung der Fechtschulen.

10. Es sollen keine grossen Hochzeiten, Kindelmahle und Ladschaften und die kleinen nur mit Vorwissen der Obrigkeit und an geräumigen und sauberen Orten abgehalten werden.

11. Kehricht, Bettstroh, Hadern und Aas sollen weggeräumt, schmutzige Flüssigkeiten nicht in der Stadt, sondern nur in die Donau oder die Canäle (Mörungen) ausgeschüttet, und in der Stadt kein Schwein gehalten werden.

12. Mittwoch und Samstag sollen die Abzugscanäle durch frisches Wasser aus den Wasserkästen in den Bädern und aus den Rohrbrunnen auf den öffentlichen Plätzen gereinigt werden.

13. Die von Wien sollen die ungepflasterten Stellen in der Stadt, an denen sich Tümpel bilden, auspflastern lassen.

14. Vorschrift, wodurch das Oeffnen und Räumen der Abtritte und Senkgruben während der Dauer der Infection eingeschränkt wird.

15. Verbot, unzeitiges Obst feilzuhalten, und Gebot, das gefallene Vieh entweder jenseits der Schlagbrücke oder bei der »Täberdonau« zu verscharren oder von der Donau wegschwemmen zu lassen.

16. Der Victualienmarkt soll nicht wie bisher vor der Stadt, sondern in derselben auf weiten Plätzen abgehalten und das unverkaufte Sauerkraut täglich bei Strafe wieder aus der Stadt geschafft werden.

17. Der Getreidemarkt soll nicht wie bisher jenseits der Schlagbrücke abgehalten, sondern weil dort der Raum etwas enge, soll das Getreide, ferner Heu, Stroh, Holz, Krebsen (Khreussen), Ochsenhäute, zwischen dem Kärntner- und dem Stubenthore feilgeboten, die Pferde aber, die es hereinführen, sollen in den Vorstädten eingestellt werden.

18. Die Handelsleute, Metzger, Weissgärber (»ircher«) sollen in der Stadt keine

Ochsenhäute oder andere Felle halten oder zum Trocknen aushängen, sondern nur in den Vorstädten an luftigen Orten.

19. Der Ochsenmarkt soll, wie bisher seit dem Ausbruche der Infection, in Schwechat abgehalten werden, und wenn die Seuche dort auch aufträte, in der Nähe von Schwechat, aber nicht in Wien; ungarische Handelsleute sollen nicht nach Wien eingelassen werden und die hiesigen, wenn sie an inficirten Orten mit den Ungarn handelten, durch 14 Tage an sicheren Orten ausserhalb des Burgfriedens Aufenthalt nehmen und über diesen Aufenthalt «den verordneten über die infection» ein Attest bringen.

20. Den Gastwirthen und Handwerksleuten wird bei Strafe verboten, Fremde aus inficirten Orten zu beherbergen, und den Angebern wird die Hälfte der Busse versprochen.

21. Sperrung der offenen feilen Bäder.

22. Die Spitalmeister im Hof- und im Bürgerspitale sollen inficirte Kranke aus ihren Spitälern entfernen und in das Lazareth führen lassen.

23. Da nach der Meinung der Aerzte der Rauch des Wachholdergesträuchs der Seuche entgegenwirkt, wird den Inwohnern verseuchter Häuser aufgetragen, die Zimmer, in denen die Seuche geherrscht hat, mindestens drei- oder mehrmals des Tages damit auszuräuchern und mit Essig zu besprengen; es wird gestattet, in den Häusern und Höfen, soweit es die Vorsicht erlaubt, Wachholdergesträuch zu verbrennen, das Räuchern und Besprengen in den Spitälern wird besonders geboten und vorgesehen, dass, im Falle die Seuche zunehmen würde, auch auf den offenen Plätzen täglich Haufen von Wachholder- und anderem dürrem Holze verbrannt werden.

24. Vorschrift wegen Verbreitung der gedruckten ärztlichen Instructionen (besonders vom Jahre 1540) und wegen wohlfeilen Verkaufes der gewöhnlichen Mittel «als weinrautten, cronabitpör, nuss, feigen, essig, driacuss».

25. Welcher Hausvater unter seinen Dienstleuten einen Inficirten zu haben glaubt, der soll dem Magister sanitatis oder dem Wundarzte davon die Anzeige machen; con-

statirt dieser an dem Erkrankten die Seuche, so soll dieser nicht mehr in der Stadt gelassen, sondern in das Lazareth nach Siechenals gebracht oder sonst entfernt werden; erkrankt ein Hausvater selbst oder jemand aus seiner Familie und will er sich nicht mit den Seinen in seiner Wohnung einschliessen oder den Erkrankten in das Lazareth bringen lassen, so ist ihm gestattet, wenn er ein Haus in einer Vorstadt besitzt, denselben dahin bringen zu lassen oder ihn für die festgesetzte Zeit zwei oder drei Meilen von der Stadt wegzuschaffen; die aber, welche in ihren Wohnungen bleiben wollen, sollen sich mit ihrer Familie und ihren Dienstboten in ihren Wohnungen durch 40 Tage einschliessen, und was sie an Speise, Trank und Arznei bedürfen, soll ihnen von den Personen, die zur Säuberung der inficirten Zimmer verordnet sind, gebracht und vor die Hausthür gestellt werden; die Dienstboten sollen dann das Gebrachte in das Haus nehmen, sich aber bei Strafe nicht weiter als nöthig vom Hause entfernen.

26. Den mittellosen eingeschlossenen Kranken sollen Bürgermeister und Rath ihre Bedürfnisse aus dem Bürgerspitale bringen lassen.

27. Die Anzeige eines Erkrankten an die Verordneten über die Infectionsordnung oder an die Magistri sanitatis zu unterlassen, ist bei Leibes- oder Geldstrafe verboten; die Doctoren, Barbiere und Wundärzte werden bei ihrem Eide aufgefordert, wahre und vollständige Anzeigen von den einzelnen Krankheitsfällen zu geben, ihre Pflicht gegen die Kranken aufs Genaueste zu erfüllen. Wer sich von der Stadt an verseuchte Orte begibt, soll vor der bestimmten Zeit nicht wieder eingelassen werden.

28. Es soll nicht mehr, wie nach der früheren Infectionsordnung, stets das ganze Haus, sondern wo möglich blos das inficirte Stockwerk oder Zimmer abgesperrt werden; die Haus- und die Wohnungsthür sind dann mit einem weissen Kreuz zu bezeichnen; der inficirte Raum soll, wenngleich der Kranke weggezogen wäre, durch 40 Tage abgesperrt werden; die weissen Kreuze vor der Zeit zu

entfernen, soll bei Strafe verboten sein, und in keinem Hause, in dem die Seuche herrscht, soll Wein ausgeschenkt werden dürfen.

29. Die verordneten Wundärzte und die Magistri sanitatis sollen die Kranken gegen billige Entschädigung fleissig besuchen und die Instrumente, die bei Inficirten verwendet wurden, nicht bei anderen Kranken gebrauchen.

30. Neben den magistri sanitatis sollen überall ein oder mehrere Wundärzte zum Besuche der Kranken gehalten werden.

31. Kein inficirtes Zimmer soll geöffnet werden, ehe es von den dazu verordneten Personen gesäubert und ausgeräuchert worden, und wenn die Infection darin wiederholt ausbricht, so soll es eben so oft wieder verschlossen und mit dem weissen Kreuze versehen werden.

32. Die Verordneten über die Infectionsordnung sollen täglich die zu treffenden Massregeln berathschlagen und dem Bürgermeister das Verzeichniss der Gestorbenen und der Inficirten zuschicken, und dieser soll der Regierung und Kammer Abschriften übergeben.

33. Die Kranken und die Todten, die man aus der Stadt hinausbringt, sollen an den Stadtthoren einen Zettel mit ihrem Namen und dem Bestimmungsorte erhalten; kein Todtengräber soll bei Leibesstrafe Verstorbene, die keinen Zettel haben, begraben; die Doctoren, Wundärzte, Barbiere und Bader sollen auch über die Personen, welche sie heilen, an die Verordneten über die Infectionsordnung berichten; jede Verschweigung soll bestraft werden und dem Angeber Straflosigkeit zugesichert sein.

34. Die von Wien sollen das Lazareth zu Siechenals so herrichten lassen, dass die Kranken nicht haufenweise übereinander liegen; die Reconvalescenten soll man in einen besonderen Raum bringen, damit sie nicht neuerdings inficirt werden; die von Wien sollen für Kost, Betten, Arzneien, Räucherung, Säuberung und Besprengung mit Essig sorgen, sie sollen auch bei den Kirchen, auf den Gassen und unter den Stadtthoren für die mittellosen Kranken sammeln lassen und das Gesammelte an einen zu bezeichnenden

Ort ausserhalb der Stadt schicken, von wo es der Siechmeister des Lazarethes abholen soll, ohne dass er bei Strafe die Stadt betrete.

35. Die Aerzte und ihre Diener sollen nach Möglichkeit vermeiden, unter die Leute zu gehen.

36. Verbot, Inficirte ohne die Bewilligung von Regierung und Kammer innerhalb der Stadt zu begraben; diejenigen, die berechtigt sind, ihre Angehörigen in Kirchen, Klöstern und auf Friedhöfen (innerhalb der Stadt) zu begraben, sollen dies doch nicht bei St. Stephan thun.

37. Der Fuhrmann, der die Kranken ins Lazareth zu bringen hat, soll mit Ross und Wagen in der Nähe des Lazarethes seine Herberge haben, nicht ohne Noth die Stadt und die Vorstädte betreten, wie auch sein Wagen mit einem weissen Kreuze bezeichnet sein soll.

Patent «mit röm. kais. maj. gnad und privilegien gedruckt zu Wienn in Osterreich durch Michael Zimmerman». 18 Blätter.

IV, L 2, C. 968. Ein zweites Exemplar in der Patentensammlung.

1491   *1561, Januar 18.*

Bürgermeister, Richter und Rath der Stadt Wien legen allen ihren Mitbürgern und allen ihrer Jurisdiction Unterworfenen die nachfolgenden Artikel bei Strafe zur Befolgung auf:

1. Gebot, die Messe, die Processionen und die Predigt fleissig zu besuchen;

2. Gebot, dass jeder in seiner Trinkstube das Gotteslästern, das Spiel und die gemeinen Weiber abstelle;

3. Gebot, dass jeder Bürger seine fremden Gäste, deren Betragen und die vermuthliche Länge ihres Aufenthaltes dem Bürgermeister anzeige;

4. Gebot, den fremden Gästen zu untersagen, die Befestigungen zu besichtigen oder bei einer Feuersbrunst zum Feuer zu gehen;

5. Gebot an die Gastwirthe und Gastgeber, eine Tafel auszuhängen und ihre Gäste, ob reich oder arm, nicht zu überhalten;

6. Gebot, dass jeder Bürger auf Feuer und Licht und auf etwaige Brandleger in

seinem Hause achtgebe und auf den Dächern die nothwendigen «krüken» und Wasser, bei den Brunnen Seile und Eimer halte;

7. Gebot an alle Handwerker, ihre Arbeit gut herzustellen und niemanden zu überhalten;

8. Gebot, dass jedes Haus mit einem geschwornen Bürger besetzt sei, der seine Bürgerspflicht in Bezug auf Steuer, Wache, Robot, Säuberung und Feuerhilfe leiste; und darum Verbot, ganze Häuser oder bürgerliche Gründe ohne Vorwissen des Bürgermeisters an Fremde bestandweise zu verlassen oder zu verkaufen;

9. Verbot, in der Stadt mit Büchsen zu schiessen;

10. Gebot, den Dienern des Stadtgerichtes bei Verhaftungen von Rumorern, Polterern, Uebelthätern etc. nicht, wie es oft geschehen, Widerstand entgegenzusetzen, sondern sie zu unterstützen;

11. Gebot, dass jeder Bürger sein Haus inwendig und den Raum vor dem Hause bis zur Pflasterrinne rein zu halten, den Mist so an eine Stelle zusammenzukehren, dass ihn die bestellten Fuhrleute finden, endlich alle Leib- und Bettwäsche von inficirten Personen vor der Stadt zu reinigen und in den Gärten oder anderwärts trocknen zu lassen habe;

12. Gebot an die Bürger, den Hauskehricht und Stallmist nicht auf den Plätzen auszuschütten, sondern ihn in tauglichen (nicht, wie es geschehen, in schadhaften) Wagen vor die Stadt zu führen und die übertretenden Dienstleute dem Bürgermeister anzuzeigen;

13. Gebot, Spülwasser, das durch unreines Fleisch oder durch Harn verunreinigt ist, nicht auf den Plätzen auszuschütten oder todtes Vieh auf Gassen oder Plätze zu werfen, sondern in die «mörungen» der Stadt oder vor die Stadt zu bringen; lauteres Spülwasser darf man in die Pflasterrinne vor seinem Hause giessen;

14. Gebot, die Trestern beim Weinpressen nicht über Nacht in der Stadt zu lassen, sondern an die dafür bestimmten Orte vor der Stadt zu führen;

15. Verbot, Bauzeug, als Holzwerk, Steine, Ziegel, Schutt, in zu grosser Menge in der Stadt liegen zu lassen, wie es bisher geschehen;

16. Gebot, das Pflaster, wenn man es nothwendiger Weise bei Bauten oder beim Weinpressen hat aufreissen lassen, nicht durch die eigenen Leute, sondern durch die Pflasterer wieder herstellen zu lassen, «damit es nit gruebig werde»;

17. Gebot, sich des Wassers aus den Rohrbrunnen, die in der Stadt bestehen und die errichtet werden sollen, nicht zum Waschen von Leinwand oder Geschirr, sondern allein zum Kochen und Trinken und bei Feuersnoth zu bedienen;

18. Gebot, dass jedem Bürger ein Exemplar dieser Ordnung zum Anschlagen in seiner Wohnung zugestellt werde, und dass jeder, der sie dann in seinem Zimmer nicht anschlägt, mit 10 Pfund Pfennigen bestraft werden solle;

19. Gebot, nicht nur dieser, sondern allen bisher ergangenen Infections-, Feuer-, Bau- und anderen Ordnungen nachzukommen.

Gedruckte Kundmachung.
Patentensammlung.

1492 *1563, vor dem 25. Februar.*

Bürgermeister und Rath der Stadt Wien berichten dem Regimente der n.-ö. Lande auf dessen Aufforderung über die Zurüstungen, welche sie zum Empfange Maximilians, römischen Königs, zu machen beabsichtigen:

1. Wollen sie einen Fusszug an der Donau aufstellen und durch die Stadt zur Burg ziehen lassen.

2. Wollen sie oben am rothen Thurm ein Gemälde anbringen und am Wege durch die Stadt drei Ehrenpforten mit Figuren und Inschriften aufstellen.

3. Unter dem rothen Thurm wollen der Bürgermeister und Rath zur Bezeigung ihres Gehorsams Aufstellung nehmen und sechs Rathsherren werden dabei einen Himmel (Baldachin) halten.

4. Zwischen den Ehrenpforten wollen sie an drei Plätzen rothen und weissen Wein rinnen und Brot vertheilen lassen.

5. Wenn der König beim Einzuge in die Stephanskirche gehen wollte, würde man daselbst das «Te deum» singen.

6. Auf dem Platze vor der Burg solle eine ziemliche Anzahl Knaben in den Farben des Königs aufgestellt werden, denen etwa ein Geschrei zum Lobe des Königs anzubefehlen wäre.

7. Wenn der Rath an einem Tage nach dem Einzuge seine Geschenke an den König überbringt, sollen wieder die Knaben vor die Burg ziehen; einige von ihnen sollen mit einer lateinischen Rede vor den König treten und dann auf dem Platze vor der Burg in der Stadt ein Schloss, das man dort aufgerichtet, einnehmen und nach der Eroberung verbrennen.

8. Auf dem Stephansthurme sollen (wie es auch sonst geschehen) einige Freudenfeuer angezündet werden; auch sei ein Steinmetz vorhanden, der auf dem Thurmknopfe stehend eine Fahne halten will.

9. Wenn die Zeit dazu reicht, wollen sie auch am Gestade eine Ehrenpforte errichten und sonst zurichten, was bis zum Einzuge möglich ist.

10. Da bei dem Fusszuge die gerüstete Reiterei einen besonderen Eindruck machen würde, bitten sie das Regiment, die Landschaft zur Theilnahme aufzufordern; sie wollen dieser Reiterei, wenn sie gebraucht werden, fünfzig Kürasse aus dem städtischen Zeughause leihen, und wollen auch das Fussvolk mit Rüstungen aus dem Zeughause versehen.

Original.
I, C 3079.

1493 1563, Februar 25.

Regierung und Kammer der n.-ö. Lande genehmigen die von Bürgermeister und Rath für den Empfang König Maximilians II. in Aussicht genommenen Zurüstungen und wünschen, dass die geplante (Ehren-) Pforte am Wasser, wenn die Zeit es erlaubt, recht zierlich errichtet werde.

Concept mit Expeditionsvermerk.
I, C3, C 3079.

1494 1563, März 1, Augsburg.

Maximilian II., römischer König, beantwortet einen Bericht der n.-ö. Regierung von 1563, Februar 23, in welchem diese ausführte, dass sie zu seinem Empfange oberhalb Wiens, nach Anzeige des Hauptmannes im Arsenal «mangls halben der marineros» nicht acht, sondern blos vier «bergantin» (-schiffe) zur Abfeuerung von Geschütz verwenden könnten, und dass sie zur Bedienung dieser Schiffe Soldaten aus Raab und Komorn von dem dortigen Hauptmanne der Nassaden erbeten hätten, dahin, dass er wohl einen schönen Einzug als römischer König in Wien halten wolle, dass er aber nicht wünsche, dass die Grenzwache gegen die Türken darum geschwächt werde; er werde vermuthlich am 16. März von Donauwörth her in Wien anlangen. «Ad mandatum dom. regis proprium.»

Unterschrieben: Maximilian; Lindegg.

Gleichzeitige Copie; der Bericht der n.-ö. Regierung liegt im Concepte bei.
I, C3, C 3079.

1495 1563, März 2, Wien.

Die Regierung der n.-ö. Lande berichtet an König Maximilian II., dass sie wegen seines bevorstehenden Empfanges in Wien heute den Landmarschall, die Verordneten des Landes unter der Enns und den Hofkriegsrathspräsidenten Gebhard Weltzer zu sich erfordert habe, dass sie in Abwesenheit der Verordneten beschlossen hätten, die Landleute zum 16. März nach Wien zu laden, damit sie gemeinsam mit der Bürgerschaft mit ihrem Geschütz dem Könige bis oberhalb des Tabors entgegengingen; der König möge darum dort anlegen lassen, um das Fussvolk und die Landschaft zu Ross zu besichtigen; die Viertelshauptleute Eustach Pranckher und Georg Teschitz seien beauftragt, die Ordnung aufrechtzuhalten und dafür zu sorgen, dass die Reiter stracks voraus nach dem Burgthore reiten, um dort den Platz freizuhalten; doch empfiehlt die Regierung, dass der König auch einige Personen vom Hofe zur Aufsicht über das Hofgesinde verordne; die «pergentin» und noch eine «gallee» (Gallione?) werde

man, wenn der Wasserstand es inzwischen
erlauben sollte, vom Arsenal auf die Donau
bringen lassen.

Concept mit Expeditionsvermerk (oder Original).
Ein kürzeres Schreiben des gleichen Inhaltes wurde an
den Erzherzog Karl in Graz gerichtet: Original; die
fünf Verschlusssiegel der Regierung sind abgefallen.
I, C 3, C. 3079.

1496 *1563, Mai 15.*

Kaiser Ferdinand I. erlässt ein Münz-
mandat.

Erwähnung in einem Münzpatente für das Herzog-
thum Steier von 1564, Juli 17.
Patentensammlung.

1497 *1563, August 13, Wien.*

Kaiser Ferdinand I. gibt seinen Unterthanen und besonders denen, die acht bis
zehn Meilen im Umkreise von Wien die Jurisdiction besitzen, bekannt, dass er vor kurzem
in Wien einen offenen Beruf : öffentliche Aus-
rufung: habe thun lassen, dass alle, die in der
Stadt keinen Herrn haben und kein Geschäft
nachweisen können, bei Leibesstrafe aus derselben gewiesen werden; um nun zu verhüten,
dass sich das Gesindel in der Umgebung fest-
setze, gebietet er, dass es dort nicht geduldet
werde und dass die Häuser jetzt und einige
Male im Jahre visitirt werden. «Commissio
dom. electi imperatoris in consilio.»

Unterschrieben: Hellfreich freyh[err] zu
Khainnah Lenr[ed], stathalter ambts verwalter; L[orenz] Kirchhamer d[octor], canzler
ambts verwalter; Cristoff Gall; Georg Eder
d[octo]r.

Gedrucktes Patent.
Patentensammlung.
Weiss, Gesch. d. Armenversorgung in Wien, S. XIII.

1498 *1563, November 9, Wien.*

Die Regierung der n.-ö. Lande legt dem
Kaiser Ferdinand I. die Bitte von Bürgermeister und Rath der Stadt Wien vor, den
Jahrmarkt zu St. Katharina (25. November),
der durch mehrere Jahre der Seuche wegen
zum Schaden der Bürgerschaft und der ausländischen Handelsleute nicht gehalten werden
durfte, heuer, da die Infection auf dem Lande

erloschen und in Wien nicht mehr so ge-
fährlich sei, wieder abhalten zu dürfen, und
befürwortet dieselbe.

In dorso: Fiat decretum per imperatorem
16. Nov. a° 63.

Original. Mit fünf aufgedrückten Siegeln der Re-
genten und Räthe.
Beilage: Das Gesuch von Bürgermeister und Rath.
IV, D 7, Ortsprivilegien.

1499 *[1564.]*

Kaiser Ferdinand I. befiehlt seinem Hofrathe Herrn Mang von Egg, neben Thomas
Eissler von der n.-ö. Regierung, in der Commission mitzuwirken, die auf Bitte des Wiener
Stadtrathes darüber zu entscheiden hat, wo
die Fleischbänke, die auf Befehl des Kaisers
vom Graben entfernt werden sollen, am Hof
am besten aufgestellt werden könnten.

Concept mit Expeditionsvermerk.
IV, I. C 2166.

1500 *1564, Januar 11.*

Der Hofrath des Kaisers weist die Regierung und Kammer der n.-ö. Lande an, im
Namen des Kaisers zu verordnen, dass jetzt,
da die Bewilligung der Zapfenmass durch die
Landschaft des Landes unter der Enns mit
dem Jahre 1563 abgelaufen, in Wien wieder
wie früher die Schenkmass eingehoben und
dies durch einen «beruef» kundgemacht werde.
«Ex consilio.»

Concept mit Expeditionsvermerk.
V, B 6.

1501 *1564, März 1—3.*

Thomas Siebenbürger, Verwalter des
Bürgermeisteramtes zu Wien, und Hanns
Schwarz Peckh, Bürgermeister der Städte
Krems und Stein, nehmen an den Verhandlungen über die Erbhuldigung der Stände
des Landes unter der Enns für Maximilian,
erwählten röm. Kaiser, theil.

Aus «gründtliche beschreibung welchermassen die
stendt einer ersamen landtschaft des erzherzogthumb
Österreich under der Enns am jüngsten erbhuldigung
gethan, wie auch der act solcher erbhuldigung gehalten und verricht worden»; gleichzeitiges Manuscript;
16 Blätter.
I, A 2, C. 3036.

12*

1502 *1564, März 4.*

Maximilian, römischer König, bestätigt allen Ständen des Landes unter der Enns, nachdem diese ihm auf dem Landtage zu Wien die Erbhuldigung als ihrem künftigen Landesfürsten geleistet, alle ihre Freiheiten, Privilegien, löblichen Herkommen und guten Gewohnheiten. R[egistra]ta Gassner.

Concept mit Expeditions- und Registrirungsvermerk.
I, A 2, C. 30 36.

1503 *1564, Juni 2, Wien.*

Kaiser Ferdinand I. stellt dem Spitale zu der heil. Barmherzigkeit zu Wien, «so sonst unser hof-spittall genent würdet», das er in Erfüllung des Testamentes Kaiser Maximilians I., der sieben Spitäler für bresthafte Menschen stiften wollte, gemeinsam mit seiner Gemahlin Anna, Königin von Ungarn und Böhmen, «von neuen und grund auf mit ansehentlichen gebaüen und treffenlichen grossen unkösten und darneben mit ansehnlichen güten, renten, gülten, nutzungen und einkomben auch allerlei freiheiten und privilegien gewidmet, fundirt, gestift und fürschen» hat, den Stiftbrief aus, des Inhalts:

dass in diesem Spitale stets 80 alte, arbeitsunfähige Manns- und Weibspersonen, ferner 20 arme Waisenmädchen und 40 arme kranke Personen, «die man peregrinos nennet», unterhalten, die Kranken bis zu ihrer Wiederherstellung gepflegt, die Mädchen bis zur erlangten Erwerbsfähigkeit erzogen und dann durch die Superintendenten des Spitales entweder bei edlen oder unedlen Frauen in Dienststellen gebracht oder, wenn sie Lust dazu zeigen, dem geistlichen Stande zugeführt werden sollen;

dass das Spital nur eine grosse Wirthschaft führe, zu welcher der Kaiser eine Reihe namentlich aufgeführter Güter, Abgaben und Einkünfte gestiftet hat. «Ad mandatum dom. electi imperatoris proprium.»

Unterschrieben: Ferdinand; Joh[ann] Bapt[ist] Weber, d[octo]r.; herr von Cobenzl.

Copia s. XVIII. Das Original trug das kaiserliche Hängesiegel.
IV, O 5, C. 1401.
Weiss, Gesch. d. Armenversorgung in Wien, S. XIV.

1504 *1564, Juni 12, Wien.*

Kaiser Ferdinand I. ertheilt eine Apothekerordnung für die Stadt Wien des Inhalts:

1. Kein Apotheker soll eine Apotheke eröffnen, der nicht durch die «examinatores», nämlich zwei gelehrte Doctoren der Facultät und zwei alte geschickte Apotheker, die der n.-ö. Regierung von den Apothekern angezeigt und namhaft gemacht werden sollen, im Beisein der verordneten Visitatoren geprüft wurde; über die Form der Prüfung soll die medicinische Facultät die Artikel verfassen; die Examinatoren sollen aber nicht blos eine mündliche, sondern auch eine praktische Prüfung vornehmen (besonders in Bezug auf das Gewicht und Mass der zu verwendenden Ingredienzien) und vom Examinanden den Nachweis sechsjähriger Lehrlingschaft in einer Apotheke oder längerer medicinischer Studien, ziemlicher Kenntniss der lateinischen Sprache, ehrbaren Wandels und einiges Vermögens verlangen.

2. Das Zeugniss des abgelegten Examens sollen die Geprüften dem Bürgermeister und Rathe vorlegen und von diesem ausser dem Bürgereide noch besonders in Eid genommen werden, dass sie ihre Kunst Reichen und Armen zu Gute kommen lassen, niemanden über die Taxe beschweren, die Arzneien mit aller Sorgfalt bereiten, dieser Ordnung nachleben und besonders schädliche Stoffe und Gifte nicht ohne Vorwissen eines Doctors verabreichen wollen.

3. Die Apotheker sollen sich vor Trunk hüten, in der Trunkenheit keine Arzneien verfertigen und auch ihre Diener zur Mässigkeit anhalten, und die Visitatoren sollen besonders in diesem Punkte beaufsichtigend und warnend eingreifen.

4. In Wien sollen zur Zeit zehn Apotheken und nicht mehr gehalten werden.

5. Soll keinem Apotheker gestattet werden, zwei Apotheken zu halten, und wo dies der Fall ist, soll die eine abgeschafft oder mit der andern vereinigt werden.

6. Wiewohl die Facultät die Ansicht vertricht, dass keiner ein Medicus und ein Apotheker zugleich sein dürfe, so soll doch einem

Doctor, der die Doctorei nicht ausübt, das Halten einer Apotheke gestattet sein; dagegen soll kein Apotheker eine Arznei ohne Vorwissen eines Doctors hinausgeben, es sei denn, dass ihm ein bewährtes Recept vorgewiesen würde.

7. Die Apotheker sollen die Materialien stets frisch erhalten, solche, die ihnen ausgegangen wären, bei anderen Apothekern ersetzen oder vom Doctor durch andere Mittel substituiren lassen, die «electuaria, conserva und confectiones» mit gutem Zucker machen, die Kräuter, Wurzeln, Rinden etc. zur rechten Zeit einschaffen.

8. Da manche Stoffe, wie Zimmetwasser, Unicornu, Alchermes etc., von manchen Apothekern des Preises wegen nicht gekauft wurden, so wird hiemit vorgeschrieben, dass die Apotheker auch die theuren Stoffe stets einschaffen sollen.

9. Die Apotheker sollen die «solutiva» wohl verschliessen und nicht ohne Vorwissen der Examinatoren und Visitatoren öffnen.

10. Die Apotheker sollen alle Composita selbst machen und nur Theriak und «Medritat», das zu Venedig oder sonst in Wälschland gemacht ist, im bereiteten Zustande kaufen.

11. Bereitet ein Apotheker ein Compositum, so soll er die Ingredienzien nur in Gegenwart der Examinatoren oder eines Doctors vermengen, und dieser soll den Tag der Vermengung und seinen vollen Namen in das Register der Apotheke und auf die Büchse, die die Mischung enthält, setzen; will ein Apotheker «Medritat» oder Theriak selbst bereiten, so soll er die Hofdoctoren und die medicinische Facultät dazu berufen; ist es gleich nicht wohl möglich, zu jeder Arzneibereitung einen Doctor zu berufen, so soll doch kein Apotheker einem solchen die Anwesenheit verwehren, und sollten doch Arzneien, zu denen Bisam, Ambra oder Edelsteine verwendet werden, nur in Gegenwart des Doctors, der das Recept verschrieben hat, gemacht werden; es soll auch von keinem Compositum, besonders nicht von «electuariis solutivis, pillulis und speciebus aromaticis», zu viel auf einmal gemacht und das Verdorbene jederzeit entfernt werden.

12. Wenn der Arzt in der Eile einen Irrthum im Recepte begeht, so soll ihn der Apotheker darauf aufmerksam machen.

13. Da es nicht möglich ist, zu verhindern, dass die «decoctiones» in kupfernen und messingenen Gefässen stattfinden, so sollen doch die Arzneien sogleich nach der Abkochung aus denselben entfernt werden.

14. Die Apotheker sollen bei allen «praeparationibus» soviel möglich persönlich anwesend sein und sich nicht auf ihre Diener verlassen.

15. Die Apotheker sollen keine Gifte ohne ärztliche Anordnung ausfolgen und auch dann den Namen des Käufers sich aufzeichnen.

16. Den Doctoren ist es verboten, zu ihrem Vortheile selbstbereitete oder gekaufte Arzneien an ihre Patienten zu verkaufen.

17. Die Doctoren sollen von den Apothekern keine Geschenke nehmen und keine Pacte mit Juden, Kräuterärzten und -ärztinnen schliessen; die Geschenke zum Neuen Jahre und zur Weinlese sollen von den verbotenen ausgenommen sein, dagegen ist es den Aerzten verboten, von den armen Patienten Belohnungen zu nehmen.

18. Kein Arzt soll seine Patienten um Gunst oder Geschenke einem Apotheker zu- oder abreden; doch mag er einem Patienten zu einem Apotheker rathen oder die Examinatoren und Visitatoren auf die Mängel eines Apothekers aufmerksam machen.

19. Wenn ein Doctor heimliche Mittel anwendet, so soll er dieselben nicht einem Apotheker allein, sondern zur Vermeidung des Eigennutzes allen mittheilen.

20. Das gemeine Dispensatorium (Preistarif) soll von der Facultät und den verordneten Examinatoren gut durchgesehen und approbirt werden.

21. Den Klosterleuten soll verboten sein, Arzneimittel um Geld zu verkaufen, doch mag ein ansehnliches Kloster zum Gebrauche seiner eigenen Leute eine Apotheke halten; den Kaufleuten, welche von Venedig oder ähnlichen Orten «simplicia» bringen, soll gestattet sein, dieselben, ferner «condita» und von den compositis Theriak und Medritat nach Besichtigung durch die verordneten Examinatoren

und Visitatoren im Grossen zu verkaufen; den Hofapothekern soll aber auf die Beschwerde der bürgerlichen in Zukunft verboten sein, in Abwesenheit des Hofes Arzneien um Geld zu verkaufen.

22. Den Landfahrern, Theriak- und Wurzelkrämern soll der Verkauf schädlicher Arzneien, als «scalethen, turbith, scamonea, coloquintida, euforbium, mercurium sublimatum, auripigmentum, seidlpast, esula, apium, arsenicum, grosse und khleine springkherner u. dgl., rauchkerzen» überhaupt verboten und der Verkauf von «simplicia» und «composita», wie «musca, ambra, unicornu, terra sigillata, reubarbarum, piper longum, tucia alraun» u. dgl., nur an die Apotheker erlaubt sein.

23. Den Zuckermachern, welche Bürger der Stadt sind, soll verboten sein, falsches Confect, Strützl u. a. mit Kraftmehl und gestossenem Reis zu machen; die fremden Kaufleute dürfen keine solchen falschen Gattungen herbringen und bei der Burg, vor St. Stephan, auf dem Hohen Markte und an anderen Orten verkaufen, sondern jedermann muss das Confect bei Strafe vor dem Verkaufe durch die Verordneten besichtigen lassen.

24. Die Barbiere, Bader, Winkelärzte sollen keine Klystiren, «laxativa», Holzwasser u. dgl. ohne Zuziehung eines Doctors ver-

ordnen, sondern sich allein der Wundarznei widmen, und die Hebammen, Ammen, Bescherinnen sollen niemandem als den Kindbetterinnen und den Kindern eine Arznei bereiten oder eingeben.

25. Jeder Apotheker soll auf Verlangen den Preis des Medicamentes nach der Taxe auf das Recept schreiben, und die Verordneten sollen, wenn sich der Patient beschwert glaubt, «darinnen gebürliche messigung thuen»; die Doctoren sollen arme Patienten nicht über das hinaus beschweren, was ihnen diese aus gutem Willen geben wollen.

26. Will der Landesfürst durch die n.-ö. Regierung drei Personen, eine aus der medicinischen Facultät, die zweite aus dem Stadtrathe, die dritte aus den Apothekern zu Visitatoren bestellen, die diese Ordnung aufrecht zu halten und die Apotheken zu visitiren haben und die alljährlich von der Regierung durch neue ersetzt werden sollen. Die Strafbefugniss steht der ordentlichen Obrigkeit zu, und den Verordneten obliegt es, von einer etwa unterlassenen Bestrafung an die Regierung die Anzeige zu erstatten.

Patent, «gedruckt zu Wienn in Osterreich durch Michael Zimmerman in sant Annen hof»; 8 Blätter.

IV, F.

REGESTEN

K. UND K. HAUS-, HOF- UND STAATSARCHIVE IN WIEN.[)]

VON

D⁻ JOSEF LAMPEL,

CONCIPIST I. CLASSE DASELBST.

1505 *1213, December 19, Passau.*

Sieghard, Pfarrer zu Wien und Domherr in Passau, erscheint als Zeuge und Subscribent in der Urkunde, durch die Bischof Mangold von Passau dem Stifte St. Pölten die Pfarre daselbst verleiht.

Cod. Ms. 1077, fol. 53', Nr. 79, und fol. 61', Nr. 96. — Druck im St. Pöltner Urkundenbuch, I, S. 36, wo auch die übrigen Druckorte verzeichnet sind.

1506 *1234, Februar 19 [?], [Wien].*

Erzbischof Eberhard II. von Salzburg bewilligt, indem er die Noth des Cistercienser-Nonnenklosters St. Maria Magdalena in Wien anerkennt, demselben jährlich 2 Pfund Salz aus der Saline Hallein.

Zeugen: Heinricus Seckowensis episcopus, Vlricus Lavendinensis episcopus, Albertus propositus Salczburgensis, Cuno decanus, Heinricus subdecanus, Hoholdus custos, Vlricus cellarius, Bernhardus prepositus Frisacensis, Eckehardus de Tanne, Carolus de *Gutrat*[*], Otto de Goldekke, Heinricus burcgravius de Saltzeburg, Ulricus de Velwen, Heinricus Raspo, Heinricus vicedominus Salczeburgen-

sis, Ulricus de Wispach, Heinricus et Conradus de Truchtleichingen, Libardus de Tegernwach, Rudegerus de Perchaim et alii quam plures.

Datum: Acta[*] sunt hec anno domini MCCXXXIIII, XI. kal. martii, indictione sexta feliciter; amen.

Abschrift aus dem 16. Jahrhundert auf Papier.

Meiller, Salzburger Regesten, S. 263 u. 420.

Meiller, a. a. O., S. 551, Anm. 158, nimmt hinsichtlich des Datums die Möglichkeit eines Schreibfehlers an, es sollte vielleicht Maii statt Martii heissen. Um Ende April herum war Erzbischof Eberhard schon in Wien (vgl. die Citate in seinem Regest Nr. 422), also wohl auch am 21.; woraus sich dann leicht eine Beurkundung für das Wiener Nonnenkloster ergeben konnte. Dann würde die Zeugenreihe das Gefolge des Kirchenfürsten vergegenwärtigen.

1507 *[1234.]*

Propst Albert, Dechant Kuno und das Capitel von Salzburg geben ihre Zustimmung zu der bereits erfolgten Widmung von 2 Pfund Halleiner Salz durch Erzbischof Eberhard II. für die Schwestern des Cistercienserklosters Maria Magdalene in Wien.

Siegler: Das Capitel.

Ohne Datum.

Abschrift aus dem 16. Jahrhundert auf Papier.

Meiller, Salzburger Regesten, S. 551, Anm. 158; das Original das er gesehen haben will, ist gegenwärtig nicht, war auch wohl nie vorhanden.

[)] Nämlich aus kleineren Beständen: Nachträge zu den Klosterurkunden (ad IV), Tirol (VI), Salzburg (VIII—XI), Böhmen (XII) und Innerösterreich (XXIV); ferner aus den Mss. 173, 174, 175 und 1077, u. a. m.

[*] »Butoar« in der Vorlage ist offenbar verlesen.

---

[*] Lecta!

1508 *1252, vor Mai 24.*

Jenzo de Dobling, Zeuge in einer Urkunde Herzog Ottokars für das Stift St. Pölten.

Codd. Man. 1077, fol. 60', Nr. 93; 173, fol. 90', Nr. 140 und fol. 10, Nr. 17. — Urkundenbuch von St. Pölten, I, 70, Nr. 48.

1509 *1256, vor Februar 27, Wien.*

Abt Heinrich von Göttweig verpfändet mit Zustimmung seines Convents drei Lehen des Klosters zu Pettendorf (Pottendorf?) mit ihrem jährlichen Einkommen dem Wiener Juden Schalun für 18 Pfund Wiener Münze in der Weise, dass, wenn die Auslösung nicht zwischen Sonntag Quadraginta und Ostern[1]) erfolgen sollte, die einmaligen Einkünfte aus jenen Lehen dem Pfandnehmer verfallen sollen.

Siegler: Abt und Convent von Göttweig.

Zeugen: Hærtnidus prior, Otto de Werde, Otto de Zenndorf, Wichardus, Albero Vintzlær fratres ecclesie; laici: Fridericus Prennær, Hermannus servus abbatis; iudæi vero: Fridlo et Salman alique[2]) quam plures.

Datum Winne, anno domini M⋅CCLVI.

Original, Pergament. Mit zwei beschädigten Siegeln.

1510 *1264, December 9, Wien.*

Bruder Ortolf, Comthur des Deutschen Hauses in Wien, bestätigt den Empfang einer Mark Silbers durch Propst Heinrich von St. Pölten.

Siegler: Der Aussteller.

Datum in Winna, anno domini MCCLXIIII, V idus decembris.

Cod. Ms. 1077, fol. 67. — Urkundenbuch von St. Pölten, I, 96, Nr. 70.

1511 *1265, Januar 14, Wien.*

G[erhard], Pfarrer zu Wien, erscheint unter den Schiedsrichtern und L. Dominikanerprior von Wien unter den Sieglern in dem Uebereinkommen, das der Propst von St. Pölten und Pfarrer Rudolf von Kapeln wegen angegebener Klagepunkte getroffen hatten.

—

[1]) Das ist 27. Februar und 16. April.
[2]) So! statt alique.

Datum Winne, anno domini MCCLXV, XVIIII kalendas februarii.

Cod. Ms. 1077, fol. 68, Nr. 107, und 174, S. 184, Nr. 321. — Urkundenbuch von St. Pölten, I, 96 f., Nr. 71.

1512 *1266, April 23, St. Pölten.*

Meister Gerhard, Pfarrer in Wien, ist Zeuge in einem Schiedspruche des Bischofs Peter von Passau in dem Streite um die Pfarre Böheimkirchen.

Cod. Ms. 1077, fol. 69. — Urkundenbuch von St. Pölten, I, 108, Nr. 78.

1513 *1267, November 16, St. Pölten.*

Bischof Peter von Passau bestätigt die vom Dechant von Krems in Sachen des Stiftes St. Pölten gegen Bruder Ortolf vom Deutschen Hause in Wien «super quibusdam rebus mobilibus et immobilibus» verhängte Excommunication.

Datum in Sancto Ypolito, anno domini millesimo ducentesimo LXVII, XVI kalendas decembris.

Cod. Ms. 1077, fol. 24'. — Urkundenbuch von St. Pölten, I, 112, Nr. 83.

1514 *1268, Neuburg.*

Erzbischof Wladislav von Salzburg schreibt dem Meister G[erhard], päpstlichem Caplan, Domherrn in Passau und Pfarrer der Kirche in Wien, in unbekannter Angelegenheit.

Datum apud Neunburch, anno domini MCCLXVIII.

Duellius, Exc. Gen., 177, Nr. 5. — Urkundenbuch von St. Pölten, I, 118, Nr. 89.

1515 *1268, Wien.*

Meister Gerhard, päpstlicher Caplan, Domherr in Passau und Pfarrer der Wiener Kirche, transsumirt ein an ihn gerichtetes Schreiben des Erzbischofs von Salzburg. (S. Nr. 1514.)

Datum: Acta sunt haec Wiennae, anno domini MCCLXVIII.

Duellius, Exc. Gen. 177, Nr. 5. — Urkundenbuch von St. Pölten, I, 119, Nr. 90.

1516 *1270, Mai 18, Bruck a. L.*

Margarethe, Tochter der «Pergardis dictae Wirtlin» und ihre Geschwister Ekard, Sifrid und Ottilia entsagen zu Gunsten des Stiftes St. Pölten den Ansprüchen, welche sie auf das Haus ihrer Grossmutter Fabrissa zu Wien irgend haben könnten.

Siegler: Die Herren Otto von Haslau und Heinrich von Bruck.

Datum: Acta sunt haec in Ponte anno domini MCCLXX, XV. kal. iunii, praesentibus probis viris: domino Marquardo de Sancto Ypolito, domino Chalhoho de Ponte, Velzario ibidem, Egnone cellerario plebani, Gotschalco, Stunnone, Alramo, Heinrico, Rudolfo, Wernhero Swevo servientibus plebani, Ekardo fratre meo et aliis quam pluribus fide dignis.

Duellius, Exc. Gen., 178, Nr. 7 (aus dem verloren gegangenen Original). — Urkundenbuch von St. Pölten, I, 126, Nr. 98.

1517 *1270, December 12, Judenburg.*

König Ottokar II. verspricht «quod in festo sanctorum Philippi et Jacobi[1]) cum ... domino Fridrico sancte Salzburgensis ecclesie electo diem servabimus et colloquium celebrabimus apud Wiennam», um hier zu einem Einvernehmen über gewisse Irrungen zu gelangen. Sollte er oder seine Räthe irgendwie gesetzlich verhindert sein, den Zeitpunkt einzuhalten, so sollte sofort ein anderer Termin festgesetzt werden «pro terminando huius modi negocio apud Wiennam».

Siegler: Der König-Herzog.

Datum in Judenburch, pridie idus decembria, anno domini M·CC·LXX·.

Zwei Originale, das eine mit grösserem Feuchtfleck und beschädigtem Siegel; das andere fast unbeschädigt, doch ohne Siegel.

Jahrb. d. Litteratur, Bd. 108, S. 185, Anm. — Emler, Reg. Boem. et Morav., II, 283, Nr. 731.

1518 *1277, Januar 18, Wien.*

König Rudolf publicirt, dass «feria secunda ante conversionem sancti Pauli, anno domini M·CC·LXX· septimo, indictione V in domo Fratrum Minorum apud Wiennam»

in Gegenwart nachstehend Genannter auf Anhalten des Bischofs Heinrich von Trident in gemeinsamer Sitzung die Frage erörtert worden sei, ob ein Erzbischof oder Bischof ohne Befragen des Capitels eine Neubelehnung vornehmen dürfe, was verneint worden sei.

Zeugen: Erzbischof Friedrich von Salzburg, die Bischöfe Berthold von Bamberg, Leo von Regensburg, Peter von Passau, Conrad von Freisingen, Heinrich von Trient, Dietrich von Gurk, Johann von Chiemsee, Wernhard von Seckau; Ludwig Pfalzgraf bei Rhein und Herzog von Baiern; die Grafen Meinhard von Tirol, Friedrich Burggraf von Nürnberg, Hugo von Werenberg, Friedrich von Leiningen, Ulrich von Heunburg, Heinrich von Pfannberg, Eberhard von Katzenellenbogen etc. etc. etc.

Siegler: Der König.

Datum Wienne, anno, die et indictione predictis, regni vero nostri anno quarto.

Original, Pergament. Mit ziemlich gut erhaltenem Siegel. — Lichnowsky, I, 375, wo auch die älteren Drucke verzeichnet sind.

1519 *1278, Februar 11, Wien.*

König Rudolf I. erlaubt, dass die Dominikaner zu Wien aus den kaiserlichen Waldungen um Wien eine Fuhre Holz für tägliche Feuerung ausführen dürfen. Würden sie in der Woche oder im Monate eine oder zwei Fuhren unterlassen, so stünde ihnen das Recht zu, in der Folgezeit den Ausfall nachzuholen.

Siegler: Der König.

Datum: Wienne, III idus febr. indictione VI·, anno domini M·CC·LXXVIII·, regno vero nostri anno sexto.

Original, Pergament. Mit stark beschädigtem Siegel an grün-weiss-gelber Schnur.

1520 *1279, Juli 18, Lilienfeld.*

Laut Urkunde von diesem Tage waren der Abt zu den Schotten und Wernhard von Prambach, Chorherr von Passau und Pfarrer von Wien,[1]) vom Papste zu Schiedsrichtern in einem Streite zwischen den Klöstern Lilienfeld und St. Pölten bestellt worden.

---

[1]) Mai 1.

Regesten zur Geschichte der Stadt Wien. II.

[1]) Später Bischof von Passau (1285—1313).

13

Zeugen: Testes quoque sunt dominus Wernhardus plebanus Wiennensis, magister Heinricus de Aschpeinstorf, magister Heinricus de Ainöd, magister Gregorius et dominus Götfridus sacerdos.

Datum: Acta sunt hec in Lilinvelde, anno domini millesimo CCLXXIX, XV. kalendas augusti.

Codd. Mss. 58, fol. 181, Nr. 206; 71', fol. 496, Nr. 176; 173, fol. 16', Nr. 25, und 175, fol. 303, Nr. 292 (hier zu 1289). — Urkundenbuch von St. Pölten. I, 138, Nr. 110.

1521   *1282, August 22, [Wien].*

Reimboto der Richter, Conrad, genannt «Pullo», Bürgermeister und der gesammte Rath[1]) der Stadt Wien beurkunden, dass Meister Conrad, Landschreiber von Oesterreich, von Wernhard Scherand dem Jüngern unter Zustimmung von dessen Gattin Margarethe und ihrer beiden Kinder, dann seiner Schwester Dyemud und all seiner Miterben folgende Gülten um 70 Mark reinen Silbers gekauft habe: Nämlich 1. vom Hause des Gottfried Solsneider auf dem Hohen Markt sind 4 Pfund Pfennige jährlich zu Michaeli zu geben; 2. Ruedlo Solsneider zahlt von einem Laden ebendort, wo Sohlen feil sind, 6 Schilling Pfennige auch zu Michaeli; 3. Ortlinus der Fleischhauer von einer Fleischbank auf dem Markte 9 Schilling Pfennige; 4. «Item sub macellis am Fleischmarkt Waltherus dictus Pukel» von einer Fleischbank 1 Pfund Pfennige zu drei Malen: nämlich zu Michaeli, zu Weihnachten und zu Pfingsten, desgleichen zu Martini ein Viertel Unschlitt sepi, Talg; 5. «Item Ruedlo dictus Nözdlinger» von einer Fleischbank gleichfalls 1 Pfund Pfennige und ein Viertel Talg; 6. «Item Ditricus dictus Ratisponensis» desgleichen; 7. «Item[1]) filius eiusdem Ditrici» desgleichen, doch ohne Talg «et non sepum»; 8. «Item Gerhardus de Chremsa» von einer Fleischbank gleichfalls, doch ohne Talg. Diesen in ihrer Gegenwart vollzogenen Kauf beurkundet und besiegelt die Bürgerschaft.

[1]) Universi consules.

[2]) Folgt Raum etwa für 12 Buchstaben am Zeilenschluss; der Name sollte nachträglich eingefügt werden.

Siegler: Der Rath mit dem Siegel der Stadt Wien.

Datum anno domini millesimo ducentesimo LXXX secundo, in octava assumptionis gloriose Marie virginis.

Original, Pergament. Siegel fehlt.

1522   *1285, August 5, Wien.*

«Jacobus de Hoya provisor officiorum Austrie et Rimboto magister urborum[1])» beurkunden, dass Heinrich «Chorner», Bürger von Wien, in ihrem Beisein und mit Rath der Stadt Wien ein Haus auf dem Alten Fleischmarkt von der Klosterfrau Frau Ida[2]) um 6 Pfund Wiener Pfennige jährlich Burgrecht unter dem Vorbehalt gekauft habe, dass binnen dreier Jahre statt der einen Hälfte dieser Summe andere gute Gülten in gleicher Höhe der Verkäuferin angewiesen werden, während die andere Hälfte auch fernerhin burgrechtsweise zu leisten ist.

Der Käufer stellt als Bürgen seinen Bruder Otto und den Herrn von Wilfersdorf.

Siegler: Jacobus de Ferleis de Hoya und der Hubmeister Reimbot.

Datum Wienne, anno domini M·CC· LXXXV·, in die beati Dominici confessoris.

Original, Pergament. Das erste Siegel gut, das zweite im Bruchstück erhalten.

Regest bei Kerschbaumer, Gesch. d. Stadt Tulln, 329, Nr. LIII.

1523   *1286, Januar 23, Rom, bei St. Sabina.*

Papst Honorius IV. bestätigt den zwischen dem Nonnenkloster zu Tulln und dem verstorbenen Bischof Gottfried von Passau geschlossenen Tausch, wodurch das Kloster gegen Abtretung der Dreifaltigkeitskapelle in Wien an den Bischof in den Besitz der Pfarrkirche zu Tulln gelangt («dilectorum filiorum capituli Pataviensis ad id accedente consensu»[3]).

[1]) So viel wie «hubarum», vgl. Fontes, 18, S. 79, Nr. 83, und Schalk in Bl. d. Vereines f. Landeskunde von N.-Oe., 21, S. 434.

[2]) Der Gattin des ehemaligen Landschreibers Conrad von Tulln.

[3]) Darnach hätte kein Widerstand von Seite des Capitels bestanden, den doch Redlich in seiner Anmerkung zu Nr. 213 des «Wiener Briefsammlers» vermutet

Datum Rome, apud Sanctam Sabinam, X. kal. februarii, pontificatus nostri anno primo.

Original, Pergament. Die Bulle fehlt.

Regest bei Kerschbaumer, Gesch. d. Stadt Tulln, 329, Nr. LVII.

1524 *1286, December 1—22.*

«Frater Chvaradus de Tulna quondam scriba Austrie et soror Eyta consors eius ordinis fratrum predicatorum» geben bekannt, dass sie vor, bei und nach ihrem Eintritte in den Orden den Predigernonnen in Tulln mehrere Güter «de consensu et ratihabitione domine Alheidis de Ried et sororis Katherine, filiarum nostrarum, et domini Ottonis pincerne de Ried, generi nostri, quamvis non fuerit necessarium sed superhabundans ipsorum ad hoc requirere beneplacitum et assensum» geschenkt habe. Unter denen heben wir hervor: «decimam vini in Alsek estimatam ad V karratas vini . . . .». Auch habe sie gekauft von den Deutschherren zu Wien und von Dietrich Clebario, Bürger zu Wien, mehr als 6 Pfund Gülten «in Toblico» (Döbling). Ferner haben sie einen grossen Theil zur Kaufsumme beizusteuern für den Hof des weil. Prunrich in Döbling, sammt Obst- und Weingarten und sonstiger Zubehör. Ferner haben sie von den Erben «Alberti Dremlonis quondam civis Wiennensis» die Inseln bei Tulln gekauft. «. . . Item dedimus eis in Wienna redditus XVIII talentorum; insuper ibidem VI librarum redditus, quas ad suplementum necessitatum sororis Katherine filie nostre et sororis Elizabet de Povmgarten pro tempore vite ipsarum ordinavimus, post mortem earundem ad vestiarium sororum libere pertinebunt. . . .» Weiter in Tulln 3 Pfund 30 Pfennige Gülten, die sie vom Deutschen Hause in Wien er-

(Mittheil. aus dem Vaticanischen Archive, II, S. 219). Damit soll selbstverständlich gar nichts gegen den gewiss gelungenen Versuch Redlich's gesagt sein, das auf ein früheres Stadium unserer Angelegenheit bezügliche Schreiben des Meisters Conrad zu datiren. Auch soll der Annahme, dass schliesslich aus dem Tauschgeschäfte nichts wurde, kann er Recht haben; denn nach einer Bestätigungsurkunde Herzog Albrechts von 1295, Februar 22, Wien, haben die Nonnen ihr Haus auf dem Kienmarkt sammt der Dreifaltigkeitskapelle dem Wiener Bürger Heinrich von Neiss verkauft. Kerschbaumer a. a. O., S. 338, Nr. CVI.

kauft; ebensoviel zu Tulln und Leutzenlaa, erkauft von den Schwestern «de Sancto Nicholao in Wienna». Ferner geben sie ihnen «in Wienna aream cum domo, que dicitur Longum cellarium» (Langenkeller), dann einen Weingarten in Gumpoldskirchen, einen anderen in Alsek. «Insuper procuravimus ipsis sororibus et ecclesie ipsarum per dominum episcopum Pataviensem dari tradi assignari et confirmari ecclesiam sive parrochiam Tulnensem habendam, tenendam et pleno iure perpetuo possidendam, assignantes eidem domino episcopo in causa permutationis eiusdem parrochie capellam Sancte Trinitatis sitam Wienne in foro qui dicitur Chienmarcht cum ipsa domo in qua sita est capella eadem et XXX talentorum redditus infra muros civitatis Wiennensis. Item vineam que dicitur der Liechtweingart et aliam vineam que ad dictam capellam pertinuit ab antiquo cum omnibus quibus a nobis et ab aliis ipsa capella dotata extitit et ditata, et ortum sive pomerium extra muros in valle civitatis Wienne situm, que omnia estimata sunt estimatione communi in valore ad mille marcas argenti».

Siegler: Die beiden Aussteller, ferner Otto Schenk von Ried und Alheid seine Gattin.

Datum: Anno domini M°CC°LXXXVI, in adventu domini.

Aus einem undatirten Transsumte des Abtes Wilhelm zu den Schotten in Wien und des Abtes Peter von Heiligenkreuz (vgl. Nr. 1524); dazu zwei einfache Abschriften. — Ausführliches Excerpt bei Kerschbaumer a. a. O., 330, Nr. LXIII, zum 25. December.

1525 *1287, December 8, Clairvaux.*

Bischof Johann von Tusculum, päpstlicher Legat, bestätigt auf Bitten der Priorin und der Nonnen zu Tulln den Tausch zwischen dem Bischofe von Passau, dem die Collation der Pfarre Tulln «pleno iure» zusteht, und eben den Nonnen zu Tulln, denen die Dreifaltigkeitskapelle in Wien auf dem «Chienmarcht» aus der Schenkung des Bruders Conrad, Dominikaners in Tulln und vordem Landschreibers in Oesterreich[1]), gehörte,

---

[1]) Derselbe wie in Nr. 1521—1524 und 1531, «scriba Austriae» etwa 1275 bis 1283.4, trat um diese Zeit ins

13*

wodurch der Bischof von Passau das Pfarr-
lehen in Tulln zu einem Tafelgute der dortigen Nonnen macht.

Datum apud monasterium Clarevallis,
Lingonensis diocesis, VI idus decembria, anno
domini millesimo ducentesimo octogesimo septimo, apostolica sede vacante[1]).

Original, Pergament. Siegel abgefallen.

Kerschbaumer a. a. O., S. 333, Nr. LXXI, schreibt
die Bestätigung aus Versehen einem Bischof von Passau zu.

1526 *1288, November 4, Wien.*

«Margareta dicta Prevzzelinna»[2]) verspricht dem Tullner Nonnenkloster, anlässlich der Aufnahme ihrer Tochter Alheidis in
dasselbe bis zum nächsten Feste der Kreuz-
erfindung eine Gülte von 5 Pfund auf sicheren Gründen anzulegen.

Zeugen: frater Otto supprior, frater Antonius lector et frater Gotfridus de Herbi-
poli ordinis predicatorum domus Wiennensis.

Siegler: Die Ausstellerin.

Datum: Acta sunt hec Wienne, anno
domini M·CC·LXXX·VIII·, proxima feria
quinta post festum omnium sanctorum.

Original, Pergament. Mit sechseckigem Siegel in
rothem Wachs: «... Ma ... relicte Hari Prvzel ...».

1527 *1290.*

Abt Wilhelm und der Convent zu den
Schotten in Wien bezeugen, dass sie das
Haus der weil. Wilbirg, «dicte de Hutendorf»,
gelegen zu Wien hinter dem Schottenkloster,
welches Haus nach dem Tode besagter Wilbirg dem Kloster testamentarisch zugefallen
war, an Conrad den Weber und seine
Hausfrau Kunigunde und deren Erben um
9½ Pfund zu freier Verfügung verkauft
haben, jedoch gegen weitere Leistung von
jährlich 6 Pfunden weniger 6 Pfennigen zu

Dominikanerkloster in Tulln ein und ward nach Kerschbaumer a. a. O., S. 485, eben in diesem Jahre Prior
daselbst, worum der Aussteller unserer Urkunde vielleicht noch nicht wusste.

[1]) Die Sedisvacanz war durch Honorius' IV. Tod
(† 1287, April 3) eingetreten und dauerte bis zum 22. Februar des folgenden Jahres, da Nicolaus IV. gewählt und
gekrönt wurde.

[2]) Nach dem Siegel die Witwe des bekannten
Heinrich Preuzzel, der König Ottokars II. Anhänger war.
Vgl. Archiv, Bd. 83.

Grundrecht, nämlich zu St. Michael, zu Weihnachten und zu Ostern je 58 Pfennige, und
versichern den Käufer der bürgerlichen Gewere nach Wiener Recht.

Siegler: Abt und Convent.

Zeugen: Conrad, Pfarrer von Enzersdorf;
Jacob, Diakon; Friedrich, Official; Andreas,
Notar; Leopold u. a. m.

Datum: Acta sunt hec anno domini
M·CC·LXXXX.

Original, Pergament. Mit zwei wohlerhaltenen
Siegeln.

1528 *1291, Februar 3, Wien.*

«Henricus filius domine Stiuzz civis
Wiennensis et Katherina uxor ... et Dietma-
rus filius» bekennen, vom Stifte St. Pölten ein
halbes Joch Weingarten in St. Veit, «que
vocatur Hadmar Pluetel et Ubervankch», zum
Alten Weinberg gehörig, «iure precario, quod
vulgariter dicitur leibgeding» zum Verpfänden
und Verkaufen auf Lebenszeit erhalten zu
haben, zum Jahreszins von 1 Pfund Wiener
Pfennige «usualis monete».

Siegler: Die Bürgerschaft von Wien,
Frau Agnes von Hacking, Popo von Liebenberg, Albrecht der Liechtensteiner von St. Petronell und Ulrich von «Chrumpach».

Zeugen: Griffo de Leub, Pollo magister
civium, Jacobus iudeus, Chunradus Harmarch-
ter, Meserl institor, Wiczzo gener suus, Rudolfus de Sancto Ypolito», Bürger von Wien;
dann «dominus Chunradus de Sancta Margaretha[1]», Leupoldus magister montis de Sancto
Vito, Ebro praxator (Brauer), Chunradus
Schotner u. a. m.

Datum: Actum et datum Wienne, anno
domini MCCLXXXXI in die sancti Blasii
martiris.

Cod. Ms. 174, fol. 162, Nr. 279. — Duellius, Exc.
Gen., 181, Nr. 23 (nach dem verloren gegangenen Ori-
ginale) mit zwei Siegelbildern, auf Taf. III, Nr. 19 u. 22.
— Urkundenbuch von St. Pölten, I, 170, Nr. 136.

1529 *1291, Februar 3, Wien.*

«Hermanus dictus Mauzzer civis Wiennensis et Mechtildis uxor ... et Mechtildis
...

[1]) Wohl die spätere Vorstadt Margarethen. vgl.
Bl. d. Vereines f. Landeskunde von N.-Oe., 29.

filia fratris (Hermanni)» bekennen, vom Stifte St. Pölten ein halbes Joch Weingarten in St. Veit gegen einen Jahreszins von 1 Pfund Wiener Pfennige zu Leibgeding erhalten zu haben.

Formel, Siegler, Zeugen und Datum übereinstimmend mit Nr. 1528.

Cod. Ms. 174, fol. 284, Nr. 477. — Duellius, Exc. Gen., 182, Nr. 24 (Protokoll des verloren gegangenen Originales\. — Urkundenbuch von St. Pölten, I, 172, Nr. 137.

1530 *1291, Februar 3, Wien.*

«Albero ortulanus (Gärtner) in dem Werd, civis Wiennensis, et domina Jewta uxor ... et Elizabet et Gerdrudis filie» bekennen, vom Stifte St. Pölten ein halbes Joch Weingarten in St. Veit gegen einen Jahreszins von 1 Pfund Wiener Pfennige zu Leibgeding erhalten zu haben.

Formel, Siegler, Zeugen[1] und Datum übereinstimmend mit Nr. 1528 und 1529.

Cod. Ms. 174, fol. 283, Nr. 476. — Urkundenbuch von St. Pölten, I, 173, Nr. 138.

1531 *1291, October 24, Passau.*

Bischof Bernhard und Gotfried, Propst, und Wolfker, Dechant, sowie das Capitel von Passau bekennen und versichern den Tullner Nonnen, dass sie «in domo Wiennensi[1]) quondam Chunradi provincialis scribe et in Lucida vinea[2]) et in pertinentibus ad utrumque» kein Recht haben und auf etwa vorhandene Rechte verzichten.

Siegler: Die vier Aussteller.

Zeugen: Siboto de Tannberch, Vlricus de Styria, Meingotus de Waldek, Liutoldus de Schounberch, Witigo de Lobensteyn, Hainricus de Goldnitz, Schatzlaus de Haslov confratres et canonici» von Passau.

Datum: Patavie, anno domini M·CC· nonagesimo primo, VIIII kalendas novembris.

Original, Pergament. Die vier Siegel fehlen. Kerschbaumer a. a. O., S. 335, Nr. LXXXVIII.

. —

[1]) Hiezu noch Chunradus Yegl.
[2]) Sicherlich das Haus, in dem nach Regest Nr. 1524 und 1533 die Dreifaltigkeitskapelle lag.
[3]) Der Liechtweingart derselben Regesta.

1532 *1293, März 8, Wien.*

«Rudolfus[1]) civis Viennensis» und seine Hausfrau Mergardis erlassen dem Stifte St. Pölten eine Schuld von 30 Pfund Pfennigen unter der Bedingung, dass für dieses Geld 3 Pfund Pfennige Gülte zu ihrer Oblay gekauft würden, wovon die Hälfte (12 Schilling Pfennige) zu besonderer Feier des Katharinentages, die andere Hälfte zu Jahrtagen für die beiden Aussteller verwendet werden soll.[1])

Siegler: Der Aussteller.

Actum et datum Wienne, anno domini 1293, 8. idus martii.

Cod. Ms. 175, fol. 41, Nr. 36. — Urkundenbuch von St. Pölten, I, 180, Nr. 145.

1533 *1293.*

«Otte von Nevnburch, bruder Chvnrats aidem von Tvln, der weilen lantscreiber was uber Oesterreich, und Alhait hern Otten housvrowe und desselben bruder Chvnrats tochter von Tuln» erklären, auf ihre Ansprüche an das Tullner Nonnenkloster «nach etsleichem gůte, daz dieselben swester in ir gewalt heten von bruder Chunrats wegen und von seiner housvrowen swester Eiten, den beiden got genaden müge», zu verzichten, und zwar unter Anderem auf «ain hous an dem Chlnmarkt da ze Winen mit der chapelen, dev da inne leit und fümfzehen phunt gülte von hern Wvltinges house an dem selben Chienmarcht, und ain weingart an dem Nůzperge der der Liecht weingart heizet» und 80 Mark Silbers, die des Ausstellers Vater «her Ditreich von dem Chalmperge ouf den Liechten weingarten bruder Chunraten gelihen hat» u. a. m. — Schiedsleute im Streite waren Friedrich von Lengenbach der Kämmerer und «her Greif der Reiter ze Winen» für Otto, für das Kloster aber Leupold von Sachsengang und Chaloch von Ebersdorf; Uebermann war Herzog Albrecht. Die Aussteller verzichten gegen 80 Pfund Pfennige auf alle Ansprüche, beide Parteien

[1]) von St. Pölten, vgl. Nr. 1528.
[2]) Auch Rudolfs Schwester «Diemudis Grezliane», ferner eines «Eberhard Gretzlonis» wird gedacht; für Rudolfs Vater wird ums Andreasfest, für seine Mutter um Lichtmess die Jahrtag gefeiert.

erklären sich für den Fall des Friedensbruches zu einem Pönale von 500 Pfund verpflichtet, je 100 jedem Schiedsmann und dem Obmann.

Siegler: Otto und Alheit.

Zeugen: «maister Gotfrid des herzogen oberister schreiber, her Levtold der Chûnringer, her Stephan der Meissower der oberist marschalch, her Fridereich von Lengenbach der chamerer auch Beisitzender des Schiedsgerichts', her Vlrich der Capeller, her Chunrat von Pilchdorf, her Chaloch von Ebersdorf, her Levpolt von Sachsengange (beide auch des Schiedsgerichts), her Aloh von Chêiowe, her Hainreich sein sun, her Vlreich von Wolfgersdorf und sein pruder, her Wlvinc von Wald und sein bruder, her Ortolf von Atzenpruge und sein bruder, her Vlrich der hofmarschalch des Prveschinc, her Wernhart der Metzenpeche, her Vlreich der hofmaister, her Chunrat der Praitenvelder und sein bruder, her Greif der reiter von Winen (auch Schiedsrichter), her Chunrat von dem Hormarcht, her Fridereich der Hutstoch, her Starchan der chellermaister, her Ortolf von der Hailigen stat und anderre vil der diese sach chunt ist».

Datum[1]): Nach Cristes geburde über tousent zwai hundert und dreu und neunzic jar.

Original, Pergament. Mit zwei ziemlich gut erhaltenen Siegeln.

Kerschbaumer a. a. O., S. 335, Nr. XCIII, der auch die Beschreibung des Siegels bringt.

Die ausserdem erwähnte Besiegelung durch den Herzog bezieht sich nicht auf dieses Document, sondern, wie aus der an den Herzog gerichteten Bitte Ottos und Alheits, «daz er darüber gegeben hat seinen brief vergigelt mit seinem insigel», erhellt, auf eine herzogliche Beurkundung neben dieser privaten.

1534 [1293.]

Abt Wilhelm bei den Schotten zu Wien (1287—1310) und Abt Pentzo von Heiligenkreuz (1292—1294)[2]) vidimiren und trans-

[1]) Vor dem Zeugenkatalog gestellt.

[2]) Zumal die Regierungszeit dieses Abtes ist wichtig für die Datirung der Urkunde. Noch zu 1289, Februar 3, findet sich Sighard (FRA², XI, 257, 285), zu 1294, November 11, schon wieder Berthold als Abt von Heiligenkreuz belegt a. a. O., 274, Nr. 307; er regiert bis etwa 1297; dass aber die beiden nicht identisch sind, hat schon Gsell «Xenia Bernardina», J, 62, und nunmehr auch Uhlirz «Die Continuatio in Vindobonensis» in Bl. d.

sumiren die Urkunde des Bruders Conrad von Tulln, «ordinis predicatorum», vordem Landschreiber in Oesterreich, und seiner Hausfrau Schwester Eyte (von 1286, December 1—22[1]) und besiegeln das Transsumt.

Original, Pergament. Das Siegel des Schottenabtes ist vorhanden, das andere fehlt.

Kerschbaumer a. a. O., S. 333, Nr. LXXVI.

1535   1295, Januar 30, Wien.

«Marus, jude von Wlnne», bestätigt den am heutigen Tage erfolgten Empfang von «drei und zwainzich march silbers lötiges wlnnisch gelotes» durch «Gerolt von Frisach des pischolf schreiber von Salzburch».

Siegler: Heinrich, der Judenrichter zu Wien.

Datum: ... ze Wienen, ... an dem nachsten sundag vor Lihtmisse.

Original, Pergament. Mit aufgedrücktem Rücksiegel in rothem Wachs.

1536   1301, Februar 2, Wien.

Abt Wilhelm und der Convent zu den Schotten in Wien bezeugen, dass Conrad der Weber und seine Hausfrau Kunigunde das Haus hinter dem Schottenkloster, «daz weilen ee vron Willebirigen was von Hittendorf», in Burgrechtsgewere gegeben haben an Otte von Grube und seine Hausfrau Mechthild um 32½ Pfund Wiener Pfennige und «umb an sechs phennige sechs schillinge wienner phenninge geltes purchrehtes», die nunmehr der Käufer an das Schottenkloster leisten wird, und zwar jährlich zu Weihnachten, zu St. Georgen und St. Michael je «zwai min sechzic phenninge». Das Schottenkloster schützt den Erwerber nach Burgrecht.

Siegler: Die Aussteller.

Zeugen: «her Greiffe, her Chunrat der hubmaister, her Vlrich bei den Minnern prudern, Lewe der Rostevscher, Seifrid sein sun, Fridrich der amman, Chunrat von Nêrenberch, Chvnrat der Pleyen, Jacob von Otackeringen, Sigla, Perwein der Payer» u. a. m.

Vereines f. Landeskunde von N.-Oe., 29, S. 60, Anm. 1, gegen Redlich, «Wiener Briefsammler», S. XXIII, hervorgehoben.

[1]) Vgl. oben Nr. 1524.

Datum: ... geben ze Wienne, ... an unser vrowen tage der liehtmesse.

Original, Pergament. Mit einem Siegel: das Abt-siegel ist sehr gut erhalten, das Conventsiegel fehlt.

1537 *1301, April 24, Wien.*

Abt Wilhelm zu den Schotten beurkundet den Schiedspruch, der wegen des Streites zwischen Otten von Grube und seiner Hausfrau Mechthild einerseits und Otten dem Hager und seiner Hausfrau, auch Mechthild, entstanden ist «umb daz pâw daz Otte von Grube und sein hausvrowe ... pâwen wolden und gepawet habent an Otten des Hager ... mavre». Schiedsrichter waren Conrad von Praitenvelde, Heinrich sein Bruder, Conrad der Hubmeister und Ulrich bei den Minnern prudern. Der Schiedspruch geht dahin, dass der Neubau bestehen bleibt, «dass die rinne die zwischen ir paider pâwe leit die suln sie paidenthalben gleich mit gleicher chost haben die weile sie weret»; geht sie oder gehen die Häuser durch Feuer zu Grunde oder baut der Eine höher, «so sol ir ieglicher seinen trophen mit ainer rinnen auf vahen und auz laiten»; ohne des Andern Willen darf keiner ein Licht oder Fenster nach des Andern Hof haben.

Siegler: Abt Wilhelm.

Zeugen: «her Greiffe; her Hayme; her Otte, sein pruder; her Nychla der Chrieche; her Chvnrat Pvlle, zu den zeiten purgermaister ze Wienne; her Paltram der Vatz[1]); Lewe der Rostevscher; Seifrid sein sun; Fridrich der amman; Chunrat von Nürenberch; Chvnrat der Pleyen; Jacob von Otäckeringen; Sigla; Perwein der Paier; Philip in des aptes hause von Agmünde u. a. m.

Datum: ... geben ze Wienne, ... an sand Jorgen tage.

Original, Pergament. Mit einem sehr gut erhaltenen Siegel.

1538 *1302, April 1, St. Pölten.*

Bischof Bernhard von Passau schenkt dem Stifte St. Pölten ein Grundstück in der Klostergasse daselbst, das er einst, da er noch Pfarrer von Wien war, gekauft hatte.

———

[1]) Ueber Paltram siehe die wichtige Arbeit von Uhlirz a. a. O., 13 ff.

Siegler: Der Bischof.

Datum in Sancto Ypolito, anno domini millesimo trecentesimo secundo, kalendis aprilis.

Cod. Ms. 174, fol. 105, Nr. 166. — Urkundenbuch von St. Pölten, I, 203, Nr. 165.

1539 *1302, [April 1], St. Pölten.*

Propst und Convent von St. Pölten bescheinigen, dass Bischof Bernhard von Passau sein, von ihm als ehemaligen Pfarrer von Wien, in der Klostergasse zu St. Pölten erkauftes Grundstück dem Stifte geschenkt habe.

Datum Sancto Ypolito, anno domini MCCC secundo.

DuelBus, Exc. Gen., 184, Nr. 32. — Urkundenbuch von St. Pölten, I, 204, Nr. 166.

1540 *1303, Juli 7, Wien.*

Abt Wilhelm zu den Schotten bezeugt den Verkauf des dem Kloster gehörigen Hauses auf dem «Rossmarchte ze Wienen, daz da leit hinder unserm garten, des wir rehter grunt herre sein und der grunt unser gotzhous aigenleichen angehört», durch die Eheleute Otto und Mechthild Hager und ihren Sohn Jacob an 'den Erzbischof Conrad von Salzburg um 142 Mark löthigen Silbers Wiener Gewicht, wovon 6 Mark «ze besunderr erung» an Mechthild fallen. Die Grundrechtsleistung beträgt 40 Pfennige Wiener Münze am St. Michaelstage.

Zeugen: «maister Perhtolt der obrist schreiber; maister Heinrich, schreiber des herzogen von Osterich»; Leuthold von Kuenring; Kalhoch von Ebersdorf; Meister Dietrich, Pfarrer von Ebenfurt; Meister Otto, Pfarrer von Russbach; «her Chunrat der hubemaister; Philippe, des abtes wirt von Agemunde; Friderich unser amman» u. a. m.

Siegler: Bischof Heinrich von Gurk, der Abt und Convent zu den Schotten, Leuthold von Kuenring und Conrad der Hubmeister.

Datum: ... gegeben datz Wienen ... an dem ahten tage nach der hailigen zwelfe boten tage sand Peters und sand Paules.

Original, Pergament. Mit fünf meist gut erhaltenen Siegeln.

1541 *1303, October 13, Wien.*

«Hainrich der hansgrave» und seine Hausfrau Diemùt bezeugen die Ablösung von 70 Pfennigen Geld, die ihnen die Eheleute Otto und Mechthild Hager «alle jar an sand Mychels tage von ir hause daz da leit bei der Hohen prukken gegen Sigla und gegen der patstuben uber» gedient haben, mit «vierdehalp» (3½) Pfund Pfennigen.

Siegler: Die Aussteller.

Zeugen: «her Greiffe von Wienne, her Chunrat der hùbmaister, her Wilhalm in dem Ströhofe, her Levpolt auf der Sævlen, her Chunrat der Witze» u. a. m.

Datum: ... geben ze Wienne ... an sande Cholmannes tage.

In das Original-Transsumt von 1305, Februar 2, (Nr. 1547) an dritter Stelle aufgenommen.

1542 *1303, November 11, Wien.*

Otto der Hager, Bürger von Wien, bezeugt, dass ihm Erzbischof Conrad von Salzburg von den 142 Mark löthigen Silbers, die der Erzbischof von Salzburg ihm für ein dem Otto abgekauftes Haus bei den Schotten schuldig geworden war, durch den Salzburger Kammernotar Leutwin 54 Mark löthigen Silbers Wiener Gewicht angewiesen habe.

Siegler: Conrad der Hubmeister.

Datum Wienne, in die sancti Martini , e .[1], anno domini millesimo trecentesimo tertio.

Original, Pergament. Mit Resten eines aufgedrückten Rücksiegels in rothem Wachs.

1543 *1303, November 11, Wien.*

Conrad der Hubmeister bezeugt, dass die Eheleute Otto und Mechthild Hager 2 Pfund Wiener Pfennige Geldes Burgrecht, welche die Enkel seiner Schwester, «des Dvrates chint von Stain» auf dem Hager'schen Hause gehabt, «daz da leit pei der Hohen prvkken ze Wienne gegen Siglahen unde gegen der patstuben uber», um 12 Mark löthigen Silbers Wiener Gewicht abgelöst haben; der Aussteller verbürgt sich gegen die Hager'schen Eheleute.

———
[1] Das ist: episcopi.

Siegler: Conrad der Hubmeister.

Zeugen: «her Greiffe; her Chvnrat Pvlle, zu den zeiten purgermaister ze Wienne; her Levpolt auf den Sævlen; Herwort sein svn; her Wilhalm in dem Strohof und andere f. l. g.»

Datum: ... geben ze Wienne ... an sande Merteins tage.

Original, Pergament. Mit gut erhaltenem, rothem Siegel. Auch in das Original-Transsumt von 1305, Februar 2, (Nr. 1547) an zweiter Stelle aufgenommen.

1544 *1303, November 11, Wien.*

Levpold auf der Sevlen und Herwort sein Sohn erklären sich durch die Hager'schen Eheleute Otto und Mechthild hinsichtlich der 3 Pfund Wiener Pfennige Geldes Burgrecht befriedigt, die sie auf deren Hause «daz da leit pei der Hohen prukken ze Wienne gegen Siglahen unde gegen der patstuben uber» haben; die Lösung erfolgte durch Leistung von 19 Mark löthigen Silbers Wiener Gewicht unter Bürgschaft der Aussteller.

Siegler: Leopold auf der Sevlen.

Zeugen: her Greiffe; her Chunrat ze den zeiten huebmaister; her Chvnrat Pvlle ze den zeiten purger maister ze Wienne; her Wilhalm in dem Strohof und andere frume leute genug.

Datum: ... geben ze Wienne ... an sande Merteines tage.

Original, Pergament. Mit Siegel. Auch in das Original-Transsumt von 1305, Februar 2, (Nr. 1547) an vierter Stelle aufgenommen.

1545 *1303, November 13, Wien.*

Die Herzoge Rudolf und Friedrich befreien das von Erzbischof Conrad von Salzburg dem Otto Hager abgekaufte Haus in Wien «iuxta ortum Scotorum de prope situatam» von der Einquartierungslast.

Siegler: Herzog Rudolf.

Datum Wienne ... in die beati Briccii confessoris et episcopi.

Zwei Originale, Pergament. Von dem einen fehlt das Siegel, das am andern wenig schadhaft hängt; auf der Rückseite der Pressel steht ℞ (= registrata). Salzburger Kammerbuch II, 181 u. 233. — Lichnovsky II, 413.

1546 *1304, April 24, Wien.*

Gertrud, Aebtissin des St. Niclasklosters, und ihr Convent beurkunden die Ablösung ihres Pfundes Geld Burgrecht, das sie auf dem Hause hatten, «daz da leit niderhalben der Schotten chloster ze Wienne gegen der patstuben und Siglas hause über», durch die Eigenthümer Otto und Mechthild Hager, welche das Haus «dem pischolfe von Saltzpurch» verkauft haben; für die Ablösung wurden 6 Mark löthigen Silbers Wiener Gewicht bezahlt.

Siegler: Das St. Niclaskloster.

Zeugen: her Nychla der Chriechc, her Greiffe, her Chunrat der hvebmaister u. a. f. l. m.

Datum: ... geben ze Wienne ... an sand Jorgen tage.

In das Original-Transsumt von 1305, Februar 2, (Nr. 1547) an erster Stelle aufgenommen.

1547 *1305, Januar 17, Wien.*

König Albrecht I. nimmt das Nonnenkloster St. Bernhard in Krueg in seinen besonderen Schutz und bestätigt demselben alle seine Besitzungen mit namentlicher Aufzählung derselben; an erster Stelle erscheinen «in Gvmpendorf¹) sex talentorum et viginti duorum denariorum redditus».

Siegler: Der König.

Datum Wienne, anno domini millesimo trecentesimo quinto, XVI° kal. februarii, indictione tercia, regni vero nostri anno septimo.

Original, Pergament. Siegel abgefallen.

1548 *1305, Februar 2, Wien.*

Conrad Polle, Bürgermeister, und der Rath zu Wien transsumiren vier Urkunden, nämlich:

a) Nr. 1546 von 1304, April 24,
b) » 1543 » 1303, November 11,¹)
c) » 1541 » 1303, October 13,
d) » 1544 » 1303, November 11.²)

Siegler: Die Stadt Wien.

Datum: ... ze Wienne, do von Christcz purt was tausent jar drevhundert jar darnach

¹) Ob der ehemalige Freigrund nächst Gaudenzdorf und Margarethen?
²) Auch Original.

Regesten zur Geschichte der Stadt Wien. II.

in dem fumften jar, an unser vrowen tage zder liehtmesse.

Original, Pergament. Mit wohlerhaltenem Siegel.

1549 *1305, Februar 9, Salzburg.*

Otto der Hager, Bürger von Wien, bezeugt die völlige Tilgung jener 142 Mark löthigen Silbers Wiener Gewicht, die ihm und seiner Hausfrau Mechthild und seinem Sohne Jacob der Erzbischof Conrad von Salzburg für das Haus «an dem Rossemarcht datz Wiennen, daz da stözzet an der Schotten boumgarten», schuldig geworden war.¹)

Siegler: Der Aussteller, dann Otto von Goldegg und Conrad von Chuchel.

Datum: ... gegeben datz Salzburch, an dem ahtem tage nach der Ilhtmisse, ...

Original, Pergament. Mit drei wohlerhaltenen Siegeln.

1550 *1305, Juli 28.*

«Paulin hern Ruprehtze witwe von Pürstendorf» hat «geschafte ze dem niwen chloster daz man pawet ze Wienne in sant Claren ere in dem haus daz gewesen ist maister Otten des pharrer von Ruspach»:

1. «ze Walchünschirchen sehs lehen und ein halbes lehen» mit bestimmter Leistung;

2. «auf Wisentes haus daz da leit in der Wollezeil an dem ekke gegen dem rat haus zwei phunt geltes»;

3. ihre Gülte «ze Weikestorf» in angegebenem Betrage «hinz dem vor genanten sant Claren chloster ze Wienne und hinz sant Claren chloster ze Diernstein, also daz div selben chloster die selben gülte ze Weikenstorf geleich tailen süln mit einander».

Zeugen: her Nycla der Chriech, her Chvnrat der hubmaister, her Vlrich bei den Minnern brudern und her Prevnel.

Siegler: Die Ausstellerin und von den Zeugen der Hubmeister und Bruder Ulrich.

Datum: Disev rede und ditze geschafte ist geschehen an dem mitich nach sant Jacobs tach, ...

Original, Pergament. Die drei Siegel abgefallen.

¹) Vgl. oben Nr. 1542.

14

1551 *1306, Februar 24, Wien.*

«Pilgreim von Pivgen, hern Paltrames sun¹⁾ dem got gnade», bezeugt, dass er und seine Kinder Paltram, Pilgreim, Haymo, Mechthild und Margret, die er von seiner «erern hausvrowen vron Mehthilden hern Otten swester» gehabt hat, mit der Hand seines Burgherrn, Abtes Wilhelm von den Schotten, «und mit des undern purchherren hant Fridriches des ammannes … ain hofstat die da leit hinder der Schotten pavmgarten ze Wienne», die den Schotten jährlich 15 Wiener Pfennige zu Burgrecht trägt, dem Erzbischofe Conrad von Salzburg um 45 Mark löthigen Silbers verkauft habe.

Siegler: Der Aussteller, sein Sohn Paltram, «Heinrich von Schwechent und Levpolt von Getzzendorf».

Zeugen: «Levtolt von Chvnringen»; Albrecht Stvchse von Travtmannstorf; Heinrich, Chunrat, Seibot, Gebrüder von Potentorf; «her Greiffe; her Chvnrat der hubmaister; her Vlrich bei den Minnern prudern; her Otte; her Hainrich der Chrannest», Bürgermeister zu Wien; «her Wernhart, sein pruder; her Hainrich von der Neyzze; her Andre; her Levpolt Poelzel; her Levpolt auf den Sevlen» u. a. m.

Datum: … ze Wienne … an sand Mathyas tage.²⁾

Original, Pergament. Mit vier wohlerhaltenen Siegeln; ferner Transsumt in Nr. 1552.

1552 *1306, Juni 23, [Wien].*

Heinrich der Chranest, Bürgermeister zu Wien, und der Rath transsumiren die Urkunde des Pilgram von Peugen ddo. 1306, Februar 24 (Nr. 1551).

Siegler: Die Stadt Wien mit dem Stadtsiegel.

Datum: … an sand Johans abent ze sunwenden.

Original, Pergament. Mit wohlerhaltenem Siegel.

1553 *1306, April 10, St. Pölten.*

Bischof Bernhard von Passau schenkt dem Stifte St. Pölten «domum nostram sitam

---

¹) D. I. Paltrams vor dem Freithof, vgl. Thirr a. a. O., S. 12, Anm. 2.

²) Kann im Hinblick auf das Datum der folgenden Urkunde nicht auf September 21 bezogen werden.

in Strata claustrali in civitate nostra Ypolitensi, quam olim plebanatus Wiennensis regentes officium pecunia nostra propria comparavimus.

Datum in Sancto Ypolito, anno domini millesimo trecentesimo sexto, IIII idus aprilis.

Cod. Ms. 174, S. 105, Nr. 165. — Urkundenbuch von St. Pölten, I, 217, Nr. 180.

1554 *1306, Mai 6, St. Pölten.*

Bischof Bernhard überlässt dem Stifte St. Pölten sein Haus in dieser Stadt, in der Klostergasse «prope domum Engelscalci officialis» gelegen (das er noch als Pfarrer von Wien erworben), wogegen Propst und Convent sich zu Jahrtägen für ihn, seine Mutter «Dimudis de Pranpach» («in die sancte Scolastice») und für seinen Vater Bernhard von Brambach («sexto ydus marcii») verpflichten.

Siegler: Der Bischof.

Datum et actum in Sancto Ypolito, anno domini MCCC sexto, II nonas maii.

Cod. Ms. 174, S. 106, Nr. 168. — Urkundenbuch von St. Pölten, I, 218, Nr. 181. Vgl. Nr. 1553.

1555 *1306, December 13, Graz.*

«Herwot ovf der Sewél¹⁾) von Wiennen, Volchel der junge hern Volchmares süne von Grætz und Chvnigunde hern Volchmares witwé» erklären sich bereit, dass sie «von dem zehende datz Flédenitz» der ihr salzburgisches Lehen ist «dienen sullen alle jar ze anlait drei march pfenningen grœzzer an sand Georien tach und ainlefthalben vierlinch waitzzes, sehzzich virlinge habern und zwainzich ember wines allez grœzzer mazze an unser vrowen tage ze der lichtmisse». Versässen sie einmal diesen Dienst, so sollen sie das Recht auf den Zehnten verlieren.

Siegler: «Herbot ouf der Sewl von Wiennen» und auf sein Bitten Ulrich, Bischof von Seckau, und Herr Ulrich von Walsse, «hovbtman von Steyer».

Datum: … ze Grætz, an sand Luceyn tach, …

Original, Pergament. Von den drei Siegeln fehlt das mittlere, die anderen beiden sind etwas beschädigt.

---

¹) Vgl. die Schreibung in der Sieglerzelle.

1556 *1310, Januar 6, St. Niklas b. Passau.*

Propst und Convent zu St. Niclas bei Passau genehmigen nachträglich den durch ihren verstorbenen Pfleger zu Mautern an den St. Pöltner Chorherrn und Kämmerer Philipp vorgenommenen Verkauf eines ihrer Weingärten «in Grinczing, que in dem Châswazzersgraben vulgariter nuncupatur, a domino Ottone Lâwblino quondam civi Winnense olim nobis dem St. Niclasstifte) datam».

Siegler: Propst und Convent zu St. Niclas bei Passau.

Datum ad Sanctum Nicolaum, anno domini millesimo trecentesimo decimo, in epyphania domini.

Cod. Ms. 1077, fol. 36', Nr. 54, und 174, S. 274, Nr. 462. — Urkundenbuch von St. Pölten, I, 224, Nr. 186.

1557 *1310, Juni 7.*

«Ludeweich von Töbelich zten zeiten vorstemaister in Österrich» und seine Hausfrau «vrowe Geisel» kaufen von «herm Ortolfen von Atzzenprucke und von siner hausfrowen vrowen Gerwirgen und datze allen sinen erben zwen und vierzzich phenninge geltes ... die gelegen sint ze Töbelich Döbling, avf vier hovesteten» welche sie dann den Predigernonnen zu Tulln geben «zeinem wider wechsel ... umb ander zwen und vierzich phenninge geltes die gelegen sint ze Grintzzinge auf wiv sie gelegen da sint, auf hovesteten oder auf wingarten oder auf wiv si ez da habent gehabt».

Siegler: Der Aussteller.

Zeugen: Otte von Zelginge, her Weigant der Eysenbærtel, her Ortolffe von Atzzenprucke, her Hainrich sin bruder, her Chunrat der munich, her Johannes der schenck, her Ulrich der Maierhover und ander erewær leute gentch ...

Datum: ... zten phingisten.

Original, Pergament. Mit ziemlich gut erhaltenem Siegel.

Kerschbaumer, a. a. O., 340, Nr. CLVI (angeblich auch in einer Urkunde im Archive des Ministeriums des Innern).

1558 *1311, September 1, Wien.*

«Ulreich von Purckdorf und ... Geisel sein hausfrawe» verkaufen «ainen weingarten der da leit ze Grinzingen, des drittehalp jeuch sint, und ain haus gegen dem vorgenanten weingarten über und ainen weingarten hinden an dem selben hause daselbens ze Grinczingen, die da dient aller jerlich in dem lesne ain fuder weins und fünf emmer weins perkchrechtes auch da ze Grinzingen, ... herrn Ruedolfen dem pharrer von Charlstetten». Zu Gewere setzen sich die Aussteller, dann «Otte von Purchdorf des vorgenanten Ulrichen pruder ... Dietmar von Hadmarstorf» endlich Friedrich und Hadmar Brüder von Durenpach.

Siegler: Die Bürgen.[1]

Zeugen: «herr Greiffe, herr Chunrat der hubmaister, herr Ulreich bei den Minnern prüdern, her Nichla von Ezlaren, herr Hainr. der Chranest, her Lewpolt der Polcz die zu den zeiten amptleute in Österreiche waren, herr Wernhard der Chrannest, herr Hainrich von der Neizze, herr Andre, Herman, Andre und Lewpolt die prueder von Sand Polten, Herwart auf der seule und ander frume leute genuch ...»

Datum: ... ze Wienne ... an sand Gilgen tage.

Cod. Ms. 174, S. 283, Nr. 475. — Duellius, Exc. gen. (Protokoll und Zeugenkatalog aus dem verlorenen Original) mit zwei Siegelbildern auf Tafel IV, Nr. 37, und V, Nr. 40. — Urkundenbuch von St. Pölten, I, 227, Nr. 189.

1559 *1312, Mai 16.*

«her Haynrich von Wien», Chorherr von St. Pölten, ist Zeuge in einer Urkunde, wonach der Dechant Gotfried und Bürger Engelprecht zu Krems einen Streit entscheiden, den das Stift um die Pflege zu Joching geführt hat.

Cod. Ms. 175, fol. 90', Nr. 77. — Urkundenbuch von St. Pölten, I, 230, Nr. 191.

1560 *1313, Januar 1, Wien.*

Mainhart, Sohn Mainharts von Ibs (Ybis), verkauft mit der Hand seines Bergmeisters «Albrechtes des Prant Mairs von der Herren Als» seines rechten Bergrechtes einen Wein-

---

[1] Nicht blos die Aussteller, vgl. die Siegelabbildungen bei Duellius; Namen sind im Siegler katalge nicht genannt.

14*

garten, «der da leit an dem Alssecke, des ain halbes jevch ist ze næhiste bei hern Andres weingarten purger an dem Chyen Marchte ze Wienne», um 24 Pfund Wiener Pfennige «den erbærn leuten Petern und Chvnraden hern Chvnrades sune des Dvrstes[¹] von Stain» und setzt sich den genannten «hern Chvnrades sune des Dvrstes van Stain» zu rechtem Schirm nach Berg- und Landrecht in Oesterreich.

Siegler: Der Aussteller.

Zeugen: «her Greiffe, her Chvnrat der hubmaister, her Chvnrat sein sun, her Vlrich bei den Minnern pruedern, her Jacob von Sand Michels pvrch und ander frume leute genuch».

Datum: ... geben ze Wienne ... an dem ebenweih tage.

Original, Pergament. Mit gut erhaltenem Siegel; nur die Umschrift etwas beschädigt.

1561 *1314, Juni 1, Wien.*

«Otte der Wildekær» und seine Hausfrau «vro Alhait» schaffen «dem erbærn closter und den erbærn vrowen hinz Sand Chlaren ze Wienne» von ihrem rechten Eigengut «ze Eberhartestorf zwai lehen und zwo hofstet». Sie haben ihre Tochter, «gehaizzen Anna», in das Kloster gegeben. Von dem Gute soll man jährlich genau aufgezählte Gülten leisten.

Bürgen: Die Aussteller und Gebrüder Heinrich und Leuthold von Hackenberg.

Siegler: Der Aussteller, dann Heinrich von Hakenberch und sein Bruder Leutold.

Zeugen: «her Alber von dem Clemens, her Greiffe ze Wienne, her Chunrat der hubmaister, her Vlrich bei den (minnern) prüdern, her Hainreich der Payr, der schaffer was ze den zeiten der vrowen ze Sand Chlaren und ander frum leut gen^gch».

Datum: ... ze Wienne ... nach sand Vrbanes tag über aht tag.

Original, Pergament. Die drei Siegel fehlen.

1562 *1315, April 24, St. Pölten.*

«her Hainr. von Wienn, guster» zu St. Pölten ist Zeuge in einer Urkunde, durch

¹) Gebessert aus »Durszen«; vgl. Nr. 1543.

die sich Stephan von Neuwald verpflichtet, einem schiedsrichterlichen Ausspruche nachzukommen.

Codd. Mss. 1077, fol. 37', Nr. 57; 173, fol. 84', Nr. 131, und 175, fol. 217, Nr. 321. — Urkundenbuch von St. Pölten, I, 232, Nr. 193.

1563 *1315, December 6, Tulln.*

Richter und Rath der Stadt Tulln beurkunden den Verkauf eines Hauses daselbst durch Symon Jungreich an Elisabeth, Witwe Heidenreichs von Burgstall.

Ihre Zustimmung haben ertheilt: Stephan, Symons Bruder, dann dessen Schwestern Bertha «Uolriches des hausgenozzen hausfrowe von Wienne und ... Ottily Reichweins hausvrowe von Toebelich, und Kathrey Georgii tochter, hern Jungereiches enninkel, dem got genade» etc.

Siegler: Die Stadt Tulln.

Datum: ... an sant Nicolos tage.

Duellius, Exc. Gen. 186, Nr. 41 (Auszug aus einem verlorenen Originall. — Urkundenbuch von St. Pölten, I, 230, Nr. 190.

1564 *1316, November 14, Wien.*

«Ortolf der Chrechsner ... Margret sein hausvrowe ...» kaufen «ain haus von Chvnen dem Schenchen und von siner hausvrowen vron Katrein, das da gelegen ist ze Wienne pei Unser vrowen auf der Steten und weillen hern Pytrolfes was und siner hausvrowen vron Matzen, den baiden got genade» und wollen davon jährlich 2 Pfund Wiener Pfennige burgrechtsweise den Predigernonnen zu Tulln dienen, je 5 Schilling und 10 Pfennige «an den Perichtag ..., an sand Jorigen tage ... und an sand Mychelses tag». Wollten sie, Aussteller, diese Gülte «ablœsen», so müsse dies entweder mit einer gleichwerthig andern, oder mit 20 Pfund Wiener Pfennigen geschehen, und zwar mit je 10 Pfund «zwischen weinachten und vaschange ... tzem andern mal zwischen vaschang und ostern», worauf dann immer ein Pfund Gülte abgelöst sei.

Siegler: Der Aussteller.

Zeugen: «her Chvnrat von Arnstain, her Ortolf von Atzenpruke und her Hainreich

pruder und her Weichart von Topel und her
Chvnrat der hubmaister von Wiennen und
her Chvnrat sein sun und her Lvdweich der
vorstmeister zu den tzeiten in Ostereich, her
Otte von Schretenperige, her Vlreich von
Maierhofen, her Otte hern Hvnleins sun von
Tvln, her Eberhart der Povmgartner zu den
zeiten richter ze Tvln u. a. f. l. g.».

Datum: ... ze Wiennen ... des suntages nach Merteins tag.

Original, Pergament. Mit wohl erhaltenem Siegel.
Kerschbaumer, a. a. O., 348, Nr. CLXXVI.

1565 *1317, September 1, Wien.*

«Chûnrat der hubmaister in Österreich
und ... Geisel sein housvrowe» vermachen
auf den Todesfall Conrads («nach mein ainez
tôd des vorgenanten Chvnraten des hûb-
maisterz in Österreich» ihrer Tochter «swester Kathrein dacz Tvln zwai phunt und drei
phenninge geltes wienner pheninge, der zehen
schilling und drei phenninge gelegen sint
auf weingarten pei Sand Nycla ze Wienn, di
genant sint di Dwerichlûzze, di man zwir
in dem jar dient an sand Michels tag und
an sand Georigen tag, und sechs schilling
auf ainem hous hinder sand Pangrâczen ze
Wienn, daz weilent Seifrides von Lincze
gewesen ist, di man dreistund in dem jar
dient: ze weichnachten, an sand Georigen
tage und an sand Michels tag»; nach Conrads Tod soll die Gülte «swester Kathreye
... alain zû iren tagen», nach deren Tode
aber das Tullner Nonnenkloster haben und
dafür einen Jahrtag begehen «mit vigili und
selmesse und mit allen güten dingen».

Siegler: Der Aussteller.

Datum: ... ze Wienn ... an sand
Gyligen tag.

Original, Pergament. Mit beschädigtem Siegel in
rothem Wachs; von der Umschrift ist zu lesen: «... [d]e
Harm[arki]»?
Kerschbaumer, a. a. O., 348, Nr. CLXXVIII.

1566 *1318, März 19, Salzburg.*

Jacob von Wien, Sohn Ottos des Grafen,
erklärt sich hinsichtlich aller seiner Forderungen an den Erzbischof Friedrich von
Salzburg befriedigt und sagt ihn ledig, «ez

sei umb purchrecht von seinem hof ze Wienn
oder umb zimber eder ander chost di auf
den selben hof ist gelegt eder umb ander
sach swie div sein genant» und gelobt treue
Pflegschaft und Burgrechtsleistung, «di weil
er mir dar inn gan ze sein, und daz auch
ich im und sinen nachchomen denselben hof
ledichlichen und an widerred antburt, swenn
er mich haizzet dar ouz varen».

Siegler: Der Aussteller.

Datum: des nähsten suntags nach sand
Pangrâczen tag, ...

Original, Pergament. Mit wohlerhaltenem Siegel.

1567 *1318, Mai 25, Wien.*

«Wilhalm von Pavngarten und Sophey
sein hausvrowe» geben mit ihren «suns Otten
gutem willen ... den vrowen von Sand
Chlaren ze Wienne zu unsern zwain toch-
tern, vron Diemvten und vron Elzbeten irz
ordens, zwai phunt wienner phenning geltes
die da ligent ze Poystorf auf zwain lehen,
der Vlreich der Zeravsch dient ain phunt und
Hainreich der Grotzze dient daz ander phunt.

Siegler: Die beiden Aussteller.

Datum: ... ze Wienne ... an sand
Vrbans tage.

Original, Pergament. Die zwei Siegel fehlen.

1568 *1318, Juli 22, Wien.*

«Witig der verber» und «Pericht sein
hausvrowe» stiften vor ihrem Eidam Heinrich und dessen Gattin, ihrer Tochter Clara,
und Gerung, dem Bruder der Bertha, und
Ulrich «dem Himperger», dem Schwager
der Bertha, zu ihrem Seelenheil «den frawen
hinz Sand Chlarn den weingarten an dem
Alsekke des ein halbes jeuch ist und vier
phunt wienner phenning geltes auf unserm
hause daz da leit in der Filtzzerstrazze
gegen Sand Jacob uber auf den Hvlben ze
Wienne». Beides wollen die Stifter auf
Lebenszeit in ihrer Gewere behalten; nach
ihrem Tode sollen die Nonnen sich desselben unterwinden und ihrer «tohter, swester Gelseln zu ir besunder notdurft alle jar
geben ... halben wein der in dem weingarten wirt und von dem andern halben tail

weins sol man den vorgenanten weingarten
pawen». Von den vier Pfund soll die Hälfte
«den Minnern pruedern», die andere Hälfte
Gisela zufallen; nach deren Tode sollen die
Frauen sie einziehen und für den Jahrtag
sorgen. Thun sie dies nicht, so sollen die
Verwandten sich um ein anderes Kloster umsehen. Wollten die Erben die 4 Pfennige
von dem Hause ablösen, so sollen «inz die
frawen ledich lazzen umb ander vier phunt
gulte die in also gelegen und also nutz sein».
Der vorzeitige Tod Giselas ändert nichts an
dem Geschäfte.

Siegler: Der Convent von St. Clara, «her
Weichart bei den Minnern pruedern» und
die (?) Aussteller.

Datum: . . . ze Wienne . . . an sand
Marein Magdalene tag.

Original, Pergament. Drei Siegel fehlen.

1569 *1318, December 16, Wien.*

«Chunrat der Schvtzze von Prvnne und
. . . Peters sein hausvrowe» vergleichen sich
«mit den erbærn swestern, swester Cecilien
zdz. aptissinne und der samnunge gemaine
des gotshauses sand Chlarn ze Wienne umb
ein hofstat und umb einen weingarten dar
an, die da ligent datz Prvnne . . . daz die
erbær vrowe vro Hædweich die Hvenpalninne
mit anderm guet lauterlichen . . . mit sampt
ir in daz chloster . . . geben hat». Dieses
hatte auf das Gut zu Brunn als «rechtes vreies
purchrecht . . . umb vierzich wienner phenninge geltes purchrehtes» Anspruch erhoben.
Mit dieser Burgrechtsleistung und mit einer
Abschlagszahlung von «zehenthalp phunt
wienner phenning» geben sich nun die
Aussteller zufrieden und das Gut in des
Klosters Gewere.

Siegler: Der Aussteller, Weichart von
Toppel, Hofrichter, und Conrad «der Chærg-
lein».

Zeugen: «unser aidem Stephan der Chær-
gel, Fridrich von Chranihperch, Chvnrat der
Padner z. d. z. schaffer datz sand Chlaren ze
Wienne».

Datum: . . . ze Wienne . . . des næhsten
sampztages vor sand Thomans tage.

Original, Pergament. Die drei Siegel fehlen.

1570 *1319, Mai 1, Wien.*

Peter der Ponhalm von Steyr und Margarethe seine Hausfrau, dann «Christein di
Slüzzlerinne von Wienne und . . . Leupolt der
Sluzzler ir sun» und Margarethe seine Hausfrau verkaufen zu gesammter Hand und mit
der Hand ihres Grundherrn, des Abtes Johann
zu den Schotten, ihr Haus, «daz da leit hinder
der Schotten chloster ze Wienne mit fünf
hofstetten di der vor ligent», nach Burgrechtsgewere und mit dem Dienst von 12 Schillingen
«elliv jar an sant Michels tage» und von zwei
der genannten Hofstetten («von der vorgenanten fünf hofsteten zwain») 15 Pfennige zum
selben Termine, dem Erzbischof Friedrich von
Salzburg um 100 Mark Silbers und «umbe ein
tuech von Eyper . . . daz uns ze leitchouf
gegeben ist»; die Verkäufer bürgen nach Burgrecht und Wiener Stadtrecht.

Siegler: Für Christine Schüsslerin ihr
Eidam Peter der Ponhalm und ihr Sohn,
ferner der Abt zu den Schotten, Propst Stephan von Klosterneuburg, Herwart auf der
Saeul und Ulrich Weinlein.

Datum: . . . ze Wienne . . . an sant
Philippes und sant Jacobes tage.

Original, Pergament. Mit sechs wohlerhaltenen
Siegeln.

1571 *1319, Juni 24, Wien.*

«Ott der Wölfelstorffär . . . purgermaister und der rat von der stat ze Wienn»
bekunden, «daz der erbär man her Dietr.
der Chlewer purger ze Wienn» nach dem
Tode seiner früheren Hausfrau Frau Hailken
«sein haus . . . pei der Himmelporten gegen
des erbärn hern hous des abts von Chöt-
weig über» (Göttweigerhof) mit Zustimmung
seiner Kinder aus jener Ehe «Dietreichs,
Niclas, Leutweins seiner sün und seiner
töchter vrown Gedrawten und vrown Margreten und ir wirt Elbleins der Goltstains
und Julians hern Ortolfs des statschreibär
sün, dem got genad, seiner paider aidem»
um 136 Mark Silber Wiener Gewicht «immer
zwen und sibenzig grozzer pehemischer
phenning für ein igleich markch» dem Stifte
St. Pölten verkauft hat.

Siegler: Die Stadt Wien mit der «stat insigel».

Datum: ... ze Wienne ... an dem sunnbent tag.

Codd. Mss. 1077, fol. 27', Nr. 32, und 174, S. 161, Nr. 277. — Urkundenbuch von St. Pölten, I, 245, Nr. 205.

1572 *1319, Juli 4, Wien.*

«Dietreych der alt Chleber» hat mit Zustimmung seiner Söhne und Töchter aus erster Ehe und seiner Schwiegersöhne[1] und mit des «purkherren hand hern Marcharts des Jan sun» sein Haus «bei der Himelporten gegen der Chötwiger hofe uber und das da dient alle jar sechsunddreissig wienner phenning ze gruntrecht und dhainen andern dienst mer», um 136 Mark Silber dem Stifte St. Pölten verkauft und stellt nun darüber einen Kaufbrief aus, besiegelt mit seinem, seiner Söhne und Schwiegersöhne Siegel, ohne Leutweins des jüngsten Sohnes, der «noch nicht aigens insigls hat».

Siegler: Diese und der Burgherr.

Zeugen: «her Herman von Sand Polten zu den zeiten richter ze Wienne, her Andre und her Lewpolt sein brueder, her Herman ir neve, her Herman der Sneczzel, Michel der Chleber, Lamber hern Andres sun an dem Chienmarchkt und ander frume leut genugk».

Datum: ... ze Wienne ... an sand Ulrichs tag.

Cod. Mss. 174, S. 161, Nr. 276. — Urkundenbuch von St. Pölten, I, 246, Nr. 206.

1573 *1320, Januar 20, Graz.*

«Fridcrich von gotes gnaden Romischer chünik» macht bekannt, dass er «dem prior des gotzhauses ze Maurbach, daz unser stift vnd pflanzzünge ist, Kartuser ordens» die Gunst gethan hat, dass er, «swa er zů uns oder zů unsern brüdern und fürsten herzogen in Österrich und ze Steyr oder zů unsern wirtinnen chümt und vert, ez sei in Österrich oder in Steyr oder swo ez anderswa sei, an alein ze Wienne, daz man im da selb vierden mit vier pherlden völlige und erlich chost sol geben».

[1] Vgl. Nr. 1571.

Siegler: Der Aussteller mit seinem «chunichlichen insigel».

Datum: ... ze Grecz, an sant Sebastians tak, ...

Original, Pergament. Siegel abgefallen.

1574 *1320, Mai 20, Graz.*

König Friedrich veranschlagt den Schaden, den er mit Durchzug und Lager dem Erzbischof von Salzburg zugefügt, auf 1200 Mark «altes gewêgens» und will «im des silbers acht hundert march verrichten von unsern juden ze Wienne [...] unz auf weinachten die schierist choment» und befiehlt ihm, «mit seinen briefen von der judensteur ze gelten und die andern vierhundert march [...] an dem nechsten sant Giligen tach uber ein jar von der Münzze ze Wienne oder anderswo; ... swaz er da von schadn nême an den juden» will dem Erzbischofe der König ersetzen.

Siegler: Der König.

Datum: ... ze Gretz, des eritages in der phingstwochen, ...

Original, Pergament; durch Feuchtigkeit stark beschädigt. Siegel abgefallen.

1575 *1322, Februar 3, Wien.*

«Cholman von dem Chotweige» und seine Hausfrau «vro Clar» und Peter sein Bruder, dessen «hausvrowe vro Gedrawt und ... Perenhart Cholmans geswei» verkaufen mit ihres «perchmaisters hant Tyemen von Svefringe» ihren Weingarten «der da leit dacz Suefringe an dem dorfe und haisset dew Peunt» um 100 Pfund Wiener Pfennige «dem beschaiden manne dem Paulen an dem Salczgriezze ze Wienne und seiner hausvrowen vron Christein».

Siegler: Peter.

Datum: ... ze Wienne ... an sand Blasen tag.

Cod. Mss. 174, S. 277, Nr. 467. — Urkundenbuch von St. Pölten, I, 256, Nr. 215.

1576 *1322, August 7, Wien.*

König-Herzog Friedrich der Schöne gewährt dem von Erzbischof Friedrich von Salzburg dem Peter Ponhalm abgekauften

Hause bei den Schotten, das der Erzbischof
mit dem Salzburgerhofe daselbst vereinigen
will, die Freiheit desselben.

Siegler: König Friedrich als Aussteller.

Datum Wienne, anno domini millesimo
trecentesimo vicesimo secundo, in die beate
Affre, regni vero nostri anno octavo.

Original, Pergament. Mit gebrochenem Siegel.

1677 *1324, März 12, Königsfelden im
Aargau.*

«Agnes von gotz gnaden wilent chûne-
ginne ze Vngern» schenkt ihres rechten Eigens, das sie um «bereites silber» gekauft hat,
«fûnfzehen pfunt geltes wienner pfeninge,
die da ligent ze Regelsbrunne auf gestiftem
gůt an pfenning gulte und an waizen gult
... und die wingarten die da ligent an dem
Pfaffenberg», mit pergmaisters hant», die
sie auch gekauft hat mit «beraiten gůt, den
geistlichen frowen von Sand Claren orden ze
Wienne». Das Ertrâgniss von Regelsbrunn
«an phenninge und an waitze und an andern
dingen» sollen sie «den Minren brúdern in
der vorgnanten stat ze Wienne» geben, damit diese den Jahrtag «chuniges Andren von
Vngern, Felicis in pincis'» und den künftigen der Königin begehen, sich ein Mahl und
vom Ueberschuss Kleider vergönnen. Von
dem Ertrage des Weinberges soll die «apthis-
senne von Sant Claren jarlich ir convente in
der vasten alle tage vische chôffen», soweit
er nicht für die beiden Jahrtage Verwendung
findet.

Siegler: Die Ausstellerin.

Datum: Der brief wart gegeben ze Chûn-
gesfelt ... an sant Gregorien tag.

Original, Pergament. Mit ziemlich gut erhaltenem,
kleinem rothen Wachssiegel; es zeigt das ungarische
Doppelkreuz mit der Umschrift «S. Agnetis . Regine .
Vngarie». — Dem Ausstellungsorte entsprechend: schwä-
bische Kanzlei.

1578 *1324, April 18, Strassburg in Kärnten.*

Bischof Heinrich III. von Gurk subdele-
girt, als von Papst Johann XXII. bestellter
Conservator des Karthäuserordens, den Abt

des Schottenklosters zu Wien, den von Lilienfeld und den Chormeister von St. Stephan
zu Wien zur Ausübung der Gerichtsbarkeit
über die Schädiger von Mauerbach.

Datum Strazburge, quarto decimo kalendas maii, anno decimo millesimo CCC·XX·
IIII°.

Zwei Originale, Pergament. Je ein Siegel abgefallen.

1579 *1324, November 26, Wien.*

Herzog Albrecht II. überlässt mit Zustimmung seiner Brüder «den geistlichen
vrowen von Sant Chlaren ze Wienn ... ze
irem powe den si ze Wienn an irer chirchen
tûnt die awe die bei Erburch gelegen ist von
unser vrowen tag ze der lichtmizze der nu
schierist chumt dreu ganze jar» in derselben
Weise, wie sie ihnen «chunig Fridreich êmoln
ouch geben het».

Besiegelung nicht angekündigt.

Datum: ... ze Wienn, des nosten mên-
tags nach sant Katherin tag, ...

Original, Pergament. Das aufgedrückte rothe Rücksiegel ist abgefallen.

1580 *1325, Mai 8, Wien.*

«Friderich von gotes gnaden herzog ze
Oesterreich und ze Steyr'» hat «der Hauginne haus in der Verberstrazze ze Wienne
mit der prezze die dar gegen uberleit und mit
allen den nûzzen ... als ez die Hauginne
hat inne gehabt, und da man alle jar von
dienet sechs und dreizzik phenning wienner
mûnzze ... von Vlrich dem Slôzzler Jacobs
des chellermaister aidem» gekauft und gibt
es mit Zustimmung seiner Brüder Albrecht,
Heinrich und Otto dem neugestifteten Karthäuserkloster Mauerbach.

---

1) Dass Friedrich der Schöne sich hier nicht König
nennt, ist nicht zu verwundern. Fällt ja unsere Urkunde
genau acht Wochen nach dem Traussnitzer Vertrage vom
13. März 1325, worin Friedrich auf die Krone verzichtet
hatte. Diesem Verzichte aber dankt er die Anwesenheit
in Wien. Die Schenkung ist wohl ein Act der Dank-
barkeit für die Dienste, die Prior Gottfried von Mauerbach in Traussnitz geleistet hatte. Vgl. Riezler, Geschichte
Baierns (1880), S. 359; Huber, Geschichte Oesterreichs
(1885), S. 139, Wiedemann a. a. O., Anm. 3.

1) Das ist am 14. Januar, am Todestage des Königs.

Siegler: Des Ausstellers Bruder, Herzog Albrecht, «wan wir ze den zeiten aigens insigel nicht heten».[1]

Datum: ... ze Wienn ... des mitichen nach des heiligen Chreuzes tag, als ez fünden wart.

Original, Pergament. Siegel abgefallen.

Wiedemann, Gesch. d. Karthause Mauerbach, in Ber. u. Mittheil. d. Alterth.-Ver., XIII, S. 79, zu Juni 3.

1581 *1326, September 29, Wien.*

«Dietmar vom Ror» verleiht den Weinzehent im «Weihsseltal», welchen Otto «der Truhsætz von Potendorf» und dessen Gattin «vro Geisel» von ihm zu Lehen gehabt, nun aber mit seiner Zustimmung den Eheleuten Heinrich und Clara von Brunne und «Pertelmen dem Mæserlein und seiner hausvrowen vron Chlarn» und deren Erben beiderlei Geschlechts verkauft und ihm aufgesandt hatten, den Käufern zu rechtem Lehen.

Siegler: Der Aussteller.

Zeugen: Fridrich der Gnæmhertel, Jacob der Mæserl, Herman der Snætzel, Herman der Rvdolfinne enenchel von Sand Polten, Nichlas der Mæserl, Marchart der vorspreche[2] und ander frume leute genuch.

Datum: ... ze Wienne ... an sand Michels tage.

Original, Pergament. Siegel abgefallen.

1582 *1327, März 9, Wien.*

«Stephan der Chrigler z. d. z. obrister schaffer und phleger der purger spital ze Wienne» gibt mit Zustimmung des Rathes «sechs schilling wienner phenning geltes purchrechtes, die man den vorgenanten spital und den durftigen gedient hat von dem haus daz do leit in der Cherner strazze ze Wienne ze nehst Hertlein dem vazziecher, daz weilne Seidleins des Nevsidler gewesen ist und nu ist der erbern vrowen von Sand

[1] Dem Titel des Ausstellers entsprechend, der sein Königssiegel nicht anhängen konnte.

[2] Sämmtlich als Wiener Bürger nachweisbar: über Gnæmhertel s. Nr. 1593 und 1600; die Mäserl hatten ein Haus bei St. Michael, Nr. 1593, vgl. 1528 ff.; über Rudolf von St. Pölten Nr. 1528 ff.; über die Prunner Nr. 1620, 1623 und 1625.

Chlaren» diesem Kloster und seiner Aebtissin «swester Ceciligen» zu lösen um 8 Pfund Wiener Pfennige.

Siegler: Der Aussteller und Herr Weigant der Spitalsschaffer.

Zeugen: «her Gilge der priester, her Ott der Wulfleinstorfer, her Chunrat der hansgraf, Vlreich der Chyener z. d. z. der vorgenanten vrowen schaffer datz Sand Chlaren u. a. fr. l. g.»

Datum: ... ze Wienn ... des montages in der andern ganzen vast wochen.

Original, Pergament. Die zwei Siegel abgefallen.

1583 *1327, Mai 1, Wien.*

Herzog Otto von Oesterreich gewährt dem von Erzbischof Friedrich dem Peter Ponhalm abgekauften Hause die Freiheit des Salzburgerhofes.

Siegler: Der Herzog.

Datum Wienne, in die beatorum Philippi et Jacobi apostolorum, anno domini millesimo trecentesimo vicesimo septimo.

Original, Pergament. Mit ziemlich schön erhaltenem Siegel.

1584 *1328, Januar 1, Wien.*

Herzog Albrecht II. veranlasst den «ritter Hainrich von Rappach ... der Römischen chuniginn hofmaister, wann im daz haus unsers junchern von Wartenvels umb den zins und purchrecht[1] ... vervallen was», vom Rechtsverfahren abzulassen und sich mit Wiederaufnahme der Leistung zu begnügen; würde diese neuerdings versessen, so trete der Kläger «an allen chrieg» in den Besitz des Hauses.

Besiegelung nicht angekündigt.

Datum: ... ze Wienne, an dem ewenweichtag, anno domini millesimo CCC·XXVIII·.

Original, Pergament. Siegel abgefallen.

1585 *1328, Februar 5, Wien.*

Herzog Albrecht II. desgleichen wie Herzog Otto in Nr. 1583.

Siegler: Der Herzog.

[1] Deutet auf ein städtisches Haus; vgl. den Datirungsort.

Datum Wienne, die beati Agathe virginis et martyris, anno domini millesimo CCC° vicesimo octavo.

Original, Pergament. Mit sehr gut erhaltenem Siegel.

1586 *1330, April 12, Wien.*

«Hainrich von Eblingen der saltzhakcher und ... Chlar sein hausvrowe» schaffen mit ihres «perchherren hant hern Perchtoldes des Chramer zu den zeiten hofmaister zu Dornpach ... den erbærn geistlichen vrowen swester Mæchthiklen zu den zeiten apttissinne und der samnunge gemaine datz Sand Chlarn ze Wienne lauterlich durch got» und zu ihrem Seelenheile ihren «weingarten der da leit in der Walgris an der Wintterleitten, des ein halbes jeuch ist zenæchst Albrechten dem Fleischhakker» mit einem Jahrdienst von 25 Pfennigen Bergrecht und 3 Helbling Vogtrecht, für den Fall ihres kinderlosen Ablebens für Abhaltung eines Jahrtages «an dem Prechemtag ... mit zwain phunden phenningen». Hinterliesse jedoch der Aussteller Kinder, so sollten diese und seine Witwe den Weinberg innehaben und dem Kloster jährlich «an dem Prehem tage» 24 Pfennige leisten. Würde dagegen der Weinberg in Abbau kommen, so könne sich das Kloster sein unterwinden, müsse der Witwe und den Kindern jährlich 2 Pfund reichen «und suln die weil des jartages ubrige sein». Für den Fall der Wiederverheiratung seiner Witwe sollen die Kinder aus dieser Ehe «mit dem weingarten niht ze schaffen haben». Nach dem Tode seiner Witwe und seiner Kinder falle der Weinberg ganz an das Kloster. Könne er, Aussteller, jedoch «des weingartens vor chafter not nicht versparen», so dürfe er dann damit nach Gutdünken verfahren; hielten die Schwestern den Jahrtag nicht ein, «daz bewærlich ist», so übergingen der Weinberg und die Pflicht des Jahrtages an seine Freunde.

Siegler: Der Aussteller und der Bergherr.

Datum: ... ze Wienne ... des phinztages[1]) in der osterwochen.

Original, Pergament, mit einigen Feuchtflecken. Die zwei Siegel abgefallen.

————

[1]) Die Buchstaben «phi» fallen in einen Feuchtfleck.

1587 *1331, Juli 12, Avignon, und Juli 28, Wien.*

Vierzehn Bischöfe, zum Theil in partibus, ertheilen je 40 Tage Ablass zu Gunsten des Laurenzerinnenklosters in Wien.

Datum Avinioni, XII die mensis mai, anno domini M·CCC·XXX·I.

Darunter die Zustimmungsklausel des Bischofs von Passau.

Datum Wienne, anno domini M·CCC· XXXI°, V kalendas augusti.[1])

Original, Pergament. Mit 17 Durchlochungen für die Besiegelung, die Siegel fehlen.

Die grosse Initiale bringt verkleinert ein Lichtbild in Ber. u. Mitthell. d. Alterth.-Ver. zu Wien, 26, 170.

1588 *1331, Juli 23, Wien.*

Abt Moriz und der Convent des St. Marienklosters zu den Schotten in Wien stellen dem Erzbischof Friedrich von Salzburg einen Kaufbrief aus über 4 Pfund weniger 31 Pfennige (3 Pfund, 209 Pfennige) Wiener Münze, wovon 2 Pfund 24 Pfennige vom Salzburgerhofe «de domo, orto et horreo», 12 Schilling Pfennige vom Hause der weil. Schlüsslerin, und 65 Pfennige von fünf Höfen, welche gegenüberliegen (de quinque areis in linea ex opposito situatis), geleistet werden; der Kaufpreis betrug 40 Pfund Pfennige Wiener Münze.

Siegler: Der Abt und der Convent.

Datum Wyenne, anno domini millesimo CCCXXXI°, in crastino beate Marie Magdalene.

Original, Pergament. Mit zwei wohlerhaltenen Siegeln.

1589 *1331, December 13, Wien.*

«Jans von Parz und ... Perchte sein hausvrow und ... Albrecht sein pruder» verkaufen «dem erbern ritter hern Hagen von Spilberch zu den zeiten juden richter ze Wienne und vron Margreten seiner hausvrowen» einen unbekannten Gegenstand.

Siegler: Der Aussteller, dessen Lehenherr Hadmar Stuchs von Trautmannsdorf und Chunrat von Eslarn, «zu den zeiten richter ze Wienne».

————

[1]) Mühin hatte das Document höchstens 17 Tage gebraucht, um von Avignon nach Wien zu gelangen.

Datum: ... ze Wienne ... an sand
Luceyn tage.

Duellius, Exc. Gen., 190, Nr. 54, mit Siegelbild.
— Urkundenbuch von St. Pölten, I, 301, Nr. 255.

1590 *1332, Januar 27, Wien.*

«Magret hern Haymbots witibe von Prespurch, dem got gnade», verkauft mit Willen
ihres Sohnes «Heinrichs auf der Seul ...
ainen weingarten der da leit ze Grintzzingen
und heizzet der Sentel, ze na:hest meiner
swester weingarten der Georginne, der ander
halb viertail ist» mit jährlichem Bergrechts-
dienst im Lesen von ²/₄ und ¹/₁₆ Eimer Weins
u. s. w., um 50 Pfund Wiener Pfennige ihrem
Bruder «hern Philippen dem chorherren ze
Sand Polten.»

Siegler: Der Sohn der Ausstellerin, Heinrich auf der Seul, ihr Eidam Jacob von
Pressburg und Herbort auf der Seul.

Datum: ... ze Wienne ... an sand
Johannes tage mit dem guldeinen munde.

Original, Pergament. Zwei Siegel abgefallen, das
letzte hängt. — Cod. Ms. 174, S. 279, Nr. 469. — Duellius, Exc. Gen., 190, Nr. 57 (Auszug aus dem Original),
mit Siegelbild. — Urkundenbuch von St. Pölten, I, 301,
Nr. 256.

1591 *1332, April 23, Wien.*

«pruder Herbort von Winchel zu den
zeiten commenteur und der convente gemaine der herren zu dem Teutschenhause ze
Wienne» verkaufen mit Handen ihrer Bergherren, des Probstes Heinrich von St. Pölten
und des Herrn Andreas von Rechberg, Weingärten in der Wachau «dem erbern manne
herrn Lewpolden dem Wenigen purger ze
Wienne».

Siegler: Das Deutsche Haus in Wien.

Datum: ... ze Wienne ... an sand Jorgen tage.

Cod. Ms. 174, S. 305, Nr. 625. — Urkundenbuch
von St. Pölten, I, 304, Nr. 258.

1592 *1333, Februar 26, Wien.*

«Stephan der Chrigler»[1]) schenkt den
«gaistleichen vrowengemain hinz sant Pernhart

ze Chrüge» seinen Weingarten «ze Chlai-
tzingen[1])» dez ein halbs jeuch ist»; den er gekauft hat «wider Vlreichen den amman von
Töblich»; vom Erträgnisse soll man ihm
«alle jar an sant Margreten und an sant Katrein abent» einen Jahrtag begehen «mit vigili mit selmesse mit gepet und mit ainem
mal alz irs chlosters gewonhait ist», wie wenn
er schon verstorben wäre, («ze gekicher weis
sam mein leichnam ze gegenwart stünd»)
und wie er in seinem «geschäft brief» verschrieben hat.

Siegler: Der Aussteller und sein Oheim
«Fridreich der Gnæmhêrtlein».[1])

Datum: ... ze Wienne ... dez vrei-
tages in der chottember in der vasten.

1593 *1333, Mai 21, Wien.*

«Mergart hern Wilhalms witib in dem
Strohof ze Wienn, dem got gnad», vermacht
«dem convent gemain der herren in dem
chloster datz Sand Pölten vier phenning
gruntrechtes und ain phunt phennig pürchrechts, alles wienner münze, di da ligent auf
Ulreichs haus des Meserleins dienär, daz do
leit pei Sand Michel ze Wienn in dem
chlainn gezzlein ze nachst hern Herworts
haus von Symoning» zu einer Seelmesse und
Vigili jedesmal an St. Georgenabend.

Siegler: Die Söhne der Ausstellerin Wilhalm und Jans.

Datum: ... ze Wienn ... des freitags
vor sand Urbans tag.

Cod. Ms. 173, fol. 105', Nr. 165. — Duellius,
Exc. Gen., 67, Nr. 108 (Auszug). — Urkundenbuch von
St. Pölten, I, 309, Nr. 263.

1594 *1334, October 27.*

«Fridereich in dem Stadel», Bürger zu
Wien, überantwortet seinem «aidem Hermann Havnolten von Wels und vrown Margreten seiner hausvröwen», Friedrichs Tochter, pflegweise sein Haus, «daz leit bei dem
Roten Turen ze Wienn an dem Eke und

---

[1]) Wiener Bürger nach Regest Nr. 1581 und 1598.

[1]) Ueber die Lage von Chlaitzing vgl. Neill in Bl.
d. Vereines f. Landeskunde von N.-Oe., 16, S. 158 ff.

[1]) Wiener Bürger nach Regest Nr. 1600; vgl.
oben 1581.

15*

heisset der Stadel mit pettegewant mit alle und auch mit allem hausgeruste daz der zu gehoret», dann einen Weingarten «anderhalb jeuch ... ze Grintzing in dem Cheswazzersgraben und haisset der Jude», unter dem Vorbehalt, dass sie ihn und seine beiden Söhne Friedrich und Wolfhart «verwesen schullen mit chost und mit gewant, mit pade phennig, mit trinchphenig», dagegen seine Tochter «Katrein, der gut ich selber inne han» sollen sie nur verkösstigen, nicht auch kleiden. Der jährliche Reinertrag vom Weingarten soll zur Besserung für das Haus verwendet werden; werde das durch Misswachs (pisitz) unmöglich oder bränne das Haus ab, so solle das ihnen nicht zu Schaden gereichen. Seine Erben im Haus und Weingarten seien die beiden Söhne und die ledige Tochter. Nachlässigkeit in der Verwesung mache die Pflegschaft rückgängig.

Siegler: Hermann der Sneczlein, «ze den zeiten purgermaister ze Wienn», und Wilhalm in dem Strůhof.

Datum: ... an sande Symons und sande Judas abent.

Original, Pergament. Mit zwei wohlerhaltenen Siegeln, das zweite in rothem Wachs.

1595　*1335, Februar 2, Wien.*

Die Herzoge Albrecht II. und Otto von Oesterreich und Steier haben das «haus das da leit oberthalben dem Lanngencheller zu Wienn und haisset zu den Körn mit der lehenschaft der chappellen die darin leit, und mit der widm ... von des Chrannents chindern ... umb vierhundert marckh silbers wienner gewichtz ie zwen und sibenzig groz für die marckh» gekauft und der Karthause Mauerbach gegeben; sie erhalten dafür «ir haus, das si gechauft haben umb vierhundert phunt phenning, das da leit in der Verberstrasse, das weiln und ee der Hauginn') gewesen ist, und zwaihundert phunt phenning an der vesten ze Franckhenstain». Ferner haben die Herzoge «von besundern gnaden dasselb haus datz den Körn und den wirt

———

¹) Beide Transsumta haben «Hanginn», «Hängin», vgl. Nr. 1580.

den si darin setzent, gefreit und ausgenomen von aller steuer peten vordrung leben und gab» an die Herzoge, deren Amtleute und die Bürger zu Wien, «... als si denselben freitum gehabt haben an dem vorgenannten haus, das der Häugin') ee gewesen ist» und befreit es von der Einquartirungslast.

Siegler: Die Herzoge mit ihren grossen Siegeln.

Datum: ... zu Wienn ... an unser frawen tag zu der liechtmesse.

Zwei Transsumte, 1) von 1526, Juni 7, 2) von 1581, August 16, an beiden fehlen die Siegel. Wiedemann, a. a. O., S. 84.

1596　*1335, November 11, Wien.*

Dieselben bewilligen dem Frauenkloster zu St. Jacob in Wien von ihren «sieden an der Hallstat ... alle jar sechzig nakchende fuder salczes ... an maut an zöll und an all ander vordrung».

Siegler: Die beiden Herzoge.

Datum: ... ze Wienn, an sand Martins tag.

Deutsches Transsumt des lateinischen Originals in einer Bestätigungsurkunde von 1369, April 21, Wien. Nr. 16 -.

1597　*1335, December 4, Wien.*

Herzog Albrecht II. bewilligt den «chlostervröwen ... der aptessinne und ... dem convent ze Ihs grabes ördens ... daz si fürbaz alle jar ... gefüren mugen zehen fueder weins in unser stat ze Wienn, und zwo si oder ir poten hinzaigent, da dieselben wein ligent, die weil si nicht aigens haus da habent, da dürften sie die Weine steuerfrei verkaufen oder verschenken. «Wer aber daz si ein aigens haus ze Wienn gewünnen», so sollen sie gleichwohl dieselbe Freiheit geniessen. Der diesbezügliche Befehl ist «... dem purgermaister ... dem richter und ... dem rat und auch allen anderen ... amptleuten» gegeben.

Siegler: Der Herzog.

Datum: ... ze Wienn ... an mentag vor sand Nyclas tag.

Original, Pergament. Mit einem Bruchstück des Siegels an grün-rother Seidenschnur.

1598 *1336, August 28, Wien.*

«Stephan der Cbriglér purger ze Wienne[1])» über die Stiftung eines Weinberges nach St. Bernhard.

Siegler: Der Aussteller.

Datum: ... ze Wienne ... an sant Augensteins[2]) tage.

Original, Pergament. Siegel abgefallen.

1599 *1337, März 19, Wien.*

«Hainreich von Hakkenberch und ... Katrey sein hausvrowe und ... Elzbet hern Otten wittibe von Cheyâwe und ... Nichlas von Cheyâwe ir sun» bezeugen ihren Ausgleich «mit den erbern gæstleichen vrowen swester Chlarn ... aptessinne ... datz Sand Chlarn ze Wienne» und ihrem Convent von wegen der Ansprache, die sie hatten «umb daz perchreht daz gelegen ist ze Valchenstain an dem Rosenperige»; sie haben sich derselben begeben, damit die Nonnen für sie und ihren Vordern «mit irm gepet dester fleischleicher (!) pitten», und setzen sich denselben des Gutes zu rechter Gewere.

Siegler: Die beiden männlichen Aussteller, dann Leutold von Hackenberg und Weichart von Toppel, derzeit «landrichter ze Osterreich».

Datum: ... geben ze Wienne ... dez mittichens in der andern ganzen vast wochen.

Original, Pergament. Von den vier Siegeln hängt nur das erste, ein sechseckiges, ziemlich gut erhalten.

1600 *1337, September 21, Wien.*

Bischof Albert von Passau bestätigt die Stiftung einer ewigen Seelenmesse durch «Fridericus dictus Gnæmhertel civis Wiennensis ... in monasterio sanctimonialium ad Celi Portam Wienne ordinis Premonstratensis ... super ara sancte Agnetis». Er verpflichtet jedoch den Stifter — der also damals noch lebte — und nach seinem Tode das Kloster, dass sie «unum clericum ydoneum in ordine presbiteriali actu constitutum ad missam prefatam quociens vacaverit per nos vel successores nostros instituendum

[1]) Vgl. oben Nr. 1593.

[2]) Zu dieser merkwürdigen Andeutschung vgl. Grotefend, Zeitrechnung d. deutschen Mittelalters, I, 13.

infra sex menses habebunt presentare»; wo nicht, würde der Bischof von Passau die Besetzung aus Eigenem vornehmen, unbeschadet des vom Stifter und einigen Zeugen besiegelten Stiftbriefes.

Siegler: Der Bischof.

Actum et datum Wienne, anno domini millesimo tricentesimo tricesimo septimo, in die beati Mathei apostoli et ewangeliste.

Original, Pergament. Siegel abgefallen.

1601 *1337, October 14, Königsfelden im Aargau.*

Herzog Albrecht II. bezeugt, dass seine «libev swester Agnes wilent kuniginne ze Vngern ... die zehent ze Gerhartstörf und ze Alpeltöw» dem St. Clarenkloster «umb dreuhundert mark silbers wienner gewihtes für ir selgrät versnezt hat», bis er oder sein Bruder Otto sie um diese Summe ablösen würden.

Siegler: Der Herzog.

Datum: ... der ze Chunigsveld geben ist, an einstag vor sand Gallen tag ...

Original, Pergament. Siegel abgefallen.

1602 *1337, December 13, Wien.*

Herzog Otto in derselben Angelegenheit.[1])

Siegler: Der Herzog.

Datum: ... der ze Wienn geben ist, an sand Lucein tag ...

Original, Pergament. Siegel abgefallen.

1603 *1338, Januar 8, Wien.*

«Wilhalm herrn Wilhalms sun in dem Strahof purger ze Wienne und ... Kathrei sein hausvrow» verkaufen «mit gesampter hant» und mit des «perkcherrn hant des erbern ritter hern Hansen von Manswerde zu den zeiten der herzogen chelermaister in Österreich» dem Stifte St. Pölten 2 Pfund Wiener Pfennige auf ihrem Weingarten zu Gumpoldskirchen, «der Honestortfer», um 20 Pfund Wiener Pfennige.

Siegler: Der Bergherr und des Ausstellers Schwager «her Chunrat in dem Tumpropst».[1])

[1]) Auch der Formel nach gleich Nr. 1601.

[2]) Vgl. die Anmerkung 1 im Druck a. a. O., S. 326.

Datum: ... ze Wienne ... an sande Erharts tag.

Cod. Ms. 174, S. 366, Nr. 587. — Urkundenbuch von St. Pölten, I, 325, Nr. 279.

1604 *1338, Februar 3, Wien.*

Jakob «der Hambot von Prespurch» und seine Hausfrau Margareth verkaufen «vron Gedrauten Jörigen wittib des Schützenmaisters sun dem got genade», der ehgenannten «Margreten mûme», 1 Pfund Wiener Pfennige Geld Bergrechtes, gelegen auf 4 Joch Weingarten, «der zwai jeuch ligent an dem Rennwege in dem Twærichlûzzen und zwai jeuch auf der Tungrûbe», worauf Gertrud schon 1 Pfund Geldes Bergrecht hat, um 7 Pfund 60 Pfennige Wiener Münze; zu Gewere setzen sich die Aussteller, dann «Hainreich auf der Sevl und Chlar sein hausvrowe».

Siegler: Der Aussteller, dann Heinrich und «Herbort auf der Sëvl».

Datum: ... ze Wienne ... an sant Blæsen tage.

Original, Pergament. Mit drei wohlerhaltenen Siegeln.

1605 *1338, April 21, Wien.*

«Prüder Vlreich von Zierberch z. d. z. comitevr datz dem Tevtschen haus ze Wienne und die prüder gemain dez selben haus» geben «ab ze lôsen und ab ze chauffen den erbern gæstleichen vrowen swester Charn z. d. z. apttessinne des vrowen chloster datz Sant Chlarn ze Wienne und der samnunge gemain ... ain phunt wienner phenninge geltes purchrechtes ... von irm haus ze Wienne umb ein ander phunt wienner phenninge geltes purchrehtes daz da leit ze Töblich auf einem weingarten der da haizzet der Viltz». Gewere nach Burgrecht und Wiener Stadtrecht.

Siegler: Das Deutsche Haus in Wien.

Datum: ... ze Wienne ... dez næhsten eritages vor sant Görigen tage.

Original, Pergament. Siegel abgefallen.

1606 *1338, September 21, Wien.*

«Vlreich der Schreiber» und «Chlar sein hausvrowe» beurkunden die Zustimmung der Letztgenannten und Beider Verzicht auf eine Stiftung, welche Claras Eltern «Wittig der verber» und seine Hausfrau «vrowe Pericht» nach St. Clara gethan haben, verzichten daher

a) «dez ersten mit hern Nichlas hant z. d. z. pharrer ze Dornpach und verweser und phleger dez hofs ze Dornpach, dez weingarten der da leit an dem Alsekke dez ein halbs jeuch ist»;

b) «mit hern Benedicten hant zu den zeiten amman und phleger der Schotten gût ze Wienne vier phunt wienner phenninge geltes» auf dem Hause der gedachten Schwigerältern, «daz da leit in der Viltzerstrazze gegen Sant Jacob über».[1]

Siegler: Für die Aussteller und den Pfarrer von Dornbach, die alle kein Siegel haben, «ritter Weichart bei den Minnern Prüdern», dann vorgenannter Herr Benedict.

Datum: ... ze Wienne ... an sant Matheus tage.

Original, Pergament. Von den zwei Siegeln fehlt das erste, vom zweiten ist ein kleines Bruchstück vorhanden.

1607 *1339, Januar 25, Wien.*

«Mergart die Chvliberinne hern Wylhalmes tochter in dem Strohofe, dem got gnade, und ... Margrét die Fritzzestorfferinne», ir swester, und ... Kathrey hern Georgen hausvrowe an dem Chienmarchte ir swester, und ... Jans in dem Strohofe ir prüder und ... Hainreich der Lange und Wylhalm in dem Strohofe» treten in Gemässheit des Testaments ihrer «mûter vro Mergart in dem Strohofe der got gnade ... daz haus daz si geschaft hat den vrowen von Sand Jacob daz da leit pei Sand Jacob und haizzet des Sluzzeler hause ... und da die herren von Newenbûrch inne gewesen scholden sein, swanne daz vrowen chloster datz Sand Jacob verspärt würde, als ir geschefti prief saget». Bis dahin sollten sie das Haus in ihrer «phlegenuzze

—————

[1] Von diesem Hause berichtet schon Regest Nr. 1568.

[2] Ein Chunrat der Fritzzenstorffer von Swarcza stellt mit seiner Hausfrau Elspet in eben der Zeit (1340) zu St. Pölten einen Kaufbrief aus. Urkundenbuch von St. Pölten, I, 334, Nr. 277.

haben als lange unz daz daz selbe vrowen chloster verspärt würde; und wanne daz zu disen zeiten nicht gesein mag», so überlassen sie den Ueberschuss über das jährliche Burgrecht dem Kloster, «daz sol die maistrinne von Sand Jacob swer die ist oder wirt, innemerinne sein» und den Ertrag am Jahrtag der Stifterin vertheilen.

Siegler: Mergart die Chvliberinne, George von dem Chyenmarchte, Jans in dem Strohoffe, Hainrich der Lange und Wylhalm in dem Strohoffe.

Datum: ... ze Wienne ... an sand Pawels tage da er bechert war.

Original, Pergament. Die fünf Siegel sind abgefallen.

1608 *1339, September 20, Wien.*

«Otto von Paumgarten und ... Agnes sein hausvrowe» schenken «den erbern gæstleichen vrowen swester Chlarn zů den zeiten apttessinne datz sant Chlarn ze Wienne und der samnunge gemain des selben chlosters ... die aigenschaft der fumfzehen schillinge wienner phenninge geltes, die da ligent ze Poystorf auf anderthalbem lehen, die Haidenreich, Hærtneit und Chraft, Hærtneits süne von Paden» von ihm zu Lehen gehabt haben.

Siegler: Der Aussteller und sein Vetter Chadolt von Pavmgarten.

Datum: ... ze Wienne ... an sant Matheus abent.

Original, Pergament. Die zwei Siegel abgefallen.

1609 *1340, August 20, Wien.*

«Chunr. der Chezlär» verkauft «mit hern Benedicten hant zu den zeiten amman und phlegär der Schotten gůt ze Wienn» ½ Joch Weingarten, «das da leit ze Grinczing in den Lůzzen, da man von dem halben jeuch weingarten alle jar dient den herren dacz den Schotten vier phenning ze perchrecht und nicht mer und leit ze nåchst hern Hermans weingarten des Snåczleins ... den erbern geistleichen vrowen swester Chlaren zu den zeiten abptessin und der samnung gemain daz Sand Chlaren ze Wienn».

Siegler: Der Schottenamtmann und Heinrich der Chezler.

Datum: ... ze Wienn ... des nächsten sunntages vor sand Bartholomeus tag.

Codd. Mss. 1077, fol. 34', Nr. 48, und 174, S. 284, Nr. 485. — Duellius, Exc. Gen., 18, Nr. 41. — Urkundenbuch von St. Pölten, I, 335, Nr. 288.

1610 *1341, August 15, Wien.*

«Chunrat des alten Schranneschreiber sün, dem got gnade, zů den zeiten pharrer ze Rukcherspurch (Radkersburg in Steiermark)», verkauft mit seines Grundherrn Hand «hern Chůnrats des Eczekestorffer zu den zeiten chirichmaister datz Sand Michel ze Wienne» sein Haus, «daz da leit pei dem alten pharrehofe datz Sand Michel zenahst des hous von Chlingenberch», wovon man jährlich nach St. Michael 5 Wiener Pfennige zu Grundrecht und 1 Pfund Pfennige Burgrecht an den St. Niclasaltar daselbst,[1) auch 2 Pfund Pfennige Burgrecht an die «vrowen hinz Sand Jacob» entrichtet, um 69 Pfund Wiener Pfennige an den Grafen Friedrich von Cilly.

Siegler: Der Aussteller, der Grundherr und des Ausstellers Bruder Friedrich der Schrannenschreiber.

Datum: ... ze Wienne ... an unser vrowen tage der schiedunge.

Original, Pergament. Mit zwei Siegeln; das des Ausstellers () zerbrochen, das des Grundherrn fehlt, das «S. Friderich» ist gut erhalten.

1611 *1341, August 28, Wien.*

«Pilgreym der Flæminch» und der noch minderjährige «Jans sein prüder» verkaufen «dem Eysenreichen von Ritzendorf und seiner hausvrowen vron Osmein» 60 («sechs zich») Wiener Pfennige Geldes auf einem Lehen zu «Eybeinsprunne» um 12 Schilling Wiener Pfennige.[2)

Siegler: Pilgrim, dann Jans, «hern Wernharts sun von Nuzdorf».

Datum: ... ze Wienne ... an sand Augusteins tage.

Original, Pergament. Mit zwei wohlerhaltenen Siegeln.

1) Diese Gülte wurde 1353 abgelöst (Nr. 1643).

2) Diese Gülte kommt schon am 21. September d. J. durch Kauf in die Hand von Eisenreich's Schwester Clara, Schafferin im Tullner Nonnenkloster, und nach deren Tode an dieses Frauenstift. (Original im Staatsarchiv.)

1612 *1342, Januar 7, Wien.*

«Margrêt Dietreichs witibe des Pariser dem got gnade» verfügt über ihren Nachlass in folgender Weise:

a) ihrer «eninchel swester Margrêten chlôstervrôwe datz Sand Chlaren ze Wienne» gibt sie ihren Weingarten, den sie «witibenweis» um ihr «lediges varende gût gechauft hat, der da leit pei des Greyffenhöltzelin ze Alsse, des ain halbes jeuch ist», dienstbar mit 3o Wiener Pfennigen nach St. Claren; nach ihrem Tode soll man den Weingarten lösen «von den geltern swo ich in hin verchumbert han»; worauf «swêster Margrêt mein eninchel» in den Nutzgenuss treten soll «ze pezzærung irer phrûnde und ires gewandes», nach dem Tode aber soll der Weingarten dem Kloster zufallen «ze ainem ewigen selgerêt» der Stifterin, ihrer Vorfahren «und allen gelaubheftigen selen ze hilfe» mit Jahrtag, Vigili und Seelmesse;

b) alles Andere fällt der «tochter Preyden» zu.

Siegler: Schwester Clara, Aebtissin von St. Clara.

Datum: ... ze Wienne, ... des nahsten mentages nach dem Perchtage.

Original, Pergament. Siegel abgefallen.

1613 *1342, März 19, Wien.*

«Hilprandus ... episcopus Piscianensis ecclesie» ertheilt den Besuchern der «ecclesia sancti Laurencii martiris ordinis predicatorum fundata Winne» einen 4otägigen Ablass.

Siegler: Der Aussteller.

Datum Winne, anno domini M·CCC·LXII·, indictione quarta decima, die decimo nono mensis martii, pontificatus domini nostri domini Innocencii divina profidencia pape sexti anno decimo.

Original, Pergament. Siegel abgefallen.

1614 *1342, September 17, Wien.*

«Swester Katrey die Pentzinne zu den zeiten aptössinne und der convent gemain in Sande Nyclas chloster ze Wienne» verkaufen dem «herren graf Vlreichn von Phannberch zu den zeiten marschalich in Osterreich und

hauptman in Kernden und seiner hausvrowen und iren erben ... die vir und zwainzich wienner phennig gelts gruntrechts ... auf irem hous daz da leit in der Schaufeluchen ze Wienne, umb zwai phunt wienner phenng» ... und setzen sich dem Käufer zu Gewere «als gruntrechts recht ist und der stat recht ze Wienne».

Siegler: Die Aebtissin und der Convent von St. Niclas.

Datum: ... ze Wienne, ... an sande Lamprechts tage.

Original, Pergament. Die beiden weissen Wachssiegel nur am oberen Rande wenig beschädigt.

1615 *1342, December 16, Wien.*

«Brúder Hainreich graf von Schawenberch obrister maister Sand Johans orden ze Méurperge (Mailberg) und comiteur datz Sand Johans in der Chærnerstrazze ze Wienne» bringt als oberster Grundherr «ein haus daz da leit bev der Pognerstrazze und strozzet (!) an der Seytzer haus, daz Chûnrades des hantfestschreiber dem got gnade, gewesen ist», in den Besitz des «Chûnrat der vrowen anwalt von Tuln», der ihm gezeigt hat «Haunolts brief des Schühler zu den zeiten richter ze Wienne», wonach Conrad jenes Haus «an rechtem gericht in der purgerschranne ze Wienne mit rechter vrag und mit urtail erlangt und behabt hiet ... für ein halb phunt wienner phenninge geltes versezzens purchrechtes und fur dev zwispild».

Siegler: Der Aussteller.

Datum: ... ze Wienne, ... dez næhsten mentages nach sand Lutzein tag.

Original, Pergament. Mit ziemlich gut erhaltenem Siegel in grünem Wachs.

1616 *1343, März 12, Wien.*

«Ksthrei hern Perchtoldes witibe des Nuttenperger dem got gnade» verkauft «mit herrn Benedicten hant der Schoten amman ze Wienn» ihr lediges Kaufgut, das sie «witibweizz» um ihre Fahrhabe gekauft hat, nämlich ihren Weinberg «der da leit ze Grinzingen in dem Lussen, des ain halbes jeuch ist, zenachst der vrowen weingarten von Sand Claren» mit jährlichem Bergdienst zu Michaeli von 4 Wiener Pfennigen an das Schottenstift; sie verkauft ihn «dem erbern manne Chunraten Weigmannes sun von Grinczingen dem got geviel, und vrown Jeukarten seiner hausvrowen», denen sich die Verkäuferin und «Chunrat der Chesseler irr bruder» zu rechter Gewere setzt.

Siegler: Chunrat der Chezzeler, Herr Benedict, Heinrich der Chezzeler und Stephan Chezzeler, des ersten Sieglers Vettern.

Datum: ... ze Wienn, ... an sand Gregorgen[1]) tage in der vasten.

Cod. Ms. 174, fol. 285, Nr. 479. — Urkundenbuch von St. Pölten, I, 350, Nr. 300.

1617 *1344, März 12.*

«Nychlav Wytig von Wiennen» bekennt für sich und für seinen «aidem Nychlauwen den Jan purger da selben» sowie ihrer beider Erben, von den Grafen Meinhart und Heinrich von Görz den Zoll «ze Lüntz», die Münze «dishalb des Chreutzpergs»,[2]) sowie «vrôn und wexel ze Velach an silber als ez auch herchomen ist mit alter gewonhait von sand Peters tag des zwelfpoten der in dem mertzen ist[3]) und nähest chünftig wirt ze sex ganzen jaren» gegen eine jährliche Leistung von 17 Mark «agler pfenning der nidern zal» erstanden zu haben, wofür sie auf gewisse Gülten, auf die sie von Graf Hanns her Anspruch hatten, verzichten.

Mehrere Zeugen aus Kärnten.

Siegler: Otto von Hymelberg.

Datum: ... an sand Gregori tag.

Original. Pergament. Mit gut erhaltenem Siegel.

1618 *1346, April 26.*

«Reicher, zu den zeiten chapplan der geistleichen chlostervrawen ze Sand Angnesen datz der Himelporten Premontensis orden», stiftet in diesem Kloster «ein ewigev messe

---

1) Zu diesem Datum siehe Grotefend, I, 77.

2) Vgl. Mittheil. d. Instituts f. österr. Geschichtsforschung, I, 299 u. 301.

3) Diese Bezeichnung, die vielleicht Cathedra Petri meint, finde ich bei Grotefend im Verzeichnis der Petersfeisttage nicht; Cathedra Petri gilt vielfach als Frühlingsanfang, daher wohl hier «in dem mertzen» für «in dem lenzen» steht.

Regesten zur Geschichte der Stadt Wien. II.

hincz Sand Angnesen auf sand Pauls alter datz der Himelporten mit acht phunden ewiges geltz, der zwai phunt geltz ligent auf Otten haus an dem Graben ze nächst Hainreichs haus des Zukswert, und fumfund virzich phunt beraiter phenning, die di frawen inne habent datz der Himelporten, darumb man gult chaufen schol zu der selben messe, und dreu puech fuer fumfzechen phunt die man auch verchaufen schol und di selben phenning zu der egenannten messe umb ewiges gelt anlegen schol.[1]) Nach des Stifters Tode soll «her Peter ... die selbe gult inne haben und di messe davon verrichten unz an seinen tôt, und nach seinem tod niemant ander wan ein erber gestandener weltleicher priester», den die Nonnen dem Bischof von Passau «schullen presentiren inner sechs moneiten. Entäten si dez nicht, so schol danne der pischolf von Passawe ... in dar geben und besteten einen erbern gestanden wertleichen priester der im dazû wol gevellet». Ausserdem vermacht der Stifter mit Zustimmung der «vrawen Angnesen der Snetzlinne zu den zeiten maisterinne in dem selben chloster» und auch des Convents «daz chlain häusel pei der chuchen», das er vom Grund erbaut hat, mit gleichem Recht wie das grosse Haus. «Wär aber daz daz sich di vrawen der gult die zu der messe gevellet oder des häusleins under wunden, oder einen andern priester wan einen erbern wertleichen gestanden priester dar setzen wolden, so sol alles recht der vrawen gevallen in der purger spital, als iz in emain verschriben ist; und sol danne der spitalmaister und di purger die ze den selben zeiten des rates sint zû der selben messe und zu der gult di dar zu gehort volles recht haben ze verleichen swem si wellen in dem rechten und e geschriben ist. Iz schol auch der selb priester mit der vrawen peicht, noch oppher, noch mit andern ding nichtes nicht ze schaffen haben». Zu Testamentsvollstreckern hat der Stifter bestimmt «maister Andren den

---

1) Den vollen Erlös von 15 Pfund für die drei Bücher vorausgesetzt, belief sich das zur Anlage bestimmte Baargeld auf 60 Pfund Wiener Pfennige; die damit noch zu erzielenden 6 Pfund Ewiggeld stellen demnach eine zehnpercentige Verzinsung dar.

official¹) und hern Perichtolden den gæwchramer und hern Hainreichen den Wuertfel und hern Perichtolden den schutzenmaister», deren zwei oder drei das Testament vollziehen können.

Siegler: Der Aussteller, die Meisterin von Himmelpforten, der Convent, wozu noch kommen «des erbern priester insigel hern Wolfhartz von Velsperch» und «... hern Fridreiches insigel von Tiernna ze der zeit munsmaister ze Wienne».

Datum: ... an dem mitichen nach Quasi modo geniti.

Original, Pergament. Die sechs Siegel abgefallen.

1619 *1347, Januar 21, Wien.*

«Swester Machthilt, zu den zeiten abtessinne und der convent gemaine der geistlichen vrawn chloster dacz Sande Chlaren ze Wienne», verkaufen «mit Benedicten hande zu den zeiten amman und phleger der Schotten gült ze Wienne» ihren Weingarten zu Grinzing «in den Lussen, des ein halbes jeuch ist, ze nechst Weigmans weingarten»,²) dem Stifte St. Pölten.

Siegler: Der Schottenamtmann.

Datum: ... ze Wienne, ... an sand Agnesen tage.

Cod. Ms. 174, S. 289, Nr. 484. — Duellius, Exc. Gen., 197, Nr. 87 (Auszug aus dem verloren gegangenen Original). — Urkundenbuch von St. Pölten, I, 383, Nr. 327.

1620 *1347, Januar 21, Wien.*

«Ott der Eysnein von Grinntzing und ... Elspet sein hausvrowe» verkaufen mit ihres Bergherrn Hand «hern Virgilii des Prawnstorffer» ein Viertel Weingarten zu Grinzing in den «Luzzen ... ze nächst des Hegnein Merten weingarten» um 33 Pfund Wiener Pfennige an das Stift St. Pölten.

Siegler: Der Bergherr und Sighart der Prunner, «purger ze Wienn».

Datum: ... ze Wienn, ... an sand Angnesen tage.

¹) Von Passau, vgl. Nr. 1622.

²) Erst vor vier Jahren hatte ihn das Clarenkloster gekauft, vgl. oben Nr. 1616, wo auch das Nähere über den Dienst.

Codd. Ms. 173, fol. 87', Nr. 135, und 175, fol. 155', Nr. 153. — Duellius, Exc. Gen., 63, Nr. 92 (Auszug aus Cod. 173, mit Siegelbild). — Urkundenbuch von St. Pölten, I, 385, Nr. 328.

1621 *1347, März 5, Wien.*

«Raschppe der Veirtager und ... Gedrawt sein hausvrow» verkaufen mit der Hand ihres Bergherrn «herrn Hainreichs von Volkestorf» 4 Pfund Geld Bergrecht auf ihrem Weingarten «ze Obern Süfringe, des anderthalbe jeuch sinde und haizzet der Chamber, ze nechst Jannsen dem Tüscherrer (Tuchscherer) da man all jar von dint sechsthalben und sibenzich phenninge wienner münze ze perkchrecht ... der erberen junkfrowen vern Elzbeten der Sulczerinne und iren erben ...». In den Besitz des Verkäufers kam der Weingarten durch «Paul an dem Salczgrizze, ... Gedrawten vater und sein hausvraw vro Christein» ihre Mutter, «den got gnade».

Siegler: Der Bergherr, dann Weikhart «bei den Minnern brudern ze Wienne» und «Dietreich der Vrwätsch, burger ze Wienne».

Datum: ... ze Wienne, ... des naesten maentages vor mitervasten.

Cod. Ms. 174, S. 278, Nr. 468. — Duellius, Exc. Gen., 196, Nr. 86 (Auszug aus dem verlorenen Originale), mit zwei Siegelbildern auf Taf. IX, Nr. 103 u. 105. — Urkundenbuch von St. Pölten, I, 386, Nr. 329.

1622 *1347, Mai 4, Wien.*

Der hier sesshafte bischöflich passauische Official Andreas bestätigt einen von ihm geschlossenen Vergleich zwischen der Karthause Mauerbach und dem Pfarrer Thomas von Hohenruppersdorf über die Einkünfte dieser Pfarre.

Siegler: Der Aussteller.

Datum: Actum et datum Wyenne, in domo habitacionis mee, anno domini millesimo trecentesimo XL septimo, die IIII⁰ mensis maii, indiccione XV⁰ pontificatus sanctissimi in Christo patris et domini Clementis divina providentia pape sexti anno quinto, presentibus honorabili et discretis viris dominis Sandero plebano in Emmersdorf, domino Wolfhardo cappellano domini magnifici [.] Andree predicti, Petro altarista apud Celi portam Wynnens. presbiteris Patav. dyoc.

Notar: Otto Ottonis de Ering clericus Patav. dyoc.

Original, Pergament. Siegel abgefallen.

1623 *1347, Juli 3, Wien.*

«Jans der Stainepeke und ... Elzbet sein hausfrow» verkaufen «mit der gruntvrown hant der erbern gaistlichen vrown swester Agnesen der Sneczlinne zu den zeiten maisterinn dacz der Himlporten ze Wienn ... ain phunt wienner phening gelts ewiges purchrechts ... auf Chunrats Rainhoff des Helts der da leit in Sant Johans strazze ze Wienn niden am ort ze nahst Leupolden dem Paurn»; der Reinhof leistet jährlich den Himmelpförtnerinnen 1 ½ Pfund Wiener Pfennige zu Grundrecht und war der Elisabeth «mit furzicht und mit los ze rchtem erbtail angevallen», als sie mit ihren «geswistergeyden» theilte. Sie verkaufen ihn «dem erbern manne Leutolden von Waydhoven purger ze Wienn» um 9 Pfund Wiener Pfennige. Das Burgrecht soll zu «drei zeiten im jar», nämlich zu Michaeli, zu Weihnachten und zu Georgi mit je 80 Pfennigen geleistet werden «mit alle dem nucz und reht als man ander perchreht in der stat ze Wienn dient».

Siegler: Die Aussteller (ob beide?), die Grundfrau und «her Wihahbm pei dem Prunnen», Elsbeths Bruder.

Datum: ... ze Wienn, ... an sand Vlreich abent.

In das Transsumt von 1370, April 3, Wien (Nr. 1618), an sechster Stelle aufgenommen.

1624 *1348, Mai 6, Wien.*

«Mert der Münsser» verkauft dem Stifte St. Pölten mit seines «perchherren hande herren Virgily des Prawnstorfer» ½ Weingart «ze Grinczinge in den Lussen ... ze nechst der erberen herren weingarten herrn Reinprechts und herrn Fridreichs der prueder von Walsse» mit einem Jahresdienst an den Bergherrn von ½ Eimer Wein zu Bergrecht und einem Helbling zu Vogtrecht, und verpfändet dafür bis zur Volljährigkeit seiner Kinder Symon und Elspet von seiner «ereren hausvrown vron Dyemuten der got gnade», mit der er den Weingarten «erarbait und ge-

chauft» hat, einen anderen auch mit Bergherren Hand auf dem Wartberg bei Guntramsdorf «und haisset die Pewnt zenachst dem weingarten der da haisset der Chüringer» mit einem Jahresdienst nach Heiligenkreuz «in iren hof ze Talaren» von 6 Wiener Pfennigen für Bergrecht und Zehnten.

Siegler: Die beiden Bergherren und Sighart der Prunner.[1]

Datum: ... ze Wienne, ... des nachsten eritags nach sand Philips und sande Jacobs tage.

Cod. Ms. 174, S. 248, Nr. 478. — Urkundenbuch von St. Pölten, I, 406, Nr. 345.

1625 *1348, Juni 2, Wien.*

«Wernhart von Meczleinsdorf des Ciphs eidem, ze den ceiten meister und amman der sichen ze dem Chlagpaum ze Wienne und ... Chungunt deu meistrine» verkaufen «mit der egenanten sichen ze dem Chlagpaum gutlichem willen und gunst und nach der erbern herren rat hern Albrechts ze den ceiten schaffer des erbern herren grave Albrechts von Hohenberch, pharrer ze Sande Stephan ze Wienne und nach ... rat hern Perchtolts des Geuchramer ze den zeiten chirichmeister ze Sande Stebhan und nach ... rat hern Haunolts des Schuchler ze den ceiten juden richter ze Wienne» dem «Saulen dem juden Zeisleins sun» eine Hofstatt Weingarten, worauf der Käufer 1 Pfund Wiener Pfennige Geld Burgrecht hat, vormals Eigenthum Ulrichs des Ledrer, «und leit vor Stuben tor im gereut ze nehst Stephan dem ledrer von Medlig» und dient jährlich «dem Ortolfen der Schuchlerin eidem, des Marcharts Ansmaltzs sun» 4 Wiener Pfennige zu Grundrecht und der «erbern vrawen vern Katreien der Swemlin» 2 Pfund Pfennige Geld Burgrecht; diese Hofstatt Weingarten sammt Burgrecht haben sie mit des Grundherrn Hand, Herrn Ortolf «des Marcharts Ansmaltzs sun, um czehenthalp phunt» Wiener Pfennige verkauft.

Siegler: «Das haus ... ze dem Chlagpaum», der Grundherr, Albrecht der Schaffer zu St. Stephan und der Judenrichter.

[1] Ein Wiener Bürger, vgl. oben Nr. 1581, 1620 und 1623.

Datum: ... ze Wienne ... des nehi-
sten mentages vor phingsten.

Original, Pergament. Mit vier Siegeln; das drine
zerbrochen.

1626 *1348, August 23, Wien.*

«Anne hern Wilhalms witib von dem
Prunne dem got gnad» verkauft «mit der
gruntfrawn hant ... vrown swester Agnesen
der Snæczlinne ... maisterinne des vrowen
chlosters zu der Himlporten ... von rehter
ehafter not von dez gelts wegen daz mir ...
mein wirt her Wilhalm ze gelt lazzen hat,
alz ich daz wehárt han vor dem rat, als der
stat reht ist ze Wienn, vier phunt und achzig
phenning wienner munze gelts ewigs purchrechts ... auf Leupoldes Rainhoff dez Paurn,
der da leit in Sand Johans strazze zu Wienn
ze nahst Hainreichen dem Ellent ... umb
dreu und vierzig phunt und achzig phenning
wienner münze ... den erbern herren hern
Hermanne ... chorhern ze Pazzaw und pharrer dacz dem Gabasch, hern Hæinrich dem
Haken ... chorhern ze Pazzaw und pharrer
zu Stokcheraw und hern Alexander ... pharrer zu Emerstorf, di die selben gult gechauft
haben» von dem Gelde des weil. Meister Andre
zu der ewigen Messe auf St. Andreasaltar
«in der chappellen dacz sand Jacob in dem
frawnchloster in der chirchen». Leupold
Pauer und seine Erben haben die 4 Pfund
80 Pfennige zu dienen «drittail dienstes an
sand Michels tag, ... ze weinhachten und ...
an sand Jörgen tag» wie man «ander purchrecht dienet in der stat zu Wienn». Ez sind
auch di selben vier phunt und achzig phenning geltes daz aller nahst purhrecht von
dem ... Rainhof ... nach den vierzig
wienner phenning die man da von dienet
... hinz der Himelporten zu rehtem gruntrecht».

Siegler: Die Ausstellerin und der Convent zur Himmelpforte als Grundfrauen, der
Ausstellerin Eidam[1]) Gerung der Chol und
ihr Schwager Reinprecht «pei dem Prunne».

Datum: ... ze Wienn ... an sand
Bartholmes abent.

1) Genitiv: «aidemps».

Aufgenommen in das Transsumt von 1370, April 3,
Wien (Nr. 1686), an letzter Stelle, d. h. als zweites Stück
auf der Rückseite.[1])

1627 *1348, September 27, Wien.*

Bischof Gottfried II. von Passau bestätigt
die Stiftung «domne Peters relicte Pauli dicti
Mær de Nidern Leizz», nämlich eine ewige
Messe auf dem heil. Dreikönigsaltar im Frauenkloster zur Himmelpforte in Wien zum Heile
ihrer Seele und dem ihrer Vorfahren.

Siegler: Der Bischof.

Datum Wienne, Cosme et Damiani martirum, anno domini millesimo CCC° XLVIII°.

Original, Pergament. Siegel abgefallen.

1628 *1349, Januar 21, Wien.*

«Leutolt von Waydhoven purger ze
Wienn und ... Margret sein hausfraw» verkaufen «mit der gruntvrown hant der erbern
geistlichen vrawn swester Agnesen der Snæczlinne ze den zeiten maistrinne dacz der Himlporten ze Wyenn ... ain phunt wyenner
phenning gelts ewigs perchrehts, daz wir gehabt haben ouf Chunrats Rainhof des Helts,
der da leit in Sant Johans strazze ze Wienn
niden an dem ort ze nähst Leupolden dem
Pawrn ... umb zehen phunt wienner phening
... den erbern hern herrn Hermanne zu den
zeiten chorhern ze Pazzaw und pharrer dacz
dem Gabasch, herrn Hainrichen dem Hakken
ze den zeiten chorhern ze Pazzaw und pharrer
ze Stokcheraw, hern Alexander ze den zeiten
pharrer ze Emerstorf hern Pertholden dem
Geuchromer, die daz selb phunt gelts habent
gechauft von den pheningen di der erber
her maister Andre, dem got gnad, geschaft
hat zu der ewigen messe ... auf sand Andres
altar ze Wienn».[²]) Der jeweilige Besitzer
des Reinhofes soll dem Verweser der Messe
zu Georgi, Michaeli und zu Weihnachten je
80 Pfennige leisten, den Himmelpförtnerinnen
aber ¹/₂ Pfund Wiener Pfennige jährlich zu
Grundrecht.

1) Vgl. die Anmerkung 1 auf S. 125 zu Nr. 1628
(von 1349, Januar 21, Wien).

²) Eine sehr kurze Fassung im Vergleiche zu
Nr. 1626.

Siegler: Die Aussteller (ob beide?) und die Grundfrau.

Datum: ... ze Wienn, ... an sand Agnesen tag.

Aufgenommen in das Transsumt von 1370, April 3, Wien (Nr. 1686), an siebenter Stelle, d. h. als erstes Stück auf der Rückseite.[1]

1629 *1349, Mai 12, Wien.*

«Jacob maister Fridreichs sun des goltsmide des Straicher, dem got gnade», bekennt, «umb die zwen weingarten die da ligent ainer in der Arnolczaw, des ain jeuch ist, ze nechst Petrein dem Pawren, da man alle jar von dint dem probst hinz Sannd Pölten ainen halben emmer weins ze perkchrecht und einen helblinge ze voitrecht und den geistlichen frawn hinz Sand Claren zehen wienner phenninge auch ze perkchrecht und nicht mer, und der ander weingart in den Lussen, des ain halbs jeuch ist, ze nechst dem von Walase, da man alle jar von dint den vorgenanten geistlichen frawn hinz Sand Claren sechs wienner phenninge ze perkrecht und nicht mer», die er von Rueger dem Walicher von Grinczing und dessen Hausfrau Geisel als Morgengabe zu seiner verstorbenen Gattin Katrein nach Landrecht in Oesterreich und Wiener Stadtrecht erhalten habe, und dass jene Weingärten demgemäss nach seinem Tode an seine Schwiegereltern zurückfallen.

Siegler: Die beiden Bergherren[2] und des Ausstellers Vetter, Ortolf der Straicher der Goldschmied.

Datum: ... ze Wienne, ... an sand Pangreczen tage.

Cod. Ms. 174, S. 276, Nr. 465. — Urkundenbuch von St. Pölten, I, 419, Nr. 355.

1630 *1349, August 10, Wien.*

«Andre der Pawr von Grinczing und ... Agnes sein hausfraw» verkaufen mit ihrer «purkchvrawn hant der erbern geistleichen

---

[1] Ueber ein weiteres Transsumt, das auf derselben Rückseite, aber querüber geschrieben ist, siehe unten 1386, April 13, Wien (Nr. 1717), und Juli 10 (Nr. 1718).

[2] Das Siegel von St. Clara zu Wien bildet Ducllius ab.

---

vrown swester Margreten der Pawngartnerinne zu den zeiten priorinne in dem vrawn chloster ze Tullen» 1 Pfund Geldes auf einem Weingarten «des ain halbs jeuch ist und der do leit an der Obern Hochenwart zenechst Dietreichs weingarten von dem Weinhaus[1]» dovon man alle jar dient den vrown von Tullen ain halben emmer weins ze perkchrecht und ainen helblinch ze voitrecht», dem Propst Dietmar, dem Dechant Ruger und dem Chorherrn Otto dem Hagenauer von St. Pölten.

Siegler: Die Bergfrau «priolinne in dem vrown chloster ze Tullen» und «Niclas in dem Perkchof».[2]

Datum: ... ze Wienne, ... an sande Larenczen tage.

Cod. Ms. 174, S. 281, Nr. 472. — Urkundenbuch von St. Pölten, I, 422, Nr. 358.

1631 *1350, August 4.*

«Fridreich von Stain purger ze Wienn und ... Künigund sein hausfraw» verkaufen mit ihres Bergmeisters Hand «hern Gerunges des Cholen zu den zeiten amptman und phleger der chorhern gut zu Newenburch closterhalben» einen «weingarten gelegen zu Grinczingen an dem Reisenperg[3] dez ein halbs jeuch ist ze näst Chunrates dez Listes weingarten und haizzet der Rockenstil» der nach Klosterneuburg jährlich 4 1/2 Viertel Wein zu Bergrecht und 3 Helbling zu Vogtrecht dient, um 42 Pfund 60 Pfennige Wiener Münze «dem erbern hern und priester hern Nyclasen zu den zeiten chappellan» (und Verweser) «sand Andrea altar in der chirichen dacz Sand Jacob ze Wiene, der den egenanten weingarten gechauft hat von dem gut daz her Hainrich der Hake pharrer ze Stokeraw zu dem egenanten sand Andres altar gechauft und gegeben hat» und nun in Hinkunft zu Gunsten genannten Altars damit nach Gutdünken schalten und walten kann.

---

[1] Ueber die Oertlichkeit vgl. die Anmerkung zum Abdruck a. a. O., wo «Währinger» in Döblinger Friedhof zu ändern ist.

[2] Der bekannte Berghof, den Enikels Fürstenbuch, V. 69 erwähnt; vgl. MG. DCh. III, 2, S. 600, wo Anm. 7 auch die einschlägige Literatur.

[3] In neuerer Zeit auch «Kobenzl» genannt.

Siegler: Der Bergmeister und «her Dietreich der Fluschart zu den zeiten purgermaister ze Wienn».

Datum: ... des nähsten mitiches vor sand Laurenczen tag.

In dem Transsumt von 1370, April 3, Wien (Nr. 1686), an vierter Stelle aufgenommen.

1632 *1350, August 4.*

«Chunrad der List von Grinczingen und ... Golde sein hausfrawen» verkaufen mit ihres Bergmeisters Hand «hern Gerunges des Cholen ze den zeiten amptman und phleger der chorhern gút ze Newnburch chlosterhalben» einen «weingarten gelegen zu Grinczingen an dem Risenperg¹) dez ein halbs jeuch ist zu nast Fridreiches weingarten von Stain und haizzet der Rochenstil», der nach Klosterneuburg jährlich dient 5 Viertel Wein zu Bergrecht und 3 Helbling zu Vogtrecht, um 38 Pfund weniger 60 Pfennige Wiener Münze (37 Pfund 180 Pfennige) «dem erbern hern und priester hern Nyclasen» u. s. w. wie in Nr. 1631.

Datum und Siegler desgleichen wie in Nr. 1631.

In das Transsumt von 1370, April 3, Wien (Nr. 1686), an fünfter Stelle aufgenommen.

1633 *1350, September 21.*

«Otte der schreiber, ... Chvnigvnd sein hausvrowe», denen das St. Clarenkloster «daz phunt gelt daz man in dient von unserm haus pei Stvben tör und weillen Liebhilten ist gebesen» auf acht Jahre erlassen hat, verpflichten sich, für sich und ihren Nachfolger im Besitz zur Wiederaufnahme der Leistung nach Ablauf jener Frist.

Siegler: «abt Chûnrat dacz dem Heiligen Chrevtze.»

Datum: ... an sand Matheus tag des heiligen zwelfpoten und ewaingelisten.

Original, Pergament. Siegel abgefallen.

1634 *1350, November 21, Wien.*

«Pruder Vlreich zú den zeiten prior» und der Convent «datz den Augenstinern²) ze

¹) Der Reisenberg in Nr. 1631.
²) Vgl. die Schreibung im Datum von Nr. 1598.

Wienne» verkauft dem St. Clarastifte ebenda seinen Antheil an dem Hause «gelegen in der Pippingstrazze ze Wienne, daz Pittrolf von Wentzestorf der erbern gæstleichen vrowen schaffer datz Sant Chlarn ze Wienne, dem got genade» den beiden Klöstern vermacht hat, um 10 Pfund Wiener Pfennige.

Siegler: Die Aussteller.

Datum: ... ze Wienne, ... des nähsten suntages vor sant Katrein tage.

Original, Pergament. Die zwei Siegel abgefallen.

1635 *1350, November 23, Wien.*

«Hainreich der Óler und ... Leupolt der Poltze zú den zeiten baide dez ratze der stat ze Wienne» stellen einen Beschaubrief aus, dass «Pawl hern Reynprechts sún bei dem Prünnen an seiner múter stat vrown Perchten» vor dem «rat der stat ze Wienne» mit der Bitte gekommen sei, ihm zwei Räthe zu geben zu Auskunft «zwischen irem haús und der padstüben gelegen an dem selben irem haús, die der Múrrinne ist». Das sei geschehen und der Befund folgender gewesen: «umb die træm lüger die von der vorgenannten padstüben in der egenanten vrôn Perchten haús maúr, die an deu selben padstüben stôzzt gent und heut ze tage dar in von der selben padstüben mit træmen geträmpt sint, wie die dar chómen sein von minne fûgen oder von genaden, die selben træm und træwm lüger suln fûrbaz in die egenanten mawr gen und beleiben als si heút ze tage dar inne gent und sint; aber fûrbaz sol man von der egenanten padstüben in die vorgenanten maúr weder mit træmen noch mit prechen noch mit liecht verpawen, noch mit dehainerley andern sachen nichts pawen träwmen noch prechen, noch dar in ze schaffen haben, weder chlain noch groz prait enge noch weit».

Siegler: Die Aussteller.

Datum: ... ze Wienne, ... dez eritags vor sant Katreyn tage.

Original, Pergament. Mit einem beschädigten Siegel; das zweite abgefallen.

1636 *1351, März 20, Wien.*

Notariatsinstrument, wonach «dominus Petrus de Weytra presbyter Pataviensis diocesis ... fratri Paulo priori totique conventui in Mawerbach ordinis Cartusiensis» sich verpflichtet habe, «quod capellam sancti Nicolai sitam Wienne in domo predictorum prioris et conventus», zu deren Dienste er dem Bischofe Gotfried von Passau präsentirt worden ist, treu verwalten wolle.

Siegler: Der Prothonotar Nicolaus und der Passauer Official für den Priester Peter, der kein Siegel hat.

Zeugen: Der Prothonotar Nicolaus, dann «Ulricus officialis curie Pataviensis, Stephanus plebanus ad Sanctum Vitum, Salzburgensis diocesis, Andreas notarius domini ducisse».

Datum: Anno a nativitate ... millesimo CCC^{mo} quinquagesimo primo, indictione IIII^a, XIII kalendas aprilis, pontificatus sanctissimi in Christo patris et domini Clementis divina providentia pape VI^{ti} anno nono, hora quasi nona, in domo habitacionis magistri Nicolai plebani in Mistelbach, bacalarii in iure canonico necnon prothonotarii illustris principis domine Johanne ducisse Austrie Styrie et Karinthie, in Wienna.

Notar: Johannes, quondam Johannis de Treven clericus aquilegensis diocesis.

Original, Pergament. Das erste, herzförmige Siegel hängt, das zweite fehlt.

1637 *1352, Februar 1, Wien.*

«Hermann der Sayler, purger ze Ravelspurch», und «Wilhalm der Stetter, purger ze Pyscholfzelle», bekennen, dass ihnen Herzog Albrecht zu Oesterreich für 537 Pfund Wiener Pfennige «die wazzermütt ze Wienne» von verflossenen Weihnachten ab für zwei aufeinanderfolgende Jahre «mit alle den nützen und rechten alz die selbe wazzermeut von alter her chōmen ist», verpfändet habe gegen Verzicht auf Baarzahlung.

Siegler: Friedrich von Tyrnach, derzeit Bürgermeister von Wien, und Heinrich der Straiher, derzeit Judenrichter zu Wien, für die Aussteller, da selbe ihre Siegel nicht mithaben.

Datum: geben ze Wienne ... an unser vrowen abent ze der liechtmizze.

Original, Pergament. Mit dem zweiten Siegel, das erste fehlt.

1638 *1352, Februar 7, Konstanz.*

Rath und Bürgerschaft zu Konstanz bezeugen ihren Ausgleich mit dem Herzog Albrecht II. wegen des Gutes jener ihrer Mitbürger, das der Herzog in Wien hatte confisciren lassen. Der Herzog hat 1000 Pfund Wiener Pfennige geleistet; die Stadt dagegen versprach, diejenigen, welche «von uns fürent gen Emptz in den krieg und uns ungehorsam wurden», nicht weiter zu heimen ausser nach rechtlichem Ausgleich. Gemeint sind Heinrich von St. Gallen, Franz Livi und Berschine Ris; Heinrichs beide Brüder namens Üli und Abli betreffend, wird bestimmt, dass «wend die in der rihtung sin, so wellin wir für si vertrösten als für ander unser burger», wenn nicht, sollen sie gleichfalls nicht weiter geheimt werden.

Siegler: Die Stadt Konstanz.

Datum: ... ze Chostencz, ... an dem nächsten suntag, nach unser frowen tult ze der liechtmisse.

Original, Pergament. Mit Siegel, ziemlich gross und gut erhalten.

1639 *1352, März 9, Wien.*

«Chûnrat der Vrbetsch ... richter ze Wyenn» von den «in die purger schrann ze Wienn vor rechtem gericht» der Stiftskämmerer von St. Pölten «ber Marichart der Öder» gekommen ist, um «auf die hofstat die weilnt Rügers des Tawgenleichs gewesen ist und die do leit in der Munzzerstrazz ze Wienn hinden an dem Schüchhaus ze nächst Jansen haus des tüchscherer, umb vier phunt wiennär phenning versezzens pürkchrechts und umb alle die zwischspilde di mit recht dar auf ertailt sind» zu klagen, gibt demselben «Wernharten den Zehentner und Vlreichen den Halbemmer di zwen vorsprechen» um das Haus zu schätzen. Im weiteren Verfahren wird das Haus dem Kläger, als Vertreter des Stiftes St. Pölten, zugesprochen.

Siegler: Der Richter.

Datum: ... ze Wienn, ... des nechsten freitags vor sand Gregorii tag.

Cod. Ms. 173, fol. 106, Nr. 168. — Duellius, Exc. Gen. 67, Nr. 109 (Auszug). — Urkundenbuch von St. Pölten, I, 433, Nr. 366.

1640 *1352, April 23.*

«Seidel Obrecht von Purstendorf und ... Margret sein hausfraw» verkaufen «ain halbz phunt geltz wyenner phening dem erbern prister hern Nyclan cappllan der Dreyr Kunig ze Wienne zu der Himelporten oder wer den prief inhat, umb fum[f] phunt Wienner phenning.

Siegler: Janns der Merrn von Purstendorf und Nyclas Tanner von der Nider Leyzz.

Datum: ... an sand Jorigen abent nach ostern.

Original, Pergament. Von den zwei Siegeln hängt nur das zweite beschädigt.

1641 *1353, Januar 8, Wien.*

Herzog Albrecht II. verspricht dem Conrad «dem Maurer» Schutz «umb daz haüs gelegen an dem Sweinmarkt ze Wienn, daz Mérten» des herzoglichen «chamrer gewesen ist, und umb zwo hofstet gelegen zenéchst an demselben haüs der aine gewesen ist Michels des Pekchen und di ander Tréppleins des Fuettrer, und di die geistlichen chlostervrowen ... die abtessinn und der convent datz sand Chlaren ze Wienn Chúnrad dem Maurer ze choufen habent geben».

Siegler: Nicht genannt.

Datum: ... ze Wienn, an eritag nach dem perichtag.

Original, Pergament. Siegel abgefallen.

1642 *1353, März 8, Oberleis.*

«Vlreich Helphant von Nyder Leizz und ... Chunigunt sein haus[v]rowe» verkaufen «an drei phening ein halbz phunt wienner phenning» (d. i. 3 Schillinge 27 Pfennige) Gülten auf genannten Gütern zu Niederleis um 6 Pfund Wiener Pfennige «dem erbern priester hern Nyclan cappllan der Dreyr heiligen chunig datz der Himelporten ze Wienne» zu der ewigen Messe, die «die erber vrowe vro Peters Pauln witibe dez Mæren, dem got genad, gewident hat».

Siegler: Der Aussteller, dann Hartrat «dez Wilhalm sun von Nider Leizze», Tyetmar der Holczschúch von Holebern, Jerig der Mærn von Nider Leizze.

Datum: ... dez freitagz vor dem swärzn suntag zu Ober Leisse.

Original, Pergament. Die vier Siegel abgefallen.

1643 *1353, Juni 23.*

«Chônrat der Chamrer[1]) zú den zeiten chirlichmaister Sande Michels pharr ze Wienne» bezeugt, dass vor ihn gekommen sind «graf Fridreich von Cyli an aim tail und der erber prister her Symon zu den zeiten chaplan sand Niclas alter gelegen in der selben Sand Michels pharr ze Wienne an dem andern tail umb das phúnt wienner phenning gelts púrchrechts daz auf des selben graf Fridreichs haus von Cyli gelegen ist, daz do leit in der Preydenstrazze ze Wienne, ze nest Sande Michels pharr hof». Der Graf hat die Gülte vom Caplan um 8 Pfund Wiener Pfennige mit des Ausstellers Zustimmung abgelöst, für welchen Erlös dann wieder eine andere Gülte gekauft werden soll.

Siegler: Die Pfarre, dann Fridreich der Chreuzpekch und Meister Ulrich der Vennde.

Datum: ... an sand Johanns abent ze sunnbenten.

Original, Pergament. Mit drei sehr gut erhaltenen Siegeln.

1644 *1353, September 6, Avignon.*

Zehn Bischöfe verleihen je 40 Tage Ablass zu Gunsten des Laurenzerinnenklosters in Wien.

Datum Avinionis, VI. die mensis septembris, anno domini millesimo CCCLIII et pontificatus domini Innocencii pape VI anno primo.

Original, Pergament. Mit ornamentirtem Initiale. Die Siegel fehlen sämmtlich.

Ein zinkographisches Facsimile des Initials siehe in Ber. u. Mittheil. d. Alterth.-Ver. zu Wien, 16. 148.

1645 *1354, Mai 30, Wien.*

Herzog Albrecht II. hatte «das holcz gelegen an dem Ótelperig von ... dem maister und dem convent datz dem Heiligen Geist ze Wienn gechoúft umb hundert und zwainzik phunt wienner phenning» und gibt

---

[1]) Lebte noch 1364 (Nr. 1661).

dasselbe nun «mit allen mérkchen und rainen ... der abteßinn und dem convent datz Sand Chlarn ze Wienn ...».

Siegler: Nicht genannt.

Datum: ... ze Wienn, an dem freitag vor dem heiligen tag ze phingsten ...

Original, Pergament. Siegel abgefallen.

1646 *1355, Mai 2, Wien.*

Herzog Albrecht II. gibt der Karthause Mauerbach die Eigenschaft gewisser Zehnten und Pfenniggülten zu Ruppersdorf, welche vordem «Hans Smauzzer purger ze Wienne» als herzogliches Lehen besessen, der Karthause verkauft und dem Herzoge aufgegeben hatte.

Siegler: Nicht erwähnt.

Datum: ... ze Wienne, an samztag nach sand Philips und sand Jacobs tag ...

Original, Pergament. Siegel abgefallen.

1647 *1355, November 7, Wien.*

Heinrich «der Tüchler», «Nichlas hern Jörigen sün», beide Bürger zu Waidhofen, und «Nichlas Chadolt pürger zu dem Newenhaus» und Anna, seine Hausfrau, verkaufen mit ihres Grundherrn Hand «dez erbern ritter hern Jansen dez Greyffen» ihr «grözz haus, daz da leit an dem Hörmarcht ze Wienne, zwischen dem haus daz Stephanes dez Glaser gewesen ist und der patstüben bei dem Röten Türn und alle die gemäch» und sonstige Zugehör, welches Haus dem Grundherrn 6 Wiener Pfennige zu Grundrecht «und swester Chünigünden der Vimantzinne in dem vrowen chloster dacz Sant Larentzen ze Wienne dreu phünt und hinz Sant Margreten in der Münsserstrazze ze Wienne zehen schilling und den gästleichen herren ze Räun fümf schilling wienner phenning, allez ze rechtem pürchrech» dient, ferner das Haus «gegen dem selben ... grozzen haus über, daz weiln Ötten dez Smits sælig gewesen ist und den cheller neben dem selben haus und den grueb vor dem cheller», welcher «hern Jansen dem Greiffen» 3 Wiener Pfennige zu Grundrecht dient, um 210 Pfund Wiener Pfennige «dem erbern manne Jansen von Haslâ pürger ze Wienne».

Siegler: Die drei erstgenannten Aussteller, der Grundherr, dann der Wiener Bürgermeister Leupolt der Polz und die Bürger Heinrich von «Neizza», Albrecht der Rampperstorffer und Janns der Pölle.

Datum: ... ze Wienne, ... dez nähsten sampstags vor sant Merteins tage.

Original, Pergament. Mit acht durchaus gut erhaltenen Siegeln, die Mehrzahl mit Secret.

1648 *1356, Mai 24.*

Graf Hanns von Phannberch verkauft seinem Oheim, dem Grafen Friedrich von Cilly, mit Gunst und Rath des Herzogs Albrecht zu Oesterreich sein Haus «ze Wynn in der Schauffelukchen gelegen und weilent waz hern Dytreichs dez Pilchdorffer», wie er es von seinem «vatter selig» übernommen, um 400 Pfund Wiener Pfennige. Er verspricht ihm, «daz egenant haus ze schermen und vertreten vor aller ansprach nach landes und nach statte recht ze Wyenn».

Siegler: Der Aussteller und Wilhelm von Scherfenberg.

Datum: ... des nesten eritag vor sand Vrbans tag.

Original, Pergament. Mit zwei Siegeln.

1649 *1357, August 30, Wien.*

Herzog Rudolf IV. nimmt auf Bitten seines «hertzenlieben herren vatter herzog Albrechten von Oesterreich» das Kloster der Laurenzerinnen zu Wien in seinen Schutz und Schirm.

Siegler: Nicht angekündigt.

Datum: ... ze Wienn, an mitichen vor sant Gylien tag, ... unserr geburtlichen zeit in dem sibenden jare, in dem achtzehenden jare.

Original, Pergament. Siegel abgefallen.

1650 *1357, October 21, Wien.*

«Albrecht der Schenkch, zü den zeiten türchamrer» Herzog Albrechts II., und Ursula seine Hausfrau verpflichten sich zu jährlicher Leistung von «zwen wienner phenning geltes gruntrechts», welche das Kloster von St. Clara auf ihrem Hause «gelegen auf der Hochstrazze ze Wienne gegen der Augustiner chloster über[1]) ze nächst der edeln herren haus des grafen von Maidburg».

Siegler: Der Aussteller und Friedrich von Intzeinstorf, derzeit herzoglicher Kämmerer.

Datum: ... ze Wienne, ... an der heiligen aindlef tausent maide tage.

Original, Pergament. Die zwei Siegel abgefallen.

1651 *1360, Februar 10, Wien.*

Friedlieb, bischöflich passauischer Official, bezeugt, dass Erhard, der Caplan der St. Niclaskapelle im Hause des Klosters Mauerbach zu Wien, sich verpflichtet habe, alle mit dieser Caplanstelle verbundenen Lasten zu tragen.

Siegler: Der Aussteller auf Bitten des Priors Theoderich und des Caplans Erhard.

Datum et actum Wienne, in domo habitacionis nostre, anno domini millesimo tricentesimo sexagesimo, decimo die mensis februarii, in die beati Scolastice virginis.

Original, Pergament. Siegel abgefallen.

1652 *1360, Juni 28, Wien.*

«Rudolf der vierd von gotes gnaden erzherzog ze Österreich etc.» schenkt in eigenem und im Namen seiner Brüder Friedrich, Albrecht und Leopold «mit ... urlaub des erwirdigen hern Gotfrides bischof ze Pazzowe und ... Leupoltes von Sachsengang pharrer der kirchen ze Sand Stephan ze Wienn ... dem orden und den prüdern unserr frawen genant von dem perg Carmelo, die kilchen ze Wienn in dem Werde, die gestift und geweicht ist in ere gotes leychnamen mit aller zügehörung ... als es weilent die Augustiner innegehabt habent», dass die Karmeliter sie nunmehr innehaben «ouch ain kloster da paun und aufrichten, als in notdurft und füglich ist. Die egenanten prüder welhe ie ze den zeiten da sint, sullent ouch alle jar sein ze der pharrkilchen Sand Stephans bei der procession mit irm kreuzen hailtum und vanen an den heiligen tägen ze weihnacht, ze ostern, ze phingsten, an

gotes leichnamens und an aller hailigen». Auch den Jahrtag für den Stifter müssen sie zu St. Stephan begehen.

Siegler: Nicht angekündigt.

Zeugen: Ortolf, Erzbischof von Salzburg, Legat des Stuhles zu Rom; Paul, Bischof zu Freising; Gotfried, Bischof zu Passau, «her Johans bestetter bischof ze Gurk» des Herzogs Kanzler, Bischof Otto von Chiemsee, Bischof Ulrich von Seckau, Bischof Peter von Lavant. — Markgraf Meinhart von Brandenburg, Herzog zu Oberbaiern und Graf von Tirol, des Herzogs Schwager; «die edeln unser lieben öhemen graf Albrecht phallenzgraf in Kernden, graf Meinhart und graf Hainrich von Görcz und graf Otto von Ortemburg». — «die getrewen lieben graf Ulrich und graf Herman prüder von Cyli, graf Johans von Phannberg, Eberhart von Walse von Lincz .. houptman ob der Ens, Eberhard von Walse .. hauptman in Steyer, Friderich der Aufenstainer .. hauptman in Kernden, Leutold von Stadekk .. houptman in Krain, Stephan von Meissowe marschalh, Albr von Puchhaim druchsezz, Haidenreich von Meissowe schenkch, Peter von Eberstorf kamrer, Friderich von Chreuspach jägermaister in Österreich, Friderich von Walse von Grecz schenkch, Rudolf Ott von Liechtenstain kamrer, Friderich von Pettowe marschalh, Friderich von Stubenberg druchsezz in Steyr, Hertneid der Chreiger druchsetzz, Herman von Ostrawicz schenkch in Kernden, Jans der Türs von Rauhenekk, Ulreich und Ott von Stubenberg, Gotschalh von Neitperg, Hermann von Chranichperg, Hertneid von Pettowe, Hainreich der Wilthauser, Herman von Landenberg unser lantmarschalh in Österreich, Hainreich von Hakkenberg unser hofmaister, Jans von Prunn unser kamermaister, Pilgreim der Strewn unser hofmarschalh, Hainrich von Prunn unser schenkch, Albrecht der Ottenstainer unser kuchenmaister,[2]) Albrecht der Schenkch unser kellermaister und Wilhalm der Schenkch von Liebenberg unser speisemaister und ander erber leut genug».

---

[1]) In diesem Bereiche wohnten sehr viele Hofbedienstete; vgl. Nr. 1641.

[2]) Auf diesen bezieht sich die Notiz im St. Pöltener Urkundenbuch, II, 170, Anm.

Datum: Der brief ist geben ze Wienn, an sand Peters und sand Pauls abent, ...

Unterschrieben: + Wir der vorgenant herzog Ruodolf sterken disen prief mit dirr underschrift unser selbs hant + (folgt eine Stelle in Geheimschrift, dann: Et nos Johannes dei gracia Gurcensis episcopus prelati domini nostri ducis Austrie primus cancellarius recognovimus omnia prenotata.

Original, Pergament. Siegel abgefallen.

1653 *1360, August 8, St. Pölten.*

Propst Ulrich der Feiertager von St. Pölten stiftet zu Ehren Herzog Rudolfs IV., der sich als ganz besonderer Wohlthäter des Stiftes St. Pölten nach der Feuersbrunst erwiesen hat, einen Jahrtag. Der jeweilige Propst von St. Pölten soll am St. Martinstage «die fruemezz haben auf dem khor ze Sannd Stephan ze Wienn und nach der mezz gebn inem brobst der dann daselbs ze Sannd Stephan ze Wienn ist, ain guldein vingerlein das dreier guldein wert sei angevär, zu ainer ewigen gedachtnüzz und erkentnüzz, das unser gegenants gotshaus widerbracht ist von dem vorgenanten unserm herren herzogn Rûdolffen, der di brobstei und den thûm ze Sannt Stephan ze Wienn gewidembt, gestift und aufgericht hat».

Siegler: Der Propst.

Datum: ... ze Sannd Ypoliten an unserem capitel, am sambstag vor sand Laurentzen tag, ...

Cod. Ms. 173, fol. 117', Nr. 179. — Urkundenbuch von St. Pölten, I, 505, Nr. 430.

1654 *1360, December 23.*

Lucas der Popphinger und Chlar seine Hausfrau und Stephan der Popphinger sein Bruder, beide Bürger zu Wien, verkaufen «fümf phunt und zwen phenning wienner munzze geltes mit weisat mit alle, der sechs schilling geltes ligent datz Plinttendorff auf einem ganzen lehen und vier phunt und zwen und sechzich phenning gelts ligent datz Symaningen (Simmering) auf behausten holden und auf weingärten auf ækchern auf chrautgærten und auf andern gütern ... umb sechzich phunt wienner phenning ... den

erbern gæstlichen vrown swester Katrein der Mærinne von Leizze zů den zeiten maistrinne, swester Margreten zu den zeiten priorinne und dem convent gemain des chlosters datz der Himelporten ze Wienne ... in ir pitantz».

Siegler: Die beiden männlichen Aussteller und Claras Vater, Heinrich der Öler.

Datum: ... des nachsten mittichen von dem heiligen weihennacht tage.

Original, Pergament. Die drei Siegel abgefallen.

1655 *1362, Januar 30, Wien.*

«Jans von Ibs und ... Elspet sein hausvrowe» verkaufen dem Stifte St. Pölten «mit ... pergmaisters hant des erbern mannes der Schönn Niclas von Sufring ze den zeiten pergmaister der erbern geistleichen herren ze unser Vrowen Tron ze Gemnich des ordens von Karthus ...» einen «weingarten ... ze Grintzing an dem Schenchenperg, des ein ganz jeuch ist, ze nechst hern Christoffers weingarten des Syrfeyär» mit einem jährlichen Dienst nach Gaming von «drei emmer weins ze perchrecht und drei wienner phenning ze voitrecht».

Siegler: Der Prior von Gaming, des Ausstellers Bruder «Herman von Ibs», dann «Chünrat und Jans die Urbetzsch», Brüder der Elsbeth.

Datum: ... ze Wienn ... des nechsten suntag vor unser vrowen tag ze der liechtmesse.

Codd. Mss. 173, fol. 18', Nr. 29, und 175, fol. 174', Nr. 174. — Urkundenbuch von St. Pölten, I, 520, Nr. 455.

1656 *1362, März 9.*

Andre von Mautern, Bürger zu Wien, und ... Christein seine Hausfrau geben mit Handen «hern Hainreichs ... pharrer datz Sand Ayten und amptman datz Zaissenmaûr des hochwirdigen fürsten bischof Göttrits von Pazzawe ... ze einem widerwechsel ... hern Wernharten dem Æchter zů den zeiten statrichter ze Tülln und seiner hausvrowen vron Katrein» ihren zu Königstetten gelegenen Weingarten gegen «zwen weingärten, der ainer leit bei dem Heiligen Gæst vor Chærnertor ze Wienne in den sechs hof-

17*

stëten dez ein holstat ist ze nächst der Schrikcherinn weingarten, da man alle jar von dient dem pharrër datz sand Stephan ze Wienne neun wienner phenning ze perchrecht und nicht mer, so leit der ander weingart an dem Reinspërg des ein virtail ist ze nächst der vrowen weingarten in dem dritten orden ze Wienne, da man alle jar von dient dem chapplan auf unser vrowen alter datz Sand Jacob ze Wienne dreizzig wienner phenning ze perchrecht und nicht mer». Sie setzen sich zu Gewär für ersteren Weingarten «mit des perchherren hant ... hern Leupolts von Sachsengang zü den zeiten pharrer datz Sand Stephan ze Wienn», für letzteren «mit dez perchherren hant hern Otten zü den zeiten chapplan des vorgenanten unser vröwn alter datz sand Jacob ze Wienne».

Siegler: Der Aussteller und die drei Bergherren.

Datum: ... des mittichens in der andern vastwochen.

Original, Pergament. Die vier Siegel abgefallen.

1657 *1363, März 14, Wien.*

«Ott von Weyer von Pürchartstorff und ... Chlar sein hausfrowe» verkaufen «mit handen hern Jansen von Tyrna zü den zeiten pürgermaister und munzmaister und dez rates gemain der stat ze Wienne ... ain phunt wienner phenning gelts purchrechts» auf ihrem Hause «an dem Cholmarkcht ze Wienne ze nächst maister Ortleins haus dez smits, do man ... alle jar dient dem erbern priester hern Larenczen zü den zeiten chappellan in sand Erasms chappellen die do stet under dem newn chornér auf sand Stephans vreythof ze Wienne, ain phunt wienner phenning ze pürchrecht und nicht mer». Sie verkaufen es «umb acht phunt wienner phenning ... dem erbern priester hern Pilgreim zu den zeiten chappellan sand Pawls alter in dem vrowen chloster dacz der Himelporten ze Wienne» zu Gunsten eben dieses Altars. Die Leistung erfolgt zu drei Zeiten, nämlich Georgi, Michaeli und Weihnachten; Rücklösung zum Kaufpreise ist stipulirt.

Siegler: Die Stadt mit dem Grundsiegel und Niclas der Würffel, Bürger zu Wien.

Datum: ... ze Wienne, ... dez nächsten eritags nach mittervasten.

Original, Pergament. Die zwei Siegel abgefallen.

1658 *1363, Juli 17, Wien.*

Abt Clemens zu den Schotten in Wien und Friedlieb, Official des Passauer Hofes daselbst, transsumiren zwei vom Patriarchen Ludwig von Aglei ausgefertigte Urkunden ddo. 1362, April 21, Wien,[1] und 1362, Mai 2, Capruniza,[2] über die Aufstellung eines Landeshauptmannes in Friaul durch den Herzog von Oesterreich.

Siegler: Die Aussteller.

Zeugen: Leutold von Stachk, Albrecht Schenk von Ried, Heinrich von Dunnersdorf, Heinrich von Rappach, Wilhelm von Ellerbach, Pilgrim Pranker, Georg Truchsess.

Notar: Johann, Sohn Ortolfs von Znaim, Geistlicher der Olmützer Diöcese.

Datum et actum Wienne, in die sancti Alexii, anno domini millesimo trecentesimo sexagesimo tercio.

Original, Pergament. Mit zwei sehr schön erhaltenen Siegeln.

1659 *1363, August 5.*

«Ann die Aichpergerin priorinn und der convent gemain der geistlichen frawen dez chlosterz ze Sant Peter in der sperr ze der Newnstat prediger ordens» geben «von dez gepots wegen so ... der hochgeporn fürst her Rudolf hertzog ze Osterreich etc. etc. in der stat ze der Newnstat umb purchrecht ablösung gepoten und aufgesatzt hat, ...[3] abzelosen ... dem erbern mann Chunrat von Gors purger ze Wyenn ain phunt wyenner phenning gelts purchrechts daz unser convent swester Hedwig hern Herworts tochter auf der Sauln, dem got gnad, gehabt hat auf seinem hindern häuslein daz da stozzet hin-

---

[1] Lichnowsky, IV, Nr. 370.

[2] Ebenda, Nr. 375.

[3] Dass sich dieses Gebot auch auf Grundrechtsablösung bezogen hat, ergibt sich aus Nr. 1677 (von 1368, März 9, Wien). Ueber diesen Gegenstand vgl. Huber, Geschichte Herzog Rudolfs IV., S. 121 ff.

den an Chunrats haus von Regenspurch und daz ir ændel fraw Kûngund die Herwortinn auf der Sauln, der auch got gnad, geschaffet hat, um acht phunt wyenner phenning ... allso daz er und sein erben und all die daz vorgenant sein hinderz haûslein nach in besitzent, daz vorgenant phunt gelts schullen furpaz ewicleich aller ding darob ledig und frei sein.

Siegler: Der Convent von St. Peter zu Wiener-Neustadt und sein Amtmann und Gutsverweser Jacob der Haide.

Datum: ... an sant Oswaldez tag.

Original, Pergament. Von beiden Siegeln hängt nur das zweite beschädigt.

1660 *1364, Februar 17, Wien.*

«Johanns von Tyrnach zu den zeiten purgermaister, Chûnrat Vrbetsch richter und der rat gemain der stat ze Wienne» treten dem Erbvertrage vom 10. Februar l. J.[1]) bei «wand dieselb ordenunge gabe und gemëchtnûzze mit unser der vorgenanten purger ze Wienne rate willen und gunst geschehen ist.

Siegler: Der Aussteller «mit der obgenanten stat ze Wienne grózzem anhangundem insigel».

Datum: ... ze Wienne, an sunnetage in der vasten do man sang Reminiscere, ...

Original, Pergament. Mit wohlerhaltenem Siegel an grün-rother Seidenschnur.

1661 *1364, Juli 30, Wien.*

«Vlreich der Silbersperger purger ze Wienne» und seine Frau «Geisel» verfügen über ihren Weingarten «gelegen in dem Lerichveld ... des ein halbs jeuch ist ze naest der geistlichen vrowen weingarten datz der Himelparten ze Wienne an ainem tail und ze nâst Thomans weingarten des Marstallér an dem andern tail», dem Herzoge Rudolf zinsbar mit 10 Wiener Pfennigen «ze perchrecht und ze voitrecht», in der Weise, dass sie die eine Hälfte davon «ze nâst Thomans weingarten des Marstallér» mit der Hand Rügers des mairs von Sand Vlreich z. d. z. undrister pergmaister» des Herzogs,

----
[1]) Böhmer-Huber, Reg. Caroli IV., 4011.

seinem Sohne «prûder Vlreichen z. d. z. conventprûder datz den Weizzen ûnser vrowen prûdern ze Wyenne», doch so, dass er erst nach dem Tode des Ausstellers an dessen Sohn zufallen soll «und davon er denn sein phrûnt und sein gewant pezzern sol», während seiner Lebzeiten jedoch wolle er «im sein natdûrft geben an schûchen und an gewant ûnz daz er prîster wirt, und swenn er denn priester wiert, so sol ez datz meinen tůn aten». Nach dem Tode des Ausstellers, falls derselbe «daz erst sumerpaw in den egenanten weingarten gelegt hiet», sollen seine beiden Söhne Jacob und Peter den Weingarten für sich ausbauen und auch sechsen, «und denn nach dem lesen so sol der obgenant halb tail dez ... weingarten ... prûder Vlreichen ledig sein», der dann das Einkommen davon verwenden soll zur Besserung seiner Pfrûnde bis an seinen Tod, dann aber der halbe Weingarten an sein Kloster fallen zur Stiftung seines Jahrtages «des nâsten tags vor ûnser vrowen tag ze der schidung oder des nâsten tags hinnach ... mit sechzig phenning geltes. ... Ob daz wër, daz ... pruder Vlreich aus dem orden entwich und darinnn nicht belib», so fällt der Weingarten an den Stifter zurück.

Siegler: Der Herzog «mit ... herzog Rûdolffs perchrecht insigel in dem lande ze Österreich daz ... Albrecht der Schench z. d. z. obrister perchherr und chelrrmaister ... an den brief gehangen hat» und des Ausstellers Schwager Chunrat der Chamrér.[1])

Datum: ... ze Wyenn, ... des nâsten eritag nach sand Jacobs tag im snit.

Original, Pergament. Die zwei Siegel abgefallen.

1662 *1365, Januar 19, Wien.*

Herzog Rudolf IV. belehnt das Kloster St. Pölten mit dem Lehen, das er von den Brüdern von Hilling erkauft hat, gegen eine jährliche Abgabe von 6 Wiener Pfennigen am St. Michaelstag «von dem paumgarten zu Jewching» in der Wachau «zu unserr stift sand Stephans chirichen ze Wienn ze pûrckrecht».

----
[1]) Dieser war Kirchenmeister zu St. Michael, vgl. Nr. 1643, zu 1353, Juni 23.

Datum: ... ze Wienn, am sunntag vor Agnetis, ...

Codd. Mss. 173, fol. 24', Nr. 37, und 175. fol. 61, Nr. 51. — Urkundenbuch von St. Pölten, I, 605, Nr. 495.

1663 1365, März 25.

Jacob Goldstein von Grinzing und Agnes, seine Hausfrau, verkaufen dem Kloster St. Pölten Hof und Weingarten zu Grinzing.

Siegler: Jans der Goltstein, des Ausstellers Bruder, Lucas der Hansgraf, Bürgermeister von Wien, und Jans von Ybs.

Datum: ... an unser vrowen tag ze der chundung.

Codd. Mss. 173, fol. 89, Nr. 138, und 175, fol. 154', Nr. 152. — Duellius, Exc. Gen., 63, Nr. 93 (Auszug aus Cod. 173). — Urkundenbuch von St. Pölten, I, 610, Nr. 492.

1664 1365, April 24, Wien.

«Hainreich der Choppot der vaaziecher und ... Pericht sein hausvrowe» geben mit der Hand ihres Bergmeisters «hern Hainreichs des Würffels z. d. z. amptman des chlosters zu Neunburch ... den geistleichen prüdern dem convent gemain der Weizzen pruder zu Wienne ... zwen emmer weins geltes ewiges selgerates» auf ihren Weingarten «der do leit an der Santleitten, des ain jeuch ist ze nechst Vlreichs weingarten von Ens», von welchem Weingarten man nach Klosterneuburg dient «dritthalben emmer weins ze perchrecht und sechs wienner phenning ze voitrecht». Dafür soll man ihnen einen Jahrtag halten «iegleichem an dem tag als es gestirbet ... mit vigilii und mit selmessen». Würde ihnen einmal die Gülte nicht gereicht, «so süllen si denne ze hant vor dem pergmaister auf denselben weingarten umb zwispild fragen ze vierzehen tagen alz umb versezzens purchrecht recht ist».

Siegler: Der Bergmeister und Stephan der Rædler, derzeit des Rathes der Stadt Wien.

Datum: ... ze Wienne, ... an sand Jörgen tage.

Original, Pergament. Die zwei Siegel abgefallen.

1665 1366, October 4, Wien.

Herzog Albrecht III. übernimmt nach dem Beispiele seines verstorbenen Bruders, Herzog Rudolfs IV., die Schutz- und Schirmhoheit über das Gotteshaus und Frauenkloster «sant Lawrentzen ze Wyenne prediger ordens».

Siegler: Der Herzog.

Datum: ... ze Wyenne, an suntag nach sant Michels tage, ...

Original, Pergament. Siegel abgefallen.

1666 1367, Januar 28, Wien.

«Vlrich der Harnaschpawr, ... Margret sein hausfraw, ... Stephan der Erman, ... Elspet sein hausfrow, ... Jans der Phanczagel, ... Elspet sein hausfraw» verkaufen sämmtlich «mit des erbern manns hant herrn Lienharts des Löfflerz ze den zeiten phleger und verbeser herrn Jacobs chind des Löffler seins pruder selig» und zu gesammter Hand «vier phunt wyener phenning gelts purchrechts» auf nachgenannten Gütern; es participiren nämlich an den 4 Pfund:

a) Ulrich und Margarethe Harnaschpaur mit 12 Schilling Wiener Pfennigen auf ihrem Hause «ze Obern Suffring ze näst Seifrids hous dez Adlolten» und dahinter auf einem Weingarten «gelegen an dem Haseleke des ein ochtail ist ... ze näst Wolharts weingartens des amanns» und auf einem Baumgarten hinter dem Hause, von welchem Haus und Baumgarten man «alle jar dient hern Jacobs chind dez Löffler drei helbling und dreizzig wyenner phenning ze rehtem dienst ..., so dient man von dem ... ochtail weingarten alle jar hern Jacobs chind des Löffler anderhalb viertail weins ze perchrecht und anderhalb ort ze voitrecht», ferner mit ihres «percherren hant des erbern hern herrn Niclases des Stoyczendorffer di zeit pharrer ze Süffring» auf ihrem Weingarten zu «Suffring in dem Streitgern des ein viertal ist ze näst Ortolfs weingarten des Gusters dacz Sand Stephan ze Wyenn» mit jährlichem Dienst an den Bergherrn «dem pharrer ze Suffring» von $4\frac{1}{2}$ Viertel Wein zu Bergrecht und $4\frac{1}{2}$ Ort zu Vogtrecht.

b) Stephan und Elisabeth Erman participiren an den 4 Pfund mit 1 Pfund Wiener Pfennigen und verkaufen mit der Hand des vorgenannten Löffler'schen Gerhaben 1 Pfund

Wiener Pfennige auf ihrem Hause «ze Obern Suffring ze nàst Jacobs des Wolchûn haus» und dahinter auf den Weingarten «an dem Haseleke dez ein halbs jeuch ist ze nàst Ulrichs weingarten des Tyemen» und auf dem Baumgarten hinter dem Hause; Haus und Baumgarten dienen dem Löffler'schen Mündel 17 Wiener Pfennige «zu rechtem dienst ... so dient man von dem ... weingarten ... anderhalben emmer weins ze perchreht und drei helbling ze voitreht».

c) Jans und Elsbeth Phanzagel participiren mit 12 Schilling Wiener Pfennigen und verkaufen dieselben mit der Hand des vorgenannten Gerhaben auf ihrem Weingarten «an dem Harnperg ze Suffring des ein halbs jeuch ist und heizzet di Peunt ze nàst Leupolts weingarten von Maurperg» mit einem jährlichen Dienst von einem Eimer Wein zu Bergrecht und 1 Pfennig zu Vogtrecht.

Sie verkaufen diese 4 Pfund Gülte um 32 Pfund Wiener Pfennige, wovon a) und c) je 12 Pfund, b) aber 8 Pfund «ingevezzent und ingenomen ... dem erbern mann hern Jansen von Segenberch purger ze Wyenn, der di egenanten vier phunt gelts von des geschefts wegen daz maister Andre dem got gnad, getan hat, gechauft hat» zu der von denselben gestifteten ewigen Messe «in sant Symons und sand Judas chappellen gelegen in Sant Jacobs chloster auf der Hulm ze Wyenne, und der erber priester her Chadolt der Eysnein dizeit chappellan und verbeser ist». Es sollen also die Aussteller und ihre Erben dem Chadolt und seinen Nachkommen die 4 Pfund zu gedachter Messe leisten «ze drin tàgen im jar, an sand Jörgen tag, an sand Michels tag und ze weichnachten ie ze dem tag an zehen aindleff schilling wyenner phenning» also je 10 Schilling 20 Pfennige, und zwar das erste Mal «ze sand Jörgen tag der nu schirist chumpt». Würde der Dienst versessen, so ist dann jedesmal «ze vierzehen tagen» vor den Löffler'schen Gerhaben und dem Pfarrer von Sievering oder deren Amtleuten auf die vorerwähnten Güter «alle unverschaidenlich ze vragen. ... Es sind auch die egenanten vier phunt gelts abzelosen, swen man daz tun oder wil, mitinander mit zwain und dreizzig phunden w. ph. und den nàsten dienst damit der ze nàst da von ze dienen gevellet». Der Erlös aber soll wieder zur Erwerbung von 4 Pfund Ewiggeld für die Messe verwendet werden.

Siegler: Der Löffler'sche Gerhab, der Pfarrer von Grinzing, «her Niclas der Wurffel und her Leupolt von Maurperg purger ze Wyenn».

Datum: ... ze Wyenne, ... des nàsten phincztags nach sand Pauls tag als er bechert wart.

In das Transsumt von 1370, April 3 (Nr. 1686), an erster Stelle aufgenommen.

1667 *1367, Januar 29, Wien.*

«Jacob Walchun von Obern Suffring und ... Margret sein hausfrow und ... Perht Ulrichs witib des Risen und des egenanten Jacobs swester» verkaufen «mit des erbern mannes hant hern Lienharts des Loffler ze den zeiten pfleger und verbeser Chunrats, seins pruder sun hern Jacobs des Loffler selig ... ain phunt wienner phening gelts purchrechts» auf ihren zwei Weingärten «ze Suffring an dem Haseleke», wovon der eine dem Ehepaare gehörige ein Viertel «ze nàst Menhars weingarten dez reichen», der andere der Hertha gehörig gleichfalls ein Viertel «ze nàst Seifrids weingarten des Adolts», jeder mit jährlichem Dienst von 3 Viertel Weins zu Bergrecht und 3 Ort zu Vogtrecht an «Chunraden hern Jacobs sun dez Loffler». Sie verkaufen das Pfund um 8 Pfund Wiener Pfennige «hern Jansen von Segenberch purger ze Wyenn der daz egenant phunt gelts gechauft hat ze der ewigen messe di maister Andre selig gestift hat in sand Symons und sand Judas chappellen gelegen in Sand Jacobs chloster auf der Hulm ze Wienn und der her Chadolt der Eysnein die zeit cappellan und verbeser ist»; sie und ihre Erben werden das Geld dem Caplan und seinen Nachkommen reichen «ze drin tagen im jar», zu Georgi, Michaeli und Weihnachten je 80 Wiener Pfennige, und zwar von Georgi an.

Siegler: Lienhart Löffler, dann Nyclas der Würffel und Leopold Maurperg, beide Bürger von Wien.

Datum: ... ze Wyenn, ... des nästen freitags nach sand Pauls tag alz er bechert wart.

In das Transsumt von 1370, April 3, Wien (Nr. 1686), an dritter Stelle aufgenommen.

1668 *1367, Januar 30, Wien.*

Herzog Albrecht III. hatte dem Grafen Ulrich von Cilli als Vertreter der Gräfin Margarethe, Tochter weil. Grafen Johanns von Pfannberg, gegen Graf Meinhard von Görz ein Hoftaiding auf den 25. Januar zu Wien gegeben («auf sant Pauls tage als er bekert wart» und verkündet nun die Sentenz gegen den nichterschienenen Görzer.

Siegler: Der Aussteller.

Datum: ... ze Wyenne, an samztag vor unser frawen tage ze der liechtmesse, ...

Als Beisitzer erscheinen rechts unten am Falze: «marchalcus provincialis de Stadek, Eberhard de Walsse de Lincza, Hainricus de Hakkenberg, Haidenr. de Meissowe, Vlricus de Lichtenstein, Wolfgangus de Wynnden et pincerne de Ried magister curie».

Original, Pergament. Mit Siegel.

1669 *1367, Februar 5, Wien.*

«Pawl der Eysnein von Dampach und ... Ann sein hausfraw» verkaufen mit ihres Bergherrn Hand «pruder Götfrids ze den zeiten prior zu Gemnich ze unser frawn (thron¹) des ordens von Karthus ... zwai phunt wienner phenning gelts purchrechts» auf ihrem Weingarten «ze Grinczing in dem Cheswazzergraben, dez ain halbs jeuch ist und haizzet der Swa ze näst der vrown weingarten dacz der Himelporten ze Wyenn, davon man alle jar dient den erbern geistlichen herrn ze Gemnich funf viertail weins an ain funftail eins viertail (also ³⁴/₅₀) und ain und zwainzig wienner phening ze perchrecht und drei helbling ze voitreht». Sie verkaufen die 2 Pfund um 16 Pfund Wiener Pfennige «hern Jansen von Segenperch purger ze Wienn, der diselben zwai phunt gelts gechauft hat ze der ewigen messe di maister Andre sélig gestift hat in sand Symons und

¹) Fehlt.

sand Judas chappellen gelegen in Sand Jacobs chloster auf der Hulm ze Wien und der her Chadold der Eysnein di zeit chappellan und verweser ist» und verpflichten sich für sich und ihre Erben, dem Caplan und seinen Nachfolgern die 2 Pfund zu reichen «ze drin tagen im jar», zu Georgi, Michaeli und zu Weihnachten je 5 Schilling 10 Pfennige Wiener Münze von Georgi an.

Siegler: Der Bergherr und «her Stephan der Pleyntinger ze den zeiten hofmaister ze Dampach».

Datum: ... ze Wyen, ... des nasten freitags nach unser frawn tag ze der liechmesse.

In das Transsumt von 1370, April 3, Wien (Nr. 1686), an zweiter Stelle aufgenommen.

1670 *1367, Mai 15, Wien.*

«Albrecht der Schenkch weylnt herzog Rudolfs selig chelermaister» stellt auf Graf Ulrich von Cilli, Hauptmann in Krain, einen Schuldbrief aus über 200 Pfund Wiener Pfennige.

Siegler: Der Aussteller und «Eberhart der Naeglein zu den zeiten chirichmaister dacz Sand Michel ze Wienn».

Datum: ... ze Wienn, ... an samztag nach sand Pangréczen tag.

Original, Pergament. Mit zwei leidlich erhaltenen Siegeln.

1671 *1367, Juli 25, Melk.*

Abt Johann von Melk und sein Convent tauschen mit Propst Ulrich dem Feiertager und seinem Convent zu St. Pölten und geben ihm «di aigenschaft und manschaft des hauzz datz Frydowe», die St. Pöltner Lehen gewesen sind, gegen «ain halbs phunt wienner phenning geltes, das si gehabt habent auf» dem Melker «haus gelegen vor Werder tor ze Wienn».

Siegler: Abt und Convent von Melk.

Datum: ... ze Melkch, an sand Jacobs tag, ...

Codd. Mus. 173, fol. 47ᵛ, Nr. 70, und 175, fol. 135ᵛ, Nr. 140. — Duellius, Exc. Gen., 52, Nr. 46 (Auszug aus Cod. 173). — Urkundenbuch von St. Pölten, I, 689, Nr. 558.

1672 *1367, November 19, St. Pölten.*

«Reinhart der Wienner» ertauscht vom Kloster St. Pölten Zehente zu Pulkendorf gegen solche in der Stadt St. Pölten.

Siegler: Der Aussteller, Michel der Utendorfer und Bernhard der Klingenfurter.

Codd. Mss. 173, fol. 4, Nr. 7, und 175, fol. 403', Nr. 386. — Urkundenbuch von St. Pölten, I, 711, Nr. 574.

1673 *1367, December 6, Wien.*

«Chûnrat zu den zeiten chappellan sant Kathrein alter (Altar), gelegen in unser vrowen abseiten enmitten in Sand Stephans pharrchirichen ze Wienne», verkauft «mit handen hern Thomans dez Swémbleins zu den zeiten pürgermaister und dez rates gemain der stat ze Wienne» sein Haus, das er zur Hälfte um sein «aigenhafts varundgût gehouft», und das zur andern Hälfte ihm «der erber priester her Stephan von Recz weiln chappellan hern Jansen dez Pollen pürger ze Prespürch in sand Merten chappellen gelegen in der vorgenanten pharrchirichen dacz Sand Stephanne ze Wienne ledichleichen geschafft, dez rechts choufgût dasselb halb haus gewesen ist, und leit ouch daz egenant haus in der Weychenpürch ze Wienne bei der Himelporten ze nechst dez bischofs haus von Pabenberch und dez capitels daselbs, die weiln baidew sin haus gewesen sint, vnd daz weiln Vlreichs dez Takchern gewesen ist an ainem tail, und an dem andern tail ze nechst des pharrer haus von Hôlebrünne» mit aller Nutzung nach Burgrechtsgewere um 65 Pfund Wiener Pfennige dem «erbern priester hern Nichlasen zu den zeiten pharrer ze Asparn bei Stadlaw und chappellan der ewigen messe die der erber herre her Dietrich weiln chorherre dacz sand Stephan ze Wienne sélig gewidemt und gestift hat auf unser vrown alter dacz der Himelporten ze Wienne, der dasselb haus gechouft hat ze nücz und ze frûmen der vorgenanten ewigen messe auf unser vrowen alter fürbaz ewichleichen bei derselben ewigen messe ze beleiben umb [dew] phenninge darumb er vormals ein ander haus verchouft hat daz zu der egenanten ewigen messe gehört hat und d[az do] leit in der Schûlstrazze ze Wienne, also mit der beschaidenhait daz der vorge-

Regesten zur Geschichte der Stadt Wien. II.

nant her Nichlas und alle die die [daz ege]-nant sein haus nach im innehabent und besiczent, vier erber priester dûrch got und umb sunst in demselben haus [allzeit] beherwergen und haben sulln in alle dem rechten alz es der vorgenant her Dietreich auf dem egenanten haus [in der] Schûlstrazze gewidempt und gestift hat, alz der stiftbrief sagt, den derselb her Dietreich hinder im lazzen», mit dem Beifügen, dass der neue Besitzer und seine Rechtsnachfolger «in dez vorgenanten bishofs von Pabenberch hauses mawer, die baidew heuser scheident, recht haben sulln ze pawen ze trémen ze mawrn und ze zimmern unden und oben, hinden und vorn, swo oder wie in dez dürft geschiecht, dem andern tail an schaden. Ez sol ouch die rinne die daz wazzer von baiden dæchern auf derselben mawer abtrat von baiden hæusern gelegt und ouch gepezzert werden vom aim alz wol alz von dem andern; denne der fride do mit ir baider hof aus gemerkcht und gefrit sulln sein, der sol ouch allzeit von baiden hæusern gefrit werden, swenn dez dürft geschiecht, auch ain tail alz wol alz der ander». Die Gewere wird nach Burgrecht und Wiener Stadtrecht zugesagt.

Siegler: Da der Aussteller nicht über ein eigenes Siegel verfügt, siegeln die Stadt Wien mit ihrem Grundsiegel, Jacob der Chet[ner], «dez rates der stat ze Wienne», und Stephan der Leytner, Bürger zu Wien.

Datum: ... ze Wienne, ... an sand Nichlas tag.

Original, Pergament. Feuchtfleckig. Von drei Siegeln nur das mittlere wohlerhalten vorhanden. Stellen in [ ] schwer lesbar.

1674 *1368, Januar 17, Wien.*

Gewählte Schiedsrichter, darunter «Niclas der Locher zu den zeiten official ze Wienn», schlichten den Streit, den die Klöster St. Pölten und St. Florian einerseits und «prüder Johann von Rumppenhaim lant comitewer, prueder Gilig hauscomitewer und di prüder gemain in dem Dewtschen haus ze Wienn an dem andern tail» wegen der Zehenten auf neun Weinbergen in der Wachau, «die dieselben herren datz dem Deutschen haus

ze Wienn habent und die leut di si vor in
gehabt habent».

Siegler: Die vier Schiedsrichter.

Datum: ... ze Wienn, ... des nachsten
montags vor Agnesen tag.

Codd. Mss. 173, fol. 23, Nr. 35, und 175, fol. 81,
Nr. 66. Originale im Deutschordensarchiv zu Wien und
in St. Florian. — Urkundenbuch ob der Enns, VIII, 357,
Nr. 365. — Urkundenbuch von St. Pölten, II, 4, Nr. 583.

1675 *1368, Januar 18, Wien.*

«Prueder Johanns von Rumphenhaim
z. d. z. lantcomitewr, ... prueder Gilig
z. d. z. comitewr und die prüderschaft ge-
mainchleich des hauses datz dem Dewtschen-
haus ze Wienn» stellen in Gemässheit der
Entscheidung vom vorhergehenden Tage den
Klöstern St. Pölten und St. Florian einen
Kaufbrief über 69 Pfund Wiener Pfennige aus.

Siegler: Der Landcomthur und das
Deutsche Haus zu Wien.

Datum: ... ze Wienn, ... an sand
Priscen tag.

Codd. Mss. 173, fol. 23', Nr. 36, und 175, fol. 52',
Nr. 46. — Urkundenbuch von St. Pölten, II, 6, Nr. 584.

1676 *1368, März 1, Wien.*

«Michel der Vierdung ... statrichter ze
Wienn» gibt bekannt, dass «in die purgerschrann ze Wienn» vor ihn als Richter
klagen kam Friedrich, der Klosterkellner
von St. Clara, als dessen Bevollmächtigter,
«auf ein haus daz do wer hern Jorgen des
Floyt, hern Piligreims des Pranker und Hainreichs des Prenner, gelegen in der Raifstrazz
hinder dem Newnmarcht ze Wienn ze näst
des Swartzen Jansen haus des Walichpekchen,
umb drew phunt wienner phenning gelts versezzens purchrechts», die dem Kloster und den
Nonnen «von ainem phunt wienner phenning
gelts pürchrechtes das si auf dem egenanten
haus hieten ... versezzen wern». Richter
weist dem Kläger zwei Schätzer, «Otten den
Schawer und Jansen von Veltzperg der zwen
vorsprechen», zu, die erfinden, dass das Haus
«so tewr nicht enist als daz versezzen pürchrecht und di zwispil di mit recht darauf
ertailt und gegangen sind», worauf die Zu-
eignung an das Kloster erfolgt.

Siegler: Der Aussteller.

Datum: ... ze Wienn, ... des mitichens in der ersten ganzen vastwochen in
der vasten.

Original, Pergament. Siegel abgefallen.

1677 *1368, März 9, Wien.*

«Swester Kathrei die Aelblinne», Priorin,
und der Convent des Nonnenklosters zu Tulln,
Predigerordens, geben bekannt, dass sie «von
des gepotes wegen so der hochgeboren fürst
herzog Ruedolf von Osterreich sälig in der
stat ze Wienne und in den vorsteten umb
grüntrechtes ablosung gepoten und auf ge-
sazt het, recht und redleichen abzelosen
geben haben dem erbern manne Phylippen
dem Spanberger dem solsneider, und seiner
hausvrowen vrowen Kathrein sechs schilling
wienner phenning geltes grundrechtes die wir
gehabt haben auf seiner solchram, gelegen an
dem Hohenmarckt ze Wienne, die do stoest
an Chünrats haus von Gars, um sechs phunt
wienner phenning», und begeben sich gegen
ihn und seine Besitznachfolger aller Ansprüche auf die bisher übliche Grundrechtsleistung.

Siegler: Der Convent des Nonnenklosters
zu Tulln und der Klosterschaffer «Chünrat
der Schreiber ze Tulln».

Datum: ... geben ze Wienne, ... des
nechsten phinztags vor sant Gregorii tage in
der vasten.

Original, Pergament. Mit zwei Siegeln; das erste
Siegel stark beschädigt und gebrochen, das zweite weniger beschädigt.

1678 *1368, August 23, Wien.*

«Symon von Teymndörff» erwirbt von
dem Kloster «datz Sant Chlaren ze Wienne
... die sechzehen phening wienner münzze
geltes purchrechtes», welche dieses Kloster auf
seines «swagers mairhof, Götfrids des Frän-
awer gelegen ze Marchgrafennewsidel» sammt
Zugehör hat, die sein Schwager «von aigem
mutwillen lewterleich dürich got dar auf gewidemt und gemachet hett». Er gibt dem
Clarakloster dafür «sechzig phenng wienner
münzze geltes» auf einem Weingarten zu
Markgraf-Neusiedl.

Siegler: Der Aussteller und seine «sweger
... Witig der Flëtzer und Gotfried der Fré-
nawér».
Datum: ... ze Wienne, ... an sant
Bartholmes abent.
Original, Pergament. Die drei Siegel abgefallen.

1679 *1368, December 20, Wien.*

«Seyfrid der amman purger ze Wienn
und ... Agnes sein hausvrowe» verkaufen
«mit handen hern Nichlas dez Würffels ze
den zeiten purgermaister und dez rates gemain der stat ze Wienn» ihre gemeinsam
erworbene halbe Fleischbank «gelegen under
den fleischpenkchen an dem Liechtensteg
ze Wienn, zenast der halben fleischpankch
die maister Ottens gewesen ist und die Jacob
der Zwayphünt inne hat ... hern Chunraten
von Pluemenawe z. d. z. chapplän dez alters
sand Agnesen gelegen daz der Himelporten
ze Wienn ... zu demselben seinem altër umb
dreizzig phünt und sechzig phenning wienner
munzze ... der zwainzig phünt phenning
herchomen sind fur dritthalb phünt gelts
purchrechts gelegen auf ainer ganzen pankch
die weiln dez Mërt Messer gewesen ist und
die er an deselben seins alters stät abzelosen
gegeben hat», den Rest hat er aus Eigengut
gegeben «seiner sel zehilfe und zetröst».
Siegler: Der Aussteller, die Stadt Wien
mit dem «gruntinsigil» und «Jans von Tirna
ze den zeiten huebmaister in Osterreich und
munzzmaister ze Wienn».
Datum: ... ze Wienn, ... an sand
Thomans abend dez heiligen zwelfpoten.
Original, Pergament. Die drei Siegel abgefallen.

1680 *1369, Februar 18, St. Pölten.*

Das Stift St. Pölten verkauft dem Rein-
hart dem Wiener einen Hof und Gülten zu
Freising.
Cod. Ms. 174, fol. 57, Nr. 9. — Urkundenbuch von
St. Pölten, II, 55, Nr. 620.

1681 *1369, April 14.*

«Vlreich der Slëwntzër und Elzbet sein
housvröw» widmen der «swester Elzbeten
mein egenanten Elzbeten steuftochtër, Symons
tochter des Fleischhakcher bei den Schotten,

meins erern wirtes seligen, conventswester»
bei St. Clara, «ein halb phunt wienner phenning geltes purchrechtes» auf einem Weingarten «gelegen datz der Herren Alzze») in
dem velde, des ain halbs jeuch ist zenechst
Hainreichs weingarten des Cholben», wovon
die Frauen von St. Clara «selber perchfrowen
sint ... den man oüch alle jare davon dient
sechzig wienner phennig ze perchrecht» für
Pfründe und Kleidung der Schwester Elsbeth,
nach deren Tode das halbe Pfund an das
Kloster fällt für Gebet; es kann jedoch mit
4 Pfund Pfennigen abgelöst werden.
Siegler: Der Aussteller und Ulrich der
«Newnstetër».
Datum: ... des sambstags in der andern
wochen nach österen.
Original, Pergament. Die zwei Siegel abgefallen.

1682 *1369, April 21, Wien.*

Die Herzoge Albrecht III. und Leopold III.
bestätigen dem Kloster St. Jacob zu Wien das
Privilegium der Herzoge Albrecht II. und
Otto von 1335, November 11,') betreffend
den mauth- und zollfreien Bezug von jährlich
60 Fuder Salz, wobei sie eine Uebersetzung
davon inseriren.
Siegler: Die beiden Aussteller.
Datum: ... ze Wienn, an samcztag vor
sand Jörgen tag, ...
Original, Pergament. Die zwei Siegel abgefallen.

1683 *1369, Mai 7, Wien.*

«Niclas von Eslärn und ... Katrei sein
hausvrowe» verkaufen 61 1/4 Eimer Weins
Bergrecht und das Vogtrecht dazu «auf den
hernach geschriben weingarten und die ouch
ze den zeiten die leut dienent die hernach
benant sint: Des ersten an der Hohen-
wärt: Thoman Rodler von einem jeuch drei
emmer und drei phenning, Margret im Vischhof von einem halben jeuch anderthalben
emmer und drei helbling, Mërt Hümel von
einem halben jeuch anderthalben emmer und
drei helbling, Jacob von Tyrna von fümf

') So früh schon begegnet die falsche Etymologie,
die dann unter Kaiser Ferdinand II. eine so merkwür-
dige Bedeutung bekommen hat.
') Vgl. Nr. 1596.

18*

viertailn drei emmer und dreu viertail und
drei phenning und drew ört, die geistleichen
herren von Fürstencelle[1]) von einem jeuch
drei emmer und drei phenning, Fridreich in
Chötweiger hof von einem jeuch drei emmer
und drei phenning, Petér Tschön von einem
jeuch drei emmer und drei phenning, Vlreich
Hartpekch von einem jeuch drei emmer und
drei phenning, Ulreich Rews von einem jeuch
drei emmér und drei phenning, Peter Eysnér
von einem jeuch drei emmer und drei phenning. Darnach an der Santleiten:[2]) der
bischolf von Pazzawe von fümf viertailn drei
emmer und drew viertail und drei phenning
und drew ört, der Vaschanch von fümf viertailn drei emmer und drew viertail und drei
phenning und drew ört, Chünrat von Görs
von einem jeuch drei emmer und drei phenning, die Löfflerinne von einem jeuch drei
emmer und drei phenning, der Wisent von
einem halben jeuch anderthalben emmer und
drei helbling, Jans der Jacobis sün von
einem halben jeuch anderthalben emmer und
drei helbling[3]) . . . von Pazzawe von einem
jeuch drei emmer und drei phenning. —
Darnach datz Chlaytzing[4]): Trostel der
jud von einem jeuch drei emmer und drei
phenning, der Häwsler von drin viertailen
anderthalben emmer und drei helbling, die
Chümbostinne von einem viertail einen halben
emmer und ainen helbling, Hertel der Chra-
mér von Wels von einem jeuch zwen emmer
und zwen pfenning, die geistleichen vrowen
von Sant Larentzen von ainem jeuch zwen
emmér und zwen pfenning, her Christoff von
Wulkendorff von einem halben jeuch anderthalben emmer und drei helbling, der Vinkch
von fümf viertailen drei emmer und drew
viertail und vierdhalben phenning, Chünrat
an der Santleyten von einem viertail drew
viertail und drew ört», dazu das Berg- und
Vogtrecht auf 4²/₄ Joch derzeit unbestifteten

. . .

[1]) In Baiern.
[2]) Der an den Türkenschanzpark angrenzende
Sandsteinbruch, durch den jetzt die äussere Gürtelbahn
geführt werden soll: oder etwas weiter oben der Bruch
beim «Häusel am Rain»:
[3]) Folgt ein aufgesparter Raum.
[4]) Vgl. oben Nr. 1592, Anm. 1.

Weingartens. Das Alles verkaufen die Beiden,
wie es Niclas von seinem Vater ererbt und
wie es ihm «mit furzicht und mit lözze ze
rechtem erbtail» gegen seiner «zwester toch-
teren, Annen und Chunigunden hern Chri-
stoffors tochter von Wulkendorff gevallen ist
. . . umb hundert phunt und umb zehen
phunt wienner phening . . . dem erbern manne
hern Jannsen von Tyrna ze den zeiten huch-
maister in Österreich und münzzemaister ze
Wienne» der Niclas' Oheim ist.

Siegler: Der Aussteller, sein Schwager
Christof von Wulkendorf, dann «Goschlein
der Inprukker und Herman von Eslärn».

Datum: . . . ze Wienne, . . . des nächsten montags vor unsers herren aüffert tage.

Original, Pergament. Mit vier meist wohlerhaltenen Siegeln.

1684 1369, *Juni 6, Wien.*

«Hainreich der Göderl von Töblich
z. d. z. pergmaister der . . . vrowen datz
Sand Clarn ze Wienn» nimmt als Richter
die Klage des Capellans «Michel . . . ze aller
heiligen tümchirchen datz Sand Stephan ze
Wien» entgegen, «das er und der obgenant
sein alter hieten vier phunt wienner phenning gelts purchrechts an sechzig phening
gelts auf Rêchleins weingarten der judinn,
Henndleins witib des juden ze Wienn, gelegen an der Santleitten, des fümf viertail
sind genant die Swüpel ze näst der erbern
geistleichen vrowen weingarten von Tülln»,
der jährlich nach St. Clara 3 Eimer Wein und
3 Viertel Wein zu Bergrecht und 3 Wiener
Pfennige und 3 Ort zu Vogtrecht dient, dem
Caplan und seinem Altar aber jene 4 Pfund
Pfennige, die nun schon in der Höhe von
15 Schilling versessen sind. Nachdem noch
Dietrich der Wülfing, Niclas der Chürsner,
Friedrich der Harnasch und Ulrich der Velchner «die vier erber perchgnazzen» den Weins-
berg geschätzt und gefunden haben, «das der
so tewr nicht enist als das versezzen purchrecht und die zwispil die mit recht darauf
ertailt und gegangen sint», so wird der Weinberg dem Caplan zugesprochen.

Siegler: Schwester Kunigunde von Rappach, Aebtissin zu St. Clara.

Datum: ... ze Wienn, ... des nàsten mitichens nach sand Petronellen tag.

Original, Pergament. Siegel abgefallen.

1685 *1370, Januar 17, Wien.*

.«Christoffer von Wulkendorf und ... Ursula sein hausvrow» verkaufen «nach rat Goschleins des Inprukker», Eidams des Ausstellers und seiner Hausfrau Anna, Tochter des Ausstellers, «und Wolfharts des Inprukker seins pruders», der eine andere Tochter Christofs, «Chünigunden», hat,[1] 60 3/4 Eimer Wein «geltes perchrechts», Christofs Leibgeding, das nach seinem Tode an seine Tochter hätte fallen sollen. «Und leit ouch dasselb perchrecht und voitrecht ouf den hernachgeschriben weingarten, und dienent ouch daz zu den zeiten die leut die hernach geschriben sind: Des ersten an der Hochenwört[2]): Hainreich der Rokk von einem jeuch drei emmer und drei phenning, Peter Weizze anderthalben emmer und drei helbling», Gerung Pader und Jändel Weinchoster desgleichen, «Jans der Witz von drin viertailn newn viertail und newn ört, die herren von Furstenszelle von einem jeuch drei emmer und drei phenning, der pharrer von sant Vlreich» desgleichen, «der Vaschang von einem halben jeuch anderthalben emmer und drei helbling, Rüdel Schell» desgleichen, «Vlreich Reus von einem jeuch drei emmer und drei phenning, Philipp schreiber von einem halben jeuch anderthalben emmer und drei helbling, Nichlas von Weizzenbürch» desgleichen, «der Chetner newn viertail und neun ört, Chunrat von Newnburch anderthalben emmer und drei helbling. — Darnach in der Santleiten: Hainreich der Wild ainen emmer und ainen phenning, derselb Hainreich von drin viertailn newn viertail und nêwn ört, der Vaschang drei emmer und drew viertail und drei phenning und drew ört, der richter von Fürt drei emmer und drei phenning, Jans am Chienmarkcht

[1] In der Gewerformel wird diese als Jungfrau bezeichnet und ist zur Zeit noch nicht vogtbar.

[2] Die Reihenfolge ist die gleiche wie in Nr. 1683, wie sich überhaupt die beiden Stücke ergänzen. Zusammen bilden die an den Tirnaer verkauften Gülten 122 Eimer Wein.

drei emmer und drei phenning, Jans Jacobinn sün» desgleichen, ...[1]) desgleichen. — «Darnach datz Chlaitzing: Nichlas der Würffel von dem Gërn» desgleichen, «Seydel in des Hohenberger haus an der Hinderleiten anderthalben emmer und drei helbling, Chunrat an der Mietstat einen halben emmer und einen helbling, die geistleichen vrown von Sant Larentzen an der Hinderleiten zwen emmer und zwen phenning, der pharrer von Sant Dorothe an der Sumerleiten zwen emmer und zwen phenning; Nichlas des von Tirna sneidér drew viertail und drew ört, Seydel Vischer an der Sumerleiten» desgleichen, «die vrown von Sant Larentzen von einem viertail an der Hinderleiten einen halben emmer und eine helbling, der Chekch der richter ze Egenburch an der Sumerleiten newn viertail und newn ört, Vröschel von Steyer einen emmer und einen phening». Sie verkaufen es um 120 Pfund Wiener Pfennige «hern Jansen von Tyrna zu den zeiten huebmaister in Österreich und munzzmaister ze Wienn». Die Aussteller ohne Kunigunde setzen sich für sich und die noch nicht vogtbare «junchfrown Chünigunden» zur Gewere.

Siegler: Die drei männlichen Aussteller und ihr Schwager Herr Niclas von Eslarn.

Datum: ... ze Wienn, ... an sant Anthonii tag.

Original, Pergament. Mit vier mehr minder beschädigten Siegeln.

1686 *1370, April 3, Wien.*

«Magister Johannes canonicus ecclesie et officialis curie Pataviensis» intervenirt in einem Streite der «de modo et forma institutionis necnon de reddibus misse in cappella sanctorum Symonis et Jude in monasterio[2]) sancti Jacobi Wyenne sanctimonialium regularium ordinis sancti Augustini dicte

[1] Folgt ein freier Raum für einen Namen.

[2] Die Flexionssilben von «sanctorum», sowie auch die Namen der beiden Heiligen stehen auf Rasur, «in monasterio» fällt ausserhalb des Schriftrandes; an Stelle der Rasur stand früher «Andree in monasterii». Doch «capella sancti Andree» war nicht richtig; es musste entweder «altare sancti Andree» heissen, entsprechend der Wendung in d), e), g) und h), oder wie hier und in a), b), c): «Kapelle der Heiligen Simon und Judas».

Pataviensis dyocesis inter .. Margaretam et conventum eiusdem monasterii ex una et Cadoldum de Suffring presbyterum tunc cappellanum eiusdem capelle seu misse parte ex altera» entstanden war und transsumirt zunächst acht auf diese Messe bezügliche Documente, nämlich:

- a` Nr. 1666 von 1367, Januar 28, Wien,
- b` « 1669 « 1367, Februar 5, Wien,
- c` « 1667 « 1367, Januar 29, Wien,
- d) « 1631 « 1350, August 4,
- e) « 1632 « 1350, August 4,
- f) « 1623 « 1347, Juli 3, Wien,

diese auf der Vorderseite, ferner

- g: Nr. 1628 von 1349, Januar 21, Wien,
- h) « 1626 « 1348, August 23, Wien,

auf der Rückseite des Pergaments untergebracht.[1]

Zeugen: «presentibus ... domino Ratholdo Nycolao Sweuo, Eberhardo Sweuo canonicis ecclesie sancti Stephani Wyenne et Hainrico de cancellaria dominorum ducum Austrie et aliis quam pluribus clericis et laycis» aus der Passauer und Augsburger Diöcese.

Datum: Anno domini millesimo CCC˙ LXX^(mo), indictione octava die tercia mensis Aprilis, hora completorii vel quasi, pontificatus sanctissimi in Christo patris et domini nostri domini Vrbani divina providencia pape quinti anno octavo, ... in domo habitacionis nostre (nämlich des Ausstellers der Urkunde), sita in contrata que vulgariter dicitur Schulstrazz, Wyenne, Pataviensis dyocesis ...'[2]

Notar: Haymo quondam Ludwici de Prawnaw clericus Pataviensis dyocesis.

Siegler: Der Aussteller, dessen Siegel der Notar anhängt.

Original, Pergament. Das Siegel abgefallen.

1687 *1370, October 13, Wien.*

«Maister Albrecht pharrer ze Gors ... püchartzt ... der herzogen von Österreich» hat zu seinem Seelenheile «und durich merung willen christenlicher chunst und lere gestiftet

und geordnet ..., das in dem haus gelegen ze Wyenn in der Kernder strazz zwischen herrn Thomas haus des chorherrn datz Sand Stephan ze Wienn und zwischen Wernhartes haus des Fuetrer und gegen hern Jacoben über von Sunnberg, drei sublectores und ain student des chlosters und des ordens ze Sand Pölten ewichleich sein schullen, di selben sublectores in der universitet und gefreiten schül ze Wienn stetichlich lesen und leren schullen». Die Erhaltung dieser vier Personen soll dem Kloster St. Pölten zukommen mit «vier und zwainzig phunt wienner phenning von allen den guetern und gülten di si und ir gotzhaus ietzund haben oder fürbas gewinnen, wo die gelegen oder wie si genant sind, und schullen di antwörten gen Wienn ze den vier quattempern in dem jar; das wirt Ir igleichen in ainer quattember zwelif schilling phenning». Zu diesem Behufe gibt er dem Kloster «fumf phunt wienner phenning geltes auf bestiften und behaustem gut» und 304 Pfund Wiener Pfennige baar. Mit Zustimmung des Ordinarius erklärte sich das Kloster zu der jährlichen Leistung bereit. «Wer aber das si oder Ir nachkömen di sechs phunt phenning verzugen ze geben ze dehainer chottemmer in dem jare», so mag der Stifter und nach seinem Ableben «ein probst ze Sand Stephan ze Wienn und ein obrister schülmaister da selbs ... die sechs phunt oder was denn versezzen wirt, nemen und auz gewinnen ze christen oder ze juden auf Irn und Irs gotzhaus schaden ... Geschech aber das di schül ze Wienn und di universitet in der mazze ab nëm, das chain sublector da wër, so schullen si den egenanten zins ze ieder quattember da ze Wienn niderlegen».

Siegler: Der Aussteller und «Johanns iezunt probst ze Sand Stephan ze Wienn».

Datum: ... ze Wienn, an sand Cholmans tag, ...

Codd. Mss. 173, fol. 86', Nr. 134, und 175, fol. 44, Nr. 40. — Urkundenbuch von St. Pölten, II, 95, Nr. 648. — Hormayr, Wien, Gesch. u. Denkw., I, 5, S. 174. Nr. 169.

1688 *1370, October 13.*

Gegenurkunde des Stiftes St. Pölten.

Siegler: Propst und Convent.

---

[1] Ein neuntes Transsumt, das auf dem Mittelfelde der gefalteten Urkunde querüber geschrieben ist, gehört nicht hieher, sondern zu 1386, April 13, Wien (Nr. 1718), und Juli 10 (Nr. 1718). Vgl. S.125, Anm. 1 zu Nr. 1628.

[2] Diese Worte stehen im Eingange des Transsumts.

Datum in die sancti Cholomanni, anno LXX⁰⁰ etc.

Cod. Ms. 1077, fol. 49', Nr. 74. — Urkundenbuch von St. Pölten, II, 97, Nr. 649.

1689 *1371, Februar 5, Wien.*

«Maister Albrecht ... puecharzt ... herzog Albrechtes in Österreich und pharrer ze Gors» gibt nachträgliche Verfügungen zu seiner vorjährigen Stiftung.[1])

Siegler: Der Aussteller, dann «probst Johanns datz sand Stephan ze Wienn und Thoman Swemlein, z. d. z. purgermaister ze Wienn».

Datum: ... ze Wienn, ... des nachsten mitichens nach unser vrowen tag ze der liechtmesse.

Codd. Mss. 173, fol. 83', Nr. 129, und 175, fol. 92', Nr. 79. — Urkundenbuch von St. Pölten, II, 102, Nr. 653.

1690 *1371, September 17, Wien.*

«Jans der Greyff» gibt «von des gepots wegen so der hochgeborn fürst herzog Rudolf von Österreich sélig in der stat ze Wienne umb gruntrechts ablosung aufgesatzt und gepoten hat ... den erbern geistleichen vrowen swester Christein die Wiczinne diezeit abtessinne und dem convent gemaine datz Sant Niclas ze Wienne und swester Christein der Prunnerinne diezeit priorinn und dem convent gemain dacz Sand Larenczen ze Wienn, dritthalben wienner phennich gelts gruntrechts» abzulösen, die er gehabt hat «auf irm haus gelegen an dem Alten Fleischmarcht ze Wienn, daz weiln Wernharts des Pekchen gewesen ist zenehst Götfrits haus des Weinchoster umb zwainzig wienner phenning».

Siegler: Der Aussteller und Jakob der Hansgraf.

Datum: ... Wienne, ... des mittichens in den quatemmern vor sand Michels tag.

Original, Pergament. Die zwei Siegel abgefallen.

1691 *1371, November 26, Wien.*

«Michel der Vierdung zu den zeiten statrichter ze Wyenn» verhandelt in der «purgerschrann ze Wyenn» an offenem Gericht die Klage, die «Stephan der Weghéppel di zeit

[1]) Vgl. Nr. 1687.

der erbern geistlichen frown diener, ze Tulln prodigér orden» vorbringt «auf des Silbreins Michels haus des Pintér gelegen under den Drechseln ze Wyenn gegen Sand Stephans freithof über, umb ain phunt wienner phenning geltes versezzens pürchrechtes», gibt ihm als Boten «Jannsen von Veltzperg und Jannsen den Prawnsperg di zwen vorsprechen di ... das egenant haus mitsampt den umbsetzen haben beschawt und geschatzt, daz es so tewr nicht enist als das versezzen pürchrecht und die zwispil», worauf der Richter die Dominikanerinnen zu Tulln «des vorgenanten hauses gelegen ze nast Hainreichs haus des Pintér an ainem tail und ze nast Perchtolds haus des Dorfengstleins an dem andern tail gewaltig» macht.

Siegler: Der Aussteller.

Datum: ... ze Wyenn, ... des nästen mitichens nach sand Kathreins tag.

Original, Pergament. Mit wohlerhaltenem grünem Wachssiegel.

1692 *1372, Januar 1, Krems.*

Spruchbrief des Landmarschalls Heidenreich von Meissau im Streite zwischen den Stiftern St. Pölten und St. Florian einerseits und den dem erstgenannten «von den Tewtschen herren ze Wienn» verkauften Holden anderseits.

Siegler: Der Landmarschall.

Datum: ... ze Chrembs, ... an dem heiligen ebenweichtag.

Cod. Ms. 174, S. 175, Nr. 304. — Urkundenbuch von St. Pölten, II, 114, Nr. 663.

1693 *1372, Februar 16, Cilly.*

«Wéczel der Wiennér» stellt dem Grafen Hermann von Cilly einen Lehensrevers aus über ¹/₂ Mark Geld auf verschiedenen Gütern zu Wolfsberg in Kärnten.

Siegler: Ritter Ulrich von Turn.

Datum: ... Cili, an méntag nach dem suntag so man singet Invocavit ...

Original, Pergament. Mit beschädigtem Siegel.

1694 *1372, August 28.*

Die vom Landmarschall eingesetzten Spruchleute bestimmen die Leistungen «der

Tewtschen herren holden in dem tal ze Wochau», welche die Stifter St. Pölten und St. Florian dem Deutschen Hause zu Wien abgekauft hatten.

Siegler: Die drei Aussteller.

Datum: ... an sand Augustins tag.

Cod. Ms. 174, S. 175, Nr. 305. — Urkundenbuch von St. Pölten, II, 132, Nr. 671.

1695 *1373, November 10, Wien.*

«Swester Cristein die Witzinne ... abtessinne ... datz sannd Niclas vor Stubentor ze Wienne und der convent» verkaufen mit der Bergherren Hand «pruder Niclas von Wildungsmawr z. d. z. maister des hauses ze Mawrperg und comitewr des hauses dacz Sannd Johanns in der Cherner strazze ze Wienne und pruder Giligen z. d. z. comitewr dacz dem Dewschen haus ze Wienne und des erbern herrn herren Jannsen des Chirchenchnops z. d. z. chapplan der chappelen in der purkch ze Wienne und des erbern manns Jacobs des Chetner purger ze Wienne» ihren Weingarten «ze Grinczing in den Obern Sdentlein Sentel?) des anderthalb viertail ist zenechst des brosbts weingarten von Sand Polten» mit jährlicher Bergrechtsleistung «den herrn dacz Sand Johanns in der Chernerstrazze ein halbs virtail weins und ain halbs ort ze voitrecht und den Deutschenherrn ain virtail weins und ain ort ze voitrecht und der chappellen in der purkch ain virtail eins virtails weins und ain virtail eins orts ze voitrecht, und Jacoben dem Chetner einen halben emmer weins und einen helbling ze voitrecht und nicht mer». Käufer sind Janns Väwchter, Pfarrer zu Rainpach, und sein Bruder Otto, Bürger zu Freistadt.

Siegler: Aebtissin und Convent und die vier Bergherren.

Datum: ... ze Wienne, ... an sand Merteins abent.

Cod. Ms. 174, S. 275, Nr. 464. — Urkundenbuch von St. Pölten, II, 148, Nr. 679.

1696 *1375, Juni 8, Wien.*

«Prüder Ulreich Ulreichs säligen des Silberpergen sun z. d. z. conventprüder ze Ofen des chlosters unser vrowen ordens von den perg Carmelo» gibt mit der Hand «Petreins des Tannér von Sand Ulreich zu den zeiten pergmaister der hochgeporn fürsten der herzogen in Osterreich» dem Kloster «dacz den weissen prüdern ze Wienne des vorgenanten ordens» seinen vom Vater ererbten Weingarten «gelegen in dem Lerichveld das ein virtail ains jeuchs ist ze nechst vrown Geyslein weingarten meiner steufmüter» der den Herzogen von Oesterreich 5 Wiener Pfennige zu Berg- und Vogtrecht dient.

Siegler: «Jörg z. d. z. chellermaister in Österreich» und «Chünrat der Hymelawer purger ze Wienne».

Datum: ... ze Wienne, ... des nächsten freitags vor phingsten.

Original, Pergament. Die zwei Siegel abgefallen.

1697 *1375, Juni 26, Wien.*

«Dominus Petrus rector capelle sancti Petri in Wienna pro tunc officialis curie episcopalis Pataviensis» erscheint als Subexecutor in Streitsachen zwischen dem Pfarrer von Bruck a. L. und dem Kloster St. Pölten. Das betreffende Actenstück wird in seinem Hause angefertigt, die Beurkundung daselbst vollzogen.

Original, Pergament. Notariatsinstrument. Urkundenbuch von St. Pölten, II, 166, Nr. 689.

1698 *1375, November 12, Wien.*

«Niclas der Schoder z. d. z. pergmaister des erbern herren hern Walchains chorherr ze Newnbürch und di zeit pharrer dacz der Heyligenstät» nimmt als Bergrichter die Klage des anstatt dieses seines Herrn erscheinenden «Osbalt des Grill z. d. z. amtmann» von St. Clara zu Wien entgegen «auf der Christanim haus im Pach und auf ein hofstat weingarten hinden dar an .., gelegen ze der Heyligenstat ze näst Jacoben dem Cherindhell, und auf ein viertail weingarten gelegen in der Heyligensteter Hörd ze näst Niclasen dem Pawrn umb vier phunt wienner phenning geltes versezzens pürchrecht und ... di zwispil». Der Richter gibt ihm als Schätzer «di drei erbern umbsetzen und perchgenazzen ... Christann den Pawrn,

Jacoben den Mayr und Micheln den Schrikcher», welche auf Minderwerthigkeit des belasteten Grundstückes erkennen, worauf dasselbe den Frauen zu St. Clara übergeben wird.
Siegler: Für die Aussteller Chorherr Walchain von Newnbürch.
Datum: ... ze Wienn, ... des nasten mantags nach sand Merteins tag.
Original, Pergament. Siegel abgefallen.

1699 *1376, April 28, Wien.*

«Swester Chlar die Reichinn ze den zeiten abptessinne in Sand Chlarn chloster ze Wienn» und der Convent haben «von des gepots wegen so der hochgeporn fürst weilent herzog Rüdolf von Osterreich selig in der stat ze Wienn umb purchrechts ablösung auf gesatzt und gepoten hat ... den erbern geistleichen herren prüder Giligen ze den zeiten comitewr und der prüderschaft gemaine datz dem Deutschenhaus ze Wienne ... ain halb phunt wienner phenning geltes purchrechts ... auf irem haus gelegen an dem Hochenmarkcht ze Wienn hinder den wechseltischen in dem gäzzlein ze nächst der slachstuben das weilent der Chlinglinne gewesen ist, umb vier phunt wienner phenning» abzulösen gegeben.
Siegler: Der Aussteller.
Datum: ... ze Wienne, ... des nechsten mantags nach sand Jorigen tage.
Original, Pergament. Das erste Siegel () in rothem Wachs hängt, das zweite fehlt.

1700 *1376, Mai 14, Wien.*

«Johannes d. g. prepositus ecclesie Omnium sanctorum alias sancti Stephani Wienne Pataviensis diocesis» intervenirt als Schiedsrichter in einem Streite zwischen dem Kloster St. Pölten und dem Pfarrer zu Bruck a. L.
Cod. Ms. 174, S. 383, Nr. 609. — Urkundenbuch von St. Pölten, II, 174, Nr. 694.

1701 *1377, März 8.*

«Niclas der Stainer purger ze Wienne» ist Bergherr eines Weingartens «des zwai rehel ist gelegen pei Perchtolcztorf in der Sumerhagnaw zenechst Cristans weingarten des Chrewzzen», welchen Conrad der Hirsch von Brunn dem Dietrich Becken von St. Pölten
Regesten zur Geschichte der Stadt Wien. II.

verkauft. Bergdienst ein Eimer Wein und ein Pfennig Vogtrecht.
Siegler: Der Bergherr und der Judenrichter von Berchtholdsdorf.
Datum: ... des suntags in der vasten alz man singet Letare.
Original, Pergament, schadhaft. Das für uns interessante Siegel fehlt. — Cod. Ms. 174, fol. 359, Nr. 579. — Urkundenbuch von St. Pölten, II, 189, Nr. 706.

1702 *1377, März 8.*

Derselbe ist Bergherr eines anderen Weingartens daselbst «des ain rehel ist ... an der Sumerhagnaw ze nechst Jannsen weingarten an dem Rein», welchen derselbe Conrad Hirsch dem «Thaman dem Chnyemann ze Perchtolcztorf und Margretten seiner hausfrawn» verkauft.
Siegler: Die gleichen.[1]
Datum: Fast wörtlich dasselbe.[1]
Cod. Ms. 174, S. 360, Nr. 580. — Urkundenbuch von St. Pölten, II, 190, Nr. 707.

1703 *1377, März 17, Wien.*

«Peter der Arbaistaler z. d. z. pergmaister ... der prediger ze Wienne» nimmt die Klage der durch ihren Bergmeister Heinrich den Göderl vertretenen Nonnen von St. Clara entgegen «auf Ulreichs weingarten von Nusdorf, gelegen in dem Chrotenpach, der ain viertail ist ze nast Rügers weingarten des Weinreichs umb drew virtail weins versezzens perchrechtes und umb drew ort versezzens voitrechtes daz alles den geistlichen vrowen datz Sand Chlarn lange zeit und meniger jar darauf versezzen wär, als lang derselb weingarten öd ürpäu und unstiftleich gelegen wär ...; ... die umbsezzen und perchgnazzen «Fridreich der Harnasch, Peter der Ayrer und Ulreich der Veldner» bestätigen die Angaben der Klage über den Zustand des Weingartens, worauf von der Gesammtheit der Anrainer und Berggenossen das Viertel Weinberg «ze reis gesagt» und von Gericht den Bergfrauen zugesprochen wird.
Siegler: Hartmann, derzeit Schaffer von St. Clara, und Seyfrid der Schifer von Heiligenstadt.

[1] Wie in Nr. 1701.

19

Datum: ... ze Wienn ... des eritags
an sand Gedrawden tag.

Original. Pergament. Die zwei Siegel fehlen.

1704 *1378, Mai 1, Wien.*

«Fridreich der Pot von Otakchring z. d. z.
pergmaister» der Nonnen von St. Clara zu
Wien, nimmt die Klage des Kellermeisters
derselben, Ortolf, entgegen «auf Vlreichs weingarten
des Spaten gelegen ze Praitense im
Amaispach, des ein drittail eins jeuch ist ze
näst Jacobs weingarten des Hietzinger selig,
umb vierzig wienner phenning gelts perchrechtes
und umb zwen wienner phenning gelts
voitrechts und umb ain phunt wienner phenning
geltes pürchrechts», das den Nonnen gebührte
und versessen war. Nun liess der Bergrichter
«mit dem vronpoten und mit Lesiern
dem juden, der juden mesner ze Wienne»
anbieten «maister Tenichleins witib di judin
ze Wienn, daz si mit irn briefen und ürchunden
oder chuntschaft auch chem für ...
offens gericht» und ihren Anspruch erhebe;
es kam aber weder «diselb judinn noch
niempt»; dann wurden dem Kläger vier Nachbarn
und Berggenossen zugewiesen, «Chunrat
der Häkchlein, Seifrid der Schawr, Hartmann
der Pinter und Thomann Ludweigs sun»,
welche den Weingarten als minderwerthig
schätzen und dessen Uebereignung an das
Kloster ermöglichen.

Siegler: Stephan der Pleintinger und
Cholmann an dem «Newnmarkcht ze Wienn».

Datum: ... ze Wienn, ... des sampstags
an sand Philipps und sand Jacobs tag
der heiligen zwelifpoten.

Original. Pergament. Die zwei Siegel abgefallen.

1705 *1378, Juni 25, Wien.*

«Schyman Heblleins sün des juden von
Wienne» verkauft mit Handen «Pauln des
Holczchoüffels», Bürgermeisters, und des Rathes
der Stadt Wien sein Haus, das ihm «für
hauptgüt und für gesuch verstanden ist, gelegen
in der Tünualtstrazz ze Wienne zenast
Fridreichs hous des Menttlers», wie es
bei Burgrechtagewere Herkommen ist «um
achzehenthalb phunt wienner phenning ...
dem erbern mann Dietreichen dem zimmer-

mann vom Newnperg». Der Käufer und
seine Besitznachfolger sollen «mit der vorgenanten
stat ze Wienne dovon leiden und
dulden als ander mitpurger daselbs». Burgrechtsgewere
wird nach Wiener Stadtrecht
geleistet.

Siegler: Die Stadt Wien mit ihrem
Grundsiegel und Niclas Magseitl, Judenrichter
zu Wien.

Datum: ... ze Wienn, ... des nasten
freitags nach sand Johanns tag ze sunnwenden.

Original, Pergament. Von den zwei Siegeln fehlt
das der Stadt Wien, das zweite ist wohlerhalten.

1706 *1379, Juni 27.*

«Hans an dem Chienmarkcht zu den
zeiten purgermaister ze Wienne» besiegelt den
Kaufbrief Bernold Klingenfurter's an Hanns
Busendorfer auf 4 Pfund Pfennige um
49 Pfund Wiener Pfennige.

Cod. Ms. 174, S. 149, Nr. 252. — Urkundenbuch
von St. Pölten, II, 235, Nr. 731.

1707 *1379, Juli 29, Wien.*

«Davit der Stewzz der jud ze Wienn
Hénndleins sun von Newnbürkch» verkauft
mit der Hand seines Bergherrn «hern Petreins
des Lenhofer chorherr und ze den zeiten
obrister chellner des chlosters zu Newnburkch»
einen Weingarten, der ihm «für hauptgüt
und für dienst verstanden ist von Petrein von
Hintperkch und von seinen erben, dafuer si
uns den versaczt habent als es in dem perkchpüch
ze einer gedechtnüzz geschriben stet
und den wir darnach fuer dasselb gelt mit
vrag und mit urtail vor offem gericht in unser
gewalt erlangt und behabt haben, als der
gerichtbrief sagt, der uns daruber gegeben
ist», welcher Weingarten liegt «ze Mawrling
in dorso: Meidling in den Seczen, des zwai
rechel sint zenechst Chunrats weingarten von
Ried», und in des Stadtschreiber Hof zu
Meidling 60 Wiener Pfennige zu rechtem
Dienst leistet, um 18 Pfund Wiener Pfennige
dem «Eberharten dem appotekkér ze Wienn
und seiner hausvrawn vrawen Katrein».

Siegler: Der Burgherr und Hanns an
dem Chienmarkcht, derzeit Bürgermeister der
Stadt Wien.

Datum: ... ze Wienn ... des nechsten freitags vor sand Stephans tag in dem
hader snit.

Original, Pergament. Mit einem schlecht erhaltenen Siegel, das zweite abgefallen.

1708 *1380, Februar 27, Wien.*

Von «Heringo rectore ecclesiae parrochialis in Süfring et Friderico provisore curiae Chotwicensis Wiennae laico» ist unter
anderem das von Med. Dr. Conrad von Dann-
stet ausgestellte ärztliche Zeugniss für den
St. Pöltner Chorherrn Peter Pirchfelder. Die
Untersuchung ist unter anderen in Gegenwart von Meister Conrad, Chorherrn von
St. Stephan, «alias Omnium Sanctorum
Wyene, in medicina magistrato» und von
«magistro Bonocursio de Treviso cyrurgico
Paduano» vorgenommen worden.

Duellius, Exc. Gen., 213, Nr. 165, mit Siegelbild
auf Taf. XIX, Nr. 255. — Urkundenbuch von St. Pölten,
II, 229, Nr. 735.

1709 *1380, April 12, Wien.*

«David der Stewzz der jud ze Wienn
Hennleins sun von Newnbürch» stellt dem
Grafen Hermann von Cilly einen Quittbrief
aus über 60 Pfund Wiener Pfennige «dienstes
die mir zü dem nechsten vergangen sant Michels tag gevallen solten sein».

Siegler: Paul der Holczchæuffel z. d. z.
judenrichter ze Wienn.

Zeuge: Der Aussteller mit seiner «jüdischen hantgeschrift».

Datum: ... ze Wienn, ... des phinztags vor sant Tiburtzy und Valerian.

Original, Pergament. Mit beschädigtem Siegel und
jüdischer Schrift.

1710 *1382, October 31.*

«Öttl der Pläntinger ... Erhart der Chöf-
ringer sein vetter, ... Chunigund die Gnewntingerinn ir paider muem» theilen das Erbe
von Kunigundens Bruder, Stephan Pläntinger
durchs Loos, und da ist zugefallen:

a) Otto dem Pläntinger: «ein weingarten
gelegen zu Challnperig haist der Prem, und
ein weingarten zu Medlikch haist die Lang
Secz, und ein wisen zu Aichaw haist di

Namerin leit auf der Schwechet, und das
haus halbs das da leit zü Wienn in der
Chrügstrazz». Von diesen Gütern soll er
seiner Muhme Katharina dienen «in das frawn
chloster zu Sand Clarn ze Wienn, nür zü irn
lebtegen vier phunt geltes purkchrechts, die
hat man emaln sullen dienen von dem leibgeding von dem Metsakch zü Wienn, des
wir alle drew wartund erbn sein; nach des
Metsak tod und auch der frawn tod» soll
Öttl der Burgrechtsleistung ledig sein. Zum
Jahrtag für seinen Vetter Stephan sel. soll
er dem Clarenkloster jährlich 12 Schilling
Wiener Pfennige dienen, «dieselb gült ist
emaln gelegen auf aim weingarten haist der
Chröphl leit zü Perchtoldstorf», diese und
die 4 Pfund Geldes, die gelegen sind «auf
dem Alsekk hincz Sand Clarn», soll er ab-
ledigen;

b) Erhart dem Chefringer sind aus der
Erbschaft durch Loos zugefallen: die andere
Hälfte des Hauses in der Krugerstrasse und
«der weingarten am Alsek ze nechst der herren
weingarten von Waltsee, der emaln des reichen
Mathesen ist gewesen in der Herren Alzz»,
ferner einen Weingarten zu Berchtholdsdorf
«am Stainck haist das Chöphel» und einen
zu Mödling «haist der Riczman»;

c) der Kunigunde fallen Güter und Gülten zu Mödling zu, das heisst der Rest des
Erbes, soweit er nicht einer anderen Muhme,
«der Gwerleichen», zugefallen ist.

Siegler: Hanns Sachs, «diezeit techant
Allerheiligen tumkirchen zu Wienn», Peter
der Lenhofer, «obrister chellner U. Fr. goczhaus zü Newnbürg, Leupolt der Metsakch,
pürger zu Wienn, und Fridreich der Chey-
dinger, pürger zu Newnburg».

Datum: ... an Aller heiligen abent.

Transsumt in 1413, Februar 20, Wien (Nr. 1765).

1711 *1382, November 26.*

«Nicla der Rorcholb purger ze Wienn»
entsagt für sich und all seine Gesellschaft
gegen den Grafen Meinhard von Görz und
Tirol wegen des Geldes, das ihnen in dessen
Gebiet «aufgehalten und genomen worden
ist», so dass sie weder an den Grafen noch
«sunderlich zw hern Chunraten den Trawtsun

10*

seinen hauptman ze Vellgratt») wegen «erchen-
gelts, schëden und zerung», auch Nachreisen.

Siegler: Drei Beamte des Grafen.

Datum: ... am nëchsten mitichen nach
sand Katrein tag.

Original, Pergament. Mit drei Siegeln, das mittlere schadhaft.

1712 *1382, November 26, Wien.*

Conrad, «Jacobs sun des Goltstains» von
Grinzing, verkauft dem Kloster St. Pölten
mit der Hand seines Bergherrn, des Abtes
«hern Donalds dacz den Schotten ze Wienn»,
einen Weinberg zu Grinzing «in den Lussen»,
zwei Drittel eines halben Jochs, den er von
seiner verstorbenen Muhme «vrown Kathrein
Oswalts hausvrow des Grillen von Grinczing»
ererbt hat, der zunächst «der geistlichen frown
weingarten dacz Sannd Tibolt ze Wienn» gelegen und dem Schottenkloster zu Wien mit
2¹/₈ Wiener Pfennigen zu Bergrecht und Vogtrecht dienstbar ist. Der Kaufpreis beträgt
42 Pfund Wiener Pfennige. Der Verkäufer
und seine Eltern Jacob und «Prewnhilt Jacobs
hausvrow des Goltstains sein mueter» setzen
sich zu Gewär.

Siegler: Der Bergherr, des Ausstellers
Bruder «Janns der Goltstain von Peczleinstorf» und «Seifrid der Schifer von der Heiligenstat».

Datum: ... ze Wienn, ... des nachsten
mitichens nach der heiligen junkchfrown sand
Kathrein tag.

Cod. Ms. 174, S. 286, Nr. 480. — Duellius, Exc.
Geo., 214, Nr. 270 (Auszug aus dem verlorenen Original).
— Urkundenbuch von St. Pölten, II, 253, Nr. 749.

1713 *1385, März 11, Wien.*

«Prüder Stephan von Egenburch ...
prior des chlosters zu den Augustinern ze
Wienn» und der Convent reversiren über die
Stiftung von zwei Jahrtagen, die «vrow Anna
hern Ulreichs witib des Scharffenberger ...
irem ereren wiert herrn Wilhalm dem Schenchen von Lyebenberch» gestiftet hat «an sand
Chylians tag oder darnach in den nechsten
ach¹) tagen» und für sich selbst zu ihren Leb-

---

¹) Belgrado.

²) So; vgl. Urkundenbuch von St. Pölten, II, S. 217,
Anm. a.

---

zeiten «des montags vor dem aufferttag oder
darnach in den achtagen», nach ihrem Tode
aber an ihrem Todestage zu halten. Würden
die Augustiner des säumig, so sollen sie «vervallen sein ze geben ein halb phunt wienner
phenning in der purger spital ze Wienn ze
pezzerung und ze püzz an alle gnad».

Siegler: Prior und Convent von St. Augustin.

Datum: ... ze Wienn, ... in mitter
vasten, des samstags vor Letare.

Original, Pergament. Die zwei Siegel abgefallen.

1714 *1385, Mai 1, Wien.*

«Jacobn den Kettnär bürger ze Wienn»
hat Ulrich von Walsee als Zeugen gebeten
für einen Kaufbrief über die Mannschaft und
Lehen zu Ochsenburg an St. Pölten.

Datum: ... zu Wienn, ... an der heiligen zwelifpoten tag sand Philipp und sand
Jacob.

Cod. Ms. 174, S. 33, Nr. 51.

1715 *1385, Mai 5.*

Das Kloster St. Pölten gibt «Hannsen
von der Newnstat», seinem Diener, «frawn
Wëntlein seiner müter zu Ir paider lebtäg»
den Weingarten «dacz Darenpach Dornbach»
neben des Wisentner weingarten» den das
Kloster seinem verstorbenen Mitbruder Christof dankt, und sollen davon «järlich an sand
Michels tag in unser haus gen Wyenn ...
vier wyenner phenning zu einer gedächtnüz
daz der selb weingarten zu unserm goczhaus
gehört hat und nach woll darzue wechämen
mag». Heiratet Hanns, so soll nach seinem
und seiner Mutter Tod der Bestand auf seine
Kinder übergehen.

Siegler: Propst und Convent von St. Pölten.

Datum: ... am freitag nach sand Philipps und sand Jacobs tag ...

Cod. Ms. 174, S. 18, Nr. 22.

1716 *1386, Februar 4, Wien.*

Herzog Albrecht III. gibt bekannt, dass,
«seit sich gefüget hat, das die cappell, das ge-
sëzz und auch die wonung ze Wyenn in dem

Werd da ettwenn die Augustiner wonhaft waren, die séliger gedechtnüzz . . .» sein Bruder Herzog Rudolf IV. den «Carmeliten» gegeben hatte, «von der grossen prunst die vor zeiten ze Wyenn ist beschehen gar abgeprunen vervallen und verbüest ist, do genzleich das die egenanten bruder daz nit widerbringen und gepawen mügen», so gibt er zum Seelenheil aller Vorfahren, seines eigenen, des seines Sohnes Albrecht, seines Bruders Leopold und mit Erlaubniss des Bischofs Johann von Passau und «Jörgen von Liechtenstain brobstes dez stiftes zû Sand Stephan . . . ze Wyenn . . . die cappellen und das gesêzze in dem Münczhof und den Münczhof darzû gelegen ze Wyenn in der stat auf dem Hof, darinn bei alten verlaufen zeit unser vorvardern gesezzen und wonhaft gewesen sind», ferner «fur das haus das da genant ist Muschals suna haus dez juden», das Herzog Rudolf den Carmelitern hatte schenken wollen, gibt ihnen Herzog Albrecht «die nachgeschriben häuser: des ersten Hainrich dez Pairleins haus, darnach Peters dez Suchenwirtes haus, Lienharcz maler haus, Vlr. des Schuster von Schërding haus, Dietreichs des Schuster haus, maister Dyetreichs dez Pognër haus, der Helblerin auf dem Hof haus und Jäkleins von Amsteten haus, die all umb das kloster gelegen sind und ettleich auf den hof stössent», diesen ganzen Complex können sie für ihren Klosterbau verwenden, wofür sie dem Herzog, seinem Sohne und Bruder Leopold nach ihrem Ableben einen Jahrtag in derselben Weise wie dem ersten Stifter ihres Klosters in Wien darbringen sollen.

Siegler: Der Aussteller.

Datum: . . . ze Wyenn, . . . am nêchsten montag nach ûnser frawen tag ze der Liechtmezz.

Original, Pergament. Siegel abgefallen.

1717   *1386, April 13, Wien.*

«Niclas von Rächleinsdorf ein prister» verkauft mit der Hand seines Bergmeisters «Niclas des Chletten ze Gumppoltzchirlchen zû den zeiten pergmaisters der erbern geistleichen herren ze Allerheiligental ze Maurbach» seinen um sein Eigengut gekauften

Weingarten «gelegen in den Wernharten ze nächst Ebergers weingarten» mit «drithalb virtail und ein sechstail eines virtails weins» Bergrechtsleistung und « Wiener Pfennig und einem halben Huhn Vogtrechtsleistung nach Mauerbach pflichtig. Er verkauft ihn «herren maister Hannsen von Rustpach chorherr dacz Allerheyligen tümchirichen dacz Sand Stephan ze Wienn und zu den zeiten chapplan sant Symons und sant Judas alter gelegen in der geistenleichen vrawn chloster ze Sand Jacob auf der Hülben ze Wienn umb dreu und dreizzig phunt und sechzig phenig wienner münzz . . . die herchômen sind von den vir phunten wienner phenning gelts pûrchrechts die der vorgenant alter gehabt hat auf zwain haûsern und auf weingärten gelegen ze Süfring die man damit abgeledigt und gelöst hat, also daz der vorgenant weingarten pei dem egenanten alter . . . weleiben sol und mit dhainen sachen da von nicht enzogen noch enphrömdet werden darf».

Siegler: «prûder Hainreich z. d. z. prior . . . ze Mawrpach» und «Thoman der Sweinbels¹) purger ze Wienn».

Datum: . . . ze Wienn, . . . des nêchsten freitags vor dem palmtag.

Transsumt in Nr. 1718.

1718   *1386, Juli 10, Wien.*

Der Notar «Symon quondam Vlrici de Everding clericus pataviensis diocesis» transsumirt in der Wohnung und auf Ersuchen des Meisters Johann von Ruspach «ecclesie collegiate omnium sanctorum alias sancti Stephani Wienne» Rectors des St. Symon- und Judasaltars im Kloster «ad Sanctum Jacobum infra muros Wienne» einen Kaufbrief (ddo. 1386, April 13²) und beschreibt die beiden Siegel, die daselbst hängen, nämlich das des Priors von Maurbach und «S. Thome Sweinlini».³)

Zeugen: «Gûndachner v. Chirichpach und Jacob v. Newnburga», beide Priester.

¹) Vgl. seinen Namen in Nr. 1718.
²) Siehe oben Nr. 1717.
³) In der Sieglerzeile von Nr. 1717 wird er «Sweinbels» genannt.

Datum: ... aono a nativitate ... mille- simo trecentesimo LXXXVI, indictione nona, die vero X mensis iulii, hora quasi tercia- rum ...'

Acta sunt hec Wienne, in domo habita- cionis dicti domini Johannis prefate Pata- viensis diocesis.

Zum Schluss das Notarszeichen sammt Clausel.

Abschrift auf der Rückseite, und zwar auf dem Mittelstreifen, der durch zweimalige Faltung des Trans- sumts von 1370, April 3 (Nr. 1686) sich bildet.

1719 *1388, Februar 24.*

«Wolfhart der Pirpäwmer . ., Jacob . . Symon paid prueder die Pirpawmer sein sun, und . . Gelhart des Fleischakcher sun z. d. z. alle vier gesessen ze Chalnperg» nehmen vom Stifte St. Pölten «das halbe jeuch wein- garten, gelegen am Chalnperg am Rosen- püchel, genant der Tiberkch am stegmaizze zenachst Chunrat Gunndrams weingarten, do man alle jar von dient unser frawn goczhaus ze Newnburkch chlosterhalbn in seinen hof ze Chalnperg ainen emmer weins ze perch- recht und zwen wienner phenning ze voit- recht ... und des pergmaister ist d. z. der erber man Jans Starichant ze Chalnperg von des goczhaus wegen» in Bestand auf ihrer vier Lebtage zu gesammter Hand in Leib- gedingsweise. Jahresdienst ist 12 Schilling Wiener Pfennige zu Martini «besunderleich daz phunt in ir prelatur und daz halb phunt in ir oblayampt». Stürbe der letzte von den Bestandnehmern nach dem Schnitt, so wären seine Erben zum Neubau verpflichtet.

Siegler: Der Bergmeister und für die Aussteller Peter der Landhoffer, Chorherr zu Klosterneuburg, dann Heinrich der Flozzer.

Datum: ... an sand Mathias tag in der vasten.

Cod. Ns. 171, S. 279, Nr. 470.

1720 *1389, März 8, Wien.*

Donald, Abt des Schottenklosters zu Wien, entscheidet als päpstlicher Richter den Streit zwischen Peter, Sohn des Jacob von

---

*) Dieser Theil der Datirung gehört zum Eingang, der folgende zum Schluss des Transsumts.

Meseritz, Priester des Prager Sprengels, und Wenzel Nadslaw von Zachornitz, über ein dem Erstgenannten von seinem Oheim Wen- zel von Schweidnitz vermachtes Legat.

Datum: Wienne, in nostro monasterio, in stuba nostra superiori, sub anno domini M° CCC·LXXX nono, indictione duodecima oc- tava die mensis marcii hora terciarum, ponti- ficatus sanctissimi in Christo patris et do- mini nostri domini Vrbani divina providencia pape sexti anno undecimo.

Zeugen: Thomas Senior zu den Schot- ten und Johannes Sindrami, öffentlicher No- tar, endlich Peter genannt «vertex nuncius iuratus consistorii Pragensis».

Siegler: Der Aussteller.

Notar: «Conradus Amman de Chauf- büren clericus Augustensis diocesis publicus imperiali auctoritate notarius scribaque do- mini abbatis».

Original, Pergament. Siegel abgefallen.

1721 *1389, Mai 13, Rom.*

Urban VI. an den Propst der Aller- heiligenkirche «St. Stephan» zu Wien mit dem Auftrage, die durch Verschulden des Rectors in Rückgang gerathene Kapelle im Wiener Hause des Allerheiligenklosters zu Mauerbach dieser Karthause zu incorpo- riren, da deren Einkünfte 150 Mark jährlich nicht überschreiten, während sich das Ein- kommen der Kapelle auf 40 fl. in Gold be- läuft; die Incorporation soll nach dem Tode oder Rücktritte des Caplans erfolgen.

Datum Rome, apud Sanctum Petrum, III idus maii, pontificatus nostri anno duo- decimo.

Transsumt in Nr. 1723 von 1389, November 9, und mit diesem in Nr. 1737 von 1394, April 4.

1722 *1389, October 21, Wien.*

«Seifrid der Pawr von Grinczing und . . Margret sein hausfraw . . Niclas der Wein- merkch von Nusdorf sein aidam» und Agnes, dessen Hausfrau, «sein tochter . . , Niclas von Newnburkch auch sein aidam» und dessen Hausfrau Margarethe, «auch sein tochter», verkaufen «mit des erbern Niclas hant des Würffels des jungern z. d. z. ambtman des klosters ze Newnbürkch» ihren Weingarten dem Seifried mit seiner «ereren hausfrawn frawn Elspeten» der Mutter der beiden genannten Töchter «der got gnad mit gesampter hant gekauft hat gelegen ze Grinczing in den Lussen des ain virtail und ain sechzehentail ist zenechst Jorgen weingarten von Nicolspurch» mit jährlichem Dienst nach Klosterneuburg von 1½ Viertel Wein zu Bergrecht und 1½ Ort zu Vogtrecht. Sie verkaufen ihn um 38 Pfund Wiener Pfennige dem «Andren dem Matschawer von Herczogenburg und seinen erben».

Siegler: Der Amtmann und Peter Hadmar von Nussdorf.

Datum: ... ze Wienn, ... des nechsten phincztags nach sand Gallen tage.

Cod. Ms. 174, S. 290, Nr. 486.

1723 *1389, November 9, Rom.*

Papst Bonifaz IX. inserirt und bestätigt die aus dem Register abgeschriebene Urkunde seines Vorgängers Urban VI. an die Karthause Mauerbach von 1389, Mai 13, deren Original verloren gegangen.[1]

Datum Rome, apud Sanctum Petrum V. idus novembris, pontificatus nostri anno primo.

Transsumt in der Urkunde von 1394, April 4, Nr. 1727.

1724 *1389, November 15.*

«Hanns der Goltstain von Peczleinstorf» verkauft «mit des erbern manns hant Niclas des Würfels des jungen z. d. z. amptman des chlosters ze Newnburg» 1½ Joch und 1 Achtel Weingarten «ze Grinczing in den Langen luzzen zenechst Seifrits weingarten des pawren von Grinczing» mit jährlichem Dienst nach Klosterneuburg von «anderthalb viertail weins ze perchrecht und anderthalb ort ze voitrecht» um 71 Pfund Wiener Pfennige dem Stifte St. Pölten.

Siegler: Der Aussteller, der Amtmann und Peter Hadmar zu Nussdorf.

Datum: ... des nochsten montags nach sand Merteins tag.

Cod. Ms. 174, fol. 287, Nr. 481.

[1] D. l. Nr. 1731.

1725 *1391, September 6, Wien.*

«Jorg von Nicolspurch purger ze Wienn ... Thoman und ... Philippe sein sun» verkaufen dem Stifte St. Pölten «mit des erbern Niclas hant des Würfels des jungen z. d. z. amptman des chlosters ze Newnburg» einen Weingarten «hinder Grinczing in den Langenlussen, des ain viertail und ain sechzehentail eins jeuch ist zenechst herrn Hainreichs weingarten von Walssee» mit jährlichem Dienst nach Klosterneuburg von «anderthalb viertail weins ze perchrecht und anderthalb ort ze voitrecht» um 40 Pfund Wiener Pfennige.

Siegler: Der erste Aussteller, der Amtmann und Peter Hadmar zu Nussdorf.

Datum: ... Wienne, ... des nochsten mittichs nach sand Giligen tage.

Cod. Ms. 174, S. 287, Nr. 482.

1726 *1392, September 24.*

«Chunrat der Graf gesezzen vor Kernnertor» zu Wien und Margarethe, seine Hausfrau, verkaufen mit der Grundherren Hand, «Dietreichs und Hannsen gebruder der Vrbetschen», eine halbe Hofstatt Weingartens, den Conrad von seinem Vater ererbt hat, «gelegen bei sand Tybolt auf der Stetten bei Wienn zenest Andres weingarten des Cheser»; sie verkaufen ihn um 17 Pfund Wiener Pfennige dem Stephan Waldner vor dem «Kernertor».

Siegler: Für den Aussteller, der kein Siegel hat, der Bergherr Dietrich Urbetsch, unter dessen Siegel sich auch der Bruder desselben, Hanns zur Bürgschaft verpflichtet; ausserdem Petrein der Gunczpurger, derzeit Judenrichter zu Wien.

Datum: ... des nagsten eritags vor sand Michels tag.

Original, Pergament. Das erste Siegel ist vorhanden, aber beschädigt, das zweite abgefallen.

1727 *1394, April 4, Wien.*

«Anthonius dei gracia prepositus ecclesie Omnium sanctorum alias Sancti Stephani Wienne ad Romanam ecclesiam nullo medio pertinentis» incorporirt über Auftrag des Papstes Bonifaz IX. von 1389, November 9[1]

[1] D. l. Nr. 1723.

dem Kloster Mauerbach die St. Niclaskapelle im Mauerbachhofe zu Wien.

Siegler: Der Aussteller.

Datum et actum Wienne ... in curia nostra, anno domini millesimo trecentesimo nonagesimo quarto, die sabbati, quarta mensis aprilis, hora terciarum vel quasi, indictione secunda etc., presentibus venerabilibus peritis ac discretis viris, dominis Leonhardo Schawr decretorum doctore Ratisponensis et Pataviensis ecclesiarum canonico, Johanne Hippelstortfer decano ac plebano Super Wagram, Stephano de Maiori Enczestorf magistro in artibus ac baccalareo formato in theologia canonico dicte ecclesie Omnium Sanctorum ac plebano in Mospach alias in Weng, Nicolao de Rapcz plebano in Penczing dicte Pataviensis diocesis presbiteris et Nicolao Belger magistro in artibus et baccalareo in decretis clerico Magdeburgensis diocesis.

Notar: «Gundakerus Aspeck de Obernperg clericus Patav. dioc. ... rector parrochialis ecclesie beate Marie virginis in Aczpach ac scriba dicti domini prepositi.

Original, Pergament. Siegel abgefallen.

1728 *1395, April 1, Wien.*

«Anthoni probst ze Wienn» und einige andere werden von dem Herzog Albrecht und seinen Vettern Wilhelm und Leopold zu Schiedsrichtern angenommen für den Fall, dass bei dem Kaufe der Erbschaft, die ihnen Katharina von Greifenstein, Hausfrau Rudolfs des Lazperger, überlassen hatte, zu Schaden kommen sollten.

Siegler: Die drei Herzoge.

Datum: ... ze Wienn, an phinztag nach dem suntag Judica in der vasten, ...

Original, Pergament. Mit drei wohlerhaltenen Siegeln.

1729 *1395, April 1, Wien.*

Derselbe erscheint in gleicher Eigenschaft in dem Gegenbriefe der «Kathrey von Greifenstain Rudolfs des Lazperger wirtinn».

Siegler: Die Ausstellerin, ihr Ehewirth, dann Hanns von Slandersberg und Haug von Purkperg. »

Datum: ... ze Wienn, an phinztag nach dem suntag Judica in der vasten, ...

Original, Pergament. Mit vier wohlerhaltenen Siegeln.

1730 *1395, Juli 15, Wien.*

«Larentz der richter von Grinczing und ... Elspet sein hausfrawe» verkaufen mit ihres «gruntherren hant dez erbern geistleichen herren prueder Niclas des Crebezer zu den zeiten maister dacz dem Heiligen geist vor Kernertor ze Wienn» ihren «weingarten gelegen z° Grintzing dez ein hofstat ist ûnder den serlein ze nêchst Lipleins weingarten des smids». Der Weingarten dient ihrem Hause 4 Wiener Pfennige, «darumb man volln gwalt und recht hat ze gen durch dasselb ûnser haus in den egenanten weingarten ...», und zu der ewigen messe die Chünrat selig der Reychof gestifft hat auf sand Barbaren altar dacz Sand Stephan ze Wienn, drei schilling und zehen phenning wienner münz ze überzins und nicht mer ...» um 48 Pfund Wiener Pfennige «den erbern geistleichen frawn swester Perichten der Amaisscrynn zu den zeiten priorinn dacz der Himelporten ze Wienn unde swester Margrethen der Virdunginn subpriorinn und dem convent gemain daselbens des ordens von Premonstrey».

Siegler: Der Grundherr und «her Jörg von Nicolspürkch ze den zeiten des rates der stat ze Wienn».

Datum: ... ze Wienn, ... des nechstn phinztags nach sand Margrethen tag.

Original, Pergament. Die zwei Siegel abgefallen.

1731 *1395, October 7, Wien.*

«Heschkel der jud von Rab ze Wienn» verkauft mit der Hand «hern Michels des Gewchramer», Bürgermeisters und Münzmeisters und Mitglied des Rathes der Stadt Wien, ein Haus, das er der Frau Margarethe, der Hausfrau weil. Christian des Seydennater, vor offenem Gerichte in der Bürgerschranne für eine Geldschuld «mit dem rechten anerlangt und inbehabt» hat, «gelegen in der Walichstrazz ze Wienn zenechst dem haus daz weilnt Stephans seligen des Walichpekchen

gewesen ist, davon man alle jar dint frawn
Dorothea Wolfharts seligen wittiben des Puben
zwelf schilling wienner phenning ze purkchrecht und nicht mer», um 23 Pfund Wiener
Pfennige dem «erbern mann Jörgen dem
Vnger dem Seydennater ze Wienn, frawn Kathrein seiner hausfrawen und ir beider erben».

Siegler: Die Stadt Wien mit ihrem
Grundsiegel und Stephan der Leyttner, Bürger zu Wien.

Datum: ... ze Wienn, ... des nachsten
phinztags vor sand Cholmans tag.

Original, Pergament. Mit dem leidilch erhaltenen
Siegel Stephan des Leyttner. Das Grundsiegel der Stadt
Wien ist stark beschädigt.

1732 *1396, März 5, Wien.*

Herzog Albrecht IV. schenkt dem «Hannsen dem Staindlein», Herzog Leopolds IV.
«hofgesinde», auf Bitten dieses seines Vettern
sein «weinungelt dacz Sant Vlreich vor Wyd-
mer tör hie ze Wyenn ... in leibdinges weis
... in aller der mass als in auch vor im
weilent Fridrich der Vngelter von weilent
dem hochgeporen fürsten herzog Leuppolten
unserm lieben herren und vettern seliger ge-
dechtnisse ze leibding innegehabt und genossen hat»; nach Hannsens Tode soll das
Ungeld der Herzoge und seiner Erben «auf
der stat ledig sein».

Datum: ... ze Wienn, an suntag als
man singet Oculi under unsrer pettschaft,
wan wir unser insigl nuzemal bei uns nicht
hetten, ...

Unterschrieben: «d. dux per d. Jo. Rukk.
magistrum curie».

Original, Pergament Siegel abgefallen.

1733 *1396, Mai 12.*

«Vlreich der Chüstel von Wörikch und
Elzbet sein hausfraw» verkaufen mit ihres
«gruntherren hant hern Rudolfs von Tirna»
ihren gemeinsam erarbeiteten Hof sammt
Weingarten «daran gelegen daselbens ze Wörikch zenegst Vlreichen dem Leidenhunger»
mit jährlichem Grunddienst von 38 Wiener
Pfennigen an den von Tirna, «umb neun-
zehenthalb phunt wienner phening ... Petrein

Regesten zur Geschichte der Stadt Wien. II.

dem Schüstel und seiner hausfrawn Annen
und seinen erben.

Siegler: Der Grundherr und «her Fridreich der Dietram dizeit des rats der stat
ze Wienn».

Datum: ... des freitags nach unsers
herren auffart tag.

Original, Pergament. Mit zwei wohlerhaltenen
Siegeln.

1734 *1396, Juni 21, Wien.*

«Niclas der Würffel der elter, ... Fridreich der Kraft d. z. amptman in Osterreich,
... Paul der Würffel purger ze Wienn, ...
Vlreich der Herwart z. d. z. statschreiber ze
Wienn», Schiedsrichter in dem Streite «zwischen ... Hannsen dem Eberstorffer obristem
chamrer in Osterreich an ainem tail und zwischen frawn Annen Hannsen Giligen hausfrawn an dem andern tail und zwischen
Micheln von Albrech irm prüder mueter-
halben an dem drittentail voneru umb die
hab die her Paul selig weilnt des egenanten
hern Hannsen des Eberstorffer chapplan von
desselben hern Hannsen chappellen enphrom-
det sol haben, darnach umb die güter wie
die genant oder wa die gelegen sind, di Thoman von Albrech der egenanten Annen rechter
vater und Dyetreich von Albrech des egenanten Michels vater und frow Kristein sein
hausfraw sein mueter, den allen got genad,
hinder in lassen habent, und die der egenant
her Paul innegehabt und al geschaft hat dem
egenanten Micheln als dasselb geschaft mit
erber kuntschaft vor offem rat der stat ze
Wienn beweist ist als es zu einer gedecht-
nuzze in dem statpüch daselbens geschriben
stet ...» haben entschieden «also das die
zusprüch die der vorgenant her Hanns der
Eberstorffer von der hab wegen die von seiner
chappellen enphrömdet sol sein, sollen genzlich absein; darnach ... das der vorgenant
Michel von Albrech der egenanten seiner
swester Annen für alle anspruch geben sol
zwelif phunt wienner phenning an alles verziehen zu der haimsteur die ir voraus hindan
worden und gegeben ist; und da engegen sol
der egenant Michel die vorgenanten gueter

alle wie die genant oder wa die gelegen
sind, als vorgeschriben stet furbas ledichleichen ... haben». Der Zuwiderhandelnde
hat sein Recht an den Schiedsspruch verloren und hat jedem Spruchmann 50 Pfund
Wiener Pfennige zu geben.

Siegler: Die vier Schiedsleute.

Datum: ... ze Wienn, ... des nagsten
mittichens vor sand Johanns tag ze sunne-
benden.

Original, Pergament. Die vier Siegel abgefallen.

1735 *1396, November 24, Wien.*

«Rudolf und Ludweig gebrüder von
Tirna» verkaufen im eigenen Namen und
für alle ihre «geswisdreid» ihr rechtes freies
Eigengut:

a: «von erst den dinst ze Wering auf
behaustem gut die zu den zeiten die hernach benanten leut dienent: Niclas Strobel
von einem haus zwelif phening, Ulreich Leidenhunger von einem haus sechzehen phening,
Peter Schüester von einem haus acht und
dreissig phening, Chünczel Mawrer von einem
haus fümf und zwainzig phening, Ull Prvm-
mer von einem haus ain halb phunt phenning und von einer secz auf der patstuben¹)
ain halb phunt phenning dienst, Cholman
Ofner von einem haus acht phenning, Hanns
Mawrer von einem haus acht phenning, auf
dem Altenpharrhof sibenthalbm phenning,
Peter Pesk von einem haus achzehen phenning, Hainreich Purchhauser von einem haus
anderthalb und zwainzig phenning, Nyclas
Preynesel von einem haus virzig phennig
Andre Müldorffer von einem haus fümfzig
phening, Niclas Schiltknecht von einem haus
zwelif phening, Hanns Gruber ... Wernczel
Cholbech» je «von einer halben hofstat ainn
phenning, Gilig Phluegler ... Hans Swern-
chopf» je «von einem drittail einer hofstat
drei helbling, Fridel Adams sun von einem
drittail einer hofstat einen phening, Hainreich Stubrauch von einer leiten siben phe-

ning, Heinreich Hinlauf von einer leiten achzehen phenning, Jorg Fuchsel von einem
weingarten, haizzet daz Sügell acht phening,
Chünrat Sechsling von aim virtail weingarten aindlef phening und ein ort, Ulreich
Eysenczicher von einem achtail in der Velt-
gassen¹) sechsthalben phening und ein halbs
ort, der Partat Niclas von einem achtail
sechsthalben phening und ain halbs ort,
Liendel Sevischer von einer leiten neun phening, maister Seitz von einem halben jeuch
weingarten haizzet das Gölcindel drei helbling, Peter Pesk von einem drittail weingarten virzig phening, Hanns Plödel von
aim sechstail weingarten zwainzig phening,
Fridel Stadalas virzig phening, Hanns Rössler von einem achtail zehen phenning, Thoman Racul Fleischhakcher von einem drittail
sibenzehenthalben phenig, Niclas Strobel von
einem drittail sibenzehenthalb phening, Ull
Pair von ainem achtail aindlef phening und
ein ort, Herman von Prukk ..., Stephan
von Ebergözzing ..., Niclas Gürtler ...
und Peter Münzzer ...» desgleichen, «Altel
Chirchrentel von ainem virtail fümfzehen
phening, Hainreich Chünigel ... und Jorg
Reneis ...» ebenso, «die Semlerinn von einem
halben jeuch weingarten sechzig phening, der
pharrer ze Wering¹) ..., Muldorffer ...»
desgleichen, «Andre Müldorffer von andert-
halbm jeuchen akcher dreissig phening, Seidel
Prvnner von einem jeuch akcher sechs phening, Peter Pesk von einem halben jeuch
akker drei phening, die nunnen von der
Himelporten von einem virtail zwelif phening, Hanns Lampekch von einem virtail achthalben phening, Peter Schiliher von ainem
jeuch ainn phening, Jorg Peheim von aim
virtail vir und zwainzig phening, Wernhart
Höldel ..., Hanns Pürkgraf ..., Merttel
Trager» desgleichen; «her Hanns pharre ze

---

¹) Ob diese mit der Währinger Badstube identisch
ist, die Kopal zum Jahre 1302 erwähnt und die Michel-
beuren Gut war, bleibt dahin gestellt; vgl. Bl. d. Vereines f. Landeskunde von N.-Oe., 14, S. 41.

---

¹) Noch fast ein halbes Jahrtausend seit dieser
erstmaligen Nennung führte die Feldgasse ihren Namen
fort. Jetzt hat moderne Neuerungswuth sie in eine
Gymnasiumstrasse umgewandelt; so könnten wohl noch
einige Strassen Wiens genannt werden.

²) Nach Kopal, a. a. O. S. 43, hätte derselbe Kunigund, wohl Kunimund, geheissen. Vgl. Kirchl. Topo-
graphie, I, S. 240.

Emmerstorf von einem jeuch drei schilling und sechs phening; Chünrat Mawshaimer von einem jeuch [drei schilling][1] sechs phenning, Vlreich Flekch» desgleichen.

b) «Darnach das perkchrecht ze Wéring: Pertel Mawrer von einer leiten, ist ein halbs jeuch, sechsthalbm emmer weins und sechsthalbem phening voitrecht; Lienhart Eysenreichinn von einer leiten, ist ein halbs jeuch, vir emmer wein und vir phening voitrecht, Vll Prvnner von einem sechstail ainen emmer wein und ainen phenig voitrecht, Stephan Rédischer ... Hainreich Lorhueber» desgleichen «und vom Hafnérlein zwen phening dinst, Chünrat von Newnburch von drin virtailen dritthalbem emmer und dritthalbm phening voitrecht.»

c) «Das perchrecht an der Obern Hochenhart:[2] die Schon Hainreichinn von einem halben jeuch anderthalb emmer wein und drei helbling voitrecht; des Rédler chinder von drin virtailn neun virtail weins und neun ort voitrecht, Fridreich Platner» wie die Hainreichen, «Hanns des Chüfnezzer sun ..., des chamer schreiber chinder ..., Niclas Rorcholb» desgleichen[3]); «Michel im Vischhof von einem jeuch 3 emmer und 3 phening voitr., Vlreich Flekch von fümf virtailen zwen emmer und zwen phenning voitrecht; Artolf Chöstel von Peczleinstorf von einem halben jeuch fümf virtail und fumf ort voitrecht, Maister Chünratinn die maurerin» wie die Heinreichin[3]; die Fürstenczeller[4] von zwain jeuchen sechs emmer und sechs phening voitrecht; Dyetreich Prenner von aim jeuch drei emmer und drei phening voitrecht, der pharrer von Sand Vlreich ... und Peter Schön ...» desgleichen; «Peter Vélmund von ainem virtail dreu virtail weins und dreu ort voitrecht, Rüger von Regenspurg ..., Lienhart Hawsleitter ..., Chünrats des Mawshaimer weib» desgleichen; «Ulreich Lörl von den Predigern von einem jeuch drei emmer und

drei phening voitrecht, Eberharde[1] Chastnér» desgleichen; «derselb Eberharde von drin virtailen neun virtail und zwen pening und ein ort voitrecht, des Töten Chünczleins chinder von einem halben jeuch anderthalb emmer und anderthalb phening voitrecht, Hanns Rokk von einem jeuch drei emmer und drei phening voitrecht, Nicolae bei Jüdentor von einem halben jeuch anderthalb emmer und anderthalb phening voitrecht, Siman Chottrer von ainem virtail dreu virtail und zwen phening und ein ort voitrecht; Stephan von Stëtz von einem halben jeuch anderthalb emmer weins und anderthalb phening voitrecht, Michel Mënschein von einem jeuch drei emmer und drei phening voitrecht.»

d) «Das perchrecht an der Sanntleiten: Chünrat Mawshaimer von einem halben jeuch anderthalb emmer und anderthalben phening voitrecht, Siman Pinter von einem virtail dreu virtail und dreu ort voitrecht, Vlreich Pair von einem achtail anderthalb virtail und anderthalb ort voitrecht, Toman des Hainrice sun ..., Jacob Sneider ...», desgleichen; Philipp Mulner von ainem virtail dreu virtail und dreu ort voitrecht, Andre auf der Stieg ..., Hanns Todler ..., Simans Pekchen chinder ...» desgleichen; «Niclas Pinter von ainem achtail anderthalb virtail und anderthalb ort voitrecht, Hainreich Salczpurger von ainem virtail dreu virtail und dreu ort voitrecht, Änderl von Wunderberg ...» desgleichen; «Hannsinn am Chienmarkcht von ainem jeuch drei emmer und drei phening voitrecht, des Stainer chinder ..., Mert Chluppinger ... Wolfhart von Steyr ...» desgleichen; «Lienhart Leitthawser von fünf virtail drei emmer und drew virtail weins und drei phening und drew ort voitrecht, Katrei die Mawshaimerinn ...» desgleichen; «der bischof von Salczpurch von fünf virtail vir emmer und ein virtail und vir phening an ein ort voitrecht.»

e) «Das perchrecht an der Winter leiten ze Chlaiczing: Niclas der Dewtschen herren capplan von ainem virtail einen halben emmer und ainen helbling voitrecht, der gut[1]

[1] Fehlt.
[2] Vgl. Urkundenbuch von St. Pölten, I, S. 422.
[3] Nur heisst es hier immer statt «drei helbling» vielmehr «anderthalb phening».
[4] Fürstenzell, beirisches Kloster.

[1] So!

20*

von Sufring» desgleichen; «Hanns Péter von einem jeuch zwen emmer und zwen phenning voitrecht; die nunnen von Sand Larentzen von fumf virtailen dritthalb emmer und dritthalb phenning voitrecht; des Stainer chinder von drin virtailn anderthalb emmer und anderthalb phening voitrecht, Hanns Steyrer von einem halben jeuch ainen emmer und ainen phening voitrecht, Hértel Chramer von Wels von ainem jeuch zwen emmer und zwen phening voitrecht.»

f) «Das perkrecht ze Chlaiczing an der Sumerleiten: des Hainrice tochter von drin virtailn neun virtail und zwen phening und ain ort voitrecht, des Jacoben sun von der Hochenmawt von fumf virtailn vir emmer minner ains virtails und drei phening und drew ort voitrecht, die cappellen Sand Dorotheen von einem jeuch drei emmer und drei phening voitrecht, Mükkel Vischer von ainem virtail drew virtail und drew ort voitrecht, Jacob Öler von ainem virtail drew virtail und drew ort voitrecht, Wolfhart von Regenspurch von einem halben jeuch anderthalb emmer und anderthalb phenning voitrecht, Niclas Würffel von ainem jeuch drei emmer und drei phening voitrecht.»

g) «Das perkchrecht an der Hagenaw: Peter Hegrein a) von ainem virtail dritthalb viertail und dritthalb ort voitrecht und b) von aim achtail ain virtail und ein halbs achtail und anderthalb ort voitrecht, Jacob Vngerl ..., Chúnczel von Ried ..., Mertt Chóstel ..., Hainreich Wild» desgleichen (wie Hegrein b), «Hanns Engelprecht ..., Anna Engelprechts tochter» desgleichen (wie Hegrein a); «Hanns Görlitz von drin achtailn ainn emmer minner ein achtail und virdhalb ort voitrecht, Pawl Vischer» desgleichen.

h) «Das perkchrecht im Gereut: Geblin chramerinn tochter von einem drittail drew virtail und ain drittail eins virtails und drew ort und ein drittail eins orts voitrecht, die Heiligen Chreuczer von anderthalb jeuchen vir emmer minner ains virtail und drei phening und drew ort voitrecht, Toman Pinter von einem achtail ain virtail ein halbs achtail und anderthalb ort voitrecht.»

i) «Das perkchrecht an der Dürren Wéring[1]): Jacob von Sunnberg von fumf virtailen drei emmer ein halbs virtail drei phening und ein halbs ort voitrecht, Reindel von Friesing von einem jeuch dritthalb emmer und dritthalb phenning voitrecht, Dyetreich Prenner von einem halben jeuch fumf virtail und fümf ort voitrecht, der Chúnrat Sechsling» desgleichen.

k) «Das perchrecht im Chrotenpach[2]): der Perner von einem jeuch vir emmer und vir phening voitrecht.»

All diese Gülten und Güter, die der Vater der Aussteller «selig von Chunrats seligen des Schönnawer chinden weilent des hochgeborn fürsten herzog Albrechts ze Österreich etc. chamerschreiber, von hern Niclasen seligen von Wulkendorff und hern Niclasen von Eslarn gekauft hat», verkaufen sie «umb fümf hundert und umb zwai und dreissig phunt w. ph. ... dem hochwirdigen fürsten hern Gregorien erzbischof ... ze Salczburg».

Siegler: Die Aussteller, ihr Vetter Friedrich von Tirna und Hanns und Niclas, «vettern von Eslarn».

Datum: ... ze Wienn, ... an sand Kathrein abent der heiligen junchfrawen.

Original, Pergament. Zwei von fünf Siegeln hängen, das zweite, vierte und fünfte abgefallen.

17:36 *1397, Mai 2, Wien.*

Herzog Albrecht IV. genehmigt und bestätigt den Kaufvertrag, vermöge dessen sein Falkner Leb einem andern Getreuen des Herzogs, Hannsen dem Trautman, den halben Theil an dem Hause und dem Stadel vor dem Stubenthor «in dem Gereütt zenachst desselben Hannsen des Trautmans haus» zu kaufen gegeben hat.

Siegler: Der Herzog.

Datum: ... ze Wienn, an mitichen nach sant Philipps und sant Jacobs tag ...

Original, Pergament. Mit zerbrochenem Siegel.

---

[1]) Wohl der Graben, der in der Nähe der Schafbergalm wurzelt und in seinem unteren Theile die frühere Neuwaldegger-, jetzt Herbeckstrasse in Neugerahof bildet.

[2]) D. h. am Oberlaufe desselben, bevor er von linksher den von Sievering kommenden Arzbach aufnimmt.

1737 *1398, Juli 29.*

«Barbara Sigharts des Grillen witib von Grinczing dem got gnad, ... Oswalt der Grill und ... Agnes sein hausfraw ... Paul und Thoman die Grillen desselben Oswalts prueder ... Elzbet ir swester und ... Hainreich der Stainhaur und ... Andre sein vetter, ... Janns der Flachenawer und ... Elspet sein hausfraw ..., Jacob der Flachenawer sein pruder und ... Elspet sein hausfraw» verkaufen mit der Hand ihrer Bergfrau «swester Johanna der Sunnbergerin zu den zeiten abtessin dacz Sannd Claren ze Wienn» wegen der von Sieghart Grill hinterlassenen Schulden ihren Weingarten «ze Grinczing in dem Lussen des ain halbes jeuch ist zenechst herren Reinprechts weingarten von Walssee» mit einem jährlichen Bergdienst von 6 Wiener Pfennigen, um 60 Pfund Wiener Pfennige dem Probst Gerung von St. Pölten.

Siegler: Die Bergfrau, dann «Hainrich der Minner diezeit richter ze Wolkestorf», Vater der Barbara, und «Michel der Menschein z. d. z. des rates der stat ze Wienn».

Datum: ... des nechsten montags von sand Stephans tag in dem snitt.

Cod. Ms. 174, S. 274, Nr. 463.

1738 *1399, Juni 29, Rom.*

Papst Bonifacius IX. nimmt das Nonnenkloster zur Himmelpforte in Wien «monasterium Porteceli Wienne) in seinen und des apostolischen Stuhles Schutz und bestätigt demselben alle Rechte, Freiheiten und Besitzungen.

Datum Rome, apud Sanctumpetrum, III kal. iulii, pontificatus nostri anno decimo.

Registrata gratis.

Joannes Jacozi.

Original, Pergament. Roth-gelbe Seidenschnur; Bulle abgefallen.

1739 *1400, April 3, Wien.*

«Prueder Hawg von Wähing z. d. z. comitewr der zwair häuser dacz Sand Johanns in der Chärnerstrazz ze Wienn und ze Nydern Loch» verkauft eine zum Hause in Niederlas gehörige Wiese «gelegen zu Ewerstorf der sechzehen tagwerich sind zenechst der geist-

leichen frawn wisen dacz sand Niclas vor Stutentor ze Wienn» um 50 Pfund Wiener Pfennige «dem erbern mann Petrein dem Strongen purger ze Wienn und frawn Chlarn seiner hausfrawn».

Siegler: Der Aussteller und «Jörig von Nikolspurkch purger ze Wienn».

Datum: ... ze Wienn, ... des nagsten sambcztags vor sand Ambrosii tag.

Original, Pergament. Mit einem Siegelbruchstück, das zweite fehlt.

1740 *1400, April 8, Wien.*

Papst Bonifacius IX. verleiht dem Dominikanerinnenkloster zum heil. Lorenz in Wien einen hunderttägigen Ablass.

Datum Rome apud Sanctum Petrum, VI idus aprilis, pontificatus nostri anno undecimo.

Transsumt in 1401, Juli 30, Wien (Nr. 1741).

1741 *1401, Juli 30, Wien.*

Leonhard Schawr, «decretorum doctor», Canonicus von Regensburg, Passau und Brixen, «officialis curie Pataviensis», transsumirt auf Bitten des Erhard Schyrl, Chorherrn von St. Stephan zu Wien und Pfarrer in Bischolfsdorf, Procurators der Dominikanerinnen von St. Laurenz zu Wien, eine denselben verliehene Ablassbulle von Bonifacius IX. ddo. 1400, April 8, Rom.[1])

Siegler: Der Aussteller mit dem Amtssiegel («quo utimur in officio»).

Datum: Acta sunt hec Wienne, Pataviensis diocesis, in domo nostre habitationis in loco solito ubi ad iura reddendum pro tribunali sedere consuevimus, anno domini millesimo quadringentesimo primo, indictione nona, die penultima mensis julii, hora vesperorum vel quasi, pontificatus predicti sanctissimi in Christo patris et domini nostri, domini Bonifacii divina providencia pape noni, anno duodecimo presentibus honorabilibus viris domino Gyselhero Doberkaw decretorum doctore clerico Halberstadensis diocesis et domino Johanne plebano in Calvomonte

1) Nr. 1740.

(Kahlenberg Pataviensis diocesis testibus ad premissa vocatis pariter et rogatis.

Notar: Nicolaus quondam Jacobi de Respicz, clericus Pataviensis diocesis.

Original, Pergament. Siegel abgefallen.

1742 *1401, August 25, Wien.*

«Chunrat der Vorlawff d. z. des innern rats der stat ze Wienn und ... Niclas der Schermiczer die zeit des aussern rats der stat daselbs und beid ausrichter und volfurer des geschäfts so Stephan selig der Poll geschafft und getan hat› urkunden «umb die güter die hernach benant sind, die der vorgenant Stephan der Poll den erbern geistleichen herren ... des ordens von dem perg Carmelo gesezzen an des herzogen hoff ze Wienn umb ein ewigew mess nach seins gescheftsbriefs sag geschafft hat ...» a) «Von erst sechs phunt wienner phenning geltes die rechtes aigen sind gelegen datz dem Höflein pei Sawnesdorf auf uberlend.» b) «Darnach mit handen der erbern weisen .. hern Perchtoltz des Lanngen z. d. z. purgermaister und .. des rats gemain der stat ze Wienn vir phunt wienner phenning geltes purkchrechtes auf des egenanten Stephans haus des Polln gelegen in der Münsserstrazz ze Wienn, da Sand Thomans chappellen inne leit› mit järlichem Dienst nach Stadtrecht. c) «Darnach mit des erbern mannes hant Niclas des Würffels ze Nusdorff z. d. z. amptman und perigmaister des chlosters unser frawen ze Newnburg ein weingarten, gelegen ze Grinczing an der Wagensperr, des ein halbes jeuch ist zenechst dem weingarten der weilent hern Antonien pharrer ze Chalenperg gewesen ist› mit järlichem Dienst nach Klosterneuburg von 3 Viertel Wein zu Bergrecht und 3 Helbling zu Vogtrecht. Die Seelenmesse soll gesprochen werden «auf sand Christoffers altar in der vorgenanten Sand Thomans cappellen, got und unser frawn und allem himmlischen her ze lob und ze ern und des vorgenanten Stephans des Polln und aller seiner vordern säligen und nachkomen selen und allen christenglaubigen selen ze hail und ze trost».

Siegler: Die beiden Aussteller, dann die Stadt mit ihrem Grundsiegel für die 4 Pfund Geld , Niclas der Würfel «für den Weingarten zu Grinzing›, endlich «Vlreich der Herwart d. z. statschreiber ze Wienn».

Datum: ... ze Wienn, ... des nachsten phinztags nach sand Bartholomes tag des heiligen zwelfboten.

Original, Pergament. Die fünf Siegel abgefallen.

1743 *1401, December 13.*

«Vlreich in dem turn purger ze Klosterneuburg und perigmaister die zeit doselbs dez edeln herren hern Eberharts von Cappell› stellt dem «Peter Angervelder pürger ze Wienn» als Kläger gegen «Hainreich Cheil von der Sittaw auf ain virtail weingarten leit doselbs ze Newnburg genant im Pache zu näst Hannsen dez Nächleins weingarten» einen Behabbrief aus, nachdem der Kläger «hern Merten hofmaister in Zedlitzer hof doselbs ze Newmburg zwai phunt wienner phenning do derselb her Mert nach dem geschäft alz Hainreich der Cheil mit im getan hat in daz benant viertail weingarten verpaut hat».

Siegler: Der Aussteller, dann «die erbern zwen mann Hainreich der Floczer ainer die zeit dez rats und Hannsen dez Plodleins pürger doselbs ze Newnburg».

Datum: ... an sand Lucein tag, ...

Original, Pergament. Mit drei Siegeln, das mittlere gebrochen.

1744 *1402, Februar 23, Wien.*

«Andre an Sand Peters freithof die zeit kelermaister in Osterreich und ... Hanns der Veltsperger die zeit des rats der stat ze Wienn» schlichten den Streit «zwischen den erbern geistleichen frawn swester Dorothen von Gutenstain zu den zeiten abbtessinn datz Sand Klarn ze Wienn und dem convent gemain daselbs an ainem tail und zwischen Oswalten[1]) § dem Reicholffen an dem andern tail von zwair emmer perkchrechts und zwair wienner phenning foitrechts geltes wegen auf einem weingart gelegen ze Grinczingen in den Pewnten». Die streitenden Theile sind hinter sie als Schiedsrichter gegangen, und zwar «die vorgenanten geistleichen frawn bei

―――――――――

[1]) «ben» auf Rasur; vgl. die folgende Note.

irr gehorsam und Oswalt der Pawch¹) mit seinem trewn». Die Entscheidung geht dahin, «das der vorgenant Oswalt der Reycholf sein erben und nachkomen» dem Kloster die Leistung zu reichen habe «und das aller versezzner dinst ab sei». Wer diesen Schiedspruch breche, «der sol voraus in den egenanten sachen allew seinew recht verloren han und dar zu vervallen sein ze geben zu dem paw hinz Sand Stephan ze Wienn zwai und dreizzig phunt wienner phenning».

Siegler: Die Aussteller.

Datum: ... ze Wienn, ... des nachsten phinztags vor Oculi in der Vasten.

Original, Pergament. Die zwei Siegel abgefallen.
Die auf die Nonnen des Claraklosters lautende Ausfertigungsformel steht auf Rasur, das vorhergehende «dem», das auf «Oswald» deutet, erklärt dieselbe.

1745 *1402, Mai 26, Wien.*

«Wolfhart Pirkner mitpurger» zu Wien und seine Hausfrau Christina (Kristeyn) bezeugen, dass ihnen Stephan, der Pfarrer zu Litschau, salzburgischer Pfleger und Amtmann in Oesterreich, «verlassen hat in desselben meins herren von Saltzburg haus ze Wienn das hynder haus» auf zwölf ganze Jahre gegen einen Jahresdienst von 5 Pfund Wiener Pfennigen «halb an sand Jörgen tag (24. April) und halb an sand Michels tag».

Siegler: Der Aussteller und «her Hanns der Strasser diezeit des rats der stat ze Wienn».

Datum: ... ze Wienn, ... des nächsten freitags nach gotes leichnam tag.

Mit zwei wohlerhaltenen Siegeln.

1746 *1402, August 30, Wien.*

«Brüder Dietreich z. d. z. prior datz den Predigern ze Wienn und der convent gemain daselbens» bezeugen, dass «frau vraw Margret Hannsen witib des Plesperger, den paiden got gnad, ...» dem Kloster «... geschafft hat iren weingarten gelegen an dem Obern Alssekk, dez zwai drittail eins jeuchs ist ze nächst Chunrats weingarten des Vorlawffs umb dreissig messe ... als dasselb geschäft vor dem rat der stat

¹) Auf Auslassung dieses Beinamens scheint mir ein Zeichen hinter dem ersten «Oswalten» hinzuweisen, das ich durch ¶ wiedergegeben habe.

ze Wienn peweist ist, als es in dem statpüch geschriben stet». Die Aussteller verpflichten sich «gegen der egenanten Plespergerynn und gegen des egenanten Hannsen irs wirts erben, die den brief innhabent» dass die dreissig Messen gelesen werden sollen «alle jar ze mittervasten, und sullen allzeit zwen herren zwen priester von den Weissen prüdern ze Wienn dabei sein, und den sol der prior datz den Predigern igleichem sechzehen wienner phenning geben». Würden die Dominikaner an dem Lesen der Messe säumig sein, «so sol der vorgenant weingarten gevallen den geistleichen herren datz den Weissen prüdern ze Wienn, die denn das vorgenant selgrêt ewikleich davon begen sullen in der weis so vorbeschaiden ist».

Siegler: Die Aussteller.

Datum: ... ze Wienn, ... des nêchsten mitichens vor sand Gilgen tag.

Original, Pergament. Die zwei Siegel abgefallen.

1747 *1403, Juni 27, Wien.*

«Jacob der Grün der maler, ... Hanns der satlêr und ... Hanns der Draser der pognêr all drei geschêft herren des geschêfts so Hanns der Reyhel dem got genad, getan hat», ferner «Hanns der Padwein und ... Margret sein hausfrow» geben bekant «umb den weingarten gelegen an der Undern Hohenwart des drew virtail sind ze nechst Dietreichs weingarten des Prenner, den der obgenant Hanns der Reyhel sêlig zu dem paw datz sand Michel ze Wyenn geleich halben geschafft hat», während die andere Hälfte, die «Margreten die Paldwein anerstorben und ang'erbt» war von ihrer «swester frawn Agnesen weilent des obgenanten Reyheleins hausfraw, der auch got genad» von den Vollstreckern verkauft wird «den erbern leuten Hannsen dem Weissen dem ledrêr und frawn Annen seiner hausfrawn und Jacoben von Sand Veyt und Agnesen seiner hausfrawn», laut Kaufbriefes, den sie «in mit des perkherrn des erbern herren hern Stephans pharrer ze Litschaw und zu den zeiten hofmaister ze Arnstorff an dem obern hof des hochwirdigen fursten des bischoff ze Salczspurg insigel besigelt» gegeben haben.

Siegler: Jacob der Grüen und Niclas der Valich, beide «diezeit des rats der stat ze Wyenn».

Datum: ... ze Wyenn, ... des mitichen vor sand Peters und sand Pauln tag der zwelifpoten.

Original, Pergament. Mit zwei Siegeln.

1748 *1404, Mai 21, Wien.*

«Gregor von Vilshofen diezeit wirt in des hochwirdigen fürsten des pischofs von Passaw haus ze Wienn» verkauft «mit des perkherren hant des erbern mannes hern Hawnolts des Schüchler zu den zeiten hofmaister ze Darnpach» seinen dem Hofe zu Dornbach berg- und vogtrechtspflichtigen Weingarten «gelegen an dem obern Alssekk des ein halbes jeuch ist ze nagst dem weingarten der weilent Mathias seling des appatekcher ist gewesen ... dem ... hern Josten Rot zu den zeiten kapplan unser frawn altar gelegen in der geistlichen frawn kloster dacz sand Jacob auf der Hulben ze Wienn» zu dem genannten Altar um 70 Pfund Wiener Pfennige «der ains und sechzig phunt herkomen sind von den achthalb phunden und dreissig phening geltes burkrechtes die der selb unser frawn altar hat gehabt auf Andres des Rysen haus gelegen pei Stubentor ze Wienn», während die restlichen 9 Pfund von Jost Rot bar bezahlt wurden.

Siegler: Der Bergherr und «Wolfhart von den Schebnicz purger ze Wienn».

Datum: ... ze Wienn, ... des mitichen in den quatembern ze phingsten.

Original, Pergament. Die Schrift vielfach abgerieben; die zwei Siegel abgefallen.

1749 *1404, Juni 27.*

«Pruder Andre Lukchner z. d. z. prior dacz den Predigern ze Wienn und der convent gemain daselbs» reversiren über die Plassbergische Stiftung von 30 Messen. Gleichlautend mit der Urkunde von 1402, August 30[1], auch was die Lage des Weinberges betrifft, und mit genauen Bestimmungen über die Termine der Messen, nämlich «dreissig mess» in dem

[1] Nr. 1746.

Dominikanerkloster «mit fünfzehen priestern ze mittervasten am suntag Letare und aber mit fünfzehen priestern des nachsten eritags nach sand Larenczentag zu iegleichen tag des abuntz mit einer vigilii und des morgens mit den egenanten fünfzehen messen und darunder ain gesungens selampt ... auch erberlich aufgestekt mit zwelf prinnenden cherzen». Die Bestimmungen bezüglich des Antheiles von zwei «Weissen prüdern» an den Messen und des Ueberganges der ganzen 30 Messen an ihr Kloster kehren auch hier wieder.

Siegler: Der Aussteller.

Datum: ... am freitag nach sand Johanstag ze sunwenden.

Original, Pergament. Die zwei Siegel abgefallen.

1750 *1405, Mai 20.*

«Paul der Gril ze Grinczing und Katrey sein hausfraw» verkaufen mit ihres «gruntherren hant des erbern herren herrn Michels des Frankchen capplan der cappeln Unser frawn und sand Johanns gelegen in der herzogen purkch ze Wienn» ihres rechten Kaufgutes ihr «haus und die hofstat weingarten daran ... zu Grinczing und ze nochst des Poltinger hof» mit «jährlichem Dienst an die Burgkapelle von 8 Wiener Pfennigen «an sand Jorgen tag ze gruntrecht»; sie verkaufen es um 48 Pfund Wiener Pfennige an Propst Gerung von St. Pölten.

Siegler: Der Grundherr, dann «Mert der Hausleyter diezeit des rats der stat ze Wienn und Mathes Jost purger daselbs».

Datum: ... ze Wienn, ... des nachsten mitichs vor sand Vrbans tag.

Cod. Ms. 174, S. 272, Nr. 460.

1751 *1406, Januar 25.*

«Barbara Pettri dez chappelan tochter, Hansen dez Panhalmen[1]) phleger zue Lobenstein hausfraw» bekennt, dass «Dibalt der Pawleitter schaffer zu Schaumberg» ihr 40 Pfund Wiener Pfennige im Namen des Grafen Her-

[1]) Dieser Name war für die Aufnahme des Regestes bestimmend, vgl. Nr. 1570, 1576, 1583 und 1685.

mann von Cilli als Heimsteuer ausgezahlt
habe.[1])

Siegler: «Vatter und wirt» der Ausstellerin.

Datum: do man zalt von Christi ge-
bürt virzehen hundert gar(!) und in dem
segsten jare, an sand Pauls tag als er bechert wart.

Original, Pergament. Mit zwei ziemlich gut erhaltenen Siegeln.

1752 *1406, März 24.*

«Fridel der jud von Wyenne Märchlein
dez juden aidem von Zell» verkauft mit der
Hand «Hannsens des Schaffer markchrichter
die zeit ze Perchtolczdorf und amptman aller
der gueter die do gehorent in die purkch
daselbens, von der edeln und hochgeborn fur-
stinn wegen frawn Beatrice herzoginn in
Osterreich» einen dahin dienstbaren Weingarten, der ihm auf eine Schuld hingegeben
war, um 36 Pfund Wiener Pfennige und
1 Gulden dem Kloster St. Pölten.

Siegler: Der Bergherr und «Hanns Pöllczl
purger und des rates ze Perichtolczdorf».

Datum: ... an unser frawn abent ze
der chundung.

Original, Pergament. Die zwei Siegel abgefallen.
— Cod. Ms. 174, S. 362, Nr. 582.

1753 *1407, Mai 9, Wien.*

«Kathrey Merten witib des Hausleiter
dem got genad convent swester in der geistleichen frawn kloster dacz Sand Chlaren ze
Wienn» gibt mit ihres «perkcherren hant
des erbern herren hern Philipps zu den zeiten
pharrèr ze Lachsendorf ... mit dem brief
der erbern geistleichen frawn swester Annen
der Schenkchinn zu den zeiten abbtessinn
und dem convent gemain» zu den bereits
früher gegebenen 100 Pfund Wiener Pfennigen ihren «weingarten gelegen ze Gun-
dramstorf an dem Wartperig und haisset der
Swentsgůt, da Jurich enmitten ain rain get,

ze nagst Vllmans des Wurffel weingarten, der
do haizzet die Grub» mit einem Jahresdienst
an die Lachsenburger Pfarre von 3 Eimern
Wein zu Bergrecht «und nicht mer».

Siegler: Für die Ausstellerin «her Hainreich von Chranichperg und ihr Vetter Jorig
von Nicolspurg die zeit des innern rates der
stat ze Wienn».

Datum: ... ze Wienn, ... des nägsten
mäntags vor dem heiligen phingst tag.

Original, Pergament. Die drei Siegel abgefallen.

1754 *1407, Mai 13.*

«Pawl der Geyr d. z. des innern rates
der stat ze Wienn, ... Andre an sand Peters-
freithof kellermaister in Österreich, ... Pawl
der Würffel und ... Chunrat der Innawèr
all drei purger ze Wienn» erklären sich als
Schiedsrichter «umb alle die krieg stözz und
misshellung die gewesen sind zwischen Micheln dem Staindel von Sand Vlreich bey
Wienn[1]) ains tails und Hannsen dem Staindel
seins pruder des andern tails» in allen ihren
Streitsachen «nur allain umb wew besigilt
brief und gruntpücher lautet die sullen bei
iren rechten beleiben») im Einverständnisse mit
den beiden Brüdern «als der hindergeng brief
sagt und lautet». Die Schiedleute sprechen
auch von erst «daz si fürbas mit einander
guet frewnd sein und pruderleich mit einander leben sullen mit worten und mit weri-
chen ...» Dann sprechen sie zu «dem
Hannsen dem Staindel aus dem acht und
virzig phunden wienner phenning, die man
in baiden mit einander schuldig beleibt ains
und virzig phunt wienner phenning die im
volgen und beleiben sullen; und sol die in
nemen und vessen vonerst von Andreynn der
Zehentnerynn fümf und zwainzig phunt, von
Petrynn des Heldynn acht phunt, und acht
phunt die da ligent auf einem haus daselbens dacz Sand Vlreich ledikchleich» —
dem vorgenanten Micheln dem Staindel auch
aus der obgenanten geltschuld siben phunt
wienner phenning die er in nemen und vessen sol von frawn Kathrein der Staindlinn

---

[1]) Eine Urkunde gleichen Inhalts, nur ausführ-
licher, haben schon früher (Stephanstag 1405, also wohl
1403) Elsbeth Ottenberger und ihr Gatte Peter Heltzen-
berger ausgestellt, die jedoch kaum irgend einen Bezug
zu Wien haben dürfte.

[1]) Das ehemalige Zaiemansbrunn, heute der Grund
nächst der Mechitharistensiedelung. Hormayr, Wien,
s. Gesch. u. s. Denkw., II, 4, S. 105.

und vier jeuch akcher und ein virtail gelegen daselbens dacz Sand Vlreich auch ledikchleich ... wekchertail under in den vorgeschriben spruch also genzlich nicht stét
hielt oder haben wolt, das der in den vorgeschriben sachen vor aus alle seine recht
ganz und gar verloren sol haben und darzu
vervallen sol sein ... dem herzogen in Osterreich fünfzig phunt und dem statrichter ze
Wienn zehen phunt und zu der prukk vor
Stubentor zehen phunt und ... igleichem
spruchmann funf phunt alles wienner phenning an alle genad».

Siegler: Die vier Spruchleute.

Datum: ... des negsten freitags vor dem
heiligen phingstag.

Original, Pergament. Die vier Siegel abgefallen.

1755 *1407, September 19, Wien.*

«Prûder Peter der Weizchoph z. d. z.
prior datz den Predigern ze Wienn und ...
der convent gemain daselbs» bekennen in Angelegenheit der Plassbergischen Stiftung «als
es in der stat püch ze Wienn zu einer ewigen gedächtnüzz geschriben stet, einen weingarten gelegen an dem Obern Alzzekk des
zwai drittail eins jeuchs ist zenéchst des
Vrbetschen séligen kinder weingarten[1] davon man jérlich dint in den hof ze Dornpach sechs und dreissig wienner phenning
ze gruntrecht und nicht mer» erhalten zu
haben, und haben sich «mit hanslen des erbern weisen hern Niclas des Weyspacher diezeit verbeser der güter die in den hof ze
Dornpach gehörent, an stat Hawnolts hern
Hawnolts des Schüchler seligen sun, den er
mit leib und mit güt innhat von kraft des
obgenanten geschéfts des vorgenanten weingartens underzogen und den ingenomen,
underziehen und innemen den mit der púrd
und beschaidenhait als hernach begriffen ist»,
In den Bestimmungen begegnet die Müg-
lichkeit, auf mehr als zwei Tage die Messe
zu vertheilen (wegen Priestermangels), dann
24 Steckkerzen statt 12 und die schon längst
üblich gewordene «aufgerichte par»; die Verfügung hinsichtlich der Carmeliter ist die-

selbe und bestimmt, wenn die Stiftung an
diese übergehen sollte, dass dann zwei Dominikaner gegen je 16 Pfennige Entlohnung
an dem Measlesen theilnehmen und wenn
das Kloster der Carmeliter am Hof der
Stiftung nicht mehr entsprechen könnte,
dieselbe wieder an die Dominikaner zurückfallen soll.

Siegler: Die Aussteller.

Datum: ... ze Wienn, ... des néch-
sten montags nach sand Lamprecht tag.

Original, Pergament. Die drei Siegel abgefallen.

1756 *1408, Mai 18, Wien.*

Herzog Ernst von Oesterreich nimmt
das Frauenkloster «Sand Larenczen hie ze
Wienn prediger ordens» in seinen Schutz
und Schirm.

Datum: ... ze Wienn, an freitag vor
dem heiligen auffarttag, ...

Original, Pergament. Siegel abgefallen.

1757 *1408, Juli 8, Ortenburg.*

Graf Friedrich von Ortenburg erklärt
sich damit einverstanden, dass seine «getrewe
Alhait Enderleins von Grinczing[2] wirtin ...,
waz si irs guts daz si mit ierem vorderm
wirt, Niklein Strasak selig hat erarbait und
auch was aber si und der egenant Enderl
zu einander bracht und erarbait habent und
noch erarbaiten halbs ierem egenanten wirt
Enderlein schüff oder geb ... ausgezogen
wes daz tochterl, daz si hat bei Niklein
Straschakch selig recht hat».

Siegler: Der Aussteller.

Datum: ... ze Ortenbúrg, an süntag
vor sand Margretten tag, ...

Original, Pergament. Mit wohl erhaltenem Siegel.

1758 *1409, März 18.*

«Katherina v. g. g. herzogin zu Osterreich etc.» nimmt ihre «getrewn andechtigen
Annam Sundacherin diezeit priorin, Kathrein
von Tirna diezeit subpriorin und das covent
daselbs zu Sand Laurenczen» in Schutz und
Schirm.

---

[1] Vgl. die Ortsbestimmung in Nr. 1746 und 1749.   [2] Ob unser Grinzing am Wienerwalde?

Datum: ... des mantags nach mitter
vasten.

Siegler: Die Ausstellerin.

Original, Pergament. Siegel abgefallen.

1759 *1409, August 15.*

Verzeichniss der zum Himmelpfortkloster
in Wien gehörigen Weingärten.

Himelporta.

Anno domini etc. zu unser liebm frawen tag der
schidung, im viii jar.

Hie sind vermerckt all unser weingarten die da
gehörnt zu unserm kloster zu denn Himelporten.

Item wie gros si in der mass sein

Item wo si ligen.

Item vom erst die weingart die wir selbs pawn
wie si paut sein und welich öd sein.

Grincring.

Item des Lambß ist tridhalb jeuch und ist kaum
halbm weg pawt.

Item den Greiffen ist ain jeuch, ist kaum halbm
weg pawt.

Item des Oller ist ain halbs jeuch, kaum halbm
weg pawt.

Item Clemennt ist ain halbs jeuch in slechten
mittern pau.

Item des Weidnner ist fünf achtail, ist auch schir
ganz verdarm von dem ungewitter und ist kaum halbm
weg pawt.

Item ain bofstat der ain virtail ist, die ist auch
nicht recht paut.

Item die obgemelt weingart ligen all zu Grinczing und ist darauf gestift vi ewig jartag.

Suffring.

Item zu Suffring fünf virtail genant der Heiter,
ist auch kaum halbm weg pawt.

Nusdarff.

Item zu Nusdarff bei nidn in der ebm ain jeuch
genant der Stainpuchel, ist auch nicht recht paut.

Item aber zu Nusdarff ain halbe jeuch genant der
Snäckel, ist nachent als öd.

Item auf die dalgen zwen weingarten zu Nusdarff,
sind gestift zwen ewig jar tag in unserm kloster und
zum ß ewigs geit das wir hie aus musten gebn umb
drei ewig jartag.

Perchtoltstarff.

Item ain jeuch genant das Greitt, ist auch kaum
halbm weg paut.

Item aber zu Perchtoltstarff drew virtail im Lim-
perg, ist auch kaum halbm weg paut.

Item aber zu Perchtoltstarff iii virtail im Fienner,
ist auch nicht recht paut.

Item auf die pemeltn weingarten zu Perchtotstarff
sind auch gestift zwen ewig jartag.

Die weingarten hie umb.

Item im Sacz hinder Mäczelstarff ain halbe jeuch
ist auch nicht gar paut.

Item am Wienner Perig inn Muerren ain halbe jeuch,
ist ain halbm weg paut, darauf gestift ain ewiger jartag.

Item pei Meidling ain trittail ains jeuch genant der
Schuster, ligt in mittern paw.

Item in der Langen Mas vor Widmer thor iii viertail, ist auch in slechtem mittern paw, auch darauf gestift ain ewiger jartag.

Item in der Hirnpent ain jeuch, auch kaum halbm
weg pawt, darauf gestift ain ewiger jartag.

Item in Twerchlissn fünf achtail kaum halbm
weg pawt.

Item in der Sacz im Gries viii virtail kaum halbm
weg pawt, darauf gestift ain ewiger jartag und zwo
ewig mess all wochen und ain ewigs liecht.

Item im Mitterall ain halbs jeuch genant der
Vaaziecher, ist achter ganz öd.

Item zu Alss tridthalb jeuch genant die Paut, ist
nachent als öd, und darauf gestift ain ewiger jartag.

Item zu Sand Vlreich in den zwain Lerchvelden,
der paider fünf viertail ist, nachent ganz öd.

Item im Sacz in der Plaich ain virtail, ist auch
schir nachent öd.

Item zu Neidling im Mülueld ain halbs jeuch, ist
nicht halbm weg paut.

Summa der weingartn die wir selbs pawn sind
xxi jeuch und iii achtail und darunter sind xxxv virtail
derfrorn und verdarm von dem ungewitter.

Item die obgemeltn weingartn die wir selber pawn,
hab wir weder stickhen noch grueben noch stossn recht
pawn mogen, ursach unser grossen armuet halbm.

Al paw wegen f. xx tal. ß.

Hie sind vermerkt all unser weingarto die wir zu halb
paw hie habm lassn.

Item wie gros si sein in der mass.

Item und wo si ligen.

Item welich pawt und öd sein und frei abpaws
halbm.

Item man geit uns allreg den iv. emer most zu
halb paw.

Grintzing.

Item von ainem halbn jeuch gelegen im Sand
in der ebm, zwen emer most.

Item aber ain halbe jeuch gelegen daselba im Sand,
frei abpaws halbm, und auf die dalgen zwai halbm jeuch,
gestift ain ewiger jartag.

Item aber ain halbe jeuch gelegen in Schreibern
in der ebm, ii emer most.

Item aber ain tridtail ains jeuchs auch in Schrei-
bernn, frei abpaws halbm.

Item iii virtail im Sandtlein, frei abpaut halbm.

Item ain bofstatt, der ain viertail ist auch nachent
genug öd.

Nusdarff.

Item ain halbe jeuch gelegen in der Weissen
Lewtn, ist ganz öd.

21*

Kraczendurff.

Item ain jeuch, ist kaum halbm weg pawt, v emer most.

Kalbnperg.

Item am Kalbnperg ain tridtail aus ainem jeuch, genant der Marschaich, den hat das waser vast hinprochen und frei abpaus halbm.

Süffring.

Item zu Süffring vi viertail genant der Hochgernn, v emer most.

Gunderstarff.

Item zu Gundersperg vi viertail genant der Pelgelpockh, iii emer most.

Gumplskyrchen.

Item zu Gumplskirchen ain halba jeuch genant der Tüllnicretsch, frei abpaus halbm.

Pfaffstetten.

Item zu Pfaffstetten ain viertail genant der Sälkere, ist nachent öd.

Perchtoltstarff, Prunn, Medling.

Item zu Perchtoltstarff iii rachel in der Viechparcz ii emer most.

Item anderthalb rachel in der Twerchgwanntn ⅜ emer.

Item zu Prunn zwai rähel im Perbestal genant der Stareiner, 1½ emer most.

Item aber zwai rähel genant in Möslein, 1½ emer most.

Item ain rähel genant im Wienaweg, ain virtail most.

Item ain rahel genant in Taschaner, ain virtail most.

Item aber zwai rahel genant im Zuckhenmantel, ist ganz öd.

Medling.

Item zu Medling ain halba jeuch hinder Enczelstarff, genant der Oller, 1½ emer most.

Hochenwardt.

Item zu Hochenwart fusf virtail genant der Gnimbärtel, iii emer most.

Poczelstarffer.

Item ain halba jeuch genant der Poczelstarffer, i emer most.

Atterkryan.

Item ain halba jeuch zu Atterkryna, frei etliche jar abpaus halbm.

Die weingartn, die wier zu halbpaw haben hinlassen hie umben ligen.

Item 1½ viertail in Geussn vor Stubmtor, i emer most.

Item in der Schelten pei der Hunczmüll ain achttail, 1½ emer most.

Item vor Widmertor ain viertail genant die Kelberspant, ist nachent öd.

Item an der Hochen Wart ain jeuch genant das Kranem, ist ganz öd.

Waring.

Item zu Waring genant im Mitternsperg ain jeuch, ist auch öd.

Item aber zu Waring ain tridtail aus ainem jeuch, genant im Göczlsperg, ist auch öd.

Item aber ain virtail im Geuss vor Stubmtor, frei abpaus halbm.

Summa in den obgeschriben weingarten allen die wier selber pawn ist uns jecz, im viii jar, warn mitsambt dem halbpaw pei xx treiling.

Item von den obgeschriben weingarten allen die wir pawn und zu halbpaw haben lassn, muessn wir alle jar von wegen der stift so dar auf sind den priestern raichen pei lxxxii ℔ ₰, ausserhalb der gestiften jartag so wir selbe ausrichten in unserm gotshaus die vorgemalt sind.

Halbpaw weingarten xvi jeuch etlich viertl, auis joch gerailt drill vi emer ℔ i111 ₰.

Summa xvi tal ₰.

Grundtinst.

Item von iii viertail weingartn vor Stubmtor zu grundtinst v ℔ xv ₰.

Item aber ia virtail weingarten daselbe, sind ganz öd und nemen nichcz davon in.

Item aber ain weingarto zu Prunn, ist ganz öd, davon man uns grundtinst scholt gebm und gelt uns nichcz davoen.

Lanndtstrass.

Item von heumern in der Lanndtrass, die da paw völlig und abprunnen sein, v ℔ und xx ₰.

Item ain haus in der Pruenluckhen nemb wir auch nichcz davon in, und ist ganz pawvellig.

Grüffting.

Item vom Grüffting zwain weingartn grundtinst xl ₰.

Purchveld.

Item vom Purchveld zu grundtinst xxv ₰.

Zina.

Item von zwain fleischpenken hie am Liechtnsteg von ainer 2½ ℔ von der andern 12 ℔.

Klewbhoff.

Item von ainem Klewbhoff am Nidern Gries iu ℔.

Item von unser müll gelegen pei dem Paradeis, hingelassen ain jar umb viii ℔.

Wisn.

Item von zwain wisn im Wiennerwalt zu Salmonstarff, der ain ist ii tagwerch der andern iui, hab wir hin gelassen umb xii ₰.

Purkrecht.

Item von ainem haus und metheller am Lichtnsteg gibt man uns viii ℔.

Hulda.

Item zu Kunigspruna geit man uns pei ixi rocen korn und xii ₰ ₰, davon gibt man wider hinaus dem schefiman von dem trait zu furen vii ₰.

Item fur ain weinzechent daselbz zu Kunigsprunn gibt man uns vi ß und habn auch sunst kain zechent nicht, weder wein noch traid noch gar nichcz.

Item von Hoffeln geit man uns nichcz, ist abprunnen und ist ganz öd.

Item die daigen obgemelten gucter zu Kunigsprunn und Hoffein gehorad zu ainem ewigen jartag der darauf gestift ist und zu ainer ewigen wochenlichen mes.

Item zu Malapirpawm dint man uns pei xii mezn waicz und iii ß ₰.

Item zu Symouekd dint man uns pei x meczn waicz.

Item zu Aladläfflechen und Zuspach dint man uns iii ℔, ist ganz öd und perwürt mit der vogtrei von dem Priescheuck.

Item zu Masswert dint man uns lxx ₰.

Item der obgeschribn huklin alles mocht wir nit geniezzn umb i ₰ zu der siewr und auslag, wann al all unter andern herrn sein.

Summa pheninggult xliii tal. i ₰.

Summa des register lxxiiii tal. i ₰.

Original, Pergament in Heftform.

1760 *1410, Mai 4.*

«Steffan chaplan unser frawn kappelln ze Tyrnstein» verkauft «mit gunst und willen des edeln herren herrn Otten von Meissaw obristen marsch. und obristem schenken in Osterrich» seines Lehensherrn: 1. seinen «ledigen und unverkumerten weingarten gelegen zu Nusdörf inderhalbe der Heiligen stat, in dem Chirchpach, genant die Leitten ze nagste des von Puchhaym weingarten an ainem tail, und ze Seidleins des Lägenwein weingarten an dem andern tail» freies Eigen, «davon man järleich nichts dint»; 2. «zwai phunt wienner phening gelts ... daselbs zu Nusdorf auf ainem hause darauf iecz siczt Janns Preschel» mit jährlichem Dienst von 1 Pfund zu Georgi und 1 Pfund zu Michaeli an seine Kirche «zu rechten gruntdinst», ist auch freies Eigen. Er verkauft dies Alles «Thoman dem Felber purger ze Wienne».

Siegler: Der Aussteller und sein Lehensherr.

Datum: ... an suntag nach Philippi und Jacobi der heiligen zwelifboten.

Original, Pergament. Die zwei Siegel abgefallen.

1761 *1410, August 29, Wien.*

Herzog Leopold IV. nimmt das Frauenkloster «Sand Laurenczen hie ze Wienn prediger ordens» in seinen Schutz und Schirm.

Datum: ... ze Wienn, an freitag nach sant Augustins tag, ...

Original, Pergament. Siegel abgefallen.

Hormayr, a. a. O., II, 1. Urkundenbuch, XIII, Nr. CCIII.

1762 *1411, Mai 22, Baden im Aargau.*

Graf Rudolf von Sulz verkauft dem Herzog Friedrich von Oesterreich sein Haus zu Wien auf dem Kienmarkt um 2000 Gulden, die er richtig empfangen hat.

Alte Abschrift nach Rep. VI des k. und k. Haus-, Hof- und Staatsarchivs.

1763 *1411, August 1, Wien.*

Bischof Georg von Passau verbietet anlässlich einer Beschwerde des Laurenzerinnenklosters zu Wien «ordinis Predicatorum» dem Dominikanerorden jegliche Uebergriffe gegen dieses Kloster.

Siegler: Der Bischof.

Datum: ... Wyenne, 1ª die mensis augusti, anno domini millesimo quadringentesimo undecimo.

Original, Pergament. Siegel abgefallen.

1764 *1412, Januar 31.*

«Andre der Suezz diezeit Chunrats des Hokzleins purger ze Wienn wechsler» verkauft mit seines Bergherrn Hand «Andres des Risen burger ze Wienn» einen Weingarten «ze Grinczing in dem Lanngen Lussen des funf virtail sind und haizzet der Slussler zenechst Niclas weingarten des Stainer an aim tail und zenechst der wisen chinder von Newnburg an dem andern tail» mit jährlichem Dienst «Andren dem Rizzen» 1 Eimer zu Bergrecht und 1 Pfennig zu Vogtrecht «und der pharkirchen dacz der Heiligenstat ain halbs phunt phenning fur den zehent und nicht mer» an den Propst Stephan von St. Pölten.

Siegler: Der Bergherr, «dann Seifried der Schekke ze Nusdorf und Weynreich zu der Heiligenstat».

Datum: ... an suntag als man singet Circumdederunt.

Cod. Nr. 174, S. 273, Nr. 461.

1765 *1412, März 17, Wien.*

Herzog Albrecht V. nimmt das Frauenkloster «Sant Laurenczen hie ze Wienn prediger ordens» in seinen Schutz und Schirm.

Datum: ... Wienn, an phinztag vor Judica in der vasten, ...

Original, Pergament. Siegel abgefallen. Formel wie in Nr. 1756 und 1761.

1766 *1413, Februar 20, Wien.*

«Hanns der Mosprunner ... Paul der Geyr und ... Chlaus Prewzz», alle drei Mitglieder des Rathes der Stadt Wien, beglaubigen die Abschrift des Theilbriefes von 1362, October 31'), welchen «Oettl der Pléntinger, Erhart der Chéfringer, sein vetter, und Chünigund die Gnewntingerinn, ir paider muem aneinander gegeben habent».

Datum: ... ze Wienn, ... des nächsten montags vor sand Matheus tag der zwelifpoten.

Original, Pergament. Die drei Siegel abgefallen.

1767 *1413, December 18, Wien.*

«Brueder Hanns von Passau z. d. z. prior dacz den Predigern hie zu Wyenn und der convent» erklären ihren Entschluss, fürder weder in geistlichen noch in weltlichen Dingen mit «swester Annen der Smydacherinn z. d. z. priorin zu Sant Larenczen hie ze Wyenn und dem ganzen convent» etwas schaffen zu wollen und dass jede Verbindung zwischen den beiden Klöstern für alle Zukunft gelöst sei.

Siegler: Die Aussteller.

Datum: ... zu Wyenn, ... an mentag vor Sant Thamans tag des heiligen zwelifpoten.

Original, Pergament. Die zwei Siegel abgefallen.

1768 *1414, März 30, Wien.*

Vor «Michel den Molter ze Praytensee d. z. pergmaister der erbern geistlichen frawn dacz sand Chlarn ze Wien» kam, da er «sas an offem gericht, Gedl der jud Schéfleins des juden sun ze Wienn» um eine Schuld auf «Andrea des Sneider seligen an dem Chol-

¹) Siehe oben Nr. 1710.

markcht ze Wienn weingarten gelegen ze Praitensee in Gern, des ein halbs jeuch ist, zenéchst Jacobs des Sollsneider weingarten» davon man dem Kloster jährlich 60 Wiener Pfennige für Bergrecht und Zehent und 3 Pfennige zu Vogtrecht dient, «umb sein geltschuld die im der egenant Andre der sneider seliger schuldig ist haubtguet und gesuech, dafur er im denselben weingarten ze phant gesaczt hat, als es in der egenanten meiner frawn gruntpuech geschriben stet, und chlagt darumb auf denselben weingarten nach desselben gruntpuechs sag». Darüber wurde «den erbern leuten maister Christan Vrowm, Hawgen dem Chürsnér und Michein dem Platnér, des obgenanten Andres des Sneider seligen geschéftherren» eine Verkündigung zugestellt «ob si den vorgenanten weingarten verantwurten oder losen wolten», was nicht geschah, daher der Weingarten dem Juden zugesprochen wurde.

Siegler: «mit der perkchfrawn der erbern geistleichen frawn swester Johanna der Stuchsinn von Trawtmanstorf abtessinn dacz Sand Chlarn ze Wienn anhang. insigel».

Datum: ... ze Wienn, ... des nechsten freitags vor dem Palmtag.

Original, Pergament. Siegel abgefallen.

1769 *1414, Mai 19.*

«Andre Ötzenstorffer purger ze Wienn und ... Dorothea sein hausfraw» verkaufen dem Stifte St. Pölten einen Getreidezehent «under dem Schiltperg», den des Ausstellers verstorbener «swcher Niclas von Penning» innegehabt und der Dorothea gegeben hat.

Siegler: Ulrich der Ledrer, Stadtrichter zu St. Pölten, Erasmus der Hunger und Peter der Künter, Bürger daselbst.

Datum: ... am samtag nach dem heiligen auffertag.

Cod. Ms. 174, S. 332, Nr. 547.

1770 *1414, Juli 19, Wien.*

«Jorig der Grunpekch und ... Hanns der kaufman diezeit baid des rats der stat zu Wienn» veröffentlichen das Ergebniss einer Beaugenscheinigung, die vorgenommen wurde auf Veranlassung des «Andre der geistleichen frawn hinz sand Klarn schaffer ... umb zwo rinnen die ab Vlreichs Hannsen des Zechentner sun huss in der ... frawn hinz sand Klarn garten giengen und umb die dach tropffen die ab demselben haus und auch ab den andern heusern, die an den egenanten garten stossent in denselben garten vielent, davon in grosser schad aufferstanden wer, wann in ain grueb ains privets davon ingevallen wer». Die Aussteller, mit der Augenscheinnahme betraut, nehmen als Sachverständige die zwei «werichmann maister Vlreich den Warnhover den stainmeczen und maister Herman den zimerman» und verfügen Abstellung des Sachverhaltes, so dass «alle die dew die egenanten heuser die an irn garten stossent inhabent und besiczent, ir wasser ausfuern und auslaiten sullen».

Siegler: Der Aussteller.

Datum: ... ze Wienn, des nachsten phincztags vor sand Jacobs tag, ...

Original, Pergament. Die zwei Siegel abgefallen.

1771 *1414, August 18.*

«Brueder Hanns der Nürnperger zu den zeiten landcomentewr Dewtschenherren ordens in Österreich und ... brueder Michel zu den zeiten comentewr des hauses datz dem Dewtschen haus ze Wienn und ... die bruederschaft gemainkleich daselbs» geben tauschweise der «geistleichen frawn swester Magdalen von Schertfenberkch z. d. z. abttessinn» und dem Convent zu St. Clara zu Wien «vier und zwainzig wienner phenning geltes gruntrechts ... auf ainem haus gelegen ze Grinczing daz weilent Oswalts des Schönndl seligen gewesen ist», wogegen ihnen das Kloster «sechzehen wienner phening geltes gruntrechts und perkchrechts ... die gelegen sind auf Stephans des Chrepphl ze Grinczing hofstat weingarten und darnach sechsthalben phenning geltes auf ainem weingarten gelegen in der pewnt ob des tuerns», bisher Ordensdienst an das Kloster, «und drei helbling und ein ort auf Hannsen des Ziernast weingarten, auch gelegen in der Pewnt des ein viertail ist», gegeben hat.

Siegler: Der erste Aussteller mit dem Amtssiegel und das Deutsche Haus zu Wien.

Datum: ... des nächsten samstags vor sand Pertlmes tag.

Original, Pergament. Die zwei Siegel abgefallen.

1772 *1414, December 21, Wien.*

«Niclas der Pehem ze Grinczing», als der von «Paul von Ysper daselbs ze Grinczing diezeit ambtman der erbern geistleichen frawn von Sand Chlarn ze Wienn an seiner stat ze richter und ambtman» Niedergesetzte, gibt eben dem vor ihm als Kläger anstatt des Clarenklosters erschienenen Paul von Ysper gegen «Jacob den Lancz», der einen stiftlichen Weingarten «gelegen in dem Chirichgraben zwischen den wegen, des ain viertail ist, zenechst Thomans des Schöndl seligen vitiben weingarten, des die egenanten geistlichen frawen zu Sand Klarn ze Wien selber recht perkfrawn sind», ohne Recht inne hat und das Bergrecht von 7 Wiener Pfennigen nicht dient. Der Beklagte war aufgefordert worden, sein allfälliges Recht zu begründen, erschien aber nicht, weshalb der Weinberg dem Stifte zugesprochen wird.

Siegler: Hainreich der Schepech burger ze Wienn.

Datum: ... ze Wienn, ... an sand Thomans tag des zwelif poten.

Original, Pergament. Siegel abgefallen.

1773 *1416, Januar 27, Wien.*

Herzog Albrecht V. entscheidet mittelst Gerichtsbrief den Streit «so die priorinn zu den Himelporten hie zu Wienn ains tails und unser getrewr Chünrat der Mer des andern von wegen der lehenschaft des alters der heiligen drei kunig daselbs zu den Himelparten gelegen» längere Zeit geführt haben. Hiebei hatte sich die Priorin auf einen Schenkungsbrief des «weilent Jörg der Mer» berufen, wogegen Conrad geltend gemacht, «seid der brief den Jörg der Mer dem ieczgenanten goczhaus geben hiet, nur mit ainem insigl besiglt wer, daz der dann nach dem landsrechten dhain kraft nicht haben solt». Der Herzog, auf den beide Theile compromittiren, entscheidet zu Gunsten des Klosters.

Datum: ... zu Wienn, an mentag nach sant Pauls tag der bekerung, ...

1774 *1416, April 13, Wien.*

«Rûdolf der Angervelder z. d. z. burger-
maistêr und münssmaister und der rat gemain
der stat ze Wienn» machen bekannt, aus
dem Streite zwischen «Fridrich Dewtschan
und Stephan Fleischhakchêr an îrselbs und
an irêr miterben stat an aim tail, ... wie
ir vetêr mit dem si geswistreidenickel gewesen
wern Conrad der Gukkenhauht vor zeiten
wêr abgegangen mit dem tod und hiet geschafft seiner swestêr Elspeten seinen weingarten gelegen zû Mewrling genant der Rettn-
pelcz, des drew rêhel sind zenêchst Hansen
weingarten des Prûnnêr zu îrn lebtêgen, und
nach irm tod solt er ledikleich herwider erben
und gevallen auf sein nachst erben, darauf er
denn ze recht erben und gevallen solt als
dasselb geschêft zû ainêr gedêchtnüss im ...
statpûch geschriben stêt». Nach Elsbeths
Tode nun «mainten si und wolten daz si
den ... weingarten von ... irs vetêrs wegen
erben solten». Da meldete «Hans der Schaffswol» Ansprüche an «und sprach daz die ...
Elspet des Gukkenhaubts swestêr allêr irer
rechten» auf den Weingarten «abgetreten hiet
gegen seiner hausfrâwn Annen, die weilent
Petern den Olm auch eleichen gehabt hiet,
die zu den zeiten desselben Gukkenhaubts
nachster erb gewesen wer seins bruders
tochtêr Leben des Ainschüss, als es des aus
des brobst grûntpûch von Newburg klostêr-
halben ein besigelte zedel fûr ... bracht.
Nu hiet im dieselb sein hausfraw Ann den
egenanten weingarten geschafft, in sôlher weis
daz er ainen jartag damit begen solt mit
ainem phund phening sein lebtêg zu den
Weissen brûdern; und wenn er abgieng mit
dem tod, so solten dieselben drew rêhel den
egenanten Weissenbrûdern gevallen und solten
den jartag jêrleich davon begen mit vigili
und slambten, als dasselb geschêft im ...
statpûch geschriben stet.» Der längere Zeit
geführte Streit wurde endlich vor das Schiedsgericht gebracht, das sich also aussprach:
«Seind die vorgenant Elspet des Gukken-
haupts swester irr rechten die si an dem
benanten weingarten gehabt hat, gegen der
vorgenanten Annen der Schaffswolin des Guk-

kenhaubts brudêr tochtêr, die zu den zeiten
sein nachster erb gewesen ist, abgetreten hat,
und dieselb Ann denselben weingarten irm
wirt dem benanten Hansen dem Schaffswol
geschafft hat, als ... statpûche laut, bei demselben geschêft sûll es mit einhaltung aller
seiner wort genzlich beleiben».

Siegler: Die Stadt mit ihrem kleinen
Siegel.

Datum: ... ze Wienn, ... des nachsten montags nach dem heiligen Palmtag
in der vasten.

Original, Pergament. Siegel abgefallen.

1775 *1416, August 19, Wien.*

«Hanns Ekcherl purger ze Wienn» verkauft «mit handen des erbern weisen hern
Ruedolfs des Angervelder purgermaister ze
Wienn und münssmaister in Österreich ...»
seinen um «ledigs varund guet» erworbenen
garten und stadl und was darzue gehôret,
gelegen in dem Werd gegen dem Ratentûrn
ze Wienn ûber zenêchst Hannsen des Ofner
haus» mit jährlichem Dienst «in das purgermaister ambt ze Wienn siben und zwainzig
wienner phenning ze drein têgen ze gruntrecht, und in der purger spital vor Kêrnertor
ze Wienn ain phunt air an sand Jacobs tag
ze purkchrecht und nicht mer». Er verkauft
ihn «umb vierzigk phunt wienner phenning
... dem erbern mann Stephann dem Swar-
czen purger ze Wienn ... als gruntrechts
recht ist und der stat recht ze Wienn».

Siegler: Der Bürgermeister und «Dietreich der Etzenfelder diezeit des rats der stat
ze Wienn».

Datum: ... ze Wienn, an mittichen vor
sand Pêrtlmes tag des zwelfpoten, ...

Original, Pergament. Die zwei Siegel abgefallen.

1776 *1417, Februar 8, Wien.*

«Jörg Pekch ze Prunn ... ambtman der
... frawn dacz Sand Chlarn ze Wienn» bezeugt, dass «Sueaman der jud ze Wienn der
Josepphinn aidem» geklagt hat «auf Jacobs
des Tuenawer seligen und frawn Elsbethen
seiner hausfrawn weingarten gelegen ze Prunn
am Stainfeld, des dritthalb gwanten ist zenêgst
Hainreichs des fragnêr weingarten» wegen

einer verbrieften Geldschuld der Tunaue-
rischen Eheleute, weshalb dem Kläger der
Weingarten überantwortet wird.

Siegler: Die oberste Grundfrau «swester
Dorothe von Guetenstain», Aebtissin von
St. Clara.

Datum: ... an mantag nach sand Dorothea tag, ...

Original, Pergament. Siegel abgefallen.

1777 *1417, Mai 17, Wien.*

«Paul von Ysper ze Grinczing ... nider
gesaczt ... als ain ambtman» des St. Claren
Klosters, nimmt «an offem gericht» des Klägers Niclas des Pehem «daselbs ze Grinczing,
diezeit ambtman» des vorgenannten Klosters,
Klage entgegen «auf Hannsen des Gluet-
schancz haus und dew hofstat weingarten daran gelegen daselbs ze Grinczing zenägst
Chunrats des Schuester haus, des die egenanten geistleichen frawn recht gruntfrawn und
perkchfrawn sind, umb zwai phunt wienner
phening versezzens purkrechts ... und umb
vier emmer weins versezzens dienstes ...»
Der Beklagte, zur Verantwortung aufgefordert, erscheint nicht; die ungenannten Vierer
schätzen Haus und Hof auf «vierundzwainzig phunt wienner phening», worauf die
Einantwortung an den Kläger und die
Ausstellung des Gerichtsbriefes erfolgt.

Siegler: «Hainrich der Scheppach und
Hanns der Zyrnast beid purger ze Wienn».

Datum: ... ze Wienn, an mantag nach
sand Pangreczen tag, ...

Original, Pergament. Die zwei Siegel abgefallen.

1778 *1419, März 27, Wien.*

«Niclas Pehem ze Grinczing z. d. z. ambtman der ... geistleichen frawn dacz Sand
Klarn ze Wienn» stellte einen Gerichtsbrief
aus, dass «fraw Anna maister Chunrads des
Smyd in der Laimgrüb hausfraw vor Widmertor ze Wienn» geklagt hat «auf ainen
weingarten den ir fraw Kathrey die Fruc-
stuckkerinn selligen ir müter» vermacht hat,
wie sie «vor dem erbern rat der stat ze
Newnburg klosterhalben mit frumen erbern
leuten Seyfriden dem Lamp und Petern dem
Smyd baid purger daselbs ze Newnburg be-

weist und bracht hat, als es in derselben
statpuch ze Newnburg geschriben stet, und
leit derselb weingarten ze Grinczing in dem
Kirchgraben niderhalb des dorfs, des ein achtail ist zenechst Hansen des Fuchspergen
weingarten, davon man jerlich dint ... dacz
Sand Klarn ze Wienn ainen wienner phenningen an sand Michels tag ze gruntrecht, darumb ir ir swestern des Gmöchleins hausfraw
daselbs ze Newnburg zuegesprochen hat und
darumb si ainer urtail vor dem rechten wider die obgenanten frawn Anna die Smy-
dinn ir swester gedingt het, und der selben
urtail si saumig und pruch warden ist». Es
erfolgt Zuspruch des Weinberges an die
Schmiedin.

Siegler: «Swester Dorothea von Güten-
stain z. d. z. abtessin ... dacz sand Chlarn
ze Wienn».

Datum: ... ze Wienn, an montag vor
dem suntag als man singt Judica in der
vasten, ...

Original, Pergament. Siegel abgefallen.

1779 *1419, Juli 10, Wien.*

«Prüder Hainreich von Nürnberg zu den
zeiten prior des chlosters unser Frawen brüder
ordens von dem perg Carmelo gelegen an
des herzogen hof ze Wienn» und der Convent daselbst, denen «Hainreich der Vnbeschaiden ... zehen schilling wienner phening geltes purkrechts, die er gehabt hat
auf Niclas des Hamawsch und frawn Annen
swiner hausfrawn garten gelegen im Werd gegen dem Rotenturn über ze Wienn nach des
briefs sag der darumb ist» zugeeignet hat,
verpflichten sich zu jährlicher Leistung eines
Jahrtages in ihrem Gotteshause «an sand
Symans und sand Jude tag der zwelfboten
oder in den negsten achttagen vor oder hinnach des nachts mit ainer gesungen vigily
... und des morgens mit ainem gesungen
selambt: beides «mit aufgerichter par und
mit zwelf prinunder steckcherzen darunder».
Bei Unterlassung dieses Jahrtages haben sie
jedesmal «in der burger spital vor Kernertor
ze Wienn ain halbs phunt phennig» zu
laisten, ohne darum ihrer Verpflichtung quitt
zu sein. Der Jahrtag ist dem Seelenheil «des

obgenanten Hainreichs des Vnbeschaiden, Margreten seiner hausfrawn und Agnesen Kristans des Chramer seligen hausfrawn» und all ihren Vordern und Nachkommen gewidmet.

Siegler: Die Aussteller.

Datum: ... ze Wienn, an mantag vor sand Margreten tag, ...

Original, Pergament. Die zwei Siegel abgefallen.

1780 *1421, Mai 26, Wien.*

«Maister Perichtold von Pasel d. z. ... Albrechts herzogen ze Osterreich etc. ... pücharzt» hat mit der «hand Symons des Slacher ze Obern Süfring zu den zeiten des edln hern Jorgen von Rukchendorf pergmaister ... gemacht und geschafft» zu seinem und seiner Nachkommen Seelenheil einen «weingarten gelegen ze Nydern Süfring des ein ganz jeuch ist an dem Hörnsperg zenegst weilent Wolfgangs des Purkchartsperger weingarten und haisset der Weindl, davon man dint dem vorgenanten hern Jorgen von Rukchendorf alle jare drei emmer weins ze perkrecht und drei phening ze voitrecht und nicht mer, ... bruder Hannsen von Mellenstat d. z. prior und dem convent gemain des klosters unser frawn prüder an der herzogen Hof ze Wienn des ordens von dem perg Carmelo» in der Weise, dass Schenker und seine Frau «fraw Margreth» den Weinberg zu Leibgeding nützen, nach ihrem Tode derselbe jedoch dem Kloster zufallen soll «zu pesrung der stift der ewigen mess ... auf sand Annen altär in irem kloster».

Siegler: Der Aussteller und der Bergherr.

Datum: ... ze Wienn, an montag nach sand Vrbans tag, ...

Original, Pergament. Die zwei Siegel abgefallen.

1781 *1422, August 16, Viconari bei Tibur.*

Papst Martin V. beauftragt den Propst von St. Stephan zu Wien, die Bitte der Laurenzerinnen zu Wien zu untersuchen, die wegen früherer Belästigung seitens des dortigen Dominikanerpriors und -Convents «visitationis et gubernacionis eorum pretextu» und dann auf Verwendung des Bischofs Georg von Passau und des Herzogs Albrecht V.

von Oesterreich erfolgen Verzichtes der letzteren, nunmehr die Oberhoheit des Bischofs in spiritualibus und des Herzogs in temporalibus erwünschen.

Datum Viconari Tiburtine diocesis, XVII kal. septembris, pontificatus nostri anno quinto.

Transsumt in Nr. 1765 von 1424, Juni 20.

1782 *1422, November 10, Wien.*

Erzbischof Eberhard IV.) von Salzburg ertheilt in der Absicht, das «domus peregrinorum in opido Wyennensi Pataviensis diocesis, nostre provincie», welches von der Elisabeth Portenawerinn «pro recepcione fidelium peregrinorum et pauperum» neu errichtet ist, zu unterstützen, einen 40 tägigen Ablass allen, die «pias elemosinas et manus porrexerint adiuvatrices» die mildthätig beisteuern und hilfreiche Hand ans Werk legen.

Siegler nicht erwähnt.

Datum in dicto opido Wiennensi, mensis novembris die decima, anno domini millesimo quadringentesimo vicesimo secundo.

Original, Pergament. Siegel abgefallen.

1783 *1422, December 19, Wien.*

«Allex Schernhaymer und ... Ulreich von Meczleinstorf baid diezeit des rates der stat ze Wienn bekennen, das für den vorgenanten rate komen Hanns und Symon gebrüder die Staindl, Michels des Staindls seligen sün und Kathrei des benanten Michels Staindl witib ir müter und baten ...» dass sie ihnen Mitglieder des Rathes «geben ze tailern zu dem haus», das ihres Vaters, beziehungsweise Gatten gewesen ist «und das er in miteinander in geleichen tail geschafft hat ... das gelegen ist bei Sant Michel in der Schaufellukchen ze Wienn zenegst Michels des wuntarzt haus an ainem tail und an dem andern tail zenegst dem haus das desselben Michels Staindlein auch gewesen ist». Die Aussteller, zu Theilern erkoren, haben «getailt nach rate der zwair werchmann maister Vlreichs Warnhover der stainmeczen und maister Wenczlas des zimermans». Sonach ist dem älteren Sohn «mit los gevallen ... der erst tail des egenanten hauss; darzü sol gehörn der keller halber zenegst Micheln wuntarzt der under und der ober mitsambt dem kemerlein das darin stet, . . ., das fürheüsel halbs zenegst dem wuntarzt, . . . die stuben halbe da der ofen inn stet und die kemnaten da man in dem obern müshaus inget bei der verslagen kamer, und davon sol er . . . seinem bruder zu dem hernachbenanten seinem tail zu aufschacz geben zwai pfunt wienner pfennig der swarzen münss. Daentgegen ist auch mit furzicht und los gevallen der vorgenanten Kathrein der ander tail des beoanten hauss: darzü sol gehoren der ander tail des kellers als es denn aus gezaigt ist unden und oben, . . . das verslagen kemerl bei dem ingang in dem undern müshaus zenegst dem haus das des obgenanten Michels Staindl gewesen ist, und der ander tail der stuben und die kemnaten zenegst derselben stuben, und davon sol si irm sun dem Symon zu dem hernach benanten seinem tail zu aufschacz geben zwai pfunt pfening der swarzen münss». Endlich ist «mit furzicht und los gevallen dem . . . Symon der drit tail des obgenanten haus: darzu sol gehoren die ausgeslagen kamer in dem mittern mushaus die kemnaten darob und die zwo kämer nebeneinander daengegen uber und das terrhaus darob mitsambt dem dach. Item so sind das die gemainn stuck die dem ersten und dem andern tail gmain sullen sein: baid tür in die obgenanten zwen keller ze schenkchen und zichen, der ofen, die stubtür in die egenant stuben. Item so sind das die gemainn stukch die allen drein tailen gemain sullen sein: die haustür, der gang, all stieg und baide müsheüs, das secret und das dachwerch mitsambt der rinnen, Auch mag . . . Symon aus der verslagen kamer die im gevallen ist, ain stiegen aufrichten wie es im gevellet angever, und . . . Hanns und . . . Kathrei sullen die tür die aus dem andern haus das Michels des Staindls gewesen ist, in das obgenant haus get, vermawrn lassen». Herstellungen und Besserungen an den gemeinsamen Theilen sind nach Massgabe der Gemeinschaft gemeinsam zu tragen; jeder Theil kann seinen Antheil verkaufen, versetzen u. s. w.

Siegler: «Alex. Schernhaymer und (für Ulreich von Meczleinstorf) Hanns von Friesach burger ze Wienn.»

Datum: . . . ze Wienn, an sambsttag vor sant Thomans tag, . . .

Original, Pergament. Die zwei Siegel abgefallen.

1784 *1424, [vor Juni 20, Wien].*

Die Parteien im Streite zwischen dem Laurenzerinnenkloster und den Wiener Dominikanern treten vor den Richter Wilhelm Türs, Propst der Kirche von St. Stephan zu Wien, und zwar die Laurenzerinnen vertreten durch Johannes de Meyrs, und für die Dominikaner «Mag. Franciscus vicarius domini provincialis, Henricus Rotstock de Colonia, in theologia doctores, Fridericus de Tulna prior cum pluribus aliis fratribus», welche ihre und ihrer Brüder Abwesenheit entschuldigen.

Libell, durch Caspar Wilthaber bei Gericht überreicht.

Inserat in Nr. 1785.

1785 *1424, Juni 20, Wien.*

Vor Wilhelm Türs, Propst der Kirche zu St. Stephan in Wien, führt Magister Johannes de Meyrs, «baccalaureus in decretis», Geistlicher der Diöcese Passau, als Vertreter des Laurenzerinnenklosters zu Wien auf Grund einer präsentirten Papstbulle von 1422, August 16,[1]) den Process über die Exemtion des Klosters von der geistlichen und weltlichen Vormundschaft der Dominikaner. Von letzteren erschien auf Grund eines vom Notar Stephan «Chärpf de Prawnaw clerici Pat. diocesis» im Auftrage des Ausstellers ergangenen Executionsbefehles «magister Franciscus doctor in theologia», Vicar des Dominikanerprovinzials in «Almania», Prior Friedrich von Tulln und einige Wiener Dominikaner, über welche Citation Caspar Wilthaber, Chormeister zu St. Stephan, ein das Einspruchsrecht der Nichterschienenen ausschliessendes Instrument verfertigt, dessen Wortlaut inserirt ist.[2]) Für den gleichfalls nichterschie-

1) Vgl. Nr. 1781.
2) Vgl. die vorhergehende Urkunde.

22*

nenen Provinzial kommt Johannes Ebner von Krems, Geistlicher der Diöcese Passau, «de cuius procurationis mandato plene constat in actis», worauf der peremtorische Termin festgestellt wird. Im weiteren Verlaufe erscheinen noch «frater Johannes Nyder baccalaureus in theologia et dicti ordinis predicatorum professus» mit ausreichendem Mandat für den Provinzial und «frater Giselbertus de Traicato superiori, provincialis provincie Theutonie ordinis fratrum predicatorum». Dieser verlangt Abschrift der klägerischen Ausführungen, um dagegen mündlich seine Exception machen zu können, erhält auch das Gewünschte sowie einen Tag zur Exception. Am bestimmten Tage erfolgt diese und die Replik der klägerischen Partei; hierauf die Verwerfung der Exception durch den Richter. Die Vertreter des gegnerischen Theiles, Johann Ebner und Magister Johann Ysmhusen[2]) verlangen nun eine richterliche Conclusion, wobei Ysmhusen noch eine schriftliche Appellation einbringt. Das richterliche Urtheil, das am Tage des Datums gefällt wird, entscheidet im Sinne des Ansuchens der Laurenzerinnen.[3])

Datum: Wienne, ... in curia nostra, in stuba magna nostre solite habitationis, sub anno domini millesimo quadringentesimo vigesimo quarto, indictione secunda, die lune vicesima mensis iunii hora vesperarum vel quasi.

Zeugen: Georg Slacher, Jacob de Cremsa, Conrad Pleynvelder, «octonarii»[3]) der Kirche von St. Stephan, Sigismund von Wels, der Caplan des Ausstellers, und Conrad von Tegernsee, Caplan der Laurenzerinnen.

Notar: Johann Cepekch von Laibach, Geistlicher der Diöcese Aquilaia.

Original, Pergament. Siegel abgefallen.

1786 *1426, März 9, Wien.*

«Jörg Pekch von Prunn und ... Anna sein hausfraw ... besten ain halbs jeuch

[1]) Vielleicht der oben als «Nyder» eingeführte.
[2]) Siehe oben Nr. 1781.
[3]) Die Echter oder Achter, d. i. die acht zur Seelsorge berufenen Geistlichen der Kirche zu St. Stephan; vgl. Leop. Fischer, Brevis Notitia, p. 158.

weingarten gelegen am Prunnerperg zenachst Jörgen Potenprunner weingarten», wovon man jährlich «Albrechten herzogen zu Osterreich und marggrafen ze Mörhern etc.[1]) ... ainen emmer weins ze perkhrecht und ainen wienner pfening ze voitrecht und den ... herren ze Melkch zehen wienner phenning ze gruntdinst» leistet; sie besten ihn «von der erwirdigen geistleichen frawn swester Anna von Ekchartsaw dieczeit abbtessin ze sand Klarn ze Wienn» und dem Convent, verpflichtet sich, den Weinberg in gutem mittern Bau zu halten, im ersten Jahre den vierten, in jedem folgenden Jahre jeden dritten Eimer «mosts geben bei der press aus dem grant», wollen auch «nicht lesen noch pressen an ir wissen und willen», sondern sie zwei oder drei Tage vorher verständigen «das si sich darnach wissen ze richten und irn gewissen scheinpoten dabei mügen gehaben» u. s. w.

Siegler: Hanns der Musstrer dieczeit des rats der stat ze Wienne und Anndre der Haidenhaimer dieczeit der erwirdigen geistleichen frawn zu Sand Klaren daselbs schaffer.»

Datum: ... ze Wienne, an sambstag vor dem suntag als man singet Letare in der vasten, ...

Original, Pergament. Die zwei Siegel abgefallen.

1787 *1426, März 12, Wien.*

«Siman Santinger d. z. ... ambtman und pergmaister zu Praitensee» des St. Clarenklosters hat die Klage des «Sigmund, hern Hannsen des Czistestortfer sun» als Stellvertreter seines Vaters entgegengenommen «auf Fridreichs des Rawscher von Möczleinsdorf weingarten gelegen im Amaspach zu Praitensee zünagstn der korherren zu Sand Steffan zu Wienn weingarten des drew ochtail ist» dem St. Clarenkloster mit «sibenthalben und virzig phening fur perkrecht und zehent» dienstbar, «umb achzehen pfund wienner pfening der swarzen muns dafür der egenant weingarten dem egenanten seinem vater in das gruntpüch ze pfand gesaczt wär und

[1]) Albrecht V., der nachmalige König von Deutschland Albrecht II.; Markgraf von Mähren war er durch seinen Schwiegervater König Sigismund.

die er im vor langer zeit ausgerichtt und bezalt solt haben». Der dadurch zu Schaden gekommene Kläger veranlasst die Citation des Rauscher; da jedoch niemand von dieser Seite erscheint, wird der Weinberg «umb virzehen pfund wienner pfening» geschätzt, dem Beklagten zur Lösung angeboten; da er diese verweigert, wird daher das Pfandobject dem Kläger zugeeignet.

Siegler: «swester Ann von Ekchartsaw abbtessinn des ... klosters zu Sant Klarn.»

Datum: ... zu Wienn, an sand Gregorien tag in der vasten, ...

Original, Pergament. Mit Siegel.

1788 *1427, Juli 13.*

«Symon Santtinger» des St. Clarenklosters «ambtman zu Praitensee» entscheidet in der Streitsache des «Hanns Kewr, Philipp Sewr und Peter Stadel ze Praitensee» gegen «Niclas Krabat burger ze Wienn anstat Magdalen seiner hausfrawn ... umb ainen weingarten ... ze Praitensee in den Geren, des ain jeuch ist, zenagst Vlreichs des Praitschüchs weingarten an aintail und an dem andern zenagst weilnt Stephans des Seidennater weingarten ...» nach St. Claren dienstbar mit ain halb phunt wienner pfening an sand Michels tag ze gruntdinst ... den weilnt der Reichandre den egenanten Hannsen Kewr» und Genossen «gegeben hiet und der der egenanten frawn Magdalen von dem benanten Reichandren seligen irem vater solt anerstorben sein». Der Krabat hatte deshalb die Käufer beim Amtsgericht geklagt, war sachfällig geworden und hatte auch bei «frawn swester Annen von Ekchartzaw abbtessinn hincz Sand Claren» und selbst in dritter Instanz bei «herzog Albrechten herzogen ze Österreich, und markgraven ze Mèrhèrn» den Process verloren. Einen neuerlich bei der ersten Instanz anhängig gemachten Rechtsgang verfolgte der Kläger nicht mehr, sondern lud «obgenanten ... Santtinger als ainem ambtman umb vertigung des egenanten weingartens für den ... herrn Hannsen von Eberstorf obristen kamrer und lantmarschalh in Österreich ...». Da jedoch auch vor dem Marschallgericht der Amtmann

«daselbs mit recht wer emprosten und für die obgenante ... gnädige frawn (Aebtissin von St. Clara) hiet gewaigert nach laut ains gerichtsbriefs darumb gegeben; darumb so hoffieten is der ... klager Niclas Krabat wer der vorgemelten urtail saumig und pruch worden und hiet damit an stat seiner hausfrawn alle seine recht gen in ganz verlorn». Kauer und Genossen erhalten schliesslich auch den Weingarten zugesprochen.

Siegler: Die Aebtissin von St. Clara.

Datum: ... an nagsten suntag nach sand Margreten tag der heiligen junkfrawn.

Original, Pergament. Siegel abgefallen.

1789 *1428, December 9, Wien.*

Erzbischof Eberhard (IV.) von Salzburg ertheilt dem von der Elisabeth Portenawerin gegründeten Pilgramhof den gleichen Ablass wie 1422, November 10, Wien.[1]

Siegler nicht erwähnt.

Datum Wienne, mensis decembria die nona, anno domini millesimo quadringentesimo vicesimo octavo.

Original, Pergament. Siegel abgefallen.

1790 *1429, Mai 16.*

«Hanns Sailer»[2] des St. Claraklosters zu Wien «ambtman ze Grintzing» nimmt die Klage des Leopold Weiss entgegen, die dieser «an stat seiner hausfrawn Margreten die gemaln Merten den Tuchscherer auch eelich gehabt hat» vorbringt, und sprach «wie daz Stephan Krephel ze Grintzing und Agnes sein hausfraw dem benanten Tuchscherer schuldig wern worden sechsthalbs und sechzig phund phening, dafür si im ir drittail weingarten gelegen am Hungerperg an der hindern leiten zenachst der herren weingarten von Engelhartzzell» mit einem jährlichen Dienst von einem halben Eimer Wein zu Bergrecht und einem Helbling zu Vogtrecht nach St. Clara «mit andern phanten versaczt hieten als daz in der benanten ... frawn saczpuch geschriben stünd und nach ausweisung ains geltbriefs

---

[1] Vgl. oben Nr. 1782, Wortlaut mutatis mutandis gleich.

[2] Vgl. Nr. 1794.

den er da fürbracht» und behauptet den Anspruch seiner Gattin auf dieses Pfand. Nun lässt der Richter «Jörgen Hertstetter ze Elpeltaw und Stephan Pantzin de Grintzing baid gerhaben junckhfrawn Kathrein des egenanten Krêphleins und seiner hausfrawn seligen tochter» berufen, um den Weingarten allenfalls zu verantworten. Da jedoch von dieser Seite niemand erscheint, liess der Richter «die vier die über den perg gesaczt sind» das Pfandobject abschätzen, welche erhoben, «daz der sechzig phund phening wert wer und nich tewrer». Da die Gerhaben der Aufforderung auf Lösung nicht nachkommen, wird der Weingarten der Margreth zugesprochen.

Siegler: Statt des Ausstellers «die öbriste perkfrawe ... swester Barbara die Altenpergerinn abtessin dacz Sand Klarn ze Wienn».

Datum: ... an mantag in den phingstfeirtagen, ...

Original, Pergament. Siegel abgefallen.

1791 *1429, Juli 6, Vellach in Kärnten.*

«Jacob der Velach burger zu Wienn» schreibt an den Grafen Heinrich von Görz über den Verkauf mehrerer Güter um Vellach an «Niclasen von Weyspriach» und bittet, diesen und seine Söhne und Töchter damit zu belehnen.

Siegler: Niclas Flekch.

Sieglerzeugen: «Jeronimus Laüntl, Herman Unrat und Thomas Mannseber u. a. erber l. vil.»

Datum: ... ze Velach, am eritag nach sand Johanns und sand Paulstag der weterherrn,[1]) anno domini MCCCCXXVIIII⁻.

Original, Papier. Rücksiegel unter Papier.

1792 *1429, November 12, Wien.*

«Johannes Gwérleich decretorum doctor officialis curie Pataviensis, Caspar de Mewselstain, Paulus de Wienna et Conradus de Halstat decretorum doctores» interveniren als Schiedsrichter in einem Streite zwischen

---

[1]) Dieser Tag ist diesmal selbst Dienstag, daher ist die Octav gemeint.

---

dem Stifte St. Pölten und dem Pfarrer von Mank.

Datum et actum Wienne dicte Pataviensis diocesis, in scolis iuristarum, in stubella habitationis prefati venerabilis domini Caspar de Mewselstain, sub anno domini millesimo quadringentesimo vicesimo nono, indicione septima, die vero Saturni duodecima mensis novembris, hora vesperorum vel quasi ...

Zeugen: presentibus ibidem honorabilibus et discretis viris dominis Johanne Eysner rectore altaris Sancte crucis siti in ecclesia sancti Stephani alias omnium sanctorum in Wienna, et Georgio Frey notario publico clericis prefate diocesis Pataviensis, testibus ad premissa vocatis specialiter et rogatis.

Notar: Johannes Cepekch de Leibaco.[1])

Cod. Ms. 174, S. 336, Nr. 555.

1793 *1430, Januar 28, Wien.*

«Pernhart Prawn ... anstat der edln vesten Jörgen des Vorstner und Ernsten des Freysinger» seiner «ohem die mit Sigmünden Tümerstorfer rechte geswistred kind gewesen sein von vater und mueter, als si daselbs ir frewntschaft vor dem rat der stat ze Wienn beweist habent und in dem statpüch daselbs geschriben stet» deren Bevollmächtiger er ist, verkauft «mit handen des erbern weisen hern Chonratz des Holczler diezeit pürgermaister zu Wienn ... von der geltschuld wegen die dann der vorgenant Tümerstorfer seliger ze gelten hinder im gelassen hat» eine Wiese, welche seinen vorgenannten Oheimen von Tümersdorfer «ist anerstorben und angeerbt, gelegen in der Schottenaw der acht togwerich ist zenegst Philipps des Fürer wisen, davon man jêrleichen dint in das pürgermaister ambt ze Wienn drei und funfzig wienner phenning an sand Michelstag ze gruntdinst und nicht mer». Er verkauft die Wiese wie sie «unversprochenleich von alter in gruntrechtz gewer herkomen ist, um zwai und dreissig phunt wienner phenning ... swester Margrethen der Gêwrinn diezeit maisterin des frawnklosters dacz Sand Jacob auf

---

[1]) Johann Cepeck wirkte schon seit einer Reihe von Jahren in Wien; vgl. oben Nr. 1785.

der Hülm ze Wienn sand Augustins ordens» und ihrem Convent.

Siegler: Der Aussteller, dann der Bürgermeister von amtswegen und Peter Reneys, «purger zu Wienn».

Datum: ... zu Wienn, an samstag nach sand Pauls tag als er bekert ist, ...

Original, Pergament. Mit drei Siegeln.

1794 *1430, Juni 15, Wien.*

«Syman Stadel und ... Dorothe sein hausfraw, ... Hainreich Tauber und ... Anna sein hausfrawe, ... Niklas Schüstel und ... Elspet sein hausfraw, ... Fridel von Sannd Polten und ... Elspet sein hausfraw, ... Philipp Walther, ... Hanns Sayler[1]) und ... Anna sein hausfraw» sind an die Aebtissin «swester Barbara die Altenpergerinn» und das Kloster St. Clara zu Wien von ihren zu Grinzing gelegenen Häusern und Hofstattweingärten zusammen jährlich 80 Eimer Most zu leisten schuldig gewesen. «Wann aber die vorgenanten ... erbgueter haüser und hofstet weingärten und ir zugehorunge der vorgenanten achzig emmer weins dinstz jerlich von sell jaren und missratens wegen nicht getragen habent mugen», so ist ihnen ein Nachlass gewilligt «unz an acht und vierzig emmer weins». Wie oben die 80, so sind auch hier die 48 Eimer genau repartirt, der Rest der Gülte aber erscheint in Pfenniggülte verwandelt. Könnten sie auch in Hinkunft der Weinleistung nicht nachkommen, so müssen sie «als vil weins andern enden kauffen der alsgut sei»; im andern Falle müssten sie das Gut zurückstellen.

Siegler: «Paul der Wurffel purger ze Wienn» und «Lienhart der Haug diezeit urtailschreiber daselbs».

Datum: ... ze Wienn, an sand Veits tag, ...

Original, Pergament. Die zwei Siegel abgefallen.

1795 *1430, October 16, Wien.*

«Ulreich Warnhofer burger ze Wienn» bekennt, dass ihm «her Kunrat der Holczler

[1]) Vgl. Nr. 1790.

zu den zeiten burgermaister und der rat gemain der stat ze Wienn von besundern gnaden» für geleistete und noch zu leistende Dienste «das fleckhel» vor seinem Hause «am Hof hie ze Wienn» zu seinem Haus geschlagen und darauf 1 Pfund Wiener Pfennige «rechts grundtinsts gesaczt habent, das in dhainerlai weis nicht abzelosen ist noch abgelost sol werden»; er verpflichtet sich zu dieser Leistung zum Michaelitermin «mit allen den nüczen und rechten als man ander grundtinst in der stat zu Wien raicht und dient», doch soll es während seiner Lebtage von Grundtienst frei sein.

Siegler: Der Aussteller und «Hanns der Gerestenner, burger zu Wienn».

Datum: ... zu Wienn an sand Gallen tag ...

Original, Pergament. Mit zwei Siegeln, das erste etwas beschädigt, das zweite sehr gut erhalten.

1796 *1434, Januar 28, Wien.*

Herzog Albrecht V. williget in den Verkauf des von ihm lehenbaren Hauses zu «Schonnleytten» von Seiten Conrads des Wildungsmaurers an das Kloster «zu Sant Jacob hie zu Wienn auf der Hülben» und übereignet es demselben.

Datum: ... ze Wienn, an phinztag nach sant Pauls tag conversionis, ...

Gezeichnet: d. d. per se.

Original, Pergament. Siegel abgefallen.

1797 *1434, April 19, Basel.*

«Julianus mia. div. sancte Romane ecclesie Sancti Angeli dyaconus cardinalis in Germanie partibus ap. sed. leg.» ertheilt dem Johann Steger und seiner Gattin Agnes[1]) die Erlaubniss, sich einen beliebigen Beichtvater zu wählen.

Datum Basilee, die lune XIX mensis aprilis, anno domini M·CCCC·XXXIIII pontificatus sanctissimi in Christo patris et domini nostri domini Eugenii divina providencia pape quarti, anno quarto.

Original, Pergament. Hängesiegel zwischen Pergament.

[1]) Dürften wohl Wiener sein, da die Urkunde aus dem St. Lorenzkloster stammt.

1798 *1434, Mai 30, Wien.*

Herzog Albrecht V. gestattet den Klosterleuten von St. Jacob zu Wien, dass sie die
von ihnen erkaufte Feste Schönleiten[1] «zu-
prechen und vernichten mügen».

Datum: . . . ze Wienn, an suntag nach
gotsleichnamstag, . . .

Gezeichnet: d. d. per se.

Original, Pergament. Rückslegel unter Papier.

1799 *1434, Juni 18, Wien.*

«Hanns Zyrnast burger ze Wienn» verkauft «mit pergmaister und perkcherren handen von ersten des erbern Hainreichs des
Eschennawer diezeit des erwirdiger !, herren
hern Cristans brobst des goczhauss dacz
Sand Polten pergmaister zu Grinczing und
Oswalts Reicholts des jungern burger ze
Wienn» sein Joch Weingarten «zu Grinczing am Hungerperg . . . zenachst Hannsen
des Haringseer[2] weingarten» mit einem jährlichen Dienst nach St. Pölten von «ainem
emmer minner anderthalb stauff weins zu
perkrecht und ainen pfening zu voitrecht
und dem egenanten Oswalten dem Reicholf
ainen emmer und ain stauff weins zu perkrecht und ainen phening zu voitrecht». Er
verkauft ihn um eine ungenannte Summe
«dem erbern Hannsen dem Luchs mitbürger
ze Wienn».

Siegler: Die beiden Bergherren und «Ulreich Hirsawer statschreiber zu Wienn».

Datum: . . . ze Wienn, an freitag nach
sand Veitstag, . . .

Cod. Ms. 174, S. 15, Nr. 19.

1800 *1434, Juli 20, Wien.*

Derselbe[3] reversirt gegen das Stift St. Pölten «von wegen des weingarten gelegen ze
Grinczing am Hungerperg, des ain jeuch
ist zenagst Hannsen Haringseer weingarten»;
er hat jenen Weingarten von «seinem «een
Hannsen dem Stichell seligen» geerbt, dann
«Hannsen Luchsen mitburger ze Wienn ze

---

[1] Vgl. Nr. 1806.

[2] Haingseer; vgl. die Schreibung in der folgenden
Summer.

[3] Diesmal nicht als Wiener Bürger bezeichnet.

kauffen gegeben . . . nach innhaldung ains
kaufbriefs den der erwirdig geistleich herr her
Cristan brobst zu Sand Polten als perkcher
mitsambt Oswalten Reicholfen dem jüngern
gevertigt und besigilt hat», und verpflichtet
sich nun gegen den Propst und dessen «perkch-
maister Hainreichen Eschenawer ze Grinczing»
das Stift für allen Schaden zu entschädigen,
der etwa daraus entspringen könnte.

Siegler: Ulreich Hirssawr statschreiber
ze Wienn und Hanns Geresteiner burger daselbs.

Datum: . . . ze Wienn, an eritag vor
sand Maria Magdalen tag, . . .

Cod. Ms. 174, S. 282, Nr. 437.

1801 *1435, Februar 18, Florenz.*

Papst Eugen IV. beauftragt den Abt zu
den Schotten in Wien mit der Untersuchung
eines vom Prior von Mauerbach vorgebrachten motivirten Ansuchens um Incorporation
der St. Niclaskapelle in Wien. Zur Begründung wird die Absentirung des Caplans und
der Verfall eines der Karthause gehörigen
Wiener Hauses vorgebracht.

Datum Florencie, anno incarnationis dominice millesimo quadringentesimo quarto,[1]
duodecimo kal. marcii, pontificatus nostri
anno quarto.[1]

Inserirt in Nr. 1805 und 1807, jedesmal an erster
Stelle.

1802 *1435, April 8.*

«Jörg der Moser gesessen zu Oberndorf»
besteht «von den erbern geistleichen frawn
swester Elspethen der Schattawerin diezeit
maistrinn dacz Sand Jacob auf der Hülben
ze Wienn und dem convent gemain daselbs»
eine Wiese, «genant die Awwisen . . . under
dem haus Schönnleiten», gegen eine jährliche
Leistung von 2 Pfund Wiener Pfennigen.

Siegler: Der Aussteller und «der edel
Erhart der Volkra diezeit phleger zu Külbm».

---

[1] Nach dem Calculus Florentinus, der erst am
25. März das Jahr 1435 beginnen lässt.

[1] Er ist am 5. März 1431 erwählt, am 12. gekrönt worden, vollendete daher an diesem Tage des
Jahres 1435 das vierte Regierungsjahr.

Datum: ... an freitag vor dem palmtag in der vasten, ...

Original, Pergament. Die zwei Siegel abgefallen.

1803 *1435, Juni 6, Wien.*

«Hanns Kuttnêr d. z. ... herren Hannsen des Roten pharrer zu der Herren Alss ambt man» verkündigt den Verlauf und das Urtheil in der Sache, die «Andre der Haidenhaymer d. z. der erbern geistlichen klosterfrawen zu Sand Klaren ze Wienn schaffer ... auf Niclas des Hümpel seligen und Kristein seiner hausfrawn haus gelegen daselbs zu der Herren Alss zenêgst Niclas des Harlanntter haus», das dem Pfarrer zu Hernals jährlich 10 Wiener Pfennige Grunddienst leistet, «umb ain pfunt wiener pfenning geltes versessens purkrechts», das die benannten Nonnen auf demselben Hause haben, vorgebracht hat. Da nun beim Termin «niemant der dasselb haus und sein zugehörung verantwürtt hieten, kömen ist», so liess der Richter den Schaffer von St. Clara des Hauses gewaltig machen, womit sich jedoch dieser nicht zufriedengab und die Abschätzung des Hauses verlangte. «Also ist dasselb haus und sein zugehörung von den vierrêrn daselbs umb zwainzig phunt wienner phenning und nicht tewrer geschêczt worden.» Davon wurden dem Andre Haidenhaymer und seinen Nonnen 10 Pfund zugesprochen «und die ubermass andern geltern», denen Niclas und Christina Hümpel gleichfalls schuldig waren.

Siegler: Der Pfarrer von Hernals.

Datum: ... ze Wienn, an montag nach phingsten, ...

Original, Pergament. Siegel abgefallen.

1804 *1435.*

Aus der Deduktionsschrift des Priors Johann von Mauerbach in Betreff der St. Niclaskapelle in Wien:

1. Alter des Passauer Bisthums, 2. des Herzogthums Oesterreich, woselbst «solemne opidum vocatum communiter et appellatum Wienne edificatum pro residentia ducum terre Austrie et constructum». 3. Darin liege: «quedam domus tunc dicta ad Cannas modo vero vulgariter appellata et nominata comuniter

Seyczerhof». 4. Dieses hätten im Jahre 1335 die Herzoge Albert und Otto nach Mauerbach gestiftet. 5. Eine darin gelegene «capella sancti Nicolai ad Cannas» sei bisher von einem Weltpriester bedient worden, 6. den jedesmal der Prior auf Grund des Patronatsrechtes präsentirte. 7. Unter anderem sei auch «quondam magister Petrus Deckinger dudum ante tempus et tempore obitus sui ... rector dicte capelle sancti Nicolai ad Cannas» gewesen. 8. Dieser sei nun 1426, im neunten Jahre Papst Martins V. «de mense Augusti vel quasi in urbe Romana» verschieden, wodurch «dicta capella ultimo vere vacavit vacareque et pro vacante reputata fuit». 9. Auf die Kunde hievon hätten die Mauerbacher «volentes suo iuri patronatus uti» für gedachte Kapelle zu gehöriger Zeit den Heinrich Fleckel präsentirt. 10. Aus unbekanntem, vielleicht aber aus dem Grunde, weil er in Erfahrung gebracht, «qualiter quidam existens curialis» die Kapelle vom Papste überkommen, habe Fleckel sich derselben in keinem Dinge angenommen. 11. Ohne dass ferner ihnen in der mittleren Zeit irgend ein Aufschluss von autoritativer Seite geworden wäre, wen sie für den rechtmässigen Caplan zu halten hätten, sei mit einem Male ganz unerwarteter Weise am 5. September l. J. durch Magister Hartung von Kapell, beider Rechte Doctor, und durch H. Heinrich Stupper, Chorherrn von St. Stephan in Wien, und Genossen einige päpstliche Briefe, nämlich eine «littera graciosa» und eine «Executoria», aus vorläufig unbekannten Gründen präsentirt worden. 12. Durch diese Papstbriefe nun sei «cuiusdam Hermanni Bürmeister clerici Maguntini diocesis pretensa provisio de dicta capella sancti Nicolai post obitum dicti magistri Petri Deckinger immediate» zur Kenntniss des Priors von Mauerbach gebracht worden. 13. Hermann nun kümmere sich gleichfalls nicht um die Kapelle. 14. In Folge davon sei ein dazu gehöriges Haus, gelegen «in vico fratrum Carmelitarum Wienne, nominata Phaffenhaus, attigens domum cuiusdam Oswaldi Oberndorffer», derart in Verfall gerathen, dass, wo nicht schleunigst Vorkehrung getroffen würde («nisi in brevi succurratur») mit Anwendung aller Mittel, der Verfall unaufhaltsam sei. 15. Davon aber hätten die Capläne zu St. Niclas seit jeher ein ansehnliches Einkommen, nämlich 11 Pfund Wiener Pfennige, zu drei Zeiten, zu Weihnachten, Georgi und Michaeli, bezogen. 16. Im Hause aber, woselbst die Kapelle liege und das die Herzoge der Karthause geschenkt haben, hätten die Mauerbacher einen «magistrum curie» eingesetzt, der auch sammt ihnen geschädigt sei. 17. All das sei öffentlich bekannt. 18. Die jährlichen Einkünfte aus der Kapelle überschreiten nicht 5, die aus dem erwähnten Hause nicht 250 Mark Silber. — Daraufhin bat der Prior die Incorporation vornehmen zu wollen.

Inserirt im Notariatsinstrumente Nr. 1805 und in Nr. 1807.

1805 *1435, September 10 bis October 3, Wien.*

Notariatsinstrument über den von Johann, Abt des Schottenklosters zu Wien, als päpstlich bestelltem Executor durchgeführten canonischen Process über die Incorporation der Kapelle St. Niclas im Rohr, «ad Cannas», im Mauerbacher Hofe zu Wien in die Karthause Mauerbach. Zugleich Transsumt von

a Nr. 1801 ddo. 1435, Februar 18, Florenz, das der Prior von Mauerbach dem Abt als Richter präsentirte. Er bat weiter um Erlass eines Citationsbriefes und dessen Affichirung an den Thoren von St. Stephan. Dass dieser Citationsbrief auch wirklich affichirt werde, wurde dem damit beauftragten Notar durch die Gesandten des Priors eidlich versprochen in Gegenwart der Herren Heinrich Met alias Armheinreich Priester und Sigmund von Budwitz, Cleriker von Eichstätt und Olmütz. Der erfolgte Anschlag wurde ferner durch den Notar Sigmund, Sohn des Jacob von Budwitz, Olmützer Cleriker und transsumirenden Notar, eidlich bestätigt in Gegenwart des Priors von Aggsbach und des Bruders Johann Ganser, Hofmeister des Mauerbacher Hofes in Wien. September 15. Am 17. September, als dem im Citationsschreiben festgesetzten Termine, wurde über den Citationsact neuerdings berichtet und der

«accusatio contumacie» des Sigismund von Budwitz durch den Richter stattgegeben. Für die Producirung der Beweisstücke («ad producendum litteras et munimenta») wurde Montag der 19. September bestimmt. Nun folgt zunächst

b) Nr. 1806, von 1435, September 10, Wien.

c) Nr. 1804, von 1435 (ohne Tag), das Dedicationsschreiben des Priors. An diesem Tage bat der Prior, die am 17. überreichte Schrift gerichtlich annehmen zu wollen, und führte als Zeugen für die Wahrheit seiner Angaben «fratrem Gotfridum procuratorem dicti domus Vallis omnium sanctorum et fratrem Johannem Ganser magistrum curie dicte domus ipsorum in Wienna ordinis Carthusiensis professos, dominum Heinricum Stupper, canonicum ecclesie Sancti Stephani alias omnium sanctorum Wienne, Thomam Angelpekch, Pfarrer von St. Leonhard am Forst, Johann Gars, «secretarium illustris principis et domini domini Albertis ducis Austrie marchionisque Moravie etc., dominum Heinricum Met alias Armheinreich presbyterum necnon Leonardum Vlmer, Heinricum Klain et Cristinam eius uxorem opidanos Wiennensis». Nun übertrug der Richter dem «egregio viro magistro Johanni de Eych utriusque iuris doctori canonico eccl. Eystetensis» und dem transsumirenden Notar das Zeugenverhör, während gleichzeitig der Prior

d) Nr. 1595, von 1335, Februar 2, producirte[1] für dessen rechte Besiegelung Johann Gars und Leonhard Vlmer eintreten.

Nun folgte das Zeugenverhör (9 Blätter), aus dem nur zu erwähnen ist, dass unter den Rectoren der St. Niclaskapelle sich auch ein «magister Heinricus de Kiczpuhel» befunden und die Kapelle gleichfalls verlassen habe; er ist also wohl mit dem Heinrich Fleckel identisch. Ferner sind die Generalien des Zeugen Ulmer interessant: «Leonhardus Vlmer opidanus Wiennensis, in matrimonio constitutus, etatis me annorum quadraginta vel quasi». Aus der Aussage des Heinrich Stupper

---

[1] Mit Bezug auf die Schreibung «Hangin» oder «Haugin» (s. a. O. Anm. 1) wird bemerkt, dass es diesmal «Hewginne» heisst.

ist zu erwähnen, dass Petrus Deckinger früher «ecclesiam sancti Viti sub Püsemperg» (Bisamberg· hatte, sie aber für die St. Niclaskapelle vertauschte.

Am 20. September, als am festgesetzten Tage der endlichen Incorporation, musste der Pfarrer von St. Leonhard dem Richter bekanntgeben, dass der Prior von Mauerbach auf einer Visitationsreise («in visitatione cuiusdam monasterii») abwesend sei, weshalb der Termin in Gegenwart des Schottenpriors Benedict und des Hermann Edlesawer, Mainzer Clerikers, auf den 23. September prolongirt wurde. Im Namen des Priors von Mauerbach ersuchte Thomas Angelpekg um eine neuerliche Prorogation «propter non plenariam testium examinationem», die für den 30. September in Gegenwart zweier Scholaren, des Passauers Friedrich de Sancto Leonhardo und des Würzburgers Johann Tornatoris de Hallis, erfolgte. Am 30. September wurde durch Dr. Johann Eich eine neuerliche Verschiebung um acht Tage erbeten, die auch der Richter mit dem Vorbehalte zugestand, wenn möglich auch innerhalb dieser Frist «intencionem suam pronunciare». Wirklich traf auch der Prior Johann von Mauerbach schon am 3. October ein, worauf zur Beendigung des Processes und zur Incorporation geschritten wurde.[1]

Zeugen: Die oft Genannten.

Notar: Johann Cepekch de Laibaco, Aglel‌er Cleriker.

Original. Pergament; Codicill. Siegel abgefallen.

1806 *1435, September 10, Wien.*

Abt Johann zu den Schotten in Wien theilt mit, dass er durch päpstliches Schreiben, dessen Inhalt er als zu weitläufig hier übergehe, aber Jedem, den es betreffe, zeigen wolle, zum Richter in nachfolgender Angelegenheit bestellt sei. Dann habe ihn der Prior von Mauerbach gebeten, durch Anschlag an der Pforte von St. Stephan Alle zu laden. Dies thut er und ladet für den 17. September Alle, welche in derselben Angelegenheit interessirt sind, um allenfalls gegen das päpstliche Schrei-

ben zu opponiren, für den 19. September, welche am Beweisverfahren theilnehmen wollen, für den 20. September Alle, welche der Incorporation der St. Niclaskapelle im Rohr in das Stift Mauerbach anwohnen wollen.

Datum Wienne, die Saturni, decima mensis septembris, anno domini etc. XXXV° nostro sub sigillo.

Aufgenommen in Nr. 1805 an zweiter Stelle.

1807 *1435, October 3, Wien.*

Abt Johann zu den Schotten in Wien transsumirt auf Bitten des Priors Johann Span von Mauerbach die Bulle des Papstes Eugenius IV. von 1435, Februar 18,[1]) lässt sie an den Thoren von St. Stephan anschlagen und führt des Weiteren den Informationsprocess durch, inserirt die Begründungsschrift des Priors[2]) und incorporirt schliesslich die St. Niclaskapelle im Rohr zu Wien der Karthause Mauerbach.

Datum: Sub anno domini millesimo quadringentesimo tricesimo quinto, indictione tredecima, die vero lune, tercia mensis octobris, hora terciarum vel quasi, pontificatus sanctissimi in Christo patris et domini nostri domini Eugenii divina providentia pape quarti anno quinto.

Zeugen: Presentibus ... magistro Johanne de Eych utriusque iuris doctore, canonico ecclesie Eystetensia, Johanne de Welsa predicatore ad populum in prefato monasterio, nostro presbytero, Sigismundo de Budwicz et Leonardo Kellner notariis publicis clericis Salczeburgensis Pataviensis Olomucensis et Eystetensis diocesis.

Notar: Johann Cepekch de Laibaco clericus Aquilegiensis diocesis.

Original, Pergament. Siegel abgefallen.

1808 *1435, October 24, Wien.*

«Kristain Rüdlein von Wolkenstorff und Agnes Thamans des Eybensbruner von Pilichdarff seligen witib» verzichten «gegen ... hern Niclasen brobst dez goczhaus dacz Sand Dorothee ze Wyenn und dem con-

---

[1]) Nr. 1807.

[1]) Nr. 1801.
[2]) Nr. 1804.

23*

vent gemain daselbs» auf einen Weingarten
zu Pilichdorf, den «weilent di edel fraw
Wildpürg von Dachsperig zu dem egenanten
chloster geschafft hat».

Siegler: «Wolfgang der Lengenawer purger ze Wienn und Ulreich Hyersssawer statschreiber daselbs».

Datum: ... zu Wyenn, an mantag nach
der heiligen aindleff tausent maid tag, ...
Cod. Ms. 174, S. 28, Nr. 40.

1809 *1436, Februar 8, Wien.*

«Caspar, ... Hanns und ... Steffan gebruder die Kraften zu Marschpach» verkaufen
mit der Hand ihres Burgherrn «hern Symons Imturn korherr und obrister kellner
... zu Klosternewburg ... zwen weingerten,
ainer genant der Palltram hinder Attakrina[1]
an einem ort zenagst des Wirsing weingarten und oberhalb an die Hütsewln gelegen und des anderthalb jeuch ist mit
jährlicher Leistung von 3³/₄ Eimer Most zu
Bergrecht und 9 Pfennigen zu Vogtrecht
und der ander weingarten genant die Gugl
zunagst oben an dem weg daselbs gelegen,
des ain halbes jeuch ist» mit ³/₄ Eimer
Most zu Bergrecht und 3 Helbling zu Vogtrecht ihrer Schwester Barbara «Ulrichen
des Eyczinger haubtman zu Egemburg und
ze Czoym eelichen hausfrawn».

Siegler: Die Aussteller, der Bergherr und
als Zeuge ihr Schwager «der edl Dannkchhart
der Herlsperger zu Tannberg».

Datum: ... ze Wyenn, an mittichen
nach sand Dorothea tag, ...
Von fünf Siegeln ist das vierte nur im Bruchstück
vorhanden.

1810 *1437, Januar 25, Wien.*

«Johanns v. g. g. abbt Unser frawen
gotshaus dacz den Schotten ze Wienn» und
«Oswald Oberndörffer hübmaister in Österreich» haben «die ersamen hochgelerten maister des fürstlihen college hie ze Wien bei
den predigern gelegen»[2] einen Weingarten

überwiesen «gelegen vor Stubentör auf der
Jews, des ain halbs jeuch ist»; von einem
Achtel sind die Schotten Grundherren und
beziehen davon 45 Wiener Pfennige zu Michaeli als Grundrecht, von den andern drei
Achteln ist Oberndorfer Grundherr und bezieht davon «funfthalben schilling wienner
pheninge auch an sand Michels tag ze grundrecht».[3] Der Weingarten war Eigenthum
des «maister Niklasen des Rokkinger von
Göttesprunn»[4] weilent chorherr dacz Sand
Steffan hie ze Wienn» der ihn «den egenanten hochgelerten maistern geschafft hat nach
laut seins geschefts, das in dem statpüch daselbs geschriben stet».

Siegler: Die beiden Aussteller.

Datum: ... ze Wienn, an sand Pauls
tag als er bechert ist worden, ...
Original, Pergament. Die zwei Siegel abgefallen.

1811 *1437, Februar 10.*

«Ludweig Salczburgër diezeit der ersamen geistleichen frawn dutz Sand Clarn
ze Wienn pergmaistër ze Herrenalss» hat,
da er «sass daselbs an offem gericht» die
Klage des «Michel Auflauf burger ze Wienn
an stat seinselbs und Annen seiner hausfrawn»
gegen dessen «aidem Jörg den Pelhaimer»
angenommen, wegen 80 Pfund Wiener Pfennige «dafür er im seinn weingarten gelegen
bei Alsa im Obernveld, des fürl virtail ist zenachst Micheln des Lyenvelder weingarten
davon man jerlicher dient» nach St. Clara
«fünf schilling wienner phening an sand
Michels tag ze gruntdinst und nicht mer,
phentlich versatzt hiet, als das in der benanten geistlichen fraun gruntpuch nemlich
geschriben stünde, daraus er uns ain bewërte zedel fürpracht die vor mein und offem
gericht gelesen und verhört ward». Pel-
heimer, von der Klage verständigt und vorgeladen, erscheint nicht, worauf der Kläger
und seine Frau «des egenanten weingartens,
irs fürphants gewaltig» gemacht und auf diese

---

[1] Ottakring.

[2] Die alte, nächst dem Dominikanerkloster gelegene Universität, heute das Postsparkassenamt.

[3] Der Betrag beläuft sich auf das dreifache
desjenigen, was die Schotten bezogen, nämlich auf
135 Pfennige.

[4] Göttlesbrunn bei Bruck a. L.

Art wegen «der vorgenanten achtzigk phund
phening nach des gruntpuchs laut» befriedigt
werden.

Siegler: Swester Susanna die Swein-
barterin abtesinn zu St. Clara.

Datum: ... an suntag als man singet
Esto michi, ...

Original, Pergament. Siegel abgefallen.

1812 *1437, März 7, Wien.*

«Pilgreim von Puechaim» der wegen
seines Vaters und seiner Schwester «junkfraun Elsbethen, den got genädig sei, und
auch von der weingärten und wein wegen
zu Heczendarf schuldig worden» ist 60 Pfund
«gueter wienner pfeninge ... swester Elsbethen Schatawerin maistrinn in Sand Jacobs
chlaster hie zu Wienn auf der Hülben» und
ihrem Convent, wofür sie sein «siltreinz über-
gultz chreucz inngehabt haben». Er überlässt
ihnen nun dieses Pfandstück endgiltig für
jene Schuldsumme zu freiem Besitz.

Siegler: Der Aussteller und «der erber
chnecht Michel Salchinger auch mit seinem
anhangunden insigel».

Datum: ... ze Wienn, ... an pfincztag
vor dem sontag als man singt Letare in der
heiligen vasten.

Original, Pergament, eingerissen. Die zwei Siegel
abgefallen.

1813 *1437, August 3, Basel.*

«Julianus mis. div. tit. sancte Sabine
sancte Romane ecclesie presbyter cardinalis
vulgariter Sancti Angeli nuncupatus» beauftragt den Propst Niclas von St. Dorothea zu
Wien, die Ueberlassung mehrerer jährlicher
Geld- und Naturalleistungen aus der Mauth
zu Stein seitens der Karthause Gaming an
die zu Mauerbach und die Gegenleistung,
nämlich die Ueberlassung des Kirchenlehens
zu Scheibbs von Mauerbach an Gaming mit
einer jährlichen Gülte von 12 Pfund Wiener
Pfennigen, zu bestätigen, wobei der Cardinal
eine Urkunde der Gaminger von 1437, März 12,
inserirt.

Datum Basilee, die tercia mensia Augusti,
anno a nativitate domini millesimo quadringentesimo tricesimo septimo etc.

Unterschrieben: A. de Panigaliis.

Original, Pergament. Siegel abgefallen. Auch Inserirt in Nr. 1815.

1814 *1437, August 20, Wien.*

Bischof Leonhard von Passau genehmigt
sämmtliche zu Gunsten des Laurenzerklosters
ertheilten Ablässe und fügt einen vierzigtägigen hinzu.

Siegler: Der Aussteller.

Datum Wienne, vicesima die mensis augusti, anno domini millesimo quadringentesimo tricesimo septimo.

Original, Pergament. Siegel abgefallen.

1815 *1437, October 22, Wien.*

Propst Niclas von St. Dorothea in Wien
entspricht dem Mandate des Cardinals Julian
vom 3. August l. J., welches er inserirt.[1]

Siegler: Der Propst.

Datum et actum Wienne, in dicto nostro
monasterio Sancte Dorothee, in nostra solita
habitatione anno a nativitate domini millesimo quadringentesimo tricesimo septimo, indictione quindecima, die vero martis, vigesima
secunda mensis octobris, hora vesperorum vel
quasi etc.

Zeugen: H. Heinrich, «dictus Armheinreich presb. Eystetensis», Wolfgang Methauser,
«iudex in secularibus generalis» zu Gaming,
«ac Ulrico Höpflinger, Götfrido Schrebnitzer
et Wolfgango Awer, armigeris Pataviensis
Frisingensis et Aquilegiensis dioceseon».

Notar: Nicolaus Gerlaci de Künigsberg
Sambiensis diocesis.

Original, Pergament. Rothe Seidenschnur; Siegel
abgefallen.

1816 *1437, December 4.*

«Philipp Walcher d. z. der ... klosterfrawn dacz Sand Klarn ze Wienn richter zu
Grinczing» nimmt die Klage des Priesters
«Hanns des Trewtwein d. z. capplan und verweser der ewigen mess so weilent der hoch-
gelert ... maister Stephan seliger auf der aindlef tausent maid altar ... in sand Stephan
tumbkirchen zu Wienn gestift hat, ... auf

[1] Nr. 1813.

Niclasen des Marchegker zu Grinczing und Elspeten s. hausfrawn haus ... daselbs zu Grinczing auf der Prugk zenagst Stephan dem Payern», der nach St. Clara dient «dreizehenthalben wienner phenning an sand Michels tag zu gruntdinst und in das mal zwelf wienner phenning an sand Jorgen tag ... umb ain phund wienner phenning geltes versessens purkrechts und umb alle die zwispild ...» Kläger erwirkt die Ladung des Marchegker, der nicht erscheint, die Schützung durch die «vierer ... die uber das benant aigen zu Grinczing gesaczt sind» — sie heissen: «Hanns Puchler, Paul Froleich, Andree Rösch und Michel Plankch» — die schätzen das Haus auf «nur achtzehen phund wienner phenning»; da die Beklagten Lösung weigern, so wird dem Kläger das Anwesen zugesprochen.

Siegler: Jorg der Prunntaler burger ze Wienn und Vlreich Menkchover.

Datum: ... an mittichen sand Barbarentag, ...

Original, Pergament. Die zwei Siegel abgefallen.

1817 *1438, Mai 19, Wien.*

«Anna Mertten des Weydungsawör ze Vischamund hausfraw, Kathrey ir swester Jorgen im Winkchel ze Newsidel an der Vischa hausfraw» und «Anna Pauln des Göschel in der Lanntstrass vor Stubentor ze Wienn hausfraw» verzichten «gegen der erbern frawn Margrethen Jacobs des Endl zu Alttnnaw hausfraw, die emaln Jacoben den Strüdler unserm vettern seligen auch elichen gehabt und gegen iren erben ains weingartens gelegen auf dem Jews, des ain viertail ist zenagst Vlreichs des Permans weingarten und ains gartens gelegen zu Erdpurgk auf der Pranstat zenagst Steffans des Hawör garten», auf welche beiden Erbgütern die vorgenannten drei Frauen Wartrecht gehabt hatten. Als Ablösung ihres Rechtes nehmen sie «ainen weingarten gelegen zu Erdpurgk am Reytgern in der Hüt auf der Höch, des ain halbs jeuch ist, und ain ortgarten undem velbern zu Erdpurgk».

Siegler: Kunrat der Ottinger d. z. des rats der stat zu Wienn und Vlrich Hirssawer statschreiber daselbs.

Datum: ... zu Wienn, an montag vor unsers lieben herren aufferttag, ...

Original, Pergament. Die zwei Siegel abgefallen.

1818 *1438, Mai 25.*

Propst Christan von St. Pölten verleiht «dem vesten ritter hern Stephan Wirsing diezeit des rats der stat ze Wienn durich seiner dinst willen ... ainen weingarten gelegen bei Nüstorff in den Langen egkern genant das Payerl, des ain jeuch ist» mit jährlichem Dienst von 1 Eimer zu Bergrecht und 1 Pfennig zu Vogtrecht, «der weilent Ortolfs des Petcziech gewesen ist und ... mit seinem abgang vermont und ledig worden ist, darumb das in rechten tagen nicht erben herfur komen sein».

Siegler: Der Aussteller.

Datum: ... an sand Vrbans tag, ...

Cod. Ms. 174, S. 49, Nr. 75.

1819 *1438, September 23, Wien.*

Abt Johann zu den Schotten in Wien und der Convent vergleichen sich mit dem Stifte St. Pölten wegen der Zehnten in Pulkau auf ein Schiedsgericht; unter den Schiedsrichtern ist auch «Mort prior dacz den Schotten».

Siegler: Abt und Stift.

Datum: ... Wienn, an eritag vor sant Michels tag, ...

Cod. Ms. 174, S. 403, Nr. 636.

1820 *1439, November 24.*

«Erhart Ruelannt zu Nustorf und Ursula sein hausfraw» verkaufen «mit handen des edln Wolfgang Muestinger diezeit obrister pergmeister ULF. gotshaus zu Klasternewnburch» ihren Weingarten «zu Grinczing an dem Stainperg des drew virtail ains jeuchs sind zu nagst Hannsen des Puchler weingarten und haist der Achsenguem» mit jährlichem Dienst von «achthalb virtail weins ze perkrecht und näwn ort ze voitrecht»; sie verkaufen ihn «dem erbern Symon Sweller zu Obern Sulcz gesessen und Margreten seiner hausfrawn».

Siegler: Der Bergmeister und «Thaman Holczer der geistleichen herrn von Englczel hofmaister zu der Heilingstat».

Datum: ... an sand Katrein abend ...
Original, Pergament. Die zwei Siegel abgefallen.

1821 *1439—1449.*

Eine von «magister Johannes Juder cum quibusdam aliis visitatoribus sacri concilii Basiliensis . . ., fratre Georio Faldrer sibi sociato» vorgenommene Visitation des Dominikanerinnenklosters zu Tulln ergab mehrfache Entfremdungen von dessen Besitz. Insbesondere verzeichnet Faldrer: «C. Dux Rudolfus (wohl IV.) alienavit omnia monasterii bona que in civitate Wyennensi ipsum monasterium habuit, promisit quid recompensatione, sed promissum non exsoluit ... § Item quedam solempnis domus Lanngenkeller in civitate Wiennensi aliena extitit. § Item XXX libre reddituum in Wyenna intra muros. § Item quidam solempnis ortus seu pomerium in valle extra muros civitatis Wiennensis ...» Ein Gut zu Trübensee hat die Donau weggerissen; auch solche zu Tulln sind entfremdet. ... § Item Albertus Romanorum rex usurpavit sibi melius bonum monasterii Behemisch Chrud dictum»[1] u. s. w.
Notiz am Ende der einen Abschrift von Nr. 1324.

1822 *1442, Juni 9, Wien.*

«Stephan Wirsing ritter diezeit des rats der stat zu Wienn» verkauft mit Handen des Propstes Christian zu St. Pölten und «hern Colmans, lerer bebstlicher rechten», Chorherrn und «öbristen kelner» zu Klosterneuburg, seinen Antheil «an dem weingarten gelegen in dem Laymgrüeb bei der Heiligen Stat, genant der Pairl, des anderthalb jeuch ist, der etwen Ortolfs des Pettcziech gewesen ist ze nagst Steffans des Prünner weingarten mit dem öbern rain und mit dem nidern zenagst Hannsen von der Leyten kinder weingarten» mit Dienst nach St. Pölten und Klosterneuburg,[2] «und dem edeln Herman dem Eybenstainer» desgleichen, letzterem um 200 Pfund Wiener Pfennige.

[1] Diese Angabe, die gewiss nicht vor dem Tode König Albrechts II. (gestorben 1439, October 27) niedergeschrieben ist, und die Erwähnung des Baseler Concils bestimmen das Datum der Notiz.

[2] Wie Nr. 1818.

Siegler: Die beiden geistlichen Bergherren und «der erber weis Ulreich Hyraswr statschreiber zu Wienne».
Datum: ... zu Wienn, an sambstag vor sand Veitstag, ...
Cod. Ms. 174, S. 55, Nr. 87.

1823 *1443, Februar 3, Wien.*

Johann Karthuser und Conrad Strobel, Bürger von Wien, Testamentsvollstrecker («testamentarii») nach weil. Heinrich Plönczl, haben einen von demselben dem Tullner Nonnenkloster legirten Betrag von 1000 ungarischen Gulden auf Anlangen des Herzogs Albrecht V., nachmaligen Königs («ducis Austre etc., demum Romanorum regis», und seiner Gemahlin Elisabeth, als diese im Jahre 1436 zu Tulln anwesend waren, gemeinsam mit Oswald Oberndorfer, Hubmeister in Oesterreich, «eorum contestamentarin». Darüber stellt auf Verlangen des «frater Georius Fulder prior in Tulna» der gezeichnete Notar ein Instrument aus.

Datum: Anno ... millesimo quadringentesimo quadragesimo tercio ... die vero dominica ... tercia mensis februarii hora vesperorum vel quasi.

Acta sunt hec Wienne ... in domo habitationis honorabilis ac prudentis viri Nicolai Undermhymel consulis et magistri monete ibidem, sita in strata monetariorum in cenaculo anteriori presentibus venerabili patre domino Conrado Rosembach sacre theologie professore protunc visitatore per nationem Austrie dicti ordinis predicatorum, necnon Conrado Lindenfels de Sünssheime et Wolfgango Varchtnawer de Novacivitate baccalaureis in artibus Spirensis et Salczburgensis diocesis testibus ...

Notar: Nicolaus Gerlaci de Königsberg civitate Sambensis.[1]
Original, Pergament. War nie besiegelt.

1824 *1443, Februar 27.*

«Thoman Hofman von Weytra briester Passauer bistumbs» gibt «frawn swester Petronellen diezeit maistrinn des frawnklosters dacz Sand Jacob auf der Hülben zu Wienn

[1] Vgl. oben Nr. 1815.

dem convent gemain daselbs» einen Weingarten, «der rechts freis aigen und vor allem
dinst ledig ist, gelegen zu Nusdorf niderthalb
der Heiligenstat in dem Kirichpach des ain
halbs jeuch ist, genant die Leytten zenagst
hern Leopolts von Egkharczaw weingarten
an aim tail und an dem andern zenagst Vlreichs Keppler weingarten», welchen Weingarten er diesem Keppler und seiner Hausfrau
Elsbeth «ir baider lebtēg jērlichen umb drew
phunt und sechzig phennig dinstes gelassen
hab nach innehaltung der bestandbrief darüber gegeben». Ausserdem tritt er dem Kloster ab «zwai phunt wienner phennig gelts
gruntdīnsts, die auch freis aigen sind, gelegen
auf ainem haus zu Nustorf zenagst sand
Thomans capellen», je die Hälfte zu St. Jörgen und St. Michaels tag dienstbar.

Zeugen: Hanns Scharffenperger dz. des
rats der stat zu Wienn und Ulreich Hirs-
sawēr statschreiber daselbs.

Datum: . . . an mitichen nach sand Mathias tag . . .

Original, Pergament. Die zwei Siegel abgefallen.

1825 *1443, Juli 8, Basel.*

Nicolaus, «Basilice duodecim apostolorum
presbyter cardinalis Panormitanus[1] vulgariter
nuncupatus, maior primarius per sacrosanctam
generalem synodum Basileensem», beauftragt
im Namen dieses Concils den Bischof von
Passau oder dessen Official zu Wien, den
St. Laurenzerinnen zu Wien die angesuchte
Erleichterung ihrer Regel in Bezug auf Kost,
Kleidung, Lager und Fremdenzutritt zu gewähren, falls die diesfalls zu pflegenden Er-
hebungen deren Zulässigkeit ergeben.

Datum Basilee, VIII idus iulii, anno a
nativitate domini millesimo quadringentesimo
quadragesimo tercio.

M. Cor vigentiquatuor sol. ra.   A. Raser.
N. de Merques.

Original, Pergament. Siegel abgefallen.

1826 *1443, October 8, Wien.*

«Peter Hirss der Wurczer mitburger zu
Wienn . . . Anna sein hausfrau» reversiren

[1] Cardinalpriester der Zwölfapostelkirche zu Pa-
lermo.

für sich «und anstat junkfraun Margrethen
mein egenanten Petern des Hirssen swester,
die noch ungevogt ist», gegen «herren brüder
Conrat Mospach d. z. prior des klosters Unser
lieben frawn bruder am Hof zu Wienn gelegen des ordens von dem perg Carmeli und
dem convent gemain daselbs», welche ihnen
«erlaubt habend, ain kram mit aim überzimer
zimer und dēchlein auf irs egenanten klosters freithof Irs grunts zwischen der mawr
desselben freithofs, daran iecz . . . obgenanter Peter Hirss auswendig des freithofs an
dem Hof vor auch ain kram von der stat
hie zu Wienn hab, und dem nagsten pheiler
dabei neben der tür da man an den hof
geet, . . . von newen dingen nüczlich auf-
zepawn» . . . und sollen den Klosterbrüdern,
die ihnen diesen Kramladen zu Leibgeding
überlassen, «zu hofzins raihen und geben drei
schilling wienner phennig an sand Michels
tag».

Siegler: Hanns der Puchspawm burger
zu Wienn und Hanns der Ravenspurger urtailschreiber daselbs.

Datum: . . . zu Wienn, an eritag vor
sand Kolmans tag, . . .

Original, Pergament. Die zwei Siegel abgefallen.

1827 *1443, December 3, Graz.*

König Friedrich III. verleiht auf Bitten
der Anna «weilend Sebaten des Slussler[1]
wittib» deren Sohne Ernst Prannkger verschiedene Güter und Lehen in der Freiach-
thaler Pfarre.

Datum: . . . zu Grēcz, an eritag nach sand
Anndrees tag des heiligen zweilfpoten, . . .

Original, Pergament. Mit wohl erhaltenem Siegel.

1828 *1444, Februar 4, Wien.*

«Johannes dei et apostolice sedis gracia
episcopus Vittricensis . . . domini Leonhardi
eadem gracia episcopi Pataviensis in potifi-
calibus cooperator» weiht an obigem Tage,
d. i. «proxima feria post festum sancti Blasii»,
die neue Kapelle im St. Pöltener Hofe zu
Wien zu Ehren des heil. Hippolyt und der

[1] Es gab auch Wiener Schüssler, vgl. Regesten
Nr. 1570, 1580 u. a. w.

heil. Magdalena ein, bestimmt als Kirchweih-
fest den nächsten Sonntag nach St. Hippolyt
und verfügt einen vierzigtägigen Ablass für
tödtliche und einen achtzigtägigen für läss-
liche Sünden.[1]

Datum et actum die et loco prenotato,
anno domini 1444" harum testimonio litte-
rarum sub appensione nostri sigilli roboratum.

Cod. Ms. 175, fol. 96, Nr. 83.

1829 *1444, April 10, Wien.*

«Peter Pawr gesessen in der Lanntstrass»
verkauft mit seiner «gruntfraun handen ...
swester Susannen der Sweinbarterinn abbtessin dacz Sand Clarn ze Wienn ... drei
gärten, ainer genant der Lampfleisch mitsambt
ainem clainem gertlein dabei gelegen auf des
Héwssen wis zenagst Sand Niclas bruderschaft garten ... und der dritt garten den
man nennet den Linser ligt zenagst dem
Krannest» mit ½ Pfund, 45 und 40 «zusammen 205» Pfennige «alles zu sand Michelstag
zu gruntdinst»; er verkauft sie «umb acht-
undvierzig phund wienner phennig ... swester Petronellen der Pokchlinn maistrinn des
fraun klosters dacz Sand Jacob auf der Hulben ze Wienn» und ihrem Convent.

Siegler: Die Grundfrau und «Ulreich
Menkchofer».

Datum: ... ze Wienn, am karfreitag, ...

Original, Pergament. Die zwei Siegel abgefallen.

1830 *1444, Juni 5, Basel.*

Das Concil schreibt an den Abt zu den
Schotten in Wien, dass nach glaubwürdiger
Darstellung des Lambert Ruckhendorffer, eines
Geistlichen der Passauer Diöcese, das Patro-
nat über die Kirche zu Gonowitz in Steiermark, deren Pfarrer Erhart Herrant gestorben,
dem Reinbert von Walsee zustehe.

Datum Basilee, III nonis iunii, anno a
nativitate domini millesimo quadringentesimo
quadragesimo quarto.

Ja. de Krainburga.

Original, Pergament. Mit Bulle an Hanfschnur.
Ausserdem ein Transsumt durch den Adressaten von
1444, Juli 18, Nr. 1831.

[1] «quadraginta dies criminallum et octoginta ve-
nalium».

1831 *1444, Juli 18, Wien.*

Abt Johann zu den Schotten in Wien
transsumirt in einer an den Patriarchen von
Aquilei gerichteten Urkunde das ihm zu-
gestellte Decret des Baseler Concils von 1444,
Juni 11,[1] und fordert denselben auf, den
Lambert Rückendorfer binnen sechs Tagen
nach Erhalt dieses in die Pfarre Gonowitz
einzuführen.

Siegler: Der Aussteller mit dem Abtsiegel.

Datum et actum Wienne Pataviensis diocesis in dicto nostro monasterio, in edificio
abbaciali eiusdem, anno a nativitate ... indictione septima, die vero sabbati, decima
octava mensis iulii, hora meridiei vel quasi.
Mehrere Zeugen nicht aus Wien.

Notar: Nicolaus Gerlaci de Künigsberg
civitate Sambiensis.[2]

Original, Pergament. Mit Siegel.

1832 *1444, November 29, Wr.-Neustadt.*

Conrad von Kreig, König Friedrichs III.
Hofmeister und Hauptmann von Kärnten,
hatte dem Ulrich Eitzinger von Eitzing und
dessen verstorbenem Bruder Mertten «ettlich
brieve von weiland Niclasen dem Pillung»,
seinem Schwager, «herrürend zu behalten
gegeben, die aber in desselben Eiczinger
gwalt, als man sich ains seiner heuser zu
Wienne, darinn sölch brieve sullen gelegen
sein, underwunden hat,[3] sind verloren worden». Wegen der darin begründeten Ansprüche auf «zwaitausent guter guldein unger
und ducaten», die von den Nutzen und Renten des «furstentumbs Österreich inner jarsfrist zu bezalen» gewesen, hatte der König
den Kraiger auf die Schatzsteuer von Wien
gewiesen und sagt nun, weil daraus die Leistung erfolgt war, die Stadt Wien «quitt ledig
und los».

Datum: ... zu der Newenstat, ... an
suntag vor sand Andres tag des heiligen
zwelifpoten.

Commissio domini regis
magistro camere referente.

Original, Pergament. Siegel abgefallen.

[1] Nr. 1830.
[2] Er wirkte schon längere Zeit in Wien. Vgl.
Nr. 1815 und 1823.
[3] Während der sog. Eitzinger-Fahrt.

1833 *1445, Februar 3, Wien.*

«Mertt Lëmppel gesessen zu Nustorf bei der Traisem» und seine Hausfrau Anna widmen mit ihres Burgherrn Hand «des edeln Fridreichen Parssenprunner ... den ersamen geistlichen herren bruder Conraten Mospach prior des kloster U. F. bruder ordens von dem perg Carmelo gelegen an des herzogen Hof zu Wienn» und dem Convent einen «weingarten genant der Hüdl gelegen hinder Wogram, des ain halbs jeuch ist, zenagst ainem weingarten genant der Jud an aim tail und an dem andern zenagst dem weingarten der da haisst der Schreiber» zur Stiftung eines Jahrtages «des montags vor Aller selntag oder des nagsten montags darnach» für des Stifters, «und zwair Annen seiner hausfraun, Hannsen Lëmppel und Margreten seiner hausfraun sein».

Siegler: Der Burgherr und der edle Hanns Öder zu Nustorf.

Datum: ... geben ze Wienn, an sand Blasien tag, ...

Original, Pergament. Mit zwei Siegeln.

1834 *1445, Juni 4, Wien.*

«Peter von Sand Pölten burger zu Wienn» und seine Hausfrau Margarethe vermachen ihr «haus mit seiner zûgehorug gelegen am Hof zu Wienn an aim tail ze nagst dem kasten und an dem andern tail zenagst Lienharten des Hofkirher haus, zu U. F. gotshaus zu den Weissenbrudern am Hof daselbs zu Wienn, in solcher mainung daz si davon ain ewige mess auf U. F. altar daselbs teglich sprechen und ausrichten sullen». Der Stifter behält sich für den Fall seiner Genesung aus der Krankheit, darinnen er jetzt liegt, weitere beliebige Massnahmen vor; wenn er aber «derselben krankhait nicht auf kêm und also mit tod abging, so sol das benant haus mit seiner zugehörung bei dem obgenanten gotshaus beleiben» unter Vorbehalt des lebenslänglichen Nutzgenusses für seine Frau.

Siegler: Friedrich der Ebmer und Bartlme der Zêch, beide Bürger zu Wien.

Datum: ... zu Wienn, an freitag nach sand Erasems tag, ...

Original, Pergament. Die zwei Siegel abgefallen.

1835 *1445, August 26.*

«Ulreich Welser zu Nidern Tobling diezeit pergmaister der ... frawn zu Sand Klarn zu Wienn», welchem «Hanns Strasser anstat der egenanten geistleichen fraun ... als dann ir getrewr schaffer und verweser» Klage wegen Abbau vorbringt «hinz den erbern Jobst Rat auf ein halb jeuch weingaten (!? ... zunagst dem Stainhauser und hinz Wolfgagen dem Ruelant burger zu Wienn auf ain virtail weingarten ... zu nagst Kristan dem Gräwl, und hinz Kristan dem Graûl auf ein virtail weingartn ... zu nagst Wolfgangen dem Ruelant» sämmtlich «in der Santleiten[1]) gelegen», dann «hinz Hannsen dem Löffler[2]) auf ein achtail weingartn ... zu nagst dem Pangrecz Pinter und hinz dem Gilig Weinndlinger auf ain achtail weingarten ... ze nagst Andre dem Newnburger, beide «in dem Krotenpach[3]) gelegen», nimmt die Sache in richterliche Verfolgung. Da bei der nächsten Tagsatzung die Beklagten nicht erscheinen, werden dem Kläger «die vierer darauf geben ..., die gesworn virer mit namen Michl Tawbenprunner, Wenczl Pehem, Peter Fretinger und Lienhart Pekch zu beschawern», welche die Weingärten in solchem «urpawr» fanden, «das man sie ze recht zu reis sagen solt», was auch nach Berg- und Landrecht in Oesterreich geschieht.

Siegler: Thaman Holczer zu der Heilingstat.

Datum: ... an pfinztag nach sand Bertlmestag, ...

Original, Pergament. Siegel abgefallen.

1836 *1445, November 24, Hernals.*

«Hanns Swarcz ... swester Susannen der Swainbartarin Abtessin des frawnklosters und des convents zu Sand Klarn zu Wienn pergmeister zu Herrenalß», von welchem «Hanns

---

[1]) Aus der folgenden Nennung des Krotenbaches zu schliessen dieselbe Sandleite, um die es sich in Nr. 1683, 1685 und 1735 gehandelt hat.

[2]) Vgl. Nr. 1646.

[3]) Durch dessen tief eingeschnittenen Lauf nunmehr der äussere Gürtel der Wiener Stadtbahn gezogen wird. Die Oertlichkeiten jedoch von denen hier die Rede ist, liegen mehr am Oberlaufe.

Strasser der ... fraun zu Sand Klarn schaffer ... klagt mit vorsprechen auf die hienach benanten weingerten: von ersten auf Wolfgangen des Grabmer säligen weingarten gelegen im Huntsnakch des ain virtail ist ze nagst Petern Arnolts weingarten, umb 15 phening gelcz gruntdinsts, item auf Chünczen von Hof weingarten gelegen daselbs des ain halbs jeuch ist zenagst des egenanten Gremer seligen weingarten, umb 3o phenning geltes gruntdinsts, item auf Jacobs Reysner von Ottakchrinn seligen weingarten des ain virtail und daselbs gelegen ist zenagst Hannsen Vischkeüftl weingarten, ... item auf Hannsen Erdpurger säligen weingarten gelegen daselbs des auch ain virtail ist zenagst des obgenanten Jacoben Reisner seligen weingarten ... und auf Vlreichs des Hofer seligen weingarten daselbs gelegen zenagst des egenanten Erdpurger seligen weingarten des auch ein virtail ist» um je 15 Pfennige Geldes zu Grunddienst, welche 90 Pfennige Grunddiensts «wenigere jar» versessen waren, bittet um die Vierer und erhält auch «die gesworn virer mit namen Hannsen Polcz, Wolfgangen Fuchsperger, Ulreichen Widmer und Fridreichen den Orter» die nach vorgenommener Beschau vor Gericht erklären, die Weinberge «öd und in urpaw» liegend vorgefunden zu haben. Sonsch wurden sie dem Kloster zugesprochen und darüber ein Gerichtsbrief ausgestellt.

Siegler: Kristan der Wissinger burger und Vlreich Hirssawer statschreiber zu Wienn.

Datum: Geschehen zu, Herrenalss an mittichen vor sand Kathrein tag, ...

Original, Pergament. Die zwei Siegel abgefallen.

1837 *1446, Juli 6, Wien.*

«Larencz Hopher dz. zechmaister des heiligen kreuz kirchen zu Grinczing, ... Stephan Smucz, ... Wolfgang Sneider, ... Paul Froleich und ... all ander der ganzen gemain gesessen daselbs zu Grinczing» verpflichten sich zu besserer Leistung von ihrem nach Mauerbach grunddienstpflichtigen Weingarten «des zwai virtail sind und ligt im Keswassergraben zenagst Michels des Irnstainer weingarten» mit 16 Pfennig Grunddienst

zu Michaeli nach Gaming «und darauf der erber Peter Pachaimer zu Sufring gesessen des benanten gotshaus zu Gemnikch pergmaister nach gescheft seins herren hern Kristoffen desselben gotshauss prior, in seinem perkchtaiding umb versessen dinst und umb urpaw geklagt hat», aber sich auf des Priors Befehl hin der Klage begeben hat.

Siegler: Hanns der Vieregk, «burger ze Wienn», und Ulreich Menkchever.

Datum: ... ze Wienn, an mittichen nach sand Vlreichs tag ...

Original, Pergament. Die zwei Siegel abgefallen.

1838 *1446, October 6, Rom.*

Petrus, Cardinal, Diakon von Sta. Maria Nova, ertheilt einen hunderttägigen Ablass zu Gunsten des Laurenzerinnenklosters in Wien.

Siegler: Der Aussteller.

Datum Rome, sub anno a nativitate domini millesimo quadringentesimo quadragesimo sexto, indictione nona, die quinta mensis octobris ...

Unterschrieben: Paulus Reichner, clericus Salczburgensis diocesis et notarius, ad requisitionem scripsit.

Original, Pergament. Siegel abgefallen.

1839 *1446, November 29, Wien.*

Bischof Leonhard von Passau bestätigt den von Cardinal Peter, Diakon von Sta. Maria Nova, dem Laurenzerinnenkloster verliehenen Ablass.

Siegler: Der Bischof.

Datum Wienne, penultima die mensis novembris, anno domini millesimo quadringentesimo quadragesimo sexto.

Original, Pergament. Siegel abgefallen.

1840 *1447, Mai 16, Wien.*

«Jorius Falder conventus Wiennensis ordinis predicatorum humilis prior» macht Martin Aygenmayster, ferner die Elisabeth, Brigida und Jungler Margreth «in opido Wiennensi», der Verdienste seines Ordens theilhaftig.

¹) Vgl. Nr. 1831.
²) Vgl. Nr. 1653, Anm.

24*

Siegler: Der Aussteller mit dem «sigillum officii mei prioratus».

Datum Wienne, die sedecima mensis maii, anno domini millesimo quadringentesimo quadragesimo septimo.

Original, Pergament. Siegel abgefallen.

1841   *1447, Juli 6, Wien.*

«Erasm Leroch burger ze Wienn» und «Kathrey sein hausfraw» bestehen von ihrer Schwägerin und Muhme «frawn Margreten Erharts des Griesser seligen wittib burgerinn ze Wienn» zu deren Lebtagen ihre drei Weingärten «von erst einer gelegen an der Rotenerd sumerleiten des ein halbs jeuch ist zenagst Kunrats Grünwalder weingarten» mit Bergrechts- und Vogtrechtsleistung nach Klosterneuburg, ferner einen Weingarten ebendort «des ain halbs jeuch ist und haisst die Swüpel zenagst Agnesen der Grunwalderinn weingarten» mit Leistung ebendahin, und endlich einen Weingarten «des ain jeuch ist gelegen am Nusperg genant die Weissleitten zenagst Hannsen des Aczinger seligen weingarten», Leistung ebendahin. Vom Ertrage bekommt ausserdem noch Margret die Griesserin jährlich 22 Pfund Wiener Pfennige zu den vier Quatembern (je «sechsthalb pfund»). Stirbt die Bestandgeberin, so sind die drei Weingärten der Aussteller und ihrer Erben «rechts kaufts güt umb drewhundert pfund wienner phenning», wovon 100 Pfund auf «egenante Kathrein die Lerochinn» und ihre Erben, die andern 200 Pfund «dahin gevallen, dahin si dann die benant fraw Margreth die Griesserinn schaffen machen oder geben wirdet», die dann die Bestandnehmer inner zwei Jahren auszahlen sollen, je zu St. Michael 100 Pfund.

Siegler: Heinrich «Enczesvelder burger ze Wienn» und «Ulreich Menkchover».

Datum: ... ze Wienn, an phinztag nach sand Ulreichs tag, ...

Original, Pergament. Das erste Siegel wohlerhalten, das zweite stark beschädigt.

1842   *1447, November 11, Heimfels.*

Pfalzgraf Heinrich von Kärnten, Graf zu Görz und Tirol etc., verleiht dem «Ulreich Wienner[1]») ... daz haus zu Oberczeraw in ekken ... das ettwann Peter Säliger von Oberczeraw ... zu lehen gehabt hat» gegen Dienst «mit zwain phärden und zwain drabzeügen als dann zu sölhen dinstlehen gehört nach ausweisung der verschreibung».

Siegler: Der Aussteller mit seinem Secret.

Datum: ... auf Hewnvels,[2]) an sand Marteinstag, ...

Original, Pergament. Mit wohlerhaltenem Siegel.

1843   *1447, November 22, Wien.*

Cardinaldiakon Johann Sancti Angeli gewährt der Priorin Magdalena und dem Nonnenkloster Himmelpforten zu Wien einige Erleichterung seiner strengen Observanz.

Siegler: Der Aussteller.

Datum Wyenne, die Jovia vicesima secunda novembris, anno domini millesimo quadringentesimo quadragesimo septimo ...

Gegenzeichnung: Jo. Vaultier, secretarius.

Original, Pergament. Siegel abgefallen.

1844   *1448, März 12, Wien.*

Derselbe erteilt einen hunderttägigen Ablass zu Gunsten des St. Laurenzklosters in Wien.

Siegler: Der Aussteller.

Datum Wienne, ... sub anno domini millesimo quadringentesimo octavo ..., die vero duodecima mensis marcii, ...

Gegenzeichnung: Wie Nr. 1843.

Original, Pergament. Siegel abgefallen.

1845   *1448, Juli 14, Tulln.*

«Ulreich Eystl burger zu Tullen» reversirt über das Leibgedinge, das Erzbischof Friedrich von Salzburg ihm und seinen Angehörigen auf dem Salzburgerhofe angewiesen hat, gegen Uebernahme der Baulast und der Herbergslast für den Erzbischof und seine Räthe «mit erbern gemächen pettgwand und stallung», und, wenn der Erzbischof kommt, mit Pferdestreu auf einen Monat im Jahre.

Siegler: Hanns Symonfelder burger ze Tullen und Jeronimus Tonpeck statschreiber daselbs.

---

[1]) Ich vermuthe hier Herkunft aus Wien.

[2]) Heimfels, eine der Stammburgen der Görzer.

Datum: ... an suntag nach sand Margrethen tag ...

Original, Pergament. Die zwei Siegel abgefallen.

1846 *1448, August 30, Wien.*

«Prüder Hanns Mellerstat provincial in Obern Dewtschen landen uud in Vngarn diezeit verweser des prior ambts und ... der convent ... des klosters gelegen an des herzogen Hof zu Wienn Unser frawn prüder ordens von dem perg Carmelo ...» erhalten von «Hanns Gruntreich und Sigmund Täglich baid burger zu Wienn frawn Margreten der Rossmarkchtinn seligen gescheftleut» zwei Weingärten des «iedes ain halbs jeuch ist, ainer gelegen im Grossen pheninggelt pei Ottakrin und der ander gelegen zu Pawmgarten im Rasp», welche die Erblasser «umb zwo wochenmess und ainen jartag auszurichten geschafft ... nach laut irs geschefts daz im statpuch zu Wienn geschriben stet ...». Sie versprechen dafür «alle wochen zwo mess ausrichten und alle jar ainen jartag ... an phinztag vor dem heiligen Palmtag oder aber inner den nagsten achttagen vor oder hin nach ordenlich» begehen zu wollen, «des nachts mit ainer gesungen vigili und des morgens mit aim gesungen selambt und prinnunden stekkerzen dabei» nach ihres Klosters Sitte.

Siegler: Der Provincial und der Convent der Karmeliter zu Wien.

Datum: ... zu Wienn, an freitag vor sand Giligen tag, ...

Original, Pergament. Die zwei Siegel abgefallen.

1847 *1449, April 6, Wien.*

«Jacob Paugker burger ze Wienn und der ... klosterfrawn zu Sand Clarn ze Wienn pergmaister» stellt einen Gerichtsbrief aus, welchen «Hanns der Strasser diezeit der vorgenanten geistleichen frawn zu Sand Clarn rentmaister» im Namen derselben erwirkt hat «auf virdhalb achtail weingarten gelegen in den aussern Twerchlussen zenagst Hannsen des Hehlgrueber weingarten» mit einem Jahresdienst an das Kloster von «drei schilling und funf wienner pfenning ze grunt dinst ...», darumb daz er denselben wein-

garten zu frombden handen funden hiet» und die bisherigen Besitzer «Stephan und Hanns gebruder die Walther» keine rechtmässigen Erben haben.

Siegler: Niclas der Lewtel burger ze Wienn und Vlreich der Menkchover (da der Aussteller kein Siegel hat, «auch die egenanten geistleichen frawn in den sachen nichts bestetten mugen»).

Datum: ... ze Wienn an dem Palm tag ...,

Original, Pergament. Die zwei Siegel abgefallen.

1848 *1449, September 26, Wien.*

«Linhart Orthaber diezeit der korherren dacz Sannd Stephan zu Wienn capplan» überlässt dem «bruder Johannsen d. z. prior des klosters Unser frawn pruder ordens von dem perg Carmelo an des herzogen Hof ze Wienn gelegen» all sein Recht das er gehabt hat «an dem weingarten der von weilnt frawn Dorothen Mertten des Helm seligen witib» verkauft war «hinder dem Liechtenstain gelegen der Wildegker genant und der zech zu Medling grundrecht».

Siegler: Vlreich Hirssawer statschreiber und Michel Rienolt burger ze Wienn.

Datum: ... ze Wienn, an freitag vor sand Michelstag, ...

Original, Pergament. Die zwei Siegel abgefallen.

1849 *1450, März 24, Grinzing.*

«Wolfgang Sneider diezeit der ... frawn zu Sand Clarn zu Wienn pergmaister und richtër zu Grinczing» stellt einen Gerichtsbrief aus, dass «Pangrëcz diezeit Niclasen des Gewsmids burger zu Wienn diener an stat desselben seins herren und des erbern Stephans Gallander und Niclasen Leütleins baider burger daselbs all drei geschëftleüt Wolfharts des Reschen säligen geschëfts, der gewalt er hat», geklagt hat «auf Andren des Bayrn zu Nustorf und Magdalen seiner hausfrawn weingarten ... des ain drittail ains jeuchs ist gelegen zu Grinczing in der Arnoltsau zunagst des spitals weingarten» mit einem Jahresdienst von 1 Eimer Wein zu Bergrecht und 1 Pfennig zu Vogtrecht «umb drewunddreissig phunt wienner phening die dieselben kanleut dem egenanten ... Reschen sëligen zu gelten schuldig wërn» und wofür der Weingarten im Grundbuche des Klosters «phëntlichen geschriben stünde, daraus er ain bewërte zedl furpracht und hörn lies». Die Beklagten bleiben in Contumaz, der Weingarten wird abgeschätzt durch die «vierer mit namen Pauln Frölich, Andren Rösch, Stephan Bayr und Wolfgangen Eisenmayr» auf 60 Pfund Wiener Pfennige. Da die angebotene Lösung nicht erfolgte, so wird das Gut zur Befriedigung der Gläubiger gestellt, «und was dann übermass sein wirdet, das sol zu dem obgenanten gruntpůch erlegt werden zu handen der obgenanten kanleůt».

Siegler: Der Aussteller.

Datum: ... zu Grinczing, an eritag unser lieben frawn abend zu der kündung, ...

Original, Pergament. Siegel abgefallen.

1850 *1450, August 12.*

«Johanns brobst Sand Geörgen goczhaus zu Herczogenbůrg sand Augustin orden» und sein Convent schliessen mit «swester Herentrawt der Tëchenstaineryn die zeit priorin zu Sand Larenczen prediger orden» und ihrem Convent eine Gebetsverbrüderung.

Siegler: Propst und Convent von Herzogenburg.

Datum: ... des mitichen vor unser lieben frawn schidung tag.

Original, Pergament. Die zwei Siegel abgefallen.

1851 *1451, März 1, Wien.*

Cardinal Nicolaus, Priester zu St. Peter ad vincula, verleiht einen hunderttägigen Ablass zu Gunsten der Laurenzerinnen zu Wien.

Siegler: Der Aussteller.

Datum Wienne Pataviensis diocesis ... die lune, prima mensia marcii, anno a nativitate domini millesimoquadringentesimoquinquagesimoprimo.

Gegenzeichnung: H. Pomert.

Original, Pergament. Siegel abgefallen.

1852 *1451, Juli 16, Wien.*

Johann von Capistran, Generalvicar des Franziskanerordens für Deutschland, schreibt an Erndrud «ordinis sancti Augustini», Mutter des Convents von St. Laurenz zu Wien, «cum pueris suis ordinis zeraphici patris nostri Francisci» in verschiedenen Ordensangelegenheiten.

Datum Wienne, feria sexta post festum divisionis apostolorum, anno domini millesimo CCCC° quinquagesimo primo.

Unterschrift: Fr. Johannes supradictus manu propria me subscripsi.

Original, Pergament. Weisse Seidenschnur; Siegel abgefallen.

1853 *1451, Juli 17, Wien.*

Johann Capistran, Generalvicar des Franziskanerordens für Deutschland, nimmt Johann Kindler, Elisabeth Burgerin und Brigida Artolfin,[1] ferner Magdalena Kchunttrin und Anna Öderin als Wohlthäter des Franziskanerordens in dessen Bruderschaft auf.

Datum Wienne, decima septima die mensis iulii, anno domini millesimo quadringentesimo quinquagesimo primo.

Unterschrift: Frater Johannes supradictus manu propria me subscripsi.

Original, Pergament. Siegel abgefallen.

1854 *1451, October 26.*

«Johans brobst, Bernhart dechant und der gemain convent des wirdigen gotzhaus U. L. F. zu Vndenstorf[2] geistlicher chorherren sand Augustins ordens in Freysinger bistumb» schliessen mit «swestern Erndrudis maisterin und gemainem convent ... Sand Lorenzen ... zu Wienn» eine Gebetsverbrüderung.

Siegler: Propst und Convent.

Datum: ... an freitag vor aller heiligen tag, anno domini millesimo quadringentesimo quinquagesimo primo.

Original, Pergament. Die zwei Siegel abgefallen.

1855 *1452, März 22.*

«Peter brobst, Johanns dechant» und der Convent der Augustinerchorherren von St. Maria zu Rohr «in Regenspurger bistumb» schliessen mit «frawen Erndrudis maisterion

---

[1] Diese beiden Frauen dürften mit den beiden identisch sein, die in Nr. 1840 nur mit Vornamen, doch in derselben Ordnung erscheinen.

[2] Kloster Indersdorf in Baiern.

und gemainem convent ... Sand Larenzen ze Wienn gaistlichen korfrawen saud Augustin orden» eine Gebetsverbrüderung.

Siegler: Propstei und Convent von Rohr.

Datum: ... feria quarta ante anunciacionem gloriose virginis Marie, anno domini millesimo quadringentesimo quinquagesimo secundo.

Original, Pergament. Die zwei Siegel abgefallen.

1856 1452, Juli 24, Wien.

«Niclas Laynbacher diezeit richter der hochwirdigen universitet zu Wienn, eisenkamrer in der münss und burger daselbs und ... Barbara sein hausfrau» verkaufen «mit handen ... hern Hannsen Hechtl korherren diezeit öbristen kellner U. L. Fr. gotshauss zu Klosternewnbürg» ihre Mühle sammt Zugehör «auf der Wienn bei Mewrling» mit jährlichem Dienst nach Klosterneuburg von 12 Wiener Pfennigen «an sand Michels tag zu gruntdinst»; sie verkaufen dieselbe um 38 Pfund Pfennige «und sechs ungrischer guldein zu leitkauf ... swester Petronellen der Pökchlin dz. maisterin der klosterfrawn zu Sand Jacob auf der Hülben zu Wienn» und dem Convent unter der Bedingung, dass das Kloster St. Jacob sowie jeder künftige Besitzer der Mühle zu Meidling von derselben der Karthause Mauerbach jährlich zu Ueberzins 4 Pfund Wiener Pfennige entrichten «die denn ie zu zeiten gib und geb sind zu den vir quattemern im jar, zu sand Michels tag, zu weinachten, in der ersten vastwochen und zu phingsten, zu jeder jeczgemelten quattemer ain phunt», welche Gülte nämlich die Mauerbacher mit Zustimmung «hern Symons brobst» zu Klosterneuburg «auf die egenante mül gelegt habend ewigclichen darauf ze bleiben»; ferner verpflichte sich der Käufer zu allen Leistungen nach Klosterneuburg wie «ander holden zu Meürling leident und duldent ... Auch sülln si jo jerlich an all maut und lon malken allen den getraid des si in ir haus gen Wienn notdürftig sein und den mit irer für in die mül und wider von der mül in dasselb ir haus antwürten». Dagegen sollen die Mauerbacher «in iren wälden denselben klosterfrawen ... vergünnen holz zu nemen,

was si des zu wüm und anderer pesurng derselben mül bedürfen, doch das es genomen werd mit derselben von Maurbach wissen». Wegen «verzichens des dinsts oder pawfellung¹) der mul, davon in in demselben dinst abgang geschech», erwächst den Klosterneuburgern Anspruch auf eine Pön von 8 Pfund Wiener Pfennigen.

Siegler: Der Verkäufer, dann Herr Hanns Hechtlein, «der edl vest ritter her Hanns der Steger» für die Verkäufer.

Datum: ... zu Wienn, an montag sand Jacobs abend des heiligen zwelifpoten, ...

Original, Pergament. Die drei Siegel abgefallen.

1857 1453, November 26, Wien.

«Hainreich Swab der Prunner ... Kathrey sein hausfraw» nehmen für sich und ihre «vîr sün, Cristan, der iecz inner landes nicht ist, Jorgen, Erasm und Vlreichen die noch nicht vogtper sind und dazu für vir» weitere Kinder, die ihrer Ehe noch entstammen dürften, von «herrn Petern Liepharter korherr Aller heiligen tumbkirchen dacz Sand Stephan zu Wienn, diezeit kaplan der ewigen mess, die er in der eren des heiligen zwelfpoten sand Peter auf der zwelfpoten altar in der benanten kirchen gestift hat, und seinen nachkömen kaplänn derselben mess» nur auf ihre zehn Leib- und Lebtage «als leibgedings und der stat hie zu Wienn recht ist ...» zu Leibgeding «sein haus, smidten den hamer und sliffstain pei einander am Niedern Griess auf der Wienn zenagst der stat Kleubhof, den iecz Erhart Wechinger der flöczer in bestands weise innhat, mitsambt der mül und der behausung daentgegen auf dem pühl gegen dem Piberstürn uber gelegen, davon man alle jar dint ainem ieden burgermaister und dem rat der stat zu Wienn sechzigk wienner phening an sand Michels tag zu gruntdinst und nicht mer», welche der Chorherr vom Aussteller «zu der egenanten mess gekauft hat», wobei folgende nähere Vertragsbestimmungen getroffen werden: 1. «auf das new zimer am pühl gelegen süllen fünfzigk phunt phenning

¹) Baufälligkeit.

verpawt und vermawrt werden», die soll der
Käufer und Bestandgeber «von dem kaufgut
innehalden und allain nur zu dem umb-
mawrn des newen zimers umb kalich ziegl
sand und ander arbait ausgeben, damit dasselb zimer aussen und innen ganz unz an
das schintldach aufgemawrt werde mit ainer
mawr die ains grossen ziegls dikch sei auf
das minnist». Sollte der ausgesetzte Betrag
nicht langen, so falle die Vollendung des
Aufbaues zu Kosten des Ausstellers; bliebe
dagegen ein Ueberschuss, so soll der Bestandgeber «die selb ubermass anderswo an dem
newen zimer lassen an mawren, wo es sich
gepürt und füglichen ist». 2. Der Aussteller
soll dagegen auf seine Kosten «alle venster
des newen zimers verglasen und mit einein
gëtern und türlein bewaren auch stübtür und
kamertür machen, anhaben und mit slössern
bewaren und die öfen penkch[1]) estreich machen lassen und zurichten nach dem pesten».
3. Derselbe soll gleichfalls auf seine Kosten
«vir mülreder mit mulstain und aller anderr
zugehörung so man darzù bedorf nach dem
pesten . . . machen lassen und das alles inner
jarsfrist ausrichten und pawn . . .» 4. soll
er «auch jerlich die slacht[2]) palder land von
Hansen Rauchen des pinter haus das auf
der Wienn und dem mülgraben ligt bei der
prugken, unz gar in die Tunaw zu baiden
seiten bewaren und machen und den graben
von der mawr des Piberstürn, dadurch der
prunn aus dem statgraben fleusset gar durch
die prugk abwerts unz in die Tunaw raumen
alsoft des not ist, auch des grabens daselbs
so wir den mit vischen besetzen,[3]) nüczen
und niessen und den polster zu den flüdern
daselbs legen als sich rechtlichen gepurt, und
sullen auch daselbs in dem wasser ain under-
slacht machen und bewaren zu den vischen
und die hofmarch enhalb des wassers zu ainer
seiten selbs verfriden und den obgenanten
gruntdinst selbs ausrichten sullen an geverd».
5. Der Aussteller und seine «innleut», wenn

er welche hätte, sollen von ihrem Eigengut
«und händlen so wir in den egenanten heusern treiben werden schaczstewr geben und
mit der stat zu Wienn leiden und dem
statrechten daselbs gehorsam sein». 6. Sie
sollen «in den egenanten heusern nicht un-
ordlich levt halden, davon dem egenanten
hern Petern oder seinen nachkömen schaden
smachait und unleunt kömen oder auferstcn
mochten». 7. Das Leibgeding darf nicht
weiter versetzt werden. 8. «Item es ist be-
redt, ob . . . die vorgenanten heuser mül
oder smitten von inwendigem fewr abprunnen, also daz sich von ungunst veintschaft
oder von anderlei sachen wegen erhebt hiet
oder angezunt würde das wissentlich wer»,
so sind die Aussteller ersatzpflichtig, «prunn
es aber ab von auswendigem fewr . . .» so
sollen sie nur «trewlich helfen retten als
darzu gehöret, damit nicht grosser schad
daraus kême». 9. sollen dem Bestandnehmer der Caplan «alle jar zu hofzins ausrichten, zu den drein tëgen im jar und geben
zwelf phunt wienner phenning zu weichnachten, an sand Jorgen und an sand Michels tag zu ieden tag vir phunt wienner
phennig . . . als man andern hofzins in der
stat hie reicht» von nächsten Weihnachten
an. 10. Wenn die Aussteller dem Bestandgeber «in der stat purkchfrid zwelf phunt
wienner phening güter jerlicher ewiger gult,
daran er oder sein nachkömen und auch die
lehenherren der obgenanten ewigen mess ain
güt gevelliglichs genugen haben», verschaffen und sicherstellen, so sollen sie ihnen «die
benanten heuser smidten und mül mit irn
zugehörungen enhalb und herdishalb der
Wienn gelegen, wieder abtrëten und übergeben mit gruntherrn handen» wie sie dieselbe früher innegehabt. 11. Kâme die Be-
standmasse durch Schuld des Ausstellers in
Verfall, so sollen sie «alsoft zu peen vervallen
sein dem burgermaister und rat der stat hie
zu Wienn fünf phunt phenning», bis sie bezahlt und Schadenersatz geleistet hätten, und
sollen überdies das Leibgeding verlieren.

Siegler: Andre der Dietram hofmaister
zu Dornpach, Conrat der Pilgreim und Niclas
der Ernst burger zu Wienn.

---

[1]) «öfenpeukch» durch einen Theilstrich auseina-
andergehalten.

[2]) Uferbauten, aus Flechtwerk hergestellt.

[3]) An der Mündung der Wien in den Donauarm
wird noch heute Fischfang betrieben.

Datum: ... zu Wienn, an montag vor sand Andres tag.

Original, Pergament. Die drei Siegel abgefallen.

1858 *1455, April 24.*

«Hanns Chansdorffer burger zu Wienn» hat von Graf Ulrich von Cilli, Ortenburg und Sager etc., «ban zu Dalmacien Croatien und in Windischen landen» 1000 Gulden «ungrisch und ducaten gut in gold und gerecht an der wag» entlehnt und verpflichtet sich zur Rückzahlung bis «auf sand Michels tag nagstkunftig».

Siegler: Der Aussteller, dann Ritter Conrad Hokzlër, «dz. burgermaister zu Wienn», und «Symon Polle dz. des rats daselbs».

Datum: ... an sand Jörgen tag.

Original, Pergament. Mit drei ziemlich gut erhaltenen Siegeln.

1859 *1455, Juni 25.*

«Kathrey weilent Thaman des Mitterchirichër sëligen tochtër und jecz Conraten des Swannhauser dem got gnad witib» vermacht «mit handen des erbern weisen Conraten Përbmhaubts burgër und des rats der stat zu Klosternewnburgk dz. perigmaister daselbs auf der ersamen geistleichen herren und klosterfrawn guet des goczhauss zu Pullgarn» zu einem Seelgeräth für ihren Mann und alle Verwandten einen «weingarten des zwai drittail ains jeuch ist gelegen an dem Puechperg zunagst Conraten des Hellmweigs sëligen tochter weingarten» mit jährlichem Dienst nach Pulgarn von 6 Viertel und 4 Stauf Weins zu Bergrecht und «vierdhalben wienner phening zu voitrecht, ...» Sie vermacht ihn dem Kloster «dacz Sand Jacob auf der Hulbm zu Wienn ... umb ainn ewigen jartag ... obgemelten zwain chanleiten Conrato Swannhausër, Kathrein und Margrethen seinn baiden hausfrawn, Wilhalm Pökchlein, Thaman Mitterchiricher und Anna seiner hausfrawn und Fridreichen des Schawinger selign sein und aller der sein hail willen die aus den obgenanten geslechten verschaiden sind alle jar jerlichen des eritags nach des heiligen kreuz tag als es erfunden ist worden».

Siegler: Für die Ausstellerin Wolfgang Chraër, dann der Bergmeister und Hanns Egner, Bürger zu Klosterneuburg.

Datum: ... an mitichen nach sand Johanns tag ze sunibendten, ...

Original, Pergament. Mit drei Siegeln. Dazu eine einfache Abschrift auf Papier.

1860 *1456, August 4, Wien.*

«Wolfgang Pittrolf der gürtler mitburger zu Wienn und ... Kathrey sein hausfraw» verpflichten sich, für sich und ihre Kinder Jacoben und Annen, «die noch nicht vogtper sind», gegen Bruder Hanns von Nürnberg, derzeit Carmeliterprior «an des herzogen Hof hie zu Wienn», und den Convent, «..., zu sechzigk wienner phening ewigs gelts an sand Jörgen tag», wofür die ihnen «erlaubt und vergünnet habent», dass sie mit ihrem Hausbau «daz der stat grunt ist darauf ettwenn zwen leden, darin man ziechwerch vail hat gehabt, gestanden sind», den sie von der Stadt in Bestandsweise erworben haben «gelegen am Hof zwischen den egenanten geistlichen herren freithoftor und dem türlein do man vom Hof auf irn freithof geet, daselbs auf ir freithof mawr kömen und vir krakchstain darein gelegt, damit wir dasselb unser haus erweitt haben». Unterbliebe die Leistung, so sollten die Carmeliter «auf dasselb haus klagen in der burgerschrann hie zu Wienn als umb versessen ewig gült».

Siegler: Fridreich Ebmer d. z. des rats der stat ze Wienn und Ulreich Hirssawer statschreiber daselbs.

Datum: ... zu Wienn, an mitichen vor sand Larenczen tag ...

Original, Pergament. Die zwei Siegel abgefallen.

1861 *1456, October 4.*

«Caspar Guttentag burger zu der Newnstat und ... Elspeth sein hausfraw die emalen Hannsen Plassen seligen auch elich hat gehabt» für sich und Ludwig, Elsbeths Sohn aus erster Ehe, hatten einen Streit mit «frawn swester Susannen der Sweinwarterinn äbbtesin zu Sand Claren zu Wienn, junkfrawn Wendlein irer conventsswester des egemelten Hannsen Plassen seligen tochter und dem convent gemain daselbs ... von alles derselben junkfrawen Wendlein väterlichs muterlichs und geswisterlichs erbtails und guts wegen». Der Streit wird nun geschlichtet «von den ersamen weisen maister Peteren Quottrer, Hannsen Mitterpacher purgermaister und dem rate zu der Newnstat» und sollen hinfort gewisse Weingärten bei Rust und Oedenburg dem Kloster verbleiben.

Siegler: Der erste Aussteller, dann «Jorg Sevelder zu den zeiten burgermaister und Lynhart Erngros statschreiber zu der Newenstat».

Datum: ... an sand Franciscen tag ...
Original, Pergament. Die drei Siegel abgefallen.

1862 *1457, Juni 14.*

«Virich Eytzinger von Eytzing und ... Barbara sein hausfraw» schenken dem Kloster Erlaa unter Aebtissin Elisabeth, Ulrichs Schwester, «zwen weingärten, ainer genant des Paltram, der ander genant die Gügel baid gelegen neben Attakerin» mit jährlichem Bergdienst nach Klosterneuburg von «fünf emmer weins und zu voitrecht zwelif phenning».

Siegler: Die beiden Aussteller[1]) und «der edel Hanns Pokchelfinger».

Datum: ... an erichtag vor sand Veits tag.
Original, Pergament. Mit drei wohlerhaltenen Siegeln.

1863 *1458, October 5, Wien.*

Herzog Albrecht VI. bestätigt dem Kloster St. Jacob zu Wien die ihm von seinen Vorfahren Herzog Albrecht II. und Otto bewilligte Leistung aus den Hallstätter Salzfunden «nämlich daz si alle jar sechzig nackende fuder salz von dannen füren mügen frei, on alle maut zoll und ander vordrung».

Datum: ... ze Wien, an pfinztag nach sand Franciscen tag, ...
Original, Pergament. Siegel abgefallen.

1864 *1459, Juni 16, Wien.*

Cardinal Johannes, Diakon von St. Angelo, ertheilt einen hunderttägigen Ablass zu

Gunsten des Nonnenklosters St. Laurenz in Wien.

Siegler: Der Aussteller.

Datum Wienne ..., die vero decima sexta mensis iunii.
Original, Pergament. Siegel abgefallen.

1865 *1459, Juni 26, Wien.*

«Hanns Freisleben gesessen zu Nusdorff» verkauft «von erst mit handen ... herrn Steffan brobst zu Sannd Dorothee zu Wienn» sein Viertel Weingarten «in Toblinger Hardt an ainn tail zunagst Micheln Hymleins weingarten und mit dem andern zunagst Ernreichs des Koppleins weingarten» mit jährlichem Dienst nach St. Dorothea 1 Eimer weniger 2 Stauf Most zu Bergrecht und 1 Pfennig zu Vogtrecht, «darnach mit handen des ersamen geistlichen herrn brueder Anndre Gyrg dz. commentevr des hauss zu Sannd Johanns in der Kernnerstrass daselbs zu Wienn» 1 Viertel Weingarten «daselbs im Toblinger Hardt unden dem obgenanten viertl weingarten zunagst ... Koppleins weingarten» mit dem gleichen Dienste. Er verkauft diese beiden Viertel an die Testamentsvollstrecker nach «fraw Elsbett Virichs des Pretrer witib sälige», nämlich Michel Menesdorfer und Hanns Viereck «baid burger zu Wienn», die gemäss einem Testament, «das in dem statpuech zu Wienn geschriben stett» die beiden Viertelweinbaue «herrn Hannsen dem Fraunschuechl die zeit capplan der ewigen mess so die egenant fraw Elsbet die Pretrerin auf U. F. altar in Sand Jacobskloster hie zu Wienn zu stiften geschaft hat, gekauft habent umb hundert und sechzig phunt phennign, ..., der anderthalb hundert phund pheningn herkomen sind von dem benanten Hannsen Viereglhen».

Siegler: St. Dorothea mit dem Grundsiegel und der andere Bergherr, dann «Hanns Ravenspurger urtlschreiber zu Wienn».

Datum: ... zu Wienn, an erichtag vor sand Peters und Pauls tag appostolorum, ...
Transsumt von 1507, Mai 8. Vgl. Nr. 1857.

1866 *1460, April 5, Wien.*

«Margreth Niclasen des Kalber seligen wittib burgerin zu Wienn» erhält «zu rech-

---

[1]) Das Siegel Barbaras zeigt ein Allianzwappen: «Eitzing» und «Krafft», das Pockelfinger'sche drei Hufeisen.

tem leibgeding nach dem landsrechten in
Österreich von ... brūder Hannsen Markch-
dorf diezeit prior des klosters unserr lieben
fraun brūder gelegen am Hof zu Wienn des
ordens von dem perg Cormelo und dem convent gemain daselbs ... ain weingarten des
dreu virtail und der von weilent Hannsen
von Prunn auf sein hausfraun Kathrein selige
und von ir an sew und das obgenant kloster
komen ist nach inhalt desselben Hannsen von
Prunn geschefts das im statpuch hie zu
Wienn geschriben stet»; sie soll ihn mit
eigenen Mitteln «in gūtem mitern paw inn-
haben und pawn ... mit hawn sneiden
stecken gruben und mit aller anderr ge-
wöndlicher und nūczlicher weingartarbeit»
und jährlich 3 Pfund Pfennige davon leisten,
angefangen von «sand Merten tag nagst-
kömmend». Sollten jedoch «die gesworn virer
die darūber gesaczt sind, die denselben weingarten jerlich, zu welher zeit im jar si darzū
gevordert werden, beschawn sūllen» denselben
vernachlässigt finden, oder der Dienst nicht
gereicht werden, so ist die Ausstellerin ersatzpflichtig.

Zeugen: Hanns der Malchinger und
Hanns der Ravenspurger urtailschreiber baide
burger zu Wienn.

Datum: ... zu Wienn, an sambstag vor
dem Palmtag ...

Original, Pergament. Die zwei Siegel abgefallen.

1467 1460, November 15, Wien.

«Michel Menesdorffer und ... Hanns
Vieregckh burger zu Wienn», Testamentsvollstrecker nach «weilent fraw Elsbet Vlreichs
Pretrer sälign witib ... nach laut irs geschelft-
briefs der zu gedächtnus in dem stathuech hie
geschriben stet», bestiften die von der Erb-
lasserin verfūgten «vier ewig mess wochenlich auf U. L. F. altar in dem frawnkloster
zu Sannd Jacob auf der Hulben hie zu Wienn
gelegen» in folgender Weise. Sie verkaufen
«derselben frawn Elsbetten haus gelegen zu
nagst Sannd Jacobs freithoff und ander ir
gutt», weil Bürgermeister und Rath «hie zu
Wienn dasselb hauss zu der mess nicht haben
vertigen wollen» und kaufen für den Erlös
«die hernachgenannten weingarten» die sie

«in khaufbrieffen und grundpuechern ...
hern Hannsn Fraunschuechl ersten caplan der
egenanten mess und seinen nachkomen kapplä-
nen» verschrieben haben. ... «Von ersten
ainen weingarten gelegen zu Berichtoltzdorff
in den Pewnten mit ainem rain zunagst
Hannsen Hasenwasser weingarten davon man
järlich dient den geistlichen herren hincz
Sand Dorothee zu Wienn 12 w. ph. an sand
Michels tag zu grunddienst. Item ain weingarten ... zu Enntzesdorf in den Lanngen
ăckhern mit ainem rain zunagst Sigmunt
Jägermaister zu Medling weingarten» davon
«dem pfarrer von Inntzesdorf 4 w. ph. an sand
Michels tag zu gruntdinst. Item ain weingarten des ain dritrail ains jeuch ist gelegen
in der Leitten zenagst Niclasn Ernnst weingarten» davon «jedem pharrer zu der Heiligenstat 16 w. ph. an sand Michel tag zu
grunddinst. Item ainen weingarten des ain
viertail ist, gelegen in Toblinger hardt an
ainem tail zunagst Micheln Hünleins weingarten und mit dem andern zunagst Euren-
reichs Köppl weingarten, davon man jahrlich
dint den obgenanten geistlichen herrn datz
Sand Dorothee zu Wienn ain emer minner zwo
stauff most zu perigrecht und ain phennign
zu voitrecht, und ain weingarten, des auch
ain viertail ist, gelegen daselbs in Toblinger
Hardt unden dem obgenanten viertl weingarten zunagst des egenanten Koppleins weingarten, davon man jarlich dint dem haus zu
Sannd Johanns in der Kernerstrass» wie nach
St. Dorothee. «Item ain weingarten gelegen
zu Suffring in dem Veld des ain halbs jeuch
ist, zenagst Niclasn Pechekl[1] weingarten mit
ainem rain davon man järlich dint den geistlichen herrn zu Mawrbach ain emer most zu
pergkrecht und ain phening zu voitrecht, und
ain viertl weingarten gelegen am Renweg
auf der Praiten, zunagst Hannsn Spanring
weingarten, davon man järlich dint herren
Hannsn Pachmülner d. z. capplan Sannd
Jacobs altar gelegen in der Heiligen Drival-
tigkait cappeln am Kienmarckht;[2] davon man
jarlich dint ainem iedem caplan des egenan-

---

[1] Vielleicht «Pecherl», k scheint corrigirt zu sein.
[2] Hier ist etwas ausgelassen.

25*

ten sand Jacobs altar sechzig wienner phenning an sand Michels tag zu grunddinst ...»
Da der Erlös aus dem Verkauf des Hauses
zu Bestellung all dieser Gülten nicht langt,
steuert Hanns Vieregckh aus Eigenem «anderthalb hundert phund phenning, darumb pillichen ist, das ain jeder capplan sein und seiner
hausfrawn Agnesn seelen in seiner mess mit
andacht gedächtnus hab». Die Messe wird
zu Ehren «der heiligen ungetailten drivaltig-
kait», der «hochgelobten» Jungfrau Maria,
der zwölf Apostel und Aller Heiligen gelesen.
Von dem Erträgniss der Weingärten soll jeder
Caplan «mit der stat zu Wienn ... steuern
als gewondlich ist». Nach dem Tode oder
Verzicht des gegenwärtigen Caplans soll Michel Mensdorfer und nach ihm «der burgermaister und rat der stat zu Wienn ... der
egenanten mess lehenherren sein und die verleihen alsoft sie ledig wirdet ainem erbern
wolgeleunten maister oder studenten in der
stift des haus zu der Roten Rosen bei den
Predigeren gelegen, der denn inner jarsfrist
briesterliche wirdigkait emphahen» und die
Messe lesen soll.
Siegler: Hanns Vieregkch, Wolfgang
Holnbrunner «burger zu Wienn und Vlreich
Hirschawer statschreiber dazelbs sein swager»
für Michel Menesdorfer.
Datum: ... zu Wienn, an sambstag vor
sand Elspeten tag, ...

   Transsumt von 1507, Mai 8, vgl. Nr. 1865.

1868 *1461, Mai 20, Wien.*

Cardinallegat Bessarion «episcopus Thus-
culanus» bevollmächtigt die Nonnen des Klosters «sancte Agnetis ad Celiportas in Wienna»
zu dem Beneficium der an das Kloster anstossenden Kapelle SS. Johann und Katharina
mit Zustimmung des Schottenabtes und eines
älteren Magisters der Theologie aus dem herzoglichen Collegium zu Wien in jedem Er-
ledigungsfalle einen tauglichen Priester zu
bestellen.
Siegler: Der Aussteller.
Datum Wienne ..., die vigesima mensis
mai, ...
Gegenzeichnung: E. Oldoynus.

Gratis de mandato. N. Sypontinus.
   Original, Pergament. Haofschnur, Siegel abgefallen.
   Dabei eine deutsche Uebersetzung.

1869 *1461, Juli 2, Wien.*

Derselbe ertheilt einen hunderttägigen
Ablass zu Gunsten des Nonnenklosters St. Lau-
renz in Wien.
Siegler: Der Aussteller.
Datum Wienne ..., die vero secunda
mensis iulii, ...
Gratis de mandato. N. Sypontinus.
   Original, Pergament. Siegel abgefallen.

1870 *1461, Juli 18, Wien.*

Derselbe denselben einen vierzigtägigen
Ablass.
Siegler: Der Aussteller.
Datum Wienne ... die vero decima oc-
tava mensis iulii ...
Vermerke wie in Nr. 1868.
   Original, Pergament. Siegel abgefallen.

1871 *1461, August 2, Wien.*

Derselbe ertheilt den Carmelitern am
Hof zu Wien einen hunderttägigen Ablass.
Siegler: Der Aussteller.
Datum Wienne ... anno domini mille-
simo quadringentesimo sexagesimo primo ...
die vero secunda mensis augusti ...
Rescribenda. N. Sipentinus.
   Original, Pergament. Siegel abgefallen.

1872 *1462, Februar 27, Wien.*

Bruder Sixtus de Bauaria, Franziskaner
von der Observanz im Kloster «Sanctorum
Thewbaldi et Bernardini in suburbio Wyennensi», gewährt auf Grund der seinem Orden
von Papst Calixtus III. ertheilten Vollmacht
seiner Schwester Barbara Halabrückerin «in
monasterio sancti Laurencii moranti» die
Gnade, sich einmal in ihrem Leben einen
Beichtvater zu wählen, der sie von allen,
auch den dem päpstlichen Stuhle reservirten
Sünden lossprechen kann.
Siegler: Der Convent.
Datum: Ex conventu nostro Sanctorum
Thewbaldi et Bernardini in Suburbio Wyen-
nensi, anno domini milesimo quadringente-

simo sexagesimo secundo, die vero vicesima septima mensis Februarii etc.

Unterschrieben: Der Prior von St. Theobald: «Fr. Johannes de Carnowia ordinis monachorum de observancia in testimonium promissorum manu propria me subscripsi».

Original, Pergament. Mit wohlerhaltenem Siegel unter Papier.

1873 *1462*, April 2, Wien.

(Barbara Holenpruckerin[1]) empfängt einen Ablass, der den Helfern zum Baue der Kirche des Klosters zu Neuhausen in Hessen-Darmstadt zugestanden war «exceptis votis ad limina apostolorum Petri et Pauli, terre sancte ac sancti Jacobi».[2])

Siegler: Bischof Reinhart und Dechant Rudolf von Worms gemeinsam mit dem Siegel von Neuhausen.

Datum (Wyenne,) anno domini millesimo quadringentesimo sexagesimo secundo, die (secunda) mensis (aprilis).

Druck auf Pergament aus der Fust-Schöffer'schen Officin; nur die eingeklammerten Worte sind mit Handschrift eingetragen. Siegel unter Papier.

Lichtdruckfacsimile in den Mittheil. d. Vereines f. Alterthumskunde, XXVI, 154.

1874 *1462*, December 5.

«Vlreich Eeo gesessen zu Töbling d. z. der ... geistlichen frawen zu Sand Clarn zu Wienn ambtman daselbs» nimmt in seinem Hause zu Döbling die Klage des Lienhart Stelner, «an stat seins herren des ersamen hochgelerten maister Merten Guldern kerёr in der erzney d. z. spitalmaister der burgerspital vor Kernörtor zu Wienn, des gewalt er hat», und als Stellvertreter des Spitals «... auf Vlreichen des Hauffen etwenn gesessen zu Grinczing achtail weingarten gelegen an der Sanntleitten zunagst des Reüschl seligen kinder in der Schefstrass weingarten» mit jährlichem Dienst nach St. Clara von «anderthalb virtail most zu perkchrecht ..., umb acht phunt phening, dafür dem benanten spital dasselb achttail weingarten von im in der ... geistlichen

---

[1]) Vgl. das vorhergehende Regest.
[2]) Sant Jago di Compostella in Spanien.

---

frawn gruntpuch versaczt wer, daraus er ain bewёrte saczzedl fürpracht ... Er vermeldte auch dabei das der egenant Vlreich Hauff vorflüchtig worden und etliche jar nicht hie zu lande gewesen wär, als es dann dieselb vorflucht zu im beweiste». Daher unterbleibt die Ladung und wird sofort zur Schätzung «durch die geswornn virer zu Töbling mit namen Oswalden Türich, Jörgen Mülleittner, Wolfganngen Tawbenprunner und Hannsen Hündl» geschritten, die auf «fünf phund phening» geht. Es erfolgt die Gewaltigung an den Kläger und Ausstellung des Gerichtsbriefes.

Siegler: Hanns der Ravenspurger d. z. des rats der stat und urtailschreiber zu Wienn und Hanns der Kuntstokch gesworner weger burger daselbs.

Datum: ... an Suntag vor sand Niclas tag episcopi ...

Original, Pergament. Die zwei Siegel abgefallen.

1875 *1463*, Juni 10, Wien.

«Wolfganng Vlreichs des Schochtl seligen sun ... Sigmund Schebtёkch jёgermaister burger zu Wienn, und ... Agnes des egenanten Vlreichen Schochtleins seligen witib die zeit volfürer des geschёfts so derselb Schochtl seliger geten hat, das in dem markchtpuch zu Berchtolczdorf geschriben steet», verkaufen im eigenen und im Namen «Wernhardin, Vlreichs, Margrethen und Elzbeten» der «egenanten Wolfganngs und Agnesen geswistreid und kinder, die noch nicht vogtpёr sein ... von ehafter not wegen des egenanten Schöchtleins seligen gelassenn erbgütern zu pawn, und mit des erbern mannes handen Hannsen des Pewntner burger zu Berchtolczdorf» zwei genauer beschriebene Weingärten daselbst um 120 Pfund Wiener Pfennige der «swester Magdalen diezeit priorin und dem convent gemain des frauenclosters zu der Hymlporten zu Wienn ... zu zwain ewigen messen die si wöchenlich auf sand Agnesen altar in irem closter süllen lesen lassen.

Siegler: Für Peuntner, der «diezeit gegraben insigl nicht gehabt»: Hanns «Wisanndt diezeit richter und verweser der grünt die zu der purk Berchtolczdorf gehörend».

Datum: ... zu Wienn, an freitag nach goczleichnamstag, ...

Original, Pergament. Die drei Siegel abgefallen.

1876 *1465, April 5, Wiener-Neustadt.*

Kaiser Friedrich III. gestattet den Nonnen von St. Clara auf deren Bitte «auf dem wasser so aus der Tunaw umb ir und desselben irs klosters au zwischen Ertpurg und Eberstorf gelegen auf iren grünten fleusset, die vischwaid ze haben, darauf ze vischen ... auch dasselb wasser verrer andern leuten und vischern hinzelassen, dadurch sie desterpas ir speis und narunge demselben kloster gehaben mugen», und zwar dürfen «sie dieselb vischwaid auf dem obgenanten wasser unz mitten in die Tunaw» haben.

Siegler: Jedenfalls der Kaiser, der Text besagt nichts.

Datum: ... zu der Newnstat, an freitag nach dem suntag Judica in der vasten, ... unsers kaisertumbs im vierzehenten, unserr reich des Römischen im funfundzwanzigsten und des hungrischen im sibenden jare.

Original, Pergament. Siegel abgefallen.

Herbern in der Kirchl. Topographia, XI, 416, nach einem andern Exemplar oder Abschrift. — Chmel, Reg. Fr. III, Nr. 4174.

1877 *1465, Juli 31, Wien.*

«Leopolt Trawner gesessen in der Lanndstrass vor Stubentor zu Wienn» Amtmann von St. Clara, sass in dem «brüderhaus des vorgenanten frawnklosters zu Wienn an offem gericht; da erschien Michel Progentl der pekch burger daselbs» und klagte «auf einen weingarten des ain halb jeuch ist gelegen in dem Aussern Twerchlüssen zunagst Stephans Mair weingarten, darumb Thoman Toblhofer der pekch und Anna sein hausfraw des ... Progentleins swester, den baiden got genad», im «gruntpuch» des Klosters «in gesambter handesweise ... geschriben stunden» mit 60 Wiener Pfennigen «an sand Michels tag zu gruntdinst», da ihm der Weingarten nach «Annen Toblhoferin seiner swester seligen» zur Hälfte angefallen ist «nach laut seiner beweisten frewntschaft in der stat zu Wienn gruntpüch geschriben»

und klagte auf die andere Hälfte des Weingartens «umb sibenundzwainzigk phund und sechsundsechzigk [phening] die im als porgen derselb n Toblhover sein swager seligen zu geltn schuldig belib, und die er als clager für in Wolfgangen dem Hohenprunner bezalt hiet», für welche Schuld er als Zeugen führte: «Conraten den Irhér, Thoman Weinhals den pinter, Casparen Furen und Niclasen Türbenperger burger zu Wienn». Nun lud er Richter «Conraten Tenndler mitburger zu Wienn und sein hausfraw an stat junkchfrawn Annen des ... Toblhover seligen swester als nagsten erben, die si innhieten»; nach dreimal vierzehn Tagen erschienen der Kläger und «die benanten kanleit Conrat Tenndler und sein hausfraw» erschien auch «und heten auf die clag kein widerred», worauf verfügt wird, dass der halbe Weingarten in des Richters «als ambtmans handen in femgewalt virzehen tag nach lands rechten besteen und beleiben ... durch die gesworen vierer geschätzt und anpoten werden» soll. «Die gesworen vierer in der Lanndstrass» sind «mit namen ... Wolfgang Hummel, Hanns Kol, Michel Unger und Hanns Glasér», die Schätzung besagt «neun phund wienner phenning und nicht tewrer»; um diese Summe wurde das Gut den «kanleiten ... Tenndler» angeboten, die jedoch «losung anstat junkchfrawen Annen verwidert» haben. Sodann wurde entschieden, dass dem Michel Progentel der ganze Weingarten durch Gerichtsbrief zugesprochen im Grundbuch des St. Clarastiftes «nucz und gewer» geschrieben werden soll. Bezüglich einer restlichen Forderung, die nicht durch Pfand gedeckt ist, muss er sich an das übrige Erbe des Toblhofer halten.

Siegler: Thomans der Praitenweidacher und Hanns der Ravenspurger urtailschreiber d. z. baid des rats der stat zu Wienn.

Datum: ... zu Wienn, an mitichen vor sand Stephans tag inventionis ...

Original, Pergament. Die zwei Siegel abgefallen.

1878 *1465, September 26, Wien.*

«Wolfganng Ruelannd diezeit des rats und spitalmaister der burgér spital vor Kernnertor zu Wienn» verkauft im Namen des Spitals mit der Hand der «ersamen weisen herren Ulreichs Metzleinstorffer zu den zeiten burgermaister und des rats gemain der stat daselbs zu Wienn des benanten spitals stiftherren ... auf aim haus gelegen an dem Hohenmarkt genannt das Türndl mitsambt den zwain gewelben under dem Schuchhaus daselbs am Hohenmarcht gelegen, das zu dem obgenanten spital gehort» 7 Pfund Wiener Pfennige «landswerung in Osterreich ...» jedes Pfund um 3o Pfund Pfennige «dem ersamen hochgelerten maister Pauln von Melk lerer der heiligen geschrift techand und korherr Allerheiligen thumbkirchen zu Sannd Stephan zu Wienn und dem erbern weisen Stephann Kysling burger daselbs, baid diezeit ausrichter und volfurer des geschefts so die erber fraw Barbara Thomans Swartzen weilend burger zu Wienn witib selige getan hat ...» mit dem Vorbehalte, dass der Verkäufer und seine Nachfolger «jerlich und ewiglich der obgenanten frawn Barbaren und irn baiden mannen auch allen den von dann dasselb gut herkomen ist und aller gelaubigen selen hails willen an dem nagsten freitag nach dem achten tag gotsleichnambs alle jar ainen ewigen jartag des nachtz mit ainer vigili und newn letzen und des morgens mit ainem gesungenn selambt, aufgerichter par und prinnunden stekchkerzen, dabei ausrichten begeen singen und volbringen lassen süllen und wellen; desgleichen ... auch jerlich und ewiglich ... an gotsleichnams abend ain vesper, ain complet und ain metten mit newn letzen mitsambt den laudes und an sambstag darnach auch an dem achten abend gotsleichnamstag»; in der Zwischenzeit allabentlich «ain metten mit drein letzen und darzu laudes; auch die ganzen acht tag alle tag prim tertz sext non vesper und complet», sowie «frueambt under der frümess; darzu sol man das heilig Sacrament gotsleichnam in der monstranzen mit dem gesangk ,Tantum ergo sacramentum' etc. auf den altar und wider von dann tragen lassen, und soll sich auch ain jeder ambter, so man die sequentzen ,Lauda Syon salvatorem' etc. singt mit dem heiligen sacrament in der monstrantzen an

dem altar umbkehern gegen dem volk und singen ,Ecce panis angelorum' etc. Item an suntag nach gotsleichnams tag so man geet umb den gotsakcher sol man auch geen in die grub, desgleichen alle quattember den ersten sunntag des morgens und des nachts. Und wann man an gotsleichnambs tag auch an dem achten tag darnach mit dem sacrament von der process heimgeet und an dem sunntag nach gotsleichnambs tag sol man mit dem heiligen sacrament durch die frawnstuben, mannsstuben und das langkhaus in dem obgenanten spital geen». Folgen Bestimmungen über Entlohnung der betheiligten Priester und für den Fall der Unterlassung des Jahrtages.

Siegler: Das Spital und die Stadt Wien mit dem Grundsiegel.

Datum: ... zu Wienn, an phinztag vor sand Michels tag des heiligen erzengl ...
Original, Pergament. Die zwei Siegel abgefallen.

1879 *1465, December 20, Wien.*

«Ulreich Metzleinstorffer z. d. z. burgermaister und der rat gemain der stat zu Wienn» erlassen den «ersamen geistlichen fraun swester Margreth Zellerinn diezeit priorinn» und dem Convent «zu den Hymelporten zu Wienn des ordens von Premonstrey» die jährlich zu entrichtende Stadtsteuer von 1 Pfund Pfennigen auf «ain haus stadl garten und zwai hofstet weingärtel hinden daran, mit irn zugehörungen, gelegen vor Stubentor im Grewtt zenagst Casparn Swartz des hawer haus an ainem tail, und an dem andern zenagst der gassen da man geet zu der Pirchnerinn mül und die zwai hofstet weingärtel auf des spitals weingarten» welches sie «von dem erbern Anndren Galannder unserm mitburger umb ain summ gelts gekauft» haben. Auch von aller «mitlaidung» wird das Haus befreit, die darauf lastende Stadtsteuer von 1 Pfund Wiener Pfennige Robot und Anschlägen entfällt, «wenn si uns auch darumb ain ganz volkömens benügen getan und ain summ gelts gegeben und ausgericht, die wir von in emphangen und zu gemainer stat notdurft geprauccht haben; doch das ain ieder wirt, den si darein setzen werden, von seinem eigenhaften güt mit der egenanten stat mitleiden sol als ander mitburger daselbs». Ertragsteuer hat auch er von dem Hause nicht zu leisten,[1]) doch nur so lange es im Besitze gegenwärtiger Käufer bleibt, im andern Falle «sol auch dann der gegenwürtig freibrief ganz ab tod vernicht und kraftlos sein».

Siegler: Die Stadt mit dem kleinen Stadtsiegel.

Datum: ... zu Wienn, an freitag sand Thomans abend des heiligen zwelifpoten, ...

Original, Pergament. Siegel abgefallen.

1880　1467, Februar 1, Wien.

«Dominę Julianę Tumbriczerin magistre» und allen Schwestern von St. Lorenz zu Wien verkündet «frater Innocentius Stingelhaimer sacrę theologię baccalarius formatus conventus Wiennensis etc. omnium conventuum reformatorum utriusque sexus per Theutoniam ordinis predicatorum vicarius generalis» die Aufnahme in die Verbrüderung des Wiener und der gesammten reformierten Convente Deutschlands.

Datum Wienne, in vigilia purificationis beatissime virginis Marie, anno domini millesimo quadringentesimo sexagesimo septimo.

Siegler: Die Aussteller mit dem Amtssiegel.

Original, Pergament. Siegel abgefallen.

1881　1467, September 7, Wien.

Michael Burggraf von Maidburg, Graf zu Hardeck und Landmarschall in Oesterreich, Rüdiger von Starhemberg, «Leupolt von Wukzendorf undermarschalh in Osterreich und ... Walthasar Schifer» entscheiden als Schiedsrichter «zwischen des ersamen bruder herrn Niclasen Mewrl diezeit prior zu den Augustinern zu Wienn» und seinem Convent «aines tails, auch Sichsten und Mertten

---

1) Das heisst soviel, als dass der jeweilige Bestandinhaber den Ausfall der Ertragsteuer, wenn hier dieser moderne Ausdruck gestattet ist, durch ein entsprechendes Aequivalent an Personalsteuer zu ersetzen hat, ohne das Haus zu deteriorieren; der eine Pfund fällt also nicht Ihm, sondern den Himmelpförtnerinnen zu.

der Rietentaler des andern tails von wegen des guts zu Kümerleinstorf das Magdalena Jobsten des Rietentaler hausfraw nach desselben irs manns geschaft[1]) zu ainer ewigen mess und jartag zu den Augustinern zu Wienn auf sand Katrein alter in dem bemelten closter mit sambt dem haus in der Kruegstrass zu Wienn zunagst Ulrichen des püchsenmaister haus gelegen, genant die alt Kanczley, gestift und gewidembt hat ... auch in sunderheit von wegen der dronuss, unwillen, vechd und veintschaft» die darüber entstanden war. Auf Kumersdorf müssen die Rietenthaler verzichten, einen Aufstandbrief an den Bischof von Freising richten und das Lehen dem Augustinerpropst zuwenden. Wäre das nicht zu erreichen, so könnte dieser das Lehen verkaufen und für den Erlös andere Lehen kaufen. Wegen des Hauses in der Krugerstrasse «das her Jorg von Hindperg dieselbzeit prior zu den Augustinern verkauft hat» soll nach laut des Stiftsbriefes gehandelt werden. Hinsichtlich der 600 Gulden 15 Pfund Pfennige und «der zwair ungrischen guldein, die Mertt Rietentaler Sichsten dem Rietentaler und Hödweigen seiner hausfrawn schuldig ist», bleibt es bei der «beredung «so Augustin Eybenstainer und Achaz Waser» gesprochen haben. Wer irgend dem Schiedspruche zuwider handelt, der zalt an den Landesfürsten «zu peen zwai hundert guldein ungrisch» und verliert alle seine Ansprüche an den «stëthaltunden tail».

Siegler: Die Spruchleute.

Datum: ... zu Wienn, an phinztag unser lieben frawn abent zu der gepurd ...

Original, Pergament. Die vier Siegel abgefallen.

1882　1467, October 29, Wien.

«Anna Lienharts Radawner burger zu Wienn hausfraw die emaln Mathias den Wisler seligen auch elichen gehabt hat» verfügt in ihrem Testamente:

a) Begräbniss zu St. Stephan;

b) «daselbshin dacz Sand Steffan zum paw ...» 20 Pfund Pfennige;

---

1) Ein Jahr später war Jost sicherlich nicht mehr am Leben, vgl. Nr. 1888.

c) «item in der Burger spital vor Kernertor zu Wienn» 100 Pfund Pfennige, «darumb
sol man den armen leyten daselbs mal geben
und pad halten als gewondlichen ist»;

d, den vier Bettlerorden 20 Pfund Pfennige;

e) «den herren zu Sand Augustin ...
in sunderhait¹) zehen phund phenig»;

f, «den geistlichen prüdern sand Franciscen ordens dacz Sannd Tybolt vor Widmertor zu pessrung irer speis und andern not-
dürften zehen phund phenning»;

g, den Deutschen Herren zu Wien
6 Pfund Pfennige;

h, «item zum Heiligengeist²) zehen
phund phenig»;

i) «item dacz den Predigern sol man mir
sprechen lassen hundert mess»;

k, dem Erhard Hawgn von Berchtholdsdorf 32 Pfund Pfennige;

l) «item den bekerten frawn und pusserin
zu Sand Yeronimus, den geistlichen closterfrawn zu Sannd Niclas vor Stubentor, item
in das frawenkloster zu Sannd Clam und den
geistlichen junkhfrawn zu Sand Maria Magdalen vor Schottentor» je 10 Pfund Pfennige;

m, «in die drew sundersiechheuser»
15 Pfund Pfennige zu gleichen Theilen;

n, «in die drew selheuser» 12 Pfund
Pfennige zu gleichen Theilen;

o, «item drein frummen armen junkhfrawn zu heirattstewr zu geben dreissig phund
phenig»;

p «item vier pehaimische wolleine tuch
ze kaufen und die auszetailn armen leutn»;

q) «ain glas in dem kor zu den Augu-
stigern» das ihr «ererr man» Mathias Wisler
wollte machen lassen, soll hergestellt werden;

r) ihre Mühle «genant die Wiertzpur-
gerin mit sambt der hofstat daran gelegen
vor Stubentor mit aller zugehorung den geistleichen closterfrawn dacz Sand Agnesen zu der
Hymelportn zu Wienn ledigclichen», wofür
sie allwöchentlich zwei ewige Messen «in
unser frawn cappellen hinden in der kirchen

---

¹) Sie gehören nämlich als Discalceati, unbeschuhte
Eremiten, zu den Benetorden.

²) Ergänze «Spital».

Regesten zur Geschichte der Stadt Wien. II.

irs closters» ausrichten und dem Caplan jährlich 10 Pfund geben sollen; ferner an ihrem
Todestag einen ewigen Jahrtag «des nachtes
mit ainer gesungen vigili und des morgens
mit aim gesungen selambt ... nach sit und
gewonhait irs closters und ain ewigs liecht»
in der genannten Kapelle. Zum Caplan
wünscht sie den vorgenannten Erhart Hawgn,
nach dessen Tod man einen «wolgelewnten
briester» dazu bestellen soll «an allen bäbst-
lichen gwalt und irrung;

s, den Rest «es sei erb oder varundgut»
vermacht sie ihrem Gatten Lienharten Radawner.

Zu Testamentsvollstreckern bestellt die
Testatrix ihren Mann «auf sein trew und
gewissen, als er got am jungsten tag darumb
antburten sol», ferner als dessen Beistände
«Niclasen Ernst die zeit des rats der stat und
Wolfganngen Rülant spitalmaister des burger
spital vor Kernertor beid burger zu Wienn».

Gegentheilige Bestimmungen, sowohl älteren als jüngeren Datums, sollen kraftlos sein.

Siegler: «der ersame hochgelerte maister
Paul von Melkh lerer der heiligen geschrift,
techant Allerheiligen tumkirchen dacz sand
Steffan zu Wienn und Veit Hindperger burger daselbs».

Datum: ... zu Wienn, an phinztag vor
allerheiligen tag, ...

Original, Pergament. Die zwei Siegel abgefallen.

1883] 1467, November 10, Wien.

«Hainreich von Nesslingen burger zu
Wyenn» bekennt, dass ihm der «prior und
der convent gemain des closters zu den
Weyssenbrüdern gelegen an des herzogn hof
zu Wyenn genannt Unser frawn brüder des
ordens von dem perg Carmelo» erlaubt habe,
aus seinem Hause «gelegen zenagst weilent
Stephans Hopher haus ain tür und die fenster
auf iren freithof daraus und darin zu geen»
bis auf Widerruf.

Siegler: Mathes Hanngenmantel und Erhart Pöschendorffer baid burger zu Wienn.

Datum: ... zu Wyenn, an eritag vor
sand Mertten tag des heiligen bischofs, ...

Original, Pergament. Die zwei Siegel abgefallen.

1884 *1467*, November 23, Wien.

«Hanns und ... Christan gebrüder die Gräfl gesessen zu Gunderstorff» nehmen «von den ... geistlichn herren brüder Hannsen Marchdorffer diezeit prior des closters Unser liebn frawn bruder ordens von dem perg Carmelo an der herzogn Hof zu Wienn gelegn, n dem convent gemain daselbs ... ain virtail weingartn so zu dem vorbenanten irm closter gehört gelegn daselbs in den Newnburgern ze nagst Peyrl aignen weingartn an aim rain» zu Leibgeding.

Siegler: Niclas Lebhover und Veit Hindperger baid burger zu Wienn.

Datum: ... zu Wienn, an montag vor sand Kathrein tag, ...

Original, Pergament. Die zwei Siegel abgefallen.

1885 *1467*, November 23, Wien.

«Hainreich Newmair gesessen zu Meidling» erhält von «bruder Hannsen Marchdorffer diezeit prior des closters Unser liebn frawn brüder ordens von dem perg Carmelo an des herzogn Hof zu Wienn gelegn» und dem Convent daselbst «ainen weingartn genant der Rettenpeltz der zu dem ... closter gehört des drew achtail ist gelegn zu Meidling im Guldein erdreich ze nagst des pharrer zu Hof weingarten an aim rain» in Leibgedingsweise, verpflichtet sich, denselben im mittleren Bau zu halten «mit hawn, schneiden, stekhen, gruben, misten oder erdtragen und mit aller anderr gewöndlichn weingartarbait» und zu jährlicher Leistung von 1 Pfund Wiener Pfennigen zu St. Michael; fände die jährliche Inspection, die von Geschwornen «umb sand Gilgen tag oder zu welicher zeit im jar» gehalten werden soll, den Weingarten nicht im mittleren Bau, so geht der Bestandnehmer desselben verlustig und ist zu Schadenersatz verpflichtet.

Siegler: Hanns Hawg und Veit Hindperger baid burger zu Wienn.

Datum: ... zu Wienn, am montag vor sand Kathrein tag, ...

1886 *1467*, December 6, Wien.

Gerichtsbrief, den «Symon Kisling diezeit der ... klosterfrawn ... zu Sannd Clarn zu

Wienn ambtman zu Herrenalss ...» in folgender Sache ausgestellt hat: «Bruder Jacob diezeit gardian des obgenanten frawenclosters ... und Leopolt Trawner gesessen im Lanndstrass vor Stubentor zu Wienn», des Klosters Amtmann «zu Symoninng» als Stellvertreter des Klosters, klagen «auf die hernachbenanten erbgüter: vonerst der benannt gardian auf Hannsen Talhaimer ettwenn gesessen in der Sichenalls seligen und Margrethen seiner witiben zwen weingärten des iedes ain virtail ist, ainer gelegen in Hunntsnakch zu Herrenalss zenagst Hannsen von Eslorn zu Wienn weingarten ... und der ander der Hannsen Mäst ettwenn gesessen zu Herrenalss seligen gewesen und ain öd ist auch gelegen daselbs im Hunntsnakch zunagst Colmann Sasser weingarten» beide mit jährlichem Grunddienst von 15 Pfennigen zu Michaeli. — Leopolt Trauner aber klagt «auf Lienharten Gennsperger ettwenn gesessen zu Symonning (Simmering) seligen zwai jeuch äkchers aneinander gelegen daselbs zu Symonning im Laberfeld zenagst Niclasen des Nöttinger äkcher» mit einem jährlichen Grunddienst von 20 Pfennigen. Sie klagen, weil sich die Weingärten und Aecker «ze frömbden handen gefunden» und längere Zeit keinen Dienst geleistet hatten. Das Gericht beauftragt nun den Richter, er «solt das von des benannten Hannsen Talhaimer zwair weingerten wegen der obgenannten Margrethen seiner witiben und jungkfraun Annen ir baider tochter, die baid noch in leben wärn, und von des egenanten Lienharten Gensperger äkcher wegen dem zechmaister Sannd Larennczens pharrkirchen zu Symoninng» welchem «Lienhart Gennsperger zuhanden derselben kirchen dieselben zwen äkcher ledigclichen geschafft hiet ze wissen tün und si» vorladen, «ob si dieselben weingärten und äkcher verantburten wolden»; die erscheinen aber nicht, worauf das angesprochene Gut zu des Richters «als ambtmanns handen in fron gewalt vierzehen tag» übergeben wird, der mittlerweile die beiden Frauen und den Zechmeister zur Lösung auffordern sollte; da auch diese Aufforderung erfolglos bleibt, wird das Gut dem Stifte zugesprochen.

Siegler: Hanns der Ravennspurger urtail-schreiber und Hanns der Kunntstok gesworener weger baid burger zu Wien.

Datum: ... zu Wienn, an sunntag vor sand Luccin und sand Otilien tag der heiligen jungkfraun, ...

Original, Pergament. Die zwei Siegel abgefallen.

1887 *1468*, April 7, Wien.

«Paul Synger gesessen in der Lanndstrass vor Stubentor zu Wienn anstat und als gerhab und nagster freund Affren Giligin Ledrer weilend gesessen daselbs» seines verstorbenen Schwagers Tochter «die noch nicht vogtper» und ihm von Bürgermeister und Rath der Stadt Wien «mit leib und gut in gerhabweise innzehaben enpholhen ist», und «Elzbeth Sigmunden Tebmer des munsser hausfraw die emalln den obgenanten Ledrer seligen auch eeliche gehabt hat, der egenanten Affren muter» verkaufen mit der Hand ihres Grundherrn «hern Mathias diezeit abt U. L. F. gotzhaus zun Schotten zu Wienn ... ain fleckhl ains gartns das emaln zu dem haus und gartn» gehört hat, dazu die Elsbeth mit ihrem verstorbenen Gatten «in gesambter handeswei» Nutz und Gewere geschrieben steht «und mit dem graben davon getailt ist», gelegen vor Stubentor in der Lanndstrass ausserhalb des grabns zwischen der geistlichen closterfrawn zu Sannd Jacob und der Holczlér gerten, und hat dasselb gertl an der leng sechzigk dawmellen und in der prait virzigk»; sie verkaufen es um 9 Pfund Wiener Pfennige, wovon Singer für sein Mündel, und deren Mutter je 4¹⁄₂ Pfund nehmen, der «frawn swester Petronelln Pokhlin diezeit maistrin» und dem Convent zu St. Jacob zu Wien. Der Grundzins an das Schottenstift beträgt 4 Pfennige jährlich.

Siegler: Der Grundherr und «der erber weis Hanns Hawg burger zu Wienn».

Datum: ... zu Wienn, an phinztag vor dem heilign palmtag.

Original, Pergament. Die zwei Siegel abgefallen.

1888 *1468*, September 23.

«Magdalena Ernreichs des Derren hausfraw» vermacht zu ihrem Seelenheile und dem ihres früheren Mannes «weilent Jobsten Rietentaler»[1]) und ihres jetzigen Gatten dem Kloster Himmelpforten «zu Wienn des ardens»[2]) von Premanstrat» freies Ueberlandsgut zu Kümerleinsdorf, das ihr nach dem «geschelft prief»[3]) ihres verstorbenen Mannes zufällt und näher bezeichnet wird. Den Himmelpförtnerinnen erwächst daraus die Verpflichtung, «das si zu allen vier kottemern im jar hin tuer ewigkleich auf schawn und merkehen schullen» dass das Seelgeräth für ihren verstorbenen Gatten bei den Augustinern auch wirklich gehalten wird; in den Nutzgenuss der Stiftung treten sie erst nach dem Tode der Stifterin.

Siegler: Ernreich der Derre, Bernhard Floyt und Erhart Riedrer.

Datum: ... am freitag vor sand Michels tag, ...

Original, Pergament. Die drei Siegel abgefallen.

1889 *1469*, April 16.

«Wolfgang Wyser gesessen zu Grinezing» der «sweater Dorotheen von Rappach d. z. abbtissin» und des Klosters St. Clara «richter und ambtman zu Grintzing» nimmt in ehrbarem «geding» in seinem Haus «an offem gericht» die Klage des «Lienhart Zellinger an stat des edln Valtein Liepharts münsmaister in Osterreich» an, die derselbe «durch seinen angedingten redner zu dreien vierzehen tagn nach aigns und landessiten in Osterreich auf weilend Annen Pangretzn des vaszicher wittibn haus» sammt Zugehör, «gelegen zü Grinezing zunagst Jörgn Fleischacker haus, davon man alle jar dint» nach St. Clara «zwainzig phenning ze gruntdinst an sand Michels tag zwelif phening in das mal an sand Jörgn tag und vier emer mosts im lesen zu pergkrecht, umb drew und zwainzig phünt und sechs schilling pheming, darumb dasselb haus» und Zugehör grundbücherlich dem Liebhard versetzt war, worüber er sich mit «ainer bewerten saczzedl» ausweist. Da der Richter niemanden von der Gegenpartei in Erfahrung bringen kann, setzt er Termin,

---

[1]) Vgl. die Anmerkung zu Nr. 1881.

[2]) So!

[3]) Von dem schon in Nr. 1881 die Rede ist.

beruft die Vierer ein, «Wolfgangg Swartz, Sigmundn Fewchter, Ulrichn Rösch und Micheln Sattler», die den Weingarten auf «zwaiunddreissig phünt phening» schätzen; derselbe soll dann 14 Tage in des Richters Frohngewalt bleiben und dieser «in der zeit das vorgenant haus Hannsen von Geraw burger zu Wienn, von des sacxs wegen so er auf der ubertewrung desselben hauss han in der egenanten schatzung mundlichen anpieten, ob er das zu seinen handen lüsen und ... Liepharten nach inhaltung seins satzs genüg tün wolte ... Aber er hat da losung verwidert», worauf das Haus dem Kläger zugewiesen wird damit zu handeln «sovërr das er haubtgüts nach laüt des satzs und was mit recht darauf gelegt und aufgebn ist, entricht und bezalt wirdet». Darüber wird dem Kläger dieser Gerichtsbrief ausgestellt.

Siegler: Hanns Hawg und Veit Hindperger baid burger zü Wienn.

Datum: ... an suntag nach sand Tyburczen und sand Valerians tag der heilign martrer, ...

Original, Pergament. Die zwei Siegel abgefallen.

1890 *1469, April 16.*

Derselbe nimmt die Klage des «Steffan Een burger zü Wienn anstat und mit gewalt ... Hannsen Ileml d. z. einer des rats der stat und Hannsen Een seins vatter burger daselbs baid gerhaben jungkfrawn Eva und Sebastians weilend Sebastians Zieglhawser selgn kinder ... durch seinen angedingten redner auf weilend Hannsen Schüster und Annen seiner hausfrawn haus» sammt Zugehör, «zu Grintzing zenagst Andreen Röschen haus», die jährlich nach St. Clara dienen «fünfzehen phening ze grüntdinst an sand Michels tag, vier emer mosts im lesen zu pergkrecht und zwelif phening zu sand Jorgn tag in das mal, umb zwainzig phünt phening, so dieselbn kanleut dem vorgenanten Sebastian Zieglhäwser dem eltern wërn schuldig wördensund wiefern sie das Haus im «grüntpüch phentlich versaczt hieten nach innhaltung desselben grüntpüchs und einer bewërtn saczzedl». Ueber Aufforderung des Klägers werden «Lienhart des egenanten

Hannsen Schüster sün» und «Grüber pinter zu Wienn» vorgeladen, erscheinen aber nicht zum Termin, worauf den genannten Vierern[1] die Schätzung aufgetragen wird; die schätzen das Haus auf «sechs und zwainzig phünt phening», worauf dasselbe 14 Tage lang in des Richters Gewalt bleibt, um währenddessen dem jungen Lienhard Schuster und dem Binder Gruber angeboten zu werden; «aber si habend da losung verwidert». Es erfolgt Zuspruch des Hauses an Kläger und Ausfolgung des vorliegenden Gerichtsbriefes.

Siegler: Wie in Nr. 1889.

Datum: ... an suntag prediger kirchweichtag,[2] ...

1891 *1469, Juni 5.*

Derselbe entscheidet über die Klage des «Lienhart Hawg der erbern frawen Barbaren Hannsen Marchartn selgn wittibn burgerin zu Wienn diener», der «... nach laüt ainer bewertn saczzedl so er aus der ... frawn von Sand Clarn etc. saczpüch geschribn fürgebracht ... auf Niclasn Prünner virtail weingarten gelegn zu Grynntzing zwischn den wegn zenagst Jorgn Fleischaker weingarten, umb sechs und zwainzig phünt phening darumb derselb weingartn dem egenantn Hannsen Marchartn selgn in dem vorberürtn saczpüch daruber laütund verphent ist». Es war beschlossen worden, «Barbaren Micheln Schützn hausfrawn, Niclasn Prünner selgn töchter darumb laden» und «ir widerred horn» zu lassen, was erfolglos blieb. Die Schätzung durch die genannten Vierer[3] ergab als Werth des Weingartens «zwainzig phunt phening». Während der nächsten vierzehn Tage sollte der Weingarten der Erbin des Schuldners zur Lösung angeboten werden, die jedoch nicht erfolgte, daher Ueberantwortung an den Gläubiger.

Siegler: Dieselben wie in Nr. 1889 f.

Datum: ... an montag nach sand Erasm tag, ...

Original, Pergament. Die zwei Siegel abgefallen.

---

[1] Ihre Namen in Nr. 1889.
[2] i. e. Misericordia domini.
[3] Ihre Namen in Nr. 1889 und 1890.

1892 *1469, October 16, Klosterneuburg.*

«Philipp Weyss burgér zu Kloster Newnburgk» richtet in der Sache des «Hanns Aignér burgér daselbs» der «im pharrhof zu sand Mertten daselbs ze Newnburgk an offem gericht, anstat der ersamen geistlichen closterjunckfrawen des goczhauss zu Sand Clarn zu Wienn als ain perigmaister von ambtswegen» erscheint. Die Klage geht «auf reisige güter umb versessen grüntdienst, perckrecht und voitrecht», unter anderem auch «auf ain viertail weingarten gelegen in der Ödengrueb zunagst des Peter Ledrér weingarten, davon man jérlichen gedient solt haben ainn halben emmer und drei stauf most im lesen zu perckrecht und drei helbling ze voitrecht, und ist ettwenn gewesen frawn Margrethen weilenten Leopolten des Floczér seling tochter und ietz Hannsen des Vogl burger zu Wienn hausfrawn, darnach auf anderhalben rahen weingarten gelegen im Slat zunagst Hannsen des Ledrér weingarten, davon man jérliche gedient solt haben newn stauf most im lesen zu perckrecht und ainn newn[1]) helbling zu voitrecht, und ist etwenn gewesen Micheln des Peckhaymer». Auf all dies Gut klagt «der vorgenant perigmaister Hanns Aignér von amtswegen» und erlangt die Zuweisung an das Stift.

Siegler: Der Aussteller.

Datum: . . . zu Closter Newnburgk, des suntags nach sand Kolmans tag des heiling martrer, . . .

Original, Pergament. Siegel abgefallen.

1893 *1470, Februar 13, Ebersdorf.*

«Veyt von Erberstarff obrister erbkämer in Österich» stellt «frawn Margrethen Czellerin priorin zu den Himelparten ze Wienn und dem consent gemain daselbs auf drew jar nagst kunftig» einen Schuldbrief aus über 92 Pfund Pfennige «landeswerung in Österreich»; jährlich soll ein Drittel, also «dreissig phunt funf schilligen zechen phening . . . zwischen sand Michels tag und sand Merten tag» zurückgestellt werden, und zwar vom nächsten Michaelitag an.

---

[1]) Das ist «einen neuen».

Siegler: «der edel und vest Erasm Veuchter».

Datum: . . . zu Erberstarff, am erichtag nach sand Scolastica tag, . . .

Original, Papier. War als besiegelt.

1894 *1470, März 1, Wien.*

Laurencius, Bischof von Ferrara, päpstlicher Referendar und Datar und Legat für Deutschland und Ungarn «cum potestate legati de latere», verfügt auf Anhalten des ehrwürdigen Andreas Stenbaz, «rectoris capellae sanctae Trinitatis in Foro pini Wiennae», die Verlegung des vom «prelatus qui illam consecravit» bestimmten Kirchweihtages, der auf die Octav nach Trinitatis und daher gerade mit dem Kirchweihfeste zu Klosterneuburg zusammenfällt, an welchem Tage «generalis quidam concursus fiat ad Neumburgam claustralem» auf Sonntag vor Simonis und Judä und erteilt für diesen und für den ehemaligen Kirchweihtag einen hunderttägigen Ablass.

Siegler: Der Aussteller mit seinem grösseren Siegel.

Datum Wiennae Pataviensis diocesis in monasterio Scottorum: anno a nativitate domini millesimo quadringentesimo septuagesimo, indictione tertia, die vero prima mensis Martii, pontificatus prefati sanctissimi in Christo patris et domini nostri domini Pauli divina providentia papae secundi anno sexto.

Original, Pergament. Siegel abgefallen.

1895 *1470, Mai 20, Wien.*

«Frater Andreas de Lewbs» vom Franziskanerorden «ac in provincia Austrie quoad fratres de observantia nuncupatos vicarius immeritus» schliesst mit Scholastica, Meisterin des Laurenzerklosters «in civitate Wyennensi ordinis sancti Augustini», Gebetsbrüderschaft.

Datum Wyenne, in loco nostro S. Theobaldi et Bernhardini, vicesima die mensis may, anno incarnationis dominice millesimo quadringentesimo septuagesimo.

Original, Pergament. Siegel abgefallen.

1896 *1471, März 27.*

Sigmund von «Volkennstarff» verkauft dem Kloster St. Jacob zu Wien eine Anzahl

von Gülten auf benannten Gütern im Tullner
Felde und bei Goldeck.

Siegler: Der Aussteller, dann «Veitt von
Eberstarff eribkämrer in Österrich und der
edel vest ritter her Lewpolt von Wultzendorf
undermarschalh in Österrich und Conrad der
Swärtznegker».

Datum: ... amb mittichen nach mitter
vastn.

Original, Pergament. Die vier Siegel abgefallen.
Dazu eine einfache Abschrift.

1897 *1471, Mai 26.*

Wolfgang Wiser, in der Eigenschaft wie
seit 1469,[1] «und pergmaister zu Grintzing»
entscheidet die Klage des «Vlrich Rösch
gesessen zu Grintzing anstat ... Hannsen
Hēml d. z. des ratz der stat zu Wienn und
Hannsen Een burger daselbs als gerhaben Sebastians weilnt Sebastians Zieglshawser des
eltern sēligen sun und Eva seiner swester
Steffans Een burger zu Wienn hausfraw ...
auf weilent Hannsen Kramer zu Grinczing und
Barbara seiner hausfrawn sölign haus ...» zunächst seinem, des Richters Haus gelegen, mit
jährlichem Grunddienst nach St. Clara «acht
emer most im lesen ... und dreissig phening an S. Michaeli»; ferner mit 12 Pfennigen «zu sand Jörgen tag in daz mal, umb
hundert phunt phening», wofür die Schuldner
dem Ziegelshauser das Haus im «gruntpūch
versaczt hieten». Auf klägerischen Antrag
ladet der Richter «Clementen des egemelten
Hannsen Kramēr sēligen vettern und Andren
Knabenhuber gesessen zu Grintzing der egemelten Barbaren seligen prueder, und wer vorhanden wēr der gerechtigkait darzue hiet», die
erschienen auch und «gaben da mit mund und
hant behabte recht willigklichen über; und
der egenant Clement vermelt dapei wie er
noch ain geswistreid hiet, dafur nēm er sich
nicht an». Der Richter gibt dem Klāger
«die gesworn vierer, mit namen Wolfgangen
Swartz, Sigmunden Veichter, Wolfgangn
Vollnhofer und Merten Gunderstorffer», die
das Haus mit «fünfundsechzig phunt phening» schätzen. Nun soll der Richter den
Clement und den Knabenhuber so wie «dez

[1] Vgl. Nr. 1889 ff.

benanten Clementn geswistreid» zur Lösung
auffordern; die letzteren weiss er nicht zu
finden, die anderen Beiden weigern sich der
Lösung, worauf das Haus dem Klāger zugesprochen und der Gerichtsbrief ausgestellt
wird.

Siegler: Hanns Hawg und Veit Hinder-
perger paid burger zu Wienn.[1]

Datum: ... an suntag vor dem heiligen
phinztag ...

Original, Pergament. Die zwei Siegel abgefallen.

1898 *1471, November 6, Wien.*

Kaiser Friedrich III. bestätigt das Testament des «weilent Gregor Sweller ... burger zu Kornewburg ... wie er, mit seiner
gelassen hab und güter nach seinem tod gehalten werden sol, und darunder vier ewig
mess in dem frawn kloster zu den Hymel-
parten hie wochenlich zu halten gestift hat».

Datum: ... zu Wienn, an mitichen nand
Leonharts tag, ...

Original, Pergament. Siegel abgefallen.

1899 *1473, August 9, Wien.*

«Hanns Ponhaimer burger zu Wienn»
verkauft seine «wechslpankh gelegen an die
Pranntstat under den wechslpen[khen ...]
zwischen hern Symons Pötl und Mertten
Schroten wechslpenkhen gegen sannd Stef-
fansfre[ithof über die von ...] und von
Erasm Ponhaimer weilend burger zu Wienn»
seinem sel. Vetter «mit ges[cheft ...]» an ihn
gekommen ist «laut seins geschefts das im
statpuch daselbs zu Wienn geschriben stet
...]»; er verkault sie «mit allen eren wier-
den freihaiten und rechten» dem Wiener
Bürger Niclasen Nachtigall auf Wiederkauf.

Siegler: Der Aussteller und «der edl
Valentin Liebhart mun[smaister] in Österreich
burger zu Wienn».

Datum: ... zu Wienn, an montag vor
sand Larentzen tag, ...

Original, Pergament. Durchschnitten, daher ungiltig gemacht. Überdies aber auch schon vor 1471 zu
anderen Zwecken, wohl als Buchdeckel verwendet.[2]

[1] Also denselben wie in Nr. 1889 bis 1891.
[2] Unter dem Texte stehen in verticaler Reihe folgende Posten verzeichnet: «10ᵐ notario; 24 ₰; 60 ₰;
60 ₰; 4 ₰; 14 ₰; 40 ₰; 7 ₰ ₰; 4 ₰ ₰.» Ein Ähn-

1900 *1473, October 29, Wien.*

«Swester Kunigund Zachledrin diezeit maistrin des hauss zu Sand Jeronimus in der Synnigerstrass zu Wienn gelegen und ... die pusserin gemainkchlich daselbs» denen Ritter «Conrat Holczler diezeit hubmaister in Osterreich ... etlich stükh und güter mitsambt der varunden hab nach laut seins besighten geschefts und stiftbriefs darumben ausgangen, gegeben und geordent hat», verpflichten sich zu täglichen Andachten für den Stifter und sein Haus, worüber die «geistlichen frawn Sand Agnesen kloster zu der Hymelporttten hie zu Wienn, die priorin und ir convent des ordens Premonstratensis daselbs von quattemern zu quattemern ... ir aufsehen» haben sollen; sie führen als

Zeugen: «maister Alexien Tümer lerer in den geistlichen rechten diezeit des hochwirdigen fursten und herren hern Vlrichs bischoven zu Passaw ... official zu Wienn, maister Pauln von Melkh lerer der heiligen geschrift diezeit techant des capitls Allerheiligen tumbkirchen zu Sand Steffan und pharrer zu Sand Jeronimus daselbs ... Hannsen Höml diezeit burgermaister der stat zu Wienn und Thaman Tengkh diezeit statrichter daselbs».

Datum: ... zu Wienn, an freitag nach sand Symon und sand Judas tag der heiligen zwelifpoten, ...

Original, Pergament. Die fünf Siegel abgefallen.

1901 *1473, December 24, Rom.*

«Frater Jacobus de Aquila sacre pagine professor et prior generalis tocius ordinis fratrum Heremitarum sancti Augustini» nimmt die Augustinerinnen zu St. Lorenz in Wien in die Ordensbruderschaft auf.

Siegler: Die Confraternität.

Datum Rome, anno domini millessimo quadringentessimo septuagesimo tercio, vigessima quarta die mensis decembris.

Original, Pergament. Die Initiale blau und roth in Fractur, das Siegel abgefallen.

Ileches Verzeichniss steht auf der Rückseite längs des abgeschnittenen Vorderrandes, wo zu lesen ist: «4 ♂' [♂]; 4 ♂ [♂]; 60 [♂]; 60 [♂]; 60 [♂]; 4 ♂ [♂]; 60 [♂]; 4 ♂ [♂]; 1 ‹». Daneben: «Registrum expositorum meorum praeter elemosinam: Anno salutis 1499.»

1902 *1474, October 17.*

Hanns Hager ertheilt als nächster Verwandter der «edln fraw Agnes Märin weilent gesessen zu Nidernnleiss», seiner Muhme, die «gestift hat ain ewige mess auf der Heiligenn drei künigen altar in dem frawn chloster zu den Hymelpörttten zu Wienn, die dann zu lehen ist durch ain priorin und convent daselbs nach ratt der nagsten fraundt der obgemelten Märynn, ... die nu mit abgang und töd des ersamen und hochgelerten maister Lienharts von Perching ledig ist worden» seine Zustimmung, dass das Beneficium «dem ersamen briester her Seebolden Hertzogen» verliehen werde.

Siegler: Der Aussteller und «Fridreich Weltzer».

Datum: ... am mantag nach sand Gallen tag ...

Original, Pergament. Die zwei Siegel abgefallen.

1903 *1475, Januar 18, Wien.*

«Michel Mawrer gesessen zu Newndorf» nimmt «von den ... klosterfrawn frawn Dorothen von Rappach abbttessinn und dem convent zu Sand Claren zu Wienn auf dreissig jar von datum des brifs nacheinander nagstkomend und nicht lenger ir zwen weingärten genant die Öd gelegen zu Gunderstorff (Guntramsdorf) am perg under der Hymelstieg bei dem holzweg zwischen des pharrer zu Gunderstorf und des Panfersner daselbs weingärten die vormallen ain weingarten gewesen und in die herschaft gen Lachsenburg ainen emer mosts perkchrecht zinsper und den benanten klosterfrawn durch die kriegsläuf und urleüg in ganze ödung gelegt sind» in Bestand.

Siegler: Lewpolt von Wulczendorf und Pernhart der Schegk.

Datum: ... zu Wienn, an mittichen vor sand Fabian und sand Sebastians tag, ...

Original, Pergament. Die zwei Siegel abgefallen.

1904 *1476, März 14, Wien.*

«Kathrey, Jorgen vom Ror des fleischakher weilend mitburger zu Wienn seligen witib», pachtet von «swester Margrethen Zellerin diezeit priorinn des frawnclosters zu den Himlporten zu Wienn und dem convent gemain daselbs ... ir fleischpennkh die von frawn Barbaren hern Steffans des Wirsing witib seligen mit gescheft an si komen ist, gelegen bei dem Liechtensteg; und ist die ander von dem ort als man aus dem Taschnér gesslein get in den Liechtensteg zunagst weilend n der Gengklerin pankh an aim tail und an dem andern zunagst weilent Hainreichs von Ort fleischpankch». Sie will davon jährlich zu Hofzins 10 Pfund Wiener Pfennige reichen, zu Georgi, Michaeli und Weihnachten je 3 Pfund und 80 Pfennige, «als man ander solh dinst in der stat zu Wienn raicht», beginnend mit Georgi. Für Neu- und Zubauten müsste das Kloster, aber für «alle andre kleine pesserung, stokh und lid und das dach schifern» soll die Pächterin aufkommen.

Siegler: Steffan Hertl purger zu Wienn und maister Veyt Griessinpekh statschreiber daselbs.

Datum: ... zu Wienn, an phinztag nach sand Gregorien tag, ...

Original, Pergament. Die zwei Siegel abgefallen.

1905 *1476, August 7.*

«Agatha von gottes genaden abtessin zu Erllacloster» und der Convent verpflichten sich «von wegen ains hoffs ... zu Ottakryn an der Sumerzeill am obern ort zunagst der Hoffgassn mit ainem tail und am andern zunagst Wolfgang Hofer haus ..., von Hannsen Krymhueber und Dorotheen seiner hausfrawn» erkauft, dass sie an Propst Johann und den Convent zu Klosterneuburg, «die desselben hoffs und seiner zuegeherung recht grundherren sein», den Grunddienst genau leisten werden «als ander ir holden daselbs zu Ottakrin thun sullen und pflichtig sein». Insbesondere verpflichten sie sich, dass jede ihrer Aebtissinnen «nach irer erwellung inner jarsfrist durch sich selbs oder im anwalt den obgenanten hoff mit seiner zugehorung bei des ... gotshaus zu Closterneunburg gruntpuech nutz und gwer empfahen, sich darumb schreiben lassen und zu vertigung zu demselben grundpuech geben soll zwen ungrisch guldein in golt». Die Inleute des Ottakringer

Hofes sollen unter grundherrlicher Gerichtsbarkeit stehen «als ander inwoner daselbs, auch die panntaiding besuechen hörn und alle gerechtigkeit der herschaft und des aigens halten». Im Uebertretungsfalle hat der Propst das Recht, ihr «guet und frucht daselbs zu Ottakrin zu versperren und aufzuhalten».

Siegler: Aebtissin und Convent.

Datum: ... an sand Affra tag der heiligen martreren, ...

Abschrift vom Ende des 15. Jahrhunderts auf Papier.

1906 *1476, September 12, Wien.*

«Hanns Kehrynnhueber zu Ottakrin und Dorothe sein hausfraw» verkaufen «mit handen des ersamen geistlichen hern Niclasen Lüenczér chorherrn und diezeit öbristen kellnér ... zu Closternewnburg» ihren «hof mit seiner zugehörung mitsambt der hofstat weingartn hinden an den garten gelegen daselbs zu Ottakrin an der Sumerzeil zunagst Wolfganngen Hofer und Barbaren seiner hausfrawn haus» mit einem jährlichen Grunddienst nach Klosterneuburg von 3 Schilling 6 Pfennige, ferner 22 Pfennige «in das mal» und 33 Pfennige «in das holz, alles wiener müns an sand Michels tag»; sie verkaufen ihn «umb hundert und fümfunddreissig phunt phenning gutter landeswerung in Österreich ... der ... frawn Agathen abthesin zu Edla closter, dem convent gemain daselbs» unter Wiederholung der im Reverse vom 7. August[1]) enthaltenen Bestimmungen.

Siegler: Der vorgenannte Chorherr, dann «Mert Burger huebschreiber in Österreich und Thoman Durchtziecher ainer des rats der stat zu Wienn».

Datum: ... zu Wienn, an phinztag nach unser frawntag der gepürd, ...

Original, Pergament. Mit drei Siegeln; das erste beschädigt, die andern beiden wohlerhalten. — Dazu ein Vidimus des Abtes Florian von St. Florian von 1549, Januar 11, St. Florian.

1907 *1477, März 27, Rom.*

Papst Sixtus IV. ernennt den Erzbischof Johann von Gran zum Coadjutor des Bischofs Leo von Wien, der «propter eius

---

[1]) Nr. 1905.

adversam valetudinem insaniam iam per quinquennium passus est et ecclesiam Wiennensem cui preest per se ipsum, ut expediret et iura requirunt, in spiritualibus et temporalibus regere impeditur» und zum Administrator des Bisthums bis auf Weiteres. Unter Anderem wird auch bestimmt, dass er volle Gewalt eines Bischofs haben solle «ita tamen, quod interim de bonis mense episcopalis Wiennensis sumptas percipere valea» moderatos, alienatione tamen quorumcunque bonorum immobilium et pretiosorum mobilium ecclesie Wiennensis et etiam mense predictorum ... penitus interdicta ... [et interim dilectis filiis capitulo Wiennensi rationem reddere tenearis alioquin co]adiutoric[¹] officium huiusmodi extunc cesset et expiret».

Datum Rome, apud Sanctum Petrum, anno incarnationis Dominice millesimo quadringentesimo septuagesimo septimo, sexto kal. aprilis,[²] pontificatus nostri anno sexto.

X   pro B. de Reate
X   Sinolfus.
P. de Spinosis
A. Gundissalui
Original, Pergament. Siegel abgerissen.

1908   *1477, März 27, Rom.*

Papst Sixtus IV. empfiehlt dem Kaiser Friedrich III. den zum Adjutor des Bischofs Leo von Wien und zum Administrator von dessen Bisthum ernannten Erzbischof Johann von Gran.

Datum Rome, apud Sanctumpetrum, anno incarnationis dominice millesimo quadringentesimo septuagesimo (septimo, sexto kal. aprilis,[²] pontificatus nostri anno sexto.

V   pro Merkay
X   Sinolfus.
P. de Spinosis
A. Gundissalui
Original, Pergament. Siegel abgefallen.

_____ ___

[¹] Die Stelle in [ ] in blässerer Tinte und gedrängter Schrift auf Rasur.

[²] Die Stelle in ( ) mit blässerer Tinte; dieses Factum, das uns auch in den vorhergehenden und in der ganzen folgenden Reihe von gleichdatirten Urkunden begegnet, ist auf den Umstand zurückzuführen, dass die päpstliche Kanzlei nach Calculus Florentinus rechnete, daher, wenn

1909   *1477, März 27, Rom.*

Papst Sixtus IV. empfiehlt dem Erzbischofe von Salzburg den zum Coadjutor und Administrator des Erzbisthums Wien ernannten Erzbischof Johann von Gran.

Datum Rome, apud Sanctumpetrum, anno incarnationis dominice millesimo quadringentesimo septuagesimo (septimo, sexto kal. aprilis,[²] pontificatus anno sexto.

V   pro Casuta
X   Sinolfus.
P. de Spinosis
A. Gundissalui
Original, Pergament. Siegel abgefallen.

1910   *1477, März 27, Rom.*

Derselbe trägt den Bischöfen von Wr.-Neustadt und Seckau auf, dem zum Coadjutor und Administrator des Bisthums Wien ernannten Erzbischof Johann von Gran den vorgeschriebenen Eid abzunehmen.

Datum Rome, apud Sanctumpetrum, anno incarnationis dominice millesimo quadringentesimo (septimo, sexto kal. aprilis,[²] pontificatus nostri anno sexto.

X   pro Re[ati]no
P. de Spinosis   Sinolfus
A. Gundissalui
Original, Pergament. Siegel abgefallen.

1911   *1477, März 27.*

Eidesformel für den neuernannten Coadjutor des Bischofs Leo von Wien. Darunter auch zum Schlusse folgende Bestimmung: «Possessiones vero ad mensam dicte Wiennensis ecclesie pertinentes non vendam neque donabo neque impignorabo neque de novo infeudabo vel aliquo modo alienabo, etiam[³] cum consensu capituli Wiennensis ecclesie predicte, inconsulto Romano pontifice.

        pro A Clodio
        Sinolfus.
Original, Pergament. Siegel abgefallen.

_____ ___

die Erlässe drei Tage früher hätten ergehen müssen, nach das Jahr 1476 gezählt worden wäre.

[¹] Vgl. die Anmerkung zu Nr. 1907.

[²] Vgl. oben Nr. 1907, Anmerkung.

[³] Soviel wie «etiam si fiat».

27

1912 *1477*, März *27*, Rom.

Papst Sixtus IV. trägt «dilectis filiis capitulo ecclesie Wiennensis» Gehorsam auf gegen den zum Coadjutor des Wiener Bischofs Leo ernannten Erzbischof Johann von Gran.

Datum Rome, apud Sanctum Petrum, anno incarnationis dominice millesimo quadringentesimo septuagesimo (septimo, sexto kal. aprilis), pontificatus nostri anno sexto.

V   pro Porso
X   Sinolfus.
P. de Spinosis.
A. Gundissalvi.
Original, Pergament. Siegel abgefallen.

1913 *1477*, März *27*, Rom.

Papst Sixtus IV. ermahnt die Geistlichkeit «civitatis et diocesis Wiennensis» zum Gehorsam gegen den zum Coadjutor ernannten Erzbischof Johann von Gran.

Datum Rome, apud Sanctumpetrum, anno incarnationis dominice, millesimo quadringentesimo septuagesimo (septimo, sexto kal. aprilis), pontificatus nostri anno sexto.

V   pro A. Clodio
X   Sinolfus.
P. de Spinosis.
A. Gundissalvi.
Original, Pergament. Siegel abgefallen.

1914 *1477*, März *27*, Rom.

Papst Sixtus IV. «dilectis filiis universis vasallis ecclesie Wiennensis» über die Ernennung des Erzbischofs Johann von Gran zum Coadjutor des Wiener Bisthums.

Datum Rome, apud Sanctumpetrum, anno incarnationis dominice millesimo quadringentesimn septuagesimo (septimo, sexto kal. aprilis), pontificatus nostri anno sexto.

V   pro P. de Reate
X   Sinolfus.
P. de Spinosis.
A. Gundissalvi.
Original, Pergament. Bulle abgefallen.

1915 *1477*, April *24*, Wien.

«Swester Dorothea diezeit maisterin und der convent gemain zu Sannd Jeronimus, in der Süngerstrass zu Wienn gelegen», rever-

siren wegen der Zusatzstiftung des Ritter «Conrat Holtzler diezeit hubmaister in Osterreich» mit ähnlichen Bestimmungen wie 1473, October 29.[1]

Siegler: Das «haus zu Sannd Jeronimus, maister Wilhelm Maroltinger doctor geistlicher rechten und tümherr zu Passaw», derzeit Passauischer Official zu Wien, «maister Paull von Melkch lerer der heiligen geschrift dz. techant Allerheiligen tumkirchen zu Sannd Steffan und pharrer zu Sannd Jeronimus und die ersamen weisen Hanns Hèmml dz. burgermaister der stat zu Wienn und Thaman Tengk statrichter daselbs».

Datum: . . . zu Wienn, an phinztag sand Jorgen tag des heiligen ritter, . . .
Original, Pergament. Die fünf Siegel abgefallen.

1916 *1478*, März *25*, Wien.

Bischof Alexander von Forli, päpstlicher Referendar «in Germania, cum clausula ,Et in quibuscumque aliis locis, ad que te declinare contigerit in spiritualibus et temporalibus'», mit voller Gewalt eines «legatus a latere, nuncius et orator», ertheilt den Laurenzerinnen zu Wien die Ermächtigung, sich ihre Beichtväter selbst zu wählen.

Siegler: Der Aussteller.

Datum Vienne, anno domini millesimo quadringentesimo septuagesimo octavo . . . die vero vicesima quinta mensis martii . . .
          Amerinus.
Original, Pergament. Rothe Seidenschnur; das Siegel abgeschnitten. — Dabei eine deutsche Uebersetzung aus dem 16. Jahrhundert.

1917 *1478*, Mai *26*, Wien.

Derselbe demselben Kloster einen hunderttägigen Ablass.

Siegler: Der Aussteller.

Datum Wienne . . . die vicesima sexta mensis maii . . .
          Amerinus.
Original, Pergament Siegel abgefallen.

1918 *1479*, März *26*, Wien.

«Michael v. g. g. des heil. R. Reichs burggrave zu Maidburg, grave zu Hardegk land-

---

[1] Nr. 1900.

marschalh, . . . Ruediger von Starhemberg
. . . Sigmund von Eyczing vorstmaister in
Osterreich» als Schiedsrichter in dem Streite
zwischen dem Nonnenkloster St. Clara einerseits «und der gemain zu Erdpurg des andern-
tails von des au-fleckchleins wegen zwischn
dem Kolwerd der Erdpurger aw, und dem
Preiswerd der von Sand Klaren aw und
gutern gelegen» entscheiden «das daz vorgenant awfleckchl oberhalb der alter die auf
und zwischen den gemerkchen steen und zu
marchpaumen genugsam sein, den von Sand
Klaren pillich beleiben . . . sol, was aber die
von Erdpurg holz darinn abgeslagen und noch
gemaissens dar inne ligt» soll denselben verbleiben.

Siegler: Die Aussteller.

Datum: . . . zu Wienn, an freitag nach
unser lieben frawn tag der verkundung, . . .

Original, Pergament. Die drei Siegel abgefallen.

1919 *1480, März 29, Wien.*

Kaiser Friedrich III. weist der Karthause
Mauerbach die ihr seinerzeit statt der jähr-
lichen «zehen mess eisens» von Leoben auf
das Ungeld von Wien angewiesenen 10 Pfund
Pfennige nunmehr auf das Ungeld von
Tulln an.

Datum: . . . zu Wienn, an mitichen vor
dem heiligen antlas tag, . . .

Commissio domini
imperatoris in concilio.
Original, Pergament. Siegel abgefallen.

1920 *1480, Juli 15, Wien.*

«Ennglhart Hütisch und . . . Margareth
sein hausfrau» bestehen «zu rechtem leibgeding nach der stat rechten hie zu Wienn
von den . . . klosterfrawn swester Waltpurgen
Pällanderin d. z. äbbtissinn und dem convent gemain des fraunklosters hinz Sannd
Klaren zu Wienn . . . ain haus mit seiner
zugehorung . . . genant des Ällpitauer haus
gelegen in der Püppinger gassen hie ze Wienn
an sinem tail zunagst Hannsen Nagler haus»
und verpflichten sich zur Erhaltung des
Hauses «an mewrn dechern pödenn und andern, gar nichts ausgenommen», sollen jedoch zu ihrer «baider lebteg nu fürbaser

kainerlei hofzins ze geben schuldig noch
phlichtig sein», da sie für das Leibgeding
eine Summe Geldes erlegt haben; wohl aber
müssen sie «stewr ansleg und robat . . . von
dem bemelten haus» von ihrem Gut ausrichten.

Siegler: Larenntz Taschenndorffer diezeit statrichter zu Wienn und Fridrich He-
berler burger zu Lintz.

Datum: . . . zu Wienn, an sambstag
nach sand Margrethen tag der heiligen junkch-
fraun, . . .

Original, Pergament. Die zwei Siegel abgefallen.

1921 *1482, Januar 9, Wien.*

«Agnes weilent Steffans Khuefuesser[1])
selign witib burgerin zu Wienn» stiftet durch
feierliche Urkunde[2)] bei den Himmelpförtnerinnen zu Wien «ain ewige fruemess auf
sand Andres des heiligen zwelfpoten altar
. . . dreimal in der wochen auszurichten» an
beliebigen Tagen. Zu diesem Behufe und
damit «ain caplan sein narung desterpas
davon gehaben müg», hat sie der Priorin
400 Pfund Wiener Pfennige übergeben «auch
darzü kauft ain messpúch ainn kelich und
ain messgewant von plaben tamaschk . . .»;
als rechte Lehenfrau verleiht sie die Messe
zunächst ihrem «brúder hern Micheln Sikh»,
dessen Nachfolger sie, und nach ihrem Tode
«ain iede priorin des benanten frawencloster
zu den Himlporten als recht lehenfraw» ernennt. Ein pflichtsäumiger Beneficiat kann
um «ain phund wachs an alles nachlassen»
gestraft werden, ja sogar sein Benefiz verlieren «an alle intrag bäbstlicher und kaiserlicher rechten».

Siegler: Ernreich Koppl dz. des rats und
maister Veiten Griessenpekhn statschreiber zu
Wienn.

Datum: . . . zu Wienn, an mitichen nach
sand Erharts tag, . . .

Original, Pergament. Die zwei Siegel abgefallen.

1922 *1482, Juli 29, Wien.*

«Hanns Willderstorffer zu Wienn» für
sich und als Gerhab von seines Bruders Wolf-

---

1) Daher das «Kühfussgassel.»?
2) Invocation und Arenga.

27*

gang unmündigen Kindern verkauft dem Erlakloster Güter «in Erllaklostrer, Valentiner
und Panthaleoner pharren und in Ennser
lantgericht».

Siegler: Der Aussteller, dann «Wilhalm
von Aichperg zu Sallnau und eribmarschalh
des stifts Regenspurgk», endlich «Virgili
Schrutawer kaiserlichen maiestat prothona-
thari und anwalt der münss in Österreich».

Datum: ... zu Wienn, an montag nach
sannd Jacobs tag im snitt des heiligen zwelifpoten, ...

Original, Pergament. Mit drei wohlerhaltenen
Siegeln, sämmtlich mit Secret, das aber nur beim mittleren gut erhalten ist.

1923 *1484, August 17, Graz.*

Kaiser Friedrich III. gibt «der zwitrecht
halben» zwischen seinen beiden Wiener
Bürgern, Jörg Windisch für seine Hausfrau
Ursula und Caspar Friedland, eine von Letzt-
genanntem veranlasste Erklärung über den
von Richter und Rath zu Wien gefällten
Schiedsspruch. Die von den Räthen erkannte
Erledigung lautet «also: der antwurter sei
des clager hausfrawn noch demselben irem
man des haushalben nichts schuldig; dann
des weingarten halben ist der gesprochen urtail verfoligt».

Datum: ... zu Grëcz, an freitag nach
sand Larenczen tag, ...

Transsumt in Nr. 1924.

1924 *1484, August 31, Wien.*

«Larenncz Haiden ritter zu den zeiten
burgermaister und der rathe gemain der stat
zu Wienn» stellen ihrem Mitbürger «Caspar
Friedlannd sneider» und dessen Gegner «Jorgen Windischen an stat seiner hausfrawn
Ursulen» auf Grund einer eingeschalteten
Urkunde Kaiser Friedrichs III. ddo. 1484,
August 13,[1]) einen Gerichtsbrief aus, der über
nachstehenden Hergang berichtet: die kaiserliche Erklärung war von Caspar Friedland
producirt; Windisch dagegen «liesse durch
seinen redner furpringen, der Fridland hiete
in rechten tëgen weder schub noch erclerung

—— · · ·
¹) Vgl. Nr. 1923.

furpracht dardurch er berürter erclerung nicht
genissen mochte und were selbs säumig gewesen, des solte er auch entgelten, und hoffte
es belib pillichen bei den gerichts urchunden
... und der Friedland were urtail pruch;
ob im aber das aberchannt wurde, des er
nicht getraute, so behielt er in dannoch
bevor zu der erclerung furzebringen sein notdurft. Daentgegen der Fridland: ... er hiet
die erclerung in rechten tagen furbracht und
soih wort des Windisch bekumreten in gar
nichts und züg sich des in das aufschreiben
der tag, so im darumb furzepringen erchant
und geben weren, dardurch er pillichen hoffete,
in bei solher erclerung zu halden». Der um
Urtheil angegangene Rath entscheidet zu
Gunsten Friedland's, worüber «baid tail ge-
richtsurchund» begehrten.

Siegler: Die Stadt mit dem Stadtsiegel.
Datum: ... eritag vor sand Gilligen
tag, ...

Original, Pergament. Siegel abgefallen.

1925 *1485, August 26, Wien.*

«Maister Hanns Ëglawër von Swanns
briester Passawer bistumbs und ... Thaman
Schachnner burger zu Wienn baid weilend
Wennczlaba Wunneberg des mesrër burger
zu Wienn seligen geschëftleut» haben, nachdem «bruder Linhart Prëwer lerer der heiligen
geschrift prior und der convent» der Carmeliter «zu den Weissenbrüdern an der herzogen hof zu Wienn» sich verpflichtet hat,
sieben Wochenmessen «in der kirchen irs
klosters auf sand Kathrein altar, der auch in
den eren sand Michels und aller engeln ist
geweicht ... nëmlich des suntags ain mëss
die sich dann nach ordnung und aufsatz der
heiligen Römischen kirichen zu lesen gepürt,
des montags ain selmess, am eritag ain mess
von wie der bruder wil, in den eren Allerheiligen, am mitichen ain mëss von allen
enngeln, am phinztag von gotsleichnam, am
freitag von dem heiligen kreuz oder unsers
herrn leiden und am sambstag von unserr
lieben frawn albeg underm hochambt» zum
Seelenheile «Wennczlaba Wunneberg und
Barbara seiner hausfrawn», wofür diese 300
Pfund Pfennige ausgesetzt und nach ihrem

Tode «den zechmaistern und ganzer bruderschaft der maister zech messrerhandwerchs
zu Wienn» die Aufsicht übertragen haben;
sie, die Geschäftleute, haben den Stiftbrief
übergeben «den erbern weisen Fridreichen
Totzer, Thamann Südner, Andreen Püchsin-
ger und Thamann Lindawer diezeit zechmaistern der egenanten maister zech messrer
hantwerchs zu Wienn ..., als si dann vormallen vom Wunneberg von der ersten funf
wochenmess wegen, ee er die mit zwain ewigen wochenmessen gemert hat, auch solh
übergab und gevalt haben gehabt». Diese
Zechmeister nun sollen das Aufsichtsrecht
haben, die Carmeliter am Hof bei Säumniss
mit Pön belegen können und das Recht
haben, eventuell «sew mit gerichtszwang
darzu zu bringen».

Siegler: Hanns der Haug und Hanns
Mulhawser baid burger zu Wienn.

Datum: ... zu Wienn, an freitag nach
sand Bertelmes tag des heiligen zwelfpoten, ...

Original, Pergament. Die zwei Siegel abgefallen.

1926 *1487, Januar 29, Wien.*

«Michael Lochmair tumbherre und official des stifts Passaw, lerer der heiligen geschrift und babstlicher rechtn, Gregor diezeit
brobst zu Sannd Dorothe zu Wienn und
Niclas von Krewznä auch lerer der egenanten heil. geschr. ... und lector derselbn
heil. geschr. in dem fürstlichen collegio der
hochwirdigen universitet und schul daselbs
zu Wienn» schlichten den Streit zwischen
«bruder Erhartten und dem convent gemain
des gotzhaus zu Sannd Augustin hie auf
ainem und ... Sigmunden Gwalczhofer
münssmaister in Österreich burger zu Wienn
auf dem andern tail» wegen der «gestiftn
mess», die dieser durch jene «in dem frawen
closter zu der Himlportn hie ze lesn gestift
hat» und die nach des Stifters Meinung nicht
pünktlich eingehalten war. Die zu Schiedsrichtern gebetenen Aussteller bestimmen, dass
die drei Wochenmessen nicht mehr bei
Himmelpforten, sondern bei den Augustinern
«auf sand Sebastians altar», die Quatember-
seelenmesse jedoch, «so man den jartag
begeet», nach wie vor bei Himmelpforten

gelesen werden sollen, worüber die Himmelpförtnerinnen zu wachen haben. Dafür haben
ihnen die Augustiner «jerlich zu dem newen
jartag» 42 Pfennige Wiener Münze «so dieselb zeit gib und geb ist» auszurichten und
für jede nicht geleistete Messe oder Seelenmesse ein Pfund Wachs «es sei in irem
closter oder zu der Himlportn beschehen,
zu peen geben ... und desgleichs, als oft
sie die zweiundvirzig phening jerlichs dinsts
in auch nicht gebn, als vor steet, zwier sovil
gelts und dennoch den versessn dienst auch
zalln». Ferner müssen die Parteien den
Schiedsrichtern «all und iglich brief, wie si
die in dem handl oder stift an einander ge-
gebn haben nichts außgenomen inner den
negsten fünfzehen tagen[1]) dato des briefs
uberantburten und geben, die zu vernichtn»,
neue Briefe ausstellen «nach laut ainer nottl»
die vorliegendem Briefe beigegeben war, und
schliesslich auf alle «appellacion und commission wohin die beschehen oder von wem
sie außgangen sein» verzichten u. s. w.; im
Widersetzungsfalle ist der schuldige Theil zu
Zahlung von 40 Pfund Pfennigen Wiener
Münze «dem stethaltenden tail» verpflichtet
«und zu Sand Steffans tumbkirchen zu Passaw zum paw auch virzigkh phund phenning
derselbn münss an alles nachlassn».

Siegler: Die Schiedsrichter (und zwar
Lochmaier mit dem Siegel des «officialatz-
ambt» und die Parteien.

Datum: ... zu Wienn, an montag vor
unser lieben frawn tag der liechtmess, ...

Original, Pergament. Die sechs Siegel abgefallen.

1927 *1487, Februar 22, Grinzing.*

Gerichtsbrief, «Anndre Karnitzer gesessen zu Grintzing diezeit ... swester Dorotheen Schiermerin abtessin und irs convents
zu Sand Clarnn zu Wienn richter und ambtman» in der Klage des «Ulreich Rösch burger zu Wienn anstat des ersamen weisen
Steffan Een burger daselbs zu Wienn ...
auf weilend Hannsen Stüntzen seligen gerechtigkeit so er hiet ... an ainem haus ... zu

---

[1]) Vgl. das französische «quinze jours» = vierzehn
Tage.

Grinczing zunagst Jorgen Flach gesessen daselbs hous» mit 13 Pfund Wiener Pfennigen
die Stunz und seine Witwe Margreth auf
dem Hause hatten und dem Stephan Een
schuldig geworden waren. Der Kläger erhält als Vierer «die erbern Jorgn Flach,
Mertten Gunderstorffer, Anndren Hofer und
Lienhartn Lambacher» die das Object auf
15 Pfund Wiener Pfennige schätzen. Margreth verzichtet auf die Lösung und auf das
Haus, und da auch auf weitere Berufung niemand erscheint, so wird dieses dem Gewalt-
träger des Claraklosters zugesprochen.

Siegler: Erhart Pirhenawer burger zu
Wienn.

Datum: Geschehn zu Grintzing an phinztag vor sand Mathias tag des heiligen zweilf-
potn, ...

Original, Pergament. Siegel abgefallen.

1928 *1487, Februar 22, Grinzing.*

Derselbe in gleicher Eigenschaft für dieselben in der Klage, die «der ersam geist-
lich herr her Hanns Eisner korherr U. l. Fr.
goczhaus zu Closter Newnburg diezeit pharer
zu der Heilignstat anstat des ... herrn hern
Jacobn Püperl brobst ... zu Closternewnburg
... und des convents gemain daselbs ... auf
Ciruosen¹) Schrekhaeisen gesessen zu Grinzing und Agnesen seiner hausfrawn haus ...
daselbs zunagst Valentins Prünner haus umb
neun phunt phening darumb dasselb haus
dem obgenanten goczhaus in der obgenanten» Clarisserinnen «gruntpuch phëntlichn
versaczt wër nach laut desselben gruntpüchs
und aines bewertn sacczedl, die er daraus
furbracht». Da niemand zur Verantwortung
des Hauses erscheint, erhalten die Kläger
«die geswornn vierer ... die erbern Jorgn
Flach, Mertten Grunnderstorffer, Andren Hofer und Lienhartn Lambacher», nach deren
Schätzung das Haus «als es iecz ligt nicht
tewrer wert sei dann zehen phunt phening».
Somit wird nach den üblichen Fristen das
Haus dem Stifte Klosterneuburg zugeschrieben.

Siegler: Erhart Pirhinger burger zu
Wienn.

¹) Offenbar verlesen oder verschrieben aus Ciri-
cosen für Ciriacussen.

Datum: ... zu Grinczing, an phinztag
vor sand Mathias tag des heiligen zweilfpoten, ...

Original, Pergament. Siegel abgefallen.

1929 *1487, Februar 22, Grinzing.*

Derselbe in gleicher Eigenschaft für dieselben in der Klage, die «Hainreich Smidin-
ger burger zu Wienn anstat Kathrein seiner
hausfrawn, die vormalen Petern Mawrer weilend burger daselbs seligen auch eelichen
gehabt het, der gwalt er het» vorbringt «auf
Annen Jorgenn Hainburger weilend gesessen
zu Grintzing seligen witiben haus mit seiner
zuegehorung gelegen daselbs zunagst Hannsen Tawbmerin haus umb aindlef guldein
ungrisch gerecht in gold und wag und virzigkh phening», die sie dem Peter Maurer
und seiner Witwe, der nunmehrigen Kathrein Schmiedinger, schuldig geworden ist,
für welches Factum Schmiedinger die Aus-
sagen der «erbern weisen Larenncen Taschendorffer, Vlreichn Reschenn burgern zu Wienn,
und Jorgen Flach, gesessen zu Grinczing»
vorbringt. Die Schätzung durch die «virer
die erbern Jorgen Flach, Mertten Gunderstorffer, Anndreen Pachhaimer und Lienhartn
Lambacher» ergibt, dass das Haus «als es
itz ligt, nicht tewrer wert sei dann achtund-
zwainzigkh phunt phening»; es wird nun
«der vorgenanten Hainburgerin kinder ger-
habn» mündlich angeboten, die Lösung verweigert und das Haus dem Kläger zugesprochen.

Siegler: Erhart Pirhenawer burger zu
Wienn.

Datum: ... zu Grinczing, an phinztag
vor sand Mathiastag des heiligen zweilf-
potn, ...

Original, Pergament. Siegel abgefallen.

1930 *1488, Mai 28, Wien.*

Conrad Waldner, Bürger von Klosterneuburg, klagt im Namen des St. Claraklosters zu Wien eine Reihe von Kloster-
gütern wegen versessenen Grunddienstes an,
wobei «Larenntz Taschendorffer, burger zu
Wienn, diezeit der erwirdign geistlichn frawn
frawn Scolastica Schirmerin, abbtessin und des

convents gemain des frawnclosters zu Sannd Clarnn daselbs zu Wienn gesatzter richter der hernachgeschribn sachn» ist, «die in urpaw od unverdient und zu frombder hand legn und dem egnantn gotzhaus zu Sannd Klarn dienstper wern».[1]

Item von ersten auf die behausten güter und weingärtn zu Grintzing. Item Peterm Schuster prannstat, darauf vormaln ein haus gepaut gewesn ist zunagst Fritzn Metz haus, umb 6 ph. grundienst und 12 pf. malgelt, die drew jar versessn ... wern. Item auf harrn Wolfgangen Forchtnawer prannstät, zunagst Wiltpoldn Fuchsperger haus, umb 44 ph. grundienst und 13 ph. malgelt, die echt jar darauf versessn ... wern. Item auf Micheln Eisenhärt prannstat, zunagst Anndres Prukhner haus, umb 30 ph. grundienst und 12 ph. malgelt, die euch 8 jar darauf versessn ... wern. Item auf a der Guglerin jeuch weingärtn gelegn zu Grintzing im Hungerperg, zunagst Larenntzn Taubnhofer weingarta, umb anderthalb emer most perkhrecht und 3 helbing voitrecht. Item auf hern Micheln Ofner pfarrer zu Sand Ottnheim halb jeuch weingarta, genant der Hebnnreich, zunagst weiland Wolfganngen Snelder zu Grintzing weingarta, umb anderthalb emer most perkhrecht und 9 ph. grundinst und 3 helbig voitrecht. Item auf Kristoffn Wolffürter achtteil weingarta, gelegn im Nuspach zunagst Mathesn Fridberger weingarta, umb ein virtail most perkrecht und ein ort voitrecht. Dieselbn grunt ell in 6 jarn nicht verdient sein worden.

Item, auf die weingärtn und auch zu frombder hand und auch zu Grintzing gelegn sein. Item auf Wolfganngn Franken achtteil weingarten gelegn im Kirchgrabn zunagst Gülign Fleischakher zu Nussdorf weingarta umb 2 emer most perkrecht und 2 ph. voitrecht, die 7 jar darauf versessn ... wern. Item auf Hannsn Winklmair ocht tail weingarta gelegn daselb zunagst Jorgn Muerhaimer weingarta, umb 2 emer most perkrecht und 2 ph. voitrecht, die 13 jar darauf versessn ... wern. Item auf Ludweign Zellacher 2 drittl weingarta, die ietz Wolfgang Liephart burger zu Wienn inn het, gelegn zu Grintzing in den peuntn zunagst der geistlichn herrn zu den Minornbrudern weingarta, umb 3 virtail und 2 stauf most perkrecht, 27 ph. grundienst und 3 ort voitrecht, die euch 13 jar darauf versessn ... wern.

Item auf die grunt und guter zu Tobling. Item auf herrn Fridreichn Muldorffer virtail weingarta, zunagst Hannsn Schuster weingarta, umb 3 virtail wein und 1 ort voitrecht, die 7 jar darauf versessn ... wern. Item auf Lienharten Balhaimer virtail weingarta, zunagst Thomasn Vechtnen weingarta, umb 3 virtl most perkrecht und 3 ort voitrecht, die euch 7 jar darauf versessn ... werdn. Item auf Hannsn Virtailer virtail

weingarta, zunagst Thomasn Stainhauser weingarta, umb 3 virtail most perkrecht und 3 ort voitrecht, die auch 7 jar darauf versessn ... wern. Item auf Niclasn Ertenperger drittteil eins jeuchs weingarta, zunagst Jorgn Puerkhl weingarta, umb 1 emer perkrecht und 1 ph. voitrecht, die 7 jar dereuf versessn ... wern. Item auf Thoman Hündl virteil weingarta, zunagst Niclasn Wolfegker weingarta, umb 3 virtail most perkrecht und 3 ort voitrecht, die 6 jar darauf versessn ... wern. Item auf Vlreichn Steirer drittail weingarta, zunagst Vlreichn Zwetler weingarta, umb ain virteil most perkrecht, 1 ph. voitrecht, die 10 jar darauf versessn ... wern. Item auf Hannsn Stalner drittail weingarten, zunagst Steffans Newilchedl weingarta, umb 1 emer most perkrecht und 1 ph. voitrecht, die 13 jar darauf versessn ... wern. Item auf Hannsn Waldner echttail weingarta, zunagst Steffans Mügler weingarten, umb anderthalb virtail most perkrecht und anderthalb ort voitrecht, die 6 jar darauf versessen ... wern. Item auf Lienharten Valapekh virtail weingarta, zunagst Sigl Lindoser weingarta, umb 3 virtail most perkrecht und 3 ort voitrecht, die 7 jar darauf versessn ... wern. Item auf Hannsn Leschnprant drittail aus ain jeuch weingarten, zunagst Hannsn Tierspekn weingarta, umb 1 emer most perkrecht, 1 pf. voitrecht, die 8 jar darauf versessn ... wern. Item auf Margrethn Hannsn Hofer hausfrawn echtteil und ain virtail weingarta, zunagst Andre Jeger weingarta, umb funfthalb virtail most zu perkrecht und funfthalb ort voitrecht, die 7 jar darauf versessn ... wern. Item auf Lienharten Mulseuter virtail weingarta, zunagst Andres Jeger weingarten, umb 3 virtail most perkhrecht und 3 ort voitrecht, die 8 jar darauf versessn ... wern. Item auf Fridreichn Regnspurger virtail weingarta, zunagst Jorgn Tokhl weingarta, umb 3 virtail most perkrecht und 3 ort voitrecht, die 12 jar darauf versessn ... wern. Item auf Vlreichn Een virtail weingarta, zunagst Fridreichn Regnspurger weingartn, umb 3 virtail most perkrecht und 3 ort voitrecht, die 7 jar dereuf versessn ... wern. Item auf Wolfganngn Zalner virtail weingarta, zunagst Hannsn Oder weingarten, umb 3 virtail most perkrecht und 3 ort voitrecht, die 8 jar darauf versessn ... wern. Item auf Micheln Nagl virtail weingarta, zunagst Anndres Frölich weingarta, umb drew drew (?) virtail most perkhrecht, 3 ort voitrecht, die 8 jar darauf versessn ... wern. Item auf Thomasn Hofer sechszehn teil weingarta, zunagst Hannsn Semer weingarta, umb ainn helbn emer most perkhrecht und ainen helbing voitrecht, die 12 jar darauf versessn ... wern. Item auf Thoman Lembater virtail weingarta, zunagst Micheln Nagl weingarta, umb 3 virtail most perkhrecht und 3 helbing, die 10 jar darauf versessn ... wern. Item auf Jorgn Pirhinger sechszehntail weingarta, zunagst Thomasn Hofer weingarta, umb ainn helbn emer most perkhrecht und ainn helbing voitrecht, die euch 10 jar darauf versessn ... wern. Item auf Sigl Lindner virtail weingarta, zunagst Lienharts Zymerman weingarta, umb 3 virtail most perkhrecht, 3 helbing voitrecht, die 8 jar darauf versessn ... wern. Item auf

---

[1] Im folgenden Textabdruck ist thunlichst gekürzt worden, insbesondere erscheinen elleinthelbn Ziffern statt den durchwegs in Buchstaben geschriebenen Zahlen der Vorlage.

Anndre Jager virtail weingarm, zunagst Lienharts Zymerman weingarm, umb 3 virtail most perkrecht und 3 helbing voitrecht, die auch 8 jar darauf versessen ... wern. Item auf Wolfgangn Sadlpeckh virtail weingarts, zunagst Paulin Freudnfuss weingartn, umb 3 virtail most perkhrecht und 3 helbing voitrecht, die 7 jar darauf versessen ... wern. Item auf hern Lienhartn Klag drittail weingarta. zunagst Wolfgangs Lukner weingartn, umb 1 virtail most perkrecht, 1 ph. voitrecht, die 10 jar darauf versessen ... wern. Item auf Vlreichen En virtail weingarm, zunagst Micheln Lukhner weingarts, umb 3 virtail most perkhrecht, 3 ort voitrecht, die 8 jar darauf versessen ... wern. Item auf Hannsern Tierspekn drittail weingarta, zunagst Lienndl Kregl weingartn, umb 1 emer most perkhrecht und 1 ph. voitrecht, die 10 jar darauf versessen ... wern.

Item auf die gruni und guter zu Enntzestorff under dem Liechtenstein im Enntzestorffer Staisfeld gelegen. Von ersten auf Jorgn Kreppinger von Bertholtzstorf weingartn, zunagst weilend des von Cilj weingartn, umb 1 emer most perkrecht und 1 ph. voitrecht. Item auf Jorgn Gundloch burger zu Wienn weingarts, zunagst a des Puechstaler weingartn, umb 1 emer most perkrecht und 1 ph. voitrecht. Item auf Walther Mägerl und Kathrein seiner hausfrawn weingarta, zunagst weilend Vlreichs Pirman seliga weingartn, um 10 ph. gruntdienst. Item auf Lienharts Wurtzperger und Agnesen seiner hausfrawn weingarta, zunagst des egenant Mägerl weingartn, auch umb 10 ph. gruntdinst. Item auf Thoman Sunnlenttner weingartn, zunagst Anndre Snelder weingarta, umb 1 emer most perkrecht. Item auf Lienharts Nagl weingartn, zunagst Petern Hierssen weingarta, auch umb 1 emer most perkrecht. Item auf Lienhartn Purchstaler und Margrethn seiner hausfrawn weingarta, genant der Gera, umb 20 ph. gruntdinst. Item auf Larenntzn von Ruust weingarts, genant der Senldhemerl, zunagst Sand Kunigundn zech zu Prunn weingartn, umb 10 ph. und einen helbing gruntdienst. Item auf Lienharts Newnkircher weingartn, zunagst des pharrer zu Honestorff weingartn, umb 7 ph. und einen helbing gruntdienst. Item auf denselbn pharrer weingarm, genant der Seigret, umb 15 ph. gruntdinst. Item auf frawn Vreulaen Schlemerin halbm jeuch weingarta, zunagst Wernharts Fleischaker von Medling weingartn, umb 3 helbing gruntdinst. Item auf Hannsen Leczelter und Kunigundn seiner hausfrawn halbm jeuch weingartn, zunagst Hannsen Kirchnaimer weingartn, umb 3 helbing gruntdinst. Item auf Hannsen Spät und Magdalen seiner hausfrawn weingarten, zunagst Niclasn Fürer weingartn, umb 5 ph. gruntdinst. Und auf Hannsn Perlinnreutter und Barbara seiner hausfrawn weingarta, zunagst Otto von Pechlarn weingartn, umb 5 ph. gruntdinst; dieselben vorgenante grünt all in 10 jarn nicht verdient worden wern.

Item auf die grunt und guter zu Herrnallas im Huntzunkh. Item auf Mathesn Lamberger zingiesser viertail weingartn, gelegn dasalbs zunagst der gassn, umb 15 ph. gruntdienst, die 6 jar darauf versessen ... wern. Item auf Wenntzlahn Schenakl viertail weingarta,

zunagst Petern Arnolt weingartn, umb 15 ph. gruntdienst, die auch 6 jar darauf versessen ... wern. Item auf Mathesn Awer zingiesser viertail weingartn, zunagst des Scheibmänk weingartn, umb 15 ph. gruntdienst, die 10 jar darauf versessen ... wern. Item auf Dorothe Sigmunds Riesteiger hausfraw viertail weingartn, zunagst Mathesn Zinglesser weingartn, umb 15 ph. gruntdinst, die 20 jar darauf versessen ... wern. Item auf Hannsen Polhaimer viertail weingartn, zunagst Michels Kirchmair weingartn, umb 15 ph. gruntdinst, die 12 jar darauf versessen ... wern. Item auf Kristan Potnawer halb jeuch weingarta, zunagst des Kirchholtzlein weingartn, umb 30 ph. gruntdinst, die 12 jar darauf versessen ... wern. Item auf Konnrato Mulpekhn viertail weingartn, zunagst des Casparn weingartn, umb 15 ph. gruntdinst, die 10 jar darauf versessen ... weren. Item auf Hannsn Mautter virtail weingartn, zunagst a des Friesnakh weingarta, umb 15 ph. gruntdinst, die 8 jar darauf versessen ... wern. Item auf Magdalen Hannsen Steger hausfraw halbm jeuch weingartn, zunagst des Krieglholtzlein weingartn, umb 32 ph. gruntdinst, die 8 jar darauf versessen ... wern. Item Fridreichn Kramer halbn jeuch weingartn, zunagst der egenannt Stegerin weingartn, umb 30 ph. gruntdienst, die 10 jar darauf versessen ... wern. Item auf Helena Hannsen Tiersmaler hausfraw virtail weingartn, zunagst der herrn von Rein weingarta, umb 15 ph. gruntdinst, die 30 jar darauf versessen ... wern. Item auf Mathesn Awer zingiesser virtail weingartn, zunagst Hannsen von Eslorn weingarta, umb 15 ph. gruntdinst, die 10 jar darauf versessen ... wern.

Item auf die grünt und güter zu Pralitmaes im Amaspach und im Gern. Item auf Kathrein Anndres Egkerl hausfraw 3 achttail weingartn, zunagst des Sweigkharts Zinglesser weingartn, umb 30 ph. gruntdinst und 3 helbing voitrecht, die 12 jar darauf versessen ... Item auf der Teutschen herrn jeuch und ain achttail weingartn, zunagst der gassn, umb 4 sch. ph. gruntdienst und 6 ph. voirecht, die 18 jar darauf versessen ... wern. Item auf Hannsen von Gera 3 achttail und 1 drittail weingartn, zunagst des Haidn Schuster weingartn, umb 85 ph. gruntdienst, 3 ph. und 1 ort voirecht, die 16 jar darauf versessen ... weren. Item auf Hannsn Rauscher halbm jeuch und ain drittail weingartn zunagst Erharts Gaplcien weingartn, umb 3 sch. 10 ph. gruntdinst und 5 ph. voitrecht, die 12 [jar] darauf versessen ... wern. Item auf das convent zu den Schottn halbm jeuch weingartn, zunagst der Teutschn herrn weingarta, umb 60 ph. gruntdinst, die 16 jar darauf versessen ... wern. Item auf Michelin Lannge drew achttail weingartn, zunagst der von Schottn weingartn, umb 47 ph. gruntdinst und 9 ort voitrecht, die 10 jar darauf versessen ... wern. Item auf Barbara Thomann Hofer hausfraw achttail weingartn, zunagst der Teutschn herrn weingartn, umb 45 ph. gruntdinst und 3 ort voitrecht, die 10 jare darauf versessen ... wern. Item auf Paulin Riemer 3 achttail weingartn, zunagst der herrn von Schottn weingartn, umb 45 ph. gruntdinst und 9 ort voitrecht, die auch 10 jar darauf versessen ... wern. Item auf Wilhalm Wogralner virtail und ain halbe sech-

achtail weingarts, zunagst des Puchfelder weingarten, umb 33 ph. gruntdienst und 3 helbing und 1 ort voitrecht, die 18 jar darauf versessen ... wern. Item auf Ulreichs Topler virtail und ain halbs sechzehntail weingarts, zunagst Staffans Rahn weingarts, umb 33 ph. gruntdinst 3 helbing und 1 ort voitrecht, die auch 18 jar darauf versessen ... wern. Item auf der Augustiner virtail weingarts, zunagst der bald, umb 30 ph. gruntdinst und 3 helbing voitrecht, die 12 jar darauf versessen ... wern. Item auf Thoman Vilhawer achttail weingarts, zunagst derselben bald, umb 15 ph. gruntdinst und 3 ort voitrecht, die 20 jar darauf versessen ... wern. Item auf Micheln Rat achttail weingarts, zunagst Mertin Gruber weingarts, umb 15 ph. gruntdinst und 3 ort voitrecht, die 20 jar darauf versessen ... wern. Item auf Mertin Gruber drew achttail weingarts, zunagst der Frölichin weingarts, umb 45 ph. gruntdinst und 9 ort voitrecht, die 20 jar darauf versessen ... wern. Item auf Dorotheen Jacobs Seekler hausfraw achttail weingarts, zunagst des Törner weingarts, umb 15 ph. gruntdinst und 3 ort voitrecht, die 16 jar darauf versessen ... wern. Item auf Barbara Frölichin virtail weingarts, zunagst Mertin Gruber weingarts, umb 15 ph. gruntdinst und 3 ort voitrecht, die 12 jar darauf versessen ... wern. Item auf Hannsen Sweigkhart viertail weingarts, zunagst der Egkerin weingarts, umb 30 ph. gruntdinst und 3 helbing voitrecht, die 12 jar darauf versessen ... wern. Item aber auf Hannsen Sweigkhart aingiesser anderthalb achttail weingarts, zunagst herrn Hannsen von Planukenstain weingarts umb dritthalbm und 20 ph. gruntdinst, 1 ph. und anderthalb ort voitrecht, die 12 jar darauf versessen ... wern. Item auf herrn Hannsen von Planukenstain jeuch weingarts, zunagst des Micheln Fleischaker von Sand Veit tochter weingarts, umb 3 sch. gruntdinst und 6 ph. voitrecht, die 10 jar darauf versessen ... wern. Item auf desselben Micheln Fleischakher von Sand Veit tochter achttail weingarts, zunagst Lienharts Aiher weingarts, umb 15 ph. gruntdinst und 3 ort voitrecht, die 12 jar darauf versessen ... wern. Item auf Lienharts Aicher virtail und ain drittail aus ainn achttail weingarts, zunagst in des Hulbing Sneider weingarts, umb virdhalbm und 30 ph. gruntdinst, dritthalbm helbing und 1 ort voitrecht, die 12 jar darauf versessen ... wern. Item auf Gilig Greiner virtail und ain sechzehntail weingarts, zunagst Mertin Leo weingarts umb virdhalbm und 30 ph. gruntdinst und dritthalbm helbing und 1 ort voitrecht, die 12 jar darauf versessen ... wern. Item auf Elspethn Menhartin virtail weingarts, zunagst Thomans Herant weingarts, umb 30 ph. gruntdinst und 3 helbing voitrecht, die 12 jar darauf versessen ... wern. Item auf Thoman Herant virtail weingarts, zunagst Lienharts Perkner weingarts, umb 30 ph. gruntdinst und 3 helbing voitrecht, die 20 jar darauf versessen ... wern. Item auf Lienharts Perkner virtail weingarts, zunagst Sand Jacobs kirchn zu Pentzing weingarts, umb 30 ph. gruntdinst und 3 helbing voitrecht, die auch 20 jar darauf versessen ... wern. Item auf derselbn Sand Jacobs kirchn drew

achttail weingarts, zunagst Wolfgangs Merbertner weingarts, umb 45 ph. gruntdinst und 9 helbing voitrecht, die 18 jar darauf versessen ... wern. Item auf Coonratn Drexchler achttail weingarts, zunagst Staffans Rab weingarts, umb 45 ph. gruntdinst und 3 ort voitrecht, die 16 jar darauf versessen ... wern. Item auf Steffan Rahn anderthalb achttail weingarts, zunagst Micheln Turner weingarts, umb 23 ph. gruntdinst, 1 ph. und als halbs ort voitrecht, die 20 jar darauf versessen ... wern. Item auf Micheln Turner anderthalb achttail weingarts, zunagst Steffans Zochman weingarts, umb dritthalbm und 20 ph. gruntdinst, 1 ph. und ain halbs ort voitrecht, die auch 20 jar darauf versessen ... wern. Item auf Steffan Zochman virtail weingarts, zunagst Micheln Marchfelder weingarts, umb 30 ph. gruntdinst und 3 helbing voitrecht, die 16 jar darauf versessen ... wern. Item auf Barbaren von Sand Veit anderthalb achttail weingarts, zunagst des Sweigkharts weingarts, umb dritthalbm und 20 ph. gruntdinst, 1 ph. und ain halbs ort voitrecht, die 16 jar darauf versessen ... wern. Item auf Lienharts Gaugshofer anderthalb achttail weingarts, zunagst des Fridreichs Berner hausfrawn weingarts, umb dritthalbm und 20 ph. gruntdinst, anderthalb ort voitrecht, die 10 jar darauf versessen ... wern. Item auf Affram Sigmunds Vinkn hausfrawn halbm jeuch weingarts, zunagst dem virtail weingarts, das do dint den geistlichn herrn zu dem Heiligen Kreuz, umb 60 ph. gruntdinst und 3 ph. voitrecht, die 8 jar darauf versessen ... wern. Item auf Wolfgangen Virtailer achttail weingarts, zunagst Lienharts Holtzl weingarts, umb 15 ph. gruntdinst und 3 ort voitrecht, die 8 jar darauf versessen ... wern. Item auf Lienharts Holtzl achttail weingarts, zunagst Thomans Gawnestorffer weingarts, umb 15 ph. gruntdinst und 3 ort voitrecht, die 10 jar darauf versessen ... wern. Item auf Hannsen Tanpekhn 3 achttail weingarts, zunagst Thomans Gawnestorffer weingarts, umb 15 ph. gruntdinst, die 12 jar darauf versessen ... wern. Item auf herrn Larenntzn etwan kapplan zu Sand Michel halbm jeuch weingarts, zunagst des Wild weingarts, umb 60 ph. gruntdinst und 3 ph. voitrecht, die 10 jar darauf versessen ... wern. Item auf das couvent zu den Predigern 2 halbe jeuch weingarts, zunagst Andres Kandler weingarts, umb 4 sch. ph. gruntdinst und 6 ph. voitrecht, die 12 jar darauf versessen ... wern. Item auf Andre Kandler halbm jeuch weingarts, zunagst Hannsen Muerstetter weingarts, umb 60 ph. gruntdinst und 3 ph. voitrecht, die 10 jar darauf versessen ... wern. Item auf herrn Hannsen Jartaler jeuch weingarts, zunagst Mertin Riemperger weingarts, umb 4 sch. ph. gruntdinst und 6 ph. voitrecht, die 12 jar darauf versessen ... wern. Item auf Steffan Paltram virtail weingarts, zunagst Hainreichs Stettner weingarts, umb 30 ph. gruntdinst und 3 helbing voitrecht, die 12 jar darauf versessen ... wern. Item auf herrn Steffan Pfluegler viertail weingarts, zunagst Hannsen Kandler weingarts, umb 30 ph. gruntdinst und 3 helbing voitrecht, die 10 jar darauf versessen ... wern. Item auf Hannsen Perkhofer virtail weingarts, zunagst des Kesstl zu Wienn weingarts, umb

3o ph. grundzinst und 3 helbing voitrecht, die 12 jar darauf versessen ... wern. Item auf Micheln Menestorffer 3 achttail weingarn, zunagst des Stadler weingarts, umb 45 ph. grundzinst und 9 ort zu voitrecht, die 12 jar darauf versessen ... wern. Item auf Conratn Grabler 3 virtail weingarn, zunagst des pharrer aus dem Werd weingarn, umb 3 sch. ph. grundzinst und 9 helbing voitrecht, die 12 jar darauf versessen ... wern. Item auf herrn Albrechts capplan Sand Johanns kappeln im Werd 3 virtail weingarn, zunagst Micheln Menestorffer weingarn, umb 3 sch. ph. grundzinst und fuenfthalben ph. voitrecht, die 16 jar darauf versessen ... wern. Item auf der zechleut zu Sand Vlreich 3 virtail weingarn, zunazst aines weingarn des 6 virtail hat, um 3 sch. ph. grundzinst und 9 helbing voitrecht, die 16 jar darauf versessen ... wern. Item Vlreichn Vnger virtail weingarn, zunagst Mertn Kramer weingarn, umb 3o ph. grundzinst und 3 helbing voitrecht, die auch 16 jar darauf versessen ... wern. Item auf Paulo Noytz virtail weingarn, zunagst Mertn Vnger weingarn, umb 3o ph. grundzinst und 3 helbing voitrecht, die 16 jar darauf versessen ... wern. Item auf Mertn Zawmer virtail weingarn, zunagst dem weg, umb 3o ph. grundzinst und 3 helbing voitrecht, die 16 jar darauf versessen ... wern. Item auf Mertn Apponegker virtail weingarn, zunagst Wolfgangs Prantsneider weingarn, umb 3o ph. grundzinst und 3 helbing voitrecht, die auch 16 jar darauf versessen ... wern. Item auf Mertn Tmperger achttail weingarn, zunagst Lienharten Gaugnhofer weingarn, umb 15 ph. grundzinst und 3 ort voitrecht, die 16 jar darauf versessen ... wern. Item auf Sigmunds Tanntal virtail weingarn, zunagst dem weg, umb 3o ph. grundzinst und 3 helbing voitrecht, die auch 16 jar darauf versessen ... wern. Item auf Jorgn Paur von Penatzing virtail weingarn, zunagst des Haidn schuster weingarn, umb 3o ph. grundzinst und 3 helbing voitrecht, die 12 jar darauf versessen ... wern. Item auf herrn Fridreichn Achter zu Sand Steffan 5 achttail weingarn, zunagst Hannan Wienner weingarn, umb 75 ph. grundzinst, virdhalben ph. und 1 ort voitrecht, die 16 jare darauf versessen ... wern. Item auf Barberan Thomans Hofer seligin witib virtail weingarn, zunagst Micheln Rat weingarn, umb 3o ph. grundzinst und 3 helbing voitrecht, die 10 jar darauf versessen ... wern. Item auf Petern Abaimer virtail weingarn, zunagst der Hnkrin weingarn, umb 3o ph. grundzinst und 3 helbing voitrecht, die 12 jar darauf versessen ... wern. Item auf Micheln Rat virtail weingarn, zunagst des Muncher weingarn, umb 3o ph. grundzinst und 3 helbing voitrecht, die 12 jar darauf versessen ... wern. Item auf Sand Margrethn kappella zu Metzleinstorf virtail weingarn, zunagst Conratns Weniger[1] weingarn, umb 3o ph. grundzinst und 3 helbing voitrecht, die 12 jar darauf versessen ... wern. Item auf Hannsen Hehllein hausfrawn halbn jeuch weingarn, zunagst Adam Hahber weingarn, umb 3 sch. ph. grundzinst und 9 helbing voitrecht, die 12 jar darauf

versessen ... wern. Und auf Adam Hagkber 3 achttail weingarn, zunagst Mertn Thomperger weingarn, umb 45 ph. grundzinst und 9 ort voitrecht, die 10 jar darauf versessen ... wern.

Darnach auf die grunt und guter in der Landstrass vor Stubator. Item auf den Pachhaimer 3 achttail weingarn, zunagst Mertten Strabmer weingarn umb 3 sch. ph. grundzinst, die 8 jar darauf versessen ... werdn. Item auf Mertin Prannt achttail weingarn, zunagst des egnantn Pachhaimer weingarn, umb 45 ph. grundzinst, die 9 jar darauf versessen ... wern. Item auf des Sigl Leb virtail weingarn, zunagst Jorgen Aigner weingarn, umb drithalben und 20 ph. grundzinst, die 14 jar darauf versessen ... wern. Item auf Jorgen Altnleger virtail weingarn in dem aussern Twerchluzzn, zunagst dem Aigner, umb 75 ph. grundzinst, die 8 jar darauf versessen ... wern. Und auf Thomas Newpaurn 2 jeuch akkers im Lettwald, zunagst n des Ettinger von Symonning akher, umb 20 ph. grundzinst, die 12 jar darauf versessen ... wern.

Darauf sind dieselbn grunt und guter durch die gsworn virer aller egemelter ambter aigentlich besicht und beschaut, des erstn zu dem ambtern zu Grinzing und Tobling: die erbern Jorgn Flach, Mertn Gunnderstorffer, Andren Pachhaimer und Lienhartn Lambach, digzeh gsworn virer daselbn; in dem ambt zu Fantzentzrff under dem Liechtenstain: die erbern Mertn Gassner, Niclasn Graloch, Vlreichn Steirer und Lienhartsn Pawr, gsworn virer daselbs; in dem ambt zu Herrnnals: die erbern Jorgn Sprenngnoser, Micheln Pannzizer, Mertn Mueslaber und Hannsn Fruewirt, gsworn virer daselbs; in dem ambt zu Pralmaes: die erbern Pauln Taubnhofer, Petern Nürnberger, Hannsn Tullner und Caspern Kisling, gsworn virer daselbs; darnach in dem ambt in der Lanndstrass vor Stubator zu Wienn: die erbern Niclas Götlich, Gilig Winkhler, Paul Huml und Mert Kramer, gsworn virer daselbn. ... Darnach kumen die gemeln virer wider fur ... offens gericht und sagen ... bei irn trewn an aidstatt, ... das si die gemeln grunt all aigntlich besicht, beschaut und erfunden habn, das die grunt und guter in den ambtern zu Grintzing, Tobling, ze Fantzentzrff under dem Liechtnstain, zu Herrnnals, zu Pralmaes und zu Stubator in der Lanndstrass an gar od und in urpaw lign, das man si vor recht zu rein sagn solt, ... ausgenomen Ludwigs Zeilacher weingarn zu Grintzing, Wolfgangs Frankn achttail weingarn daselbs im Kirchgrabn gelegn und Hannsn Winklmair weingarn auch daselbs, als grunt die unverdint und zu frombder hand lign. Dann ... habn die gsworn ambtleut auch vor gericht ir kuntschaft gesagt, ... das si zu dreinmalln geladn habn von des Farchtmayer prantsat wegen Hannsen Wienner kramer, als ainn inhaber seiner grünt, von herrn Micheln Ofner halbm jeuch weingarn in selbs, von Ludwigs Zeilacher weingarn Wolfgangn Liepharts, von Wolfgangs Zawmer seins sun Hannsen und von Lienharts Vaschpekn weingarn Pauln seim sun; das von des Peter Schuster prantsat wegn des brobst zu Sand Dorathe von aine satz wegn,

so das gotshaus daselbs darauf habn, von des Michel
Einnhart prenntat den Harttung von Cappell von seins
sau wegn so er darauf hat und von Wolfganngs Frannkn
schttall weingarten die Wolgemöt Kramerin von schulden
wegn, so ir derselb Frannk solt schuldig beleiben, zu
wissen getan, als grunts und landrecht sei. Aber von
der grunt wegn, darumb man mit ladung noch ze wissen
tän niemant hat wissn zu finden sind vor gericht nach
grünts und rechtzordnung beruft all und ieglich, die
an denselbn grunts gerechtigkait vermainen zu haben,
solh grunt zu verantburtn.

**Nach dem üblichen Vorgehen des Gewalt-
habers erfolgt das Urtheil:**

Von erst von der reisign guter wegn, seitmalln
dieselbn grunt durch die gesworn virer beschaut und
zu reis gesagt, und die person die darumb geladn und
beruft sind, die nichs verantburt, noch dem klager umb
sein klag genüg tun (?) habn, so mag der bemelt gwalt-
trager anstat des egenantn gotzhaus dieselbn grunt nun
verrer ausgebe und damit handln, wie si welln, damit
al widerumb gepaut und verdint mugn werdn. Item,
von der grunt wegn, die allain umb versessn dinst beklagt sind, ist zu recht erkannt, nachdem die geladn
person dem klager umb denselbn dinst nicht genüg tan
habn in rechtn tegn, so hat der bemelt clager umb all
versessn dinst auch vol und wendl und was mit recht
darauf gangn ist ... erlangt und behabt, und mag des
darumb bekomen so nagst er mag, und ob dann ikt
uberteurung verhandn sein, das rulig den, den es pillich
volign sol, als grunts und landsrecht ist. Item von der
grunt wegn, die zu frombder hand lign, sein verdient
oder unverdint, ist zu recht erkannt, nach dem die
person die solh grunt inn habe, dieselbn grönt mit
gruntherrn handn in rechtn tegn nicht emphangn, auch
auf die ladung, su in widergangn sind, nichtz furbracht,
noch auch kain underrichtung habe, des zu recht genug
wer, das si solhe grunt pillich innhiet, so hat der
klager dieselbn grunt umb fromde hand pillich beclagt
und sind dem obgenanten gotzhaus rechtlich verrant
und verfalln: doch den ungevogen') erbn, die nicht
vergerhabt, auch den person die im land nicht wern,
an irm tegn, als lands recht ist unvergriffn. Darnach
von der purkhrecht und satz wegn, in was gestalt die
auf die grünt komen sein, dadurch die grunt geswecht
und dester minder gepaut werdn, ist zu recht erkannt:
nachdem den obgemeltn person zu wissn getan ist und
sich darselbn grönt umb ir schuld nicht angenomen,
auch dem klager umb sein zuespruch kain benügn getan
habn, darumb sein dieselbn verphentung purkrecht oder
ander satz auf denselbn grunts ab und gefalln und dem
gruntherrn an schadn.

Siegler: Der Richter.

Datum: ... zu Wienn, auf mitichn in
den heilign phingstfeirtagn, ...

Original-Codicill. Rath-weiss-grüne Seidenschnur,
Siegel abgefalln.

') D. i. ungevogtcten, unmündigen.

1931 *1489, Juni 29, Wien.*

«Anndre Kharrnitzer ... der gotshaus
zu Sannd Claren zu Wienn richter zu Grinczing» bekennt, dass am 3. Mai l. J. («an montag nach sannd Philipps und sand Jacobs tag
der heiligen zwelfpoten nagstvergangen») in
Grinzing «im pontaiding» vor im geklagt
hat «Paul Vinkh burger zu Wienn anstat
Annen seiner hausfraun die vormaln Niclasen Trautfelder den greissler weilent burger daselbs seligen auch elichen gehabt und
Lienharts Trautfelder seins steufsuns, der
beder gwalt er het ... durch seinen redner
fürbracht, wie Elsbeth Thomans Hainrich
ettwenn gesessen zu Grinzing wittib selige
der egenanten seiner hausfraun Annen und
irm ereren mann n dem Trautfelder sci-
nem vorvordern vir phund und sechs schilling phening zu gelten schuldig worden
und noch were, die nu derselbn seiner
hausfraun und dem egenanten irm sun Lienharten Trautfelder rechtlichen zu bezaln zu-
geböreten, darumb er dann derselben Elsbethen Hainrichin tail und gerechtigkait an
ainem hauss zu Grinczing zunagst Mertten
Perger haus gelegen» das auf die Hein-
richschen Ehegatten im «gruntpuch» von
St. Clara eingetragen ist, «in verpot und ver-
höftung genommen». Es wurde nun zunächst an «Philippen Hainrichen jetz wonhaft zu Grinczing des egenanten Thomann
Hainrichen vetter, auch Helenen Steffans
Müllner gesessen vor Schottntor zu Wienn
hausfraun, der obgenanten Elsbethen Hainrichin seligen tochter» die Aufforderung gerichtet, ihre Einwendungen gegen die Klage
vorzubringen «die sich bede aller irer ge-
rechtigkhait so si an der egenanten Elsbethen Hainrichin gesambten hand an dem
bestimbten hauss hieten» vor dem Richter
«genzlich ... entslagen haben. Es hat auch
die bemelt Helen Müllnerin ... bekhannt,
das ir umb die beclagt schuld, das die ir
muter laut der clag schuldig worden und
noch unbezalt ausstee gut wissen sei». Nun
wird im Gericht bestimmt, dass das Haus
durch den «richter und die erbern Jörgen
Flach, Mertten Gunderstorffer, Lienharten

29*

Lambacher und Petern Mälssen diezeit gesworn virer gesessen zu Grinczing geschätzt werden», welche Schätzung 26 Pfund Pfennige benennt. Dann wird die Gewär des Hauses auf 14 Tage in richterliche Frohngewalt gestellt und mittlerweile den beiden Erben der Schuldnerin zur Lösung angeboten, diese jedoch verweigert, daher beschlossen, «den ... Paulo Vinkhen anstat der egenanten seiner hausfraun und seins steufsuns als ersten verpieter des vorgemelten hauss ... gewaltig machen», dass er es verkaufe, den Kauf aber zu intabuliren habe. Aus dem Erlöse kann sich der Kläger zunächst für seinen Anspruch «und was er auf das recht gelegt und ausgeben hab» bezahlt machen, «doch das die übermass sovil der über solh behabnüss überbeleibt zusambt des egenanten Thoman Hainrichen tail und gerechtigkait seiner gesambten hand zu dem berürten gruntpůch erlegt werde, damit der oder die so dazu gerechtigkait haben die wissen ze suchen und zu finden».

Siegler: Der edle Cristoff Pömflinger und der ersam weise Wolfgang Ryeder urtailschreiber diezeit baid der verweser des rats der stat zu Wienn.

Datum: ... zu Wienn, an montag vor sannd Vlrichs tag des heiligen bischolfs, ...

Original, Pergament. Die zwei Siegel abgefallen.

1932 *1489, September 3, Wien.*

«Mathias Schweller de Obernsultz baccalarius formatus in theologia protunc prior collegii ducalis Bienne» lässt sich ein Notariatsinstrument ausstellen über Verleihung des von weil. Margarethe Schwellerin, Bürgersfrau zu Korneuburg, gestifteten Frühmessbeneficiums an ihn. Dieses Benefiz ist auf den Altar der heil. Dreifaltigkeit, der seligen Jungfrau und Aller Apostel zu Himmelpforten in Wien gestiftet; die Stifterin ist Schweller's «amita seu consanguinea» gewesen und hat vor nachgenannten Zeugen «anno octogesimo octavo, sabbato post festum ascensionis domini et salvatoris nostri» (1488, Mai 17) die Verleihung an ihn wirklich «realiter et cum effectu» vorgenommen.

Datum: ... anno ... M° quadringentesimo octogesimo nono ... die vero Jovis, tercia mensis septembris.

Acta sunt hec Bienne ...

Zeugen: «Mag. Conrad Currifex» (Wagner) aus Nürnberg, Priester der Bamberger Diöcese, und Andreas Rosmüller aus Russbach, beide Baccalaurien der Theologie.

Notar: Sixtus Duernholtzer clericus Paviensis diocesis. (Monstra vite viam.)

Original, Pergament.

1933 *1491, März 6, Salzburg.*

Christof Steger, Bürger zu Wien, reversirt für sich, seine Hausfrau Scolastica und seinen Sohn Christof dem Erzbischofe Friedrich von Salzburg über den zur Belohnung für geleistete Dienste auf ihrer «aller dreier leib lebtag» als Leibgeding empfangenen «hof zu Wienne genannt Salzburgerhof, dem garten daselbs mit aller ander irer zugehörung». Anderweitigen Erben des Ausstellers erwächst daraus kein Anspruch.

Siegler: Oswald Elsenheimer.

Zeugen: Ruprecht Hofer und Conrad Lindemair, beide Bürger von Salzburg.

Datum: ... Salzburg, an suntag nach sand Kunigunden tag ...

Original, Pergament. Siegel abgefallen.

1934 *1491, Juni 13, Grinzing.*

«Andre Kornitzer gesessen zu Grintzing ... der ersamen ... swester Elisabethn geborne von Eberstorf abbtessin ... und des convents ... zu Sand Clara zu Wienn richter und ambtmann zu Grinzing» nimmt entgegen die Klage des «Leopold Emerstortfer gesessen zu Grintzing ... auf Pangretzn Maltz weilent seshaft daselbs und Annen seiner gelassn witibn haus ... zu Grinczing zunagst Steffans Mulsteter haus» mit 12 Pfennig Grunddienst zu Michaeli und 12 Pfennigen in das Mal zu Georgi «umb zehn phund phening so die obgenanten korleut Wolfgangen Sneider von Grintzing seinem vettern seligen schuldig wärn wordn und im darumb ... ir haus ... in des vorgenanten gotzhaus zu sand Clarn gruntpuch phentlich versaezt hieten». Da nun Wolfgang Schneider dem Kläger diese Schuld abgetreten hat, so lässt derselbe zunächst «das Jorgen Flach gesessn zu Grinzing anstat und als gerhab des benanten Makz seligen kinder und seiner gelassen witiben zu wissn thun» um ihre Einwendung zu hören. Der Gerhab nun und «die ietzgnant Maltzin fur sich selbs» verzichten gegen den Kläger auf ihre Ansprüche an das Haus, worauf dieser durch die «gesworen virer ... Jorgn Flach, Mertten Gunderstorffer, Jacobn Aichperger und Lienharten Lambacher» auf 28 Pfund Pfennige geschätzt wird. Nun wird das Haus auf 14 Tage in richterliche Frohngewalt gegeben «und in der zeit ... dem ... brobst zu Sand Dorothe zu Wienn und ... Sigmundn Gwaltzhover münsmaister in Osterrich burger daselbs zu Wienn von der sätz wegen so si auf der ubertewrung des egenanten haus und seiner zugehorung haben» um die Schätzung angeboten. Diese lösen jedoch nicht, und so wird das Haus dem Kläger zur Befriedigung seiner Ansprüche und Auslagen zugesprochen.

Siegler: Hanns Mulhawser und Mathes Lugasster baider burger zu Wienn.

Datum: ... zu Grintzing, an montag vor sand Veits tag, ...

Original, Pergament. Die zwei Siegel abgefallen.

1935 *1491, August 1, Wien.*

«Larenntz Taschendorffer, Michel Gundagker, Cristoff Steger und Larenntz Hittndorffer all vier diezeit des ratz der stat Wienn» beurkunden als Mitglieder der Untersuchungscommission, folgenden Hergang: Vor dem Rathe sind erschienen «die ersamen gelerten maister Oswald von Weigkherstorf anstat und als provisor der erwirdigen und geistlichen frauen der priorin und des conventz des closters zu den Himlporrtn hie an sim, und maister Anndre von Hittendorf pharrer zu Entzestorf diezeit caplan der mess die weilend Fridrich Genemhertl auf sand Paula altar daselbs zu der Himlporten gestift hat anstat sein selbs und der andern caplen so in dem haus genannt das Zieglhaus gelegen in der Trabettenstrass zunagst der benannten von Himlporten closter wonund sein am an-

dern tail von wegen der venster und ainer thur so aus dem bestimbten haus in der egemelten closterfrauen hof geen, daselbs die egemelten closterfraun sinn stadl aufpauen wollten, damit durch die egemelten venster und thur in iren hof furbas nicht gesehen gestign noch schaden beschehen möchti, des aber die gestimbten caplen nicht zu gestatten vermainten, angesehen das in durch solh aufführung des stadl das liecht genomen wurd und in durch den stadl schaden bescheen möchti» und bitten um Bestellung einer Beschaucommission. Die Obgenannten wurden bestimmt und cooptirten von «den gesworen werichleuten maister Clementen Inprugker den stainmessen und maister Merten Fronhouer den zimermann»; in ihrem und im Beisein der Parteivertreter wurde die Beschau vorgenommen und entschieden: «Daz die egemelten caplen die benannten venster so aus dem obgemelten irem haus, an der seiten do die von Himlporten den stadl setzen und pauen wellen und in der obbestimbten der von Himlporn hoff gén, vernetzn und verstengen solln lassen und allso versehen damit daraus in der egemelten closter fraun hoff nicht schaden beschehen muge, auch die vorgenant thur vermauren lassen. Dann des stadlhalben ist gesprochen das den die egemelten closterfraun sex schuech verr von der maur der obgemelten kaplen haus setzen und die maur desselben stadls siben daumellen aufurn sollen und mugen und nicht höher, damit das liecht der obgenannten caplen haus und venster nicht genomen werde; und das gessl so also dazbischen wirdet, sullen die egenantn closterfrauen phlastern und beschütten lassen und das wasser heraus in iren hof keren und laiten, also das der bemelten caplen hausmaur davon kain schaden beschehe; si sollen auch ain thur in dasselb gessl machen, damit wann es die not ervordert das raumen und saubern mugn; und ob die egemelten closterfrauen an die seitn zunagst der einfart auch was pauen wollten, sullen sie auch von der maur des obgestimbten haus sex schuech verr solh gebew thun, in mainung wie vor geschriben stet. Dann die venster an der andern seiten so aus der ca-

plen haus geen, die sollen dieselben caplen
verendern und invollunde liecht machen und
auch vernetzn und verstengen lassen, damit
in das closter nicht gesehen noch kein schad
ersten muge. Item das zymer in der bemelten caplen haus so dem closter zugehört und
ir caplan innehat, daz da zunagst dem thor
ain gross kreuzvenster mit neun liechten hat
und in der closterfrauen hof gen sullen, si
vermaurn und ain ander venster von der
gassen machn, auch das venster aus der kuchen verstengen lassen, alles getreulich und
ungeverlich». Dieser Befund und Entscheid
wurde an den Rath gebracht.

Siegler: Von den Commissären: Taschen-
dorff und Steger; für die anderen Beiden
«Christoff Pomflinger und Sigmund Amman
kirichmaister Allerheiligen tumb-kirichen Sand
Steffan bed diezeit des obgenanten ratz der
stat Wienn».

Datum: ... zu Wienn, an montag vor
sand Steffans tag der erfindung, ...

Original, Pergament. Von den vier Siegeln ist
nur das zweite beschädigt erhalten.

1936 *1491, September 13, Wien.*

«Larenntz Taschendorffer diezeit des rats
der stat zu Wienn», den «swester Crescencia
geborne von Zelking maisterin und der convent ... zu Sand Jacob auf der Hulbm daselbs zu Wienn» einiger Gründe wegen «zu
richter gesatzt haben», als welcher er «sass
in weiland Pauln Stornschatz haus am Hohen-
margkt hie zu Wienn», bekennt, dass vor ihn
«komen ist der erber weis Pernhart Flannder
appotegcher burger daselbs» als Vertreter des
Klosters und aus verschiedenen Gründen auf
nachbenannte Güter klagte.

«Von ersten auf die grund vor Stubntor
am Liechtenstain. Item auf der ersamen geistlichen
closterfrau zu Sand Niclas vor Stubenthor halbn jeuch
weingarten gelegen daselbe am Liechtenstain, zunagst
Aram Scheyhenpflueg weingarten, umb zehen phening
gruntdienst, die sumf jar darauf versessen und nicht
gedient weren; it. auf denselben Scheyhenpflueg und
Elspeth seiner hausfrawen achtail weingarten, zu nagst
n. der Elterin weingarten, umb sumf helbing gruntdienst, die neun jar darauf versessen ...[1] weren; it.
auf Fridrichen Mulner gesessen vor Widmertor viertail

weingarten zunagst des Newnburger weingarten, umb
sumf phening gruntdienst die vierzehen jar darauf versessen und nicht geben wären; it. auf Jorgen Glugkhan
gesessen in der Hirspewnt und Margarethen seiner hausfrawn viertall weingarten zunagst Steffans Hungern weingarten umb sumf phening gruntdienst die dreizehn jar
darauf versessen und nicht gedient sein; it. auf Kuentzen
Prugkhoer und Agnesen seiner hausfrawn viertail weingarten zunagst Jorgen Behaim weingarten umb sumf
phening gruntdienst, die vierzehn jar darauf versessen
und davon nicht geraicht weren; it. auf Hannsen Pon-
leutter ochtail weingarten zunagst Jorgen Winkhlär weingarten umb sumf helbing gruntdienst die funfzehen jar
darauf versessen und nicht gedient wern; it. aber auf
demselben Ponleitter ochtail weingarten zunagst Liepp-
hartz[1] Weisguet weingarten auch umb sumf helbing
gruntdienst, die vierzehn jar darauf versessen ... weren;
und auf der geistlichen herren prediger ordens zu Wienn
weingarten, zunagst Jorgen Keser weingarten, umb sumf
phening gruntdienst, die sumf jar darauf versessen und
nicht geben weren. Die grunt auf der Tuntgrueb.
Item auf Hannsen Gruenanger und Barbaren seiner
hausfrawn viertall weingarten, zunagst des Pekhen im
Tuembbrosthoff weingarten, umb sumf phening gruntdienst, die sechs jar darauf versessen und nicht gedient
weren; it. auf Hannsen Lechner und n seiner hausfrawn
halbn jeuch weingarten, zunagst Hannsen Hautzenperger
weingarten, umb zehen phening gruntdienst, die acht
jar darauf versessen und nicht geraicht weren; it. auf
Vlrichen Pferman sechsundzbainzig jeuch akher, gelegen
auf der Tuntgrueb, umb sumf phening gruntdienst, die
achtzehen jar darauf versessen und nicht gedient wern;
it. aber auf Ulreichen Perman vierundzbainzig jeuch
agkher stossund an die Reangrueb zunagst n. des Weiler
akher, umb fünf phening, die auch achtzehen jar darauf
versessen und nicht geben wären, und aber auf demselben Perman vier jeuch agkers, gelegen am Liechtensteg,
umb vierzigkh phening gruntdienst, die auch achtzehen jar
darauf versessen und nicht gedient weren; it. auf Steffan
Hautzenperger, Hannsen Hautzenperger und Agnesen
seiner hausfrawen selign sun weingarten, des dreu viertail und ain ochtail ist, zunagst Hannsen Lechner weingarten, umb achtzebenthalbn phening gruntdienst, die
funfzehen jar darauf versessen und davon nicht gedient
weren; it. auf Wolfgangen Hautzenperger das ledrär,
mitburger zu Wienn, und Kathrein seiner hausfraun
halbm jeuch weingarten, zunagst Kristans Gold weingarten, umb zehen phening gruntdienst, die zehn jar
darauf versessen und nicht gedient weren; it. auf herren
Thaman pfarrer zu Chotaris dreu ochtail weingarten,
umb achtzehen phening gruntdienst, die acht jar darauf
versessen und nicht gedient wären. Die grunt und
gueter auf den setzen bei Sand Laserus. Item
auf Hainrichen Weltzloger und Kathrein seiner hausfraun
viertail weingarten, zunagst Hannsen Schuester weingarten, umb sechsundfunfzig phening gruntdienst, die

---

[1] Die Formel wegen Uebereinstimmung mit dem
vorhergehenden Satzschlusse gekürzt.

[1] Liebhart ist namengebend in der Umgebung
Wiens, vgl. das Liebharterthal bei Ottakring.

neunzehen jar darauf versessen ... weren; it. auf
Mellchörn Rukendorffer viertail weingarten, zunagst n
des Trappen weingarten, umb drei schilling zehen phening grunddienst, die fumfzehen jar darauf versessen ...
weren; it. auf Petern Trappen vor Khernerthor zu Wienn
und Anna seiner hausfrawn ochtail weingarten zunagst
Fridrichen Säh weingarten, umb funfzig phening gruntdienst, die zehen jar darauf versessen und nicht geben
weren; it. auf Hannsen Sumer in der Landtstrass und
Vrsulen seiner hausfrawn ochtail weingarten, zunagst
Steffans Märher weingarten, umb drithalbundabzaintzig
phening grundtdienst, die dreizehen jar darauf versessen
... weren; it. auf des egenanten Steffan Märher weilent
gewesen in der Landtstrass, viertail weingarten, zunagst
an'n agker zu Sand Lazarus gehorund, umb vierzik phening grundtdienst, die auch in vierzehen jaren nicht geraicht weren; it. aber auf Steffan Marher und Kathrein
seiner hausfrawn ochtail weingarten, zunagst Peters
Schekerl weingarten, umb drithalbundzbaintzig phening
grundtdienst, die dreizehen jar darauf versessen und
nicht gedient[1]) weren. Die grunt und gueter zu
Pentzing im Newaberg. Item auf Michaeln Oder
und Hannsen Gruebel halbn jeuch weingarten, zunagst
Erhardtz Maier weingarten, umb dreiunddreisig phening
grundtdienst und umb drei helbing voitrecht, die sibe-
zehen jar darauf versessen und nicht geraicht weren;
it. auf Hannsen Epkher fleischagker viertail weingarten,
zunagst Jorgen Edrioger weingarten, umb neun phening
grundtdienst und drei helbing voitrecht, die zbelif jar
darauf versessen ... weren; it. auf Jorgen Treffilnger
viertail weingarten, zunagst weilend herren Symans Potel
seligen weingarten, umb neunzehen phening grundtdienst
und drei helbing voitrecht, die zbaiundzbaintzig jar darauf
versessen ... weren; it. auf Michaeln Freyswald kramer und Barbaran seiner hausfrawn viertail weingarten,
zunagst Jacobs Walzter weingarten, umb zbaintzig phening grundtdienst und drei helbing voitrecht, die dreizehen jar darauf versessen und nicht geraicht weren.
Die grunt hinder Gumppendorff. Item auf Liep-
harden Weys und Dorotheen seiner hausfraun halbm
jeuch weingartn umb sechsundsetzig phening grundtdienst,
die newnzehen jar darauf versessen ... weren; it. auf
Mernen Börger burger zu Wienn ochtail weingartn umb
sibenzehenthalb phening grundtdienst, die zehen jar darauf
versessen und ach (!) ausgericht weren. Die gueter
und grunt in den hanguaden Lussen. Item auf
Steffan Gibing weilend burger zu Wienn halben jeuch
weingarten umb zbenundzbentzig phening grundtdienst,
die zbaintzig jar darauf versessen und nicht geben weren;
it. aber auf Steffan Gibing viertail weingarten, zunagst
Elspethen n. des Platiger tochter weingarten, umb sechs-
unddreisig phening grundtdienst, die auch zbaintzig jar
darauf versessen und nicht geraicht noch geben weren.
Die grunt im Reinsperg. Item auf Jorgen Schekhen
sechzehen jeuch akhers danslbs auf den Hartäkheren
umb sechzig phening grundtdienst, die zbaiundzbaintzig
jar darauf versessen ... weren; it. auf der von Esslarn

stift auf gotzleichnambakhar under dem tuern zu Sand
Michael[1]) halbm jeuch agker, zunagst dem weg, umb
dreissig phening grundtdienst, die achtzehen jar darauf
versessen ... weren; it. auf Vlreichen Halbl gesessen
vor Widmertor in der Ofenlukhen achtail weingarten,
zunagst Larenntzen Snabel weingarten, umb achthalben
phening grundtdienst, die aindlif jar darauf versessen
und nicht geben wern; it. auf Haunsen Grezzer platiner,
mitburger zu Wienn, und Dorotheen seiner hausfraun
viertail weingarten, zunagst n. des Khekhen weingarten,
umb funftzehen phening grundtdienst, die zbelif jar darauf
versessen ... weren; it. auf Hannsen Messingschaber
in der Kumpflugken viertail weingarten, auch gelegen
neben dem iezbenanten Kegkhen, umb fumftzehen phening grundtdienst, die funftzehen jar darauf versessen und
nicht geraicht weren; it. auf Hannsen Pinter und Margarethen seiner hausfraun achtail weingarten, zunagst
Larenntzen Snabel weingarten, umb achthalbem phening
grundtdienst, die siben jar darauf versessen ... weren.
Darnach die grunt und gueter im Reinsperg
gega Hietzing uber. Item auf des pharrer zu Sand
Vlrich acker des neun viertail weingarten gewesen sein,
umb zbenundzbenzig phening grundtdienst, die aindlif
jar darauf versessen ... weren; it. auf Fridrichen Paum-
houtr ledrer und Barbaren seiner hausfrawn viertail
und ain achtail weingarten, gelegen aunnderhalb Sand
Vlrich, zunagst Sand Mertten akher, umb zbelif phening
grundtdienst, die zbelif jar darauf versessen ... weren;
it. auf Hannsen Tuchler gesessen vor Widmerthor agkher,
des vormals annderthalb achtail weingarten gewesen sein,
zunagst Breidn, Andres Pewndl hausfraun weingarten,
umb sechs phening grundtdienst, die acht jar darauf versessen ... weren; it. auf Wolfgangen Hafer fintzer,
halben jeuch weingarten, gelegen ausserhalb Sand Vlreich
zunagst der gassen umb sechzehen phening grundtdienst,
die vierzehen jar darauf versessen und nicht geben
weren; it. auf Syman Guetgesell und Kathrein seiner
hausfrawn achtail weingarten, zunagstn des Reidlein
weingarten, umb vier phening grundtdienst, die zbelif jar
darauf versessen und nicht geraicht weren; it. aber derselben kanleut achtail weingarten, zunagst dem letz-
benanten Irem weingarten, auch umb vier phening gruntdienst, die zbelif jar darauf versessen ... weren; it. auf
Petern Häberler und Vrsulen seiner hausfrawn anderthalb achtail weingarten, umb sechs phening grundtdienst,
die vierzehen jar darauf versessen ... weren; it. aber
auf derselben kanleut achtail weingarten, umb vier pha-
ning grundtdienst, die vierzehen jar darauf versessen und
nicht geben wren; it. aber auf derselben kanleut viertail weingarten, zunagst Sand Mertten aker, umb acht
phening grundtdienst, die auch vierzehen jar darauf versessen ... weren, und darnach mer auf die iezgenanten
kanleut ochtail weingarten, zunagst Thamans Werhauser
weingarten, umb vier phening grundtdienst, die dreizehen
jar darauf versessen und nicht geraicht weren; it. auf
Kristans von Munichen kursner mitburger zu Wienn
weingarten, zunagst Symans Guetgesell des mulner wein-

---

garten, umb vier phening gruntdienst, die funfzehen jar
darauf versessen ... weren; it. auf Hannsen Halden und
Kunigundten seiner hausfrawn achtail weingarten, zunagst Mertten Prunn weingarten, umb vier phening
gruntdienst, die zbainzig jar darauf versessen und nicht
geben weren; it. auf Thaman Trawnfelder achtail weingarten, zunagst Hannsen Wunderlich weingarten, umb
vier phening gruntdienst, die ainsundzbainzig jar darauf
versessen ... weren; it. auf Thaman Marhauser achtail
weingarten umb vier phening gruntdienst, die neunzehen
jar darauf versessen und nicht geraicht weren; it. auf
Annen Vlreichs Steyrer achtail weingarten, zunagst Steffans Prat weingarten, auch umb vier phening gruntdienst, die zbainzig jar darauf versessen und nicht geraicht weren; it. auf ain haus im Kumpfgeasslein, das
iezt inne hat der Sighart pharrer zu Minzelbach umb
zehen phening gruntdienst, die zbelif jar darauf versessen
... weren, und auf Agnesen Hannsen Herbstn halbm
sechzehenthalb weingarten, gelegen in der Praitn bei
Anngerfelder hoff zunagst Symans Haider weingartn,
umb ain phening gruntdienst, die neun jar darauf versessen ... weren.»

Die geschworenen Vierer «Niclas Guttlich,
Niclas Cramer, Thaman Rieder und Vlreich
Nussendorffer» erklären nach vorgenommener
Besichtigung der Weingärten u. s. w., «das
man si von recht zu reis sagen sollte», was
auch «vor offem gericht nach pergs und
grundtzrechten» geschehen ist. Ferner haben
«die gesworen ambtleut auch vor gericht kundschaft gesagt ..., das si die nachbenanten
person, di si gewest, zu drein malen geladen
... haben, als grundz und lands recht sei».

«Von erstn von der geistlichen klosterfrawn zu
Sand Niclas halben jeuch weingarten wegen die abtsein
und convent daselbs von Asem Scheyhenpfluog und Elspethen seiner hausfrawn ochtail weingarten, disselben
kaukout von der prior und convent zu den Predigern
zu Wienn viertail weingarten, den prior und convent
von Hannsen Lochner und seiner hausfrawn halbm jeuch
weingarten, Syman Merher und Hannsen Gmelich im sün
von Vlrichen Permans agker wegen sein gelassne wittib
auch Syman Sternachats und Magdalem Hannsen Schie-
mer hausfrawn als erben desselben Permans, von Steffans
Hautzenperger, Hannsen Hautzenperger und Agnesen
seiner hausfrawn sun, dreier viertail und ains ochtail
weingarten, Wolfgangen Hautzenperger ledrer von desselben Wolfgangen Hautzenperger halbm jeuch weingarten auch denselben Hautzenperger von Mellchor
Rukendorffer viertail weingarten, Vlrichs Rauber hausfrawn von Michaels Freyswold und Barbaren seiner
hausfraun viertail weingarten, disselben kaukeut von
Merten Burger ochtail weingarten, denselben Burger
von Steffans Gibing des eltern halbm jeuch und ains
viertail weingarten, Steffan Gibing den jungern von der
von Eslarn stift halbm jeuch akher, herrn Michaeln caplan

derselben mess von Hannsen Gretzer plartner zu Wienn
und Dorotheen seiner hausfrawn viertail weingarten,
denselben Gretzer von Hannsen Messingschaber viertail
weingarten, Michaeln seinem sun von des pharrer von
Sand Vlrich akher des neun viertail weingarten gewesen
sein, herren Johannsen abt zum Schotten und dez convent
daselbs von Fridrichs Prunnhouser ledrer und Barbaren
seiner hausfrawn viertail und ochtail weingarten, sein
gelassene wittib und Jacob Sneyderln ir tochter von
demselben Tuchler akher, den selben Tuchler von Wolfgangen Hofer stotzer halben jeuch weingarten, maister
Hannsen Scherrer hausfrawn von Kristan von Munichen
kursner ochtail weingarten, denselben kursner von Steffan Merher weingarten Thaman Merher sein sun und
aber auf den inngenanten Steffans Merher achtail weingarten auch Thamen Merher sein sun.»

Noch sollen diejenigen Inhaber, deren
Aufenthalt bekannt ist, berufen werden, worauf der Gerichtstag anzusetzen ist. Dem hier
etwa angesponnenen Ausgleichsversuche soll
nicht entgegengetreten werden.

Siegler: Der Aussteller.

Datum: ... ze Wienn, an eritag vor
des heiligen kreuztag seiner erhohung, ...

Original, Pergament (71 : 46 Cm.). Siegel abgefallen.

1937 *1493, März 14, Grinzing.*

«Andre Kornitzer gesessen zu Grinzing»,
Richter und Amtmann daselbst des St. Klara-
klosters in Wien, über die Klage des «Vlrich
Rösch von Grinzing burger zu Wienn ... auf
ein haus mit aller seiner zugehorung unz auf
den Pach, gelegen daselbs zu Grinzing zunagst Andres Prugkner haus» mit einem jährlichen Dienst von der Hofstatt 6 Eimer Most
zu Bergrecht, und «vom haus zehn phening
an sand Michels tag zu gruntdinst und zwelf
phening an sand Jorgen tag in das mal und
nicht mehr, umb zwainzig phund phenig, so
im Michel Satler ... zu Grinzing inhalt ains
besiglten geltbriefs schuldig worden were».
Dieser zahlt trotz wiederholter Aufforderung
nicht und ficht vor Gericht die Echtheit des
Geldbriefes an, die aber vom Gerichte aufrecht erhalten wird. «Die geschwornen Vierer
Jörg Flach, Mertt Gunderstorffer, Lienhart
Lambacher und Jacob Aichperger all gesessen
zu Grinzing», schätzen das Haus auf 60 Pfund
Pfennige. Der Beklagte weigert die Lösung,
das Haus wird den Klägern zugesprochen,
«soverr das er haubtguts nach laut seins gelt-

briefs und was mit recht darauf gelegt und ausgeben ist, entricht und bezalt wirdet und ob übermaß da sein wurde zum büch erlegt werden.»

Siegler: Hainrich Schruttawer und Hans Mülhawser beide burger zu Wienn.

Datum: ... zu Grinzing, an phinztag nach sand Gregorien tag des heiligen bischoven ...

Original, Pergament. Die zwei Siegel abgefallen.

1938 *1493, Mai 7, Wien.*

«Swester Margretha Streynnyn diezeit priorin des frawnklaster zu den Himelparten zu Wienn» und ihr Convent verpflichten sich, den Jahrtag auszurichten, den «der erber priester her Mert Deymel seliger gedechtnuss ettwann pharrer zu Stemestorff[1]) und chaplan auf der pechken[2]) altar» in der Klosterkirche, «im zu pegen ... geschafft hat», und zu welchem Behufe «maister Oswald von Weikcherstarff collegat in dem fuerstenleichen collegium hie zu Wienn», Oberster des Himmelpfortklosters «auch die ersamen weisen Hans Rokner eysner layguster Aller heiligen tuembkirchen zu Sand Stephan zu Wienn und Lienhart Aygner pekch pei den Himelparten und maister Ludweig Muer pekch, all drei mitpurger hie zu Wienn und all vier des bemelten her Merten geschefftherren ausgerichtt und bezalt haben vierundzwainzig ungrischs guldein in gold und achzechen phunt phening». Sie entschliessen sich dazu, da sie «sölher guettat nicht andankchnem sein wellen» und wollen den Jahrtag halten «in der vasten, zu welicher zeit es uns am pessten fuegt ungeverleich des nachts mit ainer gesungen vigily und des margens mit ainem gesungen selampt mit aufgestekchten prynunden kerczen» nach alter Uebung.

Siegler: Die Priorin und der Convent.

Datum: ... zu Wienn, am eritag nach sand Johanns tag des heiligen zwelfpoten und ewangelisten, ...

Original, Pergament. Die zwei Siegel abgefallen.

[1]) Stammersdorf.

[2]) Bäcker, deren auch zwei unter den Geschäftherren sich finden.

1939 *1493, August 29, Mödling.*

«Michel Stetner derzeit marckhtrichter zu Medling», stellt auf Betreiben des «Hanns Tauffkircher ainer des rats und burger zu Medling ... der ... abbtessin Crescencia von Zekking» und dem Convent von St. Jacob auf der Hulben zu Wien einen Grundgerichtsbrief aus, kraft dessen dem Kloster verschiedene ihm dienstbare Güter und Gründe, «die da lign umb Medling, Brunn, Enntzesdorff, Berchtoldstorff, Newndorff, Pidermansdorff und andern enden» wegen Nichtbezahlung des Grunddienstes und Verödung eingeantwortet werden.

Siegler: Ulrich Vaklerer und Michel Burggraf, beide Bürger zu Medling.

Datum: ... zu Medling, an phinztag vor Egidi des heiling abbts tag, ...

Original, Pergament. Die zwei Siegel abgefallen.

1940 *1496, Mai 15, Salzburg.*

Christoph Grabmer, «an der zeit hofmaister zu Arnstorf», reversirt dem Erzbischof Leonhard wegen Führung des Hofmeisteramtes zu Arnstorf mit den Aemtern Stuben, Welbling und Währing, auch die Vogtei daselbst und das Amt zu Traismauer.

Siegler: Der Aussteller.

Datum: ... zu Saltzburg, am sontag nach sand Pangratien tag ...

Original, Papier. Beiderseitig beschrieben, mit aufgedrücktem grünem, stark beschädigten Wachssiegel.

1941 *1497, April 4, Wien.*

«Martinus techant und das capittl gemain Allerheiligen tumbkhirchen Sandt Steffan zu Wien» reversiren über die Stiftung der «Margaretha des edeln Jorgen Prewer burger daselbs ... wittib», die zu ihrem und ihres Gatten Seelenheile «ainen ewigen corcaplan, vier wochenlich ebig mess und ainen ewigen jartag mit gesungener vigili und selambt geleut und khertzn» gestiftet hat. Unter den angeführten Sätzen sind besonders zu merken:

1. «Von erst anderthalb hundert hungarisch gulden, davon jarlichen sechs gulden hungrisch durch ain jeden khirchmaister der

39

benanten Sant Steffans khirchen laut einer verschreibung daruber ausgangen ze raichen gepuren.»

2. «Item aber funfzig gulden hungerisch auf des erbern Niclausen Gwern des khurßner haus in der Wildwercher strass zu nagst Pauln Pielndarfer des khirßner haus gelegen davon sich aus :) jarlich drei phunt phenning zu geben geburn.»[1])

Es wird ferner bestimmt, dass ausser der Preuer'schen Eheleuten auch «Johansen Weiss und Brigiten seiner hausfrawen» Seelenheil gedacht sein soll. Ueber die Ausführung hat der Propst von St. Pölten zu wachen; zum Caplan soll er «ainen erwirdigen maister oder sonst ainen andern von der universitet einsetzen, demselben caplan . . . järlichen sechzehen phunt phenning beraits gelts raichen», in wöchentlichen Portionen. Was den Jahrtag anlangt, soll man «alle die weil hie zu Wien irer baider freund lebendig sein, denselben zu dem jartag und opher verkhunden und sagen; und nach abgang und tod derselben dem wiert im Poltinger hof verkhunden, damit . . . der brobst zu Sandt Pölten solicher jarlicher begegnnuß . . . bericht und vergwist werde.

Siegler: Der Bischof Johann von Veszprim, Administrator des Bisthums Wien.

Datum: . . . zu Wien, an sand Ambrosi tag des heiligen pischows, . . .

Cod. Ms. 175, fol. 55', Nr. 49.

1912 *1497, Juni 26, Wien.*

«Paul Khekh z. d. z, burgermaister und der rat gemain der stat Wyen» verzichtet auf die Lehenschaft an zwei ewigen Wochenmessen, die «vor etlichen verschinen jaren die ersam frau Margreth weiland des edeln Georgen Prewer unsers mitburger saligen wittib in namen frawen Margrethn Stokhoverin ir mueter saligen durch den erwirdigen herrn herrn Leonharten Wulting tumbherrn Allerheiligen khirchen zu Sandt Steffan und die zeit des hochwirdigen bistumbs hie zu Wien official» gestiftet hat. Die Stifterin

[1] Ueber die sonstigen Bestandtheile der Stiftung vgl. unten Nr. 1943.

hatte den Probst von St. Pölten zum «lehensherrn derselben stift» eingesetzt, die Stadt entschädigt «und dem ersamen weisen Pernharten Flander unsern mitburger die zeit khirchmaister oft genanter Sandt Steffans khirchen zu dem paw derselben vierzigkh Reinisch gulden gericht», womit man sich zufrieden geben will.

Siegler: Die Stadt.

Datum: . . . zu Wienn, am mantag vor sandt Petter und sandt Pauli der heiligen zwelfboten, . . .

Cod. Ms. 175, fol. 91, Nr. 78.

1943 *1497, Juli 19, Wien.*

«Martin Jugkh techant Allerheiligen tumkhirchen zu Sant Steffan zu Wien», bezeugt dass sein Stift «von der ersamen frawen Margrethn weilund Jörgen Prewer seligen . . . wittib sechshundert phund phening» erhalten habe, und zwar soll:

1. jeder Kirchenmeister zu St. Stephan jährlich auszahlen «sechs hungerisch gulden die umb anderthalb hundert hungarisch gulden gekhauft sein»;

2. habe sie verbrieft «ain burkhrecht namblich drei phund phenning, so auf aim haus in der Wildwericher straß ligund und umb funfzig hungarisch gulden gekhauft sein»;

3. «ain zehent bei Sandt Pölten zu Hafnern»;

4. «zwen weingarten, ainer zu Gumpoltzkhirchen der ander zu Medling gelegen».

«Da entgegen sich das benant capittl geen der obgedachten frawen Prewerin ain ewigen cor-capplan, vier ewig wochenlich mess, ain ewigen jartag» verschrieben hat, wozu Bischof Johann von Veszprim, «administrator des bistumbs zu Wien», seine Zustimmung erteilt.

Siegler: Jeronimus Holnprunner «der siben freien khunsten und der bapstlichen rechtn doctor, dz. custos und corherr» zu St. Stephan und Meister Sigmund Fröschl «auch chorher daselbn».

Datum: . . . zu Wien, an mittichen vor Sandt Maria Magdalen tag, . . .

Cod. Ms. 175, fol. 54', Nr. 48.

1944 *1498, April 5, Wien.*

«Swester Margaretha Streynin priorin Sand Agnesen gotshaus zu den Himelparten zu Wienn» und ihr Convent verpflichten sich, den Jahrtag, den «weilent der erwirdig hachgelert herr maister Hanns Harrer seliger gedechtnüss doctor in der heiligen geschrift und charherr Aller heiligen tuemkirchen zu Sand Stephan hie zu Wienn» gestiftet hat, und zu welchem Zwecke ihnen «die erwirdigen hachgelerten herren maister Lienhart vom Newnmarckh doctor in der heiligen geschrift und unser erwirdiger herr und vater maister Aswolt von Weikcherstorff licentiat in der heiligen geschrift, all paid karherrn Aller heiligen tuemkirchen zu Sand Stephan zu Wienn und gescheftherren des bemelten doctor Harrer seligen» ihnen 50 ungarische Gulden in Gold «petgewant und hausgeret ... auch silberasseich»[1]) übergeben, das ihnen Dr. Harrer schon bei Lebzeiten zugewendet hatte. Der Jahrtag soll gehalten werden, wie in ihrem Kloster üblich ist.[2]) Für Ausfall des Jahrtages ist das Kloster «zu pen verfallen ainem ieden kirichmaister der obgemelten Aller heiligen tuemkirichen zu Sand Steffan zu geben zwai phunt wachsx».

Siegler: Die Aussteller.

Datum: ... zu Wienn, am phinztag var dem heiligen palmtag, ...

Original, Pergament. Die zwei Siegel abgefallen.

1945 *1499, Juli 19, Wien.*

«Hanns Dachawer burger zu Wienn und ... Anna sein hausfraw» stellen «dem fürsichtigen ersamen weisen Hainrichen Ernnst burger zu Gretz und seinen erben» einen Schuldbrief aus über 625 Gulden rheinisch «all güt und gerecht in gold wag und slag ausstands an den tausent zwaienhundert und funfzig Reinischen guldein», für welches Geld sie «ain haus mit aller seiner zugehörung hie zu Wienn am Liechtensteg zunagst weilent Jobsten von Fult des appotegker haus an aim

[1]) Silbergeschirr.
[2]) Vgl. Nr. 1938, die Deymelsche Stiftung. Die betreffende Formel begegnet oft.

tail und an dem andern zunagst Steffans Gerharten, den man auch nennet Sybnbürger haus, gelegen, vor im gekauft haben». Die 625 Gulden rheinisch wollen sie «auf phingsten schirist kunftig (1500, Juni 7) an all auszug» leisten, wofür sie ihm «mit handen der ... herrn Pauln Kekhen zu den zeiten burgermaister und des rates gemain der stat Wienn» besagtes Haus «zu ainem rechten furphand in satzweise auszezaigt und verschriben» haben.

Siegler: Die Stadt Wien mit dem «gruntinsigiln», dann «Pangretz Kembnater und Erhart Hyrtt bed burger daselbs zu Wienn».

Datum: ... zu Wienn, an Freitag vor sand Marien Magdalenen tag, ...

Original, Pergament. Die drei Siegel abgefallen.

1946 *1504, Februar 29, Wien.*

«Swester Margaretha Streinnin d. z. priorin des frawen kloster zu den Himelportten zu Wienn» und ihr Convent haben von «Doctor Hanns Trapp von Wienn und doctor Oswaldt von Weigkerstorff enphangen ... auss dem geschäft des ... maister Mathesen Schweller von Obern Sultz lerer der heiligen geschrift etwann korherr Aller heiligen thuemkirichen zu Sand Steffan zu Wienn, zwaihundert phund phening güeter landswerung von wegen aines ewigen ambts wochenlich zu singen zu ewigen zeiten von dem Heiligen Creutz» in ihrem Kloster; sie verpflichten sich zu solcher Leistung und wollen wegen jeder «versaumnuss von stundan dem superintendenten oder aufmercker ... ain vierdung wagss verfallen sein». Dr. Trapp soll Superintendent sein.

Siegler: Die Aussteller.

Datum: ... zu Wienn, an phinztag vor Adriani der martrer, ...

Original, Pergament. Die zwei Siegel abgefallen.

1947 *1504, Juli 20, Wien.*

«Maister Georg Karlinger der Mulner zu Wienn», Barbara seine Frau und Leopold ihr Sohn haben «nach dem statrechten hie recht und redlich bestanden ... mit dem brieff von den erwirdigen und geistlichen

frawn Margaretha Streinin d. z. priorin des
kloster und gotzhaus zum Himlporten zu
Wienn und von dem ganzen convent daselbs
nur zu unser obgenanter dreier person und
lebtag und nicht lenger ir mull mit aller
zuegehorung im Paradeys gelegen» zu Nutzung
«als solichs bestands und der stat Wienn
recht sit und gewonheit ist» und verpflichtet
sich, «alle gepaw an beruerter mull als an
rederen wuren scharstangen mulstain khaufen,
wassergraben raumen thuen und machen, di
meyer allendthalben und besunder darin di
reder geen auf mauren und all ander naturf-
tig gepaw in der mull und des hauß allent-
halben wol versehen mit pachofen und was
von newen mulberch und zeug gehört, auch
an kachlofen, newen dachern, potnen, thoren,
thueren, ketten, nerben und anders järlich
ausrichten wenten und pessern» zu lassen
von ihren «aigenhalten guet an des kloster
schaden», ferner jährlich zu Georgi 8 Pfund
Pfennige «gueter landswerung in Osterreich»
zu Holzins zu reichen. Wenn der Sohn Leopold «vor sogper jaren mit todt abgieng und
verschied», so könnten die Eltern einen anderen Sohn an seine Stelle setzen. Die Klo-
sterfrauen «sollen sich auch mit dem getrait
an die müll zu mallen und schraten, nach
dem die müll in dem sumer nit albeg wasser
hat desgeleichen in dem winter der gefrier
halben, zu rechter weil und zeit darzue fue-
dern». Verbräune die Mühle «von innbendi-
gen fewer», so sei der Bestandnehmer zum
Wiederaufbaue «in der massen wie vor» verpflichtet, nicht so, wenn «von auswendigen
fewr». Gienge die Mühle durch Achtlosig-
keit zurück, leisteten die Bestandnehmer den
Hofzins nicht «und das auch die amptleut
werchleut oder die vierer, so zu solicher be-
schaw darzue verordent sein» das Gutachten
abgeben, dass die Bestandnehmer «di mull
mit ir zuegehorung in verwustung, in abpaw und in odung gepracht hieten» u. s. w.,
so sei das Gotteshaus seiner Verpflichtung
ledig, könne die Mühle zurücknehmen und
Schadenersatz beanspruchen.

Siegler: Die ersamen und weisen herren
Hanns Rokhner und Erhart Hiert paid burger zu Wienn.

Datum: . . . zu Wienne, am sambstag
vor Marie Magdalene tag der heiligen puesse-
rinn, . . .

Original. Pergament. Das erste Siegel abgefallen,
das zweite ist gebrochen, sonst gut erhalten.

1948 1505, Februar 24.

«Wolffgang . . . Sebastian und . . . Achatz
vettern und gebrueder die Tänicher» geben
«frawen Margarethen Streynin briorin der
stift zu den Himellportten zu Wienn» und
dem Convent von ihrem Hofe in der Pfarre
Balderndorf eine jährliche Burgrechtsgülte
von 60 Pfund zur Stiftung zweier Messen.

Siegler: Wolffgang Tänicher und Ludwig Fronhamer, d. z. phleger auf Hoheneckh.

Datum: . . . an montag nach Oculi der
heiligen vasten, . . .

Original. Pergament. Die zwei Siegel abgefallen.

1949 1506, November 26, Bologna.

Papst Julius V. trägt dem Propst von
St. Dorothea zu Wien und dem Official zu
Wien auf, dem Gotteshause St. Pölten be-
hilflich zu sein.

Datum Bononie, anno incarnationis domini 1506 6 kal. decembris, pontificatus vero
nostri 4.

Cod. Ms. 173, fol. 187', Nr. 191.

1950 1507, Mai 8, Wien.

«Jeronimus Holabrunner[1]) lerer bäbstlicher rechten, custos und thumbherr Aller
heiligen thumbkhirchen zu Sannd Steffan zu
Wienn und officiall daselbn», stellt dem «erwirdigen wolgelehrten Wolfgang Stainperger
der siben freien kunst maister und an der zeit
provisor des stipendium Burse Rose hie zu
Wienn bei den Predigern» ein Vidimus aus
über zwei die Pretner'sche Stiftung im Jacobskloster betreffende Briefe, der eine von 1460,
November 15, der andere von 1459, Juni 26.[2])

Siegler: Der Aussteller mit dem grossen
Officialamtssiegel.

Zeugen: Cristoff Pistatoris und Caspar
Brauenauer baid maister in den siben freien
künsten Wirtzburger und Salezburger pis-
tumben.

---

1) Vgl. Nr. 1872 f. und 1943.
2) Nr. 1867 und 1865.

Notar: Friedrich Hymler «cleriker Wirczburger bistumbs, von kaiserlicher macht offner notari» und des Ausstellers «gesworner schreiber».

Datum: ... zu Wienn, ..., des achten tag des monats mai, umb vesperzeit oder nahat dabei.

Original, Pergament. Grüne Siegelschnur, Siegel.

1951 *1512, Mai 10, Chartreuse.*

«Frater Franciscus», Grossprior des Karthäuserordens, und die übrigen Definitoren nehmen die Augustinerinnen zu St. Lorenz in Wien in die Bruderschaft ihres Ordens auf.

Datum in domo maioris Carthusie, decimo die mensis may, anno domini millesimo quingentesimo duodecimo, sedente tunc ibidem dicto capitulo nostro generali, in cuius rei testimonium sigillum domus Carthusie quo in talibus gratiis utimur, duximus presentibus appendendum.

Original, Pergament. Hängesiegel unter Papier.

1952 *1513, März 11.*

«Margaretha Vrban Heutls weilend burger zu Krembs gelassen tochter» gibt «frawen Lucia von Trautmannsdorff diezeit maisterin des frawen closter zu Sanndt Jacob zu Wienn auf der Hulhm» und dem Convente ihr ganzes väterliches Erbe «an parschaft und claineteren», insbesondere soll ihre «parschaft nemlich trausend (!) gulden», an eine Gülte gelegt werden, um damit die Auslagen eines Jahrtages zu bestreiten.

Siegler: «Ambrosius Wysent derzeit ain beisitzer des landesrechten in Österreich», dann «Johann Stephan Reus beder rechten doctor RKM' ic. camerprocurator der Nider-Österreichischen lande» und «doctor Martin Sybenburger burger und ainer des rats der stat Wienn».

Datum: ... an freitag vor dem montag Judica in der vasten, ...

Original, Pergament. Die drei Siegel abgefallen.

1953 *1518, September 23.*

Ulrich Gebhard, beider Rechte Doctor, bekennt für sich und seinen Sohn Bonifaz und all' ihre Erben die Uebernahme des Salzburgerhofes in Leibgedingsweise.

Siegler: Der Aussteller.

Datum: ... an pfinztag sand Rudbrechts abend im herbst, ...

Original, Pergament. Mit Siegel.

1954 *1518, November 24.*

«Georig ... brobst, Leopold techant und das capitl gemain U. L. Fr. gotshaus sand Leopolds stift zu Closterneunburg» schliessen mit «Johanns dz. prior und dem convent gemain des gotshaus U. L. F. thron zu Gamyng des orden von Carthus ... ain aufrichtigen redlichen ... kauf und auswexl». Die Gaminger geben «iren tail an der behausung zu Nidersufering bei dem obern prun nagst Wolffganngen Poschl behausung das weilend Panngretzn Nustorffer zugehort, gelegen, mit dem jerlichn gruntdinst Michaelis dreissig wienner phening, mer ain halb jeuch weingartn darhinder ennhalb des stegs im Hakhenperg, mit dem undern rain nagst Wolffganngen Kalhawer sambt dem jerlichen perkrecht im lesen ain halben emer most und ainen helbling voitrecht» und zwar mit kaiserlicher Erlaubniss, Klosterneuburg dagegen «fur erb und kaufrecht» 100 Gulden «reinisch in munss gueter landswerung in Osterreich» und als Gegenleistung «dreissigk wienner phening gruntdinst zu sand Michels tag zu dienen auf ainer behausung zu Nidersufering nagst weilend Hannsen Hanndmaister hauss, so Mert Widmer diser zeit mit erbkaufrecht besitzt, item im lesn ain halben emer perkrechtmost und ain helbling voitrecht von ainem halben jeuch weingartn daselbs im Hornsperg mit dem obern rain zunagst weilend Vlrichen Perman seligen weingartn, und dem andern ort an ain halb jeuch, inen zugehorig, so zu disem gruebt und der rain ausgeworfen ist, gelegen, das Hanns Strasser mit erbkaufrecht inen hat»; das erhalten die Gaminger zu völligem Eigenthum.

Siegler: Propst und Capitel von Klosterneuburg.

Datum: ... an mittichen sand Katherins der heiligen junkhfrawnn und martrerin abent ...

Original, Pergament. Das zweite Siegel abgefallen.

1955 *1519, Januar 2, Wien.*

«Brueder Wolfganng Krawgker der heiligen geschrift wacularius die zeit prior und wir der convent genant des closter uns. lieb. fr. brueder des ordens von dem perg Carmello an der herzogen Hoff zu Wienn» verkaufen 20 Schilling Pfennige «gelts burgkrechts jerlicher gult und zins» auf all ihrem Gut um 50 Pfund Pfennige «gutter landswerung in Osterreich» dem «brueder Conratten Larher die zeit gardian und dem convent gemain zu den Minor bruedern zu Wienn», als den Verwesern eines ewigen Lichts für «weiland die edl fraw Elisabeth Georing von Fillenbach seling gelassen wittib» gestiftet hat.

Siegler: Die Aussteller.

Datum: . . . zu Wienn, den andern tag des monats januari . . .

Original, Pergament. Die zwei Siegel abgefallen.

1956 *1520, August 10, Salzburg.*

«Wolfgang Pachaimer der rechten doctor, canzler zu Saltzburg», quittirt anstatt «doctoren Vlrichen Gebhart zu Wienn von dem erwirdigen herren Martein Schaller der rechten licenciaten, camermaister etc.» den Empfang von 32 Pfund Pfennigen «provision so demselben . . . zu sand Georgen tag nägst verschinen» aus der salzburgischen Kammer zukommen. Ferner hat er «empfangen anstat der priorin und conventswestern zu Sand Maria Magdalen zu Wienn zwelf phunt phening auch auf sand Georgen tag negstverschinen umb das salz inen zugeben phleglich[1]) verfallen». Wenn er dem Kammermeister die betreffenden Quittungen einhändigen werde, solle dieser ihm vorliegenden Schein zurückgeben.

Wolfganng Pachaimer
Camr. aigen handschrift.

Original, Papier. Siegel unter Papier.

1957 *1522, October 17.*

Dorothea die Aebtissin und der Convent zu Traunkirchen verkaufen der Barbara «Khieynn diezeit priorin und dem convent gemain des heiligen Kreuz gotshaus zu Tullen sannd Augustins regl» ihr Bergrecht und Pfen-

[1]) Seit 1234, vgl. Nr. 1506 f.

niggült zu «Obern Tobling in Siben Rieden . . . nach vermügen eines grundpuechs in daruber zuegestelt» um eine nicht genannte Summe. Der Gesammtwerth des Kaufobjectes «lauft auf funf und zwainzig emer und ain achtail most gibmau pergkrecht und vier schilling und vierundzwainzigk pfenning grunddienst oder phenninggült». Die Namen der Gründe, wo gelesen wird, und der Bezugsberechtigten sind folgende: «Im Obern Sawperg herr Wolfganng Tar von (!) Pfarrer zu Sieding» von einem Joch Weingarten «der Liechtenstainer», ebenda «Hanns Vbleisen, Peter Wolf zu Nustorf hat peisser !!, Arnolt Achtescin-nit, Marchs Krēnczl. — Im Nidern Sawperg: Larentz Helblinger, Steffann Pawngartner, Hanns Huebmer. — In den Twirchen: Oswald Weiss, Leonhart Hochreiter von Nustorf. — Auf den Harten: pharrer zu Töbling von ainem jeuch weingarten, der Hesner genant. — Im Eglsee: Wolfgang Stuchs, die zech zu Nustorf, Michell Kirchsteiger, Fellenwald erben, Wolfgang Templ, Sannd Pauls kirchen zu Tobling (pharrkirchen). — Khunigspewnt: Michel Osterler, Gilig Aigner, brobst und convent zu Kloster-Newnburg. — In den Fletzern: Rueprecht Wittenperger, Anndre Vischer, Erhard Lawhler, Wolfganng Huebmer. — Wonhaft in der Heiligenstat: Thoman Spähinger, Rueprecht Wittenperger, Wolfgang Mairhofer, Fritz Prall, Wolfganng Hawer kinder von Klöster Newnburg dienn von ainem viertl weingarten zu nagst Unser lieben Frawen zech daselbt . . .» und noch von einem andern Weinberg in dessen nächster Nähe; «pharrer zu Heilingstat dient von ainem garten, Georg Veit richter zu Grintzing desgleichen, pharrer von Heilingstat desgleichen; pharrer zu Tobling dient von ainer wisen».

Siegler: Die Aussteller.

Datum: . . . an montag sand Kolmans des heiligen marters . . .

Original, Pergament. Das Siegel der Aebtissin ist leidentlich erhalten; das Conventssiegel fehlt.

1958 *1522, December 4, Tirnstein.*

«Urban brobst U. L. F. goteshaus zu Tiernstein, Joannes dechant und der ganz

convent» schliessen mit «junkfrauen Geno-
veve Singerin maisterin ..., Catherine Spang-
steiner dechantin» und dem Convent von
St. Lorenz zu Wien eine Verbrüderung.

Siegler: Die Aussteller.

Datum: ... zu Tiernstein ..., an sand
Barbaratag der heiligen junkfrauen und martrerin.

Original, Pergament. Die zwei Siegel abgefallen.

1959 *1530, März 28, Wien.*

An den Erzbischof Matthäus von Salzburg gerichtetes Exemplar eines gedruckten
Ausschreibens der österreichischen Landschaft
wegen «einer summa gelts benäntlich sechs-
tsusent gulden reynisch zu gepew der pol-
werch und plöckheuser bei den prügkhen hie
zu Wienn, auch zu besöldung zwaiundtreissig
gerüssten pherd, welch schon aufgenommen,
bestelt und abgefertigt worden sein, on die
grenitz zu straifen und daselbs guet kundschaft zu halten», zu welcher Summa der
Erzbischof «XXX *fl* VI *ß* XXVIII *S*»[1]) beizusteuern hätte.

Siegler: Nicht genannt.

Datum Wienn, den achtundzwainzigisten
tag martii, ...

Original, Papier. Mit acht Siegeln unter Papier.

1960 *1530, April 26, Linz.*

König Ferdinand, Erzherzog zu Oesterreich etc., befiehlt der n.-ö. Regierung, für
die Nonnen des St. Claraklosters zu Wien
eine andere Unterkunft daselbst auszumitteln,
nachdem ihr Kloster zu einem Spital der
«hauss armen leut» bestimmt ist.

Datum: ... in unser stat Lynntz den
XXVI. tag apprillis, ...

Unterschrift: Ferdinand.

Ad mandatum domini
regis proprium

F. Feienberger m. p.

Original, Papier. Schlussiegel unter Papier.

1961 *1531, März 27.*

«Sebastian Eyseler burgermaister und der
rate der stat Wienn» geben über kaiserlichen

---

[1]) Nur diese Ziffern und die Adresse sind geschrieben, alles andere gedruckt.

Befehl und über Auftrag der kais. Statthalter
und Regenten von Niederösterreich den einzeln benannten Nonnen zu St. Clara[1]) auf
Lebenszeit die städtische «behausung genannt
das Pilgramhauß sambt Sannd Anna capelln»
zum Theil in Bestand, angesichts des Um-
standes, «das auf I. K. M. bevelch ir closter zu
Sannd Clara in ... gemainer stat spital ver-
wend wäre». Die angewiesenen Localitäten
sind diese: «nemblich neben jetzermelter capelln ain press, ain küchl, ain stuben, daran
ain gwolbl, dabei ain gärtl, desgleichen das
stübl, chämer und muesshaus auf ermelter
press küchl stuben und gwelbl verhanden, und
so vil der gantz gemawert stockh mit ietz-
ermelten gemächen begreift, mer den hof als
weit ietzbemelter stockh geraicht und gegen
der grossen stuben über in ainem sondern
stocklen abermals ain chamer oder keller und
darauf stuben chamer und kuchl, wie dann
solchs alles mit ainer mawer von beruertem
grössern stockh gegen dem klainern stöcklen
underschiden und inen durch dieselb mawer
ain thur zu dem prunn in den andern hof
vergönnt werden soll».

Siegler: Die Stadt mit ihrem grossen
Siegel.

Datum: ... an montag den siben und
zwainzigisten tag des monats marcii, ...

Original, Pergament. Siegel abgefallen.

1962 *1531, März 27.*

«Anna Welltzerin äbbtesin, Elisabeth
Strasserin priorin, Elena von Eybeswald,
Ursula Liephartin, Anna Allerspeckin, Anna
Krannbergerin, Barbara Stainacherin, Appo-
lonia Schmitzpergerin, Margaretha Freinstai-
nerin, Anna Lanndeckerin, Elizabeth Vischl-
haunerin, Anna Weyssin, Katharina Perch-
dolldin, Elizabeth Perchtolldin, Gerdraut
Lanntzshueterin, Cristina Lanntzhueterin,
Barbara Pergerin all conventschwestern Sannd
Clara ordens» reversiren dem Magistrat von
Wien über die ihnen auf Lebenszeit über-
lassenen Theile des Pilgramhauses. (Siehe
die Vorurkunde.)

Siegler: Aebtissin und Convent, ferner
Jörg von Puechaim Freiherr zu Rabbts und

---

[1]) Ihre Namen bringt das folgende Regest.

Krumpach etc., Hanns von Eybeswald, jener Statthalter, dieser Regent von Niederösterreich, beide kaiserliche Räthe.

Datum: ... der geben ist an montag den sibenundzwainzigisten Marcii, ...

Original, Pergament. Die vier Siegel abgefallen.

1963 *1531, April 25, Salzburg.*

Erzbischof Matheus Lang belehnt den Melchior von Lamberg mit dem Hofmeisteramt in den niederösterreichischen Aemtern, darunter auch dem zu Währing, wofür ihm unter Anderem auch der «klein dienst zu ... Wering» zugewiesen wird.

Siegler Der Aussteller.

Datum: ... Saltzburg, an erichtag nach Sand Georgentag ...

Transumt in der folgenden Urkunde.

1964 *1531, April 26.*

Melchior von Lamberg, kais. Rath, reversirt über die Belehnung mit den niederösterreichischen Aemtern, darunter dem zu Währing, und transsumirt die Belehnungsurkunde.[1]

Siegler: Der Aussteller.

Datum: ... an mittichen nach sand Geörgen tag.

Original, Pergament. Mit wohl erhaltenem Siegel.

1965 *1531, April 26, Salzburg.*

Erzbischof Matthäus Lang ertheilt seine Zustimmung zu der zwischen Doctor Ulrich Gebhard und dessen Sohne,[2] die von seinem Vorfahren, dem Erzbischof Leonhard, den Salzburgerhof in Wien zu Leibgeding erhalten haben, und seinem Schwager Herrn Andre Freiherrn von Ungnad zu Sonnegh getroffene Vereinbarung wegen des genannten Hofes und verleiht denselben seinem Schwager zu Leibgeding auf Lebzeiten des Doctor Ulrich und seines Sohnes Bonifaz. «Dweil aber der obgemelt hoff ganz pawfellig und darzu im nagstverschienen neunundzwanzigisten jar als die stat Wien durch den Turckhen belegert gewesen ist, an gmachen meueren

1) Nr. 1963.

2) Siehe Nr. 1953.

dachwerch und garten vast zerrissen und nach mer in abpaw khomen ist», so wird dem Ungnad erlaubt, 1000 fl. à 60 kr. hinein zu verbauen, die unverzinslich auf dem Salzburgerhofe stehen sollen, dem Ungnad aber eventuell Nutzungsrecht auch über den Tod des Doctors und seines Sohnes bis zur Rückzahlung sichern. Die Schäden sollen commissionaliter erhoben und nach erfolgter Abschätzung der Bauleistung der darauf verwendete Betrag, doch nur bis zu 1000 fl. bescheinigt werden.

Siegler: Der Aussteller.

Datum: ... Saltzburgkh, am mittichen nach sant Georgen des heiligen ritters und marterers tag, ...

Transsumt in der folgenden Urkunde.

1966 *1531, April 27, [Salzburg].*

Andre Ungnad, Freiherr zu Sonnegkh, kais. kön. Rath und Oberststallmeister, erwirbt von Doctor Ulrich Gebhard und seinem Sohne den diesem zu Leibgeding zugewiesenen Salzburgerhof, transsumirt die salzburgische Verleihungsurkunde vom vorhergehenden Tage[1] und verpflichtet sich zur Beobachtung der darin enthaltenen Bestimmungen.

Siegler: Der Aussteller.

Datum: ... an phinztag nach Georgen des heiligen ritters und marterers tag, ...

Original, Pergament. Mit wohlerhaltenem Siegel.

1967 *1533, Mai 15, Wien.*

«Petrus Pavlus Vergerius Justinopolitanus, Ju. v. doctor», apostolischer Protonotar und Nuntius, gestattet den Nonnen von Imbach, wenn der ihnen vom Dominikanerprior in Wien zugesandte Beichtvater ihr Vertrauen nicht erlangte, sich einen anderen zu wählen.

Siegler: Der Aussteller.

Datum Vienne, anno millesimo quingentesimo tercio, idibus maii etc.

Gezeichnet: Bonaventura.

Original, Pergament. Siegel abgefallen.

1968 *1533, Juli 22, Wien.*

«Johann u. g. gen. bischove zu Wienn und coadiutor zu der Neuenstat R. kun. M[t]

1) Nr. 1965.

ratt» etc., incorporirt das Kloster zu St. Maria Magdalena vor dem Schottenthore zu Wien dem Laurenzerinnenkloster ebendaselbst, und zwar aus folgenden Gründen und unter nachstehenden Bedingungen:

«Demnach im negstverschinen neunundzwainzigisten jar in dem Turgken uberzug laider das closter zu Sanndt Maria Magdalena vor Schottenthor geblindert und ausgebrent auch volgents ganz nider und der erden eben gerissen», so haben die Nonnen «sich nun ettlich jar armclich behofen» und sind endlich auf Veranlassung des Königs Ferdinand I. «in das closter zu Sannd Nicla in der Singerstrass verordnet ... Dieweil aber dasselbig gotshaus hievor ausgebrunnen und ganz paufellig und mit grossem costen nach irem notdurft nit möchte erpauen werden, auch ein ersamer burgermaister und rat diser loblichen stat Wienn die R. k. M¹ trefflichen angelangt ..., darmit die gedachten jungkhfrauen, wie vil derselwigen wêren, an ein ander ort und nêmblichen Sanndt Laurenczen verordnet, und das die öde Sandt Niclas, wie die verhanden, möchte ... iren burgern deren heuser in den vorsteten abgerissen, eingetailt würde», was auch der König durch den Bischof und zwei königliche Räthe «an gedachte junckhfrauen zu Sandt Maria Magdalena auch zu Sanndt Larentz bringen lassen». So haben sich denn die Magdalenerinnen mit des Bischofs, «als ires Ordinari wissen und willen begeben, das si also gemainclich wellen ziehen» und sich zu den Laurenzerinnen auf Lebenszeit begeben. Diese wieder haben «sich bewilligt und begeben, das si oftgedachte Magdalenerin zu inen in ir closter und schwesterliche gelübde in irer not ganz gern annemen und schwesterliche trew mit inen tailen wellen. Doch so haben sich baide tail ... umb ettliche notwendige verschreibungen so irer notdurft nach, die R. k. M¹ inen gegeben, ... für guet und notwendig angesehen, das si zu baider seiten wissen, wie si sich mit und gegeneinander hinfur halten sollen ...» Daraus ergab sich folgende Abredung:

a) Die Magdalener sollen mit ihrem Hab und Gut und allen Einkünften «brieff grunt-

puecher register hausrat ... dem closter zu Sanndt Larenntz dermassen incorporiert und eingeleibt sein, das die junckhfrawen baider klöster so ietzo leben und ire nachkhumen, welche iren regl und profession annemen» die Güter gemeinsam nutzen und niessen.

b) Dasselbe gilt hinsichtlich der gemeinsamen Nutzung auch von sämmtlichen Gütern von St. Lorenz, und wird verfügt «darmit darin guete ordnung gehalten werde ...», das die brieff register grundpuecher und dergleichen sachen sollen underschiedlich in zwo laden gelegt werden», eine für St. Lorenz, die andere für die Magdalener, zu jeder Lade drei Schlüssel, deren einen die Meisterin, den zweiten die Laurenzerin, den dritten eine Magdalenerin haben soll. «Und wann man siglen oder brief verfertigen, gwer und dergleichen handlung handlen sol, alsdann sol solichs geschehen in deren dreier beiwesen und zuegehen; ... trefflich handlungen» sollen, wie seit jeher, mit Zustimmung des Convents geschehen. «Dise zwo laden sollen sein in ainem und gemainen beschlossnen gewelb. Darmit ain dester pesser ordnung gehalten ... hierumb, so man bei dem grundpuch der Magdalenern zu handlen, so sol furnemblichen aine von den Magdalenerin nach der maisterin die obere sein und in denselben sachen sollen die Magdalenerin schreiberin sein» und ebenso vice versa, «doch das zwo von Sanndt Maria Madlena gleich wie zwo von Sandt Larentzen bei der handlung seien, mit disem vorbehalt das die maisterin für und für die obrist in aller handlung moge oder solle sein».

c) Die Union ist eine vollständige, so «das auch nit zwai sundern ain convent irer aller seien», was nun bis ins Einzelne durchgeführt wird; sollen auch «alwegen ain haubt und maisterin haben, doch das die iezig maisterin beleib», die Schafferin zu Maria Magdalena aber, die eine Zeitlang nach Abgang der Meisterin die Geschäfte geführt, soll «auf das wenigist ein jar oder lenger nach der maisterin bei dem grundbuch die obriste sein». Alle Würden sollen aus dem gemeinsamen Convente besetzt werden. «Aber die ambtfrauen als schaffnerin und welhe mit gelt umbgeen,

sollen derselben maisterin ... ordenlich raitung thun; und sollen die raitpuecher alwegen
ordenlich und wolgehalten werden, darmit
man zu ieder zeit in denselben finden mög,
wie ein iede maisterin gehauset, ob si die
gueter gebessert, die nutzungen wol angelegt,
die weingartarbeit, dienstpoten und andere
schulden bezalt». Zu erheblichen Veräusserungen ist die Zustimmung des Ordinarius
erforderlich.

d. Auch die Unterämter «als schafferei,
custorei, gewandtmaisterei, köchin, khelnerin
und dergleichen ämbter» sind aus dem ganzen
Convente zu besetzen.

e) Einmüthigkeit wird neuerdings eingeprägt; in zweifelhaften Fällen sei der Ordinarius zu befragen.

f) Von den drei Pare der Urkunden
kommt die eine ins bischöfliche Archiv, die
anderen beiden in die bewussten Laden.

Siegler: Der Bischof und die beiden
Klöster.

Datum: ... zu Wien, auf den tag der
heiligen Marie Magdalene ...

Unterschriften: Johann Bischoff zü Wien,
manu propria subscripsit. Frau Katterina
Spangsteinerin maisterin und der convent zu
Sand Laurenczen zu Wien (m. p.). Swester
Vrsula verwalterin und der convent von Sand
Maria Magdalena (m. p.).

Original, Pergament. Fünf Einschnitte für Siegel.

1969 1535, April 25, Wien.

Anna Weltzerin, Aebtissin, und die
Schwestern von St. Clara zu Wien bekennen,
dass ihnen «herr Johann Pilhamer doctor
Römischer königelicher maiestat etc. ... rate
und burgermaister zu Wienn und der stat
rate dasselbs» auf ihre Bitte «zwo chamer
sambt denen zwaien muesheuslein darbei in
dem Pilgramhauss zu nägst des zimers» das
sie schon innehaben, «und mit zieglen gedeckt bestandweis verlassen» haben, wofür sie
jährlich zu Michaeli und Georgi je 3 Pfund
Pfennige «gueter landswerung» zu leisten
verpflichtet sind.

Siegler: Aebtissin und Convent, dann
Ulrich Tenngler, Pfleger auf Greizenstein.

Datum: ... ze Wienn, auf sonntag Cantate, den funfundzwainzigisten tag Aprilis, ...

Original, Pergament. Die drei Siegel abgefallen.

1970 1537, December 6, Wien.

»Haimeran Kembnater spittalmeister zu
Wienn» verpflichtet sich gegen den Prior
von Gaming, «von einem halbm joch weingarten im Keslgraben gelegen, dem spital zu
Wienn zugehörig und deß gottshauß Gemming grund»,[1]) der seit acht Jahren öde liegt,
dass derselbe der Karthause verfallen sein
solle, wenn seine Ertragsfähigkeit nicht wieder
hergestellt sei «biß auf so man der weinszahl
schreiben würde ains und vierzig jahr (also
bis 1541). Haimeran hat ferner den Karthäusern «einen weingarten ihres gottshauß
grund, genant die Unrest der lange jahr her
öd zu Süfring gelegen, so auch dem spital
zu Wienn zugehörig gewest, frei auf und
übergeben, darumb Leopolden Waldner und
Vlczen Grundner in nutz und gwer zu vertigen», welche dafür bis Georgi dem Spital
4 Pfund Pfennige zu leisten versprochen
haben.

Siegler: Das Spital.

Datum: ... Wienn, an sanct Niclas
tag, ...

Abschrift des 17. Jahrhunderts auf Papier.

1971 1540, October 30, Wien.

«Wolfgang Kraueker, der heiligen geschrieft lehrer und derzeit prior des closters
zu Wien genannt zu den Weisen brudern an
der herzogen hof gelegen des ordens U. L. Fr.
bruder von berg Carmelo», verpflichtet sich
für sich und seinen Convent zur Abhaltung
zweier Wochenmessen, «in dem junpfrawen
closter zu Sanct Jacob alhie zu Wien auf
der Hulben», wofür unter einem «vorfordern
prior, brueder Conradt Mossbach seligen der
edel Hanns Bruckhner» und dessen Hausfrau Susanna, zwei «besonder liebhaber» des
Ordens und Klosters «einen hof zu Symmo-

[1]) Wie sich aus einer Dorsualnotiz ergibt, ist das
derselbe Weingarten, den Gaming 1518, November 24,
erworben (vgl. oben Nr. 1934). Ausserdem steht aber
noch folgende Note dabei: «Anno 1512 Christoph
Tunckhl Wechselbrief Nr. 54.

ning') gelegen, gestift ... Dieweil sich aber in etlichen jaren zugetragen, das gemelter hof zu Symmoning sambt den guttern von dem grausamen feind dem Türken in verderben kommen» und sie von dem Hof nicht allein keinen Nutzen, sondern Schaden gehabt, und aus Priestermangel seien sie «verursacht worden, denselbigen hoff zu verkaufen», mit Zustimmung des Landesfürsten und «des hochwirdigen fursten ... Johann bischofs zu Wien etc.» und hätten dann, damit «die bestimbten zwo messen und derselben wochentlich versehung nit abging ...», von derselbigen kaufsumma dreihundert gulden hauptgut auf des bistumbs zu Wien, und hundert gulden haubtgut auf gemeltes closters zu Sannt Jacob einkömen wider angelegt ... macht jherlich zinß oder purkrecht von baiden orten zwanzig gulden. Dieselbigen haubtgut und jherlich zinß, solang die nit erlegt oder abgelöst, sollen bemelter stiftung, nach vermug des stieftbriefs recht und war underpfand sein, also» dass im Unterlassungsfalle die «junpfrawen'; ihren jherlichen oder auf dem bistumb zinß solang inhalden oder einnemmen, biß die Leistung seitens der Carmeliter wieder aufgenommen wird; «doch dergestalt, die weil bisher ain wochentliche meß mit funf, und zwo mit zehen pfunden haben mögen verricht werden», dass deshalb den Carmelitern «an obgemelten zwaien einkemmen und underpfand auch nit mehr dan zehen gulden auf ain jar oder desselbigen margzal') abgezogen werden sol und muge. Und so sich zutrug das die funfzehen gulden von einem ader andern bischof mit dreihundert gulden haubtguts, alwege funfzehen patzen für ain gulden zu raiten, oder auch von den junpfrawen zu S. Jacob ihre funf gulden mit dreihundert gulden haubtgut, die sie empfangen und den jherlichen zinß funf gulden auf sich genommen, nit abgelöst wurde», so verpflichten sich die Carmeliter, das Hauptgut nicht zu anderen als dem Stiftungszwecke zu verwenden «dann allein mit wiß- und willen gemelter priorin und ires convents zu Sanct Jacob.

') Simmering.
') So! Vgl. Jumpfer für Jungfer.
') D. h. auf eine Mehrzahl von Jahren.

Siegler: Der Aussteller und sein Convent.
Datum: ... zu Wien, den dreissigsten tag octobris, ...
Unterschrift: Fratris Wolffgangi Kraucker doctoris atque prioris manus propria.

Original, Pergament. Mit zwei hängenden Siegeln unter Papier.

1972 *1545, Februar 20, Prag.*

König Ferdinand I. weist den Franziskanern St. Niklas in der Singerstrasse an, da ihr früheres Kloster, «das Bernhardiner closter», damals «als der erbfeind gemainer cristenheit der Turkh hievor in verschinem funfzehenhundert und neunundzwanzigisten jar mit seinem tirannischen gwalt ... Osterreich under der Enns überzogen, Unser stat Wienn in aigner person mit aller macht, zu wasser und lande umbgeben, belegert und alles das jhenig, so ausserhalb der ringkhmaur gelegen, mit feur und swert verhört und verwuest, ...» hatte, «unter andern ansehlichen threfflichen gotsheusern und gebeuen in Unseren vorstetten zu Wienn ... auch angefewrt und verbrennt» worden war, «wolhs volgents neben andern öden gemeurn in den selben vorsteten gar zerstört und nidergerissen worden», worauf sie mittlerweile «bei Sand Rueprechts capellen und derselbigen zuegehörigen hedeln ... armseligklich enthalten ... Die kirchen und behausung zu Sand Nicla in der Sinninger') strassen zu Wienn gelegen, wie die mit gemewr und gebew umbfangen ist», wird ihnen gegeben, damit sie dem Gottesdienste entsprechend nachkommen können.

Siegler: Der Aussteller mit dem königlichen Siegel.
Datum: ... Schloss Prag, den zwainzigisten tag februari, ...

Transsumt von 1545, März 28. Vgl. Nr. 1973.

1973 *1545, März 28, [Wien].*

Franciscus, Propst «des closter und gotshaus Sand Dorothee zu Wienn», transsumirt vorstehende Urkunde,') die ihm «Gabriel

') So!
') Nr. 1972 «aber die kirchen und behausung zu Sand Nicla in der Sinnger strass zu Wienn gelegen, wie die mit gemeuren und gebeu umbfangen».

30*

guardian des heiligen ordens Sand Franciscus der observanten ... in beisein der ersamen und weisen Oswalden Khiennberger und Maximilian Castlhover baider burgern zu Wienn» vorgewiesen hat.

Siegler: Der Transsument mit dem Siegel seines Gotteshauses.

Datum: ... am sambstag vor palmarum, ...

Unterschrift: Cristophorus Swartzentaler consistorii Viennensis notarius iuratus manu propria subscripsi.

Original, Pergament. Siegel abgefallen.

1974 *1561, December 20, Wien.*

«Thoman Sybenbürger R. K. M. etc. rat und burgermaister und der rate der statt Wienn» erthcilen den verordneten Steuerhandlern «Georg Hauser, Leopold Huttendorffer und Leopold Schnur, auf sein ableiben, und hernach Sebastian Suess all vier des aussern rats von verwaltung des steurambts» pro 1560 das Absolutorium. Einen schuldigen Rest «dreitausent dreihundert ainundzwainzig phund, vier schilling, achzehen phening die sollen si sambt dem abgeschriben gelt so in irer raitung am neünzehenden plat fur ausgaben eingestellt, darzue die funfzehentausent sechs hundert neunundneunzig phund, sechs schilling, funfzehen phening ausstendig remanenz schulden auch die zwen silber pecher, davon ermelte ir raitung und der stat Wienn ambtleut prothocoll lautere meldung thun» in der Rechnung pro 1561 «in emphang underschiedlich einstellen».

Siegler: Die Stadt mit dem grösseren anhangenden Siegel.

Original, Pergament. Siegel abgefallen.

1975 *1568, April 24.*

Wolfgang Ebmansperger, Bürger zu Korneuburg, und Barbara, seine Gattin, verkaufen mit Zustimmung ihres Stadtrichters «Cristof Kharoman» und ihres Stadtrathes 2 Pfund Pfennige Burgrechtsgülte auf ihrem Hause daselbst «zunagst Punngratzen Müllners hauß» um 50 Pfund Pfennige an «herrn Mathias Wertwein thumbprobst des hochstifts zu

Wienn». Jenes Geld haben «der erbar weiß Gregory Schweller zu Chorneuburg seliger und Margaretha sein haußfraw in des Yntzingers capellen zu der Himelporten zu Wienn gestift» und der Käufer ist Caplan bei selbiger Messe.

Siegler: Die Stadt und der Richter von Korneuburg.

Datum: ... am tag des heiligen ritters sanct Geörgen nach Cristi unsers lieben herrn gepurth, ...

Original, Pergament. Die zwei Siegel abgefallen.

1976 *1570, Januar 17, Salzburg.*

Erzbischof Johann Jacob hat seinen Bürger daselbst, den Unterholzer, angewiesen, dem Hannsen Rueber, Ritter, «r. k. m. rath in Wienn 775 taller richtig machen» zu wollen, und schreibt nun dem «Unterholtzerischem factorn in Wienn» dass er dieses Geld und zwei Reverse an den Rueber abführen und eine Quittung über 800 Gulden entgegennehmen soll. Die fehlenden 25 Thaler würden gleichzeitig mit diesem Schreiben zugestellt.

Datum in unser statt Saltzburg den 17 Januari, anno etc. LXX.

Adresse: Unserm besondern lieben N: Vndterholtzerischem factorn, in Wienn.

Originalconcept, Papier.

1977 *1571, August 6, Wien.*

«Schwester Lucia von Schintha dz. priorin des jungkhfrawen closters Sannt Angnesen gotzhaus zu den Himelporten in Wienn» und der Convent verkaufen «mit vorwissen und bewilligung der Römischen khaiserlichen maiestat etc. ... inhalt aines ... derhalben ervolgten ordenlichen khaiserlichen consens, der am dato steet den andern tag octobris verschinen sibenzigisten jars, ..., herrn Hannsen Schadner Röm. khai. M[t] etc. rath und handgraven in Österreich, Cecilia seiner ehelichen hausfrawen und all ir baider conleit erben» ihr «freihauß alhie in der Trabaterstraß darinnen derzeit ain stainmetz wont, so mit dem obern ort an» ihres Klosters «garten maur und mit dem undern orth an ietztgemelts ... closters thor und einfart stössent ... weder mit dienst, steur und andern bürgerlichen auflagen der burgerschaft underworfen». Sie verkaufen diese «freie behausung» mit allen Rechten, unter Anderem auch auf «versilberung der wein under dem zaphen oder raiffen». Mit diesem Briefe geben sie auch ein Vidimus des landesfürstlichen Consenses.

Siegler: Priorat und Convent von Himmelpforten und «herr Jacob Öxl R. k. M¹ rath und zeugs commissary bei der hochlöblichen Niderösterreichischen Regierung».

Datum: ... zu Wienn, den sechsten tag Augusti ...

Original, Pergament. Die drei Siegel abgefallen.

1978 *1579, August 13.*

Magistratische Eröffnung.

In sachen zwischen Bartlmeen Geringer clagern ains und Maria weiland Virichen Geringer gewesnen burgers alhie in Wienn nachgelassnen wittib, jetzo Haonaen Zeberer Röm. Khai. M⁹ etc. raisdieners bei der Niderösterreichischen camer puechhalterei ehelicher hausfrawen entwortern anderntaila, ist nach vernembung beeder tail eingebrachten schriften zu rechten erkhennt und ermelter clager zu seiner angebornen weisung gelassen doch der Zeberin ir gegenweisung, einred und all rechtliche nadzurft darwider furzubringen vorbehalten, und solle snlche weiß- und gegenweisung der ordnung nach volfuert werden, auch daruber aiddann verrer bescheben was recht ist.

Ermelten phinstag den dreizehenden Augusti, anno etc. neununddsibenzigiaten.

Transsumt in Nr. 1983.

1979 *1583, Mai 7, Rom.*

Papst Gregor XIII. hebt das schon seit Jahren verlassene Nonnenkloster «Eria nuncupatum» auf und incorporirt dessen Besitz an Rechten, Freiheiten, Ländereien und Einkünften auf das von Elisabeth, Tochter König Maximilian II. und Witwe Königs Karl IX. von Frankreich begründete Clarisserinnenkloster zu Wien Königskloster.

Mehrere Unterschriften.

Datum Rome apud Sanctumarcum,¹) anno incarnationis dominice millesimo quingente-

¹) So; eigentlich steht dort Sctumarcum mit Oberstrich.

simo octuagesimo tertio, nonis maii, pontificatus nostri anno undecimo.

Feierliches Original mit reicher Verzierung. Pergament, Bulle abgeschnitten; vorhanden ist noch ein Theil der weiss-rothen Hanfschnur.

1980 *1583, Juni 25.*

Magistratischer Bescheid.

Auf anruefen N: der Geringerischen creditorn wider N: die Zebrerischen curatoren umb collationirung dessen was seither von beedn tailen einkhumben, dagentgegen Samuel Mayr als der Zebrerischen curatorn gewalttrager exclpiendo angebracht, das seine principallen sich in ainiche verantwortung darumben nit einlassen khünnen, weil die Zebrerin wider Bartlme Geringer wegen injuri in ainem incidentstritt gerathen, welcher bishher nit zu ort gebracht, so khome von dem Bartlme Geringer ainicher gewalt oder legitimation nit fur, bathes sich demnach zu absolviern, ist von burgermaister und rath nach vernembung beeder parteien furgebrachten mundlichen nadzurfen zu bescheid geben und denen Zebrerischen curatorn hiemit auferlegt, zum fall ale zu fortsetzung irer nodzurft noch was dazurubringen willens, das solches innerhalb dreier rechtstagen bescheche, wo nit soll das jhenige so bißhero ein khumben collationirt und darauf mit rechtlicher erkhandtnus furgangen werden. Notandum: hieruber haben die Zebrerischen erben die appellation vermelt.

Den funfundzwanzigisten juny, anno dreiundachzigisten.

Transsumt in Nr. 1983.

1981 *1583, Juli 5.*

«Artiggl und motifen wider des Schuellmaisters zu S. Steffan in Wienn unbefuegte Anforderung.»

Brobst und convent zu S. Pölten sein dem schuellmaister zu Wienn zu S. Steffan auf sein begehrn in chraft aines furgebrachten stiftbriefs des datum Thome des 1370 jars¹) zu underhaltung dreier lectorn die 24 fl. jarlich zu raichen khainer wegs schuldig:

1. Dann diser brief ist vor langen zeiten gar aus seiner stift und ordnung khumen also das derselben personen oder fundation durchaus nichts mehr gehalten werden, unte (!) cessante causa cesat obligatio.

2. Fürs ander referirt sich diser stift brief in ain sonders reverso, so brobst und convent gefertigt.²) Derselb revers mangelt und ist derowegen zu vermueten, er sei vorlangst auch cassiert.

3. Item so sollen die drei sublectares nambt aimem scolaren oder conventualten gar nit in der burgerschuell sondern auf der freien universitet lesen und gehalten werden und allain in des stifters hauß in der Khärnerstraß ir wohnung haben.

¹) Nr. 1687.
²) Nr. 1688.

4. Und seio die 24 fl. auf vier personen sonderlich zu underhaltung des ordens prueder deputiert
werden. Derowegen auf die drei lectores mit mer als
18 fl. gebüeren.

5. Weil aber Sie universitet sambt allen ordinari
oder sublectorn von dem stift zu Wienn und der ganzen
burgerschuell gar abgesündert und allain von der Khay:
Mtt: etc. erhalten werden, so hat ein burger schuellmaister alda nichts zu suechen, dann der landsfuerst
herab selbst alle professoren und lectores aus aignem
achkhet.

6. Darauf ist auch die behausung in irer stift verändert und dem brobst zu S. Pölten verrer nichts aufgelegt worden. Damit ist die guet fundation cassiert.

7. Wann nun brobst und convent auf die lectores
oder professores ainchen zinß zu raichen schuldig wäre
so wird die Khai: Mtt etc. solches gelt einzunemen
befuegt sein.

8. Dann zu erhaltung aller lectorn universitatis
haben hernach die Röm. Khay. Mtt. dem prelaten ein
sondere contribution aufgelegt, also haben auch von
derselben zeit die gemaine stat zu Wienn ir burger
schuell bei S. Steffan mit sondern gülten begabt und
versehen darunder dise 24 fl. als beschriben und befunden sein.

9. Item in chraft des fürgebrachten stiftbriefs ist
der herr brobst und convent die 24 fl. gar nit zu handen
aines schuellmaisters bei S. Steffan sondern principaliter
aines brobsts erlegen, welche probstei an lecto in ain
bistum verändert worden und hat also ain schuellmaister
absonderlich für sich selbst mit solchem gelt nichts zu
schaffen.

10. Und weil ain bischof zu Wienn als principall
von derselben zeit von dem gotshauß S. Pölten nichts
begert, so haben die schuellmaister rem alienam et in-
debitum gesuecht und ob al bißher malefide etwas ein-
genomen hetten, das sein si dem brobst oder der Khay:
Mtt: etc. zu verralten oder zu restituieren schuldig.

11. Dann derselb schuellmaister ist dem herrn
bischof zu Wienn von der zeit Electionis Episcopatus
auch oit underworfen sondern mit aller gehorsamb so
woll von der universitet und bistum under die burger
schuell gezogen und verändert worden, welchem zu disem stift khain ius oder gwalt gelassen oder verschriben
ist worden.

12. Item so sollen die zwene sublectores oder
professores so in der universitet lesen sollen durch den
herrn bischofen zu Wienn, aber der drit von dem brobst
zu S. Pölten eligiert, welches ab immemorabili tempore
active et passive in aller seiner substanz verkhert worden.

13. Item so ein entgegen dise sublectores ver-
punden ain scolarn oder ordens bruedern aus S. Pölten
closter in der lehr zu halten, also daß die pension
propter certum et certam causam fundiert worden, qua
cessante cessavit (!) fundatio.

Weill aber solches alles aufgehebt, die ganz disposition in personis et rebus dermassen in aliam faciem
verändert daß der ersten fundation in materia et forma
nichts mer vor augen ist, so soll der herr prelat zu

S. Pölten dem schuellmaister zu S. Steffan gleiche anforderung mit gestalten, sondern mag sie auf den lands-
fürsten waisen. Actum den 5. tag Julii, anno 1583.

Cod. Ms. 175, fol. 427, Nr. 408.

1982 1585, Mai 7, Wien.

Kaiser Rudolf II. publicirt ein von der
niederösterreichischen Regierung, das sind
«vier stathalter, canzler, regenten und räten
des regiments» im «Niederösterreichischn
lande», mit Bezug auf den magistratischen
Bescheid ddo. 1583, Juni 25,[1]) gefälltes Urtheil dahin gehend, «die Zebererischen curatoren seien unverhindert irer exception auf
der Geringerischen creditoren clag haubt-
sächlich zu antworten schuldig».

Unterschriften: Oßwaldt freiherr von
Eyczing, vier stathalter, Sigmundt von Ödt
doctor, canzler, Balthasar Christoff Thanrädl,
Elias Corvin doctor.

Datum: ... stat Wienn, den sibenden
tag mai ...

Transsumt in Nr. 1984.

1983 1587, Februar 19, [Wien].

Magistratisches Urtheil.

In der sachen zwischen Barthme Geringer als weilent
Vlrichen Geringer geweßnen burgers alhie zu Wienn
ehleiblichen bruedern und ermelts Vlrich Geringers
hinderlassnen creditoren ains- und weilent Hannsen
Zebers hinderlassnen uxtib Maria, so zuvor gedachten
Geringer ehelich gehabt, verordneten curatoren ant-
wortern anderstails in nach vernembung beeder tail
eingebrachten schriftlichen notturften über die vol-
fuerte weisung zu recht erkhent: die clager haben ir
clag, des sich zu recht gebuert genuegsamb dargethan
und erwisen, solen derwegen bemelte Zebererischen guets
curatoren dem Barthme Geringer und seines bruedern
hinderlassnen creditorn die in der clag angezogen
posten als Geringerisch guet aus der Zebrerio verlas-
sung zu erstatten schuldig; die begerte abraczung aber,
so wol die expens und uncosten, seint aus erheblichen
ursachen und bedenckhen zu beederseits compensiert
und aufgehebt.

Erőffnet den neunzehenden februarii, anno etc.
sibenundachczigisten.

Transsumt in Nr. 1984.

1984 1587, Juli 7.

«Bartlme Branndtner derzeit angesetzter
burgermaister und der rath der stat Wienn»

[1]) Nr. 1980.

bringen zur allgemeinen Kenntniss, dass «der erbar Bartlme Geringer», Bruder des verstorbenen «mitburgers Vlrichen Geringers» hinsichtlich der Klage, die er gegen dessen Witwe, nachmals Gattin «Hannsen Zeberer Röm: Khai: M°. etc. Niderösstreichischen camerpuechhalterei verwonten . . . wegen restituierung des jhenigen, das si von ires abgeleibten haußwierts . . . guet aus der sperr entwendt haben solle», seinerzeit eine Eröffnung unterm 13. August 1579 erwirkt habe.[1] Nach dem Tode der Witwe aber hätten «bemeltes Geringers hinderlassnen creditoren wider die Zebererin verorndten guets curatoren procediert» und am 25. Juni 1583 einen Bescheid erlangt,[2] wogegen die «Zebrerischen curatoren» Beschwerde bei der Regierung eingebracht, die aber unterm 7. Mai 1585 abschlägig beschieden worden,[3] worauf dann unterm 19. Februar 1587 Urtheil gefällt worden sei, über welchen ganzen Hergang auf Begehren der Geringerischen Partei dieser Gerichtsbrief ausgestellt wurde.

Siegler: Rath und Stadt Wien.

Datum: . . . am erichtag den sibenden julii . . .

Original, Pergament. Siegel abgefallen.

1985 *1587, October 22, Rom.*

Papst Sixtus V. ertheilt zu Gunsten des Königsklosters in Wien einen vollkommenen Ablass.

Mehrere Unterschriften.

Datum Rome, apud Sanctummarcum . . . undecimo kal.[4] novembris . . .

Original, Pergament. Roth-gelbe Hanfschnur, Siegel abgeschnitten.

1986 *1589, Mai 20.*

«Colman Schwartzpaür bürger und sibmacher zu Wienn» und seine eheliche Hausfrau Anna verkaufen der Frau Ursula von

Khüenpach, Aebtissin, und dem Convent des Königsklosters zu Wien ihren «aigenthumblichen weingarten zu Aderkhrin[1]) in der Summer Roten Erdt gelegen, so an Leonharten Dorffner weingarten anraint, welcher weingart Unser lieben frauen gotshaus zu Closterneuburg mit Aller jurißdiction underworfen ist».

Siegler: Georg Khirchamer handlsman und Leopold Sunderspiess beede burger und des aussern raths zu Wien.

Datum: . . . den zwainzigisten tag may . . .

Original, Pergament. Die zwei Siegel abgefallen.

1987 *1591, Juni 6.*

«Wolffgang Rephan bürger zu Wienn» und Elisabeth, geborne «Freydenreichin sein eheliche hausfraw», verkaufen ihre «aigenthumbliche sechs viertl weingarten zu Otterkhrin in der Erdt Prust gelegen» der Frau Ursula «von Khuepach», Aebtissin «khünigclicher neuer stift zu Unser lieben frawen und allen enngln» (Königskloster) um 1000 Gulden rheinisch und 30 Ducaten Leitkauf.

Siegler: herr Johann Prosineckh r. k. m. etc. diener auch der verwittibten khünigin zu Franckhreich etc. rath und hofsecretarien und Veyt Reschen dess aussern rats und gemainer statt Wienn grundpuechshandler.

Datum: . . . den sechsten junii, . . .

Original, Pergament. Mit zwei Siegeln: vom ersten nur Bruchstücke der Schale, das zweite gebrochen, aber vollständig.

1988 *1594, Januar 1, Wien.*

«Johann vom Thaw burger der zeit deß inndern raths und hievor zu mehrmallen gewester burgermaister der statt Wienn» schenkt «dem lobwürdigen gottshaus deß jungkhfraw closters zu Sand Larentzen alhie in der statt Wienn ain ganz gulden newes meßgewandt sambt aller zuegehörung, darauf khünig Matthias von Hungern löblichisten gedächtnus wappen: ain rab, im schnabel ain

---

[1] Nr. 1978.

[2] Nr. 1980.

[3] Nr. 1981.

[4] Von den drei Zeichen aus denen die Sigle besteht, ist nur «l» lesbar, das auf «kalendas» schliessen lässt; vorher geht ein «z», die Initiale ist ein mir unbekanntes Zeichen; mit dem folgenden z sollte es wahr-

scheinlich die Zeichen bilden aus denen das dem Schreiber nicht geläufige k construirt wurde. Vgl. weiter die Anmerkung zu Nr. 1995.

[1] Ottakring.

diemuet¹) pundt in ainem ring versatzt, ge-
stückt habund, und zu underist an solchem
mëßgewand mein aigens wappen auch von
gold und gewöndlichen farben ausgestückht,
gemacht (derzeit die ehrwürdige fraw Catharina Strasserin obriste alda gewëst) verehrt».
Dafür sollen ihm zu den hohen Festtagen,
ferner zu Trinitatis und am 22. Juni, d. i.
am Tage der «heiligen martyrer Joannis und
Pauli» als am Geburtstage des Ausstellers
«je ain amt oder officium recordationis» abgehalten und dabei seiner verstorbenen und
lebenden Anverwandten und seiner selbst «als
fundatoris ... neben des heiligen patriarchen
und propheten Davids dreier pueßpsalmen
VI: Domine ne in furore tuo arguus me.
L: Miserere mei Deus . CXXVIIII: De pro-
fundis ad te clamavi domine» gedacht werden,
wozu sich auch das gedachte Kloster verpflichtet hat.

Siegler: Der Aussteller, dann «Matthes
Prew R. k. M. rath und statt anwalt alhie»
und des Ausstellers «aiden²) Leopold Gartt-
ner deß innern statt raths alda.

Datum: ... zu Wienn, den ersten tag
Januari.

Feierliches Original. Die drei Siegel abgefallen.

1989 *1597, Juni 4, Rom.*

Papst Clemens VIII. bestätigt dem Clarisserinnenkloster zu Wien die unmittelbare
Unterordnung unter den Generalmeister des
Franziskanerordens, der einen vom Kloster
präsentirten Franziskaner zur Verwaltung
«tam in spiritualibus quam in temporalibus»
bestellen soll.

Datum Romæ apud Sanctum Petrum sub
annulo piscatoris, die IIII iunii MDXCVII.

Original, Pergament. Der «Fischerring» sehr un-
deutlich.

1990 *1607, Februar 28, Wien.*

Propst Christoph, Dechant Bartholomäus
und der Convent zu St. Dorothea in Wien
schliessen mit der Oberin oder Meisterin Katharina, Jungfrau Barbara, Dechanten und dem

¹) Wohl ein Diamant.
²) Eidam.

Convente zu St. Lorenz daselbst eine Gebetsverbrüderung.

Siegler: Die beiden Aussteller.

Datæ Viennæ Austriæ in prædicto monasterio divæ Dorotheæ sacro, 11 kalend.
martii, ...

Unterschriften: Die beiden Aussteller.
Original, Pergament. Die zwei Siegel abgefallen.
Dabei eine deutsche Uebersetzung auf Papier.

1991 *1609, Februar 5.*

«Michael Pückhel rathsburger zue Lyncz
und ... Steffan Pückhel Erlaclosterischer
underthon» für sich und seine «mitgeschwistrigten, dann Petter Gißwein under der
herrschaft Spilberg» für seine Hausfrau Maria,
«mehr ernenter Steffan Pückhel und Hanns
Panfickhel in namen» ihrer beiden «pfleeg
töchter Eua und Barbara» verkauft insgesammt «Hannsen Rumppoldt aufm Khörbl-
guet in Valentiner pfarr und Vrsula seiner
ehelichen hausfrauen ...» ihre erbliche Gerechtigkeit auf zwei Tagwerken Neugereut
«auf der Mitteraw, welche an die Tonaw
der rechten nauvert und an Hansen Prait-
felders neugereit anstossent» und ihnen von
ihrer Muhme «Wolffen Reissingerin Marga-
rethae seeligen erblich angevallen und dem
... Erlacloster mit aller Obrigkheit underworfen».

Siegler: Agnes, Aebtissin des Wiener
Königsklosters.

Datum: ... den fünften februari.
Original, Pergament. Siegel abgefallen.

1992 *1609, Februar 9.*

«Hann Schahenfelder am Linmair guet
in Valentiner pfarr, Spilbergischer underhton
... Melchior Vischer zue Gaissing» für seine
Hausfrau Rosina und Hanns am Lindoch
für sich und seine «mitgeschwistrigten» verkaufen ihrem Bruder und Vetter «Georgen
Schahenfelder» und seiner Hausfrau Margaretha ihre «erbliche gerechtigkheit», soweit sie
ihnen «an dem zehend am lehen zue Rue-
bering in Valentiner erblichen anerstorben
ist», Erlaer Gut.

Siegler: Agnes khün. Neuerstift in Wien
abtissin.

Zeugen: Hanns Wagramber und Valtin Linmair zue Hardt beede in Valentiner pfarr.

Datum: ... den neunden februaria, ...

Original, Pergament. Siegel abgefallen.

1993 *1610, Juni 15, Wien.*

Aebtissin Agnes vom Königskloster verkauft aus dessen «Erlaclostrischen hofgründen ... zwai tagwerkh wißmädt, aufm Neügereütt auf des Schwaigers Buebenwisen gelegen, dem erbaren Hannsen Heimbetner under die burgvogtei Enß gehörig, Margaretha seiner haußfrau ... henanntlichen iedes tagwerckh per fünf und dreissig gulden, thuet zusamben sibenzig gulden»; Jahressteuer an das Königskloster 30 kr., Dienst desgleichen.

Siegler: Die Ausstellerin.

Datum: ... Wien, den fünfzechenten Juni, ...

Original, Pergament. Siegel leidlich erhalten.

1994 *1610, September 18, Rom.*

Papst Paul V. beauftragt den Wiener Official, dem Ansuchen des Clarisserinnenklosters zur heiligen Maria de Angelis in Wien (Königskloster) entsprechend, demselben das Heil. Geistkloster der Cisterciensernonnen zu Ybs, das bei 20 Jahre schon verlassen war, einzuverleiben. Jenes sei vor etwa 28 Jahren «per clare memorie Elisabetham Francorum reginam» für 40 Nonnen gestiftet worden.

Datum Rome, apud Sanctummarcum quarto decimo kal.[1] octobr.

Unterschrift: S. de Ursinis.

Original, Pergament, mit Bleibulle an Hanfschnur; dann im Transsumt von 1613, März 1, (Nr. 1088).

1995 *1612, Februar 12, Wien.*

«N: rector und khönig: collegy der societet Jesů zu Wien» verkaufen mit Zustimmung des Königs Mathias ddo. 7. Mai 1611 und mit Einwilligung des Patris generalis dem Joan Curtio, Theologiedoctor, des Herrn Erzherzoga Leopold, Bischofs von Passau und Strassburg, Rath und seinen Erben «ain heußel in der Khärnerstrassen alhie zue Wien

zu nechst an St. Joannes khürchen gelegen, das Pilgramheüßel genannt, so von uralten zeiten hero zu unserm hoff St. Anna hoff genant aigenthumblich gehörig gewest, sambt dem hindern stöckhel und seitenhöffel, so weit sich der kheller in böden, oben und unden auch in die lenge erstreckht sambt allen dessen ein- und zugehörigen ehrn und würden, rechten und gerechtigkheiten» und übergeben ihm dasselbe sammt Zugehör «soweit in böden sich der kheller» u. s. w. erstreckt mit allen Freiheiten und Rechten. «Und nachdem dieses heüßel bißhero denen von Wien noch ihemants andern ainige steur niemals geraicht auch iederzeit quatierfrei gewesen», soll das Collegium den Käufer in seinen Rechten schützen, behält sich jedoch «die grundherrlich obrigkheit uber dises heüßel bevohr»; der Grunddienst, welchen der Käufer zu entrichten hat, soll 12 Pfennige zu Michaeli betragen. «Es soll auch ... herrn Curtio seinen erben und nachkhommen ... unverwehrt sein und freistehen, die halbe maur zwischen St. Anna hoff und jetzternennten Pilgram heüßel seines gefahlens zue entschaidung des St. Anna hoffs mit mehrermelten heüssel vollent auf zubawen, auch dem tachtropfen, so von des herrn khaufers tach in das seitenhöfel khunftig einfahlen mecht, weillen sonsten khain anderer außlauf vorhanden durch St. Anna hoff hinauß zu füeren und erstgedachtes maur zue bawen (doch das von des herrn kheüfers thail allein ain einfahlendes liecht gegen St. Anna hoff und kheiner dem hof praeiudicierliche fenster gemacht werden) frei sein». Weiterverkauf steht dem Käufer frei, er ist zu keiner Leistung von Stundgeld, wohl aber zu vorgängigen Antheilen an den Grundherrn verpflichtet. «Es verbleibt aber die uralte gerechtigkheit, wein zu leüthgeben so bisshero in oftgemelten Pilgramheüßel geüebt worden bei St. Anna hoff und behalten uns dis jus ausstrukhlichen bevohr und ausgenommen. ...»

Siegler: Das Collegium, dann JU. Dr. Christian Schäffler, n.-ö. Regimentsrath, und JU. Dr. Philipp Pitzam,[1] Professor an der

[1] Das Zeichen sehr ähnlich dem in Nr. 1085, von 1587, October 22, beschriebenen, nur als k besser erkennbar.

[1] Vgl. die Unterschrift Pitzam.

Wiener Universität und bischöflich Passauischer Rath.

Datum: ... zue Wien, den zwelften februari, ...

Unterschriften: Joannes Zehender Rector m. p. subscripsit, Christian Scheffler Dr. m. p., Philippus Pitzan Dr. m. p.

Original, Pergament. Mit dem mittlern beschädigten Siegel; das erste und dritte fehlen.

1996 *1612, Februar 12, Wien.*

Rector und Collegium S. J. zu Wien commentiren eine Stelle im Consensbriefe vom 7. Mai 1611 (vgl. die vorige Nummer) dahin, dass keineswegs, wie der Käufer des Pilgramhäusels, Th.-Dr. Johann Curtius, befürchtet, durch jene Stelle dem Collegium als Verkäufer das Recht ertheilt werde, das wiederaufgebaute Pilgramhäusel, sobald es fertig sei, zu beliebiger Frist wieder an sich zu nehmen, auch gegen den Willen des Käufers und seiner Nachkommen, sondern dass «die im khöniglichen decret gesetzte wort (:mit chister gelegenheit) khain ander verstand nicht haben alß im fall diß heüßel dem herr khaufer oder desen erben und nachkhommen fail sein wurde, das alß dann erst wir solches mit chister gelegenheit widerumben zu St. Anna hof erkhauffen sollen», dass demnach sie den Käufer in seinem Besitze nicht nur nicht belästigen wollen, «sondern auch angeregtes heüßlein, es sei erbaut oder nicht, von ime seinen erben und nachkhommen weder mit fürlegung obangeregtes consens briefs noch einigen andern schein wider iren gueten willen und selbst aigne außfeilung ... zu verkauffen zu nöttigen oder zu tringen oder in ander weg einige fug noch macht haben».

Siegler und Unterschrift: Johannes Zehender, Rector m. p. subscripsit.

Original, Pergament. Mit wohlerhaltenem Siegel.

1997 *1612, Juli 25.*

Hanns Richter, Rader zu Erlakloster, und Barbara, seine Hausfrau, verkaufen dem Hanns Rumpoldten und seiner Hausfrau Ursula ein Tagewerk Wiesmahd «auf der Mitterau, so zwischen des gotthauß gründ und an des Philippen Raucheggers anstößt» mit der Grundobrigkeit nach Erlakloster gehörig.

Siegler: Agnes khün. Neuer stift in Wienn abteßin etc.

Zeugen: Wolff Raidl pinter und Hanß Panfickhel beede zue Erlakloster.

Original, Pergament. Siegel abgefallen.

1998 *1613, März 1, Wien.*

«Balthasar Scultetus ss. theologiae doctor, protonotarius apostolicus», Canonicus der Kathedralkirchen von Wien und Breslau und der Collegiatkirche von Neisse, «Viennæ quoque custos curiæ episcopalis ibidem officialis ac vicarius generalis», löst unter Berufung auf die Bulle von 1610, September 18,[1]) die er transsumirt, den Gesammtbesitz an Rechten, Nutzungen u. s. w. des Heil. Geistklosters «in suburbio oppidi Ipsensis» von demselben ab, um ihn auf das Wiener Königskloster zu übertragen.

Siegler: Der Transsumment mit dem Officialatssiegel.

Unterschriften: Balthazar Scultetus Dr. et officialis qui supra m. p. Marthin Khöckh Dr. not. m. p.

Data: Viennæ Austriæ ex curia episcopali, kalendis martii ...

Original, Pergament. Roth-weisse Seidenschnur, Siegel abgefallen.

1999 *1613, Mai 17, Rom.*

Papst Paul V. wiederholt in einem Breve inhaltlich die Begünstigungen, die schon Papst Clemens VIII. den Clarisserinnen des Wiener Königsklosters, gegründet von «clare memorie Elisabetha Austriaca dum vixit Franciae regina christianissima» gewährt hat: nämlich vor Allem unmittelbare Unterstellung unter den Generalminister des Franziskanerordens, der ihnen einen Beichtvater mit dem Titel eines Commissarius als geistlichen und weltlichen Beirath zu bestellen hat. Sollte es an einem solchen gebrechen, so könnten die Königsklosterfrauen unter Zustimmung des Bischofs von Wien oder dessen Generalvicars oder, bei Sedisvacanz, des Propstes der Ka-

*) Nr. 1994.

thedralkirche einen solchen Commissär erwählen, bis zu dessen Bestätigung jedoch
dürften sie «per modum provisionis» einen
Beichtvater aus dem Franziskanerorden zu
Wien berufen.

Datum Romæ apud S. Marcum, sub anulo
piscatoris, die XVII. may MDCXIII, pontificatus nostri anno VIII.

Original, Pergament. Siegel abgefallen. Ferner
Transsumt in der Bulle Papst Urbans VIII. von 1624,
April 2, Nr. 2008.

2000 *1613, Mai 29, Wien.*

Kaiser Mathias bestätigt einen von seinem Vater Maximilian II. herrührenden Brief
ddo. 1565, März 24, worin er die nunmehr auf
das Königskloster in Wien übergegangenen
Rechte des Heil. Geistklosters in Ybs zu Gunsten eben des Königsklosters gewährleistet.

Siegler: Der Kaiser.

Unterschrift: Matthias. V⁺ L: v. Vlm mp.

Datum: . . . Wienn, den neunundzwainzigisten tag des monats may, . . .

Original, Pergament. Siegel abgefallen.

2001 *1613, Juli 31, Wien.*

Aebtissin Agnes vom Königskloster verkauft «vier tagwerch neügereuth zehent zue
Viechdorf und beim Mair am wasen liegend
dem Valentin Wibmer mayr zu Hofkhirchen»
und seiner Frau Elisabeth; jährliche Leistung:
3 Schilling Steuer und 1 Schilling Dienst.

Siegler: Die Ausstellerin.

Datum: . . . Wienn, den letzten monatstag
julii . . .

Original, Pergament. Siegel abgefallen.

2002 *1616, Januar 23, Rom.*

Papst Paul V. verleiht zum heiligen
Kreuzaltar im Wiener Königskloster auf zehn
Jahre einen Ablass.

Datum Romæ, apud Sanctam Mariam
Maiorem, sub annulo piscatoris, die XXIII.
januarii MDCXVI . . .

Original, Pergament. Das Siegel mit dem «Fischerring» abgefallen.

2003 *1618, Mai 10.*

«Margaretha weilunden Valentins Grab-
mairs am Graben in Valentiner pfarr selige

verlassene wittib» verkauft «Georgen Schä-
henfelder zu Schähenfelt, Margaretha seiner
hausfrauen den vierten thail zehent auf zwein
güetern zu Ströbicz auf dem Angerhof, auf
dem Schimerlhof und auf einem lehen und
auf zwein hoffstetten zu Haptmansperg in
St: Valentiner pfarr».

Siegler: Aebtissin Agnes vom Wiener
Königskloster.

Datum: . . . den zehenden may.

Original, Pergament. Mit stark beschädigtem Siegel.

2004 *1619, März 12, Wien.*

Fraternitätsbrief des Dominikanercon-
ventes zu Wien für das Dominikanernonnen-
kloster zu Tulln.

Siegler: Priorat und Convent.

Unterschriften: Fr. Antonius Vogler
Prior m. p. Fr. Joannes Lefflerus Supprior
et totus conventus.

Datum: . . . Wienn, den zwelften martii, . . .

Original, Pergament. Die zwei Siegel unter Papier.

2005 *1621, März 23.*

«Mattheus Seggauer zu Ober Wallern stat
seiner haußfrauen Barbara und . . . Mattheus
Niedermair zu Engelberg auch im namen
seiner hausfrauen Rosina» verkaufen ihrem
Schwager resp. Bruder «Hanns Hueber Witti-
bern zu Engelberg» die völlige Erbgerechtigkeit an und auf der Wiesen «auf der Anger-
wisen bei der grossen Aichen», worüber Erlakloster Grundobrigkeit hat und die ihm von
seiner und der beiden Frauen Mutter, Anna
Nöglin, «anerstorben» ist.

Siegler: Agnes, Oberin des Königsklosters
zu Wien.

Zeugen: Mattheuß Gruebpauer und Hannß
Püheler wirth zu Erlacloster.

Datum: . . . den dreiundzwanzigisten
tag Martz . . .

Original, Pergament. Siegel abgefallen. Der Text
weist Correcturen auf, die Nr. 2011 von 1629, April 30
ergeben, für das er eigentlich als Concept oder Formel
gedient hat.

2006 *1621, August 11, Wien.*

König Ferdinand II. bestätigt den von
seinem Grossoheime Maximilian II. herrüh-

31*

renden Brief für das Nonnenkloster zu Ybs von 1565, März 24,[1]) dem Rechtsnachfolger derselben, dem Königskloster zu Wien.

Siegler: Der Aussteller.

Unterschrift: Ferdinandt; Jo. Bapt. Verda m. p.

Datum: ... Wienn, den ailften monaths-tag augusti ...

Original, Pergament. Siegel abgefallen.

2007 *1623, Juli 24, Wien.*

Kaiser Ferdinand II. nimmt das von «weiland ... fraw Elisabetha, königin in Franckhreich, geborne erzherzogin zu Österreich» gestiftete «junckhfraw-closter und gottshaus U. L. Fr. zu allen heiligen engln, Clarisser ordens» in seinen und der nachfolgenden Landesherren unmittelbaren Schutz.

Unterschrift: Ferdinandt; Jo. Bapt. Verda Freih. v. Verdenberg m. p. Ad mandatum S. C. M. proprium, Tobias Gertinger m. p.

Adresse: Denn ehrsamen geistlichen etc. Agneß abbtißin und convent deß königlichen Neustifts in unserer statt Wienn.

Original, Papier. Schlussiegel unter Papier.

2008 *1624, April 2, Rom.*

Papst Urban VIII. transsumirt und bestätigt das Breve Paul V., ddo. 1613, Mai 17,[2]) unter Aufrechthaltung der Constitution Gregor XV. «Super exemptorum privilegiis».

Datum Romae apud S. Petrum, sub annulo piscatoris, die II. aprilis MDCXXIV pontificatus nostri anno primo.

Unterschrift: V. Theatinus.

Vidimirte Abschrift, Pergament. Siegel abgefallen. Ueber zwei unter der Plica angebrachte Vermerke aus dem Jahre 1661 siehe Nr. 2030.

2009 *1625, Januar 20, Wien.*

«Leonora von gottes gnaden römische kaiserin, zu Germanien in Hungarn, Böhaimb königin, erzherzogin zu Österreich, geborne princessin zu Mantua und Montferrat etc.», welche «alhie in dieser Statt Wienn ein stiftung eines closters für zwainzig schwestern des ... geistlichen ordens der heiligen Claræ in der khir-

chen und dem gebeu zu Sanct Niclaß genant, fürgenommen» weist für die acht von den zwanzig Nonnen, für deren Unterhalt bisher nicht vorgesehen war, «auf ein jedwedere pershon hundert und funfzig, und also in allem für alle zwelfhundert gulden reinisch, jeden per sechzig khreuzer» an jährlichen Bezügen an «darvon aber iederzeit die halbe summa das ist die sechshundert gulden von sechs zu sechs monaten auß» ihrer Herrschaft Mannersdorf erhoben werden soll, die deshalb nicht weiter verkauft werden darf, bis nicht für diese acht Nonnen anderweitig entsprechend gesorgt ist.

Unterschrift: Leonora m. p.

Datum: ... in der haubtstatt Wienn in Vnndter Österreich, den zwainzigisten januari, ...

Original, Pergament. Schwarz-gelbe Seidenschnur, Siegel abgeschnitten.

2010 *1625, December 3, Oedenburg.*

Kaiser Ferdinand II. bestätigt die Stiftung, welche seine «gemählin Eleonora ... princesin zu Mantua und Monteferat ... auf ain von ... Elisabeth freiin von Concinn geborner von Heilsperg wittib» unterm 2. Jänner 1625 errichtetes giltiges, von der Kaiserin «fidei commisweiß» übernommene Testament hin mit den darin bezeichneten Gütern durch Errichtung eines Nonnenklosters vollbracht hat; dasselbe soll im Gebäude des Niclasklosters bestehen. Die Stiftungsurkunde ist vom 2. Februar 1625 datirt und dem Kaiser von der Kaiserin «in originali» unterbreitet worden.

Siegler: Der Kaiser mit dem «kaiserlichen anhangenden insigill».

Unterschriften: Ferdinandt. Ad mantatum S. C. M.: Tobias Gerstinger.

Datum: ... in unserr königlichen statt Ödenburg, den dritten tag des monats decembris, ...

Original, Pergament. Siegel abgefallen.

2011 *1629, April 30.*

Hanns Hueber[1]) oder «Pickl» zu Engelberg, Losensteinerischer Unterthan in St. Va-

lentiner Pfarr, und Maria, seine Hausfrau, verkaufen dem Veith Eßwein die Angerwiese.

Siegler: Aebtissin Agnes vom Wiener
Königskloster.

Zeugen: Philipp Praitfellner hofambtman
zu Erlacloster und Mathiaß Seckhauer zu
Obernwallern Khölnpöckhischer underthan.

Datum: ... dreissigisten ... apprilis.

2012 *1629, August 21, Wien.*

Kaiser Ferdinand II., dem die «drei
politischen perdonierten stend» von Oberösterreich gemäss der kaiserlichen Resolution
vom 27. Februar 1625, «unter andern auch
alle und jegliche geistliche vogteien und le-
henschaften, eß seien pfarrn kierchen capelln
beneficien und andere geistliche stiftungen
sowohl in den stötten alß auf dem land»
zur Disposition gestellt haben, willfahrt der
Bitte der «Agnes abbtessin und convent deß
königlichen Neustifts alhie zue Wienn» und
überläast ihnen aufs Neue die zum incorporirten Erlakloster gehörige Pfarre St. Jacob zu
Hörsching in Oberösterreich «obwohlen auch
die vogtei darüber, vermüg aineß unß in
originali producierten stiftbriefs, deßen datum
stehet am St. Michaelis abent anno vierzehen-
hundert drei und sechzig, denen von Traun
freiherrn zugehörig gewest, sich aber derselben dazumahlen gegen dem alda gewesten
pfarrer Osterman Laybacher mit gewissen
conditionen auf ewig beqeben, so hetten doch
gemelte von Traun freiherrn bei eingerißener
uncatholischen secten sich derselben widerumben mit unfueg impatroniert und bißhero
innen gehabt und genoßen» jetzt aber nach
dem Verzichte stelle der Kaiser dies Kirch-
leben dem Königskloster zurück.

Siegler: Der Aussteller mit dem kaiserlichen Hängesiegel.

Unterschriften: Ferdinandt. — Ad mandatum S. C. Maiestates: Tobias Gertinger m. p.

Datum: . . in unserer statt Wienn, den
ainundzwainzigisten monatstag augusti, ...

Original, Pergament. Siegel abgefallen.

2013 *1631, Juni 24, Wien.*

Kaiser Ferdinand II. gestattet auf ver-
einte Bitte der Nonnen des Königsklosters
und der Franziskaner zu Wien, ein zu erst-
genanntem «gottshauß gehöriges außer unserer statt Ybbß gelegenes fast ödes clöster-
lein, zum Heilligen geist gnant, zwar allain
sovil das bloße gemaüer betr. ohne deren
dabei habenden jährlichen einkhomen (welches si» — die Franziskaner — «ohne das
nicht possedirn khönden) ihnen zur wohnung einzuraumben».

Datum: ... Wien, den vierundzwainzi-
gisten junii, anno ...

Vidimirte Abschrift auf Papier, ddo. 1631, Juni 27,
Wien.

2014 *1637, Mai 17, Wien.*

Intimation an das Nonnenkloster St. Ni-
kola zu Wien, dass der Kaiser (Ferdinand III.)
«wegen ihres bißhero von der verwittibten
Römischen kaiserin etc. (Eleonora) gehabten
jährlichen interteniment der zwölfhundert gulden, sich dahin allergnädigist resolvirt und
entschlossen habe, daß sie dieses besagte
deputat nit allain über sich genomben ...
sondern zu desto mehrerer ... versicherung
ain gewisses mitel außgesezt und bei dero-
selben mauth im waghauß alhier ... von
manath zu manaths zeiten, und zwar mit
eingang deß jezt verwehrnen manaths aprilis
... mit ainhundert gulden entrichten» lassen
wollen.

Signatum Wienn under dero hievorge-
drukten kais. secret insigel.

Unterschrift: Francis. Wisendorf.

Datum: Per imperatorem 17. Mai a. 637.

Original, Papier. Mit dem kaiserlichen Secretsiegel
unter Papier. Aussen ein kleineres Schlussiegel mit
adeligem Wappen.

2015 *1638, Juni 23, Wien.*

Kaiser Ferdinand III. bestätigt die Urkunde seines Vaters Ferdinand II. von 1621,
August 11,[1]) für das Wiener Königskloster,
den Besitz des ehemaligen Heil. Geistklosters
zu Ybs betreffend.

Siegler: Der Kaiser.

Unterschriften: Ferdinand m. p.; Johannes Matthias Prikhelmayr m. p.

¹) Nr. 2006.

Datum: ... Wienn, den drei und zwainzigisten monatstag junii, ...
Original, Pergament. Siegel abgefallen.

2016 *1638, Juni 23, Wien.*

Derselbe bestätigt die von «Catharina Francisca von Hoyos abbtisin» und dem ganzen Convente des Königsklosters präsentirten Urkunden seines Vorgängers, Kaiser Ferdinand II., «datiert den ailften monath tag Augusti im sechzehenhundert ain und zwanzigisten jahr», durch welche wieder die Stiftungsurkunden der Gründerin, Königin Elisabeth, dann die «uber die union und incorporation des closters Erla (in Österreich ob der Enns gelegen) und die Confirmationen der Kaiser Maximilian II. und Rudolf II. bestätigt werden.

Siegler: Der Kaiser.
Unterschriften: Ferdinand m. p.; Johannes Matthias Prikhelmayr m. p.
Datum: ... Wienn, den drei und zwanzigisten monaths tag junii, ...
Original, Pergament. Siegel abgefallen.

2017 *1638, Juni 28, Wien.*

«Wolffen Khain gewesten kaiserlichen ungelt officierer gelassener wittib Sara» ist «die bei dem Himmelporten ligunde Geörg Hagische gewesten greißlers behaußung» erbrechtlich zugefallen, «auf welcher noch dato ainhundert pfund pfenning zue frawen Anna Pauln Schmidt geweste hausfrawen gestiften meß in St. Stephans thumbkhirchen alhier gehöriges purckhrechts capital hievor verschrieben seint und verbleiben»; nun kann aber auf die Witwe Sara «als ain weibspersohn hierumben bei gemainer statt Wienn grundbuech weder die gwöhr noch angeregter satz transferirt werden». Weil sie nun «zue ablegung irer erwachßenen haußsteurn getrungentlich waß anticipirn mueßten», ihre Gläubiger («Darlehner») aber aus dem angeführten Grunde «mit ainem ordentlichen sacz ... nich assecurirn khunnen»; so richtet sie ein Ansuchen an den «löblichen stattrath ... daß zu erhaltung solcher anticipation» will sagen «zue abzahlung ihrer steurn» der Magistrat in folgendes Geschäft willigen wolle:

«die jenigen ainhundert pfund pfenning so bei gemainer statt Wienn grundbuch in deposito ein zeitlang gelegen und hievor auf Bartlmen Jelle gewesten zimmerman behaußung alhier am Saczgrieß verschriben gewesen, auch durch weiland Christophen Liechtmayr burgern des außern raths in seinem testament» vom 1617 für einen Jahrtag bei Himmelpforten gewidmet und bestimmt worden, damit «auch solches ewig und unaußlößlich volzogen» werde «die benanten ainhundert pfund pfenning auf ain burgerliches hauß purckhrechts weiß anzulegen und von der ertragenen verzinßung bemelten gottesdienst zu verrichten», um diese Summe von 100 Pfund Pfennige, welche die Himmelpförtnerinnen «der Khainischen wittib Sara ... auf diese ihre behausung übertheurung guetwillig dargelichen», solle nun «statt aines würckhliches saczes dißmalen ain gültige sacz nota aufgericht werden». Damit erklärt sich der Stadtrath einverstanden «in ansehung ihrer armueth und daß dem hauß bemeltes capital nicht ohne zinß ligund bleibe». Es soll also «dises purckhrecht capital mit ainer sacz nota in craft aines würckhlichen saczes (doch niemand andern zue ainiger consequenz auf die suplicantin behaußungs übertheurung vergüetet, besagtes closter auch von grundbuech auß jederzeit würckhlichen darbei geschuczt werden». Dagegen soll die Sara Khain «in craft diser sacz nota hochst obligirt ... sein» so lange das Capital «auf dickhberührter ihrer behaußung übertheurung verschriben verbleiben wird, zue volziehung ermelter stiftung den Himmelpförtnerinnen «jährlich den ersten july fünf pfund pfenning zuedienen». Den ersten Jahreszins muss sie unweigerlich am 1. Juli 1639 zahlen «ohne alles verziehen und nachschickhen». Im anderen Falle ist sie von Seiten der Stadt «als umb versessen purckhrecht zinß zue klagen. Es ist aber auch solcher purckhrechtzinß wider abzuelegen mit dem ... capital und dem negsten zinß, so davon verfallen» doch mit halbjähriger Kündigung «wie statt gebreuchig». Schädigung des Klosters Himmelpforte aus Nichteinhaltung oder Versäumniss dieser «verschreibung» soll «ersuecht und bekhommen werden auf dieser

ihrer verschribnen behauffungs überteurung
und noch darzue auf allen ihren ligund und
fahunden (?) haab und güetern, nichts davon
außgenumben, biß an capital, außstendiger
verzinßung und erlittenen schaden ain völiges
beniegen geschehn ist» ...

Siegler: Die Stadt mit dem «gewöhnlichen grundinsigl».

Datum: ... in Wienn, den acht und
zwainzigisten juny ...

Original, Pergament. Siegel abgefallen.

2018 *1641, December 6, Wien.*

«Elisabeth Agnes Preinerin obriste des
gottshauß ... zu den Himmelportten» und
der Convent verpflichten sich, der Stiftung
der «hoch- und wollgebornen frawn frawn
Maria Johanna Collona frawn von Felß, ein
geborne freiin von Hoyß» in jeder Hinsicht
nachzukommen, welche «lauth ihres im driten
puncten aufgerichten testament» vom 15. Juli
1638 «funfzehenhundert guldn rh. gueter NÖ.
landswehrung» jede zu 60 kr. oder 15 Patzen
gerechnet, stiftete, und zwar «erstlichen wegen
der alda» in der Klosterkirche auf dessen «aignen uncosten erpawten kruft, in die sie begert
und ihr rhue bettl hat», zweitens den Jahrtag
betreffend. Den Betrag habe sie «von herrn
zue Felß freiherrn, alß ihr universal erb
paar und ohne abgang empfangen».

Siegler: Die Aussteller.

Datum: ... Wien, den sechsten decembris, ...

Unterschriften: Cornelius Collona herr
zu Fels; Elißebet Ägnes Preinerin obriste pei
dem Himlportn sambt dem ganzen Convent.

Original, Pergament. Die zwei Siegel abgefallen.

2019 *1642, Februar 6, Wien.*

«Elisabeth Agnes Breinnerin obriste zum
Himelporten» und der Convent verkaufen mit
landesherrlichem Consens ihren «freien unbelechneten edlmans sitz zue Pötzlstorff außer
aller deren underthannen grundbüechern,
berckhrecht und weingärten, nachent bei
Wienn gelegen, wie sich derselb anitzo im
paw mit allen zimmern gewölbern pöden
und einer schönen pröü befündt ... /allermaßen derselb von der wolgebornen ...

Jacobina frauen von Schönkhirrchen gebornen Landtspergerin seelig» testamentarisch an
das Himmelpfortkloster gediehen war) «sambt
dem opst-, khuchel- und khreuter gärten, auch
allen in jetzt bemelten gärten zuegleich eingefangnen brunen, waßerwerckh, weingarten,
deßen ain viertl, des Prunsltzl genant, item
zwai viertl in der Hochenwarth, mehr zwai
viertl im Ströbel, item die teuchtl oder einsetzen, item der mairhoff sambt allen vorhandenen ... specificirten mobilien, haußrath
und viech, item zwen stätl zum thrait, heü
und holz, item bei zwainzig joch uber lend
äckher, so halber thail mit schwärem angebauth, und mit dem grund dienst in das
gottshauß St. Dorathe gehörig, item underschiedlich wisen und fleckhen, als in den
Khreitten drithalb tagwerch und in der
Paumb wohl zwai tagwerch, mehr in der
Schönleuthen zwai tagwerch, insimili zwai
tagwerch die Stainbrechin genant, so auf
Neuwaldtegg der frauen Weberin dienstbärig,
item auf der Neustift sechs tagwerch zue
St. Dorathe dienstbärig, deßgleichen in dem
großen paum- oder hofgarten, so bei zwainzig
tagwerch wißen, die Lang Buechleutten, item
der Wäplgartten und Ruepolden undern hof
siben tagwerch wißen, so dem grundbuech
Pötzlstorff dienstbar, item ain wisfleckh und
ain joch wisen, so dem pfahrrer zue Hietldorff in zwaien gwöhren dienstpahr, item ain
garten und wisfleckh, darauf ain padtstuben
gestanden, und ain teuchtl, so in das khal
... hat ...
vitzdomb ambt dienen thuet, dem wollwüertigen und edlen herren Antonio Leupen
von Leupenstain thumbherrn zue Wienn,
prothonotario apostolico und comiti palatino»
um 3400 Gulden «reinisch ...; item anstatt
leuthkhauf drei gemachte bilter».

Siegler: Aebtissin und Convent.

Datum: Actum Wienn, den sechsten
february ...

2020 *1646, August 30, Wien.*

Philipp Friedrich, Bischof von Wien
«und deß heil. Röm. reichs fürst» hat, als er
im Vorjahre in Rom war, «sacra apostolorum
limina zue visitieren», die päpstliche Erlaub-

niss erhalten, nach Heiligenkörpern zu suchen und dieselben weiter zu verschenken. Er schenkt nun dem Laurenzerinnenkloster zu Wien den Körper der heil. Rustituta, die er «auß dem coemiterio der heiligen Ciriacæ nahend bei der khirchen des heiligen Lavrentij vor der statt liegend, so eine auß den sieben khirchen ist, mit ... aignen händen erhebt».

Siegler: Der Aussteller.

Actum Wien in unserer gewöhnlichen bischoflichen residenz, den 30. Augusti anno 1646.

Original, Pergament. Siegel abgefallen.

2021 *1649, December 9, Wien.*

Kaiser Ferdinand III. hat «auß sonderbahrer zu dem jungfrawen closter St. Nicolai alhier in Wien tragender kais. gnad. ... zu ihrer besserer unterhaltung jährlichen und alle jahr besonder aintausend zweihundert gulden» von den beim Wiener «waaghauß eingehenden mauthgefällen» angewiesen, wie sie dieselben seit 1637 eingenommen, in der Weise, dass von dem Waghausgefälle «quatemberlich» 300 Gulden flüssig gemacht werden. Der Kaiser behält sich für sich und seine Nachkommen vor, die 1200 Gulden «von dem waaghauß abzuledigen und auf ein anderß gewisses mittel oder gefäll» anzuweisen.

Siegler: Der Kaiser mit dem «Secret Innsigl».

Unterschrift: Ferdinand m. p. David Vngnadt graff von Weissenwolff m. p.

Datum: ... Wien, den neünt. december ...

Original, Papier. Mit aufgedrücktem Siegel.

2022 *1654, Juli 20, Wien.*

Eleonora, verwitwete römische Kaiserin, hatte die Dotation des von ihr «gestiften und erbawten barfusser Carmeliterinen jungfrawen closter zu St. Joseph alhie mit jährlichen dreitausent gulden reinisch zu dessen underhalt verschriben und zu mehrer versicherung solcher jährlicher dreitausent gulden, sechzig tausend gulden capital» von ihrem «auf dem Ausserischen¹) salzambt im herzogthumb Steyr

----
¹) Soviel wie «das von Aussee».

versicherten beirathsgutt, auß welchem ermeltes closter fünf per cento, wie bräuchlich empfangen solte, übergeben und angewiesen», sie hatte dann die Dotation um 1000 Gulden vermehrt, diesen Mehrbetrag durch weitere 20.000 Gulden ihres Heiratsgutes sichergestellt und durch Stiftbrief von 1641, Mai 20, unter folgender Bedingung übergeben, dass nämlich davon dem Kloster zur gnadenreichen Verkündigung U. L. Fr. in Graz jährlich 750 Gulden rheinisch und dem Königskloster «alhie» 50 Pfund Wachs gereicht würden. Die Stifterin erklärt nun, dies sei so zu verstehen, dass in dem Falle, als die 4000 Gulden nicht völlig bezahlt würden, auch für die 750 Gulden und die 50 Pfund Wachs nicht ganz, sondern nur nach Verhältniss der auf die 4000 Gulden geleisteten Zahlung aufzukommen wäre.

Siegler: Die Stifterin.

Datum: ... Wienn, den zwainzigsten monatstag julii ...

Feierliches Original, Pergament. Siegel an schwartzgelber Schnur in Holzkapsel.

2023 *1655, September 15, Wien und Brodersdorf.*

«Frater Franciscus Joseph a S. Maria prior» und die übrigen vom Convente der unbeschuhten Carmeliter einerseits und «Joannes Vlahouich beneficiatus comitatus Soproniensis et parochus in Prodersdorff ad Bulckam» schliessen einen Kauf- und Stiftungsvertrag folgenden Inhalts: 1. Prior und Convent verkaufen dem Pfarrer für 3000 Gulden rheinisch «quorum singuli sexaginta cruciferos valent» einen Zins von 180 Gulden, welcher vom Käufer in zwei gleichen Jahresraten, zu Beginn und in der Mitte jedes Jahres, zu zahlen ist. Im Falle des Säumnisses ist die Zinsrente doppelt zu leisten und steht in solchem Falle «alias non» dem Käufer das Recht zu, die 3000 Gulden zurückzuverlangen und anderweitig zu verzinsen. 2. Nach des Käufers Tode sind die Brüder des Wiener Conventes verpflichtet, für ihn täglich ein Messopfer und an seinem Todestage deren drei zu widmen.

Siegler: Der Convent und Pfarrer Joannes Vlahouich.

Unterschriften: Joannes Vlahouicsh parochus in Proderstorff ad Wulkam et beneficiatus liberæ atque regiæ civitatis Soproniensis,

Fr. Franciscus Joseph à Sta Maria prior Carmelitarum discalceatorum,

Fr. Eduardus a S. Maria } discreti
Fr. Bruno a St Teresia } conventus

Fr. Stephanus a Spiriti sancto.

Datum: Nos quidem prior et capitulares saepe supra nominati Viennæ in conventu, die 15. septembris; ego Joannes Vlahovicsh præfatus vero in ædibus meis parochialibus in Prodersdorf ad Bulckam, die 15. septembris eiusdem anni millesimi sexcentesimi quinquagesimi quinti.

Original, Pergament. Das aufgedrückte Siegel herausgeschnitten.

2024 *1657, October 5, Wien.*

«Davidt Reichel der zeit der bürger spital in Wien richter bei St. Ulrich» verkauft «der hoch- und wohlgebornen fr. fr. Maria Margaretha Trautsonin, grävinn zu Falkhenstein, gebornen freiinn von Rappach» seine «aigenthumbliche bei St. Vlrich liegende behausung so mit dem äinen orth negst an hochgedachter frauen gräfinn alldahabendes hauß und garten anräinen thut und in das landesfürstliche vicedomambt dienstbahr ist, wie dieselbe mit nägel und paad behafft mit tachtropfen umbfangen ist und mit erd verstossen», mit aller Zugehör um 1600 Gulden rheinisch und 10 Reichsthaler Leutkauf. «Und ist hierbei außtruckhentlich bedingt worden daß ... verkhaufer die zween kheller biß Geörgy des negstkünftigen sechzehenhundert achtundfunfzigisten jahrß ohne zinß frei zu geniessen und zu gebrauchen haben solle. Waß aber daß pfundgeld belangt solle dasselbe von heeden theilen zugleich abgericht und bezahlt werden.»

Siegler: Der Aussteller und die beiden Mitzeugen.

Unterschriften: Dauidt Reichel spittalischer richter (m. p.), Wolfgang Vhl m. p., Steffan Hoffbauer (m. p.).

Original, Pergament. Mit zwei Siegeln in Holzkapsel; das dritte fehlt.

Regesten zur Geschichte der Stadt Wien. II.

2025 *1658, December 12, Wien.*

Kaiser Leopold I. willfahrt den Bitten der «Barbara Kirchbichlerin, abbtissin», und des Conventes «des jungfraw closters Sanct Nicolai alhier in Wienn» und bestätigt die von seinem Ahnherrn Ferdinand II. 1625 ausgestellte Schutzurkunde für die Nonnen, deren «armes clösterl auf einer sehr geringen fundation bestunde, auch die einkomen also gering und schlecht, das sie schwestern sich mit harter möhe und kaum von einem tag zum andern aushalten konten». Dennoch wurden sie mit Steuerexecution gedrückt, weshalb der Kaiser ihre alten Freiheiten wieder in Erinnerung bringt, «jedoch mit auslaß- und cassirung dessen was von der Concinischen stiftung darinnen begriffen, weilen selbige durch den verkauf der herrschaft Enczesfeld albereit widerumb aufgehebt und cassiert worden».[1]

Siegler: Der Aussteller.

Unterschriften: Leopold m. p. — Graf von Sintzendorff m. p.

Datum: ... in unserer statt Wienn, den zwölften monatstag decembris ...

Original, Pergament. Siegel abgefallen. Dabei eine Abschrift auf Papier aus dem 18. Jahrhundert.

2026 *1659, Januar 23, Wien.*

Kaiser Leopold I. bestätigt auf Bitten der Katharina Franziska von Hoyos, Aebtissin des Königsklosters, unter Berufung auf die Urkunde seines Vorgängers,[2] dem Königskloster in Wien die Rechte und Freiheiten des ihm incorporirten Heil. Geistklosters zu Ybbs.

Siegler und Unterschriften wie oben.

Datum: ... Wienn, den drei und zwainzigsten monatstag januarii ...

Original, Pergament. Siegel abgefallen.

2027 *1659, Januar 23, Wien.*

Derselbe wiederholt auf die Bitte der Katharina Franziska von Hoyos, Aebtissin des Königsklosters in Wien, diese Bestätigung

---

[1] Folgt ein Citat aus der Urkunde von 1625.
[2] Vgl. Nr. 2015.

hinsichtlich des dem Königskloster einverleibten Erlaklosters unter Berufung auf die
Urkunden seiner Vorgänger, auch die Urkunde Ferdinand II., die Pfarre Hörsching
betreffend.[1]

Siegler, Datum, Unterschriften wie oben.[2]
Original, Pergament. Siegel abgefallen.

2628 *1660, Januar 31, Wien.*

«N. dechant und Thumbcapitl Aller Heyligen Thumbstift bei St. Stephan in Wienn»,
verkaufen mit «consens und ratification l. f.
Gn. H. Herrn Philipp Friderichen bischoffen
zue Wienn, als loci ordinarii . . ., das zu des
Peter Gmainer stift gehörige beneficiaten
heüßl, so ein egghauß am Grüenen Anger
zunegst St. Nicolai closter gelegen und gemeiner statt Wienn steüerbar ist» dessen das
Domcapitel «gestifte lehensherrn und von un-
erdenckhlichen jahren rechtmeßige inhaber
seind . . ., frauen Barbara Mechthildis Kirch-
büchlerin abbtißin des kaiserlichen stifts ordens S. Claræ und dem . . . convent des . . .
jungfrauen closters zue St. Nicolai in Wienn
daselbsten umb . . . zwai tausent gulden Reinisch, dessen kauffschilling . . . verkheüfer . . .
mit pahren guethen gangbahren landtsbreü-
ehigem geld . . . zuefriden gestelt worden sind»
und dagegen aller Gewärleistung und «rich-
tigkheit bei dem grundbuech zu machen, wie
auch des pfundgeld zum halben thail zu erlegen schuldig sein sollen». Ferner verpflichten sie sich, die 2000 Gulden zur Fortführung der Peter Gmainer'schen Stiftung zu
verwenden «ohne allen der frau abkhauferin
und besagten beneficiaten heüßels entgelt und
anfechtung».

Siegler: Das Domcapitel mit dem grösseren Siegel.

Actum Wienn, den ainunddreissigsten
monathstag januarii . . .

Unterschriften: Antonius Leix von Lu-
xenstain thumbdechant (m. p.), Mattæus
Mauchter SS. JJ. Fr., Can. Vicar. V. C. notarius m. p.

Original, Pergament. Mit Siegel in Holzkapsel.

[1] Nr. 2012.
[2] Nr. 2026.

2629 *1660, Juni 7, Wien.*

Bürgermeister und Rath der Stadt Wien
waren von der Aebtissin Barbara Mechtildis
Kürchbichlerin und dem Convente zu St. Nicola in Wien um die Erlaubniss angegangen
worden, «zwai zunegst an ihr closter an-
rainende burgerliche heüßer zu ihrem closter
zuerkhaufen und zu verbawen». Eine aus
dem Magistrate und einigen n.-ö. Regiments-
räthen zusammengesetzte Commission erkannte, «daß es ohne gemainer statt nach-
teil nicht zu verwilligen seie». Darauf zog
die Aebtissin ihr Gesuch sofort zurück und
brachte nun «durch ein absonderliches me-
morial» die Bitte vor, «damit ihr und ihrem
Convent wenigst das khlaine Beneficiaten
heüßel, welches sich an dem eckh ihres closters stehent befindet, zu erkhaufen und in
ihr Closter Clausur zu verbauen verwilliget
wurde». Auch dagegen lagen wohl Bedenken
vor, die jedoch hinter die Erwägung des
frommen Zweckes zurücktraten. Eine städtische Commission wurde beauftragt, nach vor-
gängiger Augenscheinnahme einen Ausgleich
zu ermitteln wegen des Beneficiatenhäusels «so
hievor zwai thaill gewesen, darvon vorwoller-
melte frau abtiain und ihr convent ain thail
alß das genant gewest Prediger heüßel vorhero erkhauft und posediert haben».[1] Man
kam endlich dahin überein, dass das Kloster
800 Gulden «pahres geld in gemainer statt
ober camer ambt abführen und erlegen wird»,
wogegen es des genannten Beneficiatenhäusels andern Theil erkaufen, in die Kloster-
clausur einbauen und immerfort abgabenfrei
besitzen dürfe.

Siegler: Die Stadt mit dem grösseren
Siegel.

Actum Wienn, den sibenten juni, . . .
Original, Pergament. Das stark beschädigte Siegel
zeigt den Reichsadler mit Nymben und Reichskrone.

2630 *1661, Mai 5 und 7, Wien.*

Unter der Plica des Breves von 1624,
April 2,[2] finden sich folgende zwei Vermerke und zwar: «Eigenhändig»:

[1] Vgl. Nr. 2028.
[2] Nr. 2008.

«(Notarszeichen) Ego Andreas Antoninus publicus apostolica et imperiali authoritatibus nuntiatureque apostolice per Germaniam notarius, et iudex ordinarius, quondam domini Petri Luganensis, Vienne Austrie exercens antescriptum brevis apostolici transsumptum cum suo proprio et vero originali de verbo ad verbum prout iacet (diligenti facta collectione) omnino concordare attestor; mee manus subscriptione et signi mei tabellionatus consueti appositione. Vienne Austrie, die quinta may, anno 1661, indictione decima quarta.»

2. (Von Notarshand.) «Carolus Carafa ex principibus Rocelle, dei et apostolice sedis gratia episcopus Aversanus sanctissimi domini N. D. Alexandri div. prov. pp. VII. prelatus domesticus et assistens eiusdemque et dictae sedis per Germaniam universumque Romani imperii districtum cum facultate legati de latere nuntiusque universis et singulis notum facimus et testamur suprascriptum D. Andream Antoninum esse talem qualem se facit» u. s. w.

Datum Vienne die septima mensis may 1661.

Siegler: Carolus Carafa.

Abbas Franciscus Ant. Gallus auditor generalis et cancellarius.

2031 *1666, November 9.*

Papst Alexander VII. verleiht zu Gunsten des Erlaklosters einen vollkommenen Ablass.

Datum in Arce Gandulphi, Albanensis diocesis, sub annulo piscatoris, die IX. novembris MDCLXVI ...

Unterschrift: S. Corinthiensis.

Original, Pergament. Siegel abgefallen.

2032 *1667, Juni 4, Wien.*

Vertrag zwischen Prior Joan und Convent von Mauerbach und dem Bürgermeister und Rath der Stadt Wien, betreffend:

1. Den 1664, Jänner 31, ergangenen Regierungsentscheid wegen der 1647 «ausgewürckhten gwöhr umb die wüsen vor dem Schottenthor, alwo der Püchsenschützen Schießstatt stehet bei dem Schottischen Grundbuech cassieren und die etwo ausstendigen dienst auch anders abführen lassen»;

2. den völligen Nachlass der Steuern und sonstigen «landsanlagen wegen des Mauerbachischen hauß, garten und stadl vor dem Kärnter thor an der Wienn, sovil der immer seind biß auf disen getroffnen vergleich»;

3. soll dem Kloster «zu hereinbringung der Unter österreichischen Maisch, Most oder Wein ... zu den Stadtthörn und Schlagprücken die gebreüchige passierzetl auf zwai tausent emer» ertheilt werden; würde so viel nicht eingebracht, so könne der Rest auch im folgenden Jahre «zu waß zeit deme gefellig, in dessen Freihoff, der Seitzerhoff genant», ruhig gebracht werden;

4. der Weinkauf unter dem Reifen, Leutgeben und Ausschank im Seitzerhofe dürfen wie bisher geführt werden; dagegen

5. verzichtet der Prior auf all' seine Ansprüche an jene Wiese und überlässt selbe um jährlich 10 Gulden zu einem ewigen, alle zehn Jahre zu erneuernden Bestand an die Stadt, «jedoch daß bemelte herrn von Wienn, die auf der Schiesstatt stehente gepaü mauern plancken und andern nothwendigkeiten, ohne entgelt des closters Mauerbach erhalten und machen lassen solle».

Datum: ... in Wienn, den vierten Juny, anno sechzehenhundert siben und sechzig.

Siegler: Julius Friedrich Bucelleni Freiherr; Adam Anthoni Grundeman von Falckenberg; N. Prior et conventus Mauerbacensis; Burgermeister und Rath der Stadt Wien.

Transsumt in der Bestätigungsurkunde von 1669, August 7, Wien.

2033 *1668, November 17, Wien.*

Kaiser Leopold I. willfährt der Bitte des Propstes Gabriel von St. Pölten, eine seinem Vorfahren Johann von Kaiser Ferdinand III. proprio motu zugestandene, aber nicht geltend gemachte kaiserliche Gnade in Anspruch zu nehmen und «seines closters burgerliche behausung auf der hohen Pruckhen alhier», die er wegen Baufälligkeit niederreissen und neu aufbauen habe lassen, «ewige quartiersbefreiung» zuzugestehen. Da der Neubau der Stadt zur Zierde gereicht, so gewährt der

3,*

Kaiser nach von «obristen hofmarschallen abgeforderten bericht und gutachten» das Ansuchen auf zwölf Jahre.

Siegler: Der Kaiser.

Datum: ... Wienn den sibenzehenden monathstag Novembris ...

Unterschriften: Leopold m. p. — Johann Paul Hocher, m. p.

Original, Pergament. Siegel abgefallen.

2034 *1669, August 7, Wien.*

Kaiser Leopold I. bestätigt den Vergleich von 1667, Juni 4, «wegen aines wüßfleckh gelegen vor dem Schotten thor unter der Neüperger Straß, darauf diser zeit der Püxenschützen Schießhütten wie auch gegen den Schottenthor ain hauß und ain Ziller heüsl gepauet stehet» nachdem der n.-ö. Regierungsabschied «wider sie von Wienn ausgeschlagen».[1]

Siegler: Der Kaiser.

Datum: ... Wienn, den sibenten Augusti ...

Original, Pergament. Siegel abgefallen.

2035 *1670, November 16, Wien.*

Kaiser Leopold I. hat durch Bittgesuch der «Elisabeth Agnes Breinerin Obristin und Dechantin sambt ganzem convent des jungfrawen closters zur Himmelporten alhie» in Erfahrung gebracht, «das besagtes ihr Closter in ligenden güetern gleichsamb nichts, dan allain das Peczelsdorf mit etlichen zersträheten underthanen und wenigen weingärten und also kein anders lebensmittel hete, als was von etlichen anligenden Capitalien am Interesse eingienge», die aber leicht und täglich gekündigt werden könnten «massen ihnen unlängst ein solches Capital haimb gegeben worden». Damit «das feiernde Capital nit consummirt werden solte», war man auf Weiterverleihung bedacht und wollte der neue Schuldner «sie auf sein in disem land habende herrschaft bei dem landmarschalchischen gericht versichern». Dem stand jedoch das «General» von 1669, October 20, entgegen, «craft dessen die weltlichen güeter

1) Vgl. Nr. 2032.

(darunder dise Geldpost verstanden werden wollen) nit an die Geistlichkeit zu widmen» und wird nun das Kloster von diesem Gebote eximirt, so dass in Hinkunft «die genugsambe Versicherung und Hypothec ganz valide beschehen möchte».

Siegler: Der Kaiser.

Datum: ... Wienn, den sechzöhenden monatstag Novembris.

Unterschriften: Leopod m. p. — J. v. Hochfell m. p.

Original, Pergament. Schwarz-gelbe Seidenschnur, Siegel abgefallen.

2036 *1683, März 20, Rom.*

Papst Innocenz XI. ertheilt zu Gunsten des Wiener Königsklosters einen vollkommenen Ablass.

Datum Romæ, apud S. Petrum sub annulo piscatoris, die XX martii MDCLXXXIII ...

Original, Pergament. Siegel bis zur Unkenntlichkeit zerdrückt.

2037 *1689, Juli 4, St. Pölten.*

«Christophorus von gottes genaden probst zu St. Pölten Röm: Kay: May: hofrath und obrister erbhoffcaplan in Österreich undter der Ennß, Ignatius Öfferl dechant und das gesambte capitl alda» geben dem Stifte «aigenthumbliche zwai viertl und ain achtl weingarten zu Grinzing im Langen Lüßßen ligent ... umb der vierten emer most zu bawen leibgedingsweiß ... dem ehrsamben Gregory Wallner Closterneuburgerischen haußseßigen undterthan zu bemelten Grinzing, Sibillæ seiner ehewürthin und dero beeden leiblichen Söhnen Jacob und Thomæ Wallner» in der Weise, dass diese «vier leiber obangeregt [!] weingarten» auf eigene Kosten in Stand halten müssen.

Siegler: Propst und Capitel.

Unterschriften: Christophorus Propst m. propria. Ignatius Öfferl decanus cum capitulo.

Datum: ... in Closter St. Pölten, den vierten monathstag Julij, ...

Original, Pergament. Die zwei Siegel abgefallen. Auf der Plica zwischen den Siegeleinschnitten stehen die Worte: «Ist redimiert worden gegen hinausgebe 33 fl. anno 1715 den 17. May».

2038 *1689, Juli 5, St. Pölten.*

Dieselben desgleichen «ain viertl, ain achtl weingarten zu Grinzing in Langen Lüssen ... dem ehrsamben Sebastian Pichler hausbestdig zu bemelten Grinzing und denen herren Jesuitern zu Wienn undterthänig, Vrsulæ seiner ehewürthin und dero beeden eheleiblichen sohn Paull Pichlern».

Formel und sonstige Ausstattung conform mit der vorhergehenden Nummer.

Datum: ... in closter St. Pölten, den fünften monathstag Julii, ...

Original, Pergament. Das erste Siegel fehlt, das Conventssiegel in Holzkapsel ist wohl erhalten.

2039 *1691, Februar 2, Eisenstadt.*

Confraternität zwischen «Euæ Augustinæ, gebohrenen gräffin von Abensperg und Traun, obristin, dann ... Monicæ Puczin dechantin und dem ganzen Convent der regulierten Canonisserinnen St. Augustini bei St. Lorenz in Wien an ainem, dann ... Barbaræ Renatæ gebohrnen gräffin von Mollärt oberistin dann ... Josephæ Christinæ gebohrnen Eszterhasin dechantin und ... convent gemeltes ordens bei St. Joseph in der Eysennstatt in Nieder Hungern anderenthails» unter folgenden Bedingungen: «Erstlich so oft eine Schwester auß dem andern Convent stirbt sur solche drei heil. Messen lesen zu lassen. Anderten: ain heil. Communion aufzuopfern. Drittens von einer ieden hundert ‚Vatter Unser‘ zu Ehren deß vergossenen Bluets unsers heiland Jesu Christi betten zu lassen.»

Siegler dieses Exemplares: St. Joseph zu Eisenstadt.

Datum: Eysenstatt, den anderten mohnatstag January ...

Unterschriften: Anna Renäta von Mollärt, Propstin bei St. Joseph, Christinä Josephä Eszterhäsin, Dechantin, und der Convent.

Original, Pergament. Siegel unter Papier. Eine spätere Notiz von 1775, März 22, siehe unter Nr. 2071.

2040 *1692, Juli 11, Rom.*

Papst Innocenz XII. bestätigt dem Königskloster zu Wien das inserirte Breve Papst Urbans VIII. ddo. 1624, April 2, die[1]) Exemtion dieses Klosters von der Jurisdiktion der Provincialen und Visitation des Franziskanerordens und die innere Verwaltung betreffend.

Unterschrift: J. F. Cardinalis Albanus.

Datum Romæ: apud Sanctam Mariam Maiorem, sub Annulo Piscatoris, die XI Julii.

Original, Pergament. Mit Siegel unter Pergament.

2041 *1695, December 1.*

Ueber den Inhalt eines Stiftbriefes der Maria Susanna, verwitweten Coloredo, geb. Zinzendorf von obigem Datum geben der kaiserliche Revers und die Intimation von 1696, Juli 1, Auskunft, desgleichen die Revers von 1696, December 31.[2])

2042 *1696, Januar 1, Wien.*

Zwischen «Maria Josepha, des h. R. Reichs Gräffin von Starenberg, frauen auf Wildberg, Riedegg, Schaumburg und Efferting etc. gebohrner Jörgerin, des h. R. Reichs Gräffin von und zu Tollet etc. und ... Eva Augustina, Canonis. Regul. S. Augustini bei St. Lorenz allhie frauen Obristin gebohrner Gräffin von Abensperg und Traun neben ... Monica Putzin Dechantin und Convent allda» ist nachfolgender Vertrag geschlossen worden: Die Gräfin von Starhemberg hat ein Capital von 500 Gulden rhein. «in guter gangbarer Münz» gestiftet mit der Bedingniss, dass von den 25 Gulden jährlicher Interessen «diejenige H. Meß welche bißhero wochentlich alle freitag in wolbesagten Closters bei St. Lorentz Clausur in dem H. Grab von dem Leiden Jesu Christi durch des Closters ordinarium Beichtvatter gelesen worden» hinfort auf ewige Zeiten gelesen werden solle. Dazu ist der Convent bereit, will auch nach «Ableiben» der Stifterin in die Stiftmesse «eine Collect vor dero Seel» einschalten lassen.

Das vorliegende Exemplar ist von der Stifterin eigenhändig gefertigt und besiegelt.

Datum: Wienn, den ersten Januarii, anno 1696.

Original, Pergament. Mit beschädigtem Siegel.

---

1) Vgl. oben Nr. 2005.

2) Vgl. Nr. 2043 ff.

2043 *1696, Juli 1, Wien.*

Kaiser Leopold I. stellt einen Revers aus über 21.000 Gulden, «jeden zu sechzig Kreuzer oder fünfzehn Patzen gerechnet», welche «Maria Susanna verwittibte Gräfin Colloredin gebohrne Gräfin von Zinzendorf» vermöge eines 1695, October 1, errichteten «solemnen Stüftbrief zu Behueff des Kranckhenhauß in dem Jungfrauen Kloster zu St. Lorenz alhier, dan für aine heilige Meeß wochentlich am freitag zu leßen auf ewig gestüftet» und beim n.-ö. Salzamte zu 5°, auf 20 Jahre mit vierteljähriger Kündigung angelegt hat.

Siegler: Der Kaiser mit dem Secretsiegel.

Unterschrift: Leopold. — Seifridt Christoph G. Breiner m. p.

Datum: ... Wienn, den ersten Julii ...

Original, Pergament. Codicill mit aufgedrücktem Secretsiegel unter Papier.

2044 *1696, Juli 1, Wien.*

Kaiser Leopold I. intimirt dem n.-ö. Salzamte, dass ihm die Colloredo'sche Stiftung von 21.000 Gulden,[1] ferner von «Maria Antonia Fürstin Montecucolin gebohrne Gräffin von Colloredo diejenige 2 fl. so von weil: ihrem resp: gewesten Ehegemahl und vattern Ludwig Graffen von und auf Colloredo wegen auf ewig überlaßenen Patronatus der Kapellen, Kruften und Altars deß heilligen Sebastiani in der Franciscaner Kirchen bei S. Hieronymo alhier, mehr 4 fl. so von demselben für ein heilige Meeß, täglich bei berierten St. Sebastiani Altar zu lösen, auf ewig gestiftet worden, zu samben also 27 fl. auf 20 Jahr lang dargelihen» sei und zu 5°, verzinst werden solle.

Datum: Wien den 1ten Julii 1696.

Vidimirte Abschrift auf Papier von 1696, August 17, Wien, und 1696, December 21, Wien.

2045 *1696, December 31, Wien.*

«Eva Augustina Obriste deß würdigen Junfrauen closter Canonissarum Regularium S: Augustini bei St. Lorenz allhier in Wien gebohrne Gräfin von Abensperg und Traun etc., dann ... Francisca Monica Dechantin gebohrne von Puzen freiin und convent alda»

[1] Vgl. die vorhergehende Nr. 2043.

reversiren über die Stiftung der «Maria Susanna Eleonora verwittibte Gräfin Coloredo gebohrne Gräffin von Zinzendorff und Pottendorff» mit 21.000 Gulden «und zwahr § erstens zu unterhaltung des Closters zu St. Lorenz befindlichen Kranckhenhaus, Apoteckhen, Aderlas-Stuben und Krankenkuchl p. 20 fl. Capital, wie auch § sibendens, andere 1 fl. zu einer ewigen gestiften heil. Meeß an jedem Freitag in der wochen». Als Beilagen des Stiftbriefes haben sie übernommen «Als erstlichen die orig. Hoff-Cammer Obligation pro ain und zwainzig tausent gulden Capital, wegen obigen zweien Stiftungen so auf der kais. und n.-ö. Salzambt anligen, dann anderttens die Orig. Quittung wegen ermelter empfangenen 21 fl. so von dem kais. Salzambt ausgefertiget; endlichen Drittens jene an das kais. Salzambt wegen diser 21 fl. ergangene Hoffcammer Intimation in Vidimus».

Siegler: Der Convent.

Datum: Wienn, den 31. Decembris dises 1696igisten Jahres.

Abschrift auf Papier.

2046 *1699, Mai 21, Wien.*

«Einer löbl. landschaft des erzherzogthums Oesterreich unter der Ennß verordnete» verkaufen der Anna Antonia Eusebia «Obristin deß closters zu dem Himmelporten alhier» den Taz oder das doppelte Zapfenmass «auf dem beim Spereckhenbüchel neu erhebten fürst-Liechtensteinischen hauß allermaßen es ohne dem auf deren grund erbauth», nachdem sie die dafür entfallende Summe Geldes «vermög fürgebrachter einnemmerischer ambts-quittung bereits völlig bezalt und entricht». Die Himmelplörtnerinnen mögen nun «den täz auf ermelten Spereckenbüchl neu erhebten fürst-Liechtensteinischen preuhauß fürohin nach inhalt der unterm dáto 23. Jan. 1659isten jahrs außgangnen kais. und landsfürstl. täz-ordnung einnemen» und damit nach Gutdünken handeln, und solle besagter «täz von wein, bier und allen andern getranckh hinfüran zu keiner zeit mit einiger contribution, steür, gaab und anlaag, wie die immer erdacht und genend werden mechte, nicht beladen werden».

Unterschrift und Siegler: «Alexander Abbt zu Neustatt m. p.; Georg Abbt zu Mölckh m. p.; Ott Ferdinand graff und herr von Hohenfeldt m. p.» (Siegel ohne Unterschrift); «Jo. Ernst von Häczenberg m. p.; Joh. Adolph von Lempruch m. p.; Ludtwig Hülich Dr. m. p.» (ohne Siegel).

Original, Pergament. Die sechs Siegel abgefallen.

2047 *1706, September 24, Wien.*

Kaiser Joseph I. erneuert auf Bitten der «Maria Eleonora gebohrnen gräffin Rindtsmaülin abbtisin und convent des königlichen Neüstüfts Clarisser ordens alhier in Wienn» die aus dem Besitze des Ybser Nonnenklosters herrührenden Rechte und Freiheiten des Königsklosters.

Siegler: Der Kaiser.

Unterschriften: Joseph m. p. — Joh. Frid. Frh. v. Seilern.

Datum: ... Wienn, den vier und zwainzigisten monathstag Septembria ...

Original, Pergament. Siegel abgefallen.

2048 *1706, September 24, Wien.*

Derselbe desgleichen wegen Erlakloster.[1]) Siegler, Datum, Unterschrift wie oben.[2]) Original, Pergament. Siegel abgefallen.

2049 *1709, October 29, Wien.*

Kaiser Joseph I. bestätigt auf Bitten der «Maria Susanna Abbtissin» und des Convents von St. Nikolai in Wien die schon von Kaiser Leopold I. bestätigte Freiheit und Besitzung des Klosters,[1]) die Concinische Stiftung ausgenommen.

Siegler und Unterschriften wie oben.[2])

Datum: ... Wien, den neunundzwanzigisten monathstag octobris.

Original, Pergament. Siegel abgefallen.

2050 *1712, December 12, Wien.*

Kaiser Karl VI., bewogen durch die Bitten der «Maria Eleonora gebohrne gräfin Rindsmaulin, abbtisin» und des Convents des Wiener Königsklosters, bestätigt demselben unter Berufung auf die Confirmation seines

1) Text in Nr. 2012.
2) Nr. 2047.
3) Vgl. Nr. 2025.

---

verstorbenen Bruders Joseph vom 24. September 1706 die auf das heil. Geistkloster zu Ybs bezüglichen Freiheiten und Rechte.

Siegler: Der Kaiser.

Unterschriften: Carl m. p. — Joh. Frid. G. v. Seilern.

Datum: ... Wienn, den dreizehenden Monathstag Decembris ...

Original, Pergament. Siegel abgefallen.

2051 *1712, December 12, Wien.*

Derselbe desgleichen wegen Erla.[1]) Siegler, Datum, Unterschrift wie vor.[2]) Original, Pergament. Siegel abgefallen.

2052 *1715, Juni 25, Wien.*

Kaiser Karl VI. bestätigt auf Bitten der «Maria Susanna abbtisin» und des Convents von St. Nicola in Wien die von Kaiser Joseph I. ertheilte Bestätigung von 1709, October 29.[3])

Siegler: Der Kaiser.

Unterschriften: Carl m. p. — Ph. Ludw. G. v. Sinzendorf.

Datum: ... Wienn, den fünf und zwainzigisten monats-tag junii ...

Original, Pergament. Siegel abgefallen.

2053 *1717, December 31, Wien.*

«Joseph Hartman iuris utriusque doctor Burgermaister und Rath der kaiserlichen Residenzstatt Wienn» geben von folgendem Thatbestand Kenntniss: Christof Schmid ihr «lieb gewest: getreüer Mitburger deß andern Raths und kaißerlicher Hoff-Sailler» hat in seinem vom 1. September 1713 errichteten und am 22. December desselben Jahres in der städtschen Kanzlei publicirten Testament «§ sibentens: Ordne und widme etc.» 1000 Gulden Capital bestimmt «eintweders in daß löbliche Ober-Cammer Ambt oder an ein anders sichers orth ewig fructuose» anzulegen, damit von den 5° „ Zinsen «jedem herren Beneficiaten jährlichen achtunddreißig Gulden zu dem ende geraichet werden sollen, das ain jeder derenselben darfür in der Kürchen deß fürstlichen Jungfrauen Closters ordinis sancti Au-

1) Text mit Anlehnung an Nr. 2048.
2) Nr. 2050.
3) Nr. 2049.

gustini zur Himmelporthen genannt auf dem Hochen Altar wochentlich an jedem Montag für seiner, seiner verstorbenen Ehewürthin Maria Sibilla und gesambter Freundschaft Seelenheil ein heilige Seelmessü-lesen auch sofort hin ewig außgerichtet werden solle». Der Rest von 12 Gulden ist «pro paramentis et aliis necessariis jährlich abzuführen»; das Collaturrecht stehe dem Bürgermeister und Rath der Stadt Wien zu, die nun auch die Messe schon am 29. December 1713 dem «Ignati Winckhler weltlichen Priester und Beichtvatter in unserer Basilica sancti Stephani» verliehen haben, welche sie auch «an den fürstlichen herren ordinarium loci» präsentiren wollten. «Nun hat zwar herr Erblasser seine ... Ehewürthin Mariam Elisabetham gebohrne Pachmanin zur Universal Erbin eingesetzt, weillen aber sie auß gewissen Beweg-ursachen daß Testament nit vergreifen, mithin auch dieses legat nit zahlen können, sondern ... sich für sich und mit dem Herrn Johann Andre Pachman deß aussern Raths als Gerhaben statt ihrer minderjährigen Kindern anderer Ehe, auch insonderheit ihres Posthumi ... mit denen Kindern erster Ehe, als mit der frauen Maria Clara verehelichten Zörerin, frauen Anna Margaretha de Alziga wie auch frauen Dorothea Catharina Pillerin all: dreien gebohrnen Schmidinen ... wegen des ... Erblassers ... Verlassenschaft verglichen» hat, (welcher Vergleich am 12. September 1714 für die Pupillen «craft eines ... berathschlagten Cammer Bericht ratificiert worden») so hat die «Freundschaft» sammt und sonders («ausser der Chorfrauen Bernhardinae gebohrnen Schmidin statt welcher ... frau Maria Magdalena Kluegin von Grienberg ... Oberin zur Himmel-Porthen sich schon vorhero» auf Grund Verzichtes vom 2. Februar mit der Schmid'schen Freundschaft verglichen, wonach dieselbe Nonne laut Reverses vom 6. Februar 1714 «statt ihrer Profession» nichts beizutragen habe, die 1000 Gulden zusammengesteuert und durch einen am 23. December 1716 eingereichten Kammerbericht und «darauf weithers erfolgten Rathschlag» eine 5°/₀ige «Original-Ober-Cammerambts Obligation» ddo. 31. Jänner

1717 erworben und deponirt, die jetzt im Wiener Grundbuch «bei denen Clöster Stüftacten» erliegt, «mit bitte» dass ein etwa der Familie Schmid angehöriger Weltgeistlicher bei der Besetzung des vacanten Benefizes bevorzugt werde (neuerlichem Kammerbericht vom 19. November 1717 «von denen herren Commissarien beigeruckhten tröstliches Versprechen»). Die jetzige Oberin von Himmelpforten «Maria Antonia gebohrne Gräffin von Althann» hat diese abgeänderte Stiftung angenommen. Von der Urkunde sind drei gleichlautende Originale für die drei Parteien angefertigt worden.

Siegler: Die Stadt mit dem grösseren Grundsiegel, das Stift Himmelpforten und die Schmidt'sche Freundschaft.

Unterschrift: Maria Antonia von Althann Obriste bei der Himmelporthen (m. p.).

Original, Pergament. Die drei Siegel abgerissen.

2054 *1723, Januar 29, Wien.*

Die böhmische Hofkanzlei belehrt mit Bezug auf die Supplication praes. 11. December 1722 die neuerwählte Oberin von St. Jacob zu Wien, dass sie allerdings um Verleihung der Temporalien zu Böhmisch-Aicha einzukommen habe.

Gezeichnet: Leopoldt, Graff Schlikh m. p., Wilhelmb Graff von Kollowrath, Joh. Christoph von Jordan.

Siegler: Die Aussteller.

Original, Pergament. Mit gebrochenem Schlusssiegel.

2055 *1723, November 25, Wien.*

Kaiser Karl VI. bestätigt auf Bitten der neuerwählten Oberin von St. Jacob zu Wien der Frau Maria Katharina von Mayerberg in Anbetracht ihrer legalen Wahl und bereits erfolgten Bestätigung des Niederösterreichischen Besitzes auch den zu Böhmisch-Aicha in Böhmen quoad temporalia.

Siegler: Der Kaiser als König.

Datum: Wien, ...

Unterschriften: Carl m. p. — Franc. Ferd. comes Kinsky, Reg. Boh. sup. Cancellarius.

Original, Pergament. Siegel abgefallen. Dabei liegen ein Stück vom 29. Januar 1723 (Nr. 2054) und das Ausschreiben an die böhmische Statthalterei.

2056 *1727, November 25, Wien.*

Intimation «an die königliche Stadthalterei in Prag» in gleicher Angelegenheit. Einige Kanzleivermerke.

Abschrift auf Papier.

2057 *1728, April 2, Wien.*

Quittung über 1500 Gulden Taxe, welche die Oberin von St. Jacob zu Wien «zu handen des Taxambts der Königl: Böhm: Hoff Canzley wegen allergnädigster kais. und königl. Confirmation quoad Temporalia respectu des Böhm: Guths Bömisch-Aycha erlegt hat».

Kanzleivermerk.

Original, Pergament. Siegel unter Papier.

2058 *1728, Mai 12, Laxenburg.*

Kaiser Karl VI. bestätigt in der Eigenschaft eines Königs von Böhmen auf Bitten der neuerwählten Oberin von St. Jacob zu Wien, Katharina Antonia Binder, in Anbetracht ihrer legalen cannonischen Wahl, den Klosterbesitz zu Böhmisch-Aicha quoad temporalia.

Siegler: Der Kaiser als König.
Datum: Laxenburg, . . .
Unterschriften wie in Nr. 2055.

Original, Pergament. Siegel abgefallen.

2059 *1728, Mai 12, Laxenburg.*

Intimation «an die königl. Statthalterei zu Prag» in gleicher Angelegenheit. Mehrere Kanzleivermerke.

Original, Pergament.

2060 *1735, Juni 14, Wien.*

Neuerlicher Verkauf des Täz an das Himmelpfortkloster wie 1699, Mai 21.[1]) Das Kaufgesuch hatte die Oberin Maria Augustina eingebracht, war darüber gestorben und erhält nun ihre Nachfolgerin, Maria Innocentia geborne von Nigrelli die Bewilligung.

Unterschriften und Siegler: Johann Michael Propst zu St. Pölten m. p.; Placidus Abbth Altenburg; Carl Graf von Harrach m. p.; Franz Joseph Graf von Auersperg

---

[1]) Nr. 2046.

m. p.; Jos. Anton Hoche m. p.; Wolf Ferd. Händl von und zu Ramingdorf m. p.; Franz Antoni Edl. v. Spann.

Original, Pergament. Mit sechs Einschnitten für Siegel. Dabei zwei Quittungen über bezahlten Kaufschilling, und zwar über 700 Gulden vom gleichen Datum und über 1500 Gulden vom 22. November 1735, beide Original, Papier, besiegelt.

2061 *1741, October 17, Pressburg.*

Königin Maria Theresia bestätigt der «andächtigen Maria Columba gebohrne von und zu Stadl des königl. Neustifts Clarisserordens in Wienn abbtissin und convent» eine dem incorporirten Kloster zu Ybbs von Herzog Albrecht III. gewährte Vergünstigung, «zehen futter wein nacher Wienn zu bringen».

Siegler: Die Königin.
Datum: . . . Pressburg . . .
Unterschriften: Maria Theresia. — J. F. Gr. v. Seilern.

Original, Pergament. Siegel in Holzkapsel.

2062 *1742, April 27, Wien.*

Königin Maria Theresia bestätigt auf Bitten der «Maria Victoria abtissin» und des Conventes «des jungfrauen closters bei Nicola allhier in Wienn» die von früheren Kaisern, zuletzt 1715, Juni 25, ertheilten und bestätigten Vorrechte und Besitzungen.

Siegler und Unterschriften dieselben.

Datum: . . . Wienn, den 27ten monnatstag aprilis im 1742ten.

Original, Pergament. Siegel abgefallen, vorhanden ist noch die roth-weiss-grüne Seidenschnur.

2063 *1742, Juli 3, Wien.*

Nachdem Königin Maria Theresia zufolge Hofdecrets vom 17. April l. J. «denen löbl. drei obern Herren Ständen das dritte Drittl der Land-Steur gegen eine Summam Gelts pro 600.000 fl., und zwar zu Bestreitung dermahliger unverschieblicher Militar-ausgaben» mit der Befugnis des Weiterverkaufs überlassen, ist nun solches auch an das Kloster Himmelpforten erfolgt, und zwar «über abzug deren 656-jährigen 6eden, und 683-jährigen attestirten, dann des vorhin schon erkauften ersten Steür-Dritls . . . und zwar wegen dero

33

Closter von 5 fl. 2 ₰ 7 ₰, item wegen Pözls-
torff in Viertl unter Wienner Wald liegend
von 12 fl. 1 ₰ 20 ₰, mehr wegen Währing
von 13 fl. 1 ₰ 22 ₰; dan wegen des Thurn-
hoffs zu Simmering von 7 fl. 2 ₰ 20 ₰ und
zwar umb das von jedem Drittl à fünf per-
cento gerechnete Capital zusammen mit sieben-
hundert sechzig Gulden, sechs Schilling, welche vermög vorgebrachter Obereinnehmer-
Ambts-Quittung[1])... abgeführet worden....».

Actum Wienn, den dritten July ...

Unterschriften:[2]) Robertus abbt zu
H. Creutz m. p., Paulus Abbt zu Seiten-
stätten m. p., Johann Ferdinand graf und
herr von Pergen m. p., Ernest August graf
von Falkenhayn m. p., Joseph Augustin Ignati
von Albrechtsburg m. p., Johann Ferdinandt
Edler von Lewenegg m. p.

Original, Pergament. Mit sechs Einschnitten für
Siegel, die aber fehlen.

2064 *1742, October 17, Pressburg.*

Königin Maria Theresia, bewogen durch
die Bitten der «Maria Columba gebohrne
von und zu Stadl», Aebtissin des Königsklosters und des Convents daselbst, bestätigt
unter Berufung auf die Urkunde ihres durch-
lauchtigsten Vaters von 1712, December 12,[3])
die auf Ybs bezüglichen Privilegien des königlichen Neuklosters.

Siegler: Die Königin.

Unterschrift: Maria Theresia m. p.

Datum: ... Schloss Prespurg, den sibenzehenden monatstag octobris ...

Original, Pergament. Siegel abgefallen.

2065 *1747, August 9, Wien.*

Kaiserin Maria Theresia verleiht auf
Bitten der neuerwählten Oberin des Jacober-
klosters zu Wien, der Maria Victoria Freiin
von Landau, dem Kloster die Temporalien
der böhmischen Herrschaft Böhmisch-Aicha.

Siegler: Die Kaiserin mit dem königlichen Siegel.

Unterschrift: Maria Theresia.

Original, Pergament, Siegel abgefallen. Mit fünf
Beilagen.

[1]) Liegt bei, vom selben Datum.
[2]) Je eine über jedem Siegeleinschnitt.
[3]) Nr. 2050.

2066 *1751, October 2, Wien.*

Kaiserin Maria Theresia bewilligt dem
St. Jacobskloster zu Wien auf Bitten der
neuerwählten Aebtissin Jacobina von Poll-
heimb, was ohnehin für Oesterreich schon
geschehen, auch für Böhmen, nämlich die
Bestätigung des dortigen Klosterbesitzes zu
Böhmisch-Aicha quoad temporalia.

Siegler: Die Kaiserin mit dem kaiser-
lich königlichen Siegel.

Unterschrift: Maria Theresia m. p.

Datum: ... Wienn, ...

Original, Pergament. Siegel abgefallen. Mit zwei
Beilagen, eine Intimation vom selben Datum «an die
Repraesentation und Cammer in Böheim» und eine
Quittung vom 15. October über Bezahlung mehrerer
Gebühren für Ausfertigung und Zustellung des Diploms.

2067 *1752, September 9, Wien.*

Der niederösterreichischen Landschaft
hatte die Kaiserin Maria Theresia «nicht
allein die von der vorher gegangenen licita-
tion übrig gebliebne vicedomische Unterthanen, Stück und Gülten sondern auch anmit
alle und jede Ausstände mit anno 1746 an-
fangend nach Ausweiß des mit allerhöchster
Handunterschrift sub dato 1ᵐ Januarii 1750
bekräftigten Kauf und respective Verkaufs
Contract um eine Summam Gelds von
450000 fl. und respective 7500 Cremnizer
Ducaten» mit der Erlaubniss käuflich überlassen, sie weiter abgeben zu dürfen. Davon
wurden die kauflustigen «Particulares» unterm
1. Juli 1750 verständigt, unter denen sich
auch das Himmelpfortkloster befand, «so
dann über die fürgeweste Licitationen deren
unten stehenden sieben Urbar-, Steuer- und
Robath-Holden zu Pezleinstorf ... der meist
licitant gewesen». Diese wurden nun «zusammen mit 10 fl. 30 kr. Urbarsteuern und
der Robath wovon selbe dermahlen 7 fl.
reichen» um 437 Gulden 30 Kreuzer verkauft. Diese Summe und die dem Stifte
zur Einhebung überlassenen Steuern für 1752
im Betrage von 17 Gulden 30 Kreuzern
wurden von der Oberin Maria Innocentia,
geb. Gräfin von Nigrelli, laut Verwalteramts-
quittung bezahlt. Demnach erfolgt die Uebereignung «mit Vorbehalt der ständischen Do-
minical- und Rustical-Einlag».

Unterschriften: Frigdian Probst zu Herzogenburg m. p., Thomas Abbt zu Mölckh m. p., Johann Adam graff von Abensperg und Traun m. p., Carl Graff v. Heysenstam m. p., Johann Albrecht von Lindegg m. p., Philipp Jacob Edler von Mannagetta und Lerchenau m. p.

Datum: ... Wienn, ...

Original, Pergament. Die sechs Siegel abgefallen.

2068 *1758, November 14. Rom.*

Papst Clemens XIII. ertheilt zu Gunsten des Wiener Königsklosters einen vollkommenen Ablass.

Datum Romæ, apud S. Mariam Majorem, sub annulo Piscatoris, die XIV. novembris ...

Mehrere Unterschriften.

Original, Pergament. Siegel abgefallen.

2069 *1761, December 1, Wien.*

Kaiserin Maria Theresia bestätigt der neugewählten Oberin des Klosters St. Jacob zu Wien, Maria Katharina Neupöckin, die Temporalien zu Böhmisch-Aicha.

Siegler: Die Ausstellerin mit dem «kaiserlich- königlich- und erzherzoglich anhangenden grössern insigel».

Unterschrift: Maria Theresia m. p.

Datum: ... in Unserer Haupt- und Residenzstat Wien, ...

Original, Pergament. Siegel abgefallen.

2070 *1764, Mai 19, Wien.*

Kaiserin Maria Theresia in Sachen der Stiftung «weil. Anna Magdalena Mannsriederin ... geweste Niderlags-Verwandtin», welche durch Testament vom 28. Februar 1761 (publicirt 24. Juli 1762) «bei denen PP. Franciscanern alhier ... eine wohentliche Stiftmeß angeordnet auch hierzu ein Capital pr ein tausend Gulden legiert hat». Die Franziskaner hatten sich unterm 9. Januar 1763 ausser Stande erklärt, die Stiftung anzunehmen, so hat denn der Propst von St. Pölten «als Universal-Erb der Stifterin diese Stiftung denen allda befindlichen Carmelitern[1]) zu-

1) Nach dem zweiten Exemplar sind die Carmeliter-Discalceaten in der Leopoldstadt gemeint.

gewendet», das Capital wurde «mittels einer auf widerholte PP. Carmeliter lautenden und a 5 preto laufenden Wiennerischen Stadt Banco Obligation ddto 20. Septembris 1762» beim Universaldepositenamt «ddto 9. Aprilis 1764 wirklichen eingeleget». Der Consens vom Passauer Consistorium erfolgte unterm 2. September 1763, worauf der Stiftbrief ausgestellt werden konnte, von dem drei Exemplare anzufertigen sind, eines für die «Milden Stiftungen Haubt Cassa Administration», das zweite für den Universalerben, das dritte für die Carmeliter. Der jährliche Betrag soll gegen Quittung verabfolgt werden.

Mehrere Unterschriften.

Siegler: Die Kaiserin mit dem landesfürstlichen Siegel.

Original, Papier. Besiegelt. Ein zweites kürzeres Exemplar erwähnt die Franziskaner nicht.

2071 *1775, März 22, Eisenstadt.*

Notiz auf der Urkunde von 1691, Februar 2, Eisenstadt,[1]) betreffend die Abänderung des Punktes 1. Nunmehr sollen für eine verstorbene Schwester drei Messen nur mehr gehört, nicht gelesen werden.

Unterschriften: Amalia Tarnozin Obriste zu St. Joseph, Cæcilia Grieningerin Dechantin und Convent.

Datum: Eysßenstatt im Closter S. Joseph den 22^{tm} Martij 1775.

2072 *1782, Juni 22.*

«Edmundus Maria ... episcopus Tejensis S. R. I. comes ab Artz et Vasseg, praepositus et canonicus capitularis ecclesiae metropolitanae Viennensis ..., vicarius generalis et officialis» des Erzbischofs von Wien, erklärt, den St. Lorenzaltar und einige darin eingeschlossene Reliquien geweiht und den Andächtigen 40 Tage Ablass gewährt zu haben.[2])

Unterschrift: Edmundus episcopus Tej.

Original, Pergament. Siegel unter Papier.

1) Nr. 2039.

2) Es ist zwar nicht gesagt, wo dieser Altar sich befindet; doch gehört die Urkunde in den Bestand des St. Lorenzklosters.

REGESTEN

AUS DEM

ARCHIVE DES GESCHICHTS-VEREINES FÜR KÄRNTEN IN KLAGENFURT.

VON

A. VON JAKSCH.

2073 *1279, Januar 13, Gurk.*

Propst und Capitel von Gurk, mit dem Erzbischof Friedrich von Salzburg zur Bischofswahl versammelt, übertragen ihr Wahlrecht an den genannten Erzbischof.

Unter den Zeugen: L. prior domus fratrum predicatorum Wienne.

Siegler: Erzbischof und Capitel.

Datum: ... in Gurka aᵒ dni. MᵗCCᵗ LXXVIIIIᵗ, idus ianuar.

Original, schadhaft. Mit zwei Siegeln.

2074 *1345, Mai 6, Strassburg, Kärnten.*

Bischof Ulrich von Gurk vertauscht dem Pilgreim vom Gradeis einen Bau sammt Thurm zu Mötnitz um ein Haus zu Wien, in seinem Hofe gelegen, «stösst an des von Salzburch hof».

Siegler: Der Bischof.

Datum: ... ze Strazburch vreitag nach der heiligen auffart, ...

Original, schadhaft. Siegel abgefallen.

2075 *1354, Februar 6, Wien.*

Bischof Paul von Gurk bekennt sich, Janns dem Pollen, Bürger zu Wien, «3oo guldein phening, die di wag habent», schuldig und verspricht Zahlung bis nächsten Sonntag Reminiscere, darum sich Rudolf von Chatzenstain, dann Hanns und Ott, des Bischofs

Brüder, und Ulrich, Pfarrer zu Villach, verbürgen.

Siegler: Der Bischof, Rudolf von Chatzenstein.

Datum: ... ze Wienne an sant Torathen tag, ...

Original, Pergament, zerschnitten. Die zwei Siegel abgefallen.

2076 *1361, Juli 16, Wien.*

Herzog Rudolf IV. von Oesterreich verfügt als Obmann der in der Streitsache zwischen Bischof Johann von Gurk und dessen Vorgänger Paul, jetzt Bischof von Freising, beiderseits erwählten Richter, dass der Freisinger, welcher sich an bestimmten Terminen zu Wien im Pfarrhof St. Stephan nicht den Richtern gestellt und auch den endhaften dritten Tag versäumt, wiewohl ihm dieser in seinem Haus und Hof in Wien mündlich verkündet worden war, verpflichtet sei, die von ihm verpfändeten Gurker Kirchengüter einzulösen.

Unter den Zeugen und Sieglern: Rudolf IV. ... Clemens, Schottenabt von Wien, ... Leupolt von Sachsengang, Pfarrer zu St. Stephan in Wien, ... Hawnolt der Schüchler, Bürgermeister zu Wien.

Unterschrift: Rudolf IV.

Datum: ... Wienne, in dem pharrhof dacz Sand Stephan freitag vor Alexius, ...

Original, Pergament. 21 Siegel, davon eines verloren (das Rudolfs).

2077 *1765, März 17, Wien.*

Herzog Rudolf IV. verfügt, dass Bischof Johann von Gurk, welcher 2000 Gulden zum Bau der Stift- und Domkirche Aller Heiligen zu Wien verheissen hat, dieser Summe sammt 400 Gulden Hauptgutes von Musch, dem Juden Iserlein's Enkel, von Marichpurg, ledig und los sein soll.

Siegler: Rudolf *und seine Unterschrift:* hoc est verum.

Datum: ... Wienn, montag nach Oculi, ...

Original im bischöflichen Archive zu Klagenfurt.

2078 *1368, März 19.*

Conrad von Auffenstein, Marschall in Kärnten, verpfändet dem Wygoleus dem Erolzhaim um 120 Pfund Wiener Pfennige die Veste Seburgkh (bei Pörtschach am See) insolange, bis jener diesem einen Brief von Ascher dem Juden zu Wien um 60 Pfund und um den daraufgegangenen Schaden erledigt.

Siegler: Konrad von Auffenstein.

Datum: ... suntag vor mitterfasten, ...

Copie Eichhorn's aus dem Pörtschacher Urbar zu St. Paul.

2079 *1371, Juli 11, Wien.*

Die Herzoge Albrecht und Leupolt von Oesterreich gestatten dem Propste und Capitel von Gurk, den Wein von zwei Weingärten zu Lutenberch an dem Hausperg, davon einer, genannt die Hochwart, einst im Besitze Hermanns von Wien war, jährlich auf dem kürzesten Wege über Marichburch nach Gurk zu führen.

Datum: ... freytag vor Margretentag, ...

Copie Eichhorn's aus dem Originale in Gurk.

2080 *1376, October 12, Wien.*

Notariatsact, laut dessen der Decan des Allerheiligen-Collegiatstiftes zu Wien, Johann, welcher einst als Procurator des jüngst zum Bischofe von Gurk beförderten Johann Mayerhofer am päpstlichen Hofe zu Avignon geschäftshalber bei dem Geldwechsler Taccagwerra 800 fl. aufgenommen, nachdem der

Bischof diese Schuld getilgt, für alle weiteren Abwicklungen seine Procuratoren ernennt.

«Acta sunt hec Wienne dicte Patauiens. dioc. in curia prepositure ecclesie omnium sanctorum ibidem Wienne ... presentibus d. Johanne promoto (Gurc.), Vlrico condam Merchlini de Hermanstorf et Laurencio Christani de Matsee cleric. Salzburg. dioc.»

Notar: Nicolaus olim Chunradi de Ysenaco clericus Maguntin. dioc. imperiali publicus auctoritate notarius.

Original.

2081 *1379, August 6, Friesach.*

Zeugeneinvernahme über den Verlass Bischofs Johann von Gurk III.), † 1376. Ein Zeuge sagt aus, dass der Bischof sich einst bei den Aerzten in Wien aufgehalten «episcopo existente Wienne apud medicos».

Original, Pergament. Mit zwei Siegeln.

2082 *1395, Juni 26, Wien.*

Johannes Sumppringer «magister in artibus et baccalaureus in decretis rector cappelle ad sanctum Pangracium Wyenne» wird als Zeuge in einer Urkunde des päpstlichen Kammercollectors der Salzburger Diöcese, Marquard von Randeck, angeführt.

Dat. et Act. Wyenne Patauiens. dyoc. in domo habitationis nostre.

Original. Pergament. Siegel abgefallen.

2083 *1468.*

Papst Paul II. gestattet, dass Kaiser Friedrich III. das Kloster Millstatt zur Errichtung des St. Georgsordens verwende, und incorporirt unter Anderem auch dem Orden das Spital St. Martin zu Wien.

Militärer Registratur vom 1600 (I), f. 27', Titel: Stiftbrief.

2084 *1480, November 21.*

Leopold Schrampf reversirt an Kaiser Friedrich die pflegweise Verleihung des Schlosses Lauenmündt.

Siegler: Leopold Schrampf, Hanns Hemel, Rathsbürger zu Wien.

Datum: ... erichtag vor Catherine, ...

Copie. Vgl. Hofschatzgewölbebücher, VI, p. 730.

2085 *1481, Januar 9.*

Leopold Schrampf bekennt, dass ihm Kaiser Friedrich die Brücke zu Lauenmundt zu verwesen befohlen.

Siegler: Balthasar Schifer, Hanns Hemel, Bürger in Wien.

Datum: ... erichtag nach Erhard, ...

Copie. Vgl. Hofschatzgewölbebücher, VI, p. 741.

2086 *1494, März 12.*

Lienhard von Ernau bekennt, dass ihm König Max Amt und Gericht Mossburg (Kärnten) verliehen.

Siegler: Lienhart v. E., Sigmund Maroltinger, Anwalt zu Wien.

Datum: ... mittich nach Lactare, ...

Copie. Vgl. Hofschatzgewölbebücher, V, p. 628.

2087 *1497, Mai 15.*

Hans Gleysmullner, Bürger zu St. Veit in Kärnten, bekennt, dass ihm König Maximilian die «Tilnmauth» ob Villach verliehen.

Siegler: Thomas Ursperger, Hieronymus Kissling, beide Bürger in Wien.

Datum: ... Montag vor Trinitas, ...

Copie. Vgl. Hofschatzgewölbebücher, V, p. 654.

2088 *1499, Juli 20, Wien.*

Lucas Lanng bekennt, dass ihm König Maximilian das Schloss Stain im Jaunthale verliehen.

Siegler: Georg Waldenburger, Vizthum in Kärnten, Hans Rogkner, Bürger zu Wien.

Datum: ... Samstag vor Maria Magdalena, ...

Copie. Vgl. Hofschatzgewölbebücher, V, p. 684.

2089 *1512.*

Blasi Latzarin, Bürger zu Wien, übergibt dem Bürgerspital zu Wien 300 fl. jährlichen Zins (in zwei Raten à 150 fl. zu Martini und am Walpurgtage zahlbar) also, dass er den Zins bei Lebzeiten selbst einnehmen und dispensiren will; nach seinem Tode sollen dies die Spitalmeister gemäss seines Vermächtnisses thun.

Milstäter Registratur von 1600 (I), f. 23', Titel: Sant Merten-Spital zu Wien.

2090 *1516, Februar 27, Wien.*

Blasi Lasarin, Bürger zu Wien, cedirt dem heil. Georg in das Sand Merten Gotteshaus zu Wien, vor dem Burgthore in der Vorstadt, 300 Gulden ewiger Gülte also, dass fürderhin Johann Geyman, Hochmeister des St. Georgordens, und seine Nachfolger die Gülte jährlich einnehmen und folgendermassen verwenden sollen:

1. Zu Lasarin's Begräbniss dem Guardian und den Minderbrüdern des St. Franciscusordens in dem heil. Kreuzkloster zu Wien in der Stadt jährlich 50 Gulden rheinisch, darum sie einem Stift- und Reversbrief gemäss Verpflichtungen haben.

2. Den Minderbrüdern des Margarethenklosters zu Villach jährlich 11 Gulden rheinisch.

3. Einer frommen und ehrbaren Jungfrau aus Lasarin's Freundschaft und, wenn eine solche da nicht zu finden, einer anderen jährlich 25 Gulden Heiratsgut und 3 Gulden zur Hochzeit.

4. Alle Jahre 200 Gulden zur Unterhaltung von fünf Priestern bei dem genannten Sand Merten Gotteshaus, welche den heil. St. Georgsorden annehmen und den Gottesdienst verrichten.

5. Für ein ewiges Licht von Oel bei St. Merten jährlich 3 Gulden rheinisch.

6. An Lasarin's Todestag jährlich für einen ewigen Jahrtag bei St. Merten 4 Gulden rheinisch und zur Speisung von Armen mit Fleisch und Brot 4 Gulden rheinisch.

Siegler: Lasarin, Christof vom Pucham zu Rabtz, Erbtruchsess in Oesterreich, kaiserlicher Beisitzer des Landsrechten in Oesterreich, Jorg Besserer, J. U. Dr., niederösterreichischer Kammeradvocat, Ambros Bysand, kaiserlicher Beisitzer des Landrechten in Oesterreich.

Original, Pergament. Die vier Siegel abgefallen.

2091 *1521, December 19, Arnoldstein.*

Das Kloster Arnoldstein schliesst mit dem Schottenstifte in Wien eine Verbrüderung.

Original. Mit Siegel.

2092 *1528.*

Bischof Johann von Wien investirt den Peter Krembnitzer über Präsentirung des Hochmeisters des St. Georgsordens mit der St. Martins- und (sic) St. Urbans-Caplanei im St. Martinsspital zu Wien vor dem Burgthore.

Milstäter Registratur von 1600 (I), f. 24'.

2093 *1528.*

Peter Kremnitzer reversirt, dass ihm der Hochmeister des St. Georgsordens die Pfarre zu St. Merten vor dem Burgthore zu Wien und die St. Urbanus-Caplanei daselbst verliehen, und dass er bei dieser Gelegenheit eine Monstranze, fünf Kelche und zwei Kreuzel, Alles silbern und vergoldet, empfangen.

Milstäter Registratur von 1600 (I), f. 24'.

2094 *1528, Juni 17, Wien.*

«Vermerkht die infentierung des kirchgereth sand Mertenkirchen zu Wien vor dem purkhthor, so bescheen und auf bevelch meins gnedigen hern hern Johann Gewman von gots gnaden hochmeister sand Georgen orden etc. durch Leonhart Härtl samt andern besichtigt und hern Petern Kremnitzer, so sein gnadt dieselb pharr verlihn und solchs, wie hernachvolgt, an heut mitich nach sand Veits eingeantwurth und zuegestelt worden etc.: Erstlich ain rot und gelb alt samatn gestricht mesgwanth; mer ain gruen tamaschken meßgwandth; ain alt rott tamaschken meßgwanth; mer ain rott pösser tamaschken meßgwanth; mer ain weyß tamaschken meßgwanth; mer ain praun tamaschken meßgwanth; ain gruen seyden zwerch gestricht meßgwanth; ain gefarbt meßgwannth mit gulden vögln; ain gmusierth zwerch gestricht meßgwanth; ain gruen samatten meßgwanth mit rottn zwerchstrichen; ain gelb varb zwilchen meßgwannth; ain leinein meßgwanth zu den scell ambten; mer ain gefarbt nach leng gestricht seiden meßgwanth; haben all ir zugehorung, wie gehörth; ain gelb und gruen gmusierth seiden korkappen samt ainen schilth; ain alt prauen tamaschken korkappen an ain schillth; item funff corporall samt samaten und seiden-

taschen darinn ligen; mer vyer corporalltaschen seiden sein lär; zwey grosse opferkandl, acht klaine opferkändl auf die alltär; zway trukhte meßpuecher Passawer bistumbs; ain pargemen geschriben antifanarium, ain pargamen graduall; vier allt geschriben pergamen meßpuechel; ain schwartz partuech, zwen allt karreckh sein zerissen; ain kupfren weichprunkessl, ain kupfren kreutz vergullt; zwen allterstain, ain klainer und ain grosser; sechs messenleichter auf die alter, vier zinenleichter auf die alter; auch mer fünf kelch, ain klaine manstrantz und zway kreutzl alls silbren und vergullt, ist, als vorgemelt her Petern eingeantwurth worden.

Titel: Inventierung zu Sannd Mertten etc. 1528. St. Merten zu Wien.

Milstäter Acten. C, X, f. 26.

2095 *1530, März 4. Prag.*

König Ferdinand I. belehnt seinen Rath und Landeshauptmann in Krain, Hanns Catzianer, ob seiner getreuen Kriegsdienste, welche dieser besonders jüngst «wider den mächtigen unsern und gemainer Christenheit trefflichsten feind den Türken in der grossen türkischen belagerung unserer stadt Wien ungespart aller gefährlichkeit leibs und lebens erwiesen» mit dem Schlosse Altenburg in Steiermark.

Unterschrift und Siegler: König Ferdinand.

Original, Pergament. Mit verletztem Siegel.

2096 *1535, Juli 1, Wien.*

König Ferdinand I. urkundet hinsichtlich der dem Hanns Catzianer schuldigen Pfandsumme, darunter auch 1280 Gulden rheinisch, darum dieser ihm seine Behausung in der Stadt Wien, so er von Jorgen Reinwaldt an sich gebracht, käuflich zugestellt.

Siegler und Unterschrift: König Ferdinand.

Original, Pergament. Mit verletztem Siegel.
Kanzleivermerk unten, dass diese Urkunde verändert und Irrung halber umgeschrieben wurde.

2097 *1539.*

Anna Hauserin, Witwe, verspricht dem Hochmeister des St. Georgsordens zwei Haus-

fenster «gegen des ordens hausgarten zu
Wienn gegen Cilierhof über» auf sein Begehren abzuthun gemäss eines Spruchs.

Millstäter Registratur von 1600 (I), f. 44', Titel:
Erbgerechtigkeit.

2098 *1546, April 17.*

Stephan Tennkh, röm. kgl. Maj. Rath
und Bürgermeister, und der Rath der Stadt
Wien entscheiden einen Streit zwischen Hanns
Herrn von Liechtenstein und ihrem Mitbürger
Meister Heinrich Fryeß, Goldschmied, wegen deren beider Häuser hier in der Walchstrasse, neben einander gelegen, da Fryeß ein
Schmelzöfl und Feuerstatt an des Liechtensteiner Mauer gemacht, nach abgehaltener
Beschau dahin, dass Fryeß beides umzubauen
habe. Ferner sei die Räumung eines dem
Liechtenstein gehörigen heimlichen Gemaches
oder einer Secretgruben durch des Fryeß Haus
vorzunehmen, doch hat dafür Liechtenstein
jedes Mal 2 Pfennige, Fryeß 1 Pfennig zu
zahlen, wie der Stadtbrauch ist.

Siegler: S. consvlvm civitatis Wiennensis
1464.

Original, Pergament.

2099 *1563, März 17, Wien.*

Bärtlme Haslinger der Jüngere an seinen
Schwager Wilhelm Wernher zum Wernhoff,
derzeit Anwalt zu Gurk: «... wisst, dass ich
mit meinem g. f. u. herrn» (Bischof Urban
von Gurk «d. 26. februar frisch u. gesund
allhie z. Wien ankommen bin. Sontags darnach haben ir fürstl. gn. in s. Stephansdom-
kirchen die erste predigt gethan. Montags ist
ihm das bisthum Wien durch die Regierung
präsentiert u. eingeben, auch von den herrn
v. Wien gar herzlich empfangen u. mit 2 schönen goldenen köpfen, so mehr denn 100 thaler
werth, verehrt worden. Nachfolgends ist
auch das capitel u. der rector mit ganzen
universität allhie z. Wien kommen u. dessgleichen ihr f. g. mit schönen lateinischen ora-
tionen u. verehrungen empfangen, dessgleichen sie noch keinem bischof zu Wien gethan
noch erzeigt haben, vermeinen damit ihr f. g.
zu bereden oder zu locken, damit sie die

forthin zu ihrem rechten bischof haben und
erhalten möchten. Denn ein solch zulaufen
ist, dass dem volk zu meines herrn predigen
die grosse u. weite s. Stephansdomkirche oft
zu eng sein will.

«Gestern d. 16. März ist die röm. kö. Maj.
samt der königin hie zu Wien eingeritten u.
empfangen worden. Ist mir nicht möglich
solches so gewaltig u. lustig zu beschreiben,
als es zu sehen gewest. Es sind ihrer Majt.
in die 4000 mannen gar wolgerüstet in der
ordnung entgegen gezogen, deren hauptleute
u. fähneriche alle in ganz sametten kleidern
mit goldenem tuch auszogen gekleidet u. mit
soviel goldenen ketten geziert gewesen, davon
nicht zu sagen ist.

«Dessgleichen haben sich ettlich 100 reiche
kaufleute alle in ganz ,samat' gleich gekleidet,
deren jeder ein goldene ketten u. weisse ,corda-
wanen' stiefel angehabt, die auch dem könig
entgegen zogen.

«Die herrn von Wien haben auch 1400
kleine knaben in ihrer Maj. farb gekleidet,
so alle mit kleinen spiesslein, hölzernen ge-
malten ,hägkhen' und allerlei waffen gar wol
u. lustig gestaffiert gewesen. Es haben ettliche reiche bürger allhier ihre söhne, so
hauptleute gewesen, dermassen gekleidet u.
mit goldenen ketten behangen, dass einem
jungen erzherzogen genug gewesen wäre.
Sonderlich aber ist des herrn stadtkämmerers
sohn allhier gar ein kleiner knab, auf einem
grossen gaul in einem ganz silbernen harnisch
erschienen, der sich gar männlich u. tapfer
gestellt u. an seinem helm einen schwarzen,
fliegenden adler geführt hat.

«Diesem jungen kriegsvolk hat man vor
der burg ein schloss aufgebaut, darfür sie sich
gelegt u. alsdann wiederum abgezogen.

«Vor dem Roten Thurn an bis zu der
Burgckh ist die gassen mit schönen grünen
bäumen schön besteckt u. die bäume allent-
halben mit äpfeln, birnen auch pomeranzen
und rauschgold gar lustig behängt gewesen,
das dann das junge kriegsvolk am ,fürziehen'
fast geirrt u. angefochten hat, also dass ettliche aus der ordnung getreten u. mit ihren
spiessen die äpfel von den bäumen abpassen
wollen.

«Es sind 3 schöne hohe brunnen einer am Lugeckh, der andere am Graben, der dritte am Kholmarckt aufgericht u. schön geziert gewesen, daraus rother u. weisser wein geronnen ist.

«Man hat auch 3 gewaltig grosse triumphporten aufgebaut, dadurch der könig hat reiten müssen. Vor der ersten sind gestanden 2 gewaltig grosse riesen, deren ein jeder eine fahne in der hand gehabt u. oben zu höchst auf der porten ist gestanden ein pfau (pfab). Auf der andern ist ein löw gestanden u. auf der dritten u. schönsten ein schwarzer fliegender Adler.

«Die regierung u. die landschaft haben den könig am anzug ,auf aller weith‘ empfangen. Als er zu der stadt kommen, hat die bürgerschaft da mit einem schönen himmel bey dem Rotten Thurn gewartet, ihn empfangen u. und unter dem himmel bis zu s. Stefansfriedhof begleitet. Als er aber nahent zu s. Stefan kommen, da auch die ganze clerisei u. der rector mit der universität ,in der process‘ mit einem schönen himmel gestanden, ist er von dem ross abgestanden dessgleichen die königin aus ihrem wagen u. beide unter dem himmel über den friedhof bis in die kirche begleitet worden. Indem hat man aus s. Stefansthurn sehr angehebt zu schiessen, die trommel geschlagen u. alle glocken geläutet. Dieweil ist ein grosser schwarzer adler zu höchst von dem thurn nach einem seil herabgeflogen. In der kirche hat man das te deum laudamus gesungen u. die orgel geschlagen, ,weill‘ der könig samt der königin vor dem hochaltar gekniet. Als das ,fürgewesen‘, ist der könig wiederum aus der kirche gangen (dem der marschall das blosse schwert immerzu vorgetragen) u. von der bürgerschaft unter dem himmel gar in die burg begleitet worden.

«,Weill‘ dieser einzug gewährt hat, ist ein mann alle weill mit einer königlichen fahne schwarz, gelb und weiss auf s. Stefansthurn zu höchst auf dem knopf gestanden u. die fahne also lustig fliegen lassen. Als es nun abends und finster worden, hat man wiederum von s. Stefansthurn angehebt zu schiessen u. schöne freudenfeuer zu höchst auf dem knopf

zu machen, das bei der nacht gar lustig zu sehen gewest.

«Was aber an diesem tag auf allen basteien für ein gewaltig u. grausam schiessen verbracht worden, werdet ihr selbst zu gedenken haben.

«Des andern tags aber ist das jung kriegsvolk wiederum vor die burg zogen, da ihr schloss gewesen, u. des herrn stadtkämmerers sohn, ein kleiner knab, so auch ein hauptmann gewesen, hat anstatt des ganzen jungen haufen vor dem könig die oration gethan (so er zuvor auswendig gelernt) u. letzlich begehrt ihre k. M. wollten ihnen erlauben das ,schloss‘ darfür sie sich gelegt hätten, zu stürmen u. ,zu gewingen‘, daran sie ihre männlichkeit erzeigen wollten. Das ihnen alsdann erlaubt und das schloss in angesicht des königs u. der königin gestürmt worden. Als sie den sturm oft angelaufen, aber die feinde im schlosse sich nicht ergeben wollen, aber doch letzlich hineinkommen, haben sie 3 mit stroh ausgeschoppte mannen in türkischen kleidern hergenommen u. ohne alle barmherzigkeit zu den nächsten fenstern hinausgehangen und sonst gar viel abentheuer trieben, das gar kurzweilig u. lustig zu sehen gewest.

«Da nun das alles ,fürgewesen‘, haben die von Wien ihre geschenke dem könig für die burg führen lassen u. daselbst ihrer k. M. 16 schöne grosse ochsen, 10 wägen mit wein u. 10 wägen mit getreide präsentiert u. geschenkt.»

Original. Militar, C, XXIV, 42, f. 37—39.

2100 *1569, Juli 25, Regelsbrunn.*

Elisabeth Petz bietet ihr Haus zu Regelsbrunn dem Wiener Bürger Leopold Kienberger zum Kaufe an.

Original.

2101 *1569, August 20, Wien.*

Elisabeth Petz, geborne Privata, vermacht all' ihr Hab und Gut, sowie die von ihrem Manne ererbte Feste Regelsbrunn ihren Geschwistern und setzt den Wiener Bürger Leopold Kienberger zum Testamentsexecutor ein.

Original.

2102 *1570, März 4, Graz.*

Erzherzog Karl befiehlt dem Leopold Kienberger, Bürger in Wien, den nach dem Tode der Elisabeth Petz ohne rechtlichen Titel eingenommenen Hof, der vom Stifte Milstat zu Lehen gehe, abzutreten.[1])

Original.

2103 *1721, September 10, Wien.*

Der Statthalter des Regiments der nieder-österreichischen Lande und die zur Versorgung des in der Alstergassen aufgerichteten

[1]) Bereits 1570, Januar 19, hatte Erzherzog Karl an die Superintendenten der Milstätter Güter in Nieder-österreich geschrieben, dass der Hof zu Regelsbrunn, welchen Leopold Kienberger innehabe, nach dem Tode der Witwe Petz als heimgefallenes Milstätter Lehen anzusehen sei. Kienberger hat am 19. März d. J. um Fristerstreckung, die ihm jedoch nicht bewilligt wurde gemäss des Befehles Erzherzogs Karl vom 11. April d. J. (Original.)

Armenhauses verordneten Räthe und Commissäre bekennen, dass der selige Leonhard Franz Tomaschowitz laut Testament vom 18. Juli 1720 dem Armenhause zwei im Wiener Versatz- und Fragamte anliegende Posten: 1. 650 Gulden, 2. 350 Gulden, zusammen also 1000 Gulden, mit dem Beisatze vermacht, dass für den Stifter in der Armenhauskirche wöchentlich zwei heilige Messen gelesen, er in das Gebet der Armen eingeschlossen und die Obsorge über die Stiftung dem Präses der Armenhauscommission, Prokop Gervasius Grafen von Golln und allen seinen Nachfolgern, anvertraut werde.

Unterschriften: Sig. Frid. Graf Khevenhüller, Statthalter, Graf Gollen, Jos. Ant. Freiherr von Hohke, J. F. von Schickh, Peter Paul Vanghelen, n.-ö. Reg. Mitels-Secret.

Siegler: Das Armenhaus.

Original, Pergament.

REGESTEN

AUS DEM

MUSEAL-ARCHIVE IN LINZ.

VON

D⁻ FERDINAND KRACKOWIZER.

2104 *1297, November 22, Wien.*

Nicolaus, Pfarrer in Stadelau, stiftet einen Altar zu Engelszell und dotirt denselben mit seinem Hause in Wien, «ante curiam domini mei Pataviensis episcopi sitam» . . .

Aus einer geschriebenen Chronik des Klosters Engelszell vom Jahre 1783.

O.-ö. Urkundenbuch, Bd. VI, S. 548.

2105 *1304, November 29, Wien.*

Chunrat der Polle, Bürgermeister, und der Rath der Stadt Wien bezeugen, dass Herr Ruger an dem Witmarkt sein Haus daselbst Eberharten von Wallsee um 120 Pfund Wiener Pfennige verkauft hat.

Siegler: Her Roger an dem Witmarcht vnser pvrger.

Original auf Pergament. Das Siegel, an einem Pergamentriemen hangend, ist in rothes Wachs gedrückt, gross, ein Adler mit ausgebreiteten Flügeln.

Original im Schlosse zu Efferding.

O.-ö. Urkundenbuch, Bd. IV, S. 468.

2106 *1317, Februar 17.*

Durinch der Piber, Judenrichter zu Wien, bekennt als Zeuge, dass Cunrat, der Pfarrer von Hofstetten, der Hausfrau des Juden Simon in Wien einen gesiegelten Brief seines Herrn Weichhart von Rabenstein um 8 Mark Silbers versetzt hat.

Original auf Pergament, Siegel fehlt. Im ständischen Archive zu Wien.

O.-ö. Urkundenbuch, Bd. V, S. 182.

2107 *1323, März 6, Wien.*

Janns Perchtolds des Murren Sohn und dessen Hausfrau Kunegund verkaufen den hinteren Theil ihres Hauses in der Walchstrasse zu Wien, «daz da . . . stozzet an des hertzogen padstuben», an Albrecht den Prunner und seine Hausfrau Mechtild um 50 Pfund Wiener Pfennige.

Zeugen: Chunrat der Wienner, Chvnrat der aetzkeinstorfer, Chvnrat der Schober, Perchtolt der Mvrre, Vlreich der Zeiweter, Nichlas hern Weichardes aidem, Gotfrit hern Reinhartes svn, Perchtolt der Pogner, Heinreich mit dem Vaerlein, Stephan der Fischcholbe.

Original auf Pergament im Schlosse Gschwendt.

O.-ö. Urkundenbuch, Bd. V, S. 319.

2108 *1328, März 6, Wien.*

Abt und Convent des Schottenklosters zu Wien verkaufen zur Wiederherstellung ihres Klosters vier Pfund jährlichen Zins auf einem Hause in Wien an den Protonotar des Herzogs Albrecht, Magister Heinrich von Winterthur.

Original auf Pergament; Siegel beschädigt; grosse Rostflecke in der Urkunde. Schlossarchiv zu Efferding.

O.-ö. Urkundenbuch, Bd. V, S. 501.

2109 *1329, Januar 1, Wien.*

Janns der Chriech und Katharina, seine Hausfrau, verkaufen ihren Theil an der

Wiese, genannt die Chriechin und gelegen
zu Simaningen, an Cunrat Chunne den jungen, davon alle Jahre ein Dienst von 2 Pfennigen auf den St. Katharinenaltar in der Burg
zu Wien gereicht werden soll.

Siegler: Jans der Chriech und Katrei
sein hausvrowe, Eberhart schrannschreiber ze
Wienne.

Original auf Pergament zu Efferding.
O.-ö. Urkundenbuch, Bd. V, S. 528.

2110 *1337, Juni 24, Wien.*

Ulrich der Lassberger und seine Hausfrau Chunigunt geloben dem deutschen Hause
in Wien jährlich das Grundrecht von ihrem
Hause in der Schauflucken in Wien, zenaechst
hern Weycharts haus von Topel . . .» zu bezahlen.

Original auf Pergament im Archive des Deutschen
Ordens zu Wien.
O.-ö. Urkundenbuch, Bd. VI, S. 239.

2111 *1341, Juli 28, Wien.*

Herzog Albrecht bestätigt nach Inhalt
eines Briefes der jüdischen Meister den ge-
schehenen Verruf des zerbrochenen Siegels
seines Hofmeisters Ulrich von Pergau zu Wien,
Krems und Neustadt.

Original auf Pergament zu Gschwendt.
O.-ö. Urkundenbuch, Bd. VI, S. 385.

2112 *1341, September 29, Wien.*

Die Brüder von Weidingsau und Chunrat
der Preitenvelder verkaufen an Herrn Ulrich
von Pergau 11 Schillinge Geldes auf verschiedenen Häusern zu Wien. («. . . Sechs
schilling geltes ligent auf einer Pretzenbanch
an dem Liechtensteige ze Wienne, die weiln
vnd e des Chlainenweyndelins des Pekchen
gewesen ist . . . vnd sechzich phenninge
gelts auf des Salloters haus an dem alten
fleischmarchte, Viertzig phenninge geltes auf
des Posen Reymprechts hause an dem Har-
marchte vnd Viertzig phenninge geltes auf
des Chammer haus vor Cherner Tör.»)

Siegler: Obige und Weychart vnd Vlreich pei den Minneren Pruderen ze Wienne.

Original auf Pergament mit sechs Hängesiegeln
zu Gschwendt.
O.-ö. Urkundenbuch, Bd. VI, S. 393.

2113 *1342, November 30.*

Ulrich von Zierberg, Commentur des
deutschen Hauses in Wien, erlässt dem
Grafen Ludwig von Öttingen wegen erwie-
sener Gnaden den Grundzins von einem
Hause zu Wien, «daz zenaest im Leit auf
der Hochstrazz ze wienne, daz weilent Wern-
hers dez Schuester vnd darnach Ruedweins
dez Speismayster ist gewest».

Original auf Pergament, dessen Siegel verloren,
im Schlossarchive zu Freistadt.
O.-ö. Urkundenbuch, Bd. VI, S. 427.

2114 *1345, April 4.*

Confraternitätsbrief Albrechts von St. Florian, Pfarrers in Gmunden, mit dem Caplan
zu Maria Stiegen in Wien.

Archiv f. Kunde österr. Geschichtsqu., 1849, II. 266.
— O.-ö. Urkundenbuch, Bd. VI, S. 507.

2115 *1351, August 14, Wien.*

Heinrich der Neidecker und Dietrich
der Gustinch verkaufen an Herrn Ulrich von
Pergau das Haus auf der Hochstrasse zu
Wien an dem Augustiner-Friedhof. «. . . da
man von demselben vnserm haus dient alle
iar der chapellen vnser Vrowen in der purger
rathaus ze Wienne zwen vnd viertzich wienner phenninge ze gruntrecht . . . vmb zway
hundert phunt wienner phenninge . . .»

Siegler: Obige, ferner der Grundherr
Jacob der Polle und «her Weychart bei den
Minnern Prüdern ze Wienne, dann her Diet-
reich der Fluschart zu den zeiten purger-
maister ze Wienne, dann her Sighart der
Prunner».

Aus dem Original auf Pergament; Schloss
Gschwendt.
O.-ö. Urkundenbuch, Bd. VII, S. 260.

2116 *1352, December 6.*

Abt Gerlach und der Convent zu Lilienfeld versichern den von Herrn Stephan von
Slet mit einem Hause in der Schenkenstrasse
zu Wien, «an dem ek pey der Potendarffer
haus . . .» gestifteten Jahrtag «dez nahsten
tags nah sand Phylipps tag, als seines vaters
iartag hern Offen, dem Got genad, nah vnsers
ordens gewonhait mit gepet mit vigily mit

messe vnd mit einem tebych vnd mit vier
cherezen zu vigili vnd zu messe durch be-
svnder andacht . . .» begehen und dessen
Sohn, Herrn Offen, im Kloster begraben zu
wollen.

Siegler: Der Abt und Convent, sowie
«abt Chvnratz insigel von dem heyligen
chreucz».

Original zu Gschwendt auf Pergament mit drei
gut erhaltenen Siegeln.
O.-ö. Urkundenbuch, Bd. VII, S. 292.

2117 *1354, Februar 24, Wien.*

Ulrich der Polle und Anna, seine Hausfrau, verkaufen an Herrn Berthold von Pergau
das Haus in der Pipingstrasse zu Wien, «ze
nahst Otten haus des Haitzer des fleischhakcher . . . vmb sibentzich phunt wienner phenning.»

Siegler: Obige, dann «Janns bei den
Minnern bruedern, Orttolf mit der petzichen
und Stephanus der Polle».

Aus dem Originale zu Gschwendt auf Pergament.
Die Siegel abgefallen.
O.-ö. Urkundenbuch, Bd. VII, S. 351.

2118 *1356, März 12, Wien.*

Herzog Albrecht von Oesterreich gibt
dem Grafen Ulrich von Schaunberg das Haus
in der Walchstrasse zu Wien, «dass von
bischof Johannsen seligen von Kostens weilent vnserm chanzler an vns geuallen ist,
von sundern gnaden geben . . .»

Aus Strein's genealogischen Handschriften im
Schlüsselberger Archiv (einem Theil des o.-ö. Landes-
archives).
O.-ö. Urkundenbuch, Bd. VII. S. 441.

2119 *1361, Juli 6, Wien.*

Die Fleischhackerzeche zu Wien löst
durch ihre beiden Zechmeister «Nychlas den
Laagen in dem teuffen graben ze Wyenne
und Hainreich des Uedunchs sun saelig dem
erbern geystleichem herren brueder Symann
zu den zeiten hofmayster der erbern geyst-
leichen herren hous von Pawngartenperg gelegen an dem alten Fleischmercht ze Wyenn
ze nast hern Hainreichs hous von der Neyzze
die viertzig wyenner phenning gelts pürchrechts» und die Fleischhackerzeche.

Siegler: Michel der Chunraeuter und
Seyfrid der Amman.

Pergament mit zwei angehängten Siegeln.
O.-ö. Urkundenbuch, Bd. VIII, S. 36.

2120 *1362, Juni 3, Kremsmünster.*

Abt, Prior und Convent von Kremsmünster versprechen zum Danke für die Privilegienbestätigung die Abhaltung eines Jahrtages für das Seelenheil des Herzogs Rudolf
auf immerwährende Zeiten und die Abrei-
chung eines jährlichen Fischdienstes vom
Albersee «auf sand Michels tag» an das neu
zu gründende Domcapitel zu Wien, «aim
probst daselbs sechtzig dürrer und gederter
vorhen, und virtzig und hundert auch gederter vorhen den chorheren . . .»

Siegler: Abt Chunrad, prior Hainreich
und Convent.

O.-ö. Urkundenbuch, Bd. VIII, S. 84.

2121 *1362, December 6, St. Florian.*

Propst und Convent zu St. Florian ver-
binden sich, «jerleich dreyer tag von unser
frawentag der liechtmess dem probst und dem
capitel dy derselb unser herr der hertzog in
sand Steffans kirchen zu Wyenn stiften will
senden und dienen süllen auf unser aigne
chost und zerung viertzig phunt wachs, daraus
man machen schol chertzen, die dij egenanter
der probst und das capitel zu der schönhait
der selben hochtzeit unser frawn zu lob und
zu eren tragen sullen».

Siegler: Weygant probst ze sand Florian
und Fridreich der techent.

O.-ö. Urkundenbuch, Bd. VIII, S. 110.

2122 *1408, Juli 27, Wien.*

Herzog Leopold sucht seine Handlungs-
weise in den Augen der Freistädter zu rechtfertigen. Nach den freundlichen Taydingen
(Verhandlungen) zwischen ihm und seinem
Bruder Ernst habe er sich mit den Seinen
voll Vertrauen nach Wien verfügt. «In der
zeit ist aber solich suchung vnd Newung gen
vns gesucht warden», dass er und die Seini-
gen in grosse Sorge gefallen, es möchte ihm,
seinem Bruder und Vetter, dem ganzen Hause

Oesterreich und dem Lande grossen Schaden bringen, welches er mit gewissen Wahrzeichen, Briefen und Kundschaft wohl beweisen kann. Daher hat er in Folge grosser Klage und merklicher Artikel, welche die ›Wiener‹ Gemeine mit grossem Anrufen gethan hat, ›darzue geten vnd die Sach ettwas gewendet, daz der egenant vnser Bruder vnd vetter notdurfft ist vnd vns vnd jn zu Merkleichem fromen komen mag‹. Wenn aber die Sache den Freistädtern anders erzählt werden sollte, so mögen sie es nicht glauben.

Original-Papierurkunde. Siegel rückwärts aufgedrückt.

Der Brief hat wohl Bezug auf die ungerechtfertigte Hinrichtung des Wiener Bürgermeisters Vorlauf.

Freistadt in Oberösterreich. Wirmsberger, Regesten von Freistadt, S. 28.

2123 *1536, Mai 11, Linz.*

Holgesuch der drei Stände, Herren, Ritterschaft und von Städten des Erzherzogthums in Oesterreich ob der Enns: ›Vnns haben die Prelaten samentlich in diesem E. K. M. Fürstenthumb gebethen, Inen bey E. K. M. mit ersprieslicher Fürderung zustatten zukhummen, damit Sy fur annder Stenndt mit Neuen auflagen vnd sunderlich mit dem, das ler yeder ain järliche Pension von lrer Gotsheuser Einkhumen zu vnndterhaltung der Hohenschuel gen Wienn raichen sulle, nicht beschwert werden ... sein auch ganntz genaigt, Sy mit billicher Hilff vnnd Fürdrung nicht zuuerlassen, vnnd fürnemlich, als sich E. K. M. sonder zweifls gnedigist zu erinndern wissen, das hieuor die berurt hochschuel von der Maut zu Ybbß etlich hundert Jar statlich vnnd wol vnnderhalten worden, demnach gemelten Prelaten schwer ist, vber

solch vorgestift werckh die Hochschuel von lrem einkhumen zu underhalten.‹

Concept.

O.-ö. Landesarchiv, III, D. XIII, 1.

2124 *1702.*

Abbildung des Hacklbergerischen Freyhauses zu Wienn in der Dorothegassen ›Holzschnitt‹. Darunter geschrieben: ›Dieses hat Herrn Carl Frey- und Pannierherr von Häcklberg s. c. 1698 von Weyl. Herrn Sigmundt Helfrid Grafens von Dietrichstein Seel: nachgelassenen Erben ganz ruinirter erkaufft und von grundt aufferbauet. (Genealogische Nachricht von der vralten Freyherrl. Familia deren Herren von Häcklberg. Extrahirt und zusamb getragen von Johann Philipp Helm, Einer Löbl. N. Ö. Landtschafft Registrant. Anno 1702.)‹.

Folioband in Leder gebunden, mit Porträts und Abbildungen der Hacklberg'schen Besitzungen. 103 Blätter.

O.-ö. Landesarchiv. (Schlüsselberger Archiv, Bd. 65.)

2125 *1714, April 18, Linz.*

Die Stände von Oberösterreich bewilligen auf dem Landtage zu Linz am 18. April 1714 über Ansuchen der Regierung zum Baue der Karlskirche in Wien einen Beitrag von 6000 Gulden, der über weiteres Ansuchen im Jahre 1715 um 2000 Gulden vermehrt wurde.

O.-ö. Landesarchiv, II. III. 9.

2126 *1717, April 9, Linz.*

Die Stände von Oberösterreich bewilligen über Einladung des Hofkanzlers Grafen von Sinzendorf auf den Landtagen zu Linz am 9. April 1717 und am 12. December 1720 zum Baue des Hofkanzleigebäudes zu Wien einen Beitrag von 15.000 Gulden.

O.-ö. Landesarchiv, B. III. 9.

REGESTEN

AUS DEM

ARCHIVE DES BENEDICTINERSTIFTES ADMONT.

VON

Dr. JACOB WICHNER,
STIFTSARCHIVAR.

2127 *1299, October 20, Klosterneuburg.*

Propst Hadmar von Klosterneuburg beurkundet auf Grund eines Schiedsspruches durch Conrad und Heinrich von Praitenvelde, Conrad den Hubmeister und Wernhard Schiever in einem Streite zwischen Abt Engelbert von Admont und den Erben Dietrich des Swagers um den Besitz eines Weingartens «an dem Purchstal an dem Chalnperge», genannt der Jude, dass der Abt gegen Erlag von 12 Pfund Wiener Pfennigen als rechtmässiger Besitzer anzusehen sei.

Zeugen: Herr Hayme, Otte sein Bruder, Herr Ortolf von Heiligenstadt, Rudger und Otte von Heiligenstadt, Ulrich, Herrn Starchans Sohn, Philipp des Abtes Wirth «zu Wien».

Siegler: Propst Hadmar, Ulrich von Ritzendorf, Starchand von Stadlau und Isenrich von Neuburg.

Datum: Diser prief ist geben ze Niwenburch an dem achten tage nach sand Cholmannes tage, . . .

Original, Pergament. Mit vier gut erhaltenen Siegeln.

Wichner, Geschichte des Benedictinerstiftes Admont, III, 214—215.

2128 *1345, Juli 4, Wien.*

Friedrich der Goltslaher, Bürger zu Wien, bezeugt, dass er sich mit Abt Ulrich von Admont verglichen habe über Errichtung einer Schiedmauer zwischen seinem und des Stiftes Hause «ze Wienn bei den Schotten», welche an einander stossen und Grundrecht dienen dem Schottenkloster. Man soll eine Schnur nach einer Bleiwage von der Dachrinne des admontischen Hauses nach dem Eckstein der alten Schiedmauer herablassen und von hier in der Richtung gegen des Zelkinger Haus auch eine Schnur ziehen. Die neue Mauer soll jene Dimensionen erhalten «alz ze Wienn gewonlich ist vmb fridmaurn». In derselben seien zwei Wölbungen so anzubringen, dass der Zugang zum «privat» und zur Obstpresse möglich wird. Fenster und Dachtraufe dürfen nicht in des Nachbars Hof münden.

Siegler: Der Grundherr Abt Philipp zu den Schotten.

Datum: Daz ist geschehen vnd ist der brief geben ze Wienn . . . an sant Vlrichs tag.

Original, Pergament. Mit ziemlich gut erhaltenem Siegel.

Wichner, l. c. III, 287—288.

2129 *1347, Mai 25, Wien.*

Conrad der Halered, Bürger zu Wien, und seine Hausfrau Gertrud geben kund, dass ihnen Abt Ulrich von Admont einen Baumgarten verkauft habe, «der da leit in der Schotten awe bey Wyenn zenachst der Grafinne paumgarten an dem alten Vleischmarcht ze Wyenn» mit 80 Wiener Pfennig

den Schotten zinsbar. Nach Admont sei jährlich in drei Raten 1 Pfund ewigen Burgrechtes zu erlegen.

Siegler: Herr Benedict, Amtmann und
Pfleger bei den Schotten, und Ortolf Straicher,
Bürger zu Wien.

Datum: Diser brief ist geben ze Wyenn
... des nachsten freytages nach dem Phingst-
tage.

Original, Pergament. Mit zwei ziemlich gut erhaltenen Siegeln.
Wichner, l. c. III, 294—295.

2130 *1390, Juli 26.*

Abt Wilhelm von Admont gibt das stif-
tische Haus bei den Schotten zu Wien dem
Hanns Leitgeb gegen Jahreszins von 3 Pfund
Wiener Pfennigen in Bestand. Dieser soll
das Haus baulich innehalten, einen Brunnen
graben und Keller sammt Presse für den Bedarf des Abtes bereit halten.

Das Original ist im Jahre 1865 verbrannt. Regest
ohne weitere Angaben in den nachgelassenen Papieren
des Albert von Muchar.

2131 *1423, October 13, Admont.*

Abt Andreas und der Convent zu Admont beurkunden, dass sie dem Prior daselbst, Peter Turhaimer, erlaubt haben, den
Weingarten, genannt der Jude, am Kahlen-
berge zunächst des Pfarrers Weingarten,
dienstbar dem Propst zu Klosterneuburg
mit 2 Eimer Most Bergrecht und 4 Pfennigen Vogtrecht, welchen Weingarten Admont «von merklichen notturften» habe
verkaufen müssen, wieder zu erwerben. Der
Prior widmet denselben zur Oblei seines Klosters, und Abt und Convent versichern ihm
einen Jahrtag.

Siegler: Die Aussteller.

Datum: Der brief ist geben ze Admund
an sand Cholmans tag ...

Original, Pergament. Mit zwei gut erhaltenen
Siegeln.
Wichner, l. c. III, 429—430.

2132 *1434, October 11, Wien.*

Friedrich Flachs von Köln, Bürger zu
Wien, vergleicht sich mit Abt Andreas von

Admont über den Bau einer Schiedmauer und
Ableitung des Dachwassers beim stiftischen
Hause in Wien «gelegen zu den Schotten
an dem Mist». Flachs erlaubt dem Abte die
Führung des Regenwassers vom Stalle des
stiftischen Hofes in eine Rinne seines Hauses.
Die Erhaltung der Rinne geschieht auf Kosten beider Parteien, und würde die Mauer
«verruckt», müsste der Abt allfälligen Schaden gutmachen.

Siegler: Jörg der Acher und Hanns der
Prunner, beide Bürger zu Wien.

Datum: Geben zu Wienn am montag
vor sand Cholmans tag ...

Original, Pergament. Die Siegel beschädigt.
Wichner, l. c. III, 440—441.

2133 *1456, Juni 8.*

Hanns Aschpekch, Bürger zu Wien, und
seine Hausfrau Barbara reversiren, dass ihnen
Abt Andreas von Admont das Haus auf dem
Mist, gegenüber dem Schottenkloster, das
Stephan Reinprecht innegehabt habe, zu Leibgeding gegeben habe. Sie sollen das bau-
fällige Haus wieder in guten Stand setzen,
Dachung und Rinnen erneuern, Fussböden
legen, innerhalb sechs Jahren eine Stube und
Kammer bauen «mit ausladung vnd kreuz-
venstern», die Rauchfänge erheben und die
Stallungen wieder herstellen. Dafür geniessen
sie das Haus durch zwölf Jahre unverzinst;
später zahlen sie einen Jahreszins von 3 Pfund
Wiener Pfennigen. Sie verpflichten sich, den
Grundzins von 80 Pfennigen den Schotten zu
entrichten und dem Abte und seinen Leuten,
wenn selbe nach Wien kommen, Wohnung
und Stall bereit zu halten.

Siegler: Hans der Kamrer, Erhard der
Pötschendorfer, Bürger zu Wien.

Datum: Der (brief) ist geben am ertag
nagst vor Sand Veitstag ...

Original, Pergament. Mit zwei gut erhaltenen
Siegeln.

2134 *1534, Januar 2, Admont.*

Christof, Bischof von Laibach, Administrator des Stiftes Seckau, Commendator der
Abtei Admont und Statthalter der niederösterreichischen Lande, beurkundet, dass er

dem Ritter Philipp Breuner, n.-ö. Regierungs-
rathe, die Behausung zu Wien unverzinslich
verlassen habe. Doch soll Breuner 200 Pfund
Pfennige für die nothwendigen Bauten auslegen und bleibt im Genusse des Hauses, bis
ihm jene Summe rückgezahlt worden ist.

Siegler: Abt und Convent zu Admont.

Datum: Geben zu Admund am andern
tag Januarii . . .

Original, Pergament. Beide Siegel auf der Rückseite der Urkunde aufgedrückt; das des Abtes gut erhalten, das des Convents abgefallen.

2135 *1536, März 2, Admont.*

Abt Christof, Prior Amand und der
Convent zu Admont erlauben dem Philipp
Breuner, die Summe von 279 Pfund 6 Schilling 6 Pfennig, welche dieser für Bauten im
stiftischen Hause zu Wien ausgelegt hatte,
auf diesem Hause, jedoch unverzinslich zu
versichern. Breuner soll eine Stube und Kammer bauen, sonst aber ohne Vorwissen des
Stiftes keine Bauten vornehmen.

Siegler: Abt und Convent.

Datum: Geben zu Admundt am 2. Tag
Marcii nach Chrysti vnsers lieben Herrn vnd
Haillmachers gebuerde jm 1536ten jar.

Gleichzeitige Copie, Papier.

2136 *1572, April 24, Admont.*

Abt Lorenz, Prior Christof und der Convent zu Admont verkaufen mit Bewilligung
des Erzherzogs Carl dem Seifried Breuner,
Freiherrn zu Stübing, Fladnitz und Rabenstein, Reichshofrathe, das Haus zu Wien
gegenüber dem Schottenkloster, welchem es
mit 79 Pfennigen dienstbar war, und bestätigen den Empfang des Kaufschillings.[1]

Siegler: Die Aussteller.

Datum: Geben und beschechen jn vnserm
Gotshaus Admondt am Sand Georgen tag des
heiligen Ritters . . .

Gleichzeitige Copie, Papier.

[1] Dieser ist in der Urkunde nicht angegeben, betrug aber 3500 Gulden und einen Zelter zum Leihkauf.
Breuner verzichtete auf die auf dem Hause versicherten
Baugelder, weil er nie einen Zins nach Admont abgeführt hatte.

REGESTEN

AUS DEM

ARCHIVE DES BENEDICTINERSTIFTES GÖTTWEIG.

VON

P. ADALBERT FUCHS, O. S. B.
PROFESSOR DER THEOLOGIE.

2137 *Circa 1293.*

Göttweig verkauft zwei Lehen in Wezilstorf, welche es früher von Ortolf von Rammensteine gegen ein Gut in Pechsudel eingetauscht hatte, wogegen jedoch Conrad, Ortolfs Sohn, später deshalb Einsprache erhoben hatte, weil sein Vater den Tausch ohne seine Einwilligung vollzogen hätte, an den Wiener Bürger Siboto für 9 Talente, zu zahlen in jährlichen Raten von 2 Talenten, zu rechtem Eigen, «quod vulgo Purchrechte dicitur», unter der Contractsbedingung, dass Siboto für den Fall, dass Conrad von Rammensteine diese Lehen anspreche und zugesprochen erhalte, die bezahlten 9 Talente nicht zurückfordern dürfe.

Zeugen: Marschall Heinrich von Zaching, Albert von Lochlin, Conrad von Timendorf, Ortlib von Witigestorf, der Schiffsmann Rapoto von Stain, Arnold von St. Stephan, Ditmar von Wesendorf, Conrad und dessen Bruder Albert von Müer, Sighart von Radun, Eberger von Vurt.

Siegler: Der Aussteller.

Original, Pergament, lat. Mit Bildsiegel, das zur Hälfte abgebrochen ist.

Karlin, Göttweiger Saalbuch, Fontes rer. Austr. 2, VIII, p. 281, 282.

2138 *1276, Wien.*

Leopold, gewesener zweiter Richter zu Wien, und Lyeba, dessen Frau, entsagen allen Rechtsansprüchen auf einen Weingarten in Velegraben und dem derentwegen anhängig gemachten Processe gegen 6 Pfund Denare Wiener Münze, ausbezahlt vom Propste Nicolaus zu Klosterneuburg, welcher mit ihrer Einwilligung diesen Weingarten dem Notar Jacob als ewiges Besitzthum zu Bergrecht überträgt.

Zeugen: Der Knecht Heinrich von Gotteinsveld, der Knecht Hannlo von Tulna, der Knecht Dietrich von Chalnperge, Meister Conrad Landschreiber Oesterreichs, Paltram «ante cymiterium», Chuno, gewesener Münzmeister, Leupold auf der Hochstrasse, Dietrich auf der Hochstrasse, Sivrid, Laublo, Wilhalm Scherant, Pilgrim und Georius Chriglerii, Wernher der Spismeister, der Krämer Ernest, Leupold Pilhiltorfer, Leupold von Funfchyrichen, Conrad Urbetsch, Tyemo, Otto Snetzel, Fridrich von Chritzendorf, Ulrich von Chrytzendorf, Weigand, Wernhard Schyner, Fridrich Huetstoch, der Official Cholo, der Glaserer Walther, Heinrich von Ow, Albero von «sancto loco», Fridrich, Notar der Wiener Bürger.

Siegler: Die Stadt Wien.

Datum: ... acta sunt hec anno domini MCCLXXVI.

Original, Pergament, lat. Mit Siegel. Vgl. Melly, Beitr. z. Siegelk. d. Mittelalt., I, p. 59 und Taf. 2.

Karlin, Font. 2, VIII, 324, 325.

2139 *1298, Wien.*

Pilgrim, der Stadtrichter, und die Rathsherren von Wien billigen und bestätigen unter

Beifügung des Stadtsiegels, dass Sifrid, Sohn Leopolds in der Hochstrasse, gewesenen Bürgers in Wien, wegen vielfacher ihn zu sehr belastender Schulden und zur Behebung der Mittellosigkeit «quod vulgariter Ehaftnot dicitur», wie er durch das Zeugniss zweier glaubwürdiger Männer, nämlich des Otto, Otto Haimons Sohn, und des Conrad Hesnar, in ihrer Gegenwart klar bewies, sein in der Weihenburggasse gelegenes Haus dem Abt Heinrich von Göttweig um 140 Mark Silber Wiener Münze, die ganz bezahlt wurden, verkauft habe.

Siegler: Die Stadt Wien.

Datum Wienne anno domini MCCXCVIII.

Copie, lat., Codex Privilegiorum, f. 73.
Karlin, Font. 2, VIII, 348.

2140 *1315, März 26, Göttweig.*

Meister Jacob, Pfarrer zu den Rören in Wien, Bergmeister der Weingärten an dem Hord, bestätigt, dass Perhtold, Göttweiger Hofmeister in Wien, mit Zustimmung seiner Frau Alheit und seiner Erben seinen alten Weingarten an dem Hord an das Stift Göttweig zur Stiftung eines Jahrtages übergeben habe, so zwar, dass ihm bei seinen Lebzeiten jährlich eine Vigilie und Messe, nach seinem Ableben aber vier Stunden Vigilie und Messe gesungen werden sollen.

Zeugen: Ortolf von Altmansdorf, Niclo der Pehm, Dietrich von Haembürch, der Ulrich Weinel, der Herbort auf der Seul, Gotlob, der Stephan Poll, Wisent der rihter von Prunn, Chunrat der schaffer, Leutwein der chamrer, Englischalich und ander erber leut, den daz chund ist und gewizzen.

Siegler: Jacob, Pfarrer zu den Rören, und Perhtold.

Datum: Gebn ze Chotweig . . . des mitichns ze ostern.

Original, Pergament, deutsch. Mit zwei Siegeln, das erste ein Bild-, das zweite ein Wappensiegel.

2141 *1318, Juni 29, Klosterneuburg.*

Friedrich III. der Schöne, römischer König, gestattet den Bürgern der Stadt Hainburg, dass sie ihren Wein, den sie jährlich bauen, zu Wasser und zu Land in seine Lande einführen und verkaufen könnten, ausser in der Stadt Wien. Auch der Käufer ihres Weines geniesst dieselben benannten Rechte.

Datum: Der geben ist zu Neunburg an der zwelf pottentag sannt Petrus und sannt Paullus, . . .

Copie, Papier, deutsch, Manuscriptencabinet, Cod. 510 aus der zweiten Hälfte des 16. Jahrhunderts.

2142 *1327, Februar 7, Wien.*

Friedrich von Planchenstain, Pfarrer zu Petronell, verlässt mit Einwilligung seines Lehensherrn und Vogtes des Abtes Otto von Göttweig, gegen 21 Pfund Wiener Pfennige, die sofort bezahlt werden, dem Ulrich Ceiweter, Bürger zu Wien, und Getraud Jessen Frau seinen ganzen grossen und kleinen Zehent zu Feld und zu Dorf zu Zwichleinstorf bei Petronell vom Tage der Urkundenausstellung an auf zwei Jahre. Im Falle, dass sie jedoch der Zehente irgendwie beraubt würden, hat sie Friedrich schadlos zu halten. Dieser stellt sich sowie Conrad den Cholswartzen von Regelprunne und Hierssen den Strodler von Petronell ihnen hiefür als Bürgen und bestimmt, dass sie in dem Falle der Beraubung der Zehente diese so lange innehaben sollen, bis sie ganz schadlos gehalten sind.

Siegler: Abt Otto von Göttweig und Friedrich von Planchenstain.

Datum: Geben ze Wienne. . . . des nächsten samstages nach unser vrawen tage der liechtmesse.

Original, Pergament, deutsch. Mit zwei Bildsiegeln.

2143 *1327, April 23, Wien.*

Otto von Eslarn und Elzbet, dessen Frau, verkaufen dem Abte Otto und dem Convente zu Göttweig ihre Gülte von 10 Pfund Wiener Pfennigen Burgrechtes auf dem Hause «daz da leit an dem hochenmarcht ze Wienne hinder den smertischen enzwischen dem haus, daz weiln hern Hainreichs von Pechlarn gewesen ist, und dem haus, daz auch weiln vern Jeuten der Smaerbaïrinne gewesen ist», die ihnen in der Wiener Bürgerschranne zugesprochen wurde, und alles übrige Recht

35*

auf dasselbe im Einverständniss ihrer Grundfrau Olmeyn der Greiffinne bei unser vrawen
auf der Steten ze Wienne», der von diesem
Hause jährlich 12 Wiener Pfennige zu Georgi
zu Grundrecht zu dienen sind, um 30 Mark
Silber, die Mark zu 72 grossen böhmischen
Pfennigen, und halten für jede Besitzanfechtung gemäss der Bestimmungen über
das Burgrecht und derer des Wiener Stadtrechtes.

Zeugen: vrou Olmeyn die Greiffinne,
her Nichlas der Polle ze den zeiten purgermaister ze Wienne, her Nichlas von Eslarn.

Siegler: Otto von Eslarn, Olmeyn vidua
Griffonis, Nicolaus der Polle, Nicolaus von
Eslarn.

Datum: Geben ze Wienne. . . . an sant
Jörgen abent.

Original, Pergament, deutsch. Mit vier Wappensiegeln.

2144 1337, Februar 26, Wien.

Dietrich der ältere von Weizzenberch
und Dietrich dessen Sohn setzen dem Perchtold, des «schutzenmaisters» Sohn in Wien,
ihren Hof, gelegen in der Kirchberger Pfarre
bei Watenstein, sammt allem Zugehör, den
früher Perchtold der Chling und nun der
Schober inne hat, von welchem jährlich
10 Schilling Wiener Pfennige zu Michaeli
und 12 grosse Käse, je einer zu einem Werthe
von 16 Wiener Pfennigen, je vier zu Ostern,
Pfingsten und Weihnachten zu dienen sind,
für geliehene 20 Pfund Wiener Pfennige als
Ebenteuer von den kommenden Pfingsten an
auf zwei Jahre unter der Bedingung, dass
Perchtold auch den Dienst des Hofes erhält
und das Recht hat, einen Vogt auf demselben
zu bestellen, während sie selbst über den
Hof sammt den Holden kein Recht ausüben
dürfen. Sollten sie aber nach Ablauf dieser
Zeit den Hof nicht auslösen, so kann Perchtold den Hof verkaufen oder verpfänden und
hat im Falle, dass er mehr dafür erhält, als
sein Guthaben beträgt, den Ueberschuss an
sie abzugeben. Im Falle eines Schadens
halten sie mit ihrem ganzen Besitz.

Zeuge: Weichart von Topel, hofrihter
in Österreich.

Siegler: Dietrich der älter von Weizzenberch, Dietrich der jünger von Weizzenberch,
Weichart von Topel.

Datum: Geben ze Wienn. . . . des vreytags in der andern ganzen vastwochen.

Original, Pergament, deutsch. Mit drei Wappensiegeln.

2145 1335, September 21, Wien.

Wilhelm bei dem Prünne, Bürger zu
Wien, verpflichtet sich gegenüber dem Abte
Wulfing und dem Convente von Göttweig
betreffs der Gülte von 2 Pfund Burgrechtes,
die auf seinem Hause lasten, «daz da leit
ze Wienne hinden an dem alten Fleschmarcht
zunechst Weicharts haus des fleschacher auf
der hoch gen der Pastuben under den Haf-
neren uber, und daz weilnt Wolfleins des
Chelberspauchs sun gewesen ist», und die
diesen in der Bürgerschranne zu Wien für ihr
versessenes Burgrecht und die ihnen bei Gericht ertheilte Zwispilde zugesprochen wurde,
nach Verzichtleistung auf die Zwispilde seitens
Göttweig für sich und seine Rechtsnachfolger
alljährlich die 2 Pfund an den durch die
Bestimmungen über das Burgrecht festgesetzten Tagen und gemäss der Ansprüche, mit
welchen diese Gülte «von der Druchsetzinne»
herstammt, soweit sie verbrieft sind, zu dienen.

Siegler: Wilhalmus aput fontem.

Datum: Geben ze Wienne. . . . an sande
Matheus tage.

Original, Pergament, deutsch. Mit Wappensiegel.

2146 1336, März 10.

Leopold Ilsunch und Katharina, dessen
Frau, kaufen von Abt Wolfgang und dem
Convente zu Göttweig das Haus auf dem
Hohenmarkt zu Wien «hinder den smertischen zenachst Hainreichs haus von Pech-
laren», von welchem man jährlich Janns dem
Greifen zu Grundrecht, sowie dem Nonnenkloster zu St. Nicolaus 2 Pfund Pfennige zu
Burgrecht dient, um einen Kaufschilling von
80 Pfund Pfennigen, den sie sogleich bezahlen, und verpflichten sich für sich und
alle Rechtsnachfolger zu ewigem Burgrechte
4 Pfund Wiener Pfennige jährlich an drei
Terminen, wie sie in Wien üblich sind, näm-

lich zu Michaeli, zu Weihnachten und zu Georgi je 10 bis 11 Schilling Pfennige, nach Göttweig zu dienen.

Siegler: Leopold Ilsunch und Heinrich der Wurfel, Bürger zu Wien.

Datum: Geben . . . des sunetages ze mittervasten.

Original, Pergament, deutsch. Mit zwei Siegeln, von welchen das zweite abgefallen ist.

2147 *1347, Mai 22, Wien.*

Mert, Sohn Hermanns, des Enkels der Rudolfinne von St. Pölten, Bürger zu Wien, und Anna, dessen Frau, beurkunden, dass sie von Meinhard, Göttweiger Hofmeister in Wien, in Stellvertretung des Abtes Wolfgang von Göttweig bei der Bürgerschranne daselbst wegen ihres Hauses, das hinter dem Fleischmarkte zunächst dem Hause Weicharts des «Fleischhacher» liegt und einst ihrem Schwiegervater Wilhelm bei dem Prunne gehörte, ihnen aber jetzt nach dessen Ableben rechtlich zugefallen ist, auf 2 Pfund versessenes Burgrecht geklagt wurden, wobei Meinhard eine so hohe Zwispilde erlangte, als das Haus werth war. Diese erlässt ihnen jedoch der Abt Wolfgang unter der Bedingung, dass sie und ihre Rechtsnachfolger das Burgrecht alljährlich zu den bestimmten Terminen an den Hofmeister dienen; im Falle sie aber das Burgrecht nach Dienstag über acht Tage verwehren, soll ohne Vorladung und Klage alle vierzehn Tage die Zwispilde dazukommen, so lange bis es unmöglich ist, und dann vom Richter in Wien gemäss der Satzungen über das Burgrecht und derer des Wiener Stadtrechtes das Haus an Göttweig übergeben werden.

Zeuge: Herman der Rudolfinne enechel von sande Polten.

Siegler: Mert und Hermann, Enkel der Rudolfinne.

Datum: Gebn ze Wienne, . . . an dem autfert tage.

Original, Pergament, deutsch. Mit zwei Wappensiegeln.

2148 *1348, Mai 31, Klosterneuburg.*

Niclo, der Charelpekchen Eidam, Bürger zu Newnburg «chlosterhalben», und Elsbet,

dessen Ehegattin, verkaufen zu gesammter Hand und mit Einwilligung ihrer Grundherrschaft, des Klosters zu Pawngartenperig, dem Hainreich dem Ganzraben, Bürger zu Wien, und Marigreten, dessen Ehegattin, um 16 Pfund Wiener Pfennige eine Gülte von 2 Pfund Wiener Pfennigen zu Burgrecht auf dem Weingarten im Ausmasse eines Viertels, der im Wolfgraben zunächst dem Weingarten des Pyligrime liegt, und von dem an das vorbenannte Kloster drei Viertel zu Bergrecht und drei Hälblinge zu Vogtrecht zu dienen sind. Diese Gülte ist alljährlich zu Weihnachten, «an sand Jörigentage» und an «sand Merteinstage» je zu dem Tage 10 und 5 Schillinge, nach österreichischem Landrechte zu dienen. Im Falle der Nichteinhaltung des Zahlungstermines geht alle vierzehn Tage ohne Fürbot und Klage die Zwispilde darauf, so lange bis der Werth des Weingartens erreicht ist. Die Verkäufer haften für etwaige Rechtsansprüche und den daraus erwachsenden Schaden mit ihrem ganzen Vermögen. Die Gülte ist auch mit ihrer und ihrer Nachkommen Erlaubniss zu verkaufen.

Zeugen: Gündolt der Tutz zu den zeiten statrichter ze Newnbürkch, und Weigant under dem perig.

Siegler: Gündolt der Tutz siegelt, weil die genannte Grundherrschaft keinen Bergmeister zu Klosterneuburg hat, und Weigant unter dem Berg siegelt für Niclo, den Aussteller der Urkunde, da dieser kein eigenes Siegel hat.

Datum: Der prief ist geben ze Newnbürk, . . . achtag vor phingsten.

Copie, deutsch, Copialbuch der Karthause Aggsbach aus der Mitte des 15. Jahrhunderts, f. 135a u. b und 136a.

Dieses Copialbuch ist eine Papierhandschrift, die aber nicht mehr vollständig erhalten ist. Sie ist in Kleinquartformat, 21 Cm. in der Höhe und 15·5 Cm. in der Breite, abgefasst und besteht, soweit sie erhalten ist, aus je einem Vorsteckblatt zu Beginn und zum Schlusse, aus einem Septern und 15 Sexternen und einem losen Schlussblatte. In der Mitte eines jeden Sextern ist ein dünner Pergamentstreifen zum Schutze des Papiers eingeheftet. Die ganze Handschrift umfasst 188 Folien, wobei die Vorsteckblätter ohne Nummern erscheinen, von welchen die ersten 60 Folien und zum Schlusse 3 Folien, worauf das lose Follum 188 folgt, entweder ganz oder bis auf ein mehr oder minder grosses Stück abgerissen sind. Die Foliirung ist eine neue, darum lässt sich der ursprüngliche Umfang dieses Copialbuches nicht eruiren. Die ganze Handschrift enthält Copien von Urkunden, nur Folium 188 enthält Briefe. Das Linienschema bemcht durchwegs aus je einer mit jedem der vier Ränder parallel laufenden Linie. Die obere und untere Randlinie ist 30 Mm., die am äusseren Seitenrande 35 Mm. und die am inneren Seitenrande 30 Mm. vom Rande entfernt. Die Linien sind mit Tinte gezogen, die Handschrift ist die Urkundenminuskel aus der Mitte des 15. Jahrhunderts. Es wechseln Hand und Tinte. Den Beginn je einer Urkunde kennzeichnen fast immer eine in rother Tinte hergestellte Initiale, sowie eine gleichzeitige Überschrift in rother Tinte, die den Gegenstand der Urkunde kurz darlegt. Letztere erscheint auch öfter an den Aussenrand gerückt. Die Urkunden sind ohne Einhaltung der zeitlichen Aufeinanderfolge und ohne Einhaltung eines örtlichen Gesichtspunktes bei Abfassung des Copialbuches eingetragen, das Datum sammt dem formelhaften Schlusse oder das Datum allein sind hie und da weggelassen.

2149 *1350, März 28.*

Gundolt der Tucz, Amtmann des Klosters Baumgartenberg, beurkundet, dass Janns von Segenwerg, Bürger zu Wien, vor seinem Gerichte wegen einer Gülte von 2 Pfund, die auf einem Weingarten in dem Ausmasse eines Viertels in dem Wolfgraben zunächst dem Weingarten des Piligrime liegt, worüber Gundolt Bergmeister ist, auf Grund eines mit des Bergmeisters Siegel bestätigten Besitzbriefes in den drei aufeinanderfolgenden vierzehn Tagen klagte, wobei an den Geklagten das dreimalige Fürbot erging. Da im Gerichte die Berggenossen und Andere sich dahin aussprachen, er möge den Kläger wegen des versessenen Dienstes und der Zwispilden, da der Weingarten nicht höher im Werthe sei als diese zusammen, in Bezug auf diesen an die Gewär setzen, so macht er im Notteiding Janns von Segenwerg und Affram, dessen Ehegattin, des Weingartens gewaltig, wobei Elsbet, Witwe des Charelspeckchen, welcher der Weingarten gehörte und die die Gülte darauf verkauft hatte, ohne Nöthigung auf den Weingarten verzichtete.

Zenge: Görig der Chürsner aydem an dem Newsidel.

Siegler: Gundolt der Tucz und Georg der Chürsner Eidam.

Datum: Der brief ist geben, ... zu Ostern.

Copie, deutsch, Copialbuch der Karthause Aggbach, f. 136a u. b.

2150 *1358, Juli 27.*

Albrecht der Rampperstariler, Bürger zu Wien, und Kathrey, dessen Ehegattin, verkaufen zu gesammter Hand dem Wernhart dem Eysner zu Wien mit Zustimmung ihres Burgherrn Hainreich des Straiher, des Hofmeisters zu Dornbach, ihren Weingarten im Ausmasse eines halben Joches, gelegen «an dem Alsekke» neben dem Weingarten des Fridreich des Tekendarfler, von welchem in den Hof zu Dornbach 25 Wiener Pfennige jährlich zu Bergrecht und drei Hälbling zu Vogtrecht zu dienen sind, sammt allen Rechten und Nutzungen gemäss der Bestimmungen des Bergrechtes um 40 Pfund Wiener Pfennige, die sogleich bezahlt werden. Die Verkäufer haften dem Käufer mit ihrem ganzen Vermögen für allfällige Rechtsansprüche und den etwaigen dadurch entstehenden Schaden.

Zeugen: Albrecht der Rampperstariler, Hainreich der Straiher ze den zeiten hofmaister ze Dornpach, Chunrat der Schonnaiher, purger ze Wienne.

Siegler: Albrecht der Rampperstariler als Verkäufer, Heinrich der Straiher als Burgherr, Conrad der Schonnaiher.

Datum: Der brief ist geben, ... des nasten vreytags nach sand Jacobstage.

Copie, deutsch, Copialbuch der Karthause Aggbach, f. 109a u. b.

2151 *1360, April 24.*

Meister Herdegen der Pörchartzt zu Wien kauft von Abt Johann und dem Convent zu Göttweig eine Gülte von 24 Pfund Wiener Pfennigen, die alljährlich zu den Quatemberzeiten zu je 6 Pfund benannter Münze, und von zwei Mut Weizen, die jährlich am Gilgentag zu dienen sind, mit der Bedingung, dass letztere nach seinem Ableben von jeder Leistung der Gülte an Pfennigen und Weizen frei sein sollen mit Ausnahme jenes Betrages des nächsten Dienstes der Gülte an Pfennigen, welcher auf die von der letzten

Quatember bis zu seinem Ableben verstrichene Zeit kommt und gemäss seiner noch erfolgenden Verfügung zu dienen ist.

Zeuge: Eberhart, pharrer ze Haugtstorf.

Siegler: Meister Herdegen der Pürchartzt und Eberhard, Pfarrer zu Haugsdorf.

Datum: Gebn, ... an sand Jörigentag.

Original, Pergament, deutsch. Mit zwei Bildsiegeln.

2152 *1362, Januar 26, Wien.*

Janns und Herwort, die Brüder auf der Saëwl, letzterer noch minorenn, lassen sich gemäss der neuen Verordnung, welche Herzog Rudolf von Oesterreich in der Stadt Wien über die Grundrechtsablösung erliess, von Abt Ulrich und dem Convente zu Göttweig 32 Pfennige Grundrechtes, das sie auf dem Göttweiger Hause «in der Weichenpürch ze Wienne zenast der Lambërinne haus» stehen haben, um 1 Pfund und 16 Wiener Pfennige, die sogleich bezahlt werden, ablösen.

Zeuge: Janns von Tyrna, zü den zeiten pürgërmaister ze Wienne und hübmaister in Österreich und münczmaister ze Wienne.

Siegler: Janns auf der Saëwl und Janns von Tyrna.

Datum: Gebn ze Wienne, ... des nasten mitichens nach sand Paulstag, als er bechert warde.

Original, Pergament, deutsch. Mit zwei Wappensiegeln, wovon das zweite links theilweise abgebrochen ist.

2153 *1362, Februar 20.*

Ritter Gottfried von Sebekch und Haug «in der Schestrazzen» in Wien beurkunden als vom Herzoge Rudolf von Oesterreich und Leutold von Stadekk, dem Landmarschall von Oesterreich, abgesandte Verhörer der Parteien die Verhandlungen, welche wegen eines Processes über eine Insel und das Fischereirecht in der Donau zwischen dem Abte von Göttweig und den Bürgern von Krems stattfanden.

Siegler: Gottfried der Sebekch und Haug in der «Scheestrazz» zu Wien.

Datum: Geben ... an dem suntag, so mon singet exurge quare.

Original, Pergament, deutsch. Mit zwei Wappensiegeln.

2154 *1364, Februar 1, Wien.*

Janns Oesterreicher von den Chutten und Katherey, dessen Ehegattin, beurkunden, dass sie dem Thomann dem Rädler, ihrem Vetter, Bürger zu Wien, 56 Pfund Pfennige Wiener Münze schulden, die sie zu den nächsten Pfingsten bezahlen sollen. Im Falle der Nichtbezahlung der Schuldsumme am selben Tage verpflichten sie sich, die auflaufenden Unkosten sammt dem Hauptgute zu bezahlen, und setzen ihr ganzes Vermögen, das sie zu Böhmen, Mähren und Oesterreich besitzen, sei es Erb- oder fahrendes Gut, zum Pfande, von welchem der Richter, Verweser oder Amtmann diesem so viel als Pfand überweisen soll, bis das Hauptgut sammt Schaden gedeckt ist.

Zeuge: Chunrad der Ränzzenprukker, purger ze Wienn.

Siegler: Janns Oesterreicher von den Chutten und Chunrad der Ränzzenprukker.

Datum: Geben ze Wienn, ... an unser fraun abend der liechtmesse.

Copie, deutsch, Copialbuch der Karthause Aggsbach, f. 149a u. b.

2155 *1365, Juli 2, Wien.*

Heinrich der Schwab in der «Schefstrazz» zu Wien setzt mit Zustimmung seines Bergmeisters Jacob Strozzér, des Unterbergmeisters des Herzogs Rudolf von Oesterreich, dem Abte Ulrich und dem Convente von Göttweig für ein Drittel, das Letztere um 11 Pfund Wiener Pfennige an dem sogenannten Zehenthof zu Mühlbach erkauft hatten, seinen Weingarten, gelegen «in der Entgazzen ze Medlich zenast des pharrer weingarten von Lachsendorf», von welchem dem Herzoge 4 Wiener Pfennige zu Berg- und Vogtrecht zu dienen sind, als Ebenteuer mit folgenden Bestimmungen: es soll benannter Weingarten dem Stifte Göttweig für die 11 Pfund Pfennige, welche das Drittel des Zehenthofes zu Mühlbach kostete, und besonders für Elspet, Heinrichs noch nicht vogtbare Tochter, haften, bis letztere vogtbar wird und sich ihrer Rechte auf das Drittel des Zehenthofes begibt, wogegen dann wieder der Weingarten seiner Haftung ledig wird; sollte aber der Weingarten als Ebenteuer nicht ausreichen, so haftet Heinrich mit seinem ganzen Besitze dafür.

Zeugen: Petrein von Slodmich, amptman in der Schefstrazz ze Wienne der herzogin Kathrein ze Östereich.

Siegler: Heinrich der Schwab, Herzog Rudolf mit dem Bergrechtssiegel, Petrein von Slodmich.

Datum: Gebn ze Wyenn. . . . des nasten mitichens vor sand Ulreichs tag.

Original, Pergament, deutsch. Mit drei Wappensiegeln, jedes mit einem Secretsiegel am Revers. Alle theilweise abgebrochen.

2156 *1368, April 24, Wien.*

Conrad, Sohn Ortleins von Wisendorf, beurkundet, dass er seinen frei eigenen halben Hof zu Wisendorf mit 3 Joch Aeckern nächst dem Hofe des Holden Thomas des Malczchasten, der ihm zu einem Theil nach dem Ableben seiner Eltern zugefallen ist und zu zwei Theilen von ihm erkauft wurde, sammt allem Zugehör an die Kapelle zu unserer Frau in der Burg zu Wien zu Burgrecht gegeben und von Janns dem Chirchenchnoph, dem Caplan an der benannten Kapelle, zu Burgrecht empfangen habe mit der Bedingung, dass sowohl er als auch seine Erben von dieser gegen einen jährlichen Dienst von 15 Wiener Pfennigen zu Georgi diesen halben Hof zu Burgrecht erhalten sollen.

Zeugen: Rueger der Plüm und Wulfing der Raiderprunner.

Siegler: Conrad von Wisendorf, Rueger der Plüm, Wulfing der Raiderprunner.

Datum: Geben ze Wienn. . . . an sand Jorgen tage.

Original, Pergament, deutsch. Mit drei Wappensiegeln.

2157 *1369, September 14, Wien.*

Friedrich (von Furth), Hofmeister in dem Göttweigerhofe zu Wien, schenkt zu seiner und seines Brudes frommen Erinnerung im Gebete dem Abte und Convente von Göttweig seinen Weingarten im Ausmasse eines halben Joches, den er nach seinem verstorbenen Bruder Jorig dem Stayndal besitzt und der zu Klosterneuburg auf der Klosterseite

«an der Ern» zunächst dem Weingarten des Stiftes Lilienfeld liegt, bedingt sich jedoch aus, dass er und seine Frau bis zu ihrem Tode ihn als Leibgeding unverkürzt innehaben sollen; nach ihrem Ableben aber soll er mit allen Rechten und Lasten des Bergrechtes in den Besitz Göttweigs übergehen.

Zeugen: Jörig bei dem Tor, purger zu Neuburg, des Fridrich sweher, und Ulrich Güntzpurger, purger ze Wienne.

Siegler: Friedrich von Furth, als Aussteller der Urkunde; Jörig bei dem Tor, Ulrich der Güntzpurger.

Datum: Geben ze Wienne. . . . an des heiligen chreuztestag, als es erhöhet ward.

Original, Pergament, deutsch. Mit drei Wappensiegeln.

2158 *1369, September 29, Wien.*

Albrecht, Herzog von Oesterreich, bestimmt, dass kein ungarischer, wälscher oder überhaupt fremder Wein in die Stadt Wien eingeführt und dort verkauft werde. Im Falle der Uebertretung dieses Verbotes soll er ausgelassen oder in das Spital gebracht werden. Sollte aber der Richter oder der Rath solchen Wein zulassen und daraus Nutzen ziehen, so sollen sie dem Herzoge 30 Pfund und der Stadt 30 Pfund Wiener Pfennige zahlen. Wenn aber jemand den Wein für sein Haus verwenden wolle, so sollen ihm vier Uren gestattet sein.

Datum: Der brief ist geben zu Wien an sannt Michaelstag . . .

Copie, Papier, deutsch, Manuscriptenabdruck des Stiftes Göttweig. Cod. 510 aus der zweiten Hälfte des 16. Jahrhunderts.

2159 *1374, Juni 1, Wien.*

Hanns der Liechtenwynkehler übergibt für sich und seinen noch unmündigen Sohn Hanns seine Mühle in Wisendorf in dem «Weykchestorffer» Gericht an der Schmida mit drei Joch Aeckern sammt allem Zugehör der Kapelle in der Burg zu Wien und nimmt selbe für sich und seine Nachkommen von derselben zu freiem Burgrecht, zu einem jährlichen Dienste von 50 Wiener Pfennigen zu Georgi, so zwar, dass nach dessen vollständiger Entrichtung keine weiteren Auflagen, seien es Steuern, Giebigkeiten, Lehen, Fuhren oder Nachtfeld, von dem jeweiligen Caplan an der Burgkapelle gemacht werden dürfen, und mit der Bedingung, dass für den Fall des Verkaufes der Verkäufer einen Wiener Pfennig Abléite, der Käufer einen Wiener Pfennig Anléite zahlen soll. Hierauf verkauft er mit seines Burgherrn Janns des Chirichenchnophs, des Caplans der Kapelle an der Burg zu Wien, Einwilligung die Mühle sammt allem Zugehör dem Niclas dem Hopphér und Gertraud, dessen Frau, um 15 Pfund Wiener Pfennige und stellt sich sowie auch seinen Schwager Jacob den Vydorffer der Kapelle in der Burg, sowie auch dem Niclas dem Hopphér und dessen Frau Gertrauden dafür als Bürgen für jeden Rechtsanspruch und Schaden, bis sein Sohn Hanns der Liechtenwynkchler majorenn wird und selbst auf die verkauften Objecte und seine Rechte darauf Verzicht leistet.

Zeugen: Janns der Chirichenchnoph und Janns der Totzenpekch.

Siegler: Hanns der Liechtenwynkchler, Jacob der Vydorffer, Janns der Chirichenchnoph, Janns der Totzenpekch.

Datum: Geben ze Wienne. . . . an unsers herren gots leichnams tag.

Original, Pergament, deutsch. Mit vier Wappensiegeln; das dritte ist abgefallen.

2160 1376, Juli 19, Wien.

Schwester Margret, die Huinreichin, Oberin des St. Jacobsklosters «auf der Hülm» in Wien, und der Convent daselbst verkaufen Friedrich dem Zistel, Beschliesser der Herzoge von Oesterreich zu Klosterneuburg «chlosterhalben», und Elspet, seiner Frau, um 10 Pfund Wiener Pfennige ihre Gülte von 10 Schillingen Wiener Pfennige, die sie zu Burgrecht auf einem Weingarten im Ausmasse eines halben Joches, der früher der Ernestin bei der Donau gehörte, besitzen, und sind von nun an diese an die Käufer am St. Colomanstag zu dienen; im Falle etwaiger Besitzanfechtungen und eines Schadens übernehmen sie die Haftung auf ihr ganzes Klostergut.

Siegler: Schwester Margret, die Hainreichin, Oberin zu St. Jacob, und der Convent daselbst.

Datum: Geben ze Wienn. . . . des nasten sampstags nach der heyligen junchfroûn sand Margreten tag.

Original, Pergament, deutsch. Mit zwei Bildsiegeln.

2161 1384, April 27, Wien.

Niclas der Rot und Alhait, seine Gattin, zu Wien beurkunden, dass sie Jörig von Liechtenstein, Propsten «ze allerheyligen Tumkirichen dacz sand Stephan ze Wyenn», und dem jeweiligen Inhaber dieses Briefes 22 Pfund Wiener Pfennige für Wein zu bezahlen haben, 11 Pfund am St. Gilgentag und 11 Pfund am St. Michelstag. Sollte aber durch die Nichtbezahlung je einer Summe Letzterem ein Schaden, sei es bei Christen, sei es bei Juden, erwachsen, so verpflichten sie sich für sich und ihre Nachkommen sowohl das Hauptgut als auch den Schaden von ihrem Vermögen, bestehe es nun aus Erbgütern oder aus fahrender Habe, ohne Klage in Wiener Pfennigen zu bezahlen, auch versprechen sie gegen diesen Rechtstitel weder Schwierigkeiten, noch einen Freibrief oder eine Freiung geltend zu machen.

Zeugen und Siegler: Rueger der Münich und Hainrich der Apoteker, paid purger ze Wyenn.

Datum: Geben ze Wienn. . . . des nechsten mitichens nach sand Jorigentag.

Copie, deutsch, Copialbuch der Karthause Aggsbach, f. 70b u. 71a.

2162 1385, November 15.

Elsbeth, die Freiin zu Medlichk, beurkundet, dass sie dem Hannsen, Gesell zu Medlichk, 4 Pfund Wiener Pfennige, die zu den kommenden Weihnachten übers Jahr bezahlt werden sollen, schulde und für den Fall, als sie die Zahlung am festgesetzten Termine nicht leistet, auch die Unkosten trage und für das Hauptgeld und alle auflaufenden Unkosten mit ihrem Vermögen hafte, und der Landesfürst von Oesterreich oder sein Anwalt dem Gläubiger ohne alles

36

Fürbot und ohne Klage das verlangte Pfand überantworten soll, damit er davon bezahlt werde.

Zeugen und Siegler: Petrein zu den zeiten official ze Wyenn, Petrein der Raydlein ze Medlikch.

Datum: Der brief ist geben ... des mitichens nach sand Merteinstag.

Copie. deutsch, Copialbuch der Karthause Aggsbach, f. 122a u. b.

2163 1386, December 28, Gaming.

Bruder Chunrad, Prior zu Seytz, derzeit ‹Weyser› des Karthäuserordens, beurkundet, dass Friedreich von Hag, derzeit Caplan des ‹Gotsleichnamsaltars› zu Wien, ihn bat, ihm sowohl selbst zu erlauben, als auch von dem Ordensoberen die Erlaubniss zu erwirken, dass er ‹pey dem gotteshaus unser fraun partn ze Achspach› bleiben dürfe, wogegen er versprach, all sein Vermögen nach seinem Tode nur der Karthause zu Aggsbach zu vermachen, und dass er dessen Bitte auch entsprochen habe.

Zeugen: Prueder Lienhart prior ze Gemnik, Albrecht prior zu Prag.

Siegler: Chunrad, Prior zu Seytz; Lienhart, Prior zu Gaming; Albrecht, Prior zu Prag.

Datum: Gebn ze Gemnik in aller chindlein tag.

Copie. deutsch, Copialbuch der Karthause Aggsbach, f. 63a u. b.

2164 1387, August 22, Wien.

Leopold der Metsackch und Ulrich der Ekkprecht, beide Rathsherren von Wien, entscheiden als Abgeordnete des Rathes eine Beschwerde des Göttweiger Hofmeisters Friedrich gegen Wilhelm den Gürtler bezüglich eines Abtrittes, den dieser an der zwischen dem Göttweigerhofe in der Weihenburggasse und dem des letzteren angrenzenden Hause befindlichen Mauer über einem freistehenden Aborte, aus dem manchmal der Unflath durch die Mauer dringt, errichtet hat, von welchem der Gestank sich in alle Gemächer des Göttweigerhofes verbreitet, nach aufgenommenem Augenschein dahin, dass Wilhelm der Gürtler den zweiten Abort unverzüglich abtragen und

bei dem schon von früher bestehenden Sorge tragen müsse, dass der Unflath fürder nicht mehr durch die Mauer dringe.

Siegler: Leopold der Metsackch, Ulrich der Ekkprecht.

Datum: Geben ze Wienn ... des nachsten phinztings vor sand Bertelmestage.

Original, Pergament, deutsch. Mit zwei Wappensiegeln, das zweite mit einem Secretsiegel auf dem Revers.

2165 1391, Januar 17.

Agnes, Englharts des Grüber Frau, verkauft mit Willen ihres ersten Ehemannes Heinrich von Dürrenpach und mit Einwilligung Michels des Gewkramer, Bürgermeisters zu Wien, und des Rathes der Stadt Wien ihr Leibgeding und alle Rechte auf das vordere und hintere Haus sammt allem Zugehör, das auf dem alten Fleischmarkt zu Wien, ‹zunächst Rügern dem Münich› gelegen ist und dem Deutschhause 14 Schillinge Wiener Pfennige zu Burgrecht als einen Dienst, der jedoch ablösbar ist, dient, und das ihr ihr verstorbener Gatte als Leibgeding durch eine hinterlassene Urkunde geschaffen hat mit der Bedingung, dass das Haus nach ihrem Tode an die Karthause zu Aggsbach fallen müsse, um anderthalb hundert Pfund Wiener Pfennige dem Bruder Hanns, Prior der benannten Karthause, und dem Convent, welcher Kaufschilling sofort bezahlt wird. Sie übergibt das Haus, das vordere und hintere, mit dem Zugehör dem Käufer und stellt sich im Falle eines Rechtsanspruches selbem zur Gewär und haftet mit ihrem und ihrer Erben ganzem Vermögen für den etwa daraus entstehenden Schaden.

Zeugen: Die stat zu Wienn, Engelhart der Grüber, Petrein der Herrocher, Bernhart der Herrocher, der chnecht Henslein der Frawndartfer.

Siegler: Die Stadt Wien mit ihrem Grundsiegel, Engelhart der Grüber ihr Ehemann, Petrein der Herrocher ihr Vetter, der Knecht Henslein der Frawndartfer siegeln für Agnes die Grübin.

Datum: Geben ... an sand Antonii tag.

Copie. deutsch, Copialbuch der Karthause Aggsbach, f. 80a u. b und 81a.

2166 *1392, Juli 22.*

Hanns von Meyssaw, oberster Schenk in Oesterreich, beurkundet, dass sein seliger Vater, er und sein Bruder dem Karthäuserkloster zu Aggsbach einen Weingarten, gelegen in der Peunt zu Aggstein, auf welchem die Kapelle in seiner Veste zu Wolfstain eine Gülte von einem Dreiling Wein hatte, zu vollständigem Eigen und Nutzen gegeben habe.

Zeugen: Lyenhart Schawr, pharrer ze Albrechtsperig, die zeit officiall zu Wienn, und der chnechte Ott Waser, diezeit burggraf ze Wolfstain.

Siegler: Hanns von Meyssaw; Lyenhart Schawr, Pfarrer von Albrechtsberg und Official zu Wien, und der Knecht Otto Waser, Burggraf zu Wolfstein.

Datum: Der prief ist gegeben ... an sand Maria Magdalen tage.

Copie, deutsch, Copialbuch der Karthause Aggsbach, f. 69 a u. b.

2167 *1393, April 15, Wien.*

Bruder Hanns, Prior der Karthause zu Aggsbach, und der Convent daselbst setzen der Schwester Elzbet der Ernfelserinn, Aebtissin des Nonnenklosters zu St. Nicolaus vor dem Stubenthor zu Wien, und ihrem Convent für 100 Pfund Wiener Pfennige, die ihnen selbe geliehen hatten, mit Handen des Michel des Gewchramer, Bürgermeister und Münzmeister, und des Rathes zu Wien ihr Haus auf dem alten Fleischmarkte zu Wien, das auf der einen Seite an das Haus des Fülczyan, auf der anderen Seite an das des Phanczagels stösst, als Pfand mit der Bedingung, dass letztere selbes von dem kommenden St. Michelstage an durch die nächsten vier Jahre zur Benützung innehaben sollen, sowie sie es schon das vergangene Jahr, 1392, innehatten. Dafür hätten sie jährlich 9 Pfund Wiener Pfennige als Hofzins zu zahlen, welche von den 100 Pfund abgezogen werden sollen. Die bleibenden 64 Pfund Wiener Pfennige sollen nach Ablauf der vier Jahre bezahlt werden, wenn sie zurückgefordert werden; im Falle, dass dies nicht geschieht, verfällt dem Nonnenkloster zu St. Nicolaus das Haus

insoferne, als sie oder der Inhaber dieses Briefes davon ihre Schuldsumme eintreiben können, sammt allen Unkosten, sei es bei Christen, sei es bei Juden. Zudem haften die Schuldner für den Fall, dass die Schuld daraus nicht gedeckt werden sollte, mit dem ganzen Vermögen der Karthause zu Aggsbach gemäss des Pfand-, Burg- und Stadtrechtes zu Wien. Im Falle die Schuldner das Haus innerhalb der vier Jahre zu verkaufen beabsichtigen, sollen sie dies dem Nonnenkloster zu St. Nicolaus anzeigen.

Zeugen: Ulrich der Czinkke zu den zeiten huebmayster in Oesterreich.

Siegler: Das Karthäuserkloster zu Aggsbach, die Stadt Wien mit dem Grundsiegel und Ulrich der Czinkke, Hubmeister in Oesterreich.

Datum: Geben ze Wyenn des nachsten eritags nach quasi modo geniti.

Copie, deutsch, Copialbuch der Karthause Aggsbach, f. 89 b und 90 a u. b.

2168 *[Nach 1393, April 15.]*

Bruder Hanns, Prior der Karthause Aggsbach, und der Convent daselbst beurkunden, dass sie Hanns dem Zynkken alle ihre Forderungen und Ansprüche auf ein hinteres Haus am alten Fleischmarkte, das der Hainrich von Dürenpach ihnen übergeben hat, mittelst eines hinterlassenen Geschäftsbriefes, und das Ulrich der Zynkk, des Hanns Vater, verkauft hatte, gegen Zahlung von 32 Pfund Wiener Pfennigen, die sofort beglichen wurden, nachgelassen haben. Auch stellen sie sich diesem zur Gewär für allfällige Rechtsansprüche.

Copie, deutsch, Copialbuch der Karthause Aggsbach, f. 171 a.

Die Copie entbehrt des Datums, das mit dem formelhaften Schluss der Urkunde zugleich weggelassen erscheint. Jedoch fällt die Zeit der Ausstellung wohl nach 1393, April 15, da am selben Tage noch Ulrich der Zynkk, der Vater des Ausstellers unserer Urkunde, selbst Beurkundungszeuge ist.

2169 *1395, Februar 3, Wien.*

Herzog Albrecht von Oesterreich gibt dem Prior der Karthause zu Aggsbach bekannt, dass er dem Bischof Georg von Passau zur Erleichterung dessen finanzieller Lage

36*

eine Steuer vom ganzen Clerus und allen Klöstern seines Bisthumes einzuheben erlaubt habe, wovon 20 Pfund Pfennige auf die Karthause zu Aggsbach entfallen, welche der Prior ohne Verzug friedlich zu Wien bis zu den kommenden Mitterfasten erlegen soll.

Datum: Geben ze Wienn an sand Blasientag anno 1395.

Copie, deutsch, Copialbuch der Karthause Aggsbach, f. 188a.

2170 *1397, October 7, Wien.*

Bruder Hanns, Prior der Karthause zu Aggsbach, und der Convent beurkunden, dass sie der Schwester Kathrein Öderinn, Aebtissin, und dem Convente des Frauenklosters zu St. Nicolaus vor dem Stubenthore zu Wien 58 Pfund Wiener Pfennige schulden. Sie vermietheten ihnen darum ihr Haus, das auf dem alten Fleischmarkte zu Wien auf der einen Seite zunächst dem Hause des Völtzian, auf der anderen Seite zunächst dem des Phanczagel liegt, von dem kommenden St. Michelstage an auf zwei Jahre für 14 Pfund Wiener Pfennige, welche von der Schuldsumme abgezogen werden sollen. Die restirende Schuld von 30 Pfund Wiener Pfennigen soll nach diesen zwei Jahren ohne Verzug bezahlt werden. Die Nonnen von St. Nicolaus sollen alle Nutzungen von dem Hause während dieser Zeit haben, aber die Besitzer an dem Verkaufe des Hauses während der Miethzeit nicht hindern, in diesem Falle aber den noch nicht versessenen Zins mit den 30 Pfund nach den zwei Jahren erhalten; im Falle aber, dass sie selbst ein Haus kauften, sollen sie des Miethvertrages ledig sein und den noch nicht versessenen Zins erhalten. Sollten sie aber in diesem Falle die 30 Pfund Wiener Pfennige und den versessenen Zins an dem festgesetzten Termine, nämlich dem kommenden St. Michelstage über ein Jahr, nicht erhalten, so verpflichtet sich die Karthause Aggsbach, für die bezeichnete Summe sammt allen auflaufenden Unkosten mit dem ganzen liegenden und fahrenden Vermögen zu haften und Alles zu begleichen. Der Landesfürst soll den Gläubigern ohne Fürbot und Klage, ohne geistliches und weltliches Gericht das ge-

wünschte Pfand überantworten, wenn sie aber die bestimmte Frist ihre Schuld nicht länger anstehen lassen wollen.

Zeugen: Niclas der Weispacher, dieweil des hochgebornen fürsten herzog Albrechts ze Oesterreich etc. amptmann.

Siegler: Prior von Aggsbach mit dem Conventsiegel und Nicolaus der Weispacher.

Datum: Der brief ist geben ze Wienn des suntags vor sand Cholmanstag.

Copie, deutsch, Copialbuch der Karthause Aggsbach, f. 119a u. b.

2171 *1399, März 2, Wien.*

Herzog Albrecht von Oesterreich fordert den Prior der Karthause zu Aggsbach brieflich auf, ohne Verzug nach Erhalt seines Briefes nach Wien zu kommen, da er seiner wohl bedürfe.

Siegler: Herzog Albrecht mit seinem Secretsiegel.

Copie, deutsch, Copialbuch der Karthause Aggsbach, f. 188a.

2172 *1400, März 17.*

Bruder Johannes, Prior der Karthause zu Aggsbach, und der Convent gewähren dem Petreyn dem Chramer, Bürger zu Wien, und Barbara, dessen Frau, ihr auf dem alten Fleischmarkte zu Wien gelegenes Haus, mit Ausnahme einer Kammer und eines Stalles, den sie sich vorbehalten, auf Lebensdauer zu rechtem Leibgedinge gegen jährliche Zahlung von 14 Pfund Wiener Pfennigen, welche zur Hälfte an St. Joergentag, zur Hälfte an St. Michelstag ohne Verzug zu bezahlen sind. Letztere übernehmen zugleich die Verpflichtung, das Haus in gutem Bauzustande zu erhalten. Nach ihrer beider Ableben hat dasselbe an die Karthause vollends zurückzufallen. Sollte aber an dem Hause ein Bau nothwendig werden durch Niedergang einer Mauer oder eines Gewölbes, so haben die beiden dem Prior darüber die Anzeige zu erstatten, nach seinem Willen den Neubau aufzuführen, wobei sie sich die Baukosten von dem jährlichen Zins abziehen können. Sollten sie aber beide oder eines nach dem Ableben des anderen das Haus nicht in rechtem, gutem «mitternpau» erhalten, so sollen sie, wenn sie von dem Kloster gerichtlich belangt würden, alles erstatten, und es soll ausserdem im Falle des Versäumnisses das Haus mit dem Verluste des Leibgedinges und ihrer daran besessenen Rechte an das Kloster fallen.

Siegler: Der Prior Johannes der Karthause zu Aggsbach mit dem Conventsiegel.

Datum: Der geben ist ... des mitichens in der anderen vastwochen.

Copie, deutsch, Copialbuch der Karthause Aggsbach, f. 116a u. b.

2173 *1403, März 30.*

Abt Peter und der Convent von Göttweig beurkunden, dass sie dem Pangretzen dem Hedersdorffer, ihrem Hofmeister auf ihrem Hause zu Wien, und Elspeten, dessen Ehegattin, 70 Pfund Wiener Pfennige, die ihnen selbe geliehen haben, schulden, welche von dem Tage der Ausstellung dieses Schuldbriefes über ein Jahr bezahlt werden sollen. Sie verpflichten sich, den Gläubiger als Hofmeister auf ihrem Hause zu behalten und in dem Falle, als sie ihn nicht behalten wollten, ihm drei Monate vorher zu kündigen und in dieser Kündigungsfrist die Schuld zu begleichen. Sollte dies nicht geschehen, so haften sie für alle auflaufenden Unkosten und den Schaden mit des Klosters ganzem Vermögen, und es soll ihnen der Landesfürst ohne Fürbot und Klage und ohne weltliches und geistliches Gericht das verlangte Pfand zur Deckung der Forderung überantworten.

Siegler: Abt Peter und der Convent von Göttweig.

Datum: Der geben ist ... des nechsten freytags nach mittervasten.

Original, Pergament, deutsch. Die beiden anhangenden Siegel sind abgefallen.

2174 *1404, Februar 17.*

Stephan Fucher und Christian Glinzz von Stiefern und ihre Frauen versetzen mit Erlaubniss ihres Burgherrn, des Peter Peltlein, Amtmann der Karthause zu Aggsbach zu Stiefern, dem Thomas, Caplan des Augustinusaltares in der Jacobskirchen zu Wien, und seinen Erben für 27 Pfund Wiener Pfennige, die sie ihm für zwei am St. Martinstage ohne Verzug zu entrichtende Fässer Wein schulden, zu grösserer Sicherheit, ihre zwei Weingärten, die ihr freies Eigen sind, wovon einer der Weydner heisst und in dem Tücrhartsperig zu Stiefern zunächst dem Weingarten, den man den Dürrenpekchen nennt, gelegen ist, und von dem man jährlich einen Eimer Most zu Bergrecht dient. Ausserdem stellen sie Andreas «enhalb des Kamps» und alle seine Erben als Bürgen. Sollten sie dem Thomas und seinen Erben am festgesetzten Tage die bestimmte Summe nicht bezahlen, so soll das Hauptgeld sammt den Unkosten, die durch Nachreisen, Botschaften, Zehrung, sei es bei Christen, sei es bei Juden, oder durch den Anwalt aufgelaufen sind, ohne Fürbot, Klage und Gericht von den versetzten Weingärten und von den Bürgen, sowie von all' ihrem und ihrer Erben beweglichem und unbeweglichem Vermögen hereingebracht werden, wobei sie versprechen, ihm weder Schwierigkeiten zu bereiten noch einen Freibrief, Todtbrief, Gegenbrief oder einen anderen Brief dawider auszustellen. Der Inhaber dieses dem Caplane Thomas ausgestellten Briefes soll dessen volle Rechte erhalten.

Zeugen: Pernhart von der Erlaf, die zeit richter ze Lewbs und Hanns Lewtwein auch richter daselbs ze Lewbs in dem obern aigen.

Siegler: Pernhart von der Erlaf und Hanns Leuwtwein siegeln für Stephan Fucher, Christian den Glinzzen, Andreas «enhalb des Kamps» und Peter Peltlein.

Datum XIIII° quarto des suntags in der ersten vastwochen.

Copie, Copialbuch der Karthause Aggsbach, f. 64b und 65a und b.

2175 *1407, December 13, Wien.*

Bruder Johannes, Prior «ze unser fraun porten ze Achspach des ordens von Karthus» und der Convent verkaufen mit Einwilligung ihres Burgherrn Nyclas des Weispacher, des Verwalters der Güter des Hofes zu Dornbach, anstatt Hawnolts, des Sohnes Hawnolts des

Schuchler, den dieser mit Leib und Gut
innehat, dem Dyetreich dem Etzenfelder, Bürger zu Wien, und dessen Ehegattin Margreten den der Karthause zu Aggsbach gehörigen Weingarten, gelegen «an dem obern
Alseckk» in dem Ausmasse eines halben Joches, zunächst dem Weingarten des Rampperstorffer, von welchem in den Hof zu Dornbach 25 Wiener Pfennige zu Bergrecht und
drei Hälblinge zu Vogtrecht zu dienen sind,
mit allen Rechten und Nutzungen, wie es
das Bergrecht festsetzt, um 14 Pfund Wiener
Pfennige, und stellen sich und ihres Klosters
Eigenthum als Pfand für alle Rechtsansprüche
und den daraus erwachsenden Schaden.

Zeugen: Nyclas der Weispacher.

Siegler: Prior Johannes mit dem Conventsiegel und Nicolaus der Weispacher.

Datum: Der brief ist geben zu Wienn
... an sand Luczeyntag der heiligen junch-
fraun.

Copie, deutsch, Copialbuch der Karthause Aggsbach, f. 109b und 110a u. b.

2176 1409, December 7.

Hanns Hager, Jörig Hekkinger und Haidl
Rawber beurkunden, dass Otto von Meissaw,
oberster Marschall und Schenk in Oesterreich,
ihnen und dem Paul von Spitz, seinem
Schaffer, den Hof, genannt «Weingartenhoff»,
in der Erburger Pfarre, sammt der vor demselben «gelegen Hofstat», 5 Schilling Pfennigen darauf, Baumgärten, Wiesmaten, Aeckern
und allem Zugehör, verliehen hat, und dass
sie ihr «Drittail» an diesen benannten Ob-
jecten dem Paul von Spitz um 75 Pfund
Wiener Pfennige, die gänzlich rechtzeitig bezahlt wurden, verkauft haben, und stellen
sich jeder ihm zur Gewär nach Kaufs-,
Lehen- und Landrecht in Oesterreich mit
ihrem Besitze zu einem Drittel für etwaige
Rechtsansprüche an die verkauften Objecte
und den daraus etwa erwachsenden Schaden.

Siegler: Otto von Meissaw, Hanns Hager, Jörig Hekkinger, Haidl Rawber.

Datum: Geben ... an sambstag nach
sund Niclastag.

Copie, deutsch, Copialbuch der Karthause Aggsbach, f. 168a u. b.

2177 1410, September 26.

Albrecht der Sweinbarter kauft von dem
Abte Petrein und dem Convente zu Göttweig
um eine gewisse Summe, die sofort bezahlt
wird, ihren freieigenen grossen Getreidezehent, ob zu Feld, ob zu Dorf, ob gestiftet
oder ungestiftet, zu Hainfeld für Lebenszeit
als Leibgeding, wobei das Kloster sich mit
seinem ganzen Vermögen als Bürgen stellt
für Rechtsansprüche und den daraus etwa
erwachsenden Schaden. Nach dem Tode des
Käufers hat der Zehent ohneweiters an die
Verkäufer zurückzufallen.

Zeugen: Der edel Wolfhart der Innprukker diezeit der hochgeporn fursten der
herzogen in Oesterreich etc. anbalt in dem
rat der stat ze Wienn.

Siegler: Albrecht der Sweinbarter und
Wolfhart der Innprukker.

Datum: Der brief ist geben ... am
nagsten freytag nach sand Matheustag.

Original, Pergament, deutsch. Mit zwei anhangenden Siegeln, von denen beim ersten das Siegelbild
ausgebrochen ist.

2178 1426, Juli 8, Wien.

Hanns der Zynkch und Wenczlab Newn-
huver, Kellermeister in Oesterreich, bestätigen
dem Abte von Göttweig die Bezahlung von
fünfthalbhundert Gulden Steuer, welche der
Herzug Albrecht auf den Clerus, die Städte
und Märkte ausgeschrieben hat.

Datum: Geben zu Wien an mantag nach
sand Ulreichstag anno dumini MCCCCXXVI.

Original, Papier, deutsch.

2179 1434, Mart 12, Wien.

Herzug Albrecht von Oesterreich bestätigt, dass er vom Abte von Göttweig das
schuldige, nach Wien in seinen Kasten ein-
zuliefernde Vogtfutter von Weihnachten 1430
bis Weihnachten 1434 erhalten habe, laut
Ausweis des Amtsregisters.

Datum: Geben ze Wienn sand Gregorien-
tag MCCCCXXXIIII.

Original, Pergament, deutsch. Ohne Siegel.

2180 1437, Februar 17.

Michel Riennolt, Bürger zu Klosterneuburg und des Herzogs Albrecht von Oester-

reich Beschliesser und Amtmann, beurkundet, dass Ulrich der Strobl, Bürger zu Klosterneuburg, vor seinem Gerichte in Vertretung des zu Wien sesshaften Wilhelm Geberstorffer auf die Uebertheuerung zweier dem Jacob dem Gebhart gehöriger, bei der Donau gelegener Häuser geklagt hat.

Zeugen: Hanns der Klinger, Bürger zu Klosterneuburg als Gerichtsbeisitzer.

Siegler: Michel Riennolt und Hanns der Klinger.

Datum: Gebn 1437 an suntag vor sand Matheustag des heiligen zwelifpotn.

Original, Pergament, deutsch. Mit zwei Siegeln, wovon das erste im Siegelbilde sehr stark, das zweite, ein Wappensiegel, theilweise beschädigt ist.

2181 *1438, März 7, Stein.*

Kathrey, Christans des Wissinger, Bürgers zu Wien, Ehegattin, beurkundet, dass sie nach dem Ableben ihres Ehegatten Lucas des Newnburger, Göttweiger Stiftshofmeisters zu Stein, sammt ihren von diesem stammenden Kindern von des von diesem und ihr innegehabten Amtes wegen an das Stift keine Forderung zu stellen habe.

Zeugen: Christan der Wissinger und Mertt Tümelstainer, Stadtschreiber zu Stein.

Datum: Geben zu Stain ... an freitag nach sannd Kunigunden tag der heiligen junkfraun.

Original, Pergament, deutsch. Mit zwei anhangenden Siegeln.

2182 *1440, März 24.*

Wilhelm der Gebelsdörffer zu Wien, Hanns Pidermann von Lanndeshuet und Konrad der Strobl, Bürger von Wien, als Anwalt des verstorbenen Heinrich Phlennczlein, verkaufen mit Einwilligung des Michel des Riennolt, eines Bürgers zu Klosterneuburg und des Herzogs Friedrich von Oesterreich Beschliessers und Amtmannes daselbst, zwei an der Donau zu Klosterneuburg gelegene, dem verstorbenen Jacob dem Gebhart einst gehörige Häuser.

Zeugen: Hanns Waiczhover, Bürger zu Klosterneuburg.

Siegler: Wilhelm der Gebelsdörffer; Conrad der Strobl; Leopold der Flöczer, Bürger und Rathsherr zu Klosterneuburg, statt des Hanns Piderman; Amtmann Michel der Riennolt; Hanns Waiczhover, Bürger zu Klosterneuburg.

Datum: Geben an unser fraun abund zu der chundung 1440.

Original, Pergament, deutsch. Mit fünf Wappensiegeln, wovon das zweite sehr beschädigt ist.

2183 *1442, April 24.*

Kathrei, Cristan des Wissinger, Bürger zu Wien, Ehegattin, pachtet von dem Abte Thomas und dem Convente zu Göttweig für sich und ihre Kinder Margreth, Hedweig und Ludweig den Göttweiger Weingarten, »gehaissen die Altenburgk«, im Ausmasse von zwei Joch, zunächst dem Werprechten, Bürger zu Stain, gelegen, auf ihrer Aller Lebenszeit.

Zeugen: Cristan der Wissinger, Bürger zu Wien, und Ulreich Hirssawer, Stadtschreiber zu Wien.

Siegler: Cristan der Wissinger, der für seine Frau und Kinder siegelt, da sie kein eigenes Siegel haben, und Ulreich der Hirssawer.

Datum: Geben an sand Jörgentag ...

Original, Pergament, deutsch. Mit zwei anhangenden Siegeln.

2184 *1451, Februar 27, Wien.*

Wolfgang Retenperger erhält von Abt Wolfgang und dem Convente von Göttweig vom kommenden Michaelstage an auf sechs Jahre den Göttweigerhof in Wien zur Miethe unter folgenden Bedingnissen: Er hat den Hof, sowie das Amt Bruck an der Leitha sammt aller Fechsung, welche von altersher in den Hof kam, zu verwalten und jährlich zu verrechnen, ferner Alle, welche vom Stifte Göttweig in den Hof nach Wien kommen, zu verpflegen, ihnen Betten, Bettzeug, Holz, Tischtücher und sonstiges Hausgeräth zur Verfügung zu stellen und sie in Erledigung ihrer Geschäfte zu unterstützen, wobei diese bei längeren Aufenthalte die Kosten des Holzes mitzutragen haben; im Falle, dass ein Diener oder Anwalt Göttweigs kommt, hat er sie in Erledigung ihrer Geschäfte zu unterstützen, den Tisch für sie zu besorgen und für das Mahl eines Herrn 10 Pfennige, für das ein Knechtes 8 Pfennige zu verrechnen. Bei Erledigung von Göttweig aus ihm aufgetragener Geschäfte hat er Kost und Zehrung frei und jährlich 1 Mut Korn, 1 Mut Hafer und 1 Pfund Pfennige zu erhalten. Bei Anwesenheit des Abtes in Wien können sowohl er als auch seine Hausleute zur Vergütung der Bedienung desselben und dessen Gefolges auf dessen Kosten leben. Im Falle der Aufsage der Miethe hat diese beiderseits ein Jahr vor Ablauf der sechs Bestandjahre zu geschehen. Im Falle, dass Göttweig diese unterlässt, kann er noch im Besitze der Miethsrechte bleiben.

Zeugen: Hanns Ravenspurger, Urtheilschreiber und Bürger zu Wien.

Siegler: Wolfgang Retenperger, Hanns Ravenspurger.

Datum: Geben zu Wienn an sambstag nach sand Matthiastag apostoli 1451.

Original, Pergament, deutsch. Mit zwei Siegeln, das erste im Siegelbilde sehr beschädigt, das zweite abgefallen.

2185 1453, Juli 6, Wien.

Ladislaus Posthumus ertheilt den Bürgern von Hainburg, die sich mit Handel befassen, um ihnen den Schaden zu vergüten, den sie von den Feinden durch Feuersbrunst und andere Ursachen erlitten, für ewige Zeiten folgendes Privileg: Sie können ihren Eigenbauwein, sowie den in ihrem Lande gekauften Wein ohne Mauth und Zoll, sowie andere Waaren auf der Strasse gegen Wien und über Wien in seine Länder einführen und wieder andere in letzteren gekaufte Waaren über Wien hinabführen, wovon nur das Salz, wofür die Mauth zu zahlen ist, ausgenommen ist; ebenso können sie Holz so viel zum Baue und anderem Bedarfe, ausgenommen Dauben und Weinstecken, hinabführen.

Datum: Geben zu Wien am freitag nach sannt Ulrichtag ...

Copie, Papier, deutsch. Manuscriptencabinet. Cod. 510, aus der zweiten Hälfte des 16. Jahrhunderts.

2186 1456, Nappersdorf.

Hanns Hawg, Richter zu Napperstorf, beurkundet, dass vor seinem Gerichte Hanns Salczbrunn von Wulderstorf wegen eines Frevels, der an seinem Wiesenzaune in Hetzmannsdorf von den Dienstleuten des Abtes von Göttweig und ihren Helfern zu Hetzmannsdorf dadurch begangen wurde, dass sie diesen seinen Zaun umhieben, klagbar aufgetreten war.

Zeugen: Ulreich Hyrssawer, Stadtschreiber zu Wien.

Siegler: Ulreich Hyrssawer für Hanns Hawg, der kein eigenes Siegel hat.

Datum: Der brief ist geben zu Napperstorf ...

Original, Pergament, deutsch. Mit anhangendem Siegel, aus welchem das Siegelbild ausgebrochen ist.

2187 1460, October 24, Wien.

Kaiser Friedrich III. gewährt den Bürgern von Hainburg das Privileg, dass sie ihren Wein zoll- und mauthfrei einführen können, jedoch nicht in die «Ladstatt», wie er es mit den Bürgern zu Wien vereinbart hatte und diese es gebilligt hatten.

Datum: Geben zu Wienn am freitag nach der heiligen aindlif tausent marterertag ...

Copie, Papier, deutsch, Manuscriptencabinet, Cod. 510, aus der zweiten Hälfte des 16. Jahrhunderts.

2188 1493, October 17, Wien.

Wolfgang Sulczperger, kaiserlicher Kastner «pey dem Rottnturm» zu Wien, bestätigt, dass er von dem Abte «Mathias I.» des Stiftes Göttweig den Vogthafer von 24 Mut und 25 Metzen, den dieser in den kaiserlichen Kasten zu dienen hat, empfangen habe.

Datum: Gebn zu Wienn an phinztag nach Gally im 93.

Original, Papier, deutsch.

2189 1493, December 10, Wien.

Maximilian, römischer König, verleiht dem Anton Contzin und seinen Erben in Ansehung seiner treuen, seinem Hause geleisteten Dienste von Neuem ein Laubenrecht zu Wien mit allen Ehren, Würden, Rechten und Vortheilen, welche ein Laubenrecht gewährt und die dem Gewohnheitsrechte der Stadt Wien entsprechen, und gebietet dem Bürgermeister, den Richtern, Rathsherren und Laubenherren, diesen, sowie dessen Erben in keiner Weise im Besitze und Genusse des Laubenrechtes weder selbst zu stören, noch stören zu lassen.

Siegler: König Maximilian.

Datum: Geben in unser stat Wienn an eritag nach unser lieben frauentag concepcionis ...

Original, Pergament, deutsch. Das Majestätssiegel ist abgefallen.

2190 1495, Januar 5, Rom.

Papst Alexander VI. beauftragt den Bischof von Wien (Johann Vitéz), den Abt von Melk aus der Passauer Diöcese und den Dompropst von Wien auf die Klage des Göttweiger Abtes Mathias I. über die Bewohner von Mautern und andere Cleriker und Laien der genannten und der Wiener Diöcese, dass sie sich Injurien gegen die Ernennung und Anstellung des Scholasticus und des Glöckners an der Kirche zum heil. Stephan zu Mautern, welche rechtlich dem Abte von Göttweig zugehören, sowie gegen deren Besoldung und andere Dinge schuldig gemacht hätten, zur Führung der Verhandlung und Fällung des Urtheiles mit dem Rechte der Verhängung der kirchlichen Censur mit der Einschränkung, dass sie gegen die vorgerufenen Personen oder den Ort ohne specielles Mandat das Interdict nicht verhängen dürfen, sowie mit dem Rechte, Zeugen, welche sich aus Hass oder Furcht der Zeugenaussage entziehen wollen, durch die kirchliche Censur zur Aussage der Wahrheit zu zwingen. «Conquestus est nobis.»

Datum Rome apud sanctum Petrum anno incarnationis dominice MCCCCVC nonis januariis, pontificatus nostri anno quarto.

Original, Pergament, lat. Mit Bulle.

Rechts auf der Aussenseite des eingebogenen Randes steht: «A. de Ballapambus», auf der Aussenseite in der linken oberen Ecke: «C. Casalius protonotarius», in der Mitte des oberen Randes: «J. G. de Lerma», in der linken unteren Ecke: «D. Serrano», in der Mitte des unteren

Regesten zur Geschichte der Stadt Wien. II.

teren Randes: «pro D. correctore Jo. Ortega», in der rechten unteren Ecke: «ex parte scholastici et companatoris in Mauteros.

2191 1495, Januar 6, Rom.

Papst Alexander VI. betraut den Bischof von Wien (Johann Vitéz), den Abt von Melk aus der Passauer Diöcese und den Dompropst von Wien auf die Klage des Abtes Mathias I. von Göttweig, dass die Edlen Georg Rattaler und sein Castellan in Lempach, Veit von Eberstorff, Burggraf zu Tiernstain, Johannes Matschacher in Karlspach, Domicellen, Cleriker und Laien aus der Passauer und Wiener Diöcese zum grossen Schaden der Mensa abbatialis von Göttweig dessen Unterthanen verschiedene Dienste aufgelegt und Dienste eingetrieben hätten, mit dem Zeugenverhöre und dem Urtheilsspruche, wobei sie sich der kirchlichen Censur bedienen können, ohne aber gegen die Person eines Zeugen oder einen Ort ohne specielles Mandat das Interdict verhängen zu können. «Conquestus et nobis».

Datum Rome apud sanctum Petrum anno incarnationis dominice MCCCCVC octavo idus januarias, pontificatus nostri anno quarto.

Original, Pergament, lat. Mit Bulle.

Auf der Aussenseite des eingebogenen Randes steht: «J. de Madrid», auf der Aussenseite in der linken oberen Ecke: «C. Casalius protonotarius», in der Mitte des oberen Randes: «J. G. de Lerma», in der rechten oberen Ecke: «J. Fabricius», in der linken unteren Ecke: «D. Serrano», in der Mitte des unteren Randes: «pro D. correctore Jo. Ortega» und «littera contra aliquos nobiles, qui monasterio Gottwicicensi onerosi fuerunt ad episcopum Viennensem».

2192 1495, Januar 6, Rom.

Papst Alexander VI. betraut den Bischof von Wien (Johann Vitéz), den Abt von Melk in der Passauer Diöcese und den Dompropst von Wien auf die Klage des Abtes Mathias I. von Göttweig gegen den Edlen Stephan Kienberger, den Domicellus, und einige andere Cleriker und Laien der Passauer und Wiener Diöcese, dass diese die Zechent- und andere Nutzungsrechte, die zur Mensa abbatialis nach Göttweig gehören, verletzen, mit dem Zeugenverhöre und dem Urtheile, wobei sie sich der kirchlichen Censur bedienen können, ohne

37

aber gegen die Person eines Zeugen oder den Ort ohne specielles Mandat das Interdict verhängen zu können, und ertheilt ihnen das Recht, gegen Zeugen, die sich aus Furcht oder Hass der Zeugenaussage entziehen wollen, mit der Verhängung der kirchlichen Censur vorgehen zu können. «Conquestus est nobis.»

Datum Rome apud sanctum Petrum anno incarnationis dominice MCCCCVC octavo idus januarias, pontificatus nostri anno quarto.

Original, Pergament, lat. Mit Bulle.

Rechts auf der Aussenseite des Einbuges steht: «J. de Madrid», auf der Aussenseite in der linken oberen Ecke: «J. Casalius protonotarius», in der Mitte des oberen Randes: «J. G. de Lerma», in der linken unteren Ecke: «D. Serrano», in der Mitte des unteren Randes: «pro D. correctore Jo. Ortega» und in der linken unteren Ecke: «Conquestum super domino Kienberg».

2193   1495, Jannar 6, Rom.

Papst Alexander VI. betraut den Bischof von Wien Johann Vitéz, den Abt von Melk aus der Passauer Diöcese und den Wiener Dompropst über die Klage des Abtes Mathias I. von Göttweig, dass Johann Stawner, Georg Cham Kethner in Mautern, Erhart Kobolt und Jodok in Mautern und Andere, sowohl Cleriker als Laien aus der Passauer und Wiener Diöcese die Einkünfte des ablichen Tisches zu Göttweig schädigen, mit dem Zeugenverhöre und dem Urtheilspruche, wobei sie sich der kirchlichen Censur bedienen können, ohne jedoch gegen die Person eines Zeugen oder einen Ort das Interdict verhängen zu können, und ertheilt ihnen das Recht, gegen Zeugen, welche aus Hass oder Furcht sich der Zeugenaussage entziehen wollen, mit der Verhängung der kirchlichen Censur vorzugehen. «Conquestus est nobis.»

Datum Rome apud sanctum Petrum anno incarnationis dominice MCCCCVC octavo idus januarias, pontificatus nostri anno quarto.

Original, Pergament, lat. Mit Bulle.

Am Aussenrande des Einbuges in der linken Ecke steht: «J. de Madrid», auf der Aussenseite in der linken oberen Ecke: «C. Casalius protonotarius», in der Mitte des oberen Randes: «J. G. de Lerma», in der rechten oberen Ecke: «J. Fabricius», in der Mitte des unteren Randes: «pro D. correctore Jo. Ortega», in der linken unteren Ecke: «littera de aliquibus, qui injuriati fuerunt monasterio Gottwicensi propter decimas in Mautern».

2194   1499, Juni 4, Wien.

Sigmund Snaitpekh, Vicztumb in Oesterreich unter der Enns, bestätigt, dass er von dem Abte Mathias I. von Göttweig und dem Convente den an den Landesfürsten schuldigen Vogthafer für die Jahre 1495, 1496, 1497 und 1498 nach einem von ihm ergangenen Mahnschreiben erhalten habe; die restirenden 33 Mut und 7 Metzen Hafer wurden dann vom Abte an Peter Prawnn, den österreichischen Kastner in Wien, eingeliefert.

Datum: Actum Wienn eritag nach Erasmi anno 1499.

Original, Papier, deutsch. Mit aufgedrückter Petschaft.

2195   1505, November 12, Wien.

Hanns Geyr, Verwalter des Bischofs von Regensburg zu Pechlarn, verkauft mit Einwilligung seines Grundherrn, Abt Johann zu den Schotten in Wien, sein Haus auf der Hochstrasse, das zwischen den Häusern des Stephan Uttndorffer und des Paul Ordenswald gelegen ist und dem Kloster zu den Schotten jährlich 24 Wiener Pfennige als Grunddienst zu Michaeli dient, sammt den beiden Scheidemauern des Hauses, Hofes und Gartens und allem Zugehör, ferner einen hinten anstossenden Garten sammt einem Lusthause in der Mentlerstrasse nächst dem Hause des Michel Kolbenstainer, von welchem ebenso dem Kloster zu den Schotten 1 Pfennig zu Grundrecht zu Michaelis zu dienen ist, welche Verkaufsobjecte er von Stephan von Missingdorff und dessen Schwester Ursula käuflich erworben hatte, mit allen Rechten und Lasten, wie sie von früher unangefochten zu Grundrecht bestehen, an Peter Tanhauser, der den Kaufschilling sofort begleicht, und verpflichtet sich, dem Käufer im Falle einer Besitzanfechtung und eines etwaigen Schadens mit seinem ganzen Besitze zu haften.

Siegler: Hanns Geyr, das Schottenkloster mit dem Grundsiegel und Ritter Sigmund Hager, Untermarschall in Oesterreich.

Datum: Gebn zu Wienn an mitichn nach sand Merttenstag 1505.

Original, Pergament, deutsch. Zwei Wappensiegel sind erhalten, das Grundsiegel der Abtei zu den Schotten ist abgefallen.

2196 *1506, Juni 19.*

Maximilian, römischer König, fordert alle Stände auf, dass sie ihren Leuten, Holden und Unterthanen befehlen, ihm, da er mit seinem Heere im Felde liege, ins Lager täglich ohne Unterlass Wein, Brot, Mehl, Hafer, Schmalz, Käse, Eier und anderen Proviant zu führen und daselbst zu verkaufen. Sollten dieselben aber den Proviant nach Wien führen wollen, so habe er daselbst Leute bestellt, welche die Lieferungen in Empfang zu nehmen und zu bezahlen haben, auch sollen sie dann von da aus ins Lager nachgeschickt werden.

Datum: Geben am freytag nach sand Veicztag im sexten jar.

Cople, Papier, deutsch.

2197 *1512, Juni 22, Göttweig.*

Sebastian, Abt zu Göttweig, und der Convent beurkunden, dass sie dem Hanns Hoffmüllner von Weytra, Pfarrer zu Grillenberg, 90 ungarische Gulden schulden, die dieser zur Fundirung eines Stipendiums zu Gunsten der österreichischen Nation an der Wiener Universität testamentarisch bestimmte. Da nun letztere nach dem Ableben des Fundators die Schuld einforderte, Göttweig aber ausser Stande war, dieselbe zu bezahlen, so nahm das Stift die Schuld als Gülte auf mit der Verpflichtung, jährlich an den Stipendiaten am St. Michelstage 4 Pfund Wiener Pfennige vom Jahre 1513 an ohne weiteres auszuzahlen; im Falle, dass dies nicht geschehe, könne die österreichische Nation ihre Forderung vom ganzen Stiftsgute eintreiben. Göttweig reservirt sich das Ablösungsrecht, jedoch ist in diesem Falle einen Monat vorher die Anzeige zu erstatten.

Siegler: Abt und Convent von Göttweig.

Datum: Gebn zu Göttweig an eritag vor Johanns Baptiste, ...

Original, Pergament, deutsch. Mit zwei anhangenden Siegeln.

2198 *1514, April 20, [Wien].*

Andreas Mulhaymer, Cleriker der Salzburger Diöcese und Notar, stellt auf Verlangen des Göttweiger Vertreters, des Syn-

dicus Fabian Puechler, ein Notariatsinstrument über nachfolgende Gerichtsverhandlung aus: Vor den beiderseits durch Compromiss erwählten Schiedsrichtern Gregor Angrer, Doctor des canonischen Rechtes und Canonicus in Wien, Thomas Resch, Baccalaureus der Theologie und Canonicus in Wien, Letzterer für Veit Regl, den kaiserlichen Kellermeister in Oesterreich, und Michael Apfelpeckch, Doctor beider Rechte, erklärt in Gegenwart des Edlen Ladislaus Edlasperger, Bürgers von Wien, der Syndicus Fabian Puechler, Vertreter von Göttweig, dass er sich um den Wahrheitsbeweis für zwei Quittungen über 100 rheinische Gulden, die von dem seligen Leonhard Noycz, dem Verwalter des Hauses des Edlen Peter Edlasperger, Bürgers von Wien, ausgestellt sind, bemüht habe, und dass auch der Abt (Sebastian) von Göttweig zur Aufsuchung von Zeugen den Johann Rabennest nach Wien geschickt habe, welcher jedoch keinen Notar aufzutreiben vermochte. Dagegen erwidert Ladislaus Edlasperger, dass dieser nur nach Wien gekommen wäre, um sich mit ihm in aller Freundschaft zu vergleichen, wie er aus den ähnlichen Schreiben des Rabennest ersehen habe. Fabian Puechler stellt aber zum Wahrheitsbeweis als Zeugen den Wiener Canonicus Wolfgang Tobler, wogegen Ladislaus Edlasperger protestirt, da die Zeit zur Erbringung desselben bereits verstrichen sei. Da nun nach Weggang des Gregorius Angrer die beiden Anderen das gerichtliche Urtheil, auf Zahlung lautend, fällen, protestirt Fabian Puechler, der den Wiener Bürger Johann Hawser als Zeugen angegeben hatte, welcher aber wegen der Krankheit seiner Frau nicht kommen konnte.

Datum: Anno a nativitate eiusdem MDXIV indictione prima, die vero Jovis vicesima mensis aprilis.

Original, Pergament, lat. Mit Notariatszeichen des Andreas Mulhaymer.

2199 *1514, August 21, Wien.*

Christoph Tenngler, Doctor der freien Wissenschaften und des canonischen Rechtes und Passauer Official im Gebiete unter der

37*

Enna, und Georg, Propst von Klosterneuburg, citiren den Abt von Göttweig (Sebastian), sowie den Convent in der Rechtssache des Ladislaus Edlasperger, des Wiener Bürgers, durch ein Ausschreiben vor ihr Gericht mit dem Bedeuten, dass sie — Abt und Convent — am sechsten Tage nach Erhalt dieses Schreibens um 1 Uhr Nachmittags in Wien vor ihrem Gerichte zu erscheinen haben, um das Urtheil zu vernehmen, dass sie deswegen, weil sie dem Kläger Ladislaus Edlasperger nicht Genugthuung geleistet haben, in eine Strafe von 200 rheinischen Gulden verfallen wären, und zur Führung von weiteren Verhandlungen.

Datum Wienne vicesima prima die mensis augusti anno MDXIV.

Original, Papier, deutsch. Mit aufgedrücktem Oblatensiegel.

2200 1520, December 21.

Anna, Witwe nach dem verstorbenen Peter Thanhauser, Doctors der Rechte, kaiserlichen Raths und Kammeradvocaten, bezeugt als Vormünderin ihrer noch nicht vogtbaren Tochter Berbl, dass ihr Gatte bei seinen Lebzeiten noch mit Einwilligung des Abtes Benedict zu den Schotten als Grundherrn dem Abte Mathias und dem Convente von Göttweig sein Haus auf der Hochstrasse zu Wien, das zwischen dem Hause des Stephan Prunner, vormals des Stephan Uttndorfer, und dem der Benigna Grasser, vormals des Paul Ordenswald, gelegen ist und dem Kloster zu den Schotten 24 Wiener Pfennige zu St. Michaeli als Grunddienst jährlich entrichtet, mit den beiden Scheidemauern desselben, sowie des Holes und Gartens und einen rückwärts anstossenden Garten sammt einem Lusthause in der Mentlerstrasse nächst dem Hause des Michel Kolbensteiner, wovon als Grunddienst an das Schottenkloster 1 Wiener Pfennig jährlich zu Michaeli zu dienen ist, verkauft hat; diese Verkaufsobjecte, welche der Verkäufer früher von Hanns Geyr, bischöflich Regensburgischem Verwalter zu Pechlarn, käuflich erworben hatte, überträgt sie nun nach dem Tode ihres Gatten sammt allem Zugehör, Rechten und Lasten nach sofortiger Bezahlung des Kaufschillings an Stelle ihrer Tochter als deren Vormünderin in den Besitz Göttweigs und übernimmt zugleich auf ihrem ganzen Besitz für diese die Haftung für den Fall etwaiger Rechtsansprüche auf die verkauften Objecte und Schäden, die Göttweig dadurch erleiden sollte.

Zeugen und Siegler: Doctor Georg Pesrer, Abt Benedict zu den Schotten als Grundherr, Hanns Hedweg, Hofmeister zu den Schotten.

Datum: Geben an sannd Thomanstag der heiligen zwelfboten 1520.

Original, Pergament, deutsch. Mit den zwei Wappensiegeln des Georg Pesarer und Hanns Hedweg und dem Bildsiegel der Abtei zu den Schotten als Grundsiegel.

2201 1525, Mai 14, Wien.

Georg von Maltitz zu Tribes und Gregor Garber, Doctor beider Rechte, verkaufen als Bevollmächtigte des Edlen Johann von Wulfsennstorf auf Perga die diesem gehörige Hälfte des Hauses an der Ecke der Schaullergasse zu Wien zunächst dem Hause des Leo Schneckhenreuter sammt allem Zugehör und allen Rechten den Edlen Hanns Ynprugkher zu Newhewsl und Wolfenn von Neidegkh zu Wildegkh, in dessen Namen sie auch die Haft für jedwede Besitzanfechtung übernehmen.

Siegler: Ambros Wisent, Landesuntermarschall zu Oesterreich, und Gregor Garber.

Datum: Geben zue Wienn, sonntag nach sannt Pangratzen tag 1525.

Original, Pergament, deutsch. Mit zwei gut erhaltenen Wappensiegeln.

2202 1527, October 28, Wien.

Wolfgang von Neydegk zu Wildegk und Margarethe, dessen Frau, geborene Hagerin, verkaufen zu gesammter Hand dem Abte Mathias von Göttweig ihr frei eigenes, an der Ecke der Schaullergasse zwischen den Häusern des Theodorich, des Bischofs von Neustadt, und des Leo Schneckenreyter gelegenes Haus zu Wien mit allem Zugehör und bestätigen den Empfang des Kaufschillings. Für den Fall der Besitzanfechtung oder sonstigen Rechtsanspruches und des daraus entstehenden Schadens haften sie mit ihrer ganzen liegenden und fahrenden Habe.

Zeugen: Rudolf, Herr von Hohenfeld, königlicher Rath und Regent in Niederösterreich, Ritter Ambros Wisent, königlicher Rath und Landesuntermarschall in Niederösterreich.

Siegler: Wolfgang von Neidegk, Rudolf von Hohenfeld, Ambros Wisent.

Datum: Geben zu Wien an montag sand Simon und Judas, der heiligen zwelfboten tag, 1527.

Original, Pergament, deutsch. Mit drei Wappensiegeln, beim zweiten ist rechts die Wachsschale weggebrochen.

2203 *1529, April 22, Wien.*

Laurenz Motz, Doctor der freien Wissenschaften und beider Rechte, Canonicus zu Wien und Passauer Official für das Gebiet unter der Enns, investirt nach dem Tode des Gotthard Schober, des Pfarrers der Kirche zum heil. Jacobus in Rossatz, auf die Präsentation seitens des Wolfgang Casstner hin den Wolfgang Plannckh durch Uebergabe des Buches gemäss der Sitte als Pfarrer mit dem Rechte des vollen Fruchtgenusses.

Datum Wienne vicesimo secundo die mensis aprilis anno MDXXIX.

Original, Pergament, lat. Mit anhangendem Siegel.

2204 *1533, October 1, Klosterneuburg.*

Leonhart Spannenberger, Bürger zu Klosterneuburg, verkauft mit Einwilligung seines Grundherrn, des Propstes Georing zu Klosterneuburg, sein Haus sammt Garten in Klosterneuburg, am «Niedernmarkht» zunächst dem Hause des Peter Aman gelegen, um 140 Pfund Wiener Pfennige, die sofort bezahlt werden, dem Abte Bartholomäus von Göttweig und seinem Convente.

Zeugen und Siegler: Hanns Newstetter, königlicher Kellermeister zu Wien, und Chunrat Gartner, derzeit Stadtschreiber zu Klosterneuburg.

Datum: Geben zu Closternewnburg am mitichen nach sannd Michelstag, ...

Original, Pergament, deutsch. Mit zwei anhangenden Siegeln.

2205 *1538, November 14, Wien.*

König Ferdinand I. beurkundet, dass er infolge des Streites über die Einfuhr ungarischen Weines zwischen den Städten Bruck an der Leitha und Wien die Vertreter beider Städte auf den St. Martinstag vor sein Hofgericht geladen und daselbst folgendes Urtheil gefällt habe: Es sind die Brucker Bürger wegen der Einfuhr des deutschen Weines nicht zu belästigen, da sie diesbezüglich auch alle die Rechte der anderen Städte geniessen; in Bezug auf ungarischen Wein sollen sie 250 Dreilinge einzuführen und zu verkaufen befugt sein, wobei sie die Wiener mit der Fixirung des Masses, wenn sie nach Wien kommen, fördern und ihnen kein Hinderniss bereiten sollen, wenn in einem Dreiling ein, zwei Viertel bis zu einem Eimer mehr gefunden würden, weil dieses Uebermass die Kaufleute nicht bezahlen; andererseits sollen sich die Brucker an das festgesetzte Mass halten und es nicht überschreiten. Die übrigen Artikel der Freiheiten von Bruck werden durch die Abänderung des Artikels über die Weineinfuhr nicht geändert. Den streitenden Parteien wird verboten, wider diesen Ausspruch zu handeln.

Datum: Geben in unser stat Wien den vierzehenten tag des monats novembris ...

Copie, Papier, deutsch, Manuscriptencabinet, Cod. 510 aus der zweiten Hälfte des 16. Jahrhunderts.

2206 *1543, Juni 24.*

Hanns Lucas, zu Stadlau ausser Wien sesshaft, verkauft den ihm und seinen Verwandten nach dem Tode des Andre Vaslein, Bürgers zu Krems, sammt anderen Liegenschaften zugefallenen Weingarten im Ausmasse eines Joches im Kherapaum, zunächst den Gründen des Hanns Gmundner, Coloman Lisst und anderer Besitzer, mit Zustimmung seiner Verwandten dem Thoman Nesselbekhen, Stadtschreiber der Städte Krems und Stein, um eine Summe Geldes, die sofort bezahlt wird, und haftet sammt seinen Verwandten für etwaige Rechtsansprüche und den daraus entstehenden Schaden.

Zeugen: Leo Chamrer, derzeit Bürgermeister der Städte Krems und Stein.

Siegler: Leo Chamrer.

Datum: Geschehen an sontag sant Johans gotstauffertag anno etc. im drou und vierzigisten.

Original, Pergament, deutsch. Mit anhangendem Wappensiegel.

2207 *1544, Juni 21, Göttweig.*

Placidus, erwählter Abt von Göttweig, der Prior und der Convent präsentiren dem Bischofe Wolfgang von Passau, da der derzeitige Pfarrer Georg Reichart, Licenciat der Rechte, Wiener Canonicus und Passauer Official im Gebiete unter der Enns, auf die Pfarre zu Kilb zu Gunsten des Johann Ponlechner zu resigniren beabsichtigt, welcher Absicht sie zustimmen, letzteren für diese Pfarre.

Siegler: Der Abt und Convent von Göttweig.

Datum Gotwico XXI. Junii anno MDXXXXIV.

Original, Pergament, lat. Mit zwei anhangenden Siegeln.

2208 *1545, December 1, Göttweig.*

Abt Leopold, der Prior Wolfgang und der Convent zu Göttweig präsentiren dem Bischofe Wolfgang von Passau auf die nach dem Ableben des bisherigen Pfarrers Wolfgang Prantner, des Grossmeister des Ritterordens des heil. Georg, erledigte Pfarre zur heil. Petronella zu Peternel den Georg Reichart, der freien Wissenschaften und der beiden Rechte Doctor und Canonicus zu Wien, und übergeben letzterem diese Präsentationsurkunde.

Siegler: Der Abt und Convent von Göttweig.

Datum et actum in dicto nostro monasterio Gotwico prima die mensis decembris anno a nativitate domini MDVL.

Original, Pergament, lat. Mit zwei anhangenden Siegeln.

2209 *1568.*

Zahl der Communicanten in Wien, und zwar unter einer und unter beiden Gestalten:

Communicantes		sub una specie	sub utraque
in mense	januario	25	48
« «	februario	30	50
« «	martio	38	61
« «	aprili	884	1454
« «	maio	44	75
« «	junio	100	190
« «	julio	35	27
« «	augusto	21	34
« «	septembri	23	43
« «	octobri	10	19
« «	novembri	17	26
« «	decembri	58	91
Summa communicantium		1285	2118

Copie, lat., Manuscriptencabinet, Cod. 756.

2210 *1569.*

Die Zahl der in Wien unter einer und unter beiden Gestalten Communicirenden:

Communicantes		sub una specie	sub utraque
in mense	januario	16	36
« «	februario	19	39
« «	martio	65	86
tempore paschalis dominica Palmarum		140	233
feria tertia		62	80
«	quarta	12	18
«	quinta	147	252
«	sexta	22	58
«	sabbato	6	12
dominica paschae		153	304
feria secunda		25	72
«	tertia	10	29
in mense	aprili	52	58
« «	maio	21	35
« «	junio	94	135
« «	julio	28	36
« «	augusto	23	38
« «	septembri	33	35
« «	octobri	10	29
« «	novembri	4	29
« «	decembri	59	106
Summa communicantium		1001	1710

Copie, lat., Manuscriptencabinet, Cod. 756.

2211 *1570.*

Zahl der in Wien unter einer und unter beiden Gestalten im Jahre 1570 Communicirenden:

Communicantes		sub una specie	sub utraque
in mense	januario	8	37
« «	februario	15	30
« «	martio	436	660

Communicantes	sub una specie	sub utraque
in mense aprili	67	94
" " maio	123	171
" " junio	24	44
" " julio	43	34
" " augusto	68	112
" " septembri . . .	52	105
" " octobri	21	45
" " novembri	20	38
" " decembri	43	93
Summa communicantium . .	910	1463

Copie, lat., Manuscriptencabinet, Cod. 756.

2212 *1571.*

Zahl der in Wien im Jahre 1571 unter einer und unter beiden Gestalten Communicirenden:

Communicantes	sub una specie	sub utraque
in mense januario	16	38
" " februario	5	14
" " martio	22	35
" " aprili	396	626
" " maio	36	50
" " junio	80	121
" " julio	24	41
" " augusto	38	44
" " septembri . . .	22	31
" " octobri	36	29
" " novembri	33	19
" " decembri	31	67
Summa communicantium . .	759	1115

Copie, lat., Manuscriptencabinet, Cod. 756.

2213 *1572.*

Zahl der im Jahre 1572 in Wien unter einer und unter beiden Gestalten Communicirenden:

Communicantes	sub una specie	sub utraque
in mense januario	27	32
" " februario	12	18
" " martio	31	23
" " aprili	388	604
" " maio	87	115
" " junio	20	15
" " julio	31	32
" " augusto	19	22
" " septembri . . .	13	17
" " octobri	29	35
" " novembri	18	39
" " decembri	73	36
Summa communicantium . .	748	988

Copie, lat., Manuscriptencabinet, Cod. 756.

2214 *1585.*

Zahl der in Wien im Jahre 1585 in den einzelnen Kirchen unter einer und unter beiden Gestalten Communicirenden:

Apud s. Stephanum	sub una : 1300
	sub utraque: 108
Apud s. Michaelem	sub una : 81
	sub utraque : 77
Apud Scotos	sub una : 77
	sub utraque : 24
In Kumpendorf	sub una : 32
	sub utraque : 9
Apud Jesuitas	sub una : 3238
	confitentes : 3171
In xenodochio civitatis	sub una : 550
Apud s. Dorotheam	sub una : 41
Apud Praedicatores	sub una : 40
Apud Augustinos	— : —
Apud Franciscanos	sub una : 30
	confitentes : 500
In xenodochio imperatoris . . .	sub una : 86
Apud Minoritas	sub una : 130

Summa communicantium sub una: 5605
sub utraque specie: 218

Copie, lat., Manuscriptencabinet, Cod. 756.

2215 *1586.*

Zahl der in Wien im Jahre 1586 in den einzelnen Kirchen unter einer und unter beiden Gestalten Communicirenden:

Apud s. Stephanum	sub una : 996
	sub utraque : 50
	confitentes : 568
Apud s. Michaelem	sub una : 173
	sub utraque : 123
Apud Scotos	sub una : 20
	sub utraque : 3
In Kumpendorf	sub una : 30
	sub utraque : 3
Apud P. P. societatis [Jesu] . .	sub una : 3212
	confitentes : 4141
In xenodochio civitatis	sub una : 480
Apud s. Dorotheam	sub una : 41
Apud Augustinos	sub una : 1
Apud Praedicatores	sub una : —
Apud Franciscanos	confitentes : 1000
	communicantes sub una : 200
In xenodochio imperatoris . . .	sub una : 83
Apud Minoritas	sub una : 350

Summa communicantium sub una specie: 5486
sub utraque specie: 179

Copie, lat., Manuscriptencabinet, Cod. 756.

2216 *1587.*

Zahl der in Wien im Jahre 1587 in den einzelnen Kirchen unter einer oder unter beiden Gestalten Communicirenden:

Apud s. Stephanum	sub una	: 1016
	sub utraque:	36
	confitentium:	928
Apud s. Michaelem	sub una	: 209
	sub utraque:	384
Apud Scotos	sub una	: 50
	sub utraque:	10
Io Gumpendorf	sub una	: 52
	sub utraque:	24
Apud s. Udalricum	sub una	: 23
	sub utraque:	30
In zenodochio civili		: 530
Apud s. Dorotheam	sub una:	56
Apud Augustinos	—	: —
Apud Praedicatores	sub una:	85
Apud Franciscanos		: 591
In zenodochio imperatoris	sub una:	89
Apud Minoritas		: 301

     Summa communicantium sub una: 3002
         sub utraque specie: 484
     Copie, lat., Manuscriptencabinet, Cod. 756.
In dem Ausweise für das Jahr 1587 fehlt die Zahl der in der Jesuitenkirche Communicirenden.

2217 *1588, April 27, Wien.*

Johann Caspar, Bischof von Wien, klagt gegen Martin Aigner, Hofprocurator, und dessen Gattin Barbara auf Räumung des Dirnpacherischen Hauses in der Karnerstrasse, welches durch Entscheidung der Grundrichter vom September 1583 wegen des seit vielen Jahren von diesem Hause nicht bezahlten Grunddienstes per 15 Gulden pro Jahr und jährlicher 6 Schillinge ausgewählter Pfennige, welche an das Bisthum zu zahlen sind, dem Kläger zugesprochen wurden, auf Ersatz des Hauszinses und der Unkosten, erhält aber den Bescheid, dass die Geklagten dem Kläger den ausständigen Grunddienst und die ausgewählten Pfennige und Unkosten zu bezahlen haben, die fernere Execution jedoch hiemit eingestellt sei.

     Copie. Manuscriptencabinet, Cod. 762, (XII.), aus der Mitte des 18. Jahrhunderts.

2218 *1588.*

Zahl der in Wien im Jahre 1588 in den einzelnen Kirchen unter einer und unter beiden Gestalten Communicirenden:

Apud s. Stephanum	sub una	: 1001
	sub utraque:	34
Apud s. Michaelem a dominica palmarum usque ad dominicam trinitatis	sub una	: 318
	sub utraque:	298

In zenodochio civili	sub una	: 515
Apud Scotos	sub una	: 38
	sub utraque:	2
In Gumpendorf	sub una	: 58
	sub utraque:	12
Apud Augustinos	—	: —
Apud s. Udalricum	sub una	: 90
	sub utraque:	100
Apud s. Dorotheam	sub una	: 1
Apud Praedicatores	sub una	: 400
Apud Franciscanos	sub uoa	: 220
In zenodochio imperatoris	sub una	: 81
Apud Minoritas	sub una	: 220
Apud P. P. Societatis Jesu	confitentes	: 3553
	communicantes sub una	: 2500

     Summa communicantium sub una: 5442
         sub utraque specie: 451
     Copie, lat., Manuscriptencabinet, Cod. 756.

2219 *1589.*

Zahl der in Wien 1589 Communicirenden und Beichtenden:

     Summa summarum communicantium: 6256
         confitentium : 7309.
     Copie, lat., Manuscriptencabinet, Cod. 756.

2220 *1590.*

Zahl der in Wien im Jahre 1590 vom Palmsonntage bis zum Sonntag «quasimodo» in den einzelnen Kirchen unter einer und unter beiden Gestalten Communicirenden:

Apud s. Stephanum	sub una	: 1040
	sub utraque:	14
Apud s. Michaelem	sub una	: 336
	sub utraque:	241
Apud P. P. societatis (Jesu)	confessi	: 3741
Apud Scotos	sub uos	: 72
	sub utraque:	20
Apud Minoritas	sub una	: 263
Io zenodochio imperatoris	—	: —
In zenodochio civili	sub una	: 742
Apud s. Dorotheam	sub una	: 64
Apud Augustinos	—	: —
Apud Praedicatores		: 100
Apud Franciscanos	confessi	: 700
	communicantes	: 400
	Personae conversae	: 18

     Summa communicantium sub una: 3011
         sub utraque specie: 275
     Copie, lat., Manuscriptencabinet, Cod. 756.

In diesem Ausweise fehlt die Zahl der io der Jesuitenkirche Communicirenden. Es kann die Zahl der dort Beichtenden, 3741, wie aus den früheren Ausweisen zu ersehen ist, nicht auch als die Zahl der Communicirenden angesehen werden.

2221 *1604.*

Zahl der im Jahre 1604 in Wien Communicirenden und von der Häresie Absolvirten:

> Hic Viennae communicarunt: 9331
> Ab haeresi absoluti sunt : 354.
> Copie, lat., Manuscriptencabinet, Cod. 756.

2222 *1608, Februar 2.*

Georg Ruprecht, Freiherr von Herberstein, Neuperg und Guettenhag, beurkundet, dass er sein frei eigenthümliches Freihaus zu Wien in der Seilergasse hinter dem Neuen Markt, das gegenüber dem Hasenhaus liegt und auf der anderen Seite an das Neydeggische Haus anstösst, welches er seinerzeit von seinem Vetter Adam Eusebius Freiherrn zu Herberstein, Neuperg und Guettenhag, gekauft hatte und das ausser dem jährlichen Dienste von 22½ Pfennigen an das Stift zu den Schotten keine Dienstleistung hat, um eine gewisse Summe Geldes dem Abte Georg I. und dem Convente von Göttweig verkauft habe und für jedweden Rechtsanspruch mit seinem und seiner Erben Besitze hafte.

Siegler: Georg Rupprecht Freiherr von Herberstein, Neuperg und Guettenhag.

Datum: Geben am tag Mariae liechtmess 1608.

Original, Pergament, deutsch. Mit Wappensiegel in rothem Wachs.

2223 *1608.*

Zahl der in der österlichen Zeit des Jahres 1608 Beichtenden und unter einer Gestalt Communicirenden:

> Tempore paschali confessi sunt : 715
> Communicantes sub una (specie): 1013.
> Copie, lat., Manuscriptencabinet, C. 756.

Da keine Kirche angegeben erscheint, die angegebenen Zahlen aber nur den Ausweis einer Kirche darstellen können, so wäre vielleicht auf die Domkirche zu St. Stephan zu denken. Dieses dürfte deswegen zutreffend sein, da die Zahl der unter einer Gestalt Communicirenden 1013 mit den Ausweisen der früheren Jahre in Uebereinstimmung steht.

2224 *1609, Januar 14, Wien.*

Maximilian, Erzherzog zu Oesterreich und Hochmeister des Deutschherrenordens, beurkundet, dass er auf den Wunsch der verstorbenen Königin Elisabeth von Frankreich, einer gebornen Erzherzogin zu Oesterreich, den in der Ritterordenskirche und dem Spitale der Deutschherren zu Marburg, die beide die heilige Elisabeth gestiftet hatte, in einem silbernen Sarge ruhenden Theil des Körpers der Heiligen im Jahre 1588 durch seinen Eleemosynarius, Cornelius de Lautere, dort habe beheben und in das von der verstorbenen Königin in Wien gestiftete Kloster der Clarissinnen habe übertragen lassen.

Siegler: Maximilian, Erzherzog von Oesterreich.

Copie, Papier, deutsch, Manuscriptencabinet, Cod. 879, p. 124, 125 aus der Mitte des 18. Jahrhunderts.

2225 *1619, Juni 2, Wien.*

Ferdinand, König von Ungarn und Böhmen, Erzherzog von Oesterreich, ersucht brieflich den Abt Georg von Göttweig, da der Feind bereits über die Donau gesetzt, Wien sich genähert und so die meiste Zufuhr benommen hat, zur Verproviantirung der Stadt Victualien und Proviant zu kaufen und zu Wasser nach Wien zu führen, und stellt sofortige Bezahlung in Aussicht.

Siegler: König Ferdinand.

Unterschrift: Ferdinand (eigenhändig). Originalbrief, Papier, deutsch. Mit aufgedrücktem Siegel.

2226 *1631, Mai 19, [Wien].*

Inventar des Göttweiger Freihofes in Wien.

Inventarium der varenden hab und hausrats zu Wien in gottweyer hof verhanden dem Erharten Edlinger wiert daselbs am neunzehenden tag may eingeantwurt und aufgeschriben anno MDC im XXXIten.

Erstlich in der obern des herrn stuben.

Ain glasskasten mit zynn beschlagen, oben mit ainem kestlein, darin ain zinnen giesswasa in aichs form und mit ainen erdenpek undersetzt.

Mer ain versperte almar in der canzley mit irm schlussl.

Ain versperts credenzkästl mit seinem schlussl, darin zway salzglösal von weyssem venedigischen glas, ain liechscher,

Zwey hierschen gstem an der wand gegen einander über,

Idem in der wand zwischen baiden fenstern ain almari an ain schlussl,

Ain gruener leinerer furhang in vodern fenster
mit seinem eysnen stanglein,

Ain parthwisch und ein hulzen kermukterl,

Ein versperter tisch in der canzley,

Zwen tisch in der stuben in jedem fenster ainer,

Ain stuel und ain pank mit leren laynen,

Ain prettspil mit seinen stainen,

Ain praltter schreibzeug mit ainem scripacial,

Ain kandtsrcmb, darin vier neu glatt mitter zin-
schusseln mit zwifachen pratfln,

Ain fuetteral und sindluf ainen tallarn und dreyen
zinen salsn schusseln,

Ain messing ringpinettl,

Ain eysnen hohen ueberzimten ring auf dreyen
fuessen,

Ain gross zinplatt und ain kleiner zinpinetl,

Vier gross geschlagen zinschussl,

Ain alte mitter zinschussl,

Ain messing pek und ain messing giesskandl, darin

Ain zwiachterin kandl,

Ain gleiche achterin kandl,

Ain pauchate achterin kandl,

Ain neu dreyhalb kandl

(Soll den Schotten gehoeren[1])

Zwein messing leichter an der wand.

Im mucsshaus vor des herrn stuben.

Ain schwarz angestrichen predschaff,

Ain schlechte fuerpank.

In der kamer gegen der stuben uber.

Ain versperte truchen vorm pett, etlich laden
darunder zu pottpoden,

Ain gross ganz himelpett mit zwayen malttruchen
an jeder seitn aine und ain radlpet darunder geschoben,

Mer ain offen spannpet.

Drey strahsek,

Mer ain spannpet,

Zwenn haubtpolster mit gestraimten collachen
ziehen,

Ain schlechte ungehobelte pank als ain schragen
gemacht,

Ain tuchnat mit ainer weissen parchantn ziehen,

Ain ausgenaeter golter,

Ain alte plachen,

(Mer in des herrn chamer, so vor nit geschriben.

Zwen eysen lang stangl schraufen,

Ain zinein salchkachl,

Ain suemperl mit ain prunglas und ain reinsur,

Mer ain messing apruzzl,

Ain perl,

Ain besslach hamerl,

Ain venedigische glasscheiben.[1]

In des herrn schlafkamer.

Zwe furpenk mit laimen,

Ain praltte gwandtaff,

Ain eisner hamer,

Ain gwandpunten,

Ain himelpet, daran auf zwen seiten zwen green
leinenfurheng mit iren einen atsengleln, darunter ain
klein geschoben radlpet,

Zwo fuerstruechen und in ainer ain eysen furhang
stangl,

Ain versperte grosse truchen,

Ain stroasak am pet,

Ain gross federpet mit ainer collachen ziehen,

Ain grosser haupptpolster mit ainer collachen ziehen,

Zway kuss uberzogen mit weisser kombat, die man
davon schwarn mag.

Ain tuchant von parichant,

Ain seiden polster,

Zway tischtuech (geet auf heur 1 ab),[1]

Drey alt umbleg,

Vier par leilach,

Ain laere schsettl,

Ain par partholl,

Zwen messing zwifach leichter,

Zwen messing ainschichtig leichter,

Ain petpuech,

Funf hantuecher, alt und neue,

Ain aus genet credenztuchl,

Funf venedigische weisse glaeser,

Zway hohe wolglaeser, krautstingl,

Ain latern,

Ain tourzeug, wie ain puechl gemacht.

In der kuchen:

Zwo gross phannen,

Ain messingen morsaer mit ainem eisnen stoessel,

Ain viachkessl,

Etlich hulzen taeler.

Ain sarichtstok,

Ain alte akaser,

Zway alte schaff.

Zwen einen kochlofll,

Ain hakmesserl.

In der holzkamer.

Ain alt himelpet,

Ain halb dreiling vass,

Ain anleg per VI ur,

Drey kleiner anleg,

Ain klain aichen vassl.

In der undern stubn.

Ain tisch.

Original, Papier, deutsch.

2227 *1637, Mai 5, Wien.*

David Gregor, Abt zu Göttweig, P. Gregor, Prior, P. Benedict, Subprior, nehmen von
Joachim Enczmüller von und zu Khürberg,
auf Windthag, Pragthall und Sazeneckh und
dessen Gemahlin Maria, geborene Khürch-

[1] Ist von anderer Hand nachträglich eingetragen.

[1] Ist von anderer Hand nachträglich eingetragen.

stetter, 3000 Gulden Reichsmünze als Schuld auf das Göttweiger Freihaus in Wien auf, um eine von Cardinal Passmann herstammende Pfandschaft auf ihrem Hause einzulösen, mit der Bedingung, dass diese den Wohnzins von den Zinsen abrechnen und vor der Bezahlung der Schuld das Haus nicht räumen brauchen. Im Falle der halbjährigen Kündigung der Schuld verpflichten sie sich, diese noch vor Ablauf des Termines zu begleichen; im gegentheiligen Falle soll der Gläubiger befugt sein, seine Forderung sammt den fallenden Interessen, Gerichts- und sonstigen Unkosten und dem Schaden gerichtlich von dem Hause und den Gütern des Stiftes einzutreiben.

Siegler: Abt und Convent von Göttweig.

Unterschriften: David Gregor, Abt zu Göttweig, P. Gregorius, Prior daselbst.

Original, Pergament, deutsch. Mit zwei aufgedrückten Oblatensiegeln, die durchschnitten sind.

2228 1637, Mai 5, Wien.

David Gregor, Abt zu Göttweig, als Vermiether und Joachim Entzmillner von und zu Khirberg, auf Windhag, Pragthal und Sachsenegkh, als Miether schliessen über den Göttweigerhof beim «Neuen Markt» in Wien einen Miethvertrag mit folgenden Bedingungen:

1. Der Miether erhält vom Tage des Contractes an im Hofe zur Miethe den ganzen unteren Stock, im Hofe die grosse Küche mit dem anstossenden Fleischgewölbe, den vorderen grossen Keller, das Gewölbe bei dem Brunnen, den Schupfen, das Bödlein für Heu und Streu, Stallung für vier Pferde, wobei er in Abwesenheit des Abtes noch mehr einstellen kann, dann den Saal und die Kapelle im oberen Stocke, die Zimmer bei den Rundellen, diese jedoch nur in Abwesenheit des Abtes, und die Zimmer in der Seilergasse im oberen Stocke, ferner die kleine Küche mit dem anstossenden Gewölbe, das Stübl und die Kammer zu ebener Erde für einen Hausmeister, und endlich einen Theil des Gaden und Boden.

2. Er hat die Befugniss, Schäden ausbessern zu lassen und dafür die Vergütung zu beanspruchen.

3. Sollen statt des Wohnzinses die Zinsen der dem Stifte geliehenen 3000 Gulden und jährlich 100 Gulden vom Capital in Abschlag gebracht werden. Nach halbjähriger Kündigung derselben soll Göttweig die Schuld sogleich bezahlen, der Miether hingegen vor erfolgter Bezahlung nicht verpflichtet sein, die Wohnung zu räumen.

Siegler: Die beiden Contrahenten.

Unterschriften: David Gregor, Abt zu Göttweig, J. Enczmüller von und zu Kirberg.

Original, deutsch. Mit zwei mit Papier überlegten Oblatensiegeln.

2229 1648, März 5, Wien.

P. Anselm Schöring, Prior des Stiftes Göttweig, und P. Victorin, Subprior, schliessen im Namen des Conventes als Vermiether mit Hanns Albrecht Herrn von Schenkhürchen als Miether über den Göttweigerhof beim Neuen Markt in Wien einen Miethvertrag unter folgenden Bedingungen:

Der Miether erhält den ganzen unteren Stock, vom oberen Stock die Zimmer in der Seilergasse, die grosse Küche im Hofe mit dem anstossenden Fleischgewölbe, den vorderen grossen Keller sammt dem Gewölbe an dem Brunnen, den Schupfen, das Bödlein und Stallung für vier Pferde zur Miethe und ist befugt, in Abwesenheit des Abtes noch mehr einzustellen; in letzterem Falle hat er auch den Saal und einige Zimmer im oberen Stocke zur Benützung. Er erhält ausserdem die kleine Küche im Hofe mit dem anstossenden Gewölbe, das Stübl und die Kammer für einen Hausmeister. Er hat alle Räumlichkeiten so zu übergeben, wie er sie übernommen; es fallen ferner für den Wohnzins die Interessen des Capitales, das Göttweig diesem schuldet, weg und sind ausserdem von diesem noch 100 Gulden in Abzug zu bringen. Im Falle der halbjährigen Kündigung soll die Schuld sogleich in Reichsmünze zurückgezahlt werden und der Miether vor der Zurückzahlung derselben nicht verpflichtet sein, auszuziehen.

Siegler: Albrecht von Schenkhürchen und der Convent von Göttweig.

19*

Unterschriften: Hanns Albrecht zu Schön-
khirchen, P. Anselmus, prior, P. Victorinus,
supprior totusque conventus.

Original, deutsch. Mit zwei aufgedrückten Siegeln.

2230 *1648, März 5, Wien.*

P. Anselm Schüring, Prior, und P. Victorin Janskhy, Subprior, und der Convent
von Göttweig nehmen von Hanns Albrecht
Herrn von Schenkhkirch, Obersten Erbland-
thürhüter in Oesterreich und der verwitweten
Kaiserin Eleonora Leibquartierhauptmann,
und Clara, dessen Frau, 1500 Gulden Reichsmünze auf ihr Freihaus in Wien als Hypothek auf, um mit dem Gelde dem Joachim
Enczmüller von und zu Khüerperg auf Windthag, Pragthall und Saxeneckh, eine Schuld
zu bezahlen, die auf diesem Freihause lastet.
Der Gläubiger kann das Haus bewohnen, hat
die Interessen von dem Hauszinse abzurech-
nen und braucht nicht vor Zahlung der Schuld
seine Wohnung räumen. Für den Fall der
halbjährigen Kündigung der Schuld verpflichten sie sich, diese vor Ablauf der Zeit
zu bezahlen; in dem Falle, dass dies nicht
geschehe, steht dem Gläubiger das Recht zu,
gerichtlich auf das Haus und die Güter Göttweigs seine Schuld sammt den fallenden
Zinsen, Gerichts- und sonstigen Unkosten zu
klagen.

Siegler: Stift Göttweig.

Unterschriften: P. Anselmus, prior, P.
Victorinus, supprior totusque conventus.

Original, Papier, deutsch. Mit aufgedrücktem
Oblatensiegel.

2231 *1648, März 16, Wien.*

Joachim Enczmüller bezeugt, dass nach
der Abrechnung mit dem Stifte Göttweig von
seinem Guthaben noch 1500 Gulden erübri-
gen, welche von Herrn von Schönkhierch als
künftigem Miether des Hofes zu Wien zu
Handen seiner Schwester Anna Sophia Burg-
wöger von Grienfeldt für das Stift Göttweig
bezahlt wurden, während er seine Forderung
von 50 Gulden für bezahlte Reparaturen erlassen habe.

Unterschrift: Joachim Enczmüller, von
und zu Kirberg.

Original, Papier, deutsch.

2232 *1649, December 10, Wien.*

Petrus, Abt zu den Schotten, stellt aus
dem Grundbuche Nr. 9 bei den Schotten dem
Abte Gregorius II. von Göttweig nach dem
Ableben des David Gregorius I. über das
Haus, das hinter dem Neuen Markte, zwi-
schen einem Gässlein und dem Hause des
Ehrnreich von Neudegg liegt und dem Stifte
zu den Schotten 22½ Pfennige zu Grund-
dienst dient, worauf zur Gewär der Abt David
Gregorius I. im Grundbuche Nr. 8, Fol. 353,
gestanden ist, den Gewärbrief aus mit dem
Bemerken, dass selber jedesmal nach dem
Ableben eines Abtes innerhalb Jahresfrist
gegen Zahlung eines rheinischen Gulden als
Gewärgeldes zu lösen ist.

Original, Papier, deutsch.

2233 *1650, Mai 1, Wien.*

Abt Gregor von Göttweig als Vermiether schliesst mit Johann Chrysostomus Wening von Greisenfels auf Viechhoven als Miether einen Vertrag über den Göttweigerhof
beim ›Neuen Markt‹ mit folgenden Bedingungen:

1. Es erhält der Miether den ganzen
unteren Stock, die grosse Küche sammt dem
anstossenden Fleischgewölbe, den vorderen
grossen Keller, das Gewölbe bei dem Brunnen,
den Schupfen, das Bödlein für Heu und Streu
und die Stallung für vier Pferde, wobei er
bei Abwesenheit des Abtes noch mehr einstellen kann. Er verpflichtet sich jedoch für
den Fall eines Weintransportes nach Wien
in den Hof, diesen durch seinen Keller einführen zu lassen und bei Anwesenheit des
Abtes einen Platz in der grossen Küche und
den Backofen zur Benützung zu überlassen.

2. Hat der Miether seinerzeit die Wohnung in dem Zustande zu übergeben, wie er
sie übernommen; für den Wohnzins sollen
die Zinsen einer Schuld der Göttweiger von
1500 Gulden an den Miether entfallen und
noch dazu vom Capitale jährlich 100 Gulden
abgerechnet werden. Im Falle der halbjährigen Kündigung des einjährigen Contractes
hat der Abt die Schuld sogleich zu bezahlen,
der Miether ist jedoch nicht verpflichtet, vor
der Bezahlung die Wohnung zu räumen.

Siegler: Die beiden Contrahenten.

Unterschriften: Gregorius, Abt zu Göttweig, J. Chr. Wening von Greissenfels.

Original, Papier, deutsch. Mit zwei aufgedrückten Siegeln.

2234 *1663, Juli 27, Wien.*

Der Magistrat von Wien gibt auf die Klage des Abtes Gregnr von Göttweig, dass Christoph Andree Häuserer in seinem Hause einen Bau aufführe, den er nicht dulden könne, diesem das Urtheil bekannt, welches die zur Aufnahme des Localaugenscheines beorderte Commission, bestehend aus Gabriel Wibmer, Sebastian Stettner vom äusseren Rathe und den beeideten Werkleuten, an den Rath berichtet hat, dahin lautend: Es baue der Geklagte sieben Bodenfenster in fünf aufrechtstehende Fenster um, aus welchen man zwar in die Wohnungen des Göttweigerhofes sehen könne, allein er baue auf seinem Grunde und sei deshalb dazu befugt.

Siegler: Die Stadt Wien.

Original, Papier, deutsch. Mit aufgedrücktem Secretsiegel.

2235 *1663, August 3, Wien.*

Abt Gregor von Göttweig beschwert sich beim Wiener Magistrate über einen Bau, den Christoph Andree Häuserer in seinem Hause aufführe, wodurch er ihm in die Wohnungen des Göttweigerhofes sehe, und über die Zusammensetzung und das Urtheil der Commission vom 27. Juli, dahin lautend, dass der Geklagte zum Baue befugt sei, weil er auf seinem Grunde baue, und ersucht, nachdem diese den Inhalt seiner Beschwerde bestätigte, eine neue Commission zur Aufnahme des Localaugenscheines zu beordern und bei einer Strafe von 200 Ducaten dem Geklagten zu verbieten, den Bau weiterzuführen, und denselben zur Ersetzung der verursachten Ausgaben, Unkosten und des Schadens zu verurtheilen.

Unterschrift: Gregorius, Abt zu Göttweig, der heil. Schrift Doctor.

Original, Papier, deutsch.

Das Datum ist durch die Magistratskanzlei an der Aussenseite vermerkt.

2236 *1663, August 3, [Wien].*

Der Magistrat von Wien bescheidet das Gesuch des Abtes von Göttweig um eine Commission zur Aufnahme des Localaugenscheines über den Bau des Christoph Andree Häuserer abschlägig mit der Bemerkung, sich in dieser Sache an eine höhere Instanz zu wenden.

Original, Papier, deutsch.

Dieser Bescheid ist auf der Aussenseite der Beschwerdeschrift vermerkt.

2237 *1663, August 8, Wien.*

Johann, Prior zu Mauerbach, bezeugt, dass sein Amtsvorgänger auf dem Seitzerhofe in Wien einen Stock auf der Seite gegen das Professhaus übergebaut habe mit der Absicht, das Gebäude noch höher aufzuführen, dies aber auf die Bitten der Herren im Professhause, nicht höher zu bauen, damit ihnen nicht die Aussicht benommen würde, mit Rücksicht auf diese, jedoch ohne Aufgebung seines Rechtes, unterlassen habe.

Siegler: Priorat Mauerbach.

Unterschrift: Johannes, Prior zu Mauerbach.

Original, Papier, deutsch. Mit aufgedrücktem Siegel.

2238 *1678, Februar 24, Wien.*

Abt Sebastian von Göttweig als Vermiether und Propst Honorius von Dürnstein als Miether schliessen über eine Wohnung im Göttweigerhofe in Wien folgenden Contract: Der Miether erhält zur Miethe die Wohnung im mittleren Stocke bis zur Hofmeisterwohnung, den Boden mit dem Eingange zur rechten Hand, die grosse Küche mit Speisekammer im Parterre, welche sich auch der Vermiether zur Benützung vorbehält, den Holz- und Wagenschupfen, den halben Keller, dessen Eingang beim Brunnen ist, in der Stallung Platz für zwei Pferde und einen Verschlag für Heu und Streu und einen Platz für den «Koblwagen». Dafür zahlt er 225 Gulden Zins, die Hälfte gleich beim Bezuge der Wohnung zu Georgi, den ferneren Zins in halbjährigen Raten. Die Kündigung ist halbjährig und die Wohnung in dem Zustande, in welchem sie übernommen wurde, zurückzulassen.

Siegler: Honorius, Propst von Dürnstein.

Unterschrift: Honorius, Probst zu Thimstain.

Original, Papier, deutsch. Mit aufgedrücktem Siegel.

2239 *1683, März 29, Göttweig.*

Johannes V. Dizent, Abt von Göttweig, fordert, da er das Stift selbst mit einer Jahresverproviantirung versehen will und somit für den Wiener Hof kaum etwas von Göttweig aus leisten kann, die Göttweiger Pfarrer und Vicare, welche von der allgemeinen Türkensteuer verschont blieben, auf, zu der vom Kaiser angeordneten Jahresverproviantirung des stiftlichen Freihofes in Wien die jedem einzeln specificirten Victualiensorten innerhalb Monatsfrist entweder nach Göttweig oder nach Wien zu liefern oder im Falle der Unmöglichkeit selbe in Geld zu ersetzen.

Original, Papier, deutsch.

2240 *1684, März, Wien.*

Abt Johann V. Dizent schliesst bezüglich des Göttweigerhofes in Wien mit dem Landschaftsexpeditor Johann Wilhelm Rebeinkh von Rebenberg folgenden Miethvertrag:

1. Der Miether erhält den ganzen unteren Wohnungsstock mit Ausnahme eines links liegenden Zimmers, sammt dem Dachboden mit Ausnahme eines Ortes beim Aufzuge, die grosse Küche mit dem anstossenden Fleischgewölbe, wobei jedoch die Mitbenützung derselben, sowie des grossen Backofens dem Abte für den Fall, dass er während seiner Anwesenheit in Wien Gäste hat, reservirt wird, ferner Stallung für zwei Pferde und den vorderen grossen Keller mit der Bedingung, dass das Stift seinen nach Wien gebrachten Wein durch des Miethers Keller in seinen Keller einziehen kann.

2. Der Miether hat im Falle des Ausziehens das Haus im selben Zustande, in welchem er es übernommen hat, zu übergeben und

3. den Zins für die Zeit von Georgi 1684 bis dahin 1685 per 200 Gulden in halbjährigen Raten im Vorhinein zu bezahlen. Die Kündigungsfrist ist vierteljährig.

Copie, Papier, deutsch.

2241 *1684, September 28, Wien.*

Ferdinando Mosselvassier bekennt, von dem Abte von Göttweig für die ihm vom Kaiser im Göttweigerhofe, jedoch ohne Präjudiz für dessen Freiheit, angewiesene Wohnung, welche nicht bezogen werden kann, als Ablösung für ein halbes Jahr 20 Gulden erhalten zu haben.

Siegler: Der Aussteller der Urkunde.

Unterschrift: Ferdinando Mosselvassier.

Original, Papier, deutsch. Mit aufgedrücktem Siegel.

2242 *1698, Wien.*

Specification der Neujahrsverehrungen in Wien pro anno 1698.

	fl.	kr.	
Dem fürbitter im landhause	3	—	
Der löblichen herrn ständ einnager	1	30	
Der löblichen herrn verordneten und herrn praelaten standen einnager	1	30	
Denen landschaftstrompetern	6	—	
Denen landschaftspothen	3	—	
Dem haiser im landhaus	1	—	
Thorwarter allda	—	45	
Des herrn advocaten sollicitator	3	—	
Bürgermaister diener	—	45	
Dem wachter zu Stephansthurm	—	30	
Stundruefer auf der gassen	—	30	
Dem regierungsthorhüter	1	—	
Dem rauchfangkerer	—	30	
Denen einnehmer amtsschreibern	6	—	
Dem Göttweigischen sollicitator	6	—	
Dem hausmaister in Göttweigerhof und seinem weib	3	—	
Almosen:			
Denen P. P. Carmeliten uber der Schlagprtuck	1	30	
Denen Barmherzigen	1	30	
Denen P. P. Franciscanern	1	30	
Denen P. P. Augustinern	1	30	
Denen P. P. Capucinern in der stat	1	30	
Denen P. P. Capucinern bei set. Ulrich	1	30	
Denen P. P. Serviten in der Rossau	1	30	
Denen P. P. Paulinern	1	30	
Denen P. P. Augustinern vor der stat	1	30	
Denen P. P. Carmeliten auf der Laimgrueben	1	30	

	fl.	kr.	d
Denen P. P. Jesuiten wegen der zusammtheiligen und blechel	3	—	—
Denen P. P. Minoriten	1	30	—
Summa	57	30	—

Weilen die P. P. Minoriten dieses jahr um ihr neues jahr abzuholen nit erschienen, also ist vermög der gemachten creuzl in allen ausgegeben worden 56 fl. wie bezeucht.

P. Ambrosius hofmaister.

Original, Hofmeisterrechnung.

2243 *1699, September 29, Wien.*

Abt Berthold von Göttweig schliesst mit Johann Christoph Quandt betreffs des Göttweigerhofes in Wien folgenden Miethvertrag:

1. Der Abt verlässt den ganzen unteren Wohnungsstock mit Ausnahme des links liegenden Zimmers, der Kammer und des daranstossenden Kämmerls, sowie des früher vom Hausmeister bewohnten Stöckls sammt Küche, die Küche unter der Stiege sammt Speiskammer mit Ausnahme des zur Legung des Hafers bestimmten Ortes im Boden oberhalb des Aufzuges, einen verschlagenen Raum im vorderen Keller mit Reservirung des Rechtes des Weineinzuges in den daranstossenden Keller, eine Stallung für zwei Pferde, sowie einen Platz für Brennholz.

2. Der Miether zahlt einen Zins von 500 Gulden zu halbjährigen Anticipativraten jetzt zu Micheli und zu Georgi nächsten Jahres. Die Kündigungsfrist ist vierteljährig.

3. Der Miether hat die Wohnung beim Ausziehen in gutem Zustande zurückzulassen.

Concept.

2244 *1704, Mai 30, [Göttweig].*

Abt Berthold, Ernbert, Prior, und der Convent von Göttweig richten an das Landmarschallgericht das Gesuch, es möge veranlassen, dass der Weispote in seinem Amtsprotokolle die von Maria Johanna von Wagenheimb dem Stifte geliehenen 6000 Gulden als Hypothek auf das stiftliche Freihaus in Wien inhibire.

Original.

2245 *1704, Mai 30, [Wien].*

Das Landmarschallgericht befiehlt bezüglich des Göttweiger Gesuches um Inhibirung der dem Stifte von Maria Johanna von Wagenheimb geliehenen 6000 Gulden als Hypothek auf ihr Freihaus in Wien, in der Kanzlei den Inhibirungsbefehl an den Weispoten ergehen zu lassen, jedoch so, dass den Besitzern älterer Hypotheken und dem Uebermasse kein Präjudiz entstehe.

Original.

2246 *1704, Juni 12, Wien.*

Philipp Oswald von Mayerberg, Gerichtsweispote, stellt an das Stift Göttweig über die vorgenommene Inhibition der von der Witwe Maria Johanna von Wagenheimb demselben geliehenen 6000 Gulden als Hypothek auf dessen ganzes Eigenthum in genere und auf dem Freihofe in Wien in specie, welche jedoch den Inhabern früherer Hypotheken und dem Uebermasse kein Präjudiz schaffen soll, den Inhibitionsschein aus.

Original.

2247 *1707, Januar 29, Wien.*

Leopold Freiherr von Ruesenstain, n.-ö. Regierungsrath, ersucht den Abt Berthold von Göttweig brieflich, er möge ihm die Wohnung im Göttweigerhofe zu Wien, bestehend aus sechs Zimmern, der Küche mit der anstossenden Kammer und dem Holzgewölbe, dem Keller, Boden und Stallung für drei Pferde für 450 Gulden Zins zu halbjährigen Anticipativraten überlassen und versichert, er gedenke die Wohnung länger zu behalten. Ferner schreibt er: »Von neuen nun passiert wenig ausser den, dass man aller orthen mehr auf den fasching als soldatenwerbungen gedenket, wie denn erst verwichenen ertag herr referendarius Pletner ein stattliches fest gehalten, worbey selbige 6 pferd gegen 12 fl. leggeld zu verspielen geben. Sonntag als morgen wierd bey hof die opera gehalten, folgents auch eine schlittenfahrt und andere zeitvertreibung. Got gebe nur, dass unsere nachbahren keine tragedia machen und dass diese uberflissige freiden nicht in mehrere leiden verkehrt werden. Von der ankunft unser kinftigen königin in Spanien, der princessen von Wolfenbittel, will man auch sagen, dass selbige kinftige fasten anhero kommen solle, sodann sambt unserer princessin Maria Anna naher Spanien und Portugal abreisen. Ihro Durchlaucht Eminenz Cardinal von Saxenseits frequentiert mit grossem fleiss den rath und hat allerorten grosse lieb. Gott erhalte seinen eyfer, so er vor das Haus von Oesterreich hat. Unser banco del giro nimbt täglich je mehr und mehr zu nicht ohne, weilen die meiste und beste gesell dahinkomen. Unser herr statthalter ist indefessus und laset ihm alles eyfrig angelegen sein. Unser hisische fierst der bischof von Wien befindt sich got lob wol und geht allen mit einem ruemblichen exempel vor, kombt wenig vom haus und wohnt fleissig den gottesdiensten und predigen bey. Die spate messlesungen sind nun auch wie billich abgestellt. Um 12 Uhr sollen in allen kierhen die letzte messen gelesen werden. Dis wierd den frauenzimmer was ehünter aufstehen machen. Nun wierd es uber die segierente religiosen und andere losgehen, dass der erzbischof von Salzburg sehr ubel auf wierd wisent sein, dahingegen der cardinal von Lemberg wider besser.»

Original.

2248 *1707, Februar 1, Wien.*

Johann Franz Maurer berichtet dem Andreas Christoph von Aichburg, Hauptmann und Landesgerichtsverwalter des Stiftes Göttweig, dass am vergangenen Montag auf Befehl des Statthalters die «Rummorwacht» zwischen 5 bis 6 Uhr Abends in den Göttweigerhof ohne vorherige Intimation eingestellt wurde. Er sei deshalb zum Landmarschall gegangen, welcher sich wieder an den Statthalter wendete, der jedoch erklärte, dass der Göttweigerhof kein Freihof, sondern ein geistliches Haus sei. Auf dies hin drang Dr. Schmelte beim Landmarschallgerichte auf Abstellung. Da aber der Landschreiber die Freihofsurkunde forderte, Schmelte sie aber nicht zu Handen hatte, so ersucht er um Uebermittlung derselben, um sie jenem vorzeigen zu können.

Originalbrief.

2249 *1707, Februar 15, Wien.*

Leopold Freiherr von Ruesenstain, n.-ö. Regierungsrath, dankt brieflich dem Abte Berthold von Göttweig, dass er ihm die Wohnung im Göttweiger Freihofe zu Wien um 450 Gulden zugestanden habe, und ersucht um Zusendung des Bestandbriefes, sowie um Anordnung der nöthigen Reparaturen in der Wohnung vor dem Einziehen seitens des Abtes. Ferner schreibt er: «Von neuem soviel, dass man vor gewis haltet, dass Ihro D¹ der geistliche Prinz von Darmstatt, der derzeit die herrschaft Pechleren in genuss gehabt, bey dem moscovitischen zaar generalissimus werden solle und des zaar frau schwester, so uber 2 milionen einkunften haben solle, zur ehe nehmen. Dass vor etlichen tagen, als etliche verordnete bey ihro hochwierden herrn von s. Dorothe gespeist, grosse uneinigkeiten unter ihnen entstanden und dahin komen, dass die herrn prelaten genueg zu thun gehabt unten deren blossen tegen sich herumb zu thuen und abzuwehren, woriber der von Hoeckelberg und der eltere von Heyenberg in arrest gezogen worden».

Original.

2250 *1707, März 31, Göttweig.*

Abt Berthold von Göttweig als Vermiether und Leopold Freiherr von Ruesenstain als Miether schliessen einen Miethvertrag unter folgenden Bedingungen:

1. Letzterer erhält im Göttweiger Freihofe auf ein Jahr zur Miethe alle Wohnräume des unteren Stockes bis zur Wohnung des Hofmeisters, eine Küche im Parterre mit dem daranstossenden Stübl, einen Theil des Bodens und des grossen vorderen Kellers, in dem Stalle einen Platz für zwei Pferde, einen Platz für einen Wagen und zur Bergung des Brennholzes, während sich der Abt alle übrigen Wohnräume vorbehält.

2. Der Miether zahlt 450 Gulden Miethe, die eine Hälfte zu Georgi und die andere Hälfte zu Michaeli und

3. übernimmt alle Räume tadellos, wie er sie auch zu übergeben hat.

4. Er hat allen durch seine oder seiner Bedienten Schuld verursachten etwaigen Feuerschaden zu tragen und

5. keine Aenderungen an der Wohnung vorzunehmen.

6. Die Kündigung ist eine vierteljährige. *Unterschrift:* Bertholdus, Abt. *Datum:* Actum Closter Göttweig den letzten März 1707.
Original.

2251 *1707, April 10, Wien.*

Leopold Freiherr von Ruesenstain, n.-ö. Regierungsrath, beklagt sich bei dem Abte Berthold von Göttweig darüber, dass er ihm mit der Begründung, er wolle nächstes Jahr seine Novizen Studien halber nach Wien schicken, die Wohnung im Göttweiger Freihofe zu Wien nur auf ein Jahr verlasse und meint, die Studenten könnten der eine beim Hofmeister, der andere im Officierzimmer oder auf der Althane, wenn sie hergerichtet werde, Wohnung finden. Er bittet den Abt, ihm die Wohnung auf mehrere Jahre zu überlassen, wobei er vorschlägt, es solle im Falle der Nichtbezahlung des Zinses die Kündigung ipso facto eintreten.
Original.

2252 *1708, April 2, Wien.*

Josef Wilhelm Schwaiger, Gerichtsweispote, stellt über die von ihm auf Grund eines ihm zugekommenen Cassirungsauftrages vom 29. März 1708 vorgenommene Löschung der auf dem Göttweiger Freihofe in Wien zu Gunsten der Witwe Maria Johanna vom Wagenheimb inhibirten Hypothek per 6000 Gulden den Relaxirschein an das Stift Göttweig aus.
Original.

2253 *1712, Juni 6, Wien.*

Gundaker Graf Althann erhält vom Abte Gottfried von Göttweig die Erlaubnis, zur Erbauung einer kleinen Gallerie durch die diesem eigenthümliche Scheidemauer zwischen seinem und dem Göttweigerhofe zwei Schleussen, welche diese Gallerie tragen

sollen, durchzuziehen, bekennt aber, dass diese freiwillige Erlaubniss Göttweig keinen Besitznachtheil zuziehen solle, sondern dass er sie als eine nachbarliche Willführigkeit ansehen wolle.
Original.

2254 *1715, Februar 20, Wien.*

Abt Gottfried von Göttweig schliesst mit dem bürgerlichen Maurermeister Johann Michael Zoss folgenden Baucontract:

1. Letzterer hat nach Ueberschlag und Abriss die Renovation des Göttweiger Freihofes in Wien vorzunehmen, alle Baumaterialien, als Mauersteine, Ziegel, Kalk, Sand, hölzerne und eiserne Schliessen, Gerüst- und Pölzholz, Maurer- und Handtagewerk sammt Werkzeug auf seine Kosten zu beschaffen und den Schutt abräumen zu lassen.

2. Es solle der in der hinteren Einfahrt stehende gemauerte Pfeiler weggeräumt und durch Quadern ersetzt werden.

3. Die Hauptmauer und die runde Säule im Stalle sollen mit Gurten verwahrt werden, neben der Einfahrt höhere Fenster und auch im Stalle höhere Fenster und an den drei Ecken im Stalle drei Luftlöcher angebracht werden.

4. Die alte Stiege und die Gewölbe so viel als nothwendig bis in den Grund abgerissen und neu aufgeführt werden, wobei das abgebrochene Materiale dem Abte verbleibt.

5. Im ersten Stocke sollen zwei Scheidemauern aufgeführt, das Cabinet mit den zwei Bequemlichkeiten eingerichtet, zu den Oefen die Kamine eingeführt, die Küche des Hofmeisters sammt dem Kamine abgetragen und neu über das Dach aufgeführt werden.

6. Im oberen, letzten Stocke soll Alles nach dem Plane gebaut werden; im Falle, dass mehr verlangt wird, hat der Abt die weiteren Kosten zu tragen.

7. Die Haupt- und Scheidemauern müssen mit hölzernen und eisernen Schliessen versehen und das alte Gemäuer im Hofe verputzt werden.

8. Erhält der Maurermeister dafür 950 Gulden, und zwar in vier Raten, 200 Gulden bei Beginn der Arbeit, 200 Gulden nach Vollen-

dung der halben Arbeit, 200 Gulden, wenn die ganze Arbeit fast vollendet ist, den Rest per 350 Gulden nach Vollendung der Arbeit, wogegen jedoch der Meister die von dem zur Ueberwachung des Baues vom Abte bestellten Johann Maderna ausgestellte Approbation beizubringen hat.

Original.

2255   1720, vor Juni 7, Wien.

Der Decan und das Capitel von Wien verlangen von dem Abte Gottfried von Göttweig, dass zum Zwecke der Erlangung und Ueberschickung der Acten von Seiten der apostolischen Nuntiatur, welche ihnen für den Beginn der folgenden Woche bestimmtest zugesagt wurde, weshalb sie auch schon die Taxe bezahlt hätten, Urgenzschreiben an diese gerichtet werden.

Copie, lat., Manuscriptencabinet, Cod. 708, aus der ersten Hälfte des 18. Jahrhunderts.

2256   1720, September 1, Wien.

Johann Edler von Tepsern, Herr der Herrschaft Gutenbrunn, als Vermiether schliesst mit Abt Gottfried von Göttweig als Miether folgenden zweijährigen Miethvertrag:

1. Der Miether erhält zur Miethe in des Ersteren Haus in der Rossau den am Wasser liegenden Garten, den mittleren Gang mit dem Durchgang zur Linde, das «Teichtl», den Platz vor dem Hause, wo vier steinerne Statuen stehen, das sogenannte Kranzelgartl, alle Räumlichkeiten im Gebäude sammt der Einrichtung, den Schupfen, den grossen und kleinen Stall sammt dem vorderen Hofe zum Holzauflegen mit der Bedingung, dass auch der Vermiether seine Pferde einstellen und sein Holz auflegen darf.

2. Der Zins beträgt 300 Gulden, zu zahlen in halbjährigen Raten.

3. Der Miether hat den Garten ordentlich herzuhalten und ist

4. befugt, alles Erträgniss desselben zu verwenden.

5. Alle nicht erwähnten Bestandtheile des Hauses verbleiben dem Vermiether zur Disposition.

6. Bei Verkauf der verpachteten Objecte soll der Miether eine Vierteljahrsfrist und das Vorkaufsrecht, sowie

7. bei weiterer Verpachtung das Vorpachtsrecht haben.

8. Der Miether hat für allen etwaigen Feuerschaden aufzukommen und

9. Alles so zu übergeben, wie er es übernommen, die Kündigungsfrist ist eine halbjährige.

Original.

2257   1723, Juli 20, Wien.

Berthold, Abt von Melk, und Gottfried, Abt von Göttweig, citiren als die in dem Streite des Wiener Kathedralcapitels gegen den Erzbischof von Wien nach erfolgter Appellation seitens des Ersteren als die vom apostolischen Stuhle ernannten delegirten Richter den Erzbischof von Wien auf den 30. Tag, 7 Uhr nachmittags, nach Erlass des Citationsschreibens zum Erscheinen in den Melkerhof, sei es persönlich, sei es durch einen gesetzmässigen Procurator, wo sie die Streitsache untersuchen und das Urtheil fällen werden.

Copie, lat., Manuscriptencabinet, Cod. 708.

2258   1723, October 5, Wien.

Sigismund, Erzbischof von Wien, schreibt an Abt Gottfried Bessel von Göttweig als apostolischen Delegaten, er zweifle nicht, dass die Forderung des Domcapitels allen Rechtsgrundes entbehre und daher die neuerdings von demselben ausgesprochene Appellation nur den Zweck habe, den Streit hinauszuziehen und das Urtheil zu verzögern. Er ersucht daher um genaue Erwägung der «annexa juris fundamenta» und um Abweisung der Forderung des Domcapitels, damit nicht durch ungerechtes Hinausschieben die gerecht begonnene Sache zum Schaden der vom apostolischen Stuhle delegirten Richter ausfalle.

Copie, lat., Manuscriptencabinet, Cod. 708.

2259   1726, Januar 8, Rom.

Papst Benedict XIII. ertheilt dem Erzbischof von Wien auf dessen Klage, dass das

Wiener Domcapitel unter dem Vorwande der Exemtion seiner Jurisdiction sich nicht unterwerfen wolle und selbst nach dem Urtheile des Nuntius vom Jahre 1719, dahin lautend, dass dem Capitel keine der des Ordinarius abträgliche Jurisdiction zukomme, nach Einlegung der Appellation während der Schwebezeit des Processes für sich die Exemtion beansprucht hätte, als apostolischen Delegaten die Jurisdiction über das Capitel, jedoch ohne Präjudiz für dessen eigene Jurisdiction als Erzbischof und bestätigt das Urtheil des Nuntius, bis der Rechtsstreit vollends ausgetragen ist. «Cum votis optatisque tuis.»

Datum Romae apud sanctum Petrum sub annulo piscatoris die octavo januarii MDCCXXVII, pontificatus nostri anno secundo.

Copie, Papier, lat., Manuscriptencabinet, Cod. 756, aus der zweiten Hälfte des 18. Jahrhunderts.

2260 *1744, April 16, Wien.*

Das Landmarschallamt in Wien gibt dem Abte von Göttweig bekannt, dass auf die Klage der Wiener Wirthe über die Schädigung ihres Gewerbes durch unbefugten Wein- und Bierschank in den Klöstern, Herrschaftshäusern und im königlichen Giesshause Ihre Majestät verordnet habe, dass dieser unbefugte Wein- und Bierschank in Klöstern und Herrschaftshäusern sofort bei Strafe von 1500 Gulden im Falle der ersten Uebertretung und im Wiederholungsfalle bei noch höherer Strafe, welche von den Klöstern, Herrschaften und Hauseigenthümern selbst unmittelbar zu bezahlen ist, eingestellt werde, die Wirthshäuser auf den Bastcien und in dem Giesshause geschlossen werden müssen, welche Verordnung allen Stellen zu intimiren und auch durch öffentlichen Ruf Allen kundzuthun ist.

Original.

2261 *1749, Februar 15, Wien.*

Die Hofcommission zu Wien intimirt den Administratoren der Abtei von Göttweig, sie hätten, da eine Reihe von geistlichen und weltlichen Häusern und Gründen der gemeinsamen Steuerlast sich entzogen hätten, wo-

durch die bürgerlichen Häuser eine solche Mehrbelastung erführen, dass sie den dermaligen Contributionsbetrag nicht zu leisten vermöchten, auf Anordnung Ihrer Majestät zum Erweise der Steuerfreiheit ihres Hauses in der Rosengasse den Titulus binnen vier Wochen bei der Hofcommission einzureichen, widrigenfalls das Haus in das bürgerliche Contributionale versetzt wird.

Original.

2262 *1749, März 10, Wien.*

Der Prior und Convent des Stiftes Göttweig bekennen als Administratoren in ihrer auf die Zuschrift der Hofcommission über die Freihäuser ddo. Februar 15, 1749, an die letztere gerichteten Eingabe, dass ihr Freihof in Wien a tempore immemoriali steuerfrei gewesen sei, was durch die specifice et nominatim sub Rubrica: Freihäuser geschehene Eintragung in den Cod. Austr. bewiesen wird, und dass das Stift stets in ruhigem Besitze sei; es würden sich übrigens auch die Freibriefe vorfinden, allein diese könnten erst beigebracht werden, wenn die nach dem Ableben des Abtes über das Archiv verhängte Sperre aufgehoben werde. Unterdessen bitten sie um Beachtung der erwähnten Momente.

Concept.

2263 *1749, October 7, Wien.*

Der Präses des n.-ö. Regierungsrathes in publicis intimirt dem Abte Odilo von Göttweig, dass er als Besitzer des Hauses in der Rosengasse in Wien die zum Zwecke der Regulirung des Contributionales vorgeschriebene genaue Beschreibung und Specification der in diesem Hause wohnenden Parteien der Regierung in publicis einzureichen habe.

Original.

2264 *1749, October 18, Wien.*

Carl, Abt zu den Schotten in Wien, stellt dem neu erwählten Abte Odilo von Göttweig aus dem Grundbuche zu den Schotten Nr. 13 über das Haus hinter dem Neuen Markte, das zwischen einer Gasse und dem Hause des Herrn von Neudegg liegt und

39*

dem Stifte zu den Schotten jährliche 22 Pfennige zu Micheli zu Grunddienst dient, worauf der verstorbene Abt Gottfried von Göttweig im Grundbuche Nr. 12, f. 163 an der Gewär geschrieben war, den Gewärbrief aus mit dem Bemerken, dass nach dem jedesmaligen Ableben eines Abtes binnen Jahresfrist gegen Zahlung eines Gulden als Gewärgeld und der Schreibtaxen die Ausstellung des Gewärbriefes anzusuchen sei.

Original.

2265 [1749. März 10, bis November 27, Wien.]

Abt Odilo von Göttweig richtet an die Hofcommission mit Bezugnahme auf deren Zuschrift ddo. Februar 15, 1749, über die Freihäuser, die Bitte, die Steuerfreiheit des Göttweiger Freihofes anzuerkennen, und stützt sich auf folgende Rechtsgründe:

1. Der Göttweiger Freihof war seit jeher steuerfrei und ist als solcher in dem Cod. Austr. sub Rubrica: Freihäuser nominatim eingetragen.

2. Bezeugt der Kaufbrief ddo. Februar 2, 1608, dass der durch Abt Georg I. von Georg Ruprecht Freiherrn von Herberstein gekaufte Hof keine andere Giebigkeit habe als den Grunddienst von 22¹ Pfennigen an das Stift zu den Schotten in Wien, und seitdem sei das Stift in ruhigem Besitze, weshalb es auch den Titel der a tempore immemoriali hergebrachten Freiheit und des ersessenen Besitzes geltend machen könne.

Copie.

2266 1765, October 7, Wien.

Die Hofcommission intimirt dem Abte Odilo von Göttweig, dass auf Befehl Sr. Majestät vom März 16, 1765, die in die Landtafel eingetragenen sogenannten Freihäuser zweiter und dritter Gattung, welche zu einem Grundbuche dienstbar sind, aus der Landtafel extabulirt und sammt allen anhaftenden Satzvermerkungen und Realrechten an die competenten Grundbücher ohne Zahlung einer Taxe übertragen und über solche Häuser keine Gültscheine, sondern Steuerextracte hinausgegeben werden sollen. Es wird also,

da die Hofcommission den Jänner 15, 1766, nachmittags 4 Uhr, zur Einvernahme der Parteien bestimmte, dem Abte bekanntgegeben, dass er sich zur bestimmten Zeit in der Wohnung des Vicestatthalters und verordneten Präses Anton Frei- und Pannierherrn von Buol auf der Hohen Brücke zur Einvernahme über seinen mit einem Grunddienst an das Stift zu den Schotten belasteten Stiftshof, ob derselbe wirklich noch dienstbar sei, einzufinden habe.

Original.

2267 1766, Februar 17, Wien.

Die Hofcommission intimirt dem Abte Odilo von Göttweig, dass sie gemäss der Verordnung Ihrer Majestät ddo. März 16, 1765, über die Extabulirung jener Häuser aus der Landtafel und grundbücherlichen Eintragung jener Häuser, welche mit einem Grunddienste belastet sind, nach dem Ergebnisse der letzten Tagsatzung, dass der Göttweiger Stiftshof an das Stift zu den Schotten einen Grunddienst zu leisten habe, die gratis zu erfolgende Extabulirung desselben aus der Landtafel und Eintragung in das Grundbuch zu den Schotten sammt allen Satzvermerkungen und Realrechten angeordnet habe.

Original.

2268 1783, vor März 5, Wien.

Punkta, die bei Einrichtung der neuen in der Stadt aufzurichtenden Pfarren zu beobachten kommen:

1. Pfarren sind folgende: 1. die Burgpfarre, zu welcher nur gehören, die in der k. k. Burg wohnen, 2. St. Stephan, 3. die Schotten, 4. die Michaeler, 5. die Augustinerbarfüsserkirche, 6. die Kirche auf dem Hof, 7. St. Peter, 8. die Franciscaner, 9. die Kirche an der Universität. Da aber dahin das Alumnat übersetzt und alle Ordensgeistliche die Studien zu frequentiren und zu unhnen angewiesen werden, und folglich vielleicht für den Herrn Pfarrer und seine Cooperatoren keine fügliche Wohnung sich mehr finden sollte, so sollte die Pfarre zu den Dominicanern übersetzt werden. Die zehnte Pfarre.

2. In diesen Pfarren sollen nur auf dem Hochaltar eine heilige Messe alle halbe Stunde zu lesen sein und Predigten gesagt werden alle Sonn- und Feiertage, jedoch die Predigten sollen so eingetheilt werden, dass um 7 Uhr, um 8 Uhr und um 9 Uhr eine sei. Desgleichen sollen

in den Pfarren nachmittags die Christenlehren so eingetheilt sein, dass um 7 Uhr, um 3 Uhr und um 1 Uhr
eine sei, nach welcher die Litanei von allen Heiligen
mit den vorgeschriebenen Gebeten solle gebetet und
nur mit dem Ciborio der heilige Segen gegeben werden.
Die heiligen Segen mit der Monstranze sollen eingeschränkt bleiben, ausgenommen in der Octav Corporis Christi und bei dem 40stündigen Gebete. In diesen Pfarren können auch zur Fastenzeit wöchentlich
zwei Fastenpredigten, und zwar Mittwoch und Freitag
gehalten werden.

3. Alle nachmittägigen Andachten sollen aufhören,
ausser den schon genannten Christenlehren und Abbetung
der Litanei von allen Heiligen mit den vorgeschriebenen
Gebeten. Ebenfalls sollen in den Pfarrkirchen ein Ende
haben die wöchentlich am Donnerstag gewöhnliche sogenannte Corporis Christi Aemter oder Segenmessen,
dergleichen Nachmittags die gewöhnlichen lauretanischen
Litaneien, Rosenkränze.

4. Sollen die Haushaber die Anzahl ihrer Inwohner aufgezeichnet einreichen, auf dass die Anzahl
der Seelen der neu zu errichtenden Pfarren könne benannt werden.

5. Zur Beihülfe der Seelsorger sollen in der Stadt
zu verbleiben haben die H. Canonici ad s. Dorotheam, die
P. P. Philippi-Nerianer, die P. P. Capuciner, die P. P. Minoriten, die P. P. Dominicaner, und da von einem hochwürdigsten Consistorio zur Versehung von 1000 Seelen
drei Priester in Vorschlag gebracht werden, so sind in
Ansehung der gebliebenen Klöster von 1000 Seelen nur
zwei Priester benannt.

6. Die hochwürdigen Herrn Pfarrer sind a statu
ecclesiastico seculari zu bestimmen. Diese sollen, wo
Klöster zu Pfarren erwählt in selben wohnen, jedoch
so, dass sie sich nicht in die Regierung des Klosters
einmischen.

7. Ob die neu errichtete als zur kaiserlichen zu
betrachten und Ihre Majestät die Pfarrer präcimiren,
kann noch nicht gesagt werden. Der Befehl geht nur
dahin, dass Ihro hochfürstliche Eminenz als gnädigster
Ordinarius dahin sehen, dass die Pfarren mit solchen
Cooperatoribus versehen, die der verschiedenen Landes-
sprachen kundig sind. Hochernannter solle auch jene
benennen und in Vorschlag bringen, welche den Herrn
Pfarrern zu geben sind; und sofern aus diesen Cooperatoribus einige Regulares sein sollten, so haben selbe
in ihrem Ordenshabit daherzugehen.

8. Wenn einer stirbt, so können in den Pfarren
für den Verstorbenen Exequien gehalten, aber kein Jahr-

tag mehr begangen werden; soferne der Verstorbene
heilige Messen legiri, so können die Erben selbe lesen
lassen, wo sie wollen.

9. In den Klöstern, die verbleiben, sind nach-
mittägige Andachten, gesungene Aemter und Predigen
abzuschaffen. Dessentwegen dürfen doch nicht Nachmittags die Kirchen gesperrt werden. Es ist auch verboten die Aussetzung des hochwürdigsten Gutes in den
Monstranzen, sondern die Aussetzung solle nur mit dem
Ciborio geschehen.

10. In den verbleibenden Frauenklöstern solle anstatt der Predigt nur in dem Kloster eine Exhortation
geschehen.

11. Für die Ausländer e. g. Hungarn, Wällache etc.
können in ihrer Sprache Predigten sein in jenen Kirchen,
die von dem Herrn Ordinario zu ihrem Gottesdienst
benannt sind.

12. Die Processionen hören auf, ausgenommen
die Procession an dem Frohnleichnamsfeste und dessen
Octav. Es kann auch eine jegliche Pfarre infra Octavam
in ihrem Districte eine Procession anstellen. Item sind
ausgenommen die Processionen an den Bittagen und
für allgemeines Anliegen.

13. Desgleichen cessant omnes confraternitates.

14. Die Haus- und Privatkapellen sind zu Pfarren
zu schlagen, diejenigen, die der Herr Ordinarius bestimmen würde. Wenn aber eine Herrschaft in einem
solchen Hause wohnte, wo sich eine gesperrte Kapelle
befindet, so kann selbe mit erlangter Erlaubniss des
Herrn Ordinarius um seine Bezahlung eine heilige Messe
halten lassen, doch diese ist an Sonn- und Feiertagen
für die Bedienten oder Andere nicht giltig. Die in ernannten Kapellen sich vorgefundene Fundationen sind
entweder ad fundum religionis oder anderswohin zu
übertragen.

15. Die Mendicanten sollen theils von ihren habenden Fundationen, theils von ihren zukommenden Mess-
almosen leben; die Sammlung aber hört auf.

16. Auswärtige Priester oder sogenannte Institu-
lati sollen in ihren Diöcesen angewiesen werden.

17. Den Sacristanen solle eine Vorschrift gegeben
werden, wie selbe sich zu verhalten haben, wenn fremde
Priester zu celebriren kommen.

Item solle die neue Einrichtung der Pfarren in
der Stadt noch vor den Fasten in Ordnung gebracht
werden.

Copie, Papier, deutsch, Manuscriptencabinet des
Stiftes Göttweig, Cod. 756, f. 107 und 108. Vgl. Ko-
pallik, Reg. z. Gesch. d. Erzd. Wien, II., 523.

REGISTER.

A.

Aargau, Baden im, 1762.

Aargau, Königsfelden im, 1577, 1601.

Abensperg und Traun, Johann Adam Graf von, 2067.

Abensperg und Traun, Eva Augustine Gräfin von, Obristin bei St. Lorenz, 2039, 2042, 2045.

Ablass 1587, 1613, 1740, 1782, 1789, 1814, 1828, 1838, 1839, 1844, 1851, 1864, 1869—1871, 1873, 1894, 1917, 1985, 2002, 2031, 2036, 2068, 2072.

Ablatia 2159.

Acber, Jörg der, Bürger von Wien, 2132 (S.).

Achsenguem, der, Weingarten auf dem Stainperg zu Grinzing, 1820.

Achter Friedreich zu St. Stephan 1930.

Aecbler, Wernhart der, Stadtrichter zu Tulln, 1656.

Katrein, seine Hausfrau, 1656.

Achtssnin-mit Arnold 1957.

Aczinger, Hanns der, 1841.

Aczpach, Gundakerus Aspeck de Obersperg etc., rector parrochialis ecclesie in, a. Aspeck.

Adam's Sohn Fridel 1735.

Adler (Schreiber) 1384, 1385.

Adloit, Seifried der, 1666, 1667.

Admont, Benedictinerstift (Agmunde), 2129, 2131, 2134—2136.

— Aebte:

Andreas 2131—2133.

Christof 2135.

Engelbert 2127.

Lorenz 2136.

Ulrich 2128, 2129.

Wilhelm 2130.

— Prioren:

Amandus 2135.

Christof 2136.

Peter Turhaimer a. d.

Admont, Obki des Stiftes: 2131.

— Philipp in des Abtes Hause von (Wirth des Abtes von) 1537 (Z.), 2127 (Z.).

Agathe, Aebtissin des Erlaklosters, a. Erla.

Agazonum (regia Hungariae) magister Blasius 1268 (Z.).

Agazonum (regis Hungariae) magister Dionysius 1272 (Z.).

Agazonum magister, Stephanus regni (Hungariae) palatinus, et judex Comanorum, 1276 (Z.).

Aggenmeister Martin 1840.

Aggsbach, Karthause (Aschspach) 1805, 2148 (A.), 2163, 2165—2173, 2175.

Hanns, Prior von, 2165, 2167—2173, 2175.

— Peter Pehlein, Ammann der Karthause, zu Stiefern, a. Pehlein.

Aggstein 2166.

Aglei a. Aquileja.

Agmunde a. Admont.

Agnes, Königin von Ungarn, 1577, 1601.

Agnes, Aebtissin des Königsklosters (Neustift), 1991 (S.), 1992 (S.), 1993, 1997, 2001, 2003 (S.), 2005 (S.), 2007, 2011, 2012.

Agnes von Hacking a. d.

St. Agnes-Kloster zu der Himmelpforten in Wien a. d.

Agriensis, Chanadinus episcopus 1268 (Z.).

Agriensis episcopus Nicolaus 1272 (Z.).

Agriensis episcopus Stephanus Cykn 1276 (Z.).

Ahsimer Peter 1930.

Aichamt a. Zimentamt.

Aichau 1710.

Aichburg, Christof von, Hauptmann und Landgerichtsverwalter des Stiftes Göttweig, 2248.

Aicher Lienhart 1930.

Aichlberg, Georg Khevenhuller zu, a. Khevenhuller.

Aichperg, Wilhelm von, zu Salineu, Erbmarschall des Stiftes Regensburg, 1922 (S.).

Aichperger Jacob, gesessen zu Grinzing, 1914, 1937.

Aichpergerin, Ann die, Priorin des Klosters St. Peter in Neustadt, 1659.

Aigner Hanns, Bürger zu Klosterneuburg, Bergmeister des Klosters St. Clara daselbst, 1892.

Aigner Jörg 1930.

Aigner Gilig, Propst zu Klosterneuburg, 1957.

Aygner Lienhart, Bäcker, Bürger von Wien, 1938.

Aigner Martin, Hofprocurator, 2217.

Barbara, dessen Gattin, 2217.

Aindlifflechen 1759.

Alnod, magister Heinricus de, 1370 (Z.).

Alnschüss, Leb der, 1774.

Anna, seine Tochter (in erster Ehe verm. mit Peter dem Olm, in zweiter Ehe mit Hanns dem Schaffawol), 1774.

Coorad der Gukkenhaubt, Lebs Bruder, 1774.

Elspet, dessen Hausfrau, 1774.

Ayrer, Peter der, 1703.

St. Ayten, Heinrich, Pfarrer von, 1656.

Alentsteig, Veit Hager zu, 1399.

Albanensis diocesis, Ara Gandulphi, 2031.

Albanus Cardinalis J. F. 2040.

Albanensis ecclesiae praepositus Thalamus 1272.

Albenois, Ladislaus, praepositus ecclesiae, 1268.

Alber von dem Clemens 1561 (Z.)

Albero 1444.

42*

Gaming (Gemnich), Karthause (Maria Thron) zu, 1669, 1813, 1837, 1954, 1970, 2163.
— Priorem:
Christof 1837.
Gottfried 1669.
Johann 1954.
Lienhart 2163 (Z. u. S.).
Gaming, Wolfgang Methauser, Iudex in secularibus zu, s. Methauser.
Gaming (Gemnich), Niclas Schöne von Sufring, Bergmeister der Karthause zu, s. Schöne.
Gandulphi Arz, Albanensis diocesis, 2031.
Ganner Johann, Hofmeister des Mauerbacher Hofes in Wien, 1805.
Ganzrab, Heinrich der, Bürger zu Wien, 2148.
Margret, dessen Hausfrau, 2148.
Gaplela Erhart 1930.
Garber Gregor, J. U. Dr., 2201.
Garn 1419.
Gars Johann, secretarius Alberd V. ducis Austrie etc., 1805.
Gars, Albrecht Pfarrer von, 1687, 1689.
Gars (Gors), Chunrat von, Bürger von Wien, 1659, 1677, 1683.
Gartner, Chunrat der, Richter zu Wien (1327), 1269.
Gartner Conrad, Stadtschreiber zu Klosterneuburg (1333), 2204 (Z. u. S.).
Gartner Leopold, des innern Raths von Wien, 1988 (S.).
Gassner (Registrator) 1502.
Gassner Mert 1930.
Gaudenzdorf 1547 (A. I.).
Gaugnhofer Lienhart 1930.
Gawestorffer Thoman 1930.
Geberstorffer (Gebelsdorffer) Wilhelm, sesshaft zu Wien, 2180, 2182.
Gebhard Ulrich J. U. Dr., kais. Rath, 1405, 1953, 1956, 1965, 1966.
Bonifaz, sein Sohn, 1953, 1965, 1966.
Gebhart, Jacob der, 2180, 2182.
Geblin, chramerin, 1735.
Gedl, der Jud, Scheftleins Sohn, 1768.
Geyman (Gewman) Johann, Hochmeister des St. Georgsordens, 2090, 2092—2094, 2097.
Geyr Hanns, Verwalter des Bischofs von Regensburg zu Pechlarn, 2195, 2200.
Gayr Hieronymus, Landuntermarschall, 1472.

Geyr, Paul der, des innern Raths der Stadt Wien, 1754, 1766.
Gelbbaarn Gregor 1410 (A.).
Gemeina Laden (Holz) 1427, 1463.
Gemalch, s. Gaming.
Gengklerin, die, Fleischbankinhaberin in Wien, 1904.
Gennsperger Lienhart, gesessen zu Symoning (Simmering), 1886.
Georg (Jörg).
— Markgraf von Brandenburg, 1396.
— Landgraf von Leuchtenberg, 1396.
— episcopus de S. Ireneo, 1268 (Z.).
— Bischof von Passau, s. d.
— I., Abt von Göttweig, s. d.
— Abt von Melk, s. d.
— Propst zu Klosterneuburg, 1954.
— an dem Chiemmarkt, s. d.
— de Chishunde, dapiferorum (regis Hungarie) magister, 1276 (Z.).
— der Dozz 1275.
— Herr zu Firmian, 1332, 1333.
— von Heremberg (Hernnperg), Hansgraf in Oesterreich, s. Heremberg.
— von Illadberg, s. d.
— von Liechtenstein, s. d.
— von Maidburg, s. d.
von Nikolsburg, s. d.
— Kellermeister in Oesterreich, 1696 (S.).
— von Puechaim, s. d.
— vom Ror, s. d.
— bei dem Tor, Bürger zu Klosterneuburg, s. d.
— Truchsess, 1658 (Z.).
St. Georgsorden 2083.
— Johann Geymann, Hochmeister des, s. Geymann.
— Wolfgang Prantner, Grossmeister des, s. Prantner.
Georing Elisabeth, von Fillenbach, 1955.
Gepler Jacob 1281.
Gera, Erasmus von, 1462 (Z.), 1482 (Z.).
Gera, Hanna von, 1930.
Geraw, Hanns von, Bürger zu Wien, 1889.
Geresienner (Geresseiner), Hanns der, Bürger zu Wien, 1795 (S.), 1800 (S.).
Gereut (Greut), im, vor dem Stubenthor, 1625, 1735, 1736, 1879.
Garhardus de Chremsa 1521.
Garhardus, magister, plebanus Wiennensis (Pfarrer zu Wien), päpstlicher Caplan, Domherr in Passau, s. d.

Gerhart Stephan, der Siebenbürger, 1945.
Gerhartsdorf 1601.
Gerichtsbriefe 1886, 1890, 1897, 1924, 1927, 1984.
Geringer Bartholomäus 1978, 1980, 1982,—1984.
Ulrich, sein Bruder, 1978, 1980, 1982—1984.
Maria, dessen Witwe (in zweiter Ehe verm. mit Hanns Zeberer), 1978, 1980, 1982—1984.
Gerlach, Abt von Lilienfeld, s. d.
Gerler Christof 1399.
Gern, Weingärten und Gründe im, zu Breitensee, 1768, 1788, 1930.
Gern, der, Weingarten zu Chlairtzing, 1685.
Gern, der, Weingarten zu (Maria-) Enzersdorf, 1930.
Gerolt von Frisach, des pischolf schreiber von Salzburch, 1535.
Gersten (Garsten), Wolfgang Abt zu, 1410 (Z.).
Gersthof 1419.
Gertloger (Gerstinger) Tobias 2007, 2010, 2012.
Gertrud, Aebtissin des St. Niclasklosters, 1546.
Garung, Propst von St. Pölten, s. d.
Getreidezehent 1769, 2177.
Geissendorf, Leopold von, 1551 (S.).
Gauchramer (Gewchramer), Perichtold der, Kirchmeister zu St. Stephan, 1618, 1625, 1628.
Gewchramer, Michel der, Bürgermeister und Münzmeister zu Wien, 1731, 2165, 2167.
Geussn, Weingarten im, vor dem Stubenthor, 1759.
Gewolf Hanns 1281.
Gewrin, Margrethe die, Meisterin des St. Jacobsklosters, 1795.
Gewzmid, Niclas der, Bürger zu Wien, 1849.
Gibling Stephan, Bürger zu Wien, 1936.
Gienger Georg, Doctor, Vicekanzler, 1408 (Z.), 1416 (A.).
Gieshaus, königliches, in Wien, s. d.
Gilg, Kellner (im Bürgerspital), 1432.
Gilge, der Priester, 1582 (Z.).
Gillg, Hauscomthur des Deutschen Ordens in Wien, 1674, 1675, 1695, 1699.

H.

44

46*

Wien.[1]

Bisthum.